《近代史研究》编辑部◎编

《近代史研究》40年文存

（1991—2000年）

中国社会科学出版社

图书在版编目（CIP）数据

《近代史研究》40 年文存.1991—2000 年/《近代史研究》编辑部编.—北京：中国社会科学出版社，2019.10

ISBN 978-7-5203-4838-6

Ⅰ.①近… Ⅱ.①近… Ⅲ.①中国历史—近代史—文集
Ⅳ.①K250.7-53

中国版本图书馆 CIP 数据核字(2019)第 171415 号

出 版 人　赵剑英
选题策划　赵剑英
责任编辑　安　芳
责任校对　李　剑
责任印制　李寡寡

出　　版　中国社会科学出版社
社　　址　北京鼓楼西大街甲 158 号
邮　　编　100720
网　　址　http://www.csspw.cn
发 行 部　010-84083685
门 市 部　010-84029450
经　　销　新华书店及其他书店

印刷装订　北京市十月印刷有限公司
版　　次　2019 年 10 月第 1 版
印　　次　2019 年 10 月第 1 次印刷

开　　本　710×1000　1/16
印　　张　46.5
插　　页　2
字　　数　736 千字
定　　价　238.00 元

目　　录

中国早期现代化的延误

——一项比较现代化研究*

罗荣渠

一　现代化研究的方法论问题①

中国与西方列强的第一次战争始于鸦片战争。这次战争标志着中国与近代西方资本主义势力的全面冲突。这次冲突打开了中国长期封闭性发展的格局，是近代中国走向世界的一个纪元。纵观这一个半世纪的沧桑巨变，是一个举世罕见的漫长而崎岖的现代化历程。

中国的现代化是被延误了的现代化（the delayed modernization）。对中国现代化延误的探索，长期以来是中外学术界都关注的中国历史发展之谜。为什么一个在前现代世界长期发展领先地位的悠久文明，在向现代化世界转变的过程中如此步履艰难，险阻迭起，前路漫漫？

应该说，近几十年来对这个问题，国内外学术界提出了许多看法，立论各不相同，大致可归纳为两种基本观点。

一种观点可称为外因论，即认为中国现代化的延误主要是由于外来

---

* 本文原载《近代史研究》1991 年第 1 期。

① “现代化”是社会科学中的一个新概念，直到 20 世纪 90 年代还没有一致的认识。《剑桥中国晚清史》认为“现代化”是一个没有固定内容的概括性术语（该书中译本下卷中国社会科学出版社 1985 年版前言），很易造成混乱，本文的“现代化”一词的释义，参见罗荣渠《现代化理论与历史研究》，《历史研究》1986 年第 3 期。

的西方资本主义渗透和帝国主义侵略。“侵略—反侵略”，是这一研究取向的基本分析框架。国内采用的反帝反封建的革命斗争史框架，分析的主线不是现代化问题，基本取向与外因论大致相同。这也是战后苏联、西方和日本的激进史学的主流倾向，早为我国读者所熟悉。20 世纪 70 年代以来，由于新的，“世界体系”理论和“依附理论”的兴起，为这一研究取向提供了新的理论支持。①

一种观点可称为内因论，即认为中国现代化延误的主要症结在于中国传统文明的落后性、制度的独特性、中国历史发展的停滞性等内在弱点。“传统—现代性”的对立是这种解释的分析框架。从 20 世纪初马克斯·韦伯关于中国儒学有碍资本主义兴起的观点一直到当代的西方现代化理论，都为这一研究取向提供了理论支持。这代表当代西方的中国研究的主流派。②

以上两种研究取向，不论是外因论和内因论，都是各执一端从其所善。对中国近代的历史发展都有独到的见解，但都带有一定的片面性。外因论把史家的注意力引向中国近代发展的外部因素，实质上是一种西方中心论的历史观。从表面上看，帝国主义侵略论似乎是反西方中心论的，但如果只承认帝国主义是近代中国各种变化的主导因素，忽视了中国的历史特点和国情特点，把内部问题简单地归之于封建主义对帝国主义的屈服投降，而排除这一复杂历史过程中的多样性选择，实质上仍是一种隐蔽的西方中心论。从哲学上说，也违反外因通过内因起作用的基本原理。内因论把史家的注意力引向近代中国发展的内部因素。表面上看似乎更加深入，由表及里，强调了历史发展的独特性和具体国情，却抹煞或淡化了外国帝国主义造成中国现代化扭曲和“断裂”（braek down，或译为挫顿）的直接作用，也是一种非历史主义倾向。

---

① 弗朗西丝·莫尔德：《日本、中国和现代世界经济》（F. Moudler，*Japan*，*China and the Modern World Economy*），1977。

② 对国外学术界研究中国近代史的方法论的评述，西方研究方面，参见柯文《在中国发现历史——中国中心观在美国的兴起》（中译本，中华书局 1989 年版）；日本研究方面，参见吴密察《中国近代经济史研究的课题——访滨下武志教授》（《近代中国史研究通讯》1988 年 9 月号，台北）。

近年来，为了纠正西方中心论的偏向，有的西方学者从中国的角度出发重新解释19世纪中国改革运动，加强对中国的不同地域和不同阶层的深入研究。美国学者柯文把这种新的研究趋向称为“走向以中国为中心的中国史”，即所谓“中国中心观”。这一努力不是要恢复古老的“中国中心主义”（Sino-centrism），而是试图把“起点放在中国而不是西方”看问题。日本学者滨下武志提出“应克服将历史挤压成单一方向的认识方法，寻求更具综合性的全面性的视野”。这些想法能否克服西方中心论的偏见这个老大难问题，还有待具体研究成果来证实，常见的情况是，按照流行的西式“现代化”理论分析框架，中国历史的主体性就不大看得见了，一旦强调中国历史的主体性，又容易摆向抹煞现代世界发展的客观趋势的一面。

这种“内”“外”摆动的倾向反映了中国近代史研究的复杂性。我认为这一历史复杂性，从根本上来说，在于中国近代变革中不同性质的多重矛盾纠缠在一起：一是殖民主义侵略和反殖民主义侵略的矛盾；二是正在兴起的具有世界性的现代工业—商业文明与前现代的中国农耕文明的矛盾；三是西方基督教文化与以儒教文化为核心的华夏文化的矛盾。这三重矛盾的交织，既是世界历史处在有史以来的大转变时代所产生的复杂现象，又是东西两大文明体系相会的必然撞击。这样就出现了许多历史的悖论，诸如，文雅的落后被野蛮的先进所打败，穷困与屈辱推动民族的奋起与进步，社会机体的解体促成社会革命，等等。这大概就是马克思提到的“两级相逢”产生的“对立统一”吧。①

总之，不论是“西方中心”论还是“中国中心”论，都是片面的。中国走向现代世界是各种内外因素互动作用的“合力”所推动的。这一巨大的转变过程应该按其本来的复杂性，进行多层次、多角度的全面研究。中国与世界的发展正日益汇合，今天有更好的条件研究这一课题。既从中国看世界，也从世界看中国。这些说来容易，做来很难。本文只是对综合分析的新方法的一种粗浅的尝试。

---

① 马克思：《中国革命和欧洲革命》，《马克思恩格斯选集》第2卷，第1页。

二 选择机会的自误

近世中国的历史是一个大变动的过程。这个大变动必须放在近世世界的大变动进程中加以考察，才可能看得比较清楚。

纵观近代东亚各国史，印度、日本、中国在西方冲击下经历三种不同的命运，正好代表三条不同的历史发展道路：印度丧失自己的独立而沦为殖民地；日本成功地克服殖民地化危机发展成为独立工业国；中国丧权辱国，走上半殖民地化的扭曲发展道路，这不同的遭遇表明一个国家或民族应付外来的挑战有多种选择。这种选择性既取决于外来挑战的性质、特征和强度，更要取决于被挑战的主体本身内在结构的牢固性、发展水平和应付外来挑战的手段与能力，等等。马克思在研究前资本主义社会中商人资本对旧的生产方式起多大的解体作用时，提出了一个重要论点：“这首先取决于这些生产方式的坚固性和内部结构。并且，这个解体过程会导向何处，换句话说，什么样的新生产方式会代替旧生产方式。这不取决于商业，而是取决于旧生产方式本身的性质。”① 在这些话里，只要把生产方式扩而大之，即扩为整个社会经济—文化结构，对于研究近代西方经济、政治、文化冲击下非西方国家或社会的解体过程，换句话说，也就是非西方后进国家现代化的启动，将具有同样重要的理论指导意义。

印度是亚洲的一个文明古国，它在来自海上的西方殖民势力袭击下之所以比较容易地逐步解体，在于这个国家内在结构的脆弱性。印度在政治上实际上是由许多分散的小邦国构成，社会的基础是封闭的村社制度，又被种姓制度所割裂。漫长的海岸线上海防薄弱，这些内在结构上的不坚固性，使这个庞然大物的“帝国”不难被零打碎敲地解体。与印度相比，日本只是一个小岛国，但它是单一民族，有单一的文化传统，皇权的绝对主义统治，经常戒备外来侵略，有较高的危机意识，这些因素使它具有很强的内聚力。但日本人又具有外向性，对学习外来的先进事物有很高才能，这一优点使它对外来新事物有较

① 马克思：《资本论》第 3 卷，见《马克思恩格斯全集》第 25 卷，第 370 页。

高的容纳能力。中国在这三个国家中（也可以说是在全世界）具有很高的内部结构稳定性和牢固性，自秦以后就一直保持大陆帝国的统一发展格局，王朝的兴亡只是帝国的被打破和再修复。中国从来没有像罗马帝国或印度那样真正崩溃而不再整复过。在这一基础上形成的灿烂的华夏文明，与大一统的政治格局相结合，形成独特的政治—文化同构，这不仅极大地加强了中国传统历史格局的牢固性，而且华夏文明长期以来都是向外辐射的。这是因为中国在东亚大陆地缘政治具有独特优越地位，外来“挑战”和“威胁”在文化上最后都同化于中国。中国的传统社会文化结构的特有坚固性，是中国两千年历史运动形成的钟乳石沉淀。

中国传统社会文化结构的牢固性对中国近代历史进程的影响，应从多方面进行研究。

从16世纪新航路开通以来，世界开始发生大变化。当时中国文明在政治、经济、文化诸方面都居于世界领先地位。而西方在许多方面倒是处在“欠发达”或“不发达”状态。[①] 当时实际上是中国“冲击”西方，而不是西方“冲击”中国。早在中世纪的陆上贸易时期，中国的四大发明就造福于西方。新的海上贸易开通后的一个时期，实际上是西方受到中国的很大影响（主要表现在哲学、政治学与艺术方面），而不是中国“西方化”（只有美洲作物的引进对中国发展产生重大影响）。[②] 中国在很长一个时期都握有自己的主动权，因此，不要以为新航路一开通西方就冲击到中国了。

从葡萄牙人在澳门建立贸易据点（1557）到鸦片战争，在将近二个世纪的大部分时间中，中华帝国在经济、政治、贸易文化等方面都可以与任何新兴西方海上势力相抗衡。尽管西方国家千方百计想对中国进行贸易渗透，都未获得成功。武力入侵也有多次，其中比较突出的是：荷兰舰队对澳门的进攻（1622），荷兰趁火打劫侵占防守薄弱的澎湖和台湾

---

① 西方学者认为，直到19世纪中期，中国居民的安居乐业状况与英国城市和工厂居民相比，差距也不如想象之大，参见《剑桥中国晚清史》中译本，中国社会科学出版社1985年版，第229—230页。

② 参见何炳棣《美洲作物的引进、传播及其对中国粮食生产的影响》，见《大公报在港复刊三十周年纪念文集》下册，1978年香港版。

（1624—1662），但最后均遭失败。[1] 从陆上来进犯的是俄国人在黑龙江流域发动的第一次战争，也被击败并订立城下之约（1680—1689）。这些反击大致维持了两百年的安宁。在这期间西方势力席卷整个南亚和东南亚，却始终未能越过中国的南大门一步。海上西方商人与中国的贸易被限制在广州一地，而且只能通过“行商”进行。

环视东亚大陆，只有中国一个国家有力量如此长久地成功地抵挡了西方的海上挑战。这说明古老中国的社会经济结构的牢固性，这是处在工场手工业发展阶段的西方商业资本主义难以动撼的。

但是，在中国抵挡西方挑战的成功也掩盖了中国对发展选择的失误，在新航路开通、世界格局发生变化的新形势下，西方商人热衷于东方贸易。当时中国占有南洋贸易的优势，对东西贸易本来握有主动权和选择权。通过开拓新的远洋贸易，赚取比较利益，中国完全可能发展成为新兴贸易大国（当时已通过马尼拉间接开辟“太平洋上的丝绸之路”），与西欧国家平分秋色。遗憾的是，中国在世界贸易从大陆转向海洋的重要时期，却背道而驰，突然闭关锁国，采取退缩政策，结果是坐失良机。[2] 把本来有利的海外贸易变成自己的包袱，中国商人在南洋开拓的许多贸易基地被西方商人夺去，这对中国以后的发展发生了决定性影响。透过历史的表象，这些选择的失误，正是中国传统社会文化结构老化、僵化与缺乏顺应形势变化的弹性所造成的。

西方商业资本主义东进的一个主要目的是打开广大富饶的中国市场。中西冲突的焦点最早是中国传统朝贡贸易制度与西方自由贸易制度的对抗。中国死守这一过时的制度不改，更深层的原因是：中国的自给自足小农生产方式的稳固性和王朝财政制度的单一性，加之历代都以重农抑商作为安定社会和防止民间权势增大的一种重要手段，从而缺乏开拓海外市场和原始资本积累的内在动力（而不是一般的反对商业和贸易）。明清的帝国体系看来很庞大，实际上经济的结构与功能很简单。更有甚者，

---

① 荷兰学者包乐史（Leonard Blusse）的著作《中荷交往史》对此有综述。参见阿姆斯特丹 1989 年中译本。

② 参见罗荣渠《16 世纪至 19 世纪初中国与拉丁美洲的历史联系》，见《中国人发现美洲之谜》，重庆出版社 1988 年版。

这一套经济体制的牢固性并不仅仅在于制度本身，还在于它得到建立在这一基础之上的悠久深厚的文化系统的支持与加固。这样，中国的自足发展体系就完全牢不可破了。中国的封闭政策能在两三百年中我自岿然不动，奥秘就在于此。

构成中国自足发展体系的核心价值观是自居于万国之上的“天下国家”观和“夷夏之防”的儒家理论，并转化为中国人的“自我形象”（self-image）意识，一直成为支配从中国统治者到普通人的思维定式。任何外来事物与此正面撞击都会引起正面冲突。在这方面，早期东来的聪明的耶稣会士打开进入中国大门传教的方法是，首先自我“中国化”，然后再使中国人“基督教化”，为迎合中国人的“中国中心”意识，利玛窦向明廷所献的世界地图，就精心设计把中国的地理位置安排在“中心”。但三百年前利玛窦在《利玛窦中国札记》一书中，对中国人的这种“天下国家”观念提出了一针见血的批评：

> 因为不知道地球的大小而又夜郎自大，所以中国人认为所有各国中只有中国值得称羡。就国家的伟人，政治制度和学术的名气而论，他们不仅把别的民族都看成是野蛮人，而且看成是没有理性的动物。在他们看来，世界上没有其他地方的国王、朝代或者文明是值得夸耀的；这种无知使他们愈骄傲，一旦真相大白，他们就愈自卑。①

在东亚各国中，日本与中国所处的国际环境最为相似，近代时期都长期锁国，日本对西方的看法完全接受中国的“华夷”世界观，也坚决主张“攘夷”。所不同的是，日本的传统结构的外壳不像中国那样的牢不可破，它经常吸收外来的养分。因此，当日本人素所仰慕的中国在鸦片战争中被打败之后，日本有识之士大为震惊，很快认识到中国因“虚骄自尊以卑视海外万国”而招来大祸。1854 年在美国炮舰的压力下打开门户后，日本就迅速改变了对世界的认识：“近来宇内大开，当各国争雄四方之时，独我邦疏世界之形势，固守旧习，不谋一新之效。”于是公告世

---

① 《利玛窦中国札记》中译本，中华书局 1983 年版，第 13 页。

界：今后与外国交往“遵循万国公法进行”。在明治天皇 1868 年颁发的“国是五项誓文”中，把“寻求知识于世界”提到国家基本政策的高度。[①] 由于日本迅速认清“各国争雄”的国际大势，明治时代的政府高级领导人几乎半数亲身周游欧美，考察各国富强之道，对日本进行制度改革应如何效法能很快就作出主动的选择。当时日本也受到西方国家不平等条约的束缚（但程度比中国轻），朝野人士要求修约。这个运动与日本整理内治，走向君主立宪齐头并进。由于对现代世界认识基本转变，日本在学习和运用西方外交手段与法律方面表现充分的主动与能力。这样，随着甲午战争和日俄战争中日本国际地位的改变，日本陆续废除了与西方各国间的不平等条约，收回了关税自主等权利（1911）。[②]

对比之下，在鸦片战争之后，中国已被卷入前途未卜的现代世界经济的汪洋大海之中，但清王朝统治者却依然死抱住“中国中心”的残破罗盘，找不到自己在现代世界坐标上的准确方位，从而无法把握正确航向。中外关系中长期纠缠的“觐见”礼仪这个问题，就是对外关系中盲目无知的一个典型的事例。经过两次鸦片战争，在 1858 年与英法签订的《天津条约》中写明今后外国公使觐见中国皇帝时不可行“有碍于国体之礼”（即行叩头的屈辱性礼仪）。此后，清政府为了维护天朝皇帝至尊无上的虚假“形象”，仍然纠缠不让步，以致激起整个外交使团的愤慨，使对外关系中增添不必要的对立情绪。割地赔款可以不争，这个问题却非争不可。从鸦片战争之后一直拖了半个世纪，到 1863 年同治皇帝举行亲政大典时才算勉强解决。可见，如果要在中国推行一项“有违祖制”的实质性改革，其阻力将是多么巨大，更是可想而知了。

在第二次鸦片战争之后，经过两次军事较量的失败，愚昧的“以商制夷”的办法，彻底破产，原来对西方不平等的朝贡贸易制度一变而为对中国不平等的条约口岸贸易制度，洋人在中国通商传教往来自如，又取得特优的低税与内河航行权，攫取香港、澳门主权，等等。在如此严峻的形势下，在部分士大夫之中才激起了巨大思想震动，认识到中国历史格局面临“数千年来未有之变局”，而西方国家乃是“数千年来未有之

---

① 松四成卿：《尾风新话》。

② 陈水逢：《日本近代史》，台湾商务印书馆 1988 年版，第 43—45 页。

强敌”（李鸿章语）。19 世纪 60 年代以后，士大夫中提出“世变”新论调的，不下 60—70 人[①]，于是采取了某些“应变”措施，如设立“总理各国事务衙门”，创办学习西方语言的同文馆，最重要的是学习西方的“船坚炮利”，搞一点“防御性现代化”，目的在于“师夷之长技以制夷”。这总算是中国对西方严峻挑战发出的积极回应，尽管已延误了 20 年。

值得注意的是，中国士大夫知识分子学习“西学”与当时日本学习“西学”的态度大不相同。日本人原先也是诚心诚意崇拜和学习中国儒学的，及至被迫开国和从中国鸦片战争失败中认识到西洋技术的优越性后，就迅速转向学习“西学”，而中国则不然。中国士大夫学习西方的富强之道大多数是从传统的“经世之学”的观点出发的，而不是从学习现代科学的观点出发，而且在学习“西学”时，提出了一套“西学源出于中学”的理论，引经据典加以论证，以表明“中学”比“西学”高明与“西人由外而归中”（郑观应）。当时倡导此说的人，包括著名的维新人士，如冯桂芬、郭嵩焘、曾纪泽、郑观应、薛福成、黄遵宪等在内。[②] 影响不可谓不大。这种学习西方的方式表明，中国传统文化的自足体系的巨大潜在能量以及文化资源的丰富，它能够以西学之新去加固中学之旧，或者把决然不同的西学改装成一种不中不西的东西。中国传统文化从来都不是被动吸收外来文化，而是把外来文化加以“中国化”，纳入中国固有的思维模式之中，以保持中国的固有发展格局与方向。

闭关锁国被冲破，中日两国的现代化起步处于同一时代。尽管都受到侵略威胁，两国对自己的发展道路仍可以作出自主性的选择。相比而言，日本并不具备向现代化转变的丰富物质资源，也不具备这方面的文化资源，而中国在这两方面都拥有无比优越的条件。但是日本对世界大势有比较清醒的认识和广求宇内知识的热忱，使日本的文化资源得以迅速革新和增长。这些革新的文化资源成为推动日本物质财富巨大增长的精神动力，精神与物质的互动关系从中日两国学习西方之不同，可以得到有益的启示。

---

① 王尔敏：《中国近代思想史论》，1982 年台北版，第 384 页。

② 陶飞亚、刘天路：《晚清“西学源于中学”》，《历史研究》1987 年第 4 期。

中国对现代世界认识的严重滞后成为阻碍中国现代变革的难以估量的因素，一直到 19 世纪末，还没有完成向现代国家转变所必需的基本认识转变。甲午战争前夕，法国驻华公使施阿兰评论那一时期的中国状况，写道：

> 在 1894 年 4 月这一时期，中国确实处于一种酣睡的状态中。它用并不继续存在的强大和威力的幻想来欺骗自己，事实上，它剩下的只是为数众多的人口，辽阔的疆土，沉重的负担，以及一个虚无缥缈的假设——假设它仍然是中心帝国，是世界的中心，而且像个麻风病人一样，极力避免同外国接触。当我能够更仔细地开始观察中国，并同总理衙门大臣们初次会谈以后，我惊讶地发现这个满汉帝国竟是如此蒙昧无知、傲慢无礼和与世隔绝，还粗暴地标出："不要摸我"的警告。①

从 16 世纪末利玛窦来华到 19 世纪末施阿兰来华，世界在这三个世纪飞速前进，中国仍在蜗牛般地爬行。"中国中心"的世界观仍然支配着中国朝廷的对外事务。从中国来看，三百年跨过一个朝代的兴亡，从世界来看，三百年使北美海岸一小条英国殖民地发展成了现代世界强国；仅仅从鸦片战争到甲午战争，日本就一变为东亚先进强国，一举打败衰朽的清王朝。中日的强弱完全逆转。在一段本来可以赶上的进程中落伍了，到这时候，历史发展留给中国的可选择的自主性就缩小了。

三　延误的制度性障碍

对所有的后进国家来说，现代化的启动都来自外部的挑战，这是现代社会发展不同于前现代社会发展的一个重大契机。

在 19 世纪下半叶，被卷入世界现代化浪潮或受到浪潮的冲击的国家可分为两大类：一类是属于西方基督教文明圈的国家，如德国、意大利、

---

① 施阿兰（A. Gerard）：《使华记，1893—1897 年》中译本，商务印书馆 1989 年版，第 12 页。

奥匈帝国、俄国等，另一类是非西方文明圈的国家，如土耳其、中国和日本等。前一类大体上是同质文明的传播，而后一类则是异质文明的传播，因而表现出异常尖锐的政治斗争和文化冲突。另一不同点是，前一类国家在现代资本主义编织的国际经济体系网络中大多处于中心的外沿，而后一类国家则大多处于边缘和半边缘地位。

外国的侵略与挑战和在对外战争中的失败常常成为引发大变革的动因或催化剂。这在历史上屡见不鲜。例如，普鲁士和奥地利遭到拿破仑战争的蹂躏，俄国在克里米亚战争中失败，土耳其在俄土战争中失败，日本被美国炮舰轰开锁国的大门，都成为各国改革运动的外部推力。清末，中国的改革派和维新派也常举俄、土、日的维新和改革作为效法的榜样。

中国对鸦片战争这样严峻的挑唆并没有立即引出积极回应，而是当作地方性问题消极应付的。林则徐、魏源已提出“师夷制夷”的加强国防的新应策，但没有引起清王朝统治者的任何注意。时光白白浪费了20年，这是中国的第一个贻误。在太平天国革命运动和第二次鸦片战争的打击下，中国才慢腾腾地迈出了“师夷制夷”即防御性现代化的第一步。从19世纪60年代初到90年代初，清政府中的一批主持“洋务”的官员，倡导“强兵固本”，办起军工厂、造船厂、开矿山、雇用外国技工、翻译西学著作、派遣留学生……这些新措施标榜为“自强新政”，或“同光新政”，现在人称为“洋务运动”。从国际环境来看，这30多年来正是世界现代化的第二次大浪潮期。① 东邻的日本人就是在这一代人时间中奋起直追，改变国家基本面貌的。从国内环境来看，这段时间形势安定（只有中法关系恶化），是有利于推动改革的好条件。由政府倡导兴办现代化工业，这也是中国经济史上的一个重要转折。

兴办新式军事工业以图自强，是自上而下的现代化改革的常见形式之一。就清末这次“自强”运动来说，则是这种形式的最保守的努力。这一论断是有许多根据的。近代君主制国家在西方冲击下，为维护帝国的生存，采取自上而下的改革来寻求出路，一般都从军事改革入手。与此同时，一般还要着手进行教育改革、法律改革甚至土地改革，并唤起

① 参见罗荣渠《论现代化的世界进程》，《中国社会科学》1990年第5期。

共赴国难的民族奋起精神。“自强”运动却不是如此，只是孤零零的单项表演。清政府特别不可能去进行全民族的精神动员，此其一。各国自上而下的改革都是由中央政权领导的全国规模运动，“自强”运动兴办的各种厂矿企业都是地方级的，由督抚大员经办，形成互不相干的独立中心，各自为政，与地方利益而不是国家利益相联系，而涉及重大的建设措施，督抚无权决定，往往延误而无法进行，此其二。各国现代化一般都以启蒙思想运动为先导，特别注意发展国民教育计划，以培养新式人才。日本 90% 以上居民住在离海岸 50 英里以内，围绕着三都及长崎形成四大文化中心，全国的人口和商品都以这些为中心集散地，传布全国，在明治时期却注意大抓国民教育。晚清中国是一个有 4 亿多人口的封闭的大国，传统思想和习俗根深蒂固，推动新改革没有思想上、舆论上和人才方面的准备，是很难进行的，此其三。仅此三点，就可以看出自强新政的起点很低，所谓“新政”，名曰改革，实际上只能说是应付危机而采取的仓皇进行的小修小补，名实很难相符。

其实，中国的现代化起步并不比西方第二代工业化国家晚多少时间。60 年代开始的军工建设，涉及工、矿、交通各种项目的兴建，实际上是中国工业化的开始，著名的江南制造局的创立（1865）早于明治维新，但进展的速度却非常缓慢，缺乏有效率的经济组织，这在西方是经济领域的问题，在中国却首先是政治领域的问题。中国现代企业的发展是从官办到官商合办或官督商办，这是用传统的政治手段办新式企业，也是其他一些迟发现代化国家走过的路。日本明治维新时代的企业也是从官办到商办的，这是继承德川幕府末期兴办洋式军事工业设备的做法。但明治政府在开办官营工业的同时，又促进职业自由和居住迁移自由，确认并尊重私有财权，改革地税，贷给民间企业以资金，并推行保护干涉主义，以保卫官营工业同时扶持民间产业。在发现官营不如民营之后，就迅速把官营工业转移给民营工业，并给大产业资本家以特权保护，这样就扶持了贵族武士转变而来的“政商”，培植了后来的财阀资本。当时中国却不是如此，国家没有振兴经济的全局考虑，没有推动工业化的配套设施，没有保护私有产权的法律措施。当官营企业的弊病已大大暴露之时，又不可能及时改变，或转为民营。李鸿章曾写信对人说：“闽船创自左公，沪船创议曾相，鄙人早知不足御侮，徒添靡费。今已成事，而欲善其后，不亦难乎？”① 这就是说，明知无用，也不能停办，因为已经糜费太大，于是只好维持门面，任其继续靡费下去。另一位著名启蒙思想家严复，深知时弊，对30年“自强”运动也有过沉痛的反思：“中国自海通以来，咸同间中兴诸公颇存高瞻远瞩之概，天津、江南之制造局，福州之船厂，其尤著也。顾为之者一，而败之者十。畛域之致严，侵蚀之时有。遂使建设三十余年，无一实效可指，至于今治战守之具，犹糜无穷之国帑，以仰鼻息于西人，事可太息，无逾此者。”②

这些话言简意赅，说明30余年之失误，主要在于制度性的障碍，这样，中国现代化的下一个回合就集中在制度变革的斗争，但这一本来就很艰难的转换，却因内外条件的特殊变化而大大拖长了。

四 扭曲和断裂

中国丧失了实现自上而下的变革的难得机会之后，从20世纪初到40年代末，现代化进入一个极为曲折而艰辛的阶段，其特点是现代化的扭曲与断裂。

在20世纪的最初十年中，中国出现了一些重要的变化：

1. 瓜分狂潮和八国联军的侵略激起了中国人民的政治民族主义和经济民族主义的觉醒；2. 现代化工业稍稍加快步伐，特别是铁路的兴办具有重要的经济、政治、文化意义；3. 出现私人集资兴办企业以取代官办企业的明显转变，还鼓励侨商回国投资，以加强与外国人的竞争；4. 1905年科举制废除，是教育制度的革命；5. 改革军事制度，废除武举，建设新军；6. 创设外交部、商部、邮传部等新机构，各省设谘议局，北京设资政院，公布“宪法大纲”，加快准备立宪的步伐；7. 新兴平民知识分子和留学生的参与政治活动；8. 与立宪派对立的激进革命派兴起，掀起反清武装起义，并终于导致帝制的覆灭和共和的诞生。以上这些变化表明中国正在开始进入深入社会变革的新起点。这十年的变化特别是社会变化，肯定超过鸦片战争以来半个世纪的变化。

---

① 《李文忠公全集》，朋僚函稿，卷一二，“复王补帆中丞”。

② 严复：《原富》按语，见《严复集》第4册，第888—889页。

这十年的变化是20世纪之交的异乎寻常的严峻形势逼迫出来的，形成大大超乎常态的剧烈反应。19世纪中叶以来，英国奉行“自由贸易”的扩张政策，在东亚采取和平方式扩张其“无形帝国”，当时其他一些西方国家忙于自己的工业化和内部事务，故而列强在东亚的争夺还是以商业扩张即争夺市场为主。到19世纪末则形势大变。法、德、俄几个后起的新兴强国崛起，加紧争夺新殖民地角逐，尚未瓜分的非洲，衰落的奥斯曼帝国和中国，就成为帝国主义争夺的主要对象。这样，东亚国际关系一变而为列国竞争的格局。中国面临的形势与两次鸦片战争时期相比变得异常严峻。从1895年到1905年十年中，不算戊戌维新和义和团运动两次国内事件，中国连续遭到四次沉重打击，那就是中日甲午战争(1894—1895)，西方列强对中国采取掠夺领土和势力范围的大规模行动(1894—1898)，八国联军直捣北京的大劫掠（1900)，日、俄两国在中国领土上爆发谁该控制东北的大战（1904—1905)。其中每一次打击对中国的损害都远远超过鸦片战争。丧权辱国接踵而至，大片领土被割让，数以亿两计的白银赔款，沿海和内河港口落入外国人控制下，不平等条约的商埠从1870年的15个到1900年增为40个。最后，中国沦为几乎所有西方工业国与日本共管的半殖民地。一位西方历史学家仅就上述几次屈辱事件中的一次做出了如下评论：“在世界历史上，没有一个拥有中国十分之一的领土和人口的国家，曾经遭到过中国1897年11月到1898年5月这六个月中所遭到的那样一连串的屈辱。我们不妨补上一句，也没有一个国家在行政上的那些公认弊病的改革方面，在具有很多优良品质的坚强民族所居住的一块极其富庶的土地上一切资源的组织方面，曾经表现出这样的无能。”①

马士评论中所提到的世界历史上这两个“没有”，深刻说明当时中国已濒临绝境，正是这种形势迫使中国在改良与革命之间最终做出了革命的选择。冲击越大，回应越烈。这一选择是不以人们的意志为转移的客观形势所造成的。

从旧王朝体制下的改革转为翻倒王朝的革命，这是从器物层次上的变革转为制度层次上的变革。这次革命不同于历史上的农民起义，它是

① 马士、密亨利：《远东国际关系史》中译本下册，商务印书馆版1975年版，第412页。

因日本式的自上而下的改革在中国推行无效转而效法西方式的暴力革命的。革命尽管是促进社会变革的最激进方式，但革命变革社会的实际成效与变革的方向，并不取决于革命家的主观愿望，而取决于各种主、客观条件。革命对旧制度的打击和瓦解的程度，是既取决于原有制度结构已经腐朽的程度，又取决于革命所代表的新兴社会经济力量已经成熟的程度。

20 世纪之交，从改革转向革命的国家，除中国外，还有俄国、土耳其和墨西哥。俄国是由沙皇统治的农奴制国家，19 世纪 60 年代废除了农奴制，90 年代在西方财政支持下现代经济有巨大发展，开始向军事封建帝国主义转变。俄国革命有强有力的组织领导力量，革命后，俄国经历短暂的严重动荡后迅速走上了社会主义现代化的新道路。土耳其从 19 世纪初就打开了与现代西方接触的大门，连续进行了几次“西化”的改革。20 世纪初，青年土耳其党人通过长期斗争结束了奥斯曼君主制，在经历反对外国干涉者的不长的战争之后，也较快地走上了经济发展的道路。墨西哥在革命前就进行过“改革战争”和出现过投靠外资的经济增长。1910 年革命有广大农民发动并进行了土地革命，为 1917 年新宪法和后来的资产阶级改革扫除了障碍。以上三个革命都显示出改革与革命之间一定的衔接性，都没有造成严重的政治权威危机和现代发展的较长期的断裂。相比之下，中国的辛亥革命却是这些革命中的最乏力的革命，正如“自强”运动是最软弱的改革运动一样。

辛亥革命没有成功的改革运动为先导，它是改革运动失败的逆反应；没有明显的经济增长为依托；没有形成强大的群众发动；也没有建立强有力的有组织的革命领导。清王朝是由于社会的极端腐朽，在一击之下突然崩溃的，这种崩溃形成的结构解体，不同于西方内生型现代化内在多元结构的分散性，它是高度集中的一元结构的溃烂，这种溃烂只是带来原结构功能的紊乱，即分裂为大大小小的传统式的权力中心，使国家陷于混乱和瘫痪，而趋于解体的原来结构并不会自发地发生适应现代发展的转变。这样，专制王朝的解体带来严重的政治权威危机，出现大小军阀分享政权、地方割据的局面。情况与 19 世纪初拉丁美洲独立革命后出现的那种长期政治混乱的局面较为相似。没有建立起统一的现代民族，没有稳定的政治中心，就不可能把社会内部蕴藏的发展潜力广泛有效地动员起来，这样就不可能从停滞转向现代发展，这是各国现代化的一条基本经验。可见，革命的现代化效应受许多可变因素的影响。只有在导致现代化变革的因素大量聚集的地方，革命才具有现代化的特征，成为使传统社会现代化的一种激进方式。在这些因素薄弱或不大成熟的地方，则可能拖延现代化的过程。

在晚清改革失败、变法失败而帝国主义侵略加深的情况下爆发的辛亥革命，就出现这种先天性弱点。专制王朝的崩溃带来了有利于现代发展因素的解放，但中央政权解体出现的权力其实也有利于寄存于原结构的外国势力、封建势力和新生的军阀势力伺机扩大地盘，假实行“共和”“民主”之名行阻扰现代化之实。国外的新老帝国主义则以支持政权觊觎者为诱饵，伺机扩大在华特权，假支持“共和”之名，行强化对中国的半殖民地统治之实。从清王朝解体到 1949 年中国又一次革命胜利之前，这将近 40 年之间，中国现代化过程的特殊性就在于它与中国半殖民地化（半缘化）过程交织在一起，这样，就使得现代化进程被扭曲，有时甚至出现“断裂”现象。

所谓现代化的被扭曲，指的是在半殖民地的环境中，有关现代发展的一切政治、经济、文化改革，都不可能像在独立的主权社会中那样正常进行；从帝制束缚下解放出来的许多潜力因素，受到不平等条约体系的重重束缚，很难被利用和发挥，最突出的是：

1. 中国被完全纳入世界资本主义经济体系并处在这个体系的边缘地位。外国资本的强力渗透，使中国的经济发展按照“工业化西方（日本）——农业中国”的格局进行，主要发展农产品和矿产品等初级产品出口的贸易（1936 年农产品的出口占总出口额的 48.3%），形成受外国控制的依附性经济。日本掠夺下的台湾、东北和华北发展了某些附庸工业，但与日本“相克”的工业被禁止扩大。

2. 中国的现代工业是以沿海条约口岸城市为中心的布局，主要是轻工业，也只能在外资企业的夹缝中生存和发展。外国人除直接投资、建厂外，还通过其强大的银行和外贸公司、航运系统控制中国经济。仅在 20 世纪初，收回权力运动和第一次世界大战前后，形成过两个小小的高潮，即使在受到外力压制较小的情况下，也只能零零星星地搞一点初级形式的进口替代工业化。外国资本与经营技术同中国的廉价劳力相结合，形成中外合营的现代半殖民经济，只能是一种依附性经济增长。

3. 广大农村被卷入商品经济体系。外国商品瓦解传统手工业的能力虽不如想象那样大，但小农激烈分化和贫困化并未能改变旧经济结构，资本主义化困难重重。[①] 在中国试行的各种乡村建设实验没有不失败的，农村的破产是社会动乱的不可遏制的根源。

所谓现代化的“断裂”现象，就是指由于受到特殊因素的严重影响，打断政治、经济、社会发展的正常连续性，特别是持续的经济增长被打断会对现代化的进程产生重大影响，甚至导致反现代化的倒退现象。就中国的具体情况而言，主要是指日本帝国主义的崛起及其变本加厉的侵华政策对中国现代化的严重干扰、打击和破坏。从鸦片战争以来，西方列强对中国采取的多种方式的侵略，主要是为了扩大在华的经济利益（俄国除外）。日本是中国的近邻。它作为最新和最后来到的东亚帝国主义，则不仅是要扩大它的经济利益，而且企图独占中国，掠取中国的领土和资源用来建立它的海外工业基地，垄断中国市场。日本在明治维新时期学习西方“富国强兵”，就抱有在东亚“创立一新西洋国”的目标。日本著名的启蒙思想家福泽谕吉的“脱亚论”，就是要脱离亚洲，与西洋文明国共进退。他曾露骨地指出：“就是接待支那朝鲜的方法，也不可因系邻国而特别客气，必须依西洋人接待他们的样子加以处分。”[②] 从明治维新以来，日本每十年向外发动一次征服，每次都是中国的灾难。现代世界各国中，像日本这样把“殖产兴业”与殖民扩张直接挂钩，以邻国为目标，贪得无厌，连续发动侵略战争来加速其现代化进程的，是绝无仅有的。

进入20世纪以后，日本在英日同盟的扶持下，实际上一跃而为东亚国际关系的主要角色。这一国际格局形成之后，中国现代面临的国际环境就进一步恶化了。在20世纪头30年之中，中国现代化的任何努力都举步维艰，最后还被日本侵华战争完全打断。

---

① 陈庆德：《论中国近代农村商品经济低层次扩散的历史性质》，《近代史研究》1989年第1期。

② 许介麟：《近代日本论》，1987年台北版，第59页。

五 历史的启示

1. 第三世界欠发达国家向现代工业社会的转变是一个艰难的历程，迄今还没有出现过轻而易举的过渡，传统社会文化结构越牢固的国家的过渡愈难。大国的过渡比小国要难。只有日本例外，它是最早、最快实现现代化的非西方国家。但日本现代化进程是畸形的，是在牺牲别国、推迟东亚现代化的特殊条件下实现的。把日本奉为“成功”的“样板”是不足取的（日本后来在外来干预下强制进行第二次现代化）。研究中国现代化的进程，可以与外国进行横向比较，但不能以西欧，更不能以日本的现代化作为标尺来进行衡量。“面对现代世界的挑战，把日本看成是成功的范例，而把中国看成是失败的典型，显然是愚蠢的。”①

2. 中国的人口比世界上任何其他国家都多，历史传统的发展连续性比任何其他国家都长，近百年来经历的内忧外患比任何其他国家都深，这一切决定了中国实现这一大转变的长期性、艰巨性和曲折性。中国走向现代化的步伐的确是太慢了。到 20 世纪 30 年代初，中国现代化的某些方面与 19 世纪 80—90 年代的日本和俄国相似，且另一些方面还未达到，这就是说中国花了 70 年时间才大致达到别人用 30 年达到的水平。但日、俄都没有遭受过中国这样的外来干涉和侵略，而中国却必须战胜非洲瓜分、奥斯曼帝国肢解、印度亡国、埃及被准殖民地化的时代性悲剧，艰难地保住自己的国家和古老、独立的文明，在中国沦为半殖民地的过程中，任何外国都没有真正征服过中国。这显示了中国人民对压迫的惊人承受力和反抗力，也显示了华夏文明的深厚的精神力量，以及在这个农业社会中蕴藏的内在活力。

3. 中国走向现代化的过程受复杂的内外因素的交互作用，形成一个深刻的矛盾过程。西方政治发展理论有一句名言：“现代性产生稳定性，而现代化却产生不稳定性。”② 中国的现代化必须打破几千年来的小农经济的稳定和封建专制统治的稳定，但旧秩序的完全解体，剧烈的社会大

---

① 巴林顿·摩尔：《民主和专制的社会起源》中译本，华夏出版社 1987 年版，第 183 页。

② 亨廷顿：《变动社会的政治秩序》中译本，上海译文出版社 1989 年版，第 45 页。

震荡，都很难一下子找到新的稳定中心。任何国家的工业化和持续经济增长，没有安定的环境是很难进行的。从帝制解体后，经过长期的探索，一直到中华人民共和国成立，中国才重新确立了自己的强大而稳定的政治中心，建立了独立和统一的现代民族国家，这样，才有发挥人民中蕴藏的深厚的潜力和经济高速发展的必要条件。

4. 中国现代化的过程是打破闭关自守逐步认识现代世界和进入现代世界的过程，即使像中国这样一个在前现代发展中遥遥领先的国家，一旦自我封闭，丧失吸收外来新因素的能力，就会盲目排外，从而脱离世界发展的潮流。因停滞而落后，因落后而挨打。但丧失独立自主性的开放又会完全受外来因素的支配，丧失自己的独立选择能力，沦为外国势力的附庸或半殖民地。近一个世纪中，中国经历了封闭—开放—再封闭—再开放的曲折道路，正反两方面的经验值得很好地研究。

5. 国际环境的特点和中国历史的特点，只能影响中国现代化所选择的形式和道路，但不能改变中国现代发展所必需的社会经济条件。在鸦片战争后的一百年中，差距不是缩小而是扩大。越是落后，就越是急于速成。康有为认为：“变法三年可以自立。”孙中山估计革命后十年建设可以与西方“并驾齐驱”，都是指望通过速成的直线式发展，“一传到位”，直接从庄稼汉的毛驴跳到工业化的铁马上，这是不符合中国的实际国情的。把外国的现代化发展模式照搬到中国都没有成功，中国只能通过自己的实践，包括各式各样的“试错”，探索自己的发展道路。

试论道咸间经世派的“开眼看世界”*

冯天瑜

清道光、咸丰年间，西方资本主义殖民者打破中华帝国闭锁的国门，宣布着东方农耕文明优胜地位的历史性终结。此间的经世派士人首先正视这一现实，成为“睁眼看世界”的第一代中国人。他们高扬“经世致用”的旗帜，力主“更法改图”，并“寻求异域之书，究其情事”，竞相“谈瀛海故实”以谋御外。道咸间经世派研讨泰西的努力始于林则徐，徐继畬、姚莹、梁廷枏等也是介绍西洋的前驱先路，而集大成是魏源，他提出的“师夷长技以制夷”对近代中国及日本影响深远。道咸间经世派追求异域知识，是从抗御外敌入侵的需要出发的，因此他们向国人介绍的外洋知识主要限于欧洲列国史地时事和与军事有关的科技知识，其开风气的历史功勋不可抹煞，然而又难免带着急切的实用倾向，尚来不及对西方文化作全面介绍和理性审度，重新建构中华新文化的任务也未能提上议事日程，与大体同一时期日本开国论者（以福泽谕吉为代表）的认识存在差距。总之，道咸间经世派的努力，是中华文化系统从中古式的封闭走向近代式的开放的第一步，是中国人面对工业西方挑战的第一个积极回应，其间自然也包藏着若干局限性。道咸间经世派的开放主义，启迪了此后的洋务大吏和维新派；其局限性则为洋务大吏所承袭，维新

* 本文原载《近代史研究》1991 年第 2 期。

派虽力图超越，却因实力的单弱和自身的缺陷，难以完成这种超越。

一

19 世纪中叶，西方资本主义殖民者用鸦片、商品和大炮打开中华帝国闭锁的国门，中国人开始面对一种旷古未遇的新的世界环境。

自三代以降，同以华夏—汉族为主体的中国人相交往的异邦外国，其文明程度大都低于，甚或远远低于中国。作为先进的农耕文明的代表，中国人虽然曾一再被拥有强弓骏马的“夷狄”（周边游牧民族）所骚扰，但文化上的优胜地位却从未动摇，即使在军事上数度被剽悍的“夷狄”所征服，结果却总是演出一幕又一幕“征服者被征服”的活剧。当然，自西汉末年开始从南亚次大陆传入的佛教呈现着别种情形，它是古代中国人接触到的水平较高的外来文化。因思辨巧密、体系庞大，佛学曾使不少中国人为之倾倒，以至在魏晋—隋唐间风靡朝野，成一“佛学时代”。不过，外来的佛学并没有构成对中华本土文化的真正威胁，而在近 10 个世纪间逐渐作为一种协和成分汇入以儒学为主体的中华文化体系之中。总之，古代中华文化尽管多有起伏跌宕，却没有发生过严重危机，这显然是因为中华文化在古代世界雄踞高势能地位，其吞吐汲纳异域文化的能力游刃有余。

从鸦片战争开始，中国则面对一种全新的格局：来自西方的工业文明作为一种整体水平已经超前的文明形态，以入侵者面貌出现，毫不留情地摧垮了中华帝国的千古尊严，首先从军事上，继之从经济上、政治上和文化上给中国以当头棒喝，宣布着东方农耕文明优胜地位的历史性终结。这对一向以“声明文物之邦”自居的中国人是一个难以接受却又无可回避的现实。而首先正视这一现实的，是道咸间的经世派士人，包括经世官员（如林则徐、徐继畬、姚莹等）和经世学者（如魏源、包世臣、梁廷枏等）。他们，尤其是代表人物林则徐、魏源，是“睁眼看世界”的第一代中国人。

二

道咸间经世派以较为开明的心态，实事求是地对待异域，特别是西方资本主义国家（时称“泰西”），这是一件超越前人习惯性思维定式的大不易的事情，表现了中国人的社会心理由中古通往近代的时代性转向。

定稿于雍正十三年（1735）、刊行于乾隆四年（1739）的《明史》，其《外国传》反映了自明末迄于清中叶中国人对外部世界的认识水平：仍然以“天朝上国”俯视“夷狄蛮貊”的态度看待开始走向近代社会的欧洲列国。《明史·外国传》称欧洲近代早期殖民强国西班牙、葡萄牙为“佛朗机”，对其地理位置尚无把握，说“佛朗机，近满剌加（麻六甲）”[①]，这显系错误观念；称和兰（荷兰）为“红毛番”，只知“其人深目长鼻，发眉须皆赤，足长尺二寸，颀伟倍常”[②]，“其所恃惟巨舟大炮”，“世称红夷炮，即其制也”[③]。关于意大里亚（意大利）的知识，因有明清之际来华耶稣会士利玛窦等人介绍，较为翔实可靠，但仍认定利玛窦在《万国全图》中所论“天下有五大洲”不可信，以为“其说荒渺莫考”[④]。总之，《明史·外国传》的用语和流露出的心态，都与《山海经》的描绘远国异人并无根本性差异。

《明史》刊行以后，纂修于乾隆间的《皇朝文献通考》的世界观念亦无进展，内称“中土居大地之中，瀛海四环。其缘边滨海而居者，是谓之裔；海外诸国亦谓之裔。裔之为言边也”[⑤]。这仍然是“中国者，天下之中也”的古老意识。直到18世纪末叶，接受产业革命洗礼的英国，其经济、政治、军事水平已非中国可比，海外殖民活动遍及非洲、南北美洲、中东和南亚，并对东亚虎视眈眈，而中国人对此却全无所知。陶醉于“十全武功”的乾隆皇帝在接见抱着“取得以往各国未能用计谋或武

① 《明史》卷三百二十五，外国六。
② 同上。
③ 同上。
④ 《明史》卷三百二十六，外国七。
⑤ 《皇朝文献通考》卷二百九十三，《四裔考一》。

力获致商务利益与外交权利”[①] 目的而来的英国马嘎尔尼使团时，还以为人家是前来朝贡的“贡使”，故要求使团行三跪九叩之礼，反复论争，才以“曲一膝为礼”[②]。乾隆帝在给英王的“敕谕”中声称：“天朝疆界严明，从不许外藩人等稍有越境掺杂”[③]，并坚拒英国在北京派驻使节的要求，还对英国的通商之请兜头浇上一盆冰水：“天朝物产丰盈，无所不有，原不藉外夷货物以通有无。”[④] 此后，嘉庆帝在19世纪初叶的“上谕”中也有类似话语：“天朝富有四海，岂需尔国些微货物哉？”[⑤]

截至19世纪30年代，隔绝于东方一隅的中国人（从最高统治者到普通老百姓），茫然不知世界大势，久久未能从“中央帝国”的迷梦中醒悟过来。当英国的炮舰直逼中国门户时，朝野均“震于英吉利之名，而实不知其来历”[⑥]。道咸间经世派士人认识外部世界的起点，也只能基于此。即使英明如林则徐者，在赴广州禁烟初期，仍以为洋人腿直，不能转弯，故不习陆战，这显系得之道听途说。在1839年8月3日的《拟谕英吉利国王檄》中，林则徐与两广总督邓廷桢、广东巡抚怡良会衔宣称：“中国所行于外国者，无一非利人之物……况如茶叶、大黄，外国所不可一日无也……而外来之物，皆不过玩好，可有可无，既非中国所需，何难闭关绝市。”[⑦] 林则徐等斥责英国的鸦片贸易固然义正词严，却也流露出对近代世界贸易实情的无知。同年9月，林则徐与邓廷桢会衔上奏，称：“臣等细察夷情，略窥底蕴，知彼万不敢以侵凌他国之术窥伺中华”[⑧]，仍对中国的强大有一种盲目自信，对英国殖民者的侵略野心和能力则明显估计不足。这些判断失误，植根于中国朝野长期以来对外部世界知识的极端贫乏。

经世派士人的可贵之处在于，他们没有沉溺于中古迷梦，没有抱残守缺，闭目塞听，而是怀着挽救民族危亡的忧患意识，高扬“经世致用”

---

① 《英使来华纪事》，伦敦1795年版，第92页。

② 《乾隆英使觐见记》卷中，第17页。

③ 梁廷枏：《粤海关志》卷二十三，贡舶三。

④ 同上。

⑤ 《清代外交史料》嘉庆朝，4，第29页。

⑥ 《林则徐集·奏稿》中册，中华书局版，第649页。

⑦ 《林文忠公政书·使粤奏稿》卷四。

⑧ 《林则徐集·奏稿》中册，中华书局版。

旗帜，对内“补偏救弊”“更法改图”，对外则及时调整鄙夷外人的固有心态，“寻求异域之书，究其情事”①，竞相“谈瀛海故实”以谋御外，终于在严密封闭的中古黑屋，打开了一扇窥探外域的窗口。中国人走向近代世界的历程即由此发端。

三

道咸间经世派研讨“泰西”的努力，始于林则徐。

道光十九年正月（1839 年 3 月）林则徐以钦差大臣身份，节制广东水师，抵达广州主持查办鸦片事宜。在同英国人以及其他欧洲人直接打交道的过程中，林则徐深感“不谙夷情”之苦。从对敌斗争的需要出发，他“日日使人刺探西事”，令随行的四译馆通事（译员）亚孟，以及在广州聘雇的译员林阿适、梁进德、袁德辉等，翻译每周六出版的由英国“自由贸易派”商人主办的《广州周报》、每周二出版的《广州纪事报》等刊物，编成“澳门新闻纸”，经林则徐加工成《澳门月报》，在“论中国”“论茶叶”“论禁烟”等名目下，综述洋人言论。② 又令人翻译英国人慕瑞的《世界地理大全》，编成《四洲志》，概述世界五大洲 30 余国的地理、历史，重点为英、美、法、俄诸国情形。还编译鸦片战争前夕西洋人对中国的时事评论，成《华事夷言》，介绍西洋人对中国的火药、绘画、歌舞、药材、服饰、宗教、海防、人口、财政、贸易、文字等方面的述评③，从而了解洋人的“中华观”，以增进对敌我双方的认识。林则徐又组织翻译滑达尔的《各国律例》，较完整准确地了解西方法律，以把握禁鸦片的法律依据，并合理处置同各国的贸易关系。对外部世界的放眼打量，尤其是对西洋书报透露的外域知识的“兼听并观”，是林则徐能够应对自如地综理对英作战、外交、商务诸事宜的重要原因，也是他高出朝野诸人一筹的所在。例如，当时人们普遍认为英国只长于海战而不善陆战，因而对英作战应当“不与水战，而专于陆守”，林则徐初入广州

① 姚莹：《东溟文后集》卷八。

② 载《海国图志》卷八十一。

③ 载《海国图志》卷八十三。

时也持此说。在深入调查“夷情”以后，林则徐及时改变战术，决定尽快建立水军，以“尾追”英夷，方有可能改变被动挨打局面。① 这是近代中国建立新式海军与外敌周旋的最早动议。

林则徐勤于学习外域知识，引起西洋人的注意。姚莹在道光二十六年（1846）撰写的《外夷留心中国文字政事》一文中，引述《澳门月报》的一段西洋人评论说：

> 中国官府全不知外国之政事，又不询求考求……惟林总督行事全与相反，署中尝有善译之人，又指点洋商、通事、引水二三十位，官府四处打听，按日呈递；亦有他国夷人甘心讨好，将英吉利书籍卖与中国。林系聪明好人，不辞辛苦，观其知会英吉利国王第二封信，即知其学问长进之效验。②

对照林则徐初抵广州时与在广州逗留若干时日后的言论文字，就可以清楚得见，在短短的一年多时间里，林则徐于日理万机之余，对以英国为代表的西洋各国的政治、经济、军事、文化状况的认识，有了长足进展，成为当日睁眼看世界的第一人。

继林则徐之后，曾任福建巡抚的徐继畬、曾任台湾道的姚莹、亲身参与禁烟运动的广东人梁廷枏等，纷纷研究西洋史地。徐继畬著《瀛环志略》，与魏源的《海国图志》并称于时，而在对西洋史地介绍的精确性上，有些地方尚在《海国图志》之上。姚莹则根据他在台湾俘获的英国人颠林的口供，编写《英吉利国志》《英吉利纪略》，后来又在《康辅纪行》中撰写“痕都斯坦即中印度”“俄罗斯方域”“英吉利”“四大洲”“佛兰西”“英吉利幅员不过中国一省”等条目，还在该书后附“中外四海地图说”“夷酋颠林绘图进呈说”图文等。梁廷枏则参考西人著作，撰《耶稣教难入中国说》《粤道贡国说》《合省国说》《兰伦偶说》（兰伦，即伦敦，指英国），合编为《海国四说》。以上诸书，均为道咸间介绍外部世界的有价值著作，其前驱先路之功不可没。

---

① 见《致姚春木王冬寿书》，《道咸同光名人手札》第2集卷一。

② 姚莹：《康辅纪行》卷十二。

继承并光大林则徐“开眼看世界”事业的最主要人物是魏源。道光二十一年(1841),魏源在扬州会见已被革职的林则徐,两人抵掌作彻夜谈后,林将《四洲志》及其有关材料交魏,魏源又参考明代以来岛志,编撰《海国图志》,道光二十二年(1842)刊五十卷本,二十七年(1847)刊六十卷本,咸丰二年(1852)刊一百卷本。魏源从“欲制夷患,必筹夷情”① 的指导思想出发,在这部篇幅浩繁的著作中,广泛介绍世界各国(尤其是英国)的历史地理,以及西方先进的科学知识、军事技术。《海国图志》百卷本共80余万言,有地图75幅,西洋船炮器艺图57页,是19世纪中叶中国以至东亚内容最丰富的世界知识百科全书。《海国图志》不仅是一部知识性读物,它更是一部爱国者抗击外国侵略、谋求祖国独立富强的政治哲学著作,魏源在林则徐“师敌之长技以制敌”思想的基础上,提出“师夷之长技以制夷”这一对近代中国和日本影响深远的战略观点。

从林则徐到魏源,迈开了先进中国人突破中古藩篱的第一步,首次将视线投向陌生的、咄咄逼人的西方,进而开始理性地思索在新的世界环境里改弦更张的路径。

四

道咸间经世派开眼看世界,是从抗御外敌入侵的需要出发的,“知己知彼,百战不殆”的战略要求促使他们急切追求异域知识。徐继畬称,他撰写《瀛环志略》,其目的在于:

> 正告天下,欲吾中国童叟,皆习见习闻,知彼虚实,然后徐筹制夷之策,是诚喋血饮恨为此书,冀雪中国之耻,重边海之防,免胥沦于鬼蜮。②

道咸间经世派士人几乎无一不是怀着这样强烈的爱国主义激情,为

---

① 魏源:《海国图志》卷二,《筹海篇四》。
② 徐继畬:《东源文后集》卷八。

了解“梯海而至”的“外夷”底细，匆匆译介异域知识的。正因为如此，他们所最感兴趣并急于向国人介绍的，主要是两个方面的内容：一为欧洲列国的史地时事知识；二为欧洲列国的科学技术，尤其是同军事有关的科技知识。

关于前者，鸦片战争后介绍欧洲列国，特别是英国史地政情知识的书籍如雨后春笋般涌现，即为突出表现。这对于道光时期朝野间“一旦有事，则或询英夷国都与俄罗斯国都相去远近，或询英夷何路可通回部”① 的无知状态是一种救正。此外，沙俄垂涎于西北边疆，也是经世派士人关注的问题，龚自珍首倡西域置行省，即为着抗御沙俄侵略。林则徐在《四洲志》中具体指出，彼得大帝以后，俄军“非因兵卒之众，全因马上之矫健”，后来“遂为欧罗巴最雄大国”②，亲历伊犁之后，林则徐在晚年更向国人发出“终为中国患者，其俄罗斯乎”的警告。

关于后者，经世派士人从改变中国军事劣势的需要出发，纷纷强调学习西洋船炮技术的必要性。林则徐作为鸦片战争的中方指挥者，对此有最痛切的认识，他指出：“剿夷而不谋船炮水军，是自取败也。”③ 林则徐所列“剿夷八字要言”为“器良、技熟、胆壮、心齐”④，这里所谓“器良”“技熟”，显然以英军为参照系。他说：“彼之大炮远及千里之外，若我炮不能及，彼炮先已及我，是器不良也。彼之放炮若内地之放排枪，连声不断。我放一炮后，须转辗移时，再放一炮，是技不熟也。”⑤ 又说：“前曾觅一炮书，铸法、练法皆与外洋相同，精之则不患无以制敌”⑥，这已接近提出以外洋之技制外洋的思想了。道光二十年（1840）九月，林则徐在即将被革职之际，仍上《密陈夷务不能歇手片》，力主“以通夷之银，量为防夷之用，从此制炮必求极利，造船必求极坚”⑦。魏源在《海国图志》中发挥林则徐这一主张，详论泰西确有超乎中国的

① 魏源：《海国图志》卷二，《筹海三·议战》。
② 林则徐：《四洲志》，载《小方壶斋舆地丛钞》第12帙。
③ 《致姚春木王冬寿书》，《道咸同光名人手札》第2集卷一。
④ 同上。
⑤ 同上。
⑥ 同上。
⑦ 《林文忠公政书·两广奏稿》卷四。

“长技”，如船舰、枪炮等，中国只有学习这些长技方可抗御外敌。魏源把那些反对“师夷”的顽固派讥为“夏虫”“井蛙”，并把自己的“实学”研究范围，从漕运、盐政、河工扩大到“置造船械”等“西夷长技”上来，从而开晚清新学之先河。

道咸间经世派诚然为时代的先进者。同时代的中国士人的知识范围，大多“惟知九州以内，至于塞外诸藩，则若疑若昧，荒外诸服则若有若无……徒知侈张中华，未睹寰瀛之大”①。经世派则把视野扩及域外，并竞相介绍西洋史地社情，“中国士大夫之稍有世界地理知识，实自此始”②。至于经世派师夷长技的思想，则为同光间洋务大吏所实施和发挥，曾国藩、李鸿章都把“师夷智以造船制炮”作为洋务活动的基本内容，左宗棠曾主持重刻《海国图志》，并称他在福建“设局造轮船”，“此魏子所谓师其长技以制之也”。③ 改良派更把道咸间经世派视作维新变法的先导。对西方作过实际考察的王韬指出，魏源“师长一说，实倡先声”④，王韬还称赞《海国图志》和《瀛环志略》是中国人走向世界的前驱先路。康有为等人则是在读了《海国图志》等经世学者著作后，才明白近代西洋诸国全然不同于以往所熟知的夷狄，“今泰西诸国，以治法相竞，以智学相上，此诚从古诸夷之所无也”⑤。由此出发，康有为等人才决心求教“西学”。

五

道咸间经世派主张了解世界，学习西方长技，开一代风气之先，其历史功勋是不可抹煞的。然而，经世派士人既然是本着“御外”“救亡”的炽烈热诚开眼看世界的，这又难免带有急切的实用倾向和强烈的感情色彩。对于作为一种复杂实体的西方世界和西方文化，他们来不及认真作理性的审度；对于中华文化自身，他们更未进行深刻的反省，只是对

---

① 魏源：《圣武记》附录12，《武事余记·掌故考证》。

② 梁启超：《中国近三百年学术史》。

③ 左宗棠：《重刻海国图志叙》。

④ 《扶桑游记》，《小方壶斋舆地丛钞》第10帙。

⑤ 《上清帝第四书》。

当日盛行的烦琐考证的汉学和空论心性的宋学有所批评，所谓“恶夫饾饤为汉，空腐为宋”[①]，并没有意识到中华文化有从总体上赶超西洋的必要，这就使得经世派士人学习西方的努力仅限于科技，主要又是与军事相关的科技这一浅表层面。以魏源为例，他力主“立译馆、译夷书”不过是为着“悉夷情”的需要[②]，他反复倡导的是“尽得西洋之长技”为“中国之长技”。通观其全部言论，魏源尚只有“西技”概念而无“西学”概念，他的采纳“西技”，仅局限在经世精神所允许的实用之学的范围之内，而重新建构文化体系的任务还没有提上议事日程。承袭魏源思想的冯桂芬等人探究的重心也在于“夷务”。冯氏认为，“出于夷而转胜于夷”是“当时论学第一要务”，而“有待于夷者，独船坚炮利一事耳”。[③] 至于政治改革，向中学“反求”即可，所谓“皇上振刷纪纲”，“一转移间”便可完成。[④] 冯氏将这种思路概括为“以中国之伦常名教为原本，辅以诸国富强之术”[⑤]。薛福成说得更明白：“取西人器数之学，以卫吾尧舜禹汤文武周孔之道。”[⑥] 这一思想后来发展为“中学为体，西学为用”，整个19世纪下半叶，一直占据主导地位。如果与同一时期日本开国论者的认识相比较，道咸间经世派及其后继者的局限性就显而易见了。

在中国发生鸦片战争期间，日本已开始注意“兰学”，佐久间象山于天保十三年（1842）提出“海防八论”，力主为“攘夷”而吸收“洋夷”的军事技术。这同《海国图志》的观点十分近似。美国的“黑船来航”以后，日本的海防论者仍坚持只输入军事技术、产业技术等物质文明，“和魂洋才”“东道西艺”论不胫而走。这似乎与中国的“中体西用”论别无二致。但值得注意的是，中国从道咸间经世派的“师夷长技”说发展而成的“中体西用”论，长期以来没有得到合理的补正，以至中国人在学习西方时难以树立一种健全的心态，总是羞羞答答、吞吞吐吐的，

① 《武进李申先生传》，《魏源集》上册，第361页。

② 《海国图志》，《筹海篇三·议战》。

③ 《校邠庐抗议》卷下，《制洋器议》。

④ 同上。

⑤ 《校邠庐抗议》卷下，《采西学议》。

⑥ 《筹洋刍议》。

即使仿效了人家，也要制造“西学中源”“古已有之”一类论调加以遮掩，未能虚心、扎实地把应当学习的东西真正学到手。反之，日本盛行的“东道西艺”“和魂洋才”说，兼顾了西洋实证科学和东洋传统文化的长处，较成功地将学习异域与保持民族本性结合起来。日本的“东道西艺”与中国的“中体西用”形貌相似而实质有异的一个重要原因，是日本的“东道西艺”论有新的文化观念作理论指导，日本人在保持民族尊严的同时，投入深研西洋文化的热潮之中，这种主张精研西洋文明以为我用的代表人物是福泽谕吉。

日本明治间开国论者福泽谕吉所著《文明论概略》，于明治八年（1875）刊行，当时即畅销全国，对日本国民，尤其是知识界有很大影响。《文明论概略》明确肯定西洋文明先进于日本、中国的东亚文明，指出应当“以西洋文明为目标”。福泽谕吉的高明之处在于，他在确认“文明的发展是无止境的，不应满足于目前的西洋文明”的前提下，又明确指出：“现在的欧洲文明，仅仅是以现在人类的智慧所能达到的最高程度而已。所以，现在世界各国，即使处于野蛮状态或是还处于半开化地位，如果想使本国文明进步，就必须以欧洲文明为目标，确定它为一切议论的标准，而以这个标准来衡量事物的利害得失。”这是一种辩证的西方文明观。至于如何学习西方，福泽认识到“不应单纯仿效文明的外形而必须首先具有文明的精神，以与外形相适应。我所主张的以欧洲文明为目标，意思是为了具有这种文明的精神，必须从它那里寻求”。这就比“师夷长技”的思想大为超前。福泽谕吉还特意指出：

> 文明的外形易取而文明的精神难求。
>
> 仿效西洋建筑铁桥洋房就容易，而改革政治法律却难。
>
> 汲取欧洲文明，必须先其难者而后其易者，首先变革人心，然后改革政令，最后达到有形的物质。按照这个顺序做，虽然有困难，但是没有真正的障碍，可以顺利达到目的。倘若次序颠倒，看来似乎容易，实际上此路不通。①

① 福泽谕吉：《文明论概略》，商务印书馆 1982 年版，第 12—14 页。

这些思想都可以说是对中国道咸间经世派和日本幕府期间海防论者“师夷长技”观念的重大补充和修正。中日两国几乎同时学习西方，而此后“学习成绩”却大相径庭，原因自然是多方面的，但与理性的文明论确立与否，或许颇有干系。

当然，道咸间经世派的“师夷”内容虽主要在军事技术，但作为眼光向着实际的经世实学家，当时也从介绍西洋论著的字里行间发现，“西夷”的所长并不限于技艺。魏源在《海国图志》百卷本中，多次流露出对西方民主政治和工商业的赞美。如认为美国的富强是由于“不务行教而专行贾，且佐贾以行兵，兵贾相资，遂雄”。这显然是对西方商品经济的肯定和歆羡。对于美国和瑞士的民主政体，魏源更发出由衷称颂，他认为美国的联邦制和民主选举制“其章程可垂奕世而无弊”①，瑞士“推择乡官理事，不立王侯”，是“西土桃花源”②。

对于经世派介绍并赞赏“西政”的言论，笔者以为不可无视，也不宜作过高的评价。一则，他们对西方政治的认识尚限于皮毛，所述一二，或带有猎奇性质，或包含若干理想化成分，并每每与中国的“三代之治”相比拟，不时流露出“礼失而求诸野”的心态；二则，他们虽然不满意于中国的现实政治，但认为那是通过“自改革”的方式即可加以调整和完善的。他们尚无将西方政治引入中国的意图。

总之，道咸间经世派的“开眼看世界”，是中华文化系统从中古式的封闭走向近代式的开放的第一步，是中国人面对工业西方挑战的第一个积极回应；然而，深重的中古阴影还笼罩着经世派士人，他们对西学的了解还限于十分表浅的层次，也未能正式开展对中华传统文化的反省性清理；至于汲纳消化西学、会通中西以创建近代新学的任务，在他们那里还没有明确提出。

---

① 《海国图志后叙》。

② 《海国图志》卷四十七。

晚清西学约议[*]

龚书铎

一

鸦片战争后，西方的学术文化逐渐深入中国，被称为“西学”。然而西学的传入和这一名词的使用，却早在明清间欧洲耶稣会传教士来华之时。

耶稣会士来华是为了传播天主教，但也带来了一些西方自然科学技术。他们在华期间，陆续撰译了一批书籍。徐宗泽据上海徐家汇书楼所藏部分，得出 215 种，其中属于宗教神学的约 157 种，关于自然科学、逻辑学、伦理修身等方面的 58 种。可以看出，耶稣会士的译著大部分是宗教宣传品，向中国人介绍西方科学的书籍为数不多。而且就在这些书中，缺乏介绍近代科学的成就，大多是被近代科学所取代的对立物，已是陈旧落后。此外，他们总是把科学摆在神学的奴隶地位上，鼓吹有一个造物主的上帝存在，上帝是全知、全在、全能的，“神化无量”，是万物存在的创造者，也是万物变化的主宰者。虽然如此，早期西学毕竟就这样传进了中国。

在耶稣会士的译著中，有的书直接以“西学”为名，如《西学治平》《民治西学》《修身西学》《齐家西学》等。如书名所表明，这些书是用西方观点阐述修身、齐家、治国、平天下的。而《西学凡》一书，分为

---

* 本文原载《近代史研究》1991 年第 2 期。

文、理、医、法、教、道六科，《四库全书总目》认为“所述皆其国建学育才之法”，“其致力亦以格物穷理为本，以明体达用为功，与儒学次序略似”。但又说，“特所格之物，皆器数之末，而所穷之理，又支离神怪而不可诘，是所以为异学耳”，实际是给予贬抑。不过，从这些冠以“西学”名字的书籍，以及《西学凡》的六科来看，所谓“西学”，包含的内容颇为广泛。

雍正、乾隆后，清廷禁止耶稣会士来华传教，西学的输入也随之中断。1840年鸦片战争以后，西学再次输入，而且远远超过明末清初。但是，在大约20年的时间里，人们除对基督教的传教反应强烈外，所看到的只是诸如“坚船利炮”之类的“器艺”的精良。及至1861年，冯桂芬撰《校邠庐抗议》，提出改革主张，其中一篇为《采西学议》，大致是“西学”一词的重新提出。魏源在鸦片战争后所编的《海国图志》中，主张“师夷长技”，即效法西方的技艺，而冯桂芬则不仅看到技艺，而且注重其学问，认为“算学、重学、视学、光学、化学等，皆得格物至理”，而算学是西学的基础，“一切西学，皆从算学出”。不过，冯桂芬所认识的西学，还只限于自然科学技术。正因为如此，他的“以中国伦常名教为原本，辅以诸国富强之术”，成为“中学为体，西学为用”的滥觞。

自19世纪60年代开始至90年代中期的洋务运动，历时30余年，人们对西学的认识，基本上没有超越前20年的框架。被时人称为最通洋务的李鸿章，认为“泰西之学，格致为先，自昔已然，今为尤盛。学校相望，人才辈出，上有显爵，下有世业，故能人人竞于有用，以臻于富强”[①]。洋务运动主持者所注重的西学，乃在于格致、天文、算学。其实，在此期间，与洋务派关系密切的所谓早期改良思想家，对西学的认识也不出此范围。郑观应在《盛世危言》中列有《西学》专篇，加以议论。他说：“泰西之学，派别条分，商政、兵法、造船、制器，以及农、渔、牧、矿诸务，实无一不精，而皆导源于汽学、光学、化学、电学。”[②] 显然也是把西学归结为自然科学。

19世纪末20世纪初，也就是戊戌变法前后至辛亥革命期间，人们对

---

① 《西学启蒙十六种》，序。

② 《郑观应集》上册，第274页。

西学的认识有了明显的变化。洋务派张之洞在《劝学篇》中即认为，西学不仅是算、绘、矿、医、声、光、化、电这些“西艺”，而且还有学校、地理、度支、赋税、武备、律例、劝工、通商这类“西政”，要“政艺兼学”。应该说，他的西学范围，比曾国藩、李鸿章要大一些。当然张之洞还是鼓吹“中体西用”，主张讲西学“先以中学固其根柢”，“以孝悌忠信为德，以尊主庇民为政”。真正发生变化的，是维新志士和革命党人。例如严复，他在甲午中日战争后，接连发表文章，强调要“大讲西学”。对于什么是“西学”，他认为：“今之称西人者，曰彼善会计而已，又曰彼擅机巧而已。不知吾今兹之所见所闻，如汽机兵械之伦，皆其形下之粗迹，即所谓天算格致之最精，亦其能事之见端，而非命脉之所在。其命脉云何？苟扼要而谈，不外于学术则黜伪而崇真，于刑政则屈私以为公而已。”① 在严复看来，商政、兵法、造船、制器，乃至天算、格致，都不是西学的根本所在，西学的根本，在于“于学术则黜伪而崇真，于刑政则屈私以为公”，也就是科学和民主。因此，随着人们对西学认识的发展，西学传播的内容也扩大了，不仅是自然科学，哲学社会科学学说的介绍也在增多。

社会科学学说传播的进展，在 20 世纪初尤为显著，成为译介的主要内容。这里比较一下《东西学书录》和《译书经眼录》所收书目的情况，就可以看出这种变化。《东西学书录》出版于 1899 年，所收的书目为 20 世纪以前的，其中自然科学 437 部，社会科学 80 部。《译书经眼录》收录 1900 年至 1904 年所译书目，其中自然科学 164 部，而社会科学则为 327 部。另据实藤惠秀监修、谭汝谦主编的《日本译中国书综合目录》一书的统计，从 1868 年至 1895 年，中译日文书共有 8 种；而从 1896 年至 1911 年，中译日文书增至 958 种，其中自然科学（含应用科学）172 种，哲学社会科学 786 种。而在 1900 年至 1911 年，译自欧美和日本的各类书籍达 1200 种，平均每年 10 种，数量相当可观。

西方哲学社会科学学说的传播，主要是通过报刊和书籍，较多是翻译外国的论著，也有中国人的撰述。对为数颇多的译著，不可能各个领域都谈到，这里举哲学和政治学说为例，以见一斑。

---

① 《论世变之亟》，《严复集》第 1 册，第 2 页。

有关西方哲学的译介，19世纪末已有所注意，但数量不多，它的发展主要在进入20世纪后。“哲学”一词，是从日本输入的。原来译名并不固定，有“心理学”“心灵学”“理学”“心智之学”等多种译法。20世纪初，“哲学”一词使用增多，才逐渐固定下来。当时译介西方哲学的工作主要有两方面：一是系统地介绍西方哲学的原理、体系，二是介绍西方哲学的重要流派和哲学家。关于西方哲学原理、体系，如王学来译日本井上园了著的《哲学原理》（日本闽学会1903年印），师孔的《哲学纲领》（载《浙江潮》）等。这些译著的内容，包括哲学的定义、研究对象、基本原理和范畴、研究方法、哲学与其他学科的关系等。更多的是对西方哲学流派和哲学家的介绍，几乎涉及此前所有西方重要的哲学家和流派。1903年，国民丛书社译，日本东京文学士著的《哲学十大家》，介绍了苏格拉底、柏拉图、亚里士多德、培根、牛顿、孟德斯鸠、亚当·斯密、边沁、达尔文、斯宾塞十位西方著名学者的生平、思想，其中大多数都是哲学家。1907年，楞公编辑的《万国名儒学案》一书，其中第一篇为哲学，介绍了欧洲从古代至近世主要哲学流派和代表人物。

20世纪初，中国人介绍西方哲学出力最多的当推梁启超。梁启超在他主持的《新民丛报》上发表了许多专题文章，介绍西方哲学家、思想家，包括亚里士多德、笛卡儿、培根、斯宾诺莎、霍布斯、达尔文、卢梭、孟德斯鸠、边沁、康德等的学说。他尤其推崇边沁和康德，称边沁为“乐利主义泰斗”，康德为“近世第一大哲”，集古今中外名家哲学之大成。对于德国另一位哲学大家黑格尔，当时也有人撰文介绍。1903年，马君武撰《唯新（心）派巨子黑智儿学说》，1906年严复著《述黑格尔惟心论》，《万国名儒学案》也有介绍黑格尔的专门章节。而王国维对德国哲学家康德、叔本华、尼采的学说很感兴趣，尤其是对他们的美学，潜心进行研究。他说：“余之研究哲学，始于辛壬（1901—1902）。癸卯（1903）春始读汗德（康德）之《纯理批判》，苦其不了解，读几半而辍。嗣读叔本华之书，而大好之。自癸卯之夏以至甲辰（1904）之冬，皆与叔本华之书伴侣之时代也。”[①] 他先后撰写了《叔本华之哲学及其教育学院》《叔本华与尼采》《汗德像赞》等文，介绍西方哲学和美学思

① 《静庵文集》，自序。

想。至于实验主义哲学，大约在 1906 年传入。是年，张东荪、蓝公武等在日本东京办《教育》杂志，创刊号上载有詹姆士的《心理学原理》，同时发表了一些介绍实验主义哲学的文章。不久，张东荪又发表了《真理论》，较系统地介绍了詹姆士的实验主义观点。

这里还需要提到与哲学关系密切的逻辑学。逻辑学的传播，在 20 世纪初曾风行一时。这与严复的推动是分不开的。1900 年，严复离开天津水师学堂到上海，开“名学会”讲授逻辑学，并译西方逻辑学著作。他先后翻译出版了《穆勒名学》（上半部）和耶芳斯的《名学浅说》，影响很大。有人认为，“自严先生译此二书，论理学始风行国内，一方学校设为课程，一方学者用为治学方法”①。而王国维译耶芳斯的《逻辑的基础教程：演绎和归纳》，更书名为《辩学》，也于 1908 年公开出版。此外，当时还翻译了一些日本的逻辑学著作。据不完全统计，从 1902 年至 1907 年，约翻译出版了六部。这六部是：清野勉的《论理学达旨》、十时弥的《论理学纲要》、富山房的《论理学问答》、大西祝的《论理学》、高岛平三郎的《论理学教科书》和《论理学》。其中大多是教科书，侧重于介绍形式逻辑，而以十时弥的《论理学纲要》影响最大，多次重印，清末民初出版的中国人撰写的逻辑学，基本都以此书为依据。

关于西方民权政治学说的传播。18 世纪法国启蒙思想家卢梭的名字和思想，自 19 世纪 60 年代起，一些中文书籍中就有所涉及，不过只是片言只语，有的也不准确。1895 年，严复在《论世变之亟》中宣传了“天赋人权”说。1898 年，日本思想家中江笃介用中文译的《民约论》，由上海同文书局出版，称为《民约通义》，内容为《民约论》的第一章。1900 年底至 1901 年初，《译书汇编》连载了杨廷栋据日译本转译的《民约论》。1902 年，杨廷栋全译了《民约论》，由上海文明书局出版。法国另一启蒙思想家孟德斯鸠的《论法的精神》，也在 20 世纪初翻译出版。1901 年秋，著名地理学家张相文由日文本翻译《论法的精神》，1903 年由上海文明书局刊行，称为《万法精理》。原著 31 章，该书只译了前 10 章。1909 年，商务印书馆出版了严复据英文本翻译的《论法的精神》，取名《法意》。严译本共 29 卷，包括了孟德斯鸠原著的全部内容。英国约

① 郭洪波：《近五十年中国思想史》，第 246 页。

翰·穆勒的《论自由》，是19世纪资产阶级政治学说中的重要著作。此书最早的中译本是严复和马君武分别翻译的，严译本取名《群己权界论》，1903年商务印书馆印行；马译本名为《自由原理》，同年由译书汇编社出版。至于斯宾塞的《代议政治论》、伯伦知理的《国家论》等，都被译成中文刊行。

从晚清知识界对西学的认识、介绍和接受的情况来看，大致可分为两个阶段，即1840年至1894年为前期，主要是认识和介绍西学中的艺学；1895年至1911年为后期，由艺学进而认识和接受西学的政学，政艺兼学，不仅译介西方的自然科学和技术，而且大量译介西方的哲学社会政治学说。对于吸收西学的这种发展轨迹，跟当时日本的情况大致相同。19世纪上半叶，日本接受西方文化，开始主要是医学，进而军事、天文、地理、化学、物理等自然科学和应用技术，将"洋学"作为一种"技术"加以吸收。著名的洋学家佐久间象山即提出"东洋道德西洋艺"的主张，桥本左内也说了类似的话："器械艺术取于彼，仁义忠孝存于我。"这种主张，与中国洋务派的"中学为体，西学为用"的态度是相同的。到了五六十年代，明治维新前，日本洋学蓬勃兴起，从吸收西方自然科学进而移植哲学社会科学，并用来解决政治问题。近代资本主义文明发生于欧洲，东方的封建国家落后了。在它们还没有发展为资本主义社会时，就受到西方资本主义列强的侵略。西方的资本主义文化，伴随着侵略而来。对于东方国家来说，吸收外来文化所能认识和所能接受的程度，往往是从具体到抽象，从器到道，即从自然科学和应用技术到哲学社会科学。

或认为近代中国对西方文化的认识和接受，是从鸦片战争后至洋务运动时期的器物层面，进而从戊戌维新运动到辛亥革命的制度层面，再到五四新文化运动的思想层面。近代文化发展的三层面，一层比一层加深。陈独秀曾经做了类似的归纳，他还认为辛亥革命之所以失败，原因在于没有思想变革，因此，思想伦理的解决才是"吾人最后的觉悟"。陈独秀的观点有其合理性，但也存在片面性，不能完全以之为据。问题在于，不论辛亥革命这场政治运动，还是五四前夕的新文化运动，都起过伟大的历史作用，但也都没有解决中国的问题，即改变中国半殖民地半封建的社会地位和性质，此其一。其二，戊戌维新运动也罢，辛亥革命也罢，作为政治运动来说，都是要改变政治制度；但它们又都是思想文化运动，在批判封建思想文化，传播民权平等思想上做了大量工作，为五四新文化运动奠定了基础。思想文化的变革是政治运动的先导，没有思想文化的宣传，政治运动是难以开展和实现的。因此，把制度变革和思想文化变革截然分为两个阶段，并不妥当。

二

西学虽然是伴随着西方的大炮而输入中国，但不能认为只是被动的，是西方列强逼迫下不得不如此，而是一开始就存在主动性，并且随着对西学认识的深化，这种主动性和自觉性越来越加强。这可以从传播西学主体的变化表现出来。

传播西学，一是翻译，二是著述。而翻译西方的论著，可更为直接地接触西学。就译书的情况而言，当时有人曾撰文谈到译书主体变化的情况："前译书之人，教会也，朝廷也；前译书之目的，传教也，敷衍也。后译书之人，士夫也，学生也；后译书之目的，谋公利也，谋私利也。"① 译书主体从"教会""朝廷"到"士夫""学生"，正是对这种变化的概括。我们还可以从译者的变化情况来加以具体说明。这种变化是，由外人翻译或中外合译变为以中国人自己翻译为主。在梁启超的《西学书目表》收录的鸦片战争后至 1896 年的西学译书 341 部中，外国人译的占 139 部，中外合译的 123 部，中国人译的 38 部，未注译者姓名的 41 部。而顾燮光的《译书经眼录》收录 1900 年至 1904 年的西文和日文译书 526 部中，外国人译的只占 35 部，中外合译的 33 部，中国人译的 415 部，未注译者姓名的 43 部。从这些数字可以看出，大致在中日甲午战争前的前期译书中，出于外国人之手的最多，加上中外合译的，共占总数的 76%，而中国人自译的只占 11%，而在战后的后期译书中，仅 1900 年至 1904 年五年间，由外国人独译和中外合译的仅占总数的 11%，中国人自译的则占 76%。前后两类数字的百分比正好颠倒，表明了传播西学的主体由以外国人为主变为以中国人为主。这一变化，也从一个侧面反映

---

① 《译书略论》，张静庐编《中国出版史料补编》，第 62 页。

了掌握外国语言文字和科学知识的新的知识分子群的形成。这些译书的中国人，身份有留学生、教习、编辑、医生、科学工作者、革命家等。其中有不少是蜚声学界和社会的，如梁启超、严复、章太炎、蔡元培、马君武、王国维、张相文、丁福保、杜亚泉等人。应该说，西学的接受，是中国人根据时局的变化和社会的需要所作的一种努力。

值得注意的是，传播和吸收西学，包括翻译西方书籍在内，从一开始目的就很明确，就是为了救国，为了中国的独立、民主和富强。魏源因鸦片战争的失败而编《海国图志》，在于要让世人了解西方的情况，并学习它们的长处，所谓“师夷长技以制夷”。姚莹撰《康輶纪行》，也是为了“雪耻”。冯桂芬主张“采西学”“制洋器”，在于自强御侮。他相信“中华之聪明智巧，必在诸夷之上”，“始则师而法之，继则比而齐之，终则驾而上之，自强之道实在乎是”。冯桂芬认为，“夫而后可以复本有之强，夫而后可以雪从前之耻，夫而后完然为广运万里地球中第一大国”。严复更是大力鼓吹救亡之道在“大讲西学”，他说：“盖欲救中国之亡，则虽尧、舜、周、孔生今，舍班孟坚所谓通知外国事者，其道莫由。而欲通知外国事，则舍西学洋文不可，舍格致亦不可。”[①] 又说：“总之，驱夷之论，既为天之所废而不可行，则不容不通知外国事。欲通知外国事，自不容不以西学为要图。此理不明，丧心而已。救亡之道在此，自强之谋亦在此。”[②] 民族危亡的感召，使新的知识分子自觉地把吸收西学与救亡图存、振兴中华的历史使命结合起来。辛亥革命时期，如前所述，报刊、书籍大量介绍西学，出现了一个新的高潮。一些刊物明确标明创办的宗旨，是“输入东西之学说，唤起国民之精神”[③]。在一篇题为“尚武说”的文章中也指出：“大家知道，我们不是十分爱他才学的，只是因拿着我们的老法子打不过他，故要拿着他的新法子打他。学他，不但是不足羞，只要能够打过他，真是一回大体面事。”[④] 对于接受西学，孙中山说的很明确。他主张要“吸收世界之文化而光大之”，其目的是“以期

---

① 《救亡决论》，《严复集》第1册，第46页。

② 同上书，第49—50页。

③ 《湖北学生界开办章程》，《湖北学生界》第1期。

④ 《第一晋话报》第3期。

与诸民族并驱于世界”。他还说：“革命的这种风潮，是欧美近来传进中国的。中国人感受这种风潮，都是爱国志士，有悲天悯人的心理，不忍亡国灭种，所以感受欧美的革命思想，要在中国来革命。”① 孙中山的这段话，可以概括鸦片战争后的晚清，吸收西学，变革社会，是为了“不忍亡国灭种”，是爱国志士“以天下为己任”而肩负起的历史使命，贯穿着鲜明的爱国主义精神。

正是基于这种爱国主义精神，一般说来，人们对西学的吸收是抱着分析、筛选的态度的。对于西方文化或其他外来文化的输入、吸收，不可避免地有一个要解决什么问题的问题。这就是说，输入西方文化需要有分析和筛选，不能好坏不辨，精粗不分，无选择地盲目输入。在历史上，中国人吸收西方文化是有着持冷静分析筛选态度的优良传统的。明清之际的思想家方以智，很注意吸收西学，所读西书约 30 种、200 余卷。但他认为：“万历年间，远西学入，详于质测，而拙于言通几。然智士推之，彼之质测犹未备也。”② 显然，方以智对西学的态度是有分析的批判的接受。清初，著名数学家梅文鼎对耶稣会传教士带来的西学，也主张“深入西法之堂奥，而规其缺漏”，“技取其长，而理唯其是”。③ 鸦片战争后，西学大量输入，先进的中国人经过不断地反思、探索，感到中学存在不足和弊病，西学有它的长处，应加以吸收。他们大多继承了明末清初方以智、梅文鼎等人对西学持分析筛选态度的优良传统。例如严复、梁启超，他们反对传统文化中的三纲五常，提倡民权、自由、平等。然而他们都没有像西方有些人那样，把个人绝对化，鼓吹追求自我欲望的无限膨胀，而是将个人和群体、社会的利益结合起来，指出个人的自由不能离开群体的自由，不能侵害群体的自由，要有社会责任心、义务心、公德心，要有合群意识。他们对西学没有盲目地、不加分析地笼统接受，而是经过分析和筛选。

在对待西学或西方文化的问题上，孙中山的态度是有典型性的。为了“振兴中华”，为了使中国能“跟上世界的潮流”，孙中山反对闭关自

① 《在黄埔军官学校的告别演说》，《孙中山全集》第 11 卷，第 268 页。

② 《物理小识》，自序。

③ 《晓庵新法》，序。

守，明确指出“必须使我们的国家对欧洲文明采取开放态度”，“如果不学外国的长处，我们仍然退后”。但是，孙中山认为，学习外国必须保持民族的独立地位，从中国的国情出发。他说：“中国几千年以来社会上的民情风土习惯，和欧洲的大不相同。中国的社会既然是和欧美的不同，所以管理社会的政治自然也是和欧美不同，不能完全仿效欧美，照样去做，像仿效欧美机器一样。……我们能够照自己的社会情形，迎合世界潮流去做，社会才可以改良，国家才可以进步。”① 从自己的国情出发去吸收他国文化，这个基本原则无疑是正确的。也正是从这一基本原则出发，孙中山对西学是经过了自己的独立思考，加以分析抉择，有所取舍的。如关于卢梭的民权学说，孙中山吸收了他的“主权在民”的思想，称赞他“提倡民权的始意，更是政治上千古的大功劳”。但是，对卢梭主张人权是“天赋”的说法则不赞成，认为这种说法没有根据，推到进化历史上并没有这样的事实。他指出“民权不是天生出来的，是时势和潮流所造出来的”，进而提出以“革命民权”来代替“天赋人权”。孙中山很称赞达尔文的进化论，认为是“时间上之大发明”，他甚至推崇达尔文的功劳，比世界上许多皇帝的功劳还要大些。孙中山的哲学思想，显然深受达尔文进化论的影响。但是他对把“优胜劣败，弱肉强食”的生物进化论观点应用于社会则提出批评，认为“此种学说，在欧洲文明进化之初，固适于用，由今观之，殆是一种野蛮之学问”。这种学说已不能适用，“应主张社会道德，以有余补不足”，“相匡相助”。孙中山这一思想，是从克鲁泡特金的《互助论——进化的一个因素》吸取的。他承认“物种以竞争为原则，人类则以互助为原则”，实际上是融会两种学说，而以己意加以解释。

一个民族、国家对外来文化的吸收，总是从本民族、国家的现实需要出发，有所分析和选择的。不独晚清如此，18 世纪欧洲启蒙运动时，法国、德国的一些思想家，如伏尔泰、孟德斯鸠、莱布尼茨、狄德罗等，都倾慕中国的文化。他们从启蒙运动的需要出发，以自己的理解，从中国文化，尤其是儒家思想中，吸收了养分，成为他们所提倡的理性主义、人文主义的重要渊源之一。

---

① 《三民主义》，《孙中山全集》第 9 卷，第 320 页。

三

西学传入中国后，与中国固有的文化发生了接触。在西学和中学接触的过程中，既存在矛盾和斗争，又互相交汇融合。从历史的演变中来看，中西学是在反复矛盾的过程中不断会通融合的。

在晚清西学传播的历程中，有两种说法值得提出来，一是“中体西用”说，一是“西学中源”说。这两种说法，到晚清终止一直流行。

“中体西用”说，可以说萌发于鸦片战争时期林则徐、魏源的“师夷长技”，明确于1861年冯桂芬撰《校邠庐抗议》所提出的“以中国之伦常名教为原本，辅以诸国富强之术”，流行于曾国藩、李鸿章、左宗棠、张之洞主持的洋务运动时期，而延续于清末的“新政”“立宪”。其间，改良思想家、维新思想家也大多倡此说。“中体西用”是希图以中学包容西学，这种以中国的“道”加西方的“器”，实际上不仅融合不起来，而且是矛盾的。

至于“西学中源”说，在鸦片战争以前就已出现，始于明清间耶稣会士来华时。其时，士大夫中即有人认为西学源于中国，康熙帝也有此说法。鸦片战争后，随着西学的传播，“西学中源”说又流行起来。在不同时期或不同的人中，“西学中源”说有不同的含义。例如在鸦片战争时期，倡“西学中源”说者在于反对学习西方；而在洋务运动期间，主是说者则在于为采西学寻找依据。对有些人来说，认为西学渊源于中国，却是为会通中西学立论的。在他们看来，既然西学本源于中国，那么现在吸收过来与中学会通融合是顺理成章的了。

其实，中西学会通融合的思想，早在明清间就已出现。著名学者、思想家徐光启曾说：“迩来星历诸臣颇有不安旧学而志求改正者，故万历四十年有修历译书分曹治事之议。夫使分曹各治，事毕而止，大统既不能自异于前，西法又未能必为我用，亦犹二百年来分科推步而已。臣等愚心以为欲求超胜，必须会通，会通之先，先须翻译。”① 著名数学家梅文鼎也认为：“且夫数者所以合理也，历者所以顾天也。法有可采何论东

① 《徐文定公集》卷四。

西，理所当明何分新旧，在善学者知其所以异，又知其所以同。去中西之见，以平心观理，则弧三角之详明，郭图之简括，皆足以资探讨而启深思。务集众长以观其会通，毋拘名相而取其精粹。”① 虽然徐光启、梅文鼎等人的主张会通只在天文历法和数学方面，但是这种不分中西新旧，“务集众长以观其会通，毋拘名相而取其精粹”的思想，不仅是正确的，而且是很可贵的，对于发展中国的科学技术有着积极的作用。可惜的是，由于后来西学输入的停顿，会通中西的思想也没有可能得到发展。

鸦片战争以后，在“中体西用”说盛行的洋务运动时期，由于主要是吸收西方的自然科学和应用技术，从而中西学会通问题也是从这里先提出来的。较早提出或实践中西学会通的，是数学、医学等。李善兰在数学方面即实践了中西学的会通。他在同文馆任算学总教习时，以元朝李治的《测圆海镜》为教材，并撰《测圆海镜解》，于其中的原题，“以代数演之，则合中西为一法”②。这就把中国古代传统数学的“天元术”，纳入当时世界通行的代数学的轨道中。李善兰先曾与伟烈亚力合作翻译西方数学著作，在接受了自己翻译的西方数学后，他的数学著作大多是会通中西学术思想的研究成果。丁韪良在《算学课艺序》中曾评论说：“合中西之各术，绍古圣之心传，使数学复兴于世者，非壬叔吾谁与归?”

在医学方面，最早提出中西医学会通的是李鸿章。他在为《万国药方》撰写的序中说：“倘学者合中西之说而会其通，以造于至精极微之境，与医学岂曰小补!”但是，提出会通中西医的思想并在中医界产生很大影响的，是中医唐宗海、朱沛文等人。唐宗海不赞成歧视西医，认为“西医亦有所长，中医岂无所短。盖西医初出，未尽周详，中医沿讹，率多差谬。因集灵、素诸经，兼中西之义解之，不存疆域异同之见，但求折衷归于一是”。③ 朱沛文对西方医学的了解，比唐宗海更为深入，他说：“少承庭训医学，迄今临证垂二十年。尝兼读华洋医书，并往洋医院亲验真形脏腑，因见脏腑体用，华洋著说不尽相同。窃意各有是非，不能偏主，有宜从华者，有宜从洋者。大约中华儒者，精于穷理而短于格物；

① 《堑堵测量》卷二。

② 《测圆海镜细草》，序。

③ 《中西汇通医经精义》，序。

西洋智士，长于格物而短于穷理。”① 朱氏使用理学的“格物”“穷理”等词汇，以之判分中西医学的短长，显然不全准确。但他认为“各有是非，不能偏主”，应当加以会通融合则是有见地的。这些医学家不仅主张会通中西，而且进行了实际探索。如唐宗海著《中西汇通医经精义》（1892 年刊行），以西方脏腑图说证之于《内经》；朱沛文著《华洋脏象约纂》（1892 年刊行），以脏腑体用原委证之于中西群籍，对当时西方解剖生理记述甚详，对历代中国医家有关论述也广征博引。朱沛文既注意接受西说，但当中西医理论不可通时，则对中说仍持慎重态度。

中日甲午战争后，随着西学传播从艺学到政学的发展，中西学会通也因更具有普遍的意义而被提了出来。戊戌维新运动时期，康有为就认为，应当“泯中西之界限，化新旧之门户”②。严复则指出：“必将阔视远想，统新故而视其通，苞中外而计其全，而后得之。”③ 辛亥革命时期，鲁迅在《文化偏至论》一文中认为，新文化应是“外之既不后于世界之思潮，内之仍弗失固有之血脉，取今复古，别立新宗”④。可以看出，甲午战争以后，中西学会通已不是局限在自然科学的某一具体学科，而是从建立中国的新学或新文化出发的，并且从自然科学领域扩展到哲学社会科学领域，是整体的而不是局部的。

19 世纪末 20 世纪初，会通中西的一个明显特点，是力图融会中西学以建立自己的思想理论体系。康有为的建构思想理论体系，即是一个明显的例证。康有为的思想理论体系很庞杂，但其基点为孔子儒学——“仁”“元”，包括思孟学派、陆王心学、董仲舒和今文经学派、《易传》的思想。此外，还吸收了墨子的“兼爱”“尚同”，庄子的“心学”，佛学的禅宗、华严宗等。他认为“兼爱”“尚同”符合“仁道”“合群”精神，而“庄子言心学最精，直出《六经》之外”。对于西学，康有为也尽力吸收。他的哲学范畴“元”“仁”，都吸收了西方的民主、平等、博爱的社会政治学说，以及近代自然科学如天文学、天体力学、地质古生物

---

① 《华洋脏象约纂》，自叙。
② 汤志钧编：《康有为政论集》上册，第 259 页。
③ 王栻主编：《严复集》第 3 册，第 560 页。
④ 《河南》第 7 期。

学等。如果说宋明理学体系是“援佛入儒”的话，那么康有为的理论体系则是“援西入儒”。正是在会通融合中西学的基础上，康有为建构了以“元—仁为本”的理论体系，虽然有的不免于牵强附会。

“戊戌六君子”之一的谭嗣同，在他所建立的“仁学”理论体系中，也是会通融合了中西学。他在《仁学·界说》中说：“凡为仁学者，于佛书当通《华严》及心宗、相宗之书；于西书当通《新约》及算学、格致、社会学之书；于中国书当通《易》、《春秋公羊传》、《论语》、《礼记》、《孟子》、《庄子》、《墨子》、《史记》，及陶渊明、周茂叔、张横渠、陆子静、王阳明、王船山、黄梨洲之书。”谭嗣同“仁学”体系的思想渊源，与康有为近似。他也是力图会通中西学，来建构“仁学”体系。他借用当时物理学的名词“以太”，把它作为构成世界万物的始基，而“其显于用也，孔谓之‘仁’，谓之‘元’，谓之‘性’；墨谓之‘兼爱’；佛谓之‘性海’，谓之‘慈悲’；耶谓之灵魂，谓之‘爱人如己’、‘视敌如友’；格致谓之‘爱力’、‘吸力’；咸是物也”①。梁启超认为谭嗣同的“仁学”，是“冥探孔佛之精奥，会通群哲之心法，衍绎南海之宗旨”②。梁启超对谭嗣同的“仁学”所归纳的三句话，第三句不无为扬其师而有所夸张，但前两句大体不差。谭嗣同和康有为都是“援西入儒”，构成“不中不西，亦中亦西”的以中学为主、中西杂糅的不成熟的思想体系。

辛亥革命时期，孙中山在建立他的“驱除鞑虏，恢复中华，建立民国，平均地权”的思想体系的过程中，既吸收了西方文化中的民权、平等思想和共和国方案，也从中国传统文化中继承了明末清初顾、黄、王的民族思想，“民贵君轻”“民胞物与”和“原君”的民主性精神，以及大同社会的理想等。当然，孙中山的会通中西比康有为、谭嗣同等人的主张已是发展了。康有为等人中学根底厚，西学知识浅，他们的会通中西是“援西入儒”，存在明显以西学附会中学的缺陷，而孙中山则是有着系统的西方资产阶级社会政治思想，在此基础上来吸收中学，“集合中外的精华，防止一切的流弊”。

会通中西是一个长期探索和不断深化的发展历程，实际上也是对中

---

① 蔡尚思、方行编：《谭嗣同全集》下册，第293—294页。

② 同上书，第543页。

西学或中西文化分析、筛选和整合的过程，是新文化建设和发展的过程。因此，它客观本身存在反复交融，主观上需要不断认识，不可能在短期内就完成中西学会通融合，也不是依靠一次运动就能奏效。终晚清之世，会通中西的问题自然谈不上已经解决，还只是初始的探索阶段，而中西矛盾、新旧矛盾，则尖锐存在。进入民国后，先是复古思潮泛起，继以新文化运动的反击。此后，保守儒学与醉心西化各执一偏。中西文化虽有所会通融合，但在许多领域仍然是并立，且互相排斥。从趋向看，是对传统文化的轻视和忽视，以至轻率的否定，而且影响深远。

商会与中国资产阶级的“自为”化问题*

虞和平

一

本文说的中国资产阶级的“自为”化，是指与其“自在”形态相对而言的一个发展阶段，也就是指它的形成过程。关于中国资产阶级的形成问题，学术界争论已久，众说纷纭。① 论者虽各持己见，方法则基本相似，一般从四个方面进行论证：（1）资本主义经济的发展水平，如多少企业，多少投资；（2）资本家的人数；（3）资产阶级的政治活动；（4）资产阶级党派的出现。这四个方面当然与资产阶级的形成有关，但仍难以判别资产阶级的形成与否和水平。资本主义经济的发展固然是资产阶级形成的基础，那么发展到怎样的程度才能表示资产阶级的形成？资本家人数的增加是资产阶级发展壮大的一个重要方面，那么达到多少人数才能形成一个阶级？人数多了是否就能形成一个高水平的阶级？资本家阶级参加社会政治活动是资产阶级形成的一种表现，那么何等水平的政治活动才可以表明资产阶级的形成？资产阶级党派的建立是资产阶级形成的一个重要标志，那么在客观上代表资产阶级一定利益的党派的

* 本文原载《近代史研究》1991 年第 3 期。

① 杨立强、沈渭滨：《“近代中国资产阶级研究”讨论会综述》，《历史研究》1983 年第 6 期。

出现是否就一定标志着资产阶级的形成呢?

因此，要判别中国资产阶级的形成与否及形成到何等程度，首先要明确阶级和阶级形成的概念。根据马克思主义的理论，阶级这一概念的含义主要有两点：第一，由拥有同类生产资料而处于社会阶梯不同等级上的人群所组成，一个阶级也就是一种经济社会等级；第二，由上述各类人群所组成的社会大集团。① 所谓阶级的形成也就是这种社会等级或大集团的形成；研究阶级的形成也就必须研究这种社会等级或大集团的存在状态及其形成过程。

关于阶级的存在状态，马克思主义经典作家曾在论述工人阶级的形成问题中提出“自在”和“自为”两种存在状态。这是为人们所熟悉的，在以往有关阶级问题的研究中，特别是无产阶级的形成和政治斗争，已不乏使用“自在”和“自为”这两个概念，但笔者认为，这两个概念带有普遍性，尽管处于不同历史阶段的不同阶级，不一定都能形成自为阶级，自为化的程度也不尽相同，但是均可以此来衡量任何一个阶级的形成和成长程度。

一个阶级从自在状态到自为状态的转变是逐步完成的。关于资产阶级的这种转变过程，马克思曾在《哲学的贫困》中论述了工人阶级的这种转变之后紧接着加以论述，指出资产阶级在政治和经济斗争中从局部同盟、城市自治团体开始而逐步形成一个自为阶级的过程。这说明，一个阶级从自在到自为的转变过程中要经历各个发展阶段，虽然具体到各个不同国度的不同阶级来说，其发展阶段各有自己的表现，但是一般说来至少有三个阶段：自在阶段，开始向自为状态转变阶段，自为阶段。

由此可言，衡量一个阶级形成与否，不能笼统地谈“形成”，而应该区别分析它是在自在状态上的形成，还是在自为状态上的形成。其判别标准，一是看它的组织程度如何，二是看它的阶级斗争和阶级意识的水平如何。这个衡量标准同样适用于中国资产阶级。论证后一条标准，只需对阶级的政治活动作具体考察即可，论证前一条标准，则还需要选择

---

① 《马克思恩格斯选集》（以下简称《马恩选集》）第 1 卷，人民出版社 1973 年版，第 25 页；《资本论》第 3 卷，第 7 篇，第 52 章；《列宁选集》第 4 卷，人民出版社 1976 年版，第 10 页。

其典型的组织形式作为考察对象。马克思主义经典作家在考察工人阶级的自为化过程时，以工会作为主要的考察对象。选择考察中国资产阶级自为化过程的典型组织形式，商会无疑是最好的对象，它是规模最大、涵盖面最广、阶级性最强的资产阶级组织。这就是本文以商会为主要考察对象，论述中国资产阶级自为化过程的理由。

二

在1904年商会出现之前，中国资产阶级处于自然形成的“自在”阶段。

到19世纪末，中国资产阶级人数已达到相当可观的数量。在外国洋行从业的买办人数达万人以上，并已建立买办公会、联谊会、集益会之类的组织。① 由民族资本投资开办的资本额在万元以上的工矿企业约达300家。② 分布于全国大小城镇的已逐渐资产阶级化的商人，更是无以计数。从数量上看，一个庞大的资产阶级群体确已出现。

但是，19世纪末的资产阶级在社会组织上尚处于传统的低水平状态。工商团体基本上仍停留在行会和同乡会的形式上，数量虽有增加，组织性质虽有改变，组织范围却基本如故。在内部结构上，行会的组成只限于同一行业的工商业者，且随着分工的发展而越分越细，由原来的一个行会分为两个、三个者显而易见。同乡组织只限于同乡，且非纯工商业者之组织，在外部联系上，行会和同乡会基本上是封闭的，彼此之间没有组织联系，有时虽因某种公益事业或社会活动而采取一些局部的联合行动，如慈善活动、办学活动、抵制外国侵略活动、维持地方治安活动等，但这只是一种临时性的松散的组合，没有组织上的内在联系。他们的活动基本上以一帮一业为单位，形成不了大范围的组织联系，无法开展大的社会活动。

在政治组织方面，当时虽然出现了维新派这一客观上代表资产阶

---

① 黄逸峰：《关于旧中国买办阶级的研究》，《历史研究》1964年第3期。

② 孙毓棠：《中国近代工业史资料》第1辑；汪敬虞：《中国近代工业史资料》第2辑。含商办、官商合办、官办招商的工矿企业。

级利益的政治派别，但与资产阶级本体基本上没有组织联系，既不是资产阶级组织成为一个“自为”阶级的产物，也没有去领导资产阶级组织成为一个“自为”阶级。那种以维新派和维新运动的出现而认定资产阶级已经形成的观点，如果其所说的“已经形成”系指自然形成，则与笔者的观点一致；如果系指形成为组织起来的“自为”阶级，则不敢苟同。这里且不说维新派是否够得上作为一个资产阶级政党，即使它可以作为一个资产阶级政党，也不能由此证明资产阶级已经形成一个“自为”阶级。虽然马克思的阶级形成理论认为政党以阶级存在为基础，是阶级的最高组织形式，是该阶级成为“自为”阶级的重要条件和标志，但是政党的出现与“自为”阶级的形成并非同步，它受社会环境的影响，或领先出现，或滞后出现。如果领先出现，会为“自为”阶级的形成准备重要的条件，但尚不能作为“自为”阶级已经形成的标志，“自为”阶级的形成有待政党能否把其所代表的阶级组织起来，并领导他们进行统一而有政治目的的斗争。如果滞后出现，那么政党的出现就是该阶级成为高度“自为”阶级的标志，并将进一步促进该阶级的“自为”化。

一般说来，西方发达国家的资产阶级政党和无产阶级政党是在资产阶级和工人阶级基本形成为“自为”阶级之后而产生的。马克思在 1847 年曾把英国工人阶级所表现的罢工、同盟、工联现象称为“实现他们组成为阶级”的形式①，也就是说已基本形成“自为”阶级，而他们的政党则尚在筹建之中。但是不发达国家的情况往往表现为政党领先出现于“自为”阶级形成之前。斯大林就曾指出过苏联的工会与工人阶级政党出现的前后关系与西方不同，他说：“我们的工会是在党出现以后，在党已经巩固并且已经在工人中间取得很高的威信以后产生的。……［西方］那里工会的出现要比工人阶级的政党早得多。在那里还没有党的时候，工会就已经领导工人罢工，组织工人和帮助工人在同资本家作斗争捍卫自己的利益了。而且，那里的党是从工会当中分离出来的。”② 马克思和斯大林的这些论述，虽然是就工人阶级与其政党的关系而说的，但是其

① 《马恩选集》第 1 卷，第 158—159、160 页。

② 《斯大林全集》第 7 卷，第 196 页。

中关于阶级“自为”化与政党出现的关系的基本原理，应该也适用于资产阶级与其政党的关系。

从19世纪末中国资产阶级的组织状况来看，维新派的出现显然领先于中国资产阶级的“自为”化。当时的中国资产阶级尚未形成规模较大的联合，更未有全国性的联合，离“自为”阶级的标准相距甚远。而且，维新派出现之后，也没能直接领导和帮助资产阶级组织成为一个阶级，最多只是通过一些理论设想和宣传而产生一些间接而有限的客观促进作用。因此，维新派的出现不能作为中国“自为”资产阶级已经形成的标志。维新派之所以能领先出现，主要是甲午战争之后一部分先进知识分子把自己的民族危机感与西方资产阶级政治文化相结合的产物，而不是中国资产阶级政治斗争发展的产物，加之中国社会中已有一个自然形成的资产阶级存在，使维新派和维新运动的出现具有一定的社会基础，而不至于完全与资产阶级要求毫无关系。严格说来，维新运动不能说是资产阶级的阶级斗争，而只能说是资产阶级的政治启蒙运动。由于维新派的领先出现，且不能很多地去发动和组织资产阶级进行维新运动，使维新派所发起和领导的维新运动与资产阶级本体的社会改良活动呈现出脱节现象，更不能形成全阶级的运动。以资产阶级发展程度最高的上海为例，当时的上海绅商尚未全体一致地认识到维新派所发起的维新运动就是本阶级的政治运动，也没有全体一致地积极支持和参加这一运动，更没有直接加入维新派这一代表本阶级利益的政治派别。即使有少数绅商进行了局部而少量的社会改良活动，也有如经元善那样自称与维新派“和而不同”“群而不党”“各行其是”①。因此，维新运动中的绅商界活动还不足以成为阶级斗争运动。

当然，维新运动对资产阶级进行了较为广泛的资本主义民主主义教育，为资产阶级的组织联合提出了理论设想，也获得了一些先进资产阶级分子的响应，从而为资产阶级在下一阶段的发展打下了基础。

---

① 见虞和平《经元善集》，第350页；及《论戊戌前后的经元善》，《近代中国人物》第3辑。

三

1904 年商会出现以后到 1912 年，是中国资产阶级由自然存在阶级向“自为”阶级过渡的阶段。

进入 20 世纪之后，特别是在 1903 年清政府推行“新政”之后，随着中国资本主义经济的较大发展，中国资产阶级的发展也较前一阶段前进了一大步。这里所说的前进，主要不是指其数量的增加，而是指其组织规模的扩大、政治斗争的发展和阶级意识的增强。中国资产阶级在其成长道路上所迈出的这一大步与这一阶段商会的产生和发展密切相关。

商会的出现才使资产阶级形成了真正的地区联合。在这一阶段，许多资本主义工商业较为发达的城市中出现了新式商人团体，如上海的商余学会、商余补习会、商学公会等，它们虽然比行会和同乡会有着较宽的社会范围，但是在规模上却不及行会和同乡会。只有商会才在社会范围上和规模上都超过了行会和同乡会，才能把其所在地的工商资产者全部组织起来。每一个商会都由当地各业行会的会员和新式企业的代表组成。如上海商务总会的第一届会员，包括了轮船公司买办、银行买办、纱厂总办和木业、花业、汇票业、南市钱业、北市钱业、典业、银楼业、绸业、南市衣业、北市衣业、茶业、米业、华商糖业、洋商糖业、洋货业、药业、酱园业、珠宝业、质业等行会的代表。[①] 天津商务总会成立时，有 32 个行会加入。[②] 京师商务总会成立时，至少有 10 家企业和 17 个行会加入。[③] 苏州商务总会的首届会员名册中开列了 40 个行帮。[④] 如果在商会初创之时尚有一些企业和行帮持观望态度，那么当商会成立之后入会者则逐渐增加，基本上包罗了当地的全部工商企业和行帮。

而且，商会与商会之间的联系也日益密切和扩大，出现了全省乃至全国范围的联盟趋向。按照部颁《商会简明章程》规定，省城及其他通

① 日本东亚同文会：《支那经济全书》第 4 辑，第 70—76 页。

② 李华：《明清以来北京工商会馆碑刻选编》，第 173—174 页。

③ 胡光明：《论早期天津商会的性质与作用》，《近代史研究》1986 年第 4 期。

④ 《苏州工商经济史料》第 1 辑，第 35 页。

商大埠设立商务总会，县治及其他商业较为发达的城镇设立商务分会；总会和分会所在地区内的某些商业小镇酌情设立商务分所。它们三者的关系是，分所附属于所在地的分会或总会；分会除了由章程规定为“就省分隶于商务总会”① 外，实际上也往往主动地把自己所属地区的总会当作上级机关，如通过总会领取印信，请求总会排危解难，通过总会沟通与上级政府的联系。由此可见，在总会→分会→分所之间存在一种法定和自发相结合的逐级控制体系和信息互传体系，使它们能够无事则分，有事则合，表现了以商务总会为领袖的全省商会的联盟倾向。

由上海商务总会发起的，始于1907年的筹建华商联合会活动，更体现了商会组织的全国联盟趋向。是年冬，在由上海商务总会等发起的商法讨论会上，经与会的80余个商会代表的讨论，决定仿照西方的商会联合会形式筹建中国的商联会，并委托上海商务总会和新加坡中华商务总会筹办。1909年12月，第二次全国商会的商法讨论会在上海召开，上海商务总会向会议提交了拟就的《华商联合会章程》，内中规定：“本会系联合华商之商务总会、商务分会或商务分所及所组织别会之有关商务者而成，名曰华商联合会。”其宗旨是：“甲、为入本会各会交通总机关，未入本会各会设法联合；乙、谋商会办法统一；丙、调查华商商务，图公共利益，去其阻碍。”② 不仅明确规定了其全国商会联合会性质和谋求全国工商界联合统一的目的，而且反映了谋取本阶级整体利益的意向。

此外，商会还与其他工商团体有着较为密切的联系，从而扩大和增进了工商界的联合。首先是商会与其从属团体的联系，如商团、商学公会、商业研究会等。这类团体由于与商会存在人事渗透、经费资助和目的相共的关系，所以基本上处于商会的直接控制和影响之下。其次是商会与本地其他社团的联系，如地方议会、预备立宪公会、咨议局、工会、农会、教育会等。这些社团均以绅商为主体，也与商会有着一定的共同目标，它们必然会与商会发生人员渗透关系和事业合作关系，并受到商会的影响。商会的这种外部联系形成了一种以它为大本营的各工商团体的地方性联系网络，使它们能在一些重大的社会活动中根据需要而互相

---

① 《大清法规大全·实业部》第7卷，第2页。

② 李厚祐、周晋镳：《华商联合会简章拟稿》，天津商会档案。

配合，形成声势浩大的社会运动。

商会出现后，资产阶级得以有组织地参加和发起地区性的乃至全国性的经济和政治活动。商会出现后，首先面临的是收回利权运动，这次运动始于1904年，延至1911年，先后波及湘、鄂、粤、浙、苏、直、鲁、皖、滇、川、晋、黑等省。它由各省的绅商领袖发起和领导，也有专门的领导机构，但是各省的收回利权运动无不有商会的参与和支持。1905年4月至10月的抵制美货运动，商会成了主角。由上海商务总会发起，并在它的影响和号召下，全国各总商会及分商会纷起响应，形成了一个延及全国十余省的大小城镇和乡村的大规模运动。在1910年的第二次国会请愿运动中，由华商联合会办事处发动和组织了工商界的请愿活动。该办事处先以《为国会事公告海内外华商联合请求书》为题，向海内外各商会发出动员书，号召全国商会联合参加请愿，以尽商界“义务”；接着又起草《拟海内外华商联合请开国会书》，经海内外华商公团核议后，作为商界的请愿书由全国商会请愿代表递交清廷。① 1910年5月至9月，以上海商务总会为主的各商会又联合进行了一次接待日本和美国实业团访华的商人外交活动。② 这一系列的事实说明，商会出现之后，不仅使资产阶级得以组织起来参与国家的商政和政治改革，而且也已参与外交活动。

商会在组织资产阶级进行政治活动的同时，也使资产阶级在斗争中不断提高联合、阶级、国家意识。在收回利权运动中，资产阶级思想家们鼓励工商界广结团体，指出：“政府既呼吁无灵，国民宜联合各省，自结坚固团体，凡关于路矿及各种实业权利，非经国民认可，决不能听政府自为赠与。”③ 绅商界也有人提出：“联合二十二省组织一国民路矿团体。”④ 他们还认识到：“经营企业是收回利权的最好手段，关系国家命运的兴衰。”⑤ 在抵制美货运动时，他们大声疾呼：“事关国体民生，吁恳峻

---

① 见虞和平《〈华商联合报〉和〈华商联合会报〉》，《辛亥革命时期期刊介绍》（Ⅱ）。

② 见虞和平《论清末民初中美商会的互访和合作》，《近代史研究》1988年第3期。

③ 墨悲：《浙江铁路风潮》第1册。

④ 墨悲：《浙江铁路风潮》第2册，“开会认股汇论”，第12页。

⑤ 汪敬虞：《中国近代工业史资料》第2辑，第737页。

拒画押，以伸国权而保商利”[①]，“中国商界文明发达之起点在此一举”[②]。事后又有不少绅商提出扩大商会组织，“以联合统一之法尽督责保护之实”[③]。商法讨论会更成了全国商会走向联合的一个契机。此后的国会请愿活动不仅直接促进了全国商会的联合趋向，而且认识到：“商界为国民之多数”，不可“度外置之”，并指出：欲使实业“占优胜之点，呈发达之形，舍此殆无一术焉”[④]。如此等等，无不将扩大联合、保护商利和保卫国权联系在一起。

但是，这一阶段的中国资产阶级仍未形成全国性的组织和全国统一的政治斗争。在组织上，虽有筹组华商联合会之事，但未能获得本阶级全体一致的认同，终有清之世未能成立。在政治斗争方面，虽出现过全国响应的场面，但仍不是组织起来的全国性政治斗争。以最为壮观的抵制美货运动而言，上海商务总会虽然起到了发动和引导作用，也与各省区的商会取得了广泛的联系，然而并没能发挥真正的领导作用。各省区的运动完全由当地的商务总会领导，行止进退完全由各商务总会自行定夺，既缺乏一致的步调，又缺少省区间的紧密配合，表现出较大的分散性和自发性，也表现出各省区间的不平衡性，大大影响了运动的成效。[⑤]此后的商界国会请愿活动，虽表现了全国资产阶级的联合行动，但只是一种临时的和松散的联合。武昌起义爆发后，南方各省的资产阶级都程度不同地参加和支持了革命运动，但仍是地区性商会组织领导下的地区性活动，其表现形式类似于抵制美货运动。

这一阶段中，资产阶级本体与其政党的关系，从总体上来说仍处于领先出现的状态，但是两者之间的内在联系已较上一阶段密切。无论是在革命派的组织中还是在立宪派的组织中，都已有资产阶级人物参加，并随着时间临近于辛亥革命，其加入的人数和发挥的作用日益增加，到武昌起义后，更有不少地区的资产阶级分子和工商组织成为革命的直接参与者和支持者。

---

① 朱士嘉：《美国迫害华工史料》，第146页。

② 《申报》1905年6月25日。

③ 《时报》光绪三十一年（1905）6月17日。

④ 《华商联合会报》第4期。

⑤ 耿云志：《一九〇五年反美爱国运动中的资产阶级》，《近代史研究》1985年第1期。

总之，这一阶段的中国资产阶级，在组织规模上已完成了省区性的整合，并向全国性整合迈进；在政治斗争上已有较多的参与和较大的规模；在阶级和国家意识上已经比较明显；在与其政党的内在联系上已日趋密切，处处表现出在斗争中逐渐向“自为”阶级过渡的状态。

四

1913 年中华全国商会联合会（以下简称“商联会”）正式成立以后，中国资产阶级进入了基本“自为”的阶段。因为商联会的成立，标志着中国资产阶级联合意识的增强、全国性组织的形成和政治参与的扩大。

商联会作为一个社会团体，它的组成是以资产阶级的联合意识为基础的。商联会的筹建活动始于 1907 年，当时除了上海、汉口等地发起商会具有较强的联合意识和积极态度之外，多数商会都因缺乏足够的认识而处于淡漠和被动状态。到 1909 年 12 月，“签名赞同者为数甚少”，直至 1911 年 7 月，经上海华商联合会办事处的再三催促，才有 270 余处商会表示赞同。[①] 1912 年 6 月，因武昌起义而中断的商联会筹建活动重新恢复，立即得到各地商会的广泛响应。[②] 是年 11 月，来自全国 17 省和京津沪的 28 个商务总会和 7 个商务分会的代表，云集北京，出席工商会议，他们在上海和汉口商务总会代表的倡议下，正式讨论了组建商联会事宜，一致决议成立“中华全国商会联合会”，设本部于北京，以上海商务总会为总事务所，各省各侨埠设立分事务所。[③]

商联会成立后，为自身的生存和合法化，与袁世凯的专制主义展开不懈斗争，进一步体现了中国资产阶级的联合意识。1914 年初，“奉天商会联合会干预税务条陈，总统府拟取消联合会”，令农商部“遵照办理”[④]。9 月 12 日，北京政府公布《商会法》，只规定各省可设立商联会，没有关于设立全国商联会的条文，并在批复京师总商会的函询中说：“凡

① 《天津商会档案汇编》，第 294 页。

② 《上海总商会议案录》（上海商会档案）。

③ 《实业杂志》（直隶）第 11 期。

④ 《农商部复陈介电》（苏州商会档案）。

从前部准章程（指1912年12月20日工商部批准的商联会章程）不在法律（指新颁商会法）内所规定者，当然一律无效。”[①] 试图从法律层面根本取消全国商联会。为此，商联会与北京政府进行了一系列斗争，坚决要求在商会法和施行细则内加入有关成立商联会的条文，最终迫使政府于1915年12月重新颁布《商会法》，承认“总商会、商会得联合组织全国商会联合会”[②]。在这一斗争中，中国资产阶级已经认识到成立自己的全国性组织是自身盛衰存亡的关键。当总事务所就商联会存废问题征询各商会意见时，“各商会以全国商务之总机关惟全国商会联合会是赖”，“乏全国商会联合会之枢纽，集群策群力研究讨论振励进行，则商务前途必致失败”。[③] 在1915年3月的商联会临时大会上，代表们一致认为：“方今全国商业窳败，又当商战剧烈之时，欲谋商务之振兴，实业之发达，非有全国商界集合团体为之联络、研究进行，不足以言进步，抑且无以自存”。[④]

商联会是全国商会的联合组织，具有最广泛的资产阶级代表性。商联会的章程规定：“本会以联合国内外商人所设之商务总分会所”为宗旨，“凡各地商会之职员、会员……均为本会会员”[⑤]。在该会开始筹建的1912年，中国的商会已普及除西藏外的全国各省区的大中小城镇，总分会所总数达1000余之多（不含海外华商商会），商联会成立之后，这1000余商会都先后自愿加入。涵盖面之广，成员之多，是任何一个资产阶级团体所不能比拟的，它是一个名副其实的全国性资产阶级组织。

商联会在资产阶级中具有众望所归的领导地位。由于商联会既有全国各商会自愿加入的组织基础，又有法律授予的权威地位，使它具备了领导全国资产阶级的基本条件。虽然商联会与全国各级商会之间没有明文规定的领导与被领导关系，但是它在全国各商会的心目中已成为它们的最高联络中心和代表机关。这已表现在与北京政府力争合法地位的斗争中，还表现在其他的业务活动中。全国各商会遇有重大事情几乎都向

① 《农商公报》第1卷第4册。

② 《中华全国商会联合会会报》第3年第2期。

③ 《时事新报》1914年9月27日，12月8日。

④ 《申报》1915年3月29日。

⑤ 《中华全国商会联合会章程》。

商联会反映，希望得到指导和帮助；商联会凡遇有重大事件，先向各商会征求意见，然后形成决议下达，各商会除特殊原因外，无不认真执行；政府部门遇有与全国工商界相关之事，也往往首先与商联会相商，由商联会出面或协助办理。在对外事务中，代表全国工商界的也只能是商联会，如 1921 年上半年纽约国际商会致函上海总商会邀请中国商会加入时，上海总商会认为："入会者既系代表全国，本会仅系上海一部分之商会，自未便对外遽有所表示"，遂提交商联会办理。① 可见商联会已成为全国商会的当然代表。

如果说商联会的这种领导地位已使它具有影响和引导各级商会活动的非组织性权限体系的话，那么通过其比较健全的组织网络又增加了它的组织性权限体系。商联会的组织网络有一个"三级二线"体系。所谓"三级"即商联会总部→商联会各省事务所→各省各级商会。所谓"二线"，一线指由上述三级逐级传递形成的组织联系，也是主线；另一线指由商联会总部直接与各省各级商会之间的联系，也可称为辅线。正常情况下，商联会总部通过主线与全国各商会取得联系；非常情况下则采用辅线，以减少中间环节而采取迅速行动，如召开临时大会、应对国内国际重大紧急事件等。而且主辅二线通过商联会各省事务所相交叉，进而密切了商联会总部与各省各级商会之间的组织关系。商联会章程规定："各省事务所就各省商务最盛、交通最便之处之商务总会内附设之"；"各省总分会所总协理即为各该省事务所评议员，由评议员中公推二人为各该省事务所干事"。② 这样，不仅把各省总商会与商联会下属机构各省事务所合而为一，而且把各省总分商会的总协理都置于自己的下属机构之中，从而形成一个比较完整的组织和权限体系，使上下之间信息畅通，反应灵敏，运营自如，能够按照自身的需要举行各种活动。

随着资产阶级的组织形态从地方型发展到全国型，它的政治活动也更为频繁，更为扩大，参政意识更为强烈。撇开其他不说，就商联会而言，它的政治活动要比地方商会更高一层。一般来说，集团政治参与意识和活动的发展出自两个源流，一个是随着集团规模的扩大而发展，也

---

① 《纽约万国商会邀请加入案》，《上海总商会月报》第 1 卷第 4 号。

② 《中华全国商会联合会章程》。

就是说，集团的政治参与意识和活动与它的规模成正比。[①] 另一个源流是随着社会政治影响的增强而发展，换句话说，就是集团政治参与意识和活动的发展是它受社会政治运动和国家政治影响的必然反应。[②] 这两个源流也较为明显地体现在商联会的身上。

由于商联会已是一个全国性的大型团体，尽管它仍以振兴经济为宗旨，但是已带有浓重的政治色彩。从它的章程所规定的“事务范围”来看，它不仅基本上已不参与具体的经济活动，而是注重于从调查研究、发展教育、宏观协调、制定政策等方面来推进社会经济的发展，而且还明确地规定了政治参与活动，如“辅助中央商政之进行”“政府对于商务之行政，如于商业上实有未宜者，本会详具理由条陈政府”“本会对于所议商律、商税、商约之意见，得依据各地事务所之多数同意，将利害条陈政府”，等等。如果说商联会在章程中所规定的这些政治参与活动尚限于经济方面的话，那么它在实际中所进行的政治活动则远不止于此，且愈演愈烈，请看它历年从事的主要政治活动：

1912—1913 年：要求增加商界议员名数。

1913 年：调和国民党与进步党的政争。

1915 年：抵制“二十一条”、胁从洪宪帝制。

1916 年：劝阻护国战争。

1918 年：调和南北战争、反对“中日军事协定”、要求华盛顿会议废除列强在华特权、发起国是会议、要求扩大商人参政权。

1919 年：参加五四运动。

1921 年：主张息战裁兵、发起废督裁兵运动。

1922 年：敦促政府按期收回辽东半岛。

1925 年：要求废除一切不平等条约、支持和参加关税自主运动、支持五卅运动。

---

① 这是因为，集团的规模越大，它的势力越大，社会接触面越宽，与社会各方面的互动作用也越大；并且愈益脱离小集团的那种具体活动而注重于上层活动，特别是它的上层领导者开始产生问津政界的欲望和行动。

② 这是由于，社会和国家的严重政治问题和剧烈政治运动对集团带来了不可避免的利益影响而引起其本能反应，或被迫卷入。

从上可见，商联会的政治活动与当时的社会政治局势密切相关。辛亥革命之后，各派政争激烈，尤其是 1916 年袁世凯死后，北洋军阀公开分裂，互相割据，混战不息；1917 年，孙中山在广东举起“护法”旗帜，继为西南军阀所夺，南北相峙，西南动乱；1918 年，第一次世界大战结束，帝国主义列强重新瓜分世界，企图剥夺中国应有之主权，卷土重来。这些使得国内战争频发，中外矛盾加剧，严重妨碍了资产阶级的商务活动。因此，反对一切妨碍商务活动的政治和外交阻碍，已成为商联会不可避免的事情。正如 1918 年商联会第三次代表大会的开幕词所指出：“查本会每届大会开会宗旨，本以扩张贸易，振兴实业为范围，此次不幸，国内兵连祸结，与欧陆人民罹同一之厄运，商务既无可讨论，势不能不先求战争之速止，急解目前之同敝……良以大局一日不解决，即我辈商业亦无从著手。”[1] 再如其 1921 年第三次临时大会的对外宣言所指出：“自筹安会谋倾民国而海内骚然，五年以来战争未已，甚至竭全国之力以养兵，罄全国之抵押品以举债，而财政已濒于破产，国是益陷于纠纷，我国民痛定思痛，岂能坐听其自然，永处于水深火热之境。”[2] 又如其对外宣言所指出：“（一）根据国际平等原则，凡各种不平等之条约，有妨碍中国之安全，或东方之和平，未经中国国会同意者，均否认之；凡国际间之缔约和协定，于中国有关系而未经中国同意者，亦否认之。（二）各国不得藉特殊地位或某种关系，以冀获得中国任何一部分之势力范围及特种权利。”[3] 因此，内战害商，他们就要求息战讲和；军队扰商，他们就主张废督裁兵，列强侵华，他们就呼吁抵制洋货，废约自主；政府卖国，他们就声讨国贼、抵制卖国条约。

由上观之，随着自身组织规模的扩大和受时局的影响，商联会不仅是中国资产阶级的商务组织，而且已具有资产阶级政治组织的色彩，并从本阶级的经济和政治利益出发领导整个阶级进行政治斗争。

与上一阶段相比，这一阶段中资产阶级通过组织纽带而结成的共同关系，又大大前进了一步，已建立起较为稳定的全国性联系。在政治上，

---

① 《申报》1918 年 4 月 24 日。

② 《商教联席会议第一次开会纪》，《时报》1921 年 10 月 13 日。

③ 同上。

除了与代表他们利益的党派的关系更为密切之外，由他们自己所组成的团体也开始担负起政治领导的角色。因此，这一阶段的中国资产阶级已基本上符合了“自为”阶级的标准。

需要指出的是，所谓中国资产阶级进入基本“自为”阶段，是从“自为”阶级形成的一般概念出发，结合中国资产阶级发展壮大的具体过程而提出的。如果认为中国资产阶级既已成为基本“自为”阶级，就应该具有与其他国家资产阶级同样的水准，那么未免陷于形而上学的认识。中国资产阶级作为一种经济利益集团，它应该与其他国家的资产阶级一样，有自己的发展和形成过程；作为一个在近代中国特定环境中产生发展起来的资产阶级，它又应该与其他国家的资产阶级不同，有自己的特点。众所周知的中国资产阶级的封建性、买办性、软弱性等，正是它的特点。这些特点虽然决定了中国资产阶级“自为”化程度的低下，但是并不能抹煞它作为一个社会集团而存在的形态和形成过程。

20 世纪初期资本家阶级的政治文化与政治行为方式初探*

张亦工　徐思彦

资本家阶级在近代中国的政治进程中，偶尔有引人注目的表现，但是基本上没有产生重要的影响。以往的研究对这个现象的解释着重于资本主义经济力量弱小和由经济地位决定的在革命中的二重性，这是一种历史唯物主义的科学说明，但是仅此为止是不充分的，忽略了资本家阶级作为参与历史创造的社会群体的某些主观能动因素。

本文以商会为主要对象，考察 20 世纪初期近 30 年间严格意义上的中国资本家阶级的政治文化，以及受这种政治文化影响的政治行为方式，希望由此进一步说明，资本家阶级在近代中国的政治舞台上，何以没有重要的作用和影响。

一　问题的提出

本文所谓政治文化指狭义的政治文化，即对政治的态度。[①] 本文研究资本家阶级的政治文化注意的不是他们的政治活动的具体内容和阶级立

---

* 本文原载《近代史研究》1992 年第 2 期。

① 本文采用阿尔蒙德《公民文化》一书关于政治文化的定义，与此有关的分析也参考和利用了该书研究的结论。该书中译本分别由浙江人民出版社（1987）和华夏出版社（1989）出版。

场，而是资产者对政治的信念和认识，情感和评价，这种态度对于政治行为方式和影响能力有非常重要的影响。

严格意义上的资本家阶级，指有经济地位的资产者群体，包括金融家、实业家、近代商人等，而不包括属于资产阶级范畴的知识阶层。后者与前者在政治文化与政治行为诸方面，有种种重要的区别，不能一概而论。

阶级是划分为阶层的，而本文着重考察的是资本家阶级作为一个整体所共有的政治文化和行为方式，不同阶层的政治文化和行为方式的特点有待进一步研究，买办资产阶级和官僚资产阶级，严格说是中国资本家阶级的不同阶层，因此本文不打算专门考察这两部分资产者的情况。

另外需要说明的是，本文为什么以商会为对象来研究考察资本家阶级的政治文化。

近代商会首先是由清政府在 20 世纪初期倡导成立的，自 1902 年上海率先成立商务公所，到 1912 年全国已有商务总会和分会 1002 个（不含海外华商商会），参加商会的会董会员有 20 余万人。① 在资本家阶级看来，"各埠遍设商会，以为交通机关，互相联合，遇事则集众会议，彼此研究，逐时改良，不致如前之隔阂涣散"②。近代商会普遍出现表明资产者已经认识到他们的共同利益，而且希望组织起来联合行动，以维护共同利益。这说明他们开始形成了基本的阶级意识。③ 因此，近代商会的出现是中国资本家阶级形成的重要标志。

近代商会一旦出现，作为资本家阶级的主要利益集团，在 20 世纪初期始终是资产者从事经济活动、社会活动和政治活动的主要代表机构。清末民初，中国的多数资产者由于历史和社会的原因很少以个人身份从事社会活动特别是政治活动。他们主要是以商会为代表或由商会动员和

---

① 虞和平：《商会与中国早期现代化》（未刊稿），博士论文。

② 《十年以内华商与十年以前华商之比较》，《华商联合报》第 3 期，宣统元年闰二月十五日。

③ 参见《马克思恩格斯选集》第 1 卷，人民出版社 1972 年版，第 60 页；徐鼎新《清末上海若干行会的演变和商会的早期形态》，《中国近代经济史研究资料》（9），上海社会科学院出版社 1989 年版。

组织起来参与政治活动。[①] 另一方面，商会本身在不同时期不同程度地兼有政治团体的一些功能。所以考察资本家阶级的政治文化和政治行为，主要应当以商会和商会成员（主要是领导成员）为研究的对象。

从政治兴趣和从事政治的机会与能力方面看，商会比分散的资产者个人更成熟和有更多表现，因而更有代表性；总商会比一般的商会更有代表性；大都市特别是开埠城市的总商会又比其他地方的总商会有代表性，而上海总商会对各地商会虽然没有统属关系却有实际的领袖作用，因而更有一种特别的代表性。因此，本文的考察比较多地注意各地总商会，尤其是上海总商会。

本文考察的时间范围大致是自 1904 年前后各地商会陆续成立到 1930 年春上海总商会被迫停止活动为止。这个时期是资本家阶级在政治上较少受到政府干涉和抑制，可以相对自由表现和自由发展的时期。清政府对商会较少干涉；北洋政府由于种种原因，往往也没有能力直接干涉和控制商会；南京政府建立以后，国民党政权利用经济和政治手段逐步加强对资本家阶级的控制，到上海总商会等商人团体被国民党控制的上海市商会取代以后，资本家阶级在政治上的独立意识和自主精神受到国民党和政府的抑制，日形淡漠，虽然无论资产者个人还是资本家阶级此后在政治上仍然还有自我表现，但是这样的机会已越来越少。[②] 从政治文化和政治行为方式的角度来说，1930 年以后的资本家阶级与以前有所不同，需要另作研究。

二　资本家阶级的经济利益与政治文化

政治在中国曾经长期是一部分特权者阶层的禁脔，即所谓“肉食者

---

① 张謇是与商会较少联系而一度热衷政治和颇具影响的资产者，但他的身份、经历和表现都可以认为是一个特例，而且在袁世凯复辟帝制失败以后，他即因失望而声明退出政治，此后他的政治活动逐渐减少，影响也越来越小。

② 参见朱华《一二八战争期间民族资产阶级对国民党政府的态度》，《档案与历史》1988 年第 2 期；曹必宏《九一八前民族资产阶级与国民党政权关系》，《民国档案》1989 年第 1 期；曹必宏《九一八后民族资产阶级与国民党政权关系》，《史学集刊》1989 年第 4 期；虞和平《近代商会的法人地位》，《历史研究》1990 年第 1 期。

谋之”，一般国民基本与政治无缘。受这种传统政治文化的影响，20 世纪初期的资本家阶级中多数人信奉“在商言商”，对政治很少了解和兴趣。自清末戊戌维新运动和宪政改革以来，以开明士绅为主的近代知识分子群体开始主动投身国家政治，但商界人士参与其事者人数有限，而且基本是追随知识界之后，没有特别值得注意的独立见解。[①] 据梁启超在 1910 年观察，“我国自昔贱商，商人除株守故业，计较锱铢外，无他思想。”[②] 辛亥革命期间有一些资产者一度积极参加和支持革命[③]，主要是为了拯救民族和国家，或者是为了早日完成革命以恢复社会安定，他们对政治权利很少认识，没有持久的政治积极性，而大多数资产者不问政治的状况在辛亥革命前后不可能有多少改变。孙中山对此提出批评：“吾国商人鲜留心政治，孳孳营业，以求发财。以为国政与商无涉，不知国政之良窳与发财有极大关系。”[④] 直到 20 年代，这种状况没有大的改变。据穆藕初观察，当时的有钱人“办事无它希望，其唯一之目的在于赚钱而已”[⑤]。

处于这种状态的大多数资本家，不会有多少近代国民观念，不懂得主权在民，不了解公民的权利和义务，对于政治和经济的关系也不会有深切的了解。他们不关心政治，所以没有什么政治责任感和政治能力感。这种不问政治的资产者始终是资本家阶级的大多数。

多数资产者不问政治的状况在我们考察的这个时期基本没有改变，这主要是因为“在商言商，不问政治”的传统不可能很快改变，另一方面，他们在清末民初较少接受新式教育，对于资本主义新思潮的了解和吸收极其有限[⑥]，所以政治观念的变化也比较缓慢。占大多数的不问政治

---

① 参加国会请愿的主要是一部分士绅，代表工商界的主要也是士绅。参见张朋园《立宪派与辛亥革命》，台北 1969 年版，第 72 页。

② 《敬告国中之谈实业者》（1910 年 11 月 2 日），《梁启超选集》，上海人民出版社 1984 年版，第 578 页。

③ 丁日初：《上海资本家在辛亥革命起义及胜利后的积极表现》，《近代史研究》1983 年第 3 期。

④ 《在沪举办茶话会上的演说》（1916 年 7 月），《孙中山全集》第 3 卷，中华书局 1984 年版，第 330 页。

⑤ 《藕初五十自述》，商务印书馆 1928 年版，第 62 页。

⑥ 王祉伟：《中国工商业失败之原因及其补救方法》，《总商会月报》第 3 卷第 6 期；徐鼎新：《清末民初上海绅商阶层面面观》，《档案与历史》1988 年第 3 期。

的资产者的政治利益，主要是由另外一部分对政治有某种兴趣和比较积极的资产者代表所反映出来的，他们主要是一些商会领导人和骨干分子。他们虽然始终是资本家阶级中的少数人，但往往比较有影响力，处于领导地位，有比较强的号召力和组织能力，因而对资产者的政治活动通常有决定性的影响。因此，他们是资本家阶级的政治代表。本文所考察的资本家阶级的政治文化和政治行为方式的特点，主要是由他们体现出来的。

这一部分资产者首先是从政治与社会经济，特别是与自身经济利益的关系认识和介入政治的，资本家阶级的政治文化经常表现出这样的特点。

在清末民初，资本家阶级对于多少和政治有关的事务发生兴趣，首先是针对与发展和振兴商务有关的“商政”，即关系商业利益的政府决策。这在各地总商会的章程中都有明确的规定。如广东总商会规定：“本商会为众商业之代表人，凡有损益于商业之事必尽力团结整顿提倡，或诉地方官或达商部，设法兴除，以副商战主义。”“本商会一以振兴商业为代表，如事非关碍商业利益者，概不干涉。”① 1913 年，上海总商会总理周金箴表示：“商人在商言商，惟以保持实业，发达商务为唯一宗旨。”② 这说明当时的资产者缺乏主权意识，对于国家政治事务与自身利益的关系没有深入的了解和认识。

在清末民初的很长一个时期，资本家阶级对于政治的要求和理想，主要是社会安定，希望有一个利于经济发展的政治秩序和社会环境。他们着重注意的是政治实行的结果，甚至只是当前的政治状况，对于政治制度本身的机制，对于政治发展的结果，都没有深入的了解，甚至很少有兴趣，表现为政治近视。③

由此可以理解，资产者何以反对二次革命，何以支持袁世凯恢复帝制。袁世凯政府虽然实行政治独裁，但在稳定社会秩序，整顿国家财政，

① 《广东总商会简明章程》，《东方杂志》第 1 卷第 12 号。

② 《上海总商会第 18 次常会兼特会议事录》(1913 年 7 月 27 日)。

③ 参见聂云台《明孔孟之道以弭阶级专制之祸说》，《聂氏家言旬刊》133 期 (1927 年 8 月 2 日)。

鼓励工商业发展方面，袁世凯政府的作为当时基本可以使资本家阶级感到满意[①]，所以他们反对孙中山等革命党人的二次革命。洪宪帝制时期，筹安会宣传实行君主立宪制度可以免除政争，安定社会[②]，所以得到很多大小商会支持[③]。只是当护国战争爆发，袁世凯当政只能激化政争时，他们才转而赞成袁世凯下台。

把政治理解为社会安定，这是资本家阶级和旧式商人相通的地方。他们的区别在于政治黑暗和社会秩序混乱的时候，旧式商人哀告无门，只能指望河清有日，而资本家阶级作为近代社会阶级则逐渐萌生了参与意识，希望能通过置身其中的政治活动，达成理想政治和理想社会，或者说由于政治黑暗的刺激形成了政治责任感和能力感。

资本家阶级对政治的不满，主要是在辛亥革命以后逐渐开始的，到北洋政府后期更形失望。在一些资本家看来，清末曾经是工商业发展的“黄金时期”，而民国建立后的十年则是“黑暗时期”[④]。这主要是指社会秩序和政府决策是否利于工商业发展而言。这方面的情况，是史学界所熟知的，无须赘述。为了维护自身经济利益，资本家阶级在 20 年代前后，对政府越来越不满意，对军阀政客日渐失望，由此导致独立自主的政治意识逐渐增强。

对于政治的这种理解，一方面保证了资产者从事政治的韧性，即不断努力，因为当时的政治很少达到保护和扶植工商业的目的。另一方面，过于看重经济利益，又使资本家阶级缺乏政治眼光。为了维护眼前的经济利益，他们可以忍受许多政治上的限制和压迫，可以放弃政治原则和政治权利。

因此，在政治动荡年代，资本家阶级首先关心的是“商场万不能作战场”[⑤]。二次革命前夕，上海总商会曾经致函南北两军表示“无论何方

---

① 卢寿篯：《上海今年商况不振之原因》，《中华实业界》1914 年第 9 号；徐宗勉：《关于资产阶级从拥袁走向反袁的历史考察》，《社会科学研究》1986 年第 5 期。

② 《筹安会议决君主制通电》（1915 年 8 月 24 日），《北洋军阀》（2），武汉出版社 1990 年版，第 971 页。

③ 参见《君宪纪实》（第 1 册），载《全国商会联合会及京津沪汉等总商会请愿书》。

④ 杨铨：《五十年来之工业》，陈真、姚洛编《中国近代工业史资料》（1），生活·读书·新知三联书店 1957 年版，第 7—8 页。

⑤ 《上海总商会特会议案》（1913 年 7 月 21 日）。

面先启战端是与人民为敌，人民即视为乱党"[①]。在他们看来"商场"的秩序最重要，政治原则的是非要以商场秩序为转移。北洋政府时期，资本家阶级一方面批评政府政治黑暗，另一方面却贪图高额利润，不断以包销公债的方式为他们不满意的军阀政客提供财政支持。章乃器是一位有政治见识的金融家，他对此提出批评："在主观立场上，我们银行界是决计没有存心结欢军阀资助内战的人，然而在客观的立场上，我们过去对于公债的过分投资与放资，的确不啻间接资助内战。"[②]

这种自相矛盾的立场和态度，正是中国资本家阶级政治幼稚的典型表现。他们原本缺乏近代的文化素养和政治素养，由于看重眼前的经济利益，更加缺乏宏大的政治抱负和长远的政治眼光。他们因此很少政治热情，每次涉足政治都是瞻前顾后，小心翼翼，往往表现出被眼前利益驱使的盲目性。

三　资本家阶级的政治参与意识

民主政治的一个重要前提条件是人民要有参与政治的意识，即认识到应当关心和参与政治决策，这种参与的意识通常表现为政治责任感。这是政治民主化和民主政治正常运行都需要的政治文化的重要内容。20世纪初期，一部分资产者开始形成这样的政治责任感，到 20 年代，资本家阶级初步具备了政治参与意识。

清末的一些商人已注意到，"商之盛衰存亡，与国家尤有密切之关系"[③]。1910 年国会请愿运动时期，一部分资产者参加了请愿，但也有人主张"商会自应办商界事"，认为"商会应办商务，他事不应办，国会事重，商人不够资格，更不能办"[④]。事实上，这种政治消极和缺乏责任感是一种更为普遍的现象。

---

① 《上海总商会致南北两军公函》，《上海总商会特会议案》（1913 年 7 月 21 日）。

② 章乃器：《金融业之惩前毖后》，《银行周报》第 16 卷第 19 号。

③ 《天津海关众商人为请先开直隶商界联合会再电告各省援应事致津商会函》，《天津商会档案汇编》（下），天津人民出版社 1988 年版，第 2354 页。

④ 《津商会十会董讨论请求速开国会不得以津商会出名发起的会议记录》（1910 年 5 月 27 日—6 月 3 日），《天津商会档案汇编》（下），第 2360 页。

缺乏政治责任感的典型语言是“在商言商”，这是清末民初资产者的口头禅和基本信条。对大多数资本家来说，在商言商不过是只做买卖、莫谈国事，对于一些商会领导人来说，在商言商是要过问“商政”，但不涉及与商没有直接关系的“纯”政治。1912 年 10 月，经上海总商会提议，各地商会向参议院要求由全国商会公举 10 人作为“商务议员”。他们的理解是：“关于商政之议案”，“须通过代表商会之议员才能定议”；而“凡关于其它国政”，这些“商务议员”只是“不忝末议，从多数为可否”，无须乎表示自己的意见。① 以为可以有只议商政的专门议员，说明资本家阶级对政治与经济的关系，以及自己的政治权利都没有深入的了解。

民国初年，有些商会领袖注意到，“中央财政我商人担负最重，政事之良否亦与我商人关系最切”②。一方面是“国家的命脉在商业”，另一方面是“必要将国家的根基弄得稳固才有经济界活动的地步”，因此商业社会，即资产者，对国家兴亡负有重大责任。③ 这些认识注意到政治与经济的关系，但仍然是希望有一个利于经济发展的政治环境和社会环境，对于资本家阶级如何参与政治，以保证达成这样的理想，并没有深入的了解和具体的设想，仍未形成完整的政治参与意识。

民初政治的黑暗和社会秩序的混乱，促使资本家阶级开始注意自己的政治权利，以五四运动为标志的新文化运动启发了资本家阶级的政治觉悟。④ 因此，到 20 年代前后，特别是在曹锟贿选和北京政变之后，资本家阶级对政府和军阀政客一概失望：“我国数十年来，秉国政者大都庸腐不察外情，恣睢不恤民困”，“非特对于工商诸业不能保护已也，且摧残之惟恐不力”。⑤ 资本家阶级把社会动荡、政治紊乱、工商业不能发展

---

① 《上海总商会第 9 次常会议事录》（1912 年 10 月 26 日）。

② 《上海总商会特会议事录》（1913 年 11 月 2 日）。

③ 《发刊词》，《中国商会联合会会报》第 1 年第 1 号（1913 年 10 月）。

④ 他们认为五四运动是“人民与政府徒手奋斗”，罢免曹、陆、章是“国民与政府战争之胜利”，由此受到鼓舞，进而期望“我国民今后对于政府之措置更宜注意，务使若辈不得稍逞其奸谋，则政海澄清，政治庶进于轨道”。《箴国民》，《藕初文录》（上），见《藕初五十自述》，第 73 页。

⑤ 王祉伟：《中国工商业失败之原因及其补救方法》，《总商会月报》第 3 卷第 6 号；《温州同乡会致总商会函》，《申报》1923 年 6 月 18 日；孤帆：《西人之中国时局观》，《总商会月报》第 4 卷第 3 号。

的主要原因：归结为“历来政府不是国民的政府，乃武人政客的政府”①。把“国民的政府”和“武人政客的政府”对立起来，说明对政治机构的失望促使资产者增加了政治责任感和参与意识。

当时有一批年富力强、有新的文化素养和专业知识的新人逐渐插足到实业界②，资本家阶级的骨干分子逐渐改变了成分和素质，更多地具有了近代企业家的意识③。他们比较容易接受和形成新的国民观念，对于政治的认识较前大有进步，主要是注意到了参与政治的必要性和可能性。

这种新式资产者的一个典型是留学归国投身纺织业的穆藕初。他认为：“国民为国家之主体，民德不竞，即国家危殆之祸所由起。国民而各私其私，置国事于不问，而后武人政客得逞其争雄攘利之阴谋，辱国丧权，罔知羞耻。”他理解的政治已包含有明确的国民主权观念：“主权在民之精义，其实在于人民之有知识有恒产者手中”，国家主权“应属于事业界中之有知识者”，即商学两界。④

上海总商会在 1921 年创办了《总商会月报》，该刊以普及商学、介绍商情为主，同时注意到提高资本家阶级的政治觉悟。该刊代表资本家阶级呼吁实行实业救国和职业政治，“即以从事农工商业务及劳动者执政”，“除去现在贵族、军阀、官僚、政客等无职业者执政”。在他们看来，以前“经营农工商者即无政治趣味”，于是军阀政客等“游民”可以为所欲为。⑤ 这些主张表现出一种明确的参与政治的积极要求。在这个时期，资产者对于与经济有关或没有直接关系的政治问题，有了更多的了解和要求。虽然也有不参与政治的主张⑥，事实上多数资产者也不可能参与政治，但关心政治的资产者数量增加了，他们对于政治的认识也更明确和深入了，也多次尝试成为政治主角。各地商会，特别是上海总商会，在 20 年代多次主动发起请愿、抗议，敦促国会制定宪法，要求监督国家

① 胡敬修：《中国工商业不振之症结》，《总商会月报》第 6 卷第 6 号，

② 《辛亥革命之意义与双十节之乐观》（1921 年 10 月 10 日），《梁启超选集》，第 767 页。

③ 徐鼎新：《从绅商时代走向企业家时代——近代化进程中的上海总商会》，《近代史研究》1991 年第 4 期。

④ 《藕初五十自述》，第 44 页。

⑤ 峙冰：《时局杂感》，《总商会月报》第 3 卷第 2 号。

⑥ 方椒伯：《各守本分论》，《总商会月报》第 5 卷第 12 号。

和地方财政，主张废督裁兵，尝试地方自治，甚至企图抛开政府，根据《临时约法》规定的公民权利自行组织立法机关（如国是会议）和行政机关（如民治委员会），至20年代中期更有“商人政府”的主张。①

1922年的国是会议，是资本家阶级政治参与意识初步形成的标志，充分体现了他们的政治自主意识。在他们看来，商学两界发起的以职业团体为主的国是会议，可以代表全民公意，可以召集国会以制定宪法。②这种政治自主的认识，在清末民初是不可能出现的。这些努力没有也不可能有具体结果，但是表现了资本家阶级空前高涨的政治责任感。

20年代后期是资本家阶级的政治责任感最为高涨的时期。1927年秋，上海总商会修改暂行章程，规定九条会务，最后一项是“办理关于国家地方人民应尽职分之事项”③。这和商会成立初期的章程内容比较有重要的变化。这显然是相当一部分资产者对自身政治权利有了相当认识的表现。1927年底，上海总商会发起召开了各省商会联合会，这是资本家阶级的全国性集会中最富有政治气息的一次会议。据商联会主席冯少山自己体会，“我商人年来对于埋首商业不问政治之陋习，确已逐渐破除”，他一再强调“商业之不能离政治独立，商人之不能埋头商业不问政治”，表示“本会所负之任务，一在解除商人之痛苦，一在积极努力国民革命之工作，兼营并进，决无轩轾”④。从周金箴主张“惟以保持实业发达商务为唯一宗旨”，到冯少山主张经济与政治“兼营并进”，上海总商会领袖的这种变化，是资本家阶级的政治参与意识从无到有的典型表现。

这次会议的《对内宣言》四条内容全部是表示政治立场和提出政治要求，其中第4条是“希望商人对于政治有深切之了解，为积极之参与”。资本家阶级的这些领袖人物认为，孙中山的民权主义“其基础实筑于民众本身之上，故必一般国民对于政治有深切之了解与参加之兴味，始能克符全民政治之实际”。“本会认为商人欲解除痛苦，此实惟一之途

---

① 参见《中国国民党第一次全国代表大会宣言》，《中国国民党第一、二次全国代表大会会议史料》（上），江苏古籍出版社1986年版，第84页。

② 茹玄：《国是与国是会议》，《总商会月报》第2卷第2号。

③ 《申报》1927年8月7日。

④ 冯少山：《开会词》，《各省商会联合会特刊》（1928年3月）。

径。”[①] 资本家阶级在清末民初曾经期望依赖政府扶助保护，现在终于认识到只有自己积极参与政治才能解除痛苦。当时执政的国民党奉行一党主义，所以比较积极的一些商会组织提出研究三民主义，鼓励会员加入国民党，不论其政治立场如何，从政治积极性而言，可以说他们已经具有比较明确的政治参与意识。

四　资本家阶级的政治能力感

具有一定参与意识的资产者，并不一定都自信有参与能力。缺乏能力感严重妨碍了资本家阶级实际参与政治的积极性，对其政治行为方式也有重要的影响。

参与政治需要有一定的制度保证，有适当的条件和机会等。清末民初的当局者并不欢迎资本家阶级参与政治，而政治制度为资产者提供的参与政治的条件和机会更是微乎其微，这自然不利于资本家阶级产生政治能力感。另一方面，能力感往往得之于参与政治的成功经验。参与政治而毫无成效，甚至带来麻烦和危险，也许可以激生军阀违法和革命党造反的能力感，但是不利于培养资本家阶级这样基本守法的一般公民的政治能力感。所以当时的一些资产者投身政治的经验教训，往往不利于增加参与政治的信心，而且正相反，很可能只是削弱这种自信。

1925 年，因战乱不已，上海总商会曾经讨论组织江浙和平永久大会。会议主席表示：以前集会非发布通电后寂然无声，即争执纷扰一事无成。他对此感慨万端，要求提案人准备详细可行的计划。闻兰亭提出管理两省财政的办法，当即有人提出是否办得到的问题，闻兰亭答称：“此事实际办不到，不过吾人一种主张，做不到为另一问题。”[②] 这是资本家阶级具有一定的责任感，但缺乏能力感的典型事例。

清末民初以来，资本家阶级为了维护自己的利益曾经不断努力，由于历届政府都是毫不顾惜民意的专制政府，而资本家阶级也没有可以维护自己利益的有力手段，所以几乎没有成绩可言。1927 年各省商联会开

---

① 《各省商会联合会对内宣言》,《各省商会联合会特刊》(1928 年 3 月)。

② 《上海总商会第 8 期常会议事录》(1925 年 4 月 11 日)。

会时，冯少山以商联会主席身份致开幕词，对于资本家阶级的政治能力深感失望："十余年来，议决之案，殆已高可盈尺，果能一一见诸实行，商业当可焕然改观。无如全国商会议决之案，十之八九皆与官厅有关系，商只能为意思之表示，而最后之核准实行，其全权纯操诸官厅。处军阀政治之下，安望官厅能诚意与商民合作。是以议决之案，徒供覆瓿，其成绩几等于零。"①

缺乏政治能力感大大影响了资产者的政治积极性。一些曾经热心政治的资产者因而对政治失望。如张謇完全退出政治，致力于经营南通地方的"村落主义"，又如穆藕初等转向佛教探求拯救社会、国家的虚无缥缈的可能性。② 我们所考察的这个时期，是一个社会动荡、各种政治势力分化组合还没有完全定型的时期。在这样的时期，资本家阶级从来没有机会和条件形成有效的政治能力感，那么在以后的一种主要政治势力基本一统天下的时期，他们就更没有多少可能形成自己的政治能力感。这种状况严重影响了资本家阶级参与实际政治的积极性。

总的说来，资本家阶级缺乏政治能力感，但在 20 年代中后期，也有能力感超前，即超出实际政治影响能力的情况。

五四运动以后，资本家阶级的政治意识发生较大变化，民众运动的声势增加了他们的能力感，20 年代初期商学两界的政治合作壮大了反政府的力量，也有利于资本家阶级提高政治能力感。1922 年，《总商会月报》发表的文章认为，武人政客可以任意恣行，"皆吾国民纵之使生，养之使长者也，苟吾国民能毅然居主人之位，行监督之权，则彼武人政客者，纵不奔赴左右，供吾民指挥，亦当敛迹消声，不敢肆行无忌，以樱吾民之怒。"③ 穆藕初曾讲到民初经济凋敝，外交失败，主要在于政治不良，"苟集我国之人才而从事于政治，使蠹国病民之辈不能侧身其间，则政治清明，人民乐业，于是乎可以为所欲为"④。资本家阶级虽然不能提出实现这种理想的可行方案，但确实出于责任感形成了政治能力感，一

① 冯少山：《开会词》，《各省商会联合会特刊》（1928 年 3 月）。
② 《藕初五十自述》，第 92 页。
③ 茹玄：《关于国是会议之片言》，《总商会月报》第 2 卷第 2 号。
④ 《藕初五十自述》，第 50 页。

旦北京政府风雨飘摇，这种能力感便突然膨胀，远远超出了他们的实际能力，于是产生抛开政府召开国是会议的幻想。资本家阶级认为，“必由国民自动建造一合法统一之政府”，才能实行国民愿望，因此要求国是会议“当决心勇往，以建设新政府为自身最终之目的”，主张由国是会议自行召集国会或监督南北方政府会同召集国会，以便尽早制定宪法。①

事实是当时的中国，军阀政客横行无忌，商学两界没有实际力量实现自己的主张，国是会议除了发布通电，提出两个宪法草案，毫无实际成效可言。

资本家阶级政治能力感超前的更为典型的表现是在南京政府建立初期。资本家阶级曾经主动资助和支持蒋介石集团。后来的事实证明，他们选择的蒋介石集团并不是可以得心应手的政治工具，反而很快成为资本家阶级的克星，不过在当时，这正是资本家阶级根据自己利益进行的主动选择，而且一时颇有成效。因此，他们对南京政府抱有许多期望和幻想，政治能力感因此又一度膨胀起来。

南京政府成立之初，他们以功臣自居，对内政外交提出了一系列建议和要求，并且有意识地以拒绝承担公债等经济手段为武器，多次向国民党政权施加压力，对政府强制推行债券，以商民协会抑制和替代原来的商会，对国民党制定的商会法和劳工政策，等等，以上海总商会为代表的资本家阶级非常不满。② 他们希望有权力监督政府和被接纳到政治机构中，1927 年各省商会联合会在上海开会，“决议自动修改商会法，组织各省商会联合会总事务所于上海”，省设分事务所，各旨在组成“永久之团体”，“决议组设中国经济会议”，“而为将来国民会议关于经济一部建设筹备会议之张本”。担任会议主席的上海总商会会长冯少山告诫资产者不要“畏葸而不敢言”，号召“全国商会赶速联合起来，全国农工与普通消费者赶速与商会联合起来”。③ 这种咄咄逼人的气势对资本家阶级来说是前所未有的。中国的资本家阶级从来没有这样积极勇敢，这样富有想

① 茹玄：《国是与国是会议》，《总商会月报》第 2 卷第 2 号。

② 《上海总商会致国民政府江浙省政府财政部上海市政府读四次全会宣言请首重国民经济建设电》(1928 年 2 月 13 日)，《商业月报》第 8 卷第 3 号，冯少山：《商民协会能否代替商会之讨论》，《总商会月报》第 7 卷第 12 号。

③ 冯少山：《对于今次各省商联会闭幕之感想》，《总商会月报》第 8 卷第 1 号。

象力和创造性。现在，他们的领导人本能地体现出合乎民主化要求的政治文化，但是他们的经济力量不足以支撑决定国家命运的政治要求，更重要的是，他们面对的是决心实行一党专政而又基本掌握了全国政权的国民党，所以他们没有机会与可能运用民主政治的程序，成为中国政治的主角。反而很快就在经济和政治方面受到国民党政权的剥夺和限制。[①]

政治在某种意义上说是一种审时度势的艺术。政治能力感超前和政治消极表现出来的缺乏能力感，同样是资本家阶级政治上不成熟的表现。

五　资本家阶级的党派意识

政党政治是近代民主政治的主要内容和形式之一。国民具有一定的党派意识和感情，支持或反对某些政党，是实行政党政治的必要条件。就资本家阶级而言，政党政治是对他们最有利的政治活动方式，但中国的资本家阶级在当时却没有实际运用和支持过政党政治，这主要是因为他们缺乏近代的党派意识。

中国的近代政党发轫于清末民初，这也正是资本家阶级政治启蒙的时期。在清末预备立宪公会时期已有资产者涉足政党，民国元年前后也有资产者加入某些党派，但这些人数量很少，就发挥政党政治的作用而言，对资本家阶级没有多少影响，也没有代表性。多数资产者，即便是对政治有一定兴趣的资产者，也往往不加入政党，反而随着民初政治日益黑暗越来越厌恶政党和政党政治。

当时政党林立，政党政治极为混乱，不同党派之间往往形成极端对立的党派偏见，时人指为“朋党”，多有不满。[②] 一般资产者初期还不能注意到这方面的问题，而一些政治上比较开化的资产者当时对政党政治还抱有信心，期望逐渐改观。

张謇认为民初政党“名目甚多，半由于随意结合”，但在当时是势所不免的，他期望各党公平竞争，“以党义就质于国民，决其能否合乎多数之心理，以定进退之准”。张謇是具有合乎民主政治需要的一定的党派意

① 参见小科布尔《上海资本家与南京政府》，中国社会科学出版社 1988 年版。

② 《论政局倾辄之可危》《平争篇》，均见《东方杂志》第 4 卷第 1 号。

识的资产者，他不但期望他所在的共和党“吸收各党，成一最有力之政党”，而且“日夜期望他党之猛进，以成对峙之公例”。他理想的政党政治是“急进”与“稳进”对立的两党制，国民也同样形成两大派，由此形成“真正政党之政府”。他认为“革除专制为一代之功，成就政党为万世之幸”。① 这种认识合乎近代民主政治的理想，但显然只是得之于知识界对西方政党政治的介绍，与当时中国的实际状况相去甚远。

基于类似的认识，全国商会联合会在 1912 年曾经尝试调和党争。各省商会代表主动在北京约请国民党与进步党的代表开会，要求两党互相让步，在调和因宋案、大借款、组阁等问题发生的党争和政争方面，取得了一些成绩。以第三者身份“抱定中立主义”，调停党争，“一为生命财产，一为国家存亡”。这种态度和做法合乎西方民主政治的规范，在中国被认为是创举，当时得到两党代表的称赞。②

然而当时的中国并不具备实行西方政党政治的客观条件，当局者几乎没有任何实行政党政治的念头，包括资本家阶级在内的民众既不了解也不支持更不能约束当时的党派，一般政党与社会各界背离，越来越像是“朋党”，而以革命为职志的国民党不同于一般意义的政党，更不为资产者理解。③ 所以，越来越多的资产者日形厌恶和反对政党政治。

二次革命是反对袁世凯独裁统治的斗争，但在资本家阶级看来不过是争夺总统职位的无谓党争。④ 因此在 1917 年国会恢复之际，李平书警告各党“癸丑大祸，实由党争”，“切戒各党偃旗息鼓，少缓须臾，以巩国基而保民命”。⑤ 把国基民命与党争对立起来，由此可以想见当时的政党政治糟糕到何等令人痛心的地步。当时举国上下崇尚“不党主义”，正是民初政党政治混乱不堪的自然结果。

---

① 《北京共和党本部欢迎会答辞》(1912)，《张謇存稿》，上海人民出版社 1987 年版，第 535—537 页。

② 《商会联合会调和两党纪事》，《中国商会联合会会报》第 1 年第 1 号。

③ “国民党大概年少浮动者居多，乌知政党？政党者，先有政而后有党，国民党有党而无政。”《张謇家书》，《张謇存摘》，第 648 页。

④ “癸丑之际，国会为袁世凯解散……当时举国上下不闻有据法力争者。岂暴力之横无可当耶？抑党派之争执为人操纵以自取灭亡耳。”《李济华致国会议员书》，《申报》1916 年 7 月 30 日。

⑤ 《李平书警告进步共和国民三党领袖书》，《申报》1917 年 6 月 18 日。

资本家阶级向往西方的民主政治，却不了解政党对于运用这种民主政治的重要意义，反而由于厌恶混乱不堪的政党政治进而期望一种无所谓政党的民主政治秩序。到 1922 年还有聂其杰这样对于实际政治不无兴趣的商会领导人以“没有政治臭味，没有党见”自诩①。政治而有臭味，党派都是偏见，就政治认识和党派意识而言，这种认识不利于民初政党政治的正常发展，也不利于资本家阶级从事政治。

缺乏党派意识和党派感情，是中国资本家阶级政治上不成熟的一种典型表现，同时也是民初政党政治不能正常发展的一个重要原因。在清末民初的很长一个时期，近代政党都不能得到资本家阶级的实力支持。同盟会主要是从海外资产阶级得到资助，辛亥革命期间上海、武汉等地资本家资助革命党人，其目的是支持反满革命以尽快恢复社会秩序，而不是支持同盟会本身，所以革命过后就不再资助了。民国建立以后成立的大大小小政党为数甚多，没有发现哪个党得到资本家阶级的有力资助。除了在本党控制的地区利用政权划拨经费（如国民党在广东，共和党在湖北），各党往往都由袁世凯政府提供活动费用。此后一段时间，各党派政团除非得到政府资助，几乎无法活动，往往只能解散了事。直到 1928 年，资本家阶级还利用贷款给南京政府的机会，要求政府不得用国库为国民党支付经费。② 这说明他们不了解国民党与政府的关系，同时对中国的政党和政党政治始终既不了解也不支持。

六　资本家阶级参与政治的组织

上述资本家阶级的政治文化状况，影响和决定了他们的政治行为方式。这首先表现为资本家阶级没有自己可以控制或施加重要影响的专门的政治组织。政治是一个特殊的社会活动领域，任何阶级要想投身其中达成自己的目的，都需要专门的组织和人才。近代社会各阶级或阶层往往通过影响或操纵政党和政治社团反映和代表自己的利益。清末民初的

---

① 《上海总商会会董暨入会各业团体联席会议议事录》（1922 年 6 月 8 日）。

② 朱华：《一二八战争期间上海民族资产阶级对国民党政权态度的转变》，《档案与历史》1988 年第 2 期。

中国资本家阶级政治消极而且厌恶政党政治，所以基本上没有成立专门的政治社团①，也没有试图影响或控制某个政党或政治派别，他们的政治活动主要是由非政治性的组织商会兼任的。

辛亥革命以后商界为主的团体盛极一时，但大多是经济团体，而且很快就沉寂无闻了。持续存在并有一定影响的是中华国货维持会，1915 年又有劝用国货会、中华救国储金会等，这些组织以经济活动为主，很少带有政治内容。有些组织更多带有政治色彩，如 1918 年南京下关商会成立保商和平会，同年张謇等成立主张国际税法平等会，但大多成效甚微。② 在 20 世纪初期始终带有一定的政治功能（基本上是逐渐加强的），成为资本家阶级政治利益的主要代表集团的恰恰是原本无意于政治的商会。

商会和 1912 年成立的全国商会联合会，基本上是一种功能特定的团体，即职责、权利义务、活动范围、工作方式等都有比较明确的定义和界限。③ 清政府和北洋政府颁布的《商会简明章程》《商会法》，以及各商会和商联会的章程，关于商会职责和权利义务的规定，基本上限于工商经济活动。④ 全国商联会章程的规定中与政治略有关系的是“补助商政”，以及在政府制定商律商规商约时提供参考意见。⑤ 各地商会章程的规定也大体相似。这体现了商会在政府法规之下维护资产者利益和请求政府考虑照顾资产者利益的要求。究其本意，政府和资产者当时注意的都不是政治利益。据五四时期的上海总商会会长朱葆三称：商会“向来办事为章程所束缚，抱定在商言商不预政治为宗旨，各界要求未能因物而付，拘守定章之处，即不满人意之处。怨尤丛集，因此而起”⑥。这种状况直到 20 年代后期始有所转变，但商会作为资本家阶级的主要利益集团还主要是以经济活动为主。

---

① 有个别例外，如广东商人在清末成立粤商自治会，但这样的组织只是地区性的，存在的时间不长。参见贺耀夫《广东士绅在清末宪政中的政治动向》，《近代史研究》1986 年第 4 期。

② 黄逸峰等：《旧中国民族资产阶级》，江苏古籍出版社 1990 年版，第 223—228 页。

③ 虞和平：《商会与中国早期现代化》（未刊稿），博士论文。

④ 同上。

⑤ 《中华全国商会联合会章程》，见虞和平博士论文，第 157 页。

⑥ 《申报》1919 年 7 月 1 日。

商会的组织结构体现了商会作为非政治团体的特点。各地商会都是互不统属的独立团体，没有任何商会可以有全国范围的代表性。曾经长期存在的全国性的商人团体主要是全国商会联合会，它有一定的代表性，但主要是联络机构。各商会之间只有松散的联系，一般以互通消息、互相声援为主。这样的组织适于陈述各地商情，针对某些特别的事件也可以互相联络以表示一种共同的态度，但对于进行全国规模的统一的实际政治活动却有许多不便，商会组织的全国性政治活动（如国是会议）为数并不多，但常常发生经费和人力困难，正是这种不便的表现之一。

各商会内部机构不一，但主要都是围绕经济活动设立的。如最为成熟的上海总商会，至 20 年代初期设立 8 个常设委员会时，并没有政治方面的机构。[①] 其新式设施也主要是围绕增进商智、改良商业进行活动，如设立商事裁判所、商业补校、商品陈列馆、商业图书馆，以及进行商业调查等，都与政治没有直接关系。

就商会的活动而言，其日常活动主要是与经济活动有关，如调查商务、裁判商事等，与政治有关的活动大多是临时性的。

虽然商会的结构和功能都不适宜从事政治活动，由于资本家阶级不信任任何职业政治团体，作为他们的主要利益集团，商会不得不勉为其难，负担起反映和维护资本家阶级政治利益的责任。随着资本家阶级的政治责任感增加，大多数商会都超出了早期由法律和章程规定的权利和义务，逐渐增加了政治活动。

这种变化当然有助于提高资产者的政治觉悟。民国初年很少有资产者有兴趣参加政治团体，但参加商会的人数颇多，他们只有在商会这种非政治团体中，才有可能无意中接触实际政治和得到一些锻炼。商会兼事政治活动，为培养一般资产者的政治意识提供了前所未有的机会，这是政府和商会创始者们始料所不及的。

但是，商会兼事政治只是迫不得已的应付办法，它毕竟不同于职业政治家组织的职业政治团体，所以往往力不从心。商会的政治活动缺乏宏伟的抱负和远大的目标，缺乏可行的计划和有效的协同，缺乏经验、

---

① 计有财政、陈列所、图书馆、出版部、交际、公证、调直、华商道契 8 个委员会。《委员会组织大纲》，《总商会月报》第 1 卷第 1 期。

信息，甚至缺乏人力、财力，总之只能是临时应付，这样的活动自然常常是虎头蛇尾，有始无终，很少现实成效。可以说，商会兼事政治严重妨碍了资本家阶级的政治影响能力。这主要有以下三种表现。

第一，政治活动不能及时得到应有的重视。商会以协调和维护资本家阶级的经济利益为基本职责，在很长一个时期，它的主要政治兴趣和带有一些政治色彩的活动，基本上是与经济利益直接有关的“商政”①。只是到了20年代前后，由于资本家阶级自身的政治责任感和能力感增强，也由于资本家阶级不信任当时的政治党派和团体，因而只能以自己的组织从事政治活动，才使商会的政治活动增加，其政治职能也逐渐凸显，但就商会活动的整体而言，其政治功能基本上是不得已而为之的副业。

第二，政治活动往往带有随机性和盲目性。商会参与或影响政府决策的能力，虽在20年代前后有所表现，但从商会职责看，没有这方面的明确规定。这种能力主要是由商会领袖的具体活动体现出来，他们往往根据自己对时局的感受和见解提议和决定商会的政治活动，很少从长远利益和根本目标出发考虑政治问题，因而表现出较大的随机性和一定的盲目性。商会始终没有常设政治机构，参加政治活动时，有时也成立临时机构或参加社会各界的临时活动机关［如上海总商会曾成立裁厘加税研究会（1918）、民治委员会（1923）、五卅事件委员会，汉口总商会曾成立国民监督国债委员会（1923），全国银行公会曾成立内债债权人会（1923）等②］，这些组织主要是应付具体事件，不可能有长远的目标，而且往往虎头蛇尾，成效甚微。1928年，各省商联会召开第一届执委监委联席会议时，议决成立劳资条例研究委员会，以便预备陈请国民政府修改劳资条例。有人进一步提议成立商事法令委员会，以便研究其他各项商事法令。讨论结果是“本会经费支绌，委员不能长驻上海办事，只能抱头痛医头之法”③。这种状况决定了商会不可能投入大量的财力、人力

① 虞和平博士论文：《商会与中国早期现代化》，第153—158页。

② 参见《藕初文录》（上），第55页；《各省商联会第一次执监联席会议纪事》，《商业月报》第8卷第4号；《总商会月报》第2卷第12号、第3卷第9号。

③ 《各省商联会第一届执监联席会议纪事》，《商业月报》第8卷第4号。

从事政治，因此也显然成不了多大的气候。

第三，商会自身缺乏明确的近代政治意识，因此也很少有目的地培养和提高资本家阶级的近代国民观念和政治活动能力。一些商会创办会报，开办补习学校和图书馆，多以普及文化知识和商业知识为主，较少与政治直接有关的内容。上海总商会图书馆至 1926 年藏书 16000 余册，与政治、外交、法律等有关的不足 6%，这些图书的出借率不足 7%。[①] 无可否认，一般文化素质的提高，有助于资本家阶级提高政治觉悟，但由于没有培养资本家阶级参与意识和参与能力的明确目标，因此这种提高的程度是极其有限的。

商会兼事政治的现象和大多数资产者的政治觉悟是基本协调的，因此资本家阶级容易满足于此。到 20 年代前后，资本家阶级的政治觉悟有所提高，一部分资产者（主要是商会领导成员）有了更多的政治责任感和能力感，希望影响政治决策，商会的功能显然不能适应这样的政治活动，但资本家阶级依然没有意识到必须通过自己的政治代理人参与政治。当时的政治制度和政治局势可能不利于资本家阶级推出有力的政治代理人，但是重要的是，他们始终没有这方面的觉悟，没有进行过尝试和努力，而是长期满足于以商会兼事政治，这显然不利于资本家阶级增强政治影响能力。

七　资本家阶级的政治领袖

20 世纪初期，资本家阶级没有得力的政治领袖，这是他们的政治文化影响政治行为方式的又一个重要表现。任何近代社会阶级，要想通过政治活动维护自己的利益，都需要有自己的职业政治家，包括政治领袖和政治代理人，这是因为从事政治需要特别的才能和经验，需要专门信息，需要大量时间精力，政治家是专门人才，不是任何人都可以胜任。某些资产者可能一身二任，兼为政治家（如张謇），但他们不能完全代替职业政治家。对于中国资本家阶级而言，他们所缺乏的恰恰是由他们来选择、培养、控制并追随他们的职业政治家。

① 参见《总商会月报》第 5 卷第 10 号、第 6 卷第 7 号。

清末民初的中国政治，基本上是传统的封建政治，虽有民主的某些形式，但远没有形成民主的政治体制。公开敌对的政治斗争十分激烈，大多不采取议会斗争和政党政治的形式。这样的政治环境容易产生专制主义的政治家和激烈的革命者，却不利于产生合乎资本家阶级要求的政治派别和政治家。就当时资本家阶级的政治文化而言，他们欣赏和期望的是能够运用代议制度，善于折中妥协，以调和不同利益的政治家。这样的政治家在当时即便不能说完全不可能出现，至少也是没有多少机会有所表现，梁启超或许可以算是这样一位很少有机会一展身手的政治家。

当时，资本家阶级先是对政治消极，基本没有支持或追随政治家，具备一定的政治参与意识之后，又因为对政治现状十分失望，不信任任何政治党派和政治家，甚至不信任知识界。到 20 年代前后，他们改变了对知识界的看法，但仍然不信任政治家。他们期望的改良政治的主要方法是实行职业政治，即由商学等界自己主政，完全没有通过政治党派和政治家参政的认识。这种认识合乎逻辑的结果是以商会领袖兼任本阶级的政治领袖，而事实证明，商会领袖往往不是合格的政治领袖。

商会领袖的素质不能适应政治活动的要求是普遍情况，这与商会领导人的选任资格有直接关系。商会原本是以工商活动为主的非政治性社团，虽然后来陆续增加了政治活动，但并没有有意识地改变选举领导人的条件。它选任领导人注重的是在工商界的才品、资格、名望，最重要的条件是经济地位，当选者一般都是工商巨子，主要领导者往往是“熟悉商情、众望素孚者”①。他们一般较少接受过系统教育。当时，旧知识界很少有人投身实业界，接受过新式教育的人也很少有人从事实业。张謇曾讲道；“中国人留学外洋者，多喜就政治法律，以二者之成效近官，而其从事也空言而易为力。”② 因此，初期一部分比较活跃的商会领导人主要属于士绅类型，很少具有近代政治意识和能力。1919 年上海总商会因会长选举问题发生内部纠纷，穆藕初曾就会长会董才能等发表意见，其中讲道：“自辛亥迄今，上海总商会除依据商会法第 16 条行使职务外，

---

① 《部颁商会章程》,《东方杂志》第 1 卷第 1 号；关于商会领导人的选任和素质，参见虞和平博士论文，第 148—152 页。

② 《东方杂志》第 1 卷第 1 号。

又增加国事外交两项。国事日非而商会之新职务亦日繁。外人日求扩张商业，而商会之外交亦日剧。于是主持商会者左右支绌，应付一切即不能面面俱到矣。此皆与会长会董缺少专门学识有以致之。”① 商会领导人缺少内政和外交方面的专门学识的情况，当时一直没有可能根本改变，因为商会毕竟不是政治团体。

到 20 年代前后，知识界一批新人陆续投身实业，一些具备近代企业家素质的人成为商会领导人。② 但他们的作为主要表现在经济活动领域，往往是迫不得已时才兼顾政治。所以 1922 年的上海总商会会长聂其杰可以自称“政治问题鄙人向不闻问”③。

20 年代后期的一些商会领袖越来越注重政治，但他们主要是从维护眼前经济利益出发考虑问题，不大可能提出根本性的政治主张和投入大量的时间精力谋求根本的政治解决，所以常常是头痛医头，零打碎敲。

总的说来，商会领导人的政治文化虽然与普通成员有所不同，但他们多数没有从政的经历，并没有多少从事实际政治的经验，甚至没有时间精力④，更不要说政治理论和政治思想。这种素质的商会领导人，基本上对政治没有主动的兴趣，没有宏大的抱负，没有具体可行的政治计划，缺乏必要的政治才能，甚至缺乏必要的时间和精力，显然不能适应繁杂的政治斗争的要求。他们领导进行的政治斗争，大都带有较大的随意性，通常是在政局影响到资本家阶级的利益时，他们才被迫作出某种反应。这些政治斗争很少有实际成效和持久影响，对资本家阶级增加政治影响能力，提高政治觉悟，改善政治地位，都有很大的局限和影响。

当然，商会本身即便很难孕育合格的职业政治家，但是它本身的政治活动，有利于商会领袖得到政治的历练和经验，有利于增强他们的参与意识和参与能力，如果具备一定的民主政治发展的条件，或者也可以

---

① 《藕初文录》（上），第 107 页。

② 参见徐鼎新《从绅商时代走向企业家时代——近代化进程中的上海总商会》，《近代史研究》1991 年第 4 期。

③ 《上海总商会会董暨入会各业团体联席会议议事录》（1922 年 6 月 8 日）。

④ 民初上海总商会有会董 80 人，“每月两次列席者常不满三分之一，几乎无案可议”（《申报》1919 年 7 月 1 日）。1916 年改选会长时，新当选的宋汉章、陈润夫坚决辞职，认为总商会“事务之繁不言可喻”，而自己，“身侧银行日不暇给”，“力难兼顾”。这次选举风波拖延 5 个月。内幕不得而知，但宋氏不肯任职，与本身业务繁重显有关系（《申报》1916 年 6 月 1 日）。

培育出比较得力的政治家。然而当时的政治环境越来越成为一种武力政治的舞台，商会领袖大多没有登台表演的资格和勇气，偶有一试者，结果当然不妙。陈廉伯是众所周知的一例。另一个典型是上海总商会会长冯少山。在 1927 年底召开各省商会联合会前后，冯少山曾极力鼓动资产者“不能埋头商业不问政治”，不要“畏葸而不敢言”。针对国民党控制各地商会的企图，他策划并组织召开各省商会联合会，试图结成“永久之团体”，还要求政府组设经济会议，从而给予资本家参与社会和经济立法的权利。① 冯少山等人的政治积极性和政治眼光，是此前的资本家阶级领袖人物所少有的，但他们被当局者认为是过于热衷政治，所以受到排斥和打击。上海总商会改组前后，冯少山和林康侯、赵晋卿等都被排除在商会领导圈之外②，后来还被南京政府通缉。此后很少再有这样政治活跃的商会领袖出现。

八　资本家阶级表达政治利益的渠道和方式

政治行为方式的一个方面是利益表达方式，即提出政治要求的方式。为了进一步说明，首先考察资本家阶级的利益表达渠道。

资本家阶级表达政治利益的渠道，基本上是合法渠道，这主要又有两类。一种是通过现存政治制度下既有的机构作为提出政治要求的渠道，如通过政府、立法机关、政党、新闻媒介等；另一种是依据他们理解的宪法权利，自行成立某种政治机构，宣扬或尝试施行他们的政治主张，如成立地方自治机构，组织国是会议、民治委员会等。下面分别作一些概略的介绍。

政府。清末民初的中国虽有民主共和制度的形式和设置，但实质是政府说了算。资本家深谙个中道理，所以主要是向各级政府和当权者提出政治要求。根据上海总商会机关报《总商会月报》自 1921 年创刊至 1930 年底各期的不完全统计，各类政治函电共 717 件，其中致政府 559

---

① 《开会词》，《各省商会联合会特刊》；《对于今次各省商会联合会闭幕之感想》，《商业月报》第 8 卷第 1 号。

② 《商业月报》第 9 卷第 5 号。

件，约占 78%。

20 年代以前，资本家阶级对政治现状多有不满，但对政府还抱有希望，“欲使政府有所谘询，而商人得以陈述商情”①。清末商部曾专门设立商会处，并派有专员接待和处理与商会及工商实业有关的访晤陈请等事，在商务最为繁重的上海更专门设有商部派出的接待机构。这些机构主要是沟通“官商之情”，以便实行“保商之政”，同时还兼有沟通一般商人与商会的作用。② 到民国初年，商会和中央政府的联系逐渐减少，主要是因为北洋政府对发展工商业很少认真考虑。资产者对此十分不满：“商会初设之时，有直接农工商部之权利，商权既张，实业亦因之发达，中国实业公司之组织以此时为全盛时代……自各省添置劝业道，对于振兴商业毫无成绩，但将商会权限剥夺殆尽，奴隶商会，层层压制，实业为之一挫。民国成立，以为官民可以一体矣，乃官吏之尊严如故，商会之权限未定，几不能直接中央，有夷为行政官僚属之势。”为此全国商联会号召各地商会一致抗议，“将商会不受行政官厅节制，有直接中央之权重复声明”③。商会和中央政府的联系主要是以函电方式向政府和职能部门提出要求，而与地方政府的联系则多直接向军政长官个人提出要求。据前述统计，致政府 559 件函电中，致中央政府和职能部门的为 240 件，占 43%，这些函电多与税收、外交等全国性问题有关；致地方军政长官个人的为 168 件，占 30%，内容多与地方政务有关。

无论是与中央还是与地方政府的联系都很少有制度化的方式。民国初年，政府曾召集工商会议，由各地商会推举代表到北京，与政府有关部门代表会谈。工商会议可以快捷地把各地资产者的要求转达政府，有一种了解商情、提供建议的作用。到 1924 年还曾召集类似的实业会议。但这些会议没有形成持久的制度。

南京政府成立以后，资本家阶级和政府联系的方式比较北洋政府时期多样化了，除一般的函电陈述、派代表请愿之外，到政府任职的资产

---

① 《中华全国商会联合会会报》第 1 年第 9 号，纪事，第 66 页。

② 《商部接见商会董事章程》，《东方杂志》第 1 卷第 11 号。

③ 《中华全国商会联合会总干事致各地商会电》（1913 年 5 月 21 日），苏州档案馆藏：221—1：395。

者比以前多了，而且有一些制度化的联系方式，如政府组织经济会议、预算委员会等，约请资产者参与其事。不论这些资产者有多少实际的作用，这些制度对于资本家阶级加强和政府联系，表达本阶级的利益有重要的作用。

立法机关。当时的中国没有认真有效的代议制度，但形式上的立法机关也可以成为资本家阶级表达利益的一个渠道。清末民初的代议机构基本上与资本家阶级是互相背离的。清末的资政院、各省谘议局和民初的国会、各省议会，其议员都很少有资产者。第一届国会成立时期，资本家阶级曾经要求由全国商会公举“商务议员”，到 1928 年，资本家阶级还要求推举代表参加立法会议。[①] 这些要求都不可能真正实现。民国初年的立法机关对于财政工商经济等问题相当重视，但对于资本家阶级则很有些鄙夷。资本家阶级一度把立法机关作为民意代表，希望国会能钳制政府。实际上立法机关对于政府并没有权威可言，而且立法机关本身也逐渐沦落，乏善可陈。所以资本家阶级通过立法机关渠道提出政治要求的情况自国会成立以后逐渐减少，自 1921 年到国会解散前，上海总商会向各级立法机关提出要求的函电共 13 件，只占同期函电总数的 3%，这表明立法机关在代表和维护资本家阶级利益方面作用十分有限，而资本家阶级对此亦有深切的了解。

政党。民国初年没有正常有效的政党政治，资本家阶级对于政党和政党政治很快失望，不认为政党可以为他们谋利益，所以在 1927 年以前，绝少通过政治党派提出政治要求，前述统计中没有一件致政治党派的函电。1927 年国民党建立政权以后实行以党领政，资本家阶级于是逐渐重视以政党作为提出政治要求的渠道。1927—1930 年，上海总商会为表明政治态度和反映本阶级的要求，向各级党部致函电 21 件，约占同期各类函电总数的 10%。除此之外还有私人联络，也有集体请愿。如 1928 年虞洽卿率 100 人请愿团到南京，向国民党提出 8 条政治要求。[②] 在这个时期，国民党不是一般意义的政党，而是唯一的执政党，向国民党请愿，实际上和向政府请愿是一回事。所以致国民党的函电主要是致中央党部，

① 《全国商会临时代表大会专刊》（1929 年 11 月）

② 《上海钱业公会议事录》（1928 年 8 月 6 日）。

而较少与地方党部联系。

新闻媒介。民国初年的报刊较少受到政府控制，相对自由，而且一些报刊为资产者控制，所以资本家阶级常常通过报刊反映其要求和利益。商会给政府的政治函电，常常同时在报刊揭载，以期引起社会重视与同情。但当时中国没有西方那种代议制度，没有西方那种民意表达所具有的影响，报刊对政治的作用有限。所以，资本家阶级虽然尽可能比较多地利用报刊陈述自己的政治要求，但这种渠道的表达没有多少直接的重要作用。

以上几种比较固定的渠道最终都是通向政府的。当这样的渠道不能满足要求时，资本家阶级还有抛开政府自作主张的情况。自 20 年代前后起，资本家阶级由于对政府失望，企图根据约法规定的主权在民的公民权利，自行设立政治机构，以维护自己的利益。1922 年商学等界团体发起组织国是会议，在资产者看来，“国是会议非国民之请愿机关，乃国民谋国家根本建设之机关也”①。国是会议筹备处拟定了两种宪法草案，主张联省自治、实行联邦制，反映了资本家阶级当时的政治愿望。1923 年前后，资本家阶级曾经组织多种机构要求监督政府财政。上海总商会还曾成立一个被称为“商人政府”的民治委员会。此前还有实行地方自治的尝试。这些努力都不可能成功。作为表达政治利益的渠道，这些方式可能便于资本家阶级无所顾忌地阐述自己的政治主张，但是超越政府渠道提出的政治要求，只有表达利益的作用，不会有多少实际的结果。这在资本家阶级自己也是完全明了的。

1927 年南京政府成立以后，资本家阶级对国民党政权抱有很多希望，所以不再自作主张另搞一套，其利益表达又重新以政府渠道为主，同时开始利用政党渠道陈述要求。这是资本家阶级尝试适应国民党“一党专政”的一个表现。

中国资本家阶级的利益表达方式有两个值得注意的特点：

1. 以合作的方式表达政治利益

中国的资产者在清末民初社会地位较低，而且没有多少人有政治积极性，所以一般的资产者很少个别提出政治要求。一些身份特殊的资产

---

① 玄茹：《国是与国是会议》，《总商会月报》第 2 卷第 2 号。

者，同政界有特殊联系或有特别的社会地位和影响，所以可以以个人身份提出政治要求，如张謇建议袁世凯支持共和制度，在南通时致信大总统徐世昌要求撤换江苏财政厅长等。① 但多数资产者不具备这种个人参与政治的条件，他们人微言轻，除非合作否则不足以引起当局重视。如前所述，资本家阶级主要是通过商会从事政治，也就是说，商会是资本家阶级集体表达其政治利益的主要利益集团。

商会表达资本家阶级的政治利益时，其合作有两个方面，一个是资产者个人经由商会联合在一起，共同行动；另一个是不同地区的商会互相配合，共同提出政治要求。前一种合作，主要是由资产者向所属商会陈述情况，提出要求和建议，所属商会决定有所表示后，以全体会员的名义陈请政府，动员和组织下属成员集体行动。如各地商会向国会和政府要求废除苛捐杂税，上海总商会在五四时期通告商人一律罢市等。

后一种合作是资本家阶级合作的主要方式。在前述上海总商会的政治函电统计中，有 100 件是与各地商会、同业公会、全国商联会联络的，占同期函电的 14%，由此可以想见这种合作的频繁程度。这种合作对于表达资本家阶级的要求和鼓动民意舆论有一定作用，也比较前一种合作更有声势和影响。但这些合作可以说是基于共同的利益和责任心，不是义务，也没有固定的渠道和方式。1928 年底全国商会临时代表大会期间，曾有人建议把商会之间的合作制度化，但是没有结果。② 这次会议后成立了总事务所，但由于历届政府对资本家阶级的全国性合作持有戒心，多有防范和限制，所以资本家阶级始终没有形成制度化的有效的全国性政治合作。这当然降低了资本家阶级的政治影响能力，对于实现资本家阶级的政治要求是不利的。

2. 非暴力非强制的表达方式

20 世纪 20 年代中后期，大革命进入高潮，工农运动蓬勃发展，资本家阶级对当时的社会革命感到非常恐惧，曾经支持蒋介石集团残酷镇压共产党人和工人运动。而在此前相当长的时间里，资本家阶级始终主张

---

① 《张謇存稿》，第 21—23、207 页。

② 《电请商会彼此联络互助文》（1928 年 11 月 18 日），《全国各商会临时代表大会专刊》，第 2—3 页。

非暴力，由于缺乏远大的政治抱负，且又非常看重眼前的经济利益，所以基本上囿于非暴力的利益表达方式，对于任何可能导致政府反感或报复的强制性手段总是顾虑重重，很少采用强制性的方式表达其政治利益。

1923 年，聂其杰撰文号召国民抵制外货，但不同意“五分钟热度”的激烈抵制，主张学习甘地“不暴动的不合作主义”，认为是“以柔制刚、以弱胜强之道”。“甘地主义不独为争印人自由之上策，抑亦解决世界纠纷之唯一方法哉。”① 这正是当时资本家普遍一致的认识。

清末民初的专制政府几乎完全漠视民意，民众的正当要求不能合法有效地表达出来，蓄之即久，往往转化为带有暴力色彩的抗议行动，学生可以罢课、工人可以罢工、农民可以抗捐、商人可以罢市。与工农阶级比较，资本家阶级对于这些强制性的利益表达方式很少兴趣。罢市常常是因为社会秩序混乱，是进行自我保护的本能表现，很少用作对抗政府的手段。近代中国商人的罢市，有一些是为反对政府苛敛，这些罢市基本上是小范围的和小规模的，影响较大的罢市往往不是仅仅出于本阶级的政治利益，而是在民族利益受到威胁时与其他阶级联合行动，是民族主义的一种表现。中国资本家阶级受外国资本主义压迫和剥夺，因而有较强烈的民族主义情绪，这种情绪时常会表现为维护民族利益和国家权利的政治行动。尽管如此，资本家阶级对于罢市这样的利益表达方式，也是非常谨慎的。五卅时期上海总商会和各马路商界联合会关于罢市的犹豫和矛盾，即是一例。②

就资本家阶级而言，其强制性的利益表达方式还可以有拒绝纳税、拒绝认购政府债券等，但在清末民初，资本家阶级很少采用这样的强制手段。在民初国会选举时，资本家阶级因选举法限制他们的选举权，曾有据绝纳税的表示，但在立法机关拒不考虑他们的要求后，资本家阶级并没有采取这种激烈的方式争取自己的权利。20 年代以后，资本家阶级开始注意到运用经济手段这样的强制方法表达和维护自己的政治利益，偶尔有所表现，这方面内容较多，需专文论述。

使人容易联想到商会与暴力有关系的一个资本家阶级组织是商团。

---

① 聂云台：《为日兵枪杀市民警告国民》，《总商会月报》第 3 卷第 6 号。

② 黄逸峰等：《旧中国民族资产阶级》，第 299 页。

商团归当地商会节制，主要职责是维持社会治安，而不是表达或强化资本家阶级的政治利益。辛亥革命期间，一些地方商团参加革命，反映了当地商会的政治倾向。但自袁世凯政府开始，历届政府对商团多有疑忌，防范很严。另一方面设立商团需要较多经费，不是各地商会都有力量兴办。所以在 20 世纪初期，只有极少数地区恢复和维持商团活动。在社会治安和政治活动中较有影响，反映了资本家阶级政治要求的，主要是广州总商会控制的广州商团，但如此表现的商团非常少见，所以没有多少代表性。自广州商团被广东政府消灭以后，再没有商团有重要影响。

以上的初步考察可以说明，中国的资本家阶级在 20 世纪初期正处在政治启蒙时期，刚刚从不问政治、不知政治为何物的状态向关心和参与政治过渡。当时和后来相当长的时期里，一直有人期望中国资本家阶级在政治上成熟起来，像多数西方发达国家的资本家阶级一样发挥重要的政治作用，成为中国社会近代化，特别是政治近代化的中坚力量。但是近代中国的社会和政治环境，却从来没有给本能倾向民主政治的资本家阶级提供政治成熟的正常条件。民国初年的政治力量分化组合造成了政治混乱，这可能是资本家阶级寻求政治发展的一次机会，但是由于政治消极和幼稚，他们错过了这个时机，而在国民党政权建立以后，他们在政治舞台上演出的机会越来越少了，很可能永远失去了成熟的机会。这也许是中国资本家阶级的历史命运。由此会对中国的资本主义近代化带来何种影响，没有成熟的资本家阶级作为社会基础如何实现政治近代化，这将是值得深入研究的饶有兴味的课题。

梁漱溟新儒学思想研究*

郑大华

梁漱溟是20世纪中国最著名的文化保守主义者，海内外学术界公认的现代新儒学的开山人物。本文仅就他对科学主义思潮的批判、对陆王心学的认同和倡导，以及谋求儒学的现代化三个问题对其新儒学思想作一研究，以求教于方家学者。

一 批判科学主义

所谓科学主义可定义为“把所有的实在都置于自然秩序之内，并相信仅有科学方法才能认识这种秩序的所有方面（即生物的、社会的、物理的或心理的方面）的观点”①。在五四时期的陈独秀、胡适、丁文江等人的思想中，我们能清楚地感受到这种科学主义的信念。他们主张把科学领域无限放大，从自然推移到社会人生，用自然科学领域中行之有效的方法和原则来研究解决“一切社会人事问题”，认为科学与哲学、宗教没有什么区分，有了科学，哲学和宗教就失去了继续存在的价值和意义。在1923年的“科玄论战”中，科学派主将丁文江、王星拱甚至干脆宣布：“科学就是哲学。”②

---

* 本文原载《近代研究》1992年第4期。

① 郭颖颐：《中国现代思想中的唯科学主义》中译本，江苏人民出版社1989年版，第17页。

② 参见雷颐《从“科玄”之争看五四科学思潮与人文主义的对立》，《近代史研究》1989年第3期。

对于这种科学主义思潮，梁漱溟持批判态度。他认为科学本身就含有有害的生命观、粗糙的功利主义和过度的行动主义，如果对它不加以必要的节制，相反把科学的作用无限放大，乃至用它的方法来指导和解决包括精神生活在内的一切宇宙人生问题，涵盖文化的各个层面，那么，其结果不仅会破坏人与自然的和谐，造成它们的紧张，自然被人征服，而人又成了自然的奴隶，甚而会使人放弃对生存意义和道德价值的追求，导致人性的丧失，本来富有情感的人，将变成一味追求物欲的动物。他指出，西方文化所暴露出来的那些贫富不均，人情淡薄，“谁同谁都是要算账，甚至于父子夫妇之间也是如此”等弊端，从某种意义上说，就是这种科学主义所造成的苦果。

基于上述的认识，梁漱溟坚决反对将科学与哲学（他称为玄学）混为一谈，以科学取代哲学的观点，而强调他们之间的界限。他认为科学与哲学本质上属于两个不同的领域，无论是研究的对象，还是所使用的方法，都有着根本的区别。从研究的对象上看，科学研究的是自然现象，而哲学（玄学）研究的是生命本体。由于研究的对象不同，科学和哲学（玄学）的方法也迥然有异，科学的方法是“理智”，玄学的方法是“直觉”①。

为了说明科学的“理智”和玄学的“直觉”这两种方法在认识活动中的不同作用，梁漱溟借用佛学的概念，把人的认识区分为“现量”“比量”和“非量”三种形式。现量是单纯的感觉，可以把握“自相”（个别事物），是对“性境”的认识作用。梁举例道，譬如我们喝茶时，所尝到的茶味，看到桌面的白色，这就是“现量”。“比量智即是今所谓‘理智’”，它主要是通过分析及综合对感觉进行加工，形成概念，把握“共相”，其境则是“独影境”。因此，比量得来的概念，不是人们对客观事物的认识，而是心之产物。从现量的纯粹感觉到比量的抽象概念之间，还有一种认识形式，这就是“非量”，“非量即是直觉”。直觉认识“带质境”，“‘受’‘想’二心所对于意味的认识”。他举例说：“譬如我们听见声音觉得甚妙，看见绘画觉得甚好，吃糖觉得好吃。其实声音自身无所谓妙，绘画自身无所谓美，糖的自身无所谓好吃，所有妙、美、好吃

① 梁漱溟：《东西文化及其哲学》，第 11、28 页。

的意味都由人的直觉所妄添。”[①] 因此，直觉（非量）既不同于感觉（现量）是对事物单纯的反映，也不同于理智（比量）是对感觉所进行的抽象分析，而是对客观对象之本质的认识。

就科学的“理智”与玄学的“直觉”认识发生的形式和过程而言，梁漱溟指出，它们也是有区别的，直觉是本能的一次得到。他说：“直觉所得到的意思是一种本能的得到，初度一次就得如此的意思，圆满具足，无少欠缺”[②]；而理智则有一个积累的过程，由不知最后到知。直觉是不需“操心打量”的，遇事只要“当下随感而应”，听凭体悟[③]；而理智则需要思考和逻辑的分析，需要对“感觉”进行综合。

既然科学的“理智”与玄学的“直觉”在认识活动中具有各自不同的作用过程和形式，那么，在梁漱溟看来，它们就不可能相互取代。其一，理智是通过感觉进行加工，形成概念，而概念只能把握现象，无法取代直觉来认识宇宙本身，因为“宇宙的本体不是静体，是‘生命’，是‘绵延’，要认识本体，非感觉理智所能办，必方生活的直觉才行”。其二，理智是一种外在的手段，是解决人类生存繁衍问题的工具，它无法把握情感、意欲等内心生活，把握情感、意欲等内心生活的只能是内省的直觉，因为“直觉时即生活时，浑括为一个，没有主客观，可以称绝对”[④]。据此，梁漱溟对主张以“科学取代哲学”，甚至认为“科学就是哲学”的科学主义思潮提出了严厉的批评。

梁漱溟对于科学和哲学之界限的划分，无疑有其合理性。因为作为人类认识世界的两种基本方式，科学和哲学在认知的对象和使用的方法上确实存在着明显的差异，也正是这种差异才使它们彼此区别开来，成为两种不同的学科。然而，同作为人们认知世界（包括物质世界和精神世界）的方法系统，科学和哲学又有某些相同性及其必然的内在联系，而梁漱溟却对它们的相同性及其必然的内在联系认识不足。如果说科学主义者过分强调了科学与哲学的相同性而忽略了甚至不承认它们之间差

① 《东西文化及其哲学》，第 73 页。
② 《漱溟卅前文录》，第 172 页。
③ 《东西文化及其哲学》，第 125 页。
④ 同上书，第 79 页。

异性的话，那么，梁漱溟正相反，强调了科学与哲学的差异性而忽略了它们的相同性，割裂了它们之间的联系。他甚至不恰当地把科学的理智方法与玄学的直觉方法对立起来，认为直觉注重的是人的“情志方面的活动”，它是“知、情、意”的统一，而理智是静止的，机械的，割裂了知与行，情与理，内省与外求的关系，因此，直觉的情感生活非排斥科学的理智不可。不唯如此，梁漱溟还崇尚直觉而大反理智，认为理智使人向外用力，会导致一种功利主义的人生态度，凡事都要“算账”，计较利害得失，而将情感、道德斩伐得干干净净。与此相反，直觉能使人超越功利感性的存在，养成一种“不计较的生活态度”，不去“打量”“计算”，也不区分人我、物我的不同，而“一任自己的直觉”，从而达到“天人合一”的精神境界。由此可见，梁漱溟对科学主义的批判，具有浓厚的反功利主义和非理性主义的色彩。

梁漱溟对科学主义思潮的批判，在中国现代思想文化史上有着极其重要的影响，可以说在某种程度上形塑了现代新儒家的思想进路，无论是 1923 年“科玄论战”中的“玄学派”主帅张君劢，还是被海内外学者尊为现代新儒家之泰斗的熊十力，或以“贞元六书”闻名于世的冯友兰，以及首倡“儒家思想之新开展”的贺麟，基本上都是沿着梁漱溟的思路，即强调科学与哲学的划界，指出科学之理智方法的有限性以及崇尚直觉体悟（此点冯友兰稍有不同）几个方面来批判科学主义的。尽管他们对问题的认识与梁有所不同，甚至比梁更为精微深刻，但他们在不同程度上受了梁漱溟的影响则毫无疑义。譬如，梁漱溟由于种种原因，没有直接参加 1923 年的“科玄论战”，然而被胡适捧为科学派压阵老将的吴稚晖，在他的《一个新信仰的宇宙观及人生观》一文中就明确地指出，张君劢对于科学之人生观的反对是受了梁启超和梁漱溟的影响和启迪。因此，吴稚晖在文中不仅批判了张君劢，还追根溯源批判了梁启超和梁漱溟，认为他们二人是挑起“科玄论战”的始作俑者。贺麟则承认自己反科学主义而崇尚直觉依循的是梁漱溟的进路。①

这里需要指出的是，梁漱溟虽然批判科学主义思潮，但他并不反对科学，他承认科学作为知识系统在认识自然和征服自然方面的巨大功用。

---

① 见贺麟《近代唯心论简述·宋儒的思想方法》。

他一再声称："若科学方法及其所成就，则是天下的公器……没有个人或民族的关系在内。"[①]"科学和'德谟克拉西'这两个东西……照我们的见解，这是有绝对价值的，有普遍价值的，不但在此地是真理，换掉个地方还是真理，不但今天是真理，明天还是真理。"[②] 并受五四新文化运动的影响，梁漱溟也认为科学和民主是西方文化的两样特长，西方文化的一切成就"都尽于此"。他还强调指出："现在西方所谓科学（赛恩斯）和德谟克拉西之二物，是无论世界上哪一地方的人都不能例外的"，尤其是对于中国来说，科学与民主"完全是对的，只能为无批评无条件的承认……怎样引进这两种精神实在是当今所急的，否则我们将永此不配谈人格，我们将永此不配谈学术"[③]。他在山东从事乡村建设试验时，就认为要恢复农业的生产力，复兴农村经济，必须靠"技术的进步，没有不是科学化的"。为此，他领导的山东乡村建设研究院在推广良种，进行技术改革方面做了不少的工作，并取得了一定的成效。

二 认同陆王心学

服膺宋明新儒学是现代新儒家的共同精神取向，而梁漱溟则是"新文化运动以来倡导陆王心学最有力量的人"[④]。他在《东西文化及其哲学》中给了陆王心学以很高的评价。他认为，孔子是中国文化的创造者和集大成者，而孔子之后能继其精神者是孟子，孟子之后能继其精神者只有王阳明，王于"孔家的人生态度颇可见矣"[⑤]。对于王的高足王艮父了梁更是推崇备至，他说："据我所见，宋明学者虽都想求孔子的人生，亦各有所得；然惟晚明泰州王氏父子心斋先生东崖先生最合我意。心斋先生以乐为教，而作事出处甚有圣人的样子，皆可注意处也。"[⑥] 他在《东西文化及其哲学》中对所谓"孔子之人生态度"的诠释，依循的就是

① 梁漱溟：《中国民族自救运动之最后觉悟》，第 392 页。
② 《漱溟卅后文录》，第 25 页。
③ 《东西文化及其哲学》，第 206 页。
④ 贺麟：《当代中国哲学》，胜利出版公司 1945 年版，第 12 页。
⑤ 《东西文化及其哲学》，第 150 页。
⑥ 同上书，第 138 页。

陆王心学的进路。梁启超曾告诉张君劢：“梁漱溟之孔学，乃阳明门下泰州一派，则自得者，孔子之一部而非全体也。”① 朱谦之也认为：“梁氏所谓孔子是阳明一派眼中的孔子，而非孔子全体。”② 因此，我们要研究梁漱溟的新儒学思想，就必须研究他对陆王心学的认同与提倡；而要研究他对陆王心学的认同与提倡，又必须追根溯源，从晚清陆王心学的复兴入手。

我们知道在整个 16 世纪和 17 世纪上半叶，作为统治阶级的意识形态，陆王心学占据了中国思想文化领域里的中心位置。然而自 17 世纪中叶起，由于风起云涌的农民起义尤其是明王朝灭亡所引起的文化反思，使人们认为陆王心学的空疏应为明王朝的灭亡负责，陆王心学因此而受到了人们的批评乃至否定，加上清初统治者又采取尊朱抑王的文化政策，所以尽管陆王心学在清初还支撑过一段时期，但进入 18 世纪后则明显地衰弱了。

经过很长时期的沉寂，到 19 世纪末 20 世纪初的清朝末年，陆王心学却奇迹般地出现了复兴。当时复兴陆王心学的人主要是康有为、梁启超等资产阶级维新派和陈天华等资产阶级革命派。③ 陆王心学在晚清复兴，有两个方面的原因。首先，就学术思潮的演化趋势来看，它是晚清所出现的汉宋调和、程朱陆王调和之趋势发展的结果；④ 其次，陆王心学所具有的注重自我意识，充分肯定人的主观能动作用的特点和它隐含的某些否定旧权威、主张人人平等的意蕴，符合近代中国历史发展的要求。贺麟在《当代中国哲学》中分析陆王心学复兴的原因时指出：“陆王注重自我意识，于个人自觉民族自觉的新时代较为契合。因为过去五十年是反对传统权威的时代，提出自我意识，内心自觉，于反抗权威，解脱束缚，或较有帮助。”⑤

梁漱溟认同并以陆王心学来诠释和提倡孔子的人生哲学，从其思想文化演化的趋势来说，这无疑是晚清陆王心学复兴的继续。然而由于时

---

① 转引自张君劢《欧洲文化之危机及中国新文化之趋向》，《东方杂志》第 19 卷第 3 号。

② 朱谦之：《一个唯情论者的宇宙观及人生观》，第 35 页。

③ 参见朱维铮《走出中世纪》，上海人民出版社 1987 年版。

④ 参见龚书铎《中国近代文化探索》，北京师范大学出版社 1988 年版。

⑤ 《当代中国哲学》，第 19 页。

代的更迭和历史处境的变化，他与那个时代的资产阶级维新派和革命派对于陆王心学的选择也有不同。资产阶级维新派和革命派是那个时代向西方学习的先进中国人，他们要求改革或废除封建专制制度，实现资产阶级的平等、博爱和自由，因此，他们倾心的是陆王心学对于自我意识的注重和隐含的否定旧权威、主张人人平等的意蕴。而梁漱溟认同和提倡陆王心学是在五四新文化运动方兴未艾之时。其时，由于西方文化的大量输入，尤其由于新文化运动对于传统文化的批判和个性解放的倡导，打破了中国人一向借以安身立命的世界观和人生观，加上辛亥革命后普遍王权的衰落所引起的社会动荡不安和第一次世界大战造成的人类大规模残杀的影响。人们在精神上发生了道德、存在和文化认同的“意义危机”，用梁漱溟的话说，具有“人生空虚无意义之感”①。他力图通过对陆王一派之人生态度的提倡，解决所谓“意义危机”问题，重新找回安身立命之所。他在《东西文化及其哲学》中明确指出：“这类问题——人生空虚无聊、人生究竟有何意义——也可以径直走入否定人生一途，也可仍旧折回归还到勉于人生。由前途其结果固必为宗教或长生的出世法……由后一途其结果则不必为宗教……尽可以于人生中为人生之慰勉，如孔家暨后之宋明儒皆具此能力者也。”② 因此，“以孔颜的人生为现在青年解决他烦闷的人生问题”，是梁漱溟以陆王一派的人生态度来解释和提倡孔子的人生哲学的主要动机和缘故。

在他看来，人们的生活之所以会失去意义，感到焦虑、困惑和痛苦，其原因在于人有“欲望”。据此，他认为要消除这种“人生空虚无意义之感”，关键就在抑制“欲望”。而要抑制“欲望”，首先就必须反对什么都要算账的功利主义的人生态度，一切都不要计较利害得失，如果计较了，就是“违仁、失中、丧失生机”。他并把这说成是孔子之人生哲学的主要内容。他说：“孔子的唯一重要的态度就是不计较利害，这是儒家最显著与人不同的态度，直到后来不失，并且演成中国人的风尚，为中国文化之特异彩色。”③ 尽管梁漱溟对于“天理”“人欲”的理解与宋明新

---

① 《东西文化及其哲学》，第 98 页。

② 同上书，第 130 页。

③ 同上书，第 131 页。

儒家略有不同（见后），但他视意欲为产生“人生空虚之感”的原因，把一切不计较利害看成“孔家的唯一重要的态度”，则无疑遵循的是宋明新儒家的思想进路。

循此进路，梁漱溟十分赞同宋明新儒家的“无欲”主张，并把它说成儒家重要范畴“仁”的主要含义。他说：世上有一种偏见以为仁就是“慈惠”，这固然不能说不是仁，但是仁之重要意味则为宋明家所最喜说，而我们所最难懂的“无欲”。又说“宋儒无欲确是有故的，并非出于严酷的制裁。倒是顺自然把力量扯开，使其自然的自己去流行”[①]。

梁漱溟尤为赞赏陆王一派提倡的那种“乐天知命”的“孔颜乐处”。对于泰州学派王氏父子的“以乐为教”，梁漱溟更是推崇备至，认为他们“作事出处甚有圣人的样子，皆可注意处也”。故此，他不厌其烦地引用王艮的《乐学歌》，希望人们对王艮的“人心本自乐”有所认识，从而“改换那求生活美满于外边的享受的路子，而回头认取自身活动上的乐”[②]。他并强调指出，只有“认取自身活动上的乐”，才是“真乐”，才是“绝对的乐”，因为这种乐是完全建筑在主观精神之上的，是超绝一切物质关系的乐，是自得的乐。与这种绝对的乐相对的是“相对的乐”。“何谓相对的乐？他这个乐是系于物的，非绝关系的，所以为相对；他这个乐是与苦相对待的，所以为相对。”在梁漱溟看来，人们只要实现了这种“绝对的乐”，就会使一切“要求计较之念销归乌有，根本使问题不生也，什么人生有意义无意义，空虚不空虚，满足不满足，他一概不晓得”，从而达到“无我”“忘我”的“天人合一”之理想境界。[③] 故此，他视“绝对的乐”为孔子人生哲学的归宿。

尽管梁漱溟“发挥儒家陆王一派思想，重在人生态度方面”，并把它视之为解决所谓“意义危机”的根本药方，然而他毕竟距离王阳明及其弟子所生活的时代有近四个世纪之久了，加上他又生活在中西文化大冲突大融合的时代，因此他在依据陆王一派的人生态度对孔子的人生哲学进行解释时，也在某些地方偏离了其思想进路。

---

① 《东西文化及其哲学》，第 131、130 页。

② 同上书，第 138 页。

③ 同上书，第 99 页。

首先，他对“天理”的解释和陆王一派有明显的不同。在宋明新儒家那里，“理”“礼”是相通的，所谓“理”或言“吾心良知之天理”，指的就是仁、义、礼、智、信这些封建伦理纲常“礼”的自然之理。王阳明就训“理”为“礼”。他说：“礼字即理字。”“夫礼也者，天理也。天命之性具于吾心，其浑然全体之中，而条理节目森然毕具，是故谓之天理。”① 因此宋明新儒家的“存天理、灭人欲”的实质是要维护封建伦理道德的绝对权威，以维护封建地主阶级的君君、臣臣、父父、子子的统治秩序。但在梁漱溟这里“天理”已不是“礼”——封建的伦理纲常，而是自己生命“自然流行日用不知的法则”。对于宋明新儒家所要保存的“天理”，他不仅不提倡，反而称赞戴震对于宋明新儒家“存天理，灭人欲”的批判是“纠正宋人支离偏激之失”。

其次，梁漱溟虽然倡导“寡欲”“无欲”或“抑欲”，但他所讲的“欲”或“私欲”“欲望”，指的主要是理智打算计较所引起的“忧苦烦恼”，而对于合理的出于自然的人之情感、欲望等感性存在，他并不赞成陆王一派的绝对禁欲主义倾向，相反持某种赞同的态度。他说：“私心人欲不一定是声色名利的欲望之类，是理智的一切打量计较、安排，不由直觉而随感而应，孔家本是赞美生活的，所有饮食男女、本能的情欲，都出于自然流行，并不排斥，若能顺理得中，生机活泼，并非常之好的。所怕理智也来分别一个物我，而打量计较，以致直觉退位，成了不仁。”② 故此，他在用陆王一派的人生态度解释孔子的人生哲学时，认为“以生活为对为好的态度”是孔子之人生哲学的重要内容。梁漱溟这种反对“纵欲”而主张“抑欲”，但又不赞同“禁欲”，严格区分道德的感性力量（仁）与欲望的感性冲动（食、色之类）的思想后来被其他现代新儒家所接受和发挥，成了现代新儒学的一块理论基石。

三 儒学的现代化

梁漱溟新儒学思想之“新”，还在于他努力地谋求儒学的现代化。

---

① 《博约说》，《王文成公全书》卷七。

② 《东西文化及其哲学》，第127—128页。

梁漱溟谋求儒学现代化的努力，首先体现在他对所谓真假儒学的区分上。

梁漱溟认为，现世所传的儒学不是孔子所创立的原始儒学或真儒学，虽在后世儒家之中，有王阳明及其弟子“于孔家的人生态度，颇可见矣”，然而就大多数儒家来说，他们着力于外部的约束和建立行为规范，而于孔子的根本意思则少有倡导。其结果，经过两千多年的歪曲篡改，孔子的“真儒学”成为“假儒学”，“内部僵化成一硬壳，内容腐坏酵发臭味”，充满人情的伦理道德成了不顾人情的“吃人的礼教”。他说：“中国民族几千年实受孔孟理性主义（非宗教独断）之赐，不过后来把生动的理性，活泼的情理僵化了，使得忠孝贞节泥于形式，寖失原意，变成统治权威的工具，那就成了毒品而害人，三纲五常所以被诅咒为吃人的礼教，要即在此。”①

实际上，对儒学作真与假的区分，这并非梁漱溟的新发明。于他之前，戊戌变法时期的康有为就区分过真假儒学。所不同的是，康有为区分真假儒学的目的，是为自己的变法维新制造理论依据和历史依据，而作为文化保守主义者和现代新儒学的“开启者”，梁漱溟区分真假儒学的目的则是谋求儒学的现代化，从而使经五四新文化运动的批判而日趋僵化的儒家文化重新复活起来。对此，梁漱溟从两方面作了努力。

首先，是对“假儒学”的批判。他在《东西文化及其哲学》中写道：“古代礼法，呆板教条。以致偏倚一方，黑暗冤抑，苦痛不少。”宋之前这种礼法对人们的束缚还不十分厉害，“宋以后所谓礼教名教者又变本加厉，此亦不能为之曲讳，数千年以来使吾人不能从种种在上的权威解放出来而得自由，个性不得申展，社会性亦不发达，这是我们人生上一个最大的不及西洋之处”②。在《中国文化要义》中他又指出：“中国文化最大之偏失，就在个人永不被发现这一点上，一个人简直没有站在自己立场说话机会，多少感情要求被压抑、被扼杀。五四运动以来所以遭受‘吃人的礼教’等诅咒者事非一端，而其实要不外此。”③ 如此言论，于

① 梁漱溟：《东方学术概观》，巴蜀书社 1986 年版，第 105 页。

② 《东西文化及其哲学》，第 152 页。

③ 《中国文化要义》，学林出版社 1987 年版，第 259 页。

梁漱溟的著作中是屡见不鲜，这与陈独秀、胡适等新文化运动倡导者和拥护者对于儒家之纲常名教的批判是何其相似！

其次，是对“真儒学”的阐发，现世所传的儒学不是真儒学，那么真儒学究竟是什么呢？梁漱溟认为，真儒学既不是一种礼仪规范，也不是什么社会自然科学，而是一种“自己学”。所谓“自己学”，就是“自己了解自己，自己对自己有办法”[①]。梁漱溟在《孔子学说的重光》一文中写道：“孔子毕生致力就在让他自己生活顺适通达，瞭亮清楚；平常人都跟自己闹别扭，孔子则完全没有。这种学问究竟是什么学问，安一个什么名词才好呢？恐怕找遍现代世界所有大学、研究院、学术分科的名词，都找不到一个合适的给他安上。孔子毕生所研究的，的确不是旁的而明明就是他自己；不得已而为之名，或可叫作‘自己学’。”[②]

我们尽可批评梁漱溟把儒学说成是所谓“自己学”的不当，也可指责他提倡儒家那一套反省内求、乐天安命之人生态度的非是，但必须承认，这是他谋求儒学现代化的一种努力。这正如美国汉学家墨子刻教授指出的，“一些杰出的中国知识分子，一向从事着今天也仍然在从事着人本主义的努力。他们的工作也包括同传统的某种剧烈的分离。具体地说，他们反对把制度化的儒学和儒家教条主义——尤其是反对把西汉以来朝廷所倡导的具有官学地位的儒学——当作真正学问的唯一源泉。毫无疑问，即使是在帝制时代，儒家学者们也在不断作出努力，以区分什么是承夫子之道的真儒学，什么是鱼目混珠的假儒学。但是，儒家哲学的现代信徒们，或许将这种区分强调到了前所未有的程度。他们希望通过对已经不纯的文化遗产的筛选，提取出一种可能适用于未来的道德‘精神’。因此在一定程度上，他们已经接受了‘五四’时‘反对传统权威’的原则，期待着一种既受益于中国和西方学派渊源的，又批判地发展起来的‘新’学术”[③]。

如果说区分真假儒学是“正本清源”的话，那么，梁漱溟谋求儒学现代化的另一努力则是援西方柏格森生命哲学入儒，用前者重新解释和

---

① 梁漱溟：《孔子学说的重光》，见《梁漱溟先生教育文录》，第23页。

② 同上书，第28页。

③ 墨子刻：《摆脱困境——新儒学与中国政治文化的演进》中译本，第5—6页。

发挥后者，从而使中国的儒家文化与西方的资产阶级文化实现某种程度的结合，并在此基础上，创立了“新孔学”。

柏格森生命哲学是19世纪末20世纪初兴起的西方非理性主义思潮的一个重要哲学流派，辛亥革命后开始传入中国，五四新文化运动期间得到了广泛的传播，与杜威的实验主义哲学一道，成为对现代中国思想文化界影响最大的西方资产阶级哲学思潮。当时的一些思想家如张君劢、张东荪、梁启超、熊十力、贺麟以及梁漱溟都在不同程度上接受过柏格森生命哲学的影响。梁漱溟自己在《朝话》中就承认：“中国儒家、西洋生命派哲学和医学三者，是我思想所从来之根柢。”① 又说：“记得二十年前，余购读柏氏名著，读时甚慢，当时赏有愿心，愿有从容时间尽读柏氏书，是人生一大乐事。柏氏说理最痛快、透彻、聪明。”②

柏格森的生命哲学之所以受到中国思想家的青睐，其原因就在于他与中国传统哲学尤其是儒家哲学有某些相通之处。譬如，柏格森的唯意志论及直觉主义，与陆王心学强调主观精神作用和直觉体认容易相通；柏格森哲学以分析意志绵延之流的主旨，与唯识宗重视意识活动的分析和强调意识流转不息也较为契合。贺麟先生就曾指出：“我们读柏格森的书，常常感到一些中国哲学的意味，譬如他的轻科学而重哲学，他的推崇直觉，讲求神秘，他的祛除符号，不要言诠，都会令我们想起先秦魏晋的老庄和宋明陆王之学；而他的整个的绵延创化的变的哲学，也容易使人联想到‘天行健，君子以自强不息’，‘神无方而易无体’，‘以未济终焉’之类的话头。”③

梁漱溟开始接触柏格森的生命哲学是在1915年前后。1916年他在《究元决疑论》一文中，就曾依据《变的哲学》(*The Philosophy of Change*) 所介绍的柏格森的创造进化论对印度佛学作过解释。他认为柏氏把宇宙万物归结为永无休止之“生命之流”的观点，“不异为佛学解说其依他性所由立也”。所谓“依他性所由立”，即佛学依据其“缘起”说，认为世间一切现象都是依各种因缘而起，“刹那生灭，桓转如流”，

---

① 梁漱溟：《朝话》，教育科学出版社1988年版，第107页。

② 同上书，第106页。

③ 贺麟：《现代西方哲学讲演集》，第21页。

似有非有。在梁漱溟看来，在西方各家学说中唯柏氏的生命哲学将佛学的这个道理说得特别明了透彻。所以他不无慨叹道："善说世间者，莫若柏格森也。"

梁漱溟虽然对柏氏学说大为赞赏，但实际上这时的他并没有把柏格森哲学真正弄懂。譬如他把柏格森哲学的"理智"（他译为"惠性"）比之于佛学的"八识"，没有理解"理智"在柏格森哲学中的重要意义。在柏格森哲学中，理智与物质的关系是生命创化的一个阶段，物质出现是"生命冲动"即生命创化停滞或削弱的结果，理智则是生命贯彻与利用物质的一种方法。但梁漱溟却视理智与物质的关系为柏格森生命创化学说的基础，认为："柏氏举一切归纳之于不息转变，以为唯此是真，而求其为清静本然之真心忽然念起也。"故此他得出结论："说世间愈明，世间之妄愈确。"

1921 年，李石岑主编的《民铎》杂志出了一期《柏格森专号》。应李石岑之约，梁漱溟为专号写了篇《唯识家与柏格森》的文章。如果说在《究元决疑论》中他主要是从佛学世界观的立场来吸取和评判柏格森哲学的话，那么，在《唯识家与柏格森》中他主要是从方法论的角度着重考察了柏格森哲学和佛学的区别。在他看来，柏格森哲学和唯识家的思想虽"有非常契合之处"，但"两家的方法实现截然不同"，因为"柏格森的方法排理智而用直觉，而唯识家的方法却排直觉而用理智"。这里指的主要是唯识家的因明逻辑，因明只承认现量和比量即感觉和推理是获取知识的唯一途径。而梁漱溟认为"所谓'直觉'这个东西与唯识家这两样东西都不合的"。故此，他批评章太炎、陈独秀、黎锦熙混淆两家方法论的区别的观点是"全然无当"。

梁漱溟的这篇文章写于 1921 年 3 月。不久，他讲演和出版了《东西文化及其哲学》。如论者所指出，此书是"王阳明的心学与柏格森的哲学，再加上经过他改造的唯识学"之"混合物"，"但其主干是儒家思想或王学"。①

首先，他根据柏格森的生命哲学重新解释和发挥儒家哲学的变易思想，使它具有了宇宙本体论的意义。他说："我心目中代表儒家道理是

① 袁伟时：《中国现代哲学史稿》（上），中山大学出版社 1987 年版，第 637—683 页。

'生'。"这种形而上学本来就是讲"宇宙之生"的，所以说"生生之谓易"。在引述了孔子关于"天地之大德曰生"，"天何言哉，四时行焉，百物生焉，天何言哉"等论述后，梁漱溟断言："这一个'生'字是最重要的观念，知道这个就可以知道所有孔家的话……他以为宇宙总是向前生发的，万物欲生，即任其生，不加造作，必能与宇宙契合。"① 儒家哲学虽然讲"生"，承认宇宙万事万物都处于永无休止的变易之中，但它指的是事物的运动变化状态，而梁漱溟却把它与柏格森哲学之"生命""绵延"的概念相提并论，使他和后者一样成了宇宙万物的本体。他指出："宇宙是一生命，从生物的进化史，一直到人类社会的进化史，一脉下来，都是这个大生命无尽已的创造。一切生物，自然都是这个大生物的表现。"② 又说"宇宙本体不是固定的静体，是'生命'、是'绵延'"③。

其次，用柏格森的直觉主义重新解释和发挥儒家哲学的认识论思想，使它更具有了非理性主义的特征。传统的儒家哲学的认识论虽有当下即是的直觉因素在内，但并不排斥理性。梁漱溟却根据柏格森的直觉主义，对它作了非理性主义的解释。他说："儒家尽用直觉，很少来讲理智。"又说："孔家很排斥理智。""一般人是讲理的，孔子是不讲理的，一般人是求其通的，孔子则简直不通。"并以王阳明哲学为例，"及明代而阳明先生兴，始祛穷理于外之弊，而归本直觉——他叫良知"④。1922 年他写的《评谢著阳明学派》一文中，梁漱溟又根据柏格森的直觉主义对王的"良知"说作了三重含义的界定："一切后天知识具不在内"；"后天知识之作用，即所谓感觉作用和概念作用（即理智者）都非良知"；良知是"有情味的知，或有意味的知，在今日则所谓直觉"；它"和知识知解的知不同，知识知解的知是静的知，亦即客观性的知，而良知则为主观性的知"。⑤

不仅如此，梁漱溟还把儒学的一些基本概念和范畴都作了直觉主义的附会。比如"仁"，是儒家的重要概念，孔子对仁作过多种界说，而梁

① 《东西文化及其哲学》，第 21 页。

② 《朝话》，第 72 页。

③ 同上书，第 79 页。

④ 同上书，第 45 页。

⑤ 《漱溟卅前文录》，第 231—233 页。

漱溟则把它说成是“直觉”，他说：“孔子是要作仁的生活”，这种仁的生活，就是“敏锐的直觉”。[①]

儒学的性善论也被梁漱溟作了直觉主义的解释。他指出：“恻隐之心，羞恶之心，恭敬之心，是非之心”，这种“好善求对”的“直觉”人所本有，但有的人能表现出来，有的人表现不出来，其原因就在“直觉”的锐钝不同。本来直觉都是“敏锐”的，然而由于有的人不幸有了“杂染”，从而使“敏锐的直觉”变得迟钝了。因此“只要复他本能敏锐，他就可以活动自如不失规矩”。很明显，梁的上述解释不过是孟子所谓“善是人性之本，恶是物欲之迁”的直觉主义表述。

无庸否认，由于梁漱溟当时对柏格森的生命哲学和儒家哲学都缺少认真的研究，往往是用他不甚理解的生命哲学去解释、发挥他同样不甚理解的儒家哲学，因此，除了在形式上给儒学涂上了一层生命哲学的釉彩，使孔老夫子及其门徒从身着长衫的“古圣先贤”变成了西服革履的“假洋教授”外，就其内容而言，不过是古义新释，实质上并没有增添多少新东西。然而从方向上来说，他援柏格森哲学入儒，是谋求儒学现代化的一种努力，他试图通过儒学与柏格森哲学的结合，通过后者对前者的重新解释和发挥，实现儒学的现代化转换。谋求儒学与西方哲学的结合是现代新儒家共同努力的方向，而这一方向的定位者则是梁漱溟和他的《东西文化及其哲学》。

① 《东西文化及其哲学》，第127页。

关于广州反入城斗争的几个问题*

茅海建

广州反入城斗争，又称“广州入城问题”，是鸦片战争以后中英关系史上的重大事件。它肇因于1842年8月的《中英南京条约》，以1857年12月英法联军攻占广州为结局，历时15年之久。由于其中有广州各阶层民众不顾清政府官员的压制，坚决反对外国人入城的种种表现，显示了他们对侵略者的不妥协的态度，因而此一事件素来为研究者所注重，且有许多论文进行分析研究；一般的中国近代史著作对此亦均无遗漏，皆有论述。问题似乎已经有了明确的答案。然而，笔者以为，对于这一事件，似仍有进一步进行研究的必要和可能。

一　要求入城的条约依据

英国人要求进入广州城，其依据是《中英南京条约》。查该条约中文本，其第二款载：

> 自今以后，大皇帝恩准英国人民带同所属家眷，寄居大清沿海之广州、福州、厦门、宁波、上海等五处港口，贸易通商无碍；且大英国君主派设领事、管事等官，住该五处城邑。①

---

* 本文原载《近代史研究》1992年第6期。

① 《中外旧约章汇编》第1册，第31页。

根据上文的意思，英国民人只能居住于“港口”，并无要求入“城”的权利，而英国外交官的情况则稍为复杂一些，关键是“城邑”的解释。

在中文中，“邑”可作“城”来解释，又可作地域单位来解释，如《周礼》中称“九夫为井，四井为邑，四邑为丘，四丘为甸，四甸为县，四县为都”，又注“四井为邑，方二里”。若作地域单位解释，是指大约一平方公里的地方。不过，“城”和“邑”两个字联在一起，中文意思应当是十分明确的，是指城里。

实际上，对于“城邑”二字当作何解，清政府官员内心中也是清楚的，只不过在公开场合不这么说。例如，闽浙总督刘韵珂在处理福州入城问题时，于1845年4月21日奏称：“查江南原议和约，虽载有英国领事官住在广州、福州等五处城邑，专理商贾事宜等语，惟并未注明城内。”但在这一奏折所附夹片中却换了一种说法，谓：“查核原议和约，载有领事住居城邑之语。所云城邑二字，原指城内而言，该夷所请本非违约妄求。”（重点号为引者所加）奏折的正本与附片对同一名词有着两种不同的解释，是刘韵珂为保密起见在公开和秘密场合采用不同的说法。当时清政府实行的邸抄等公文制度，更兼清政府内部诸多书役衙丁为英国人提供情报，使雍正帝建立的原来十分机密的奏折制度，在实际运作中已变得无密可保。刘韵珂正是恐怕真情泄露，于是在正折和夹片中各说一调。他在夹片中称：“因均关机密，正折内不便胪叙，谨附片详细密陈”，并称除布政使徐继畬外，“余人皆未知悉”，要求道光皇帝将此夹片“留中”。也就是说，除了刘韵珂、徐继畬和道光帝之外，就连军机大臣也无从知晓该夹片的内容。尽管刘韵珂内心明白“城邑”是指城内，但仍派徐继畬告诉英国领事，“城邑二字，系兼指城内城外”，而英人“前来通商，自应在城外居住”。[①]

由此，似乎可以得出结论，根据《中英南京条约》中文本，英国民人只能居住在港口，没有要求入城的权利，而外交官则可以入城。从广州的具体情况来看，英国商民居住于城西南的商馆一带，濒临珠江，可以认定为港口，因此，也可以认定为已经实现了《南京条约》，只不过英国驻广州领事的入城问题，与《南京条约》的规定尚有差别。

---

① 《第一次鸦片战争之后福州问题史料》，《历史档案》1990年第2期。

但是，《中英南京条约》英文本，措辞就完全不同了。其原文为：

> His Majesty the Emperor of China agrees, that British Subjects, with their families and establishments, shall be allowed to reside, for the purpose of carrying on their Mercantile pursuits, without molestation or restraint at the cities and towns of Canton, Amory, Foochow-fu, Ningpo and Shanghai, and Her Majesty the Queen of Great Britain, etc, will appoint Superintendents Consular Officers, to reside at each of the above-named cities and towns…①

该段文字直译当为：

> 中国皇帝陛下同意，英国国民及其家人和仆从，从今以后获准居住于广州、厦门、福州府、宁波和上海等城市和镇，以进行通商贸易，不受干扰和限制；统治大不列颠及各处的女王陛下，将指派监督或领事官员，驻扎上述城市和镇……

将中、英文本进行对照，十分明显，中文本中的“港口”“城邑”，在英文本中皆作“城市和镇”。如果根据《中英南京条约》英文本来解释，英国的民人和外交官皆有权利要求进入广州城。

根据当时和现在通行的国际惯例，国际条约的各种文本具有同等的法律效用。由于签字时未作声明以何种文本解释为准，两种文本的解释发生分歧时，应允许各方各执己见。世界历史上因条约文本的解释不同而发生的争执，比比皆是。但是，《中英南京条约》的情况还有所不同，有两点特别之处。一是，该条约的中文本是由英国使团中文秘书马儒翰②起草的，参加谈判的清政府官员根本不懂英文，也不知道英文本上写些

---

① 总税务司署编：《中外条约、协定汇编》（*Treaties, Conventions, ets., between China and Foreign States*, Shanghai, 1908）第1卷，第160页。

② 马儒翰（John Robert Morrion）是传教士马礼逊的长子，中国史书又称其为马礼逊、马里臣、马利逊等，曾在马六甲英华书院读书，后任广州英商的翻译。1834年起，任驻华商务监督秘书等职，为英国政府服务。

什么，更何况英方在谈判中根本不容许对条约内容（由于不懂英文，只能是中文本）进行修改。因此，该条约的中英文本的歧义本是英方一手造成的。二是，因清政府官员不懂英语所致。当时中英往来的官方文书，英方须得在英文本后附有中文本，而清方只有中文本。这就在实际运作中形成了以中文本为主的惯例。很可能是由于入广州城而引起的文本争论，使得英国在1854年提出修约十八条要求时，其中一条为“立兹条约，当以英字为确据”[①]。1858年签订的《中英天津条约》更是明确规定：“自今以后，遇有文词辩论之处，总以英文作为正义。”[②]

英国第一次明确提出进入广州城的要求，是在1843年。负责战后谈判事务的钦差大臣耆英，为此答复英国全权代表璞鼎查，谓：

> 进广州城一款。现在两国和好，毫无芥蒂，岂有城内城外之分，况江宁、福州、上海等处，既可入城，何独广州不可。无如广东民风非江浙可比。自遭兵火之后，惊魂未定，易启猜嫌……现在本大臣会同督抚，转饬地方官设法开导，容俟开关贸易后，彼此相安，如有应行入城相商之件，自应会商。[③]

耆英的这份文件，虽未同意英国人入城，也未明确否认英国人的入城权利。很可能由于这一次的经验，耆英看出了“城邑”二字的重要性。他此后签订的《中英虎门条约》及其附件《五口通商章程：海关税则》《中美望厦条约》中，再未用“城邑”一词，而只用“港口”（英文本作ports）。而他签订的《中法黄埔条约》所用措辞为“五口市埠地方”（法文本作 ports et places），也未涉及“城”的概念。

1845年3月，英国驻华公使德庇时重提入广州城的要求。清钦差大臣两广总督耆英仍以“民情未协”相推脱。至年底，值清政府缴纳最后一笔战争赔款，按照《中英南京条约》，英国应将其占领的舟山岛归还中国。德庇时以全面履行《中英南京条约》为由，将入广州城与归还舟山

---

① 《筹办夷务始末（咸丰朝）》，中华书局本，第1册，第344页。
② 王铁崖：《中外旧约章汇编》第1册，第102页。
③ 佐佐木正哉：《鸦片战争の研究》资料篇稿，第245页。

岛联系到一起，声称若不允入广州城，即不归还舟山岛。这下子击中了耆英的要害。他在致德庇时的私函中称，归还舟山一事“若有游移，我即无以自安其位”，同时，他又在正式照会中声明：

> 英人入城一节，实未列入条约。查江南和约（指《中英南京条约》）载明领事、管事官住五处城邑，专理商贾事宜，英人则带同家眷，寄居五处港口，贸易通商，并未言及进城之事。即善后事宜（指《中英虎门条约》及其附件）内，亦未开载。请贵公使查阅自明。①

耆英的照会，措辞如同前引刘韵珂的奏折，不承认英国人入城的条约权利，所据者自然是《中英南京条约》中文本。这就将了德庇时一军。德庇时是个中国通，懂中文，1816 年随阿美士德使团来华时，充任汉文正使；1834 年随律劳卑来华，出任对华商务第三监督，后任第二监督。他知道，若援引《中英南京条约》英文本进行辩论，对不懂英文的清政府官员来说毫无意义。于是，他所援引的依据，是其他四口的先例以及本文前引耆英致璞鼎查的文件，“贵大臣与前任璞公使肃然应许，云：容俟开关贸易，彼此相安，而后可进城”②，避而不谈条约的本身。耆英此时因事关归还舟山（实际上也事关其功名禄位），同意英国人入城，但要求推迟时间，但对于条约义务，仍持否定态度，照会中称“入城一事，本属小节，历次条约，均未载明”③。

1846 年 4 月，耆英、德庇时会晤于广东东莞虎门，签订了《英军退还舟山条约》。该条约的中文本第一款为：

> 进粤城之议，中国大宪奉大皇帝谕旨，可以经久相安、方为妥协等因。此次地方官难管束粤省士民，故议定，一俟时形愈臻妥协，

① 佐佐木正哉：《鸦片战争后の中英抗争》资料篇稿，第 20 页，以下简称《中英抗争》资料篇稿。

② 佐佐木正哉：《中英抗争》资料篇稿，第 23 页。

③ 同上书，第 27 页。

再准英国人入城；然此一款，虽暂迟延，断不可废止矣。①

对照英文本该条，意思稍有参差，主要是关于对道光帝谕旨的理解，而关于入城的字句，则是完全相符，英文本作“right to admit Foreigners into the City of Canton”。从文字的角度来看，此一款肯定了英国人早已有入城的权利，这也似乎使清政府曲折地承认了《中英南京条约》已给予英国人这一权利。不管怎么个说法，英国人所认定的《中英南京条约》规定的入城权利，在《英军退还舟山条约》中才真正解释清楚。然而，细心地分析这一款的文字，不难发现，英方并未取得实际进展。因为对英国人行使入城权利的时间规定，不像《中英南京条约》中的“从今以后”，即立即生效，而是无限期地向后推迟。也就是说，从此清政府若以“时形”未臻“妥协”为由而拒绝英国人的入城要求，反倒是有了充足的条约依据。

英方也发现了这一漏洞。一年后，德庇时以英国人在佛山一带遭石块袭击为由，命令驻在香港的英军攻占虎门，进据广州城西的商馆。与此同时，德庇时又向耆英提出了确定入城时限等一系列的要求。1847 年 4 月 6 日，耆英在此军事压力下屈服，照复德庇时，许以两年之后对外国人开放广州城。②

至此，可以得出结论，根据《中英南京条约》《英军退还舟山条约》和耆英的照会，从法理上说，英国人自 1849 年 4 月 6 日起获得了自由进入广州城的权利。又据《中美望厦条约》《中法黄埔条约》的最惠国条款，美国人和法国人也同时获得了同一权利。当然，还应当指出，上述条约和照会，都是西方殖民主义用战争或讹诈的手段勒索得来的，都是不平等的。

二　要求或反对入城的理由

如果严格地抠字眼，条约英文本中的“城市”（city）和“镇”

① 《中外旧约章汇编》第 1 册，第 70 页。

② 未见中文本，英文本见总税务司署编《中外条约、协定汇编》第 1 卷，第 210 页。

(town)，与当时中国的“城”的概念，还是很有区别的。当时中国的城，四周有城墙，有护城河，有城门，有一整套的防御工事和装备。“城”的准确概念，似可被认为是西方中世纪城堡（castle）的放大。而当时英文中的“城市”和“镇”，则有了近代的意义。它们是指大型居民点，兼备市政、商业、工业等功能。如果从西方“城市”的概念即居民点的概念出发，观察沿海五个通商口岸，又可以得出结论：上海县城、宁波府城外较为荒凉，人口不多，算不得城市；福州城南沿闽江之岸，有码头，有商店，人口较多，已有城市的味道；厦门城只不过是一个直径0.5 公里的圆形要塞，内驻福建水师提督衙门，与西方的城堡完全相同，商业、运输业及人口稠密地区在城西南的“十三道头”一带，由此，厦门的“城市”当在城外而不在城内；在广州英国人所居住的商馆，位于城西珠江岸边（今广州沙面以东），人口稠密，房屋毗邻，热闹非凡，一切景象与城内并无二致，商业活动更是有过之而无不及。可以说，商馆一带与城内的区别只不过是隔着一道城墙。从近代城市观念出发，可以认为，居住在商馆的英国商人及外交官已经“入城”，而不是被拒之“城外”。笔者如此细究，并不是刻意否认英国人有入城之权，而是想在此中提出问题：（1）既然从近代城市观念出发，商馆与城内并无区别，英方为何一再要求越过这道城墙，进至城内？（2）清政府为何将英国人拒之城门之外？（3）广州各阶层民众为何冒着违抗官府的风险，坚决不允外国人入城？也就是说，要求或反对入城的理由是什么？

前两个问题似乎比较简单。

英方要求入城的外交理由是全面履行条约，但他们内心也明白，入城并不能给他们带来多少实际利益，尤其是经济利益。否则他们在 1849 年 4 月一切条约依据全部具备的情况下仍被拒绝入城时，不会不采取激烈的手段，而只是表露出软弱的姿态。事实上，第二次鸦片战争结束后，英国已实现入城，英国领事馆却从城内搬至距城比商馆更远的沙面。其他通商口岸也有这样的情况。居住在上海县城的英国官员和商人，也因居住条件和卫生状况，由城内搬至城外。对于英国商人说来，商馆一带正是中外贸易的传统地段，如果让他们迁出商馆而搬至城内，他们必然会表现出更为强烈的反对。他们的要求，主要表现为争取扩大商馆的区域，及在广州、河南等地建立仓储码头等设施，以扩大他们的商务活动。

很显然，英方要求入城，其目的是无形的而不是有形的，更侧重为心理因素一面，而非为实际利益一面。他们以“高等民族”自居，认为被拒绝入城是对他们的侮辱，企图用入城的手段来击垮清政府力图保持的“天朝”颜面。正因为如此，1843 年以来，他们始终不放弃入城的要求，又始终未因拒绝入城而采用战争的手段。19 世纪，英国对于牵涉其实际利益的事务，是不吝惜诉诸武力的。

清政府反对入城，除了为保持“天朝”的尊严外，主要是“严夷夏之防”，防止出现“华夷混杂”的现象。清王朝是以武力镇压而建立起来的专制政权，极端恐惧本国民人与外国势力相联系，进而造反。为此，广州一口通商时期，他们在“华夷之隔”上颇用功夫。商馆制度、保商制度、行商制度等，正是这类努力的表现。鸦片战争后，原有的制度被打破了，原有的恐惧心理并没有消除。福州、广州等地，清政府官员一再不允入城，正是害怕出现华夷混杂、难以控制的局面。也正是由于害怕“华夷杂居”，上海的地方官与英国领事议定了《上海租地章程》，在上海县城以北的农田上建立“外国人居留地”（Foreigners Settlement），即租界。在许多方面来看，最初的上海租界恰如广州商馆的放大。然而，清政府的官员们也逐渐地认识到，“华夷杂居”并没有想象的那么可怕，因此，他们在英国的政治压力（1845 年，福州）、拒不归还舟山（1846 年，广州）、战争威胁（1847 年，广州）面前，采取了“两害相权取其轻”的态度，表示屈服。而 1849 年的拒绝入城，清政府官员是害怕激起民变，这是“两害相权取其轻”的另一种方式的表现。

由此可见，英方要求入城和清方拒绝入城，既有其相互对立的一面，又有其相互妥协的余地。这使得英国政府与清朝政府在广州入城问题上，时而抗争，时而妥协，拖延达 15 年之久。

至于广州各阶层民众反对入城的理由，似乎比较复杂。

用于分析广州各阶层民众反入城理由的资料，自是他们的揭帖长红。然最为集中者，当数日人佐佐木正哉从英国国家档案馆抄录的英国外交部档案。这也从侧面告诉我们，英方对民众反抗的动态也是极其关注的。

笔者从所见的广州各阶层民众反入城的揭帖长红中，发现两点：一是此类揭帖长红很少说明反入城的理由，似乎这已经不再成为什么问题，无须进行叙说。大多数揭帖的重点放在如何组织斗争等具体问题上。二是为数不多的涉及反入城理由的揭帖，理由又各种各样，似乎没有一个统一的已达成共识的反入城斗争的理由。为了说明后一点，将此类揭帖分别叙述于下。

第一，防止英国人入城后进行侦察，扩大侵略。1846年的《广东全省水陆乡村志士义民公檄》中称：

> 英夷生化外刁毒之乡，狼面兽心，虎视狐疑，在彼之不敢觊觎我粤者，惟不得入城，探实地势与消息矣。今公然奉示入城，不但强悍霸占，欺凌百姓，其害更有不可胜言者。①

这种理由，据后来的历史发展来看，并不属实。该揭帖的作者似乎也发现了这一点，后面加了含糊的用语“其害更有不可胜言者”。

第二，防止英国人入城后影响商业的局势。1849年的《锦联堂公启》称：

> 向来外夷数百年来，未闻入城，各国皆守分乐业，华夷并安。今英夷忽有此举，以致人情惶恐，客心疑惑。在粤之商，早决归计，远方之客，闻风不来，则货何处销售，更恐意外骚扰，又于何处寄顿。是以爰集同人，定议章程，暂停与夷人交易。②

“锦联堂”是广州经营进出口纺织品商人的行会组织，他们的揭帖反映出商人阶层求稳怕乱的心态。但是，从他们的《公启》之中，似乎可以看出，他们所担心的不是英国人入城的本身，而是英国人入城激起的中外纠纷将引起商情大乱。他们已经看出，在当时民情与英方完全对立的形势下，英国人一旦入城，必会发生强烈的对抗。对于英国人入城本身，这份揭帖并无直接评价。

第三，防止英国人入城后侵凌民众。1846年的《明伦堂绅士议论》中称：

---

① 佐佐木正哉：《中英抗争》资料篇稿，第270页。重点号为引者所加。

② 同上书，第318—319页。

一、查百姓何以不准外国人入城。当经细问士农工商各项民人，但谓近来夷人猖狂，每每到处寻衅。或挟带鸟枪入村打雀为名，遇见鸡犬猪牛，则辄为放枪打毙。遇见妇人孩子，则或调戏或恐吓以取笑。遇见花果禾稻，则或偷取或残害，以肆其暴戾之性。种种不法，难以尽说。兼之当其行凶之时，设若有人拦阻劝止，必遭其突用鸟枪打死。如此不近情理之夷狄，倘再准其入城，将来扰害，更未有底止矣。所以我等百姓万不能容其入城也。[①]

从上述文字来看，此是士绅等对民情调查的答复。当地民众从鸦片战争后中外纠纷的各事件中，认定英国人“不近情理”，更恐其入城扰害，于是坚决地进行反抗。这是完全正当、合乎情理的理由。但是，其中又有几点难以解释的疑问，其一，为何在这些中外纠纷发生之前，即鸦片战争刚刚结束时，广州民众就有强烈的反对英国人的情绪，以至于发展到反入城斗争？其二，从“保家护乡”的角度出发，反入城斗争的主体应是城内的各阶层民众，为何居住于城外的各社学、团练等组织，反而在这场斗争中扮演了更加重要的角色？其三，侵凌民众的外国人，只是来广州外国人中的一部分，为何不分良莠，一概排斥？更何况从清政府官员当时的认识来看，“英夷求进入城，不过是游览都市，拜见官长，以为光荣，并无建立夷馆之说”[②]，如此，入城只是一部分外交官或商人的偶尔之举（这种认识当然并不正确），并不会发生多少中外纠纷事件，为何广州民众竟如此激烈地冒犯官府，坚决不允外国人入城？

第四，防止英国人入城后强行征税。1847 年的《匿名揭帖》中称：

夷人屡以入城为名，希图各国商税。[③]

同样的内容，以后还有出现。1856 年的《阖城防虞公局告示》中称：

---

① 佐佐木正哉：《中英抗争》资料篇稿，第 274 页。

② 耆英、黄恩彤奏，1846 年 5 月，《筹办夷务始末（道光朝）》第 6 册，第 2993 页。

③ 佐佐木正哉：《中英抗争》资料篇稿，第 279 页。

> 现在细查得逆夷苦苦要入城之故，因该夷欠赔俄罗斯兵饷七千八百万，定于在广东省城征取。必须入过城一次，即便勒收租税。……此乃吾人性命身家所关，务祈同心联络。各宜瓦面多设火煲灰箩器械等物堵御，尽力攻守，务除大害，不许入城，方能保全。①

从当时的英方文献和后来的历史过程来看，称英国人要求入城以希图征税的说法，是没有根据的。从上引两份揭帖的全部内容来看，这些揭帖的作者对英国的情况并不了解。而这些并不了解内情的人之所以提出“征税”的说法，只会有两种可能：一是揣度，因为这些被当时的中国人认为“不知礼义”“唯利是图”的夷人，每一项要求历来都有其经济上的图谋，由是而产生“征税”的联想。② 二是为宣传的需要而生造，因为这些涉及民众生计的题目，更能鼓动民众参加反入城斗争，前引最后一份揭帖似乎更为明显地表露出这种倾向。

综上所述，笔者以为，由少数揭帖提出的以上四种反对入城的理由，似乎都不成为广州各阶层民众反入城斗争的真正理由。这是并不奇怪的。我们今天的研究者，属于“事后诸葛亮”，已经看到了历史的结局，已经掌握了比当时的人们更多的国际知识。然而，我们今天也不能找出入城一事与国家利益、民族利益、民众利益之间的联系。帝国主义强加于中国的侵略掠夺，并不会以是否入城而增减，也就是说，反对入城与反对帝国主义的侵略掠夺并无直接的联系。这一点，我们可以举当时已经入城的上海、宁波、福州为例来证明，也可以举后来实现入城的广州、潮州和众多通商口岸为例来证明。因此，从国家利益、民族利益、民众利

---

① 佐佐木正哉：《中英抗争》资料篇稿，第331页。文中所提的赔款之事，当指以英国、法国、土耳其为一方，与俄国进行的克里米亚战争，不过揭帖的作者弄错了，那次战争是以英、法、土获胜，俄国失败而告终的，因而不可能有赔款之事。

② 事实上，当时官府也有相同的说法，尽管后来又否定。1849年广州反入城高涨之时，徐广缙奏称：“且夷性叵测，必欲入城，其居心实有不可问者。前此侦探，谓藩震耀各夷，抽税纳饷，犹属饰词。近复明察暗访，始知该夷听信传言，谓藩署存银二十四大库，进城后即可据为己有，竖立旗号广东即为其所得，报知国王，希图邀功冒赏。”（《筹办夷务始末（道光朝）》第6册，第3170—3171页）由此可见徐广缙等人的认识偏误。徐广缙的这种认识，也自然会影响到民众。

益的角度出发，去探讨广州民众反入城斗争的具体理由，其本身就是靠不住的。既然今天的人们尚不能找到反对入城的理由，那么，当时尚未看到入城后果的人们，对此自然不可能提出确实可靠的理由。这也从反面说明，要认识广州人民之所以如此激昂地反对入城，不能从具体的、细小的枝节上去寻找他们的理由，只能从宏观的、宽泛的背景中去把握此事的由来。

实际上，早在1842年鸦片战争刚刚结束时，由何大庚撰写、钱江刊刻、贴于广州府学明伦堂的《全粤义士义民公檄》，就已经定下了后来反入城斗争的基调。其中一段称：

> 兹闻逆夷将入珠海，创立码头，不惟华夷未可杂居，人禽不堪并处，直是开门揖盗，启户迎狼。况其向在海外，尚多内奸，今乃逼近榻前，益增心患。窃恐非常事变，诚有一言难尽者，若他国群起效尤，将何策以应之？是则英夷之不平，诚为百姓之大害，国家之大忧。①

这份流传极广的揭帖，已经道出后来的入城问题，用了“华夷杂居”“逼近榻前”的语词，这反映出何大庚、钱江等人的预见性。然而，这一篇檄文，并没有直接说明反对“华夷杂居”、反对“逼近榻前”的理由，而只是表现出极端强烈的仇外情绪。

如果我们以此为启迪，用仇外情绪来说明当时广州各阶层民众反对入城的理由，问题的症结就打开了。正因为广州民众由仇外情绪所驱使，所激励，因而最为自然不过地不加分析地反对英方提出的一切要求，反对入城，反对租地。正因为反对的本身就已经成为理由，因而大多数揭帖无须再说明反入城的理由，只是更强烈地表达其仇外情绪，并将一切反对他们的人，指责为汉奸。笔者以为，广州各阶层民众正是在仇外情绪的作用下，盲目地反对英方提出的入城要求，而并没有客观地分析入城究竟会给民众带来何种利弊。在整个反入城斗争中，情绪支配理智。这么说，并不是贬低广州反入城斗争（对历史成因的分析中，褒与贬本

---

① 《鸦片战争》第3册，第355页。

身毫无意义)，而恰恰说明了鸦片战争之后广州地区“民夷对立”的大背景、大环境。

广州民众的仇外情绪，对清政府官员在入城问题上的决策，一开始就起到了决定性的制约作用。1843 年，当入城问题刚刚提出，耆英等人有意妥协时，士绅何有书上书耆英表示反对，谓：

> 夷人到省，向在城外夷楼聚处，国有典章，二百年从无夷人入城之事。旧闻习见，妇孺同知。迩有道路传言，说有夷长欲进省城拜会各大宪，未审果否。舆论沸腾，盖既有拜会之名，必将肩舆仪仗，卤簿前驱，民间闻所未闻，见所创见，震慑人心，惊骇耳目，观者定如堵墙。所可信者，各县联络，千有余乡，团练义民，十万余众，均已拨归各社各乡，时勤操练，严加约束，断不致滋生事端。但虑省城五方聚集，良莠不齐，诚恐烂匪凶徒，猝然干犯，夷人或不相解，是敦和好，反至参商。①

由于是上书官宪，话说得极其委婉，但却直截了当地指出了“民夷对立”的状况。表面上攻击“烂匪凶徒”，却又暗示着十万“团练义民”。在这种温和的官场用语之中，有着极为犀利的机锋，耆英的态度为之一变。此后，“民情未协”成为清政府官员拒绝英方入城要求的正式且唯一的理由。

我们若用仇外情绪来说明广州各阶层民众反入城斗争的动因，那么，对于这场斗争，我们又该作何评价？

首先需要辨析的是，广州民众仇外情绪的产生原因。

广州民众仇外情绪，来源于两个方面：一是文化观念；二是现实生活。从文化渊源的角度来考察，毫无疑问，这种仇外情绪脱自传统的“夷夏之别”。在长久的中国历史上，中原地区的以儒家为正统的华夏文化，一直保持其以夏变夷的优越地位，从未受到更为先进的文化的有力冲击。由是降至清朝，这种观念在政治上演化为“天朝上国”，在对外交往中又鄙视包括西方国家在内的各国文明。在鸦片战争之前，这种“夷

① 梁廷枏:《夷氛闻记》卷五，中华书局本，第 148 页。

夏”的观念，尽管不合世界潮流，但在清政府的文化自我封闭的政策下，得以存在和保留。鸦片战争中，“堂堂天朝”惨败于“区区岛夷”。这种军事上的逆转，并未使中国士大夫阶层普遍承认西方亦有值得重视、值得研究、值得学习的文明体系。具体到广州地区，领导各阶层民众进行反入城斗争的，仍是士绅阶层，他们的“夷夏”观念仍是根深蒂固，这从他们的各种揭帖中有着极为强烈的表露。广州地区传统文化素称发达，士绅学子众多，正是这种“夷夏”观念使他们凝聚起来，结为一体。由此，从传统文化的角度来看，他们是“有理”的，而主张妥协的一部分清政府官员是“失道”的，当他们反对夷人时而冒犯清政府的某些官员，正是以“有理”犯“无道”，因而他们的举动得到了广州士绅阶层的普遍支持，得到了广州地区以外的众多清政府官员的普遍支持，即使在广州地区，他们也得到了许多清政府官员的暗中支持。耆英、黄恩彤等人，在广州的官僚集团中只是少数。因此，耆英者流对举着“夷夏之别”旗帜的广州士绅，也避让三分，常常处在“理亏”的位置上。同时，从许多揭帖等材料中也可以看出，许多士绅反对入城是为了循规旧制，即恢复到鸦片战争以前夷夏有序的旧制上来。

广州民众产生仇外情绪的另一个原因是，鸦片战争期间英军的暴行和鸦片战争之后多起英国人恃强作恶的中外纠纷事件，这一点在揭帖等文献中也有着充分的表露。这里且不论英军的抢劫、奸淫和个别英国商人的行凶事件，因为其中的是非根本无须讨论，就是普通英国人，战后处处以“高等民族”自居，其傲态和无视中国传统道德的作为，也不能不引起普通中国民众的反感。由此，广州民众在战争期间积累的对英军的仇恨，经过历次中外纠纷事件的培植，最后表现为不加区别的普遍的对“夷”的敌视。

如果从今天的角度出发，我们可以极其容易地得出结论，鸦片战争结束后，中国人民应当反对帝国主义的经济侵略和政治压迫，应当反对帝国主义凭借不平等条约所获得的领事裁判权、协定关税、片面最惠国待遇、军舰自由进泊通商口岸等侵略权益，而不应当以极大的努力去反对无足轻重的入城；中国人民应当区别英国政府、军队和民人，应当区别英国民人之中的为非作歹者和守法者，而不应当普遍地仇外。这些结论，是从我们今天所能达到的高度而得出的。但是，从历史的角度来看，我们也应当承认，广州民众的仇外情绪当时有其存在的合理性，广州民众反入城斗争当时有其发生的条件。

笔者以为，中国的近代意义的民族主义产生于甲午战争前后，而在近代意义的民族主义产生之前，也只有传统的“夷夏”观念。不管我们今天对这种“夷夏”观念作何评价，但它当时是一种不可否认的、在中外关系中占主导地位的客观存在。鸦片战争后，“夷夏”观念受到了冲击，开始其缓慢的异变。如果将鸦片战争后广州民众的仇外情绪与其前后的文化观念嬗变的历史联结在一起，我们可以很容易地看出，这种脱自“夷夏”观念的仇外情绪，恰恰是后来近代民族主义产生链条中的一环，是中华民族意识觉醒的先声。中国近代的民族主义，是在各国帝国主义百般蹂躏的大环境、大背景中产生出来的，与西方近代的民族主义产生的条件相比，有其特殊性。正是这种特殊的条件，使中国的民族主义与仇外情绪之间，有着某些相通之处。同时，从这一链条的这一环节出发，我们也可以清楚地看出，当近代民族主义尚未产生之前，“夷夏”观念占主导地位之际，广州民众所能萌发、掌握的也只能是仇外。这是历史的客观使然。当然，我们不能否认仇外情绪本身的落后性，也不能否认，作为中国近代意义的民族主义产生的源头之一，仇外情绪使得这种民族主义一开始就有其容易走极端道路的缺陷。

由于近代意义的民族主义尚未产生，由于近代意义的国际观念尚未产生，中国人民当时还不能完全正确地认识到自己的国家利益、民族利益、民众利益，因而也不可能如同我们今天清醒认识到的那样，立即去反对领事裁判权等侵略权益。战争期间，反对帝国主义的军事侵略是容易看清的。战争结束之后，如何反对帝国主义的经济侵略和政治压迫，对当时的人们说来，却是难以看清的。更何况仇外情绪又遮拦了激愤的广州民众的视野，使他们在入城问题上表现出类似排外的举动。这也是历史的客观使然。没有先进思想的指导，没有先进人物的指挥，中国近代的民众反抗外国侵略势力的斗争，长期处在低级阶段。广州反入城斗争以及后来的反洋教、义和团等，如同最初悲愤的工人捣毁机器一样，只是处在一种“自在的”状态之中。而中国人民自觉地举起反对帝国主义的大旗，进行坚决的明确的有理智的斗争，开始于 20 世纪的五四运动。我们不能用后来的标准来要求当时斗争的水准，正如我们不能用反入城斗争的标准来规范我们今天对外关系准则一样。

综上所述，笔者以为，鸦片战争之后的广州入城问题，是一项对国家、民族、民众利益无足轻重的小问题；广州各阶层民众在仇外情绪的驱策下，所进行的坚决的反入城斗争，尽管有其存在的合理性和产生的条件，但只是一种低级水准的斗争，是一种“自在的”的表现。如果我们将其提到“反帝反侵略”的高度上去褒扬，则无视了我们今天所处的时代，自我降低了我们的认识水准，也模糊了中国近代反帝反侵略的真正方向和意义。与之相反，如果我们不加分析地将之贬抑为毫无意义的排外妄动，也是缺乏历史感的表现。中国近代是一个新陈代谢飞速的时代，许多具有进步意味的事物，在其最初形态，往往是极其丑陋的，用今天的标准来衡量，往往是不可取的，而且，当历史进展到更高的层面时，也就顿然失去了原有的光彩。

三　1849 年“伪诏”的确认

1961 年，美国诺德先生根据《筹办夷务始末（道光朝）》一书，提出一个极其大胆的推定：1849 年 4 月 1 日，两广总督徐广缙致英国驻华公使文翰的照会中所附的一道谕旨，是徐广缙私自伪造的。[①] 这真是惊人的发现。在当时的中国社会中，先斩后奏已属格外逾规破格之事，伪造圣旨是官僚士子们想都不敢想之事。果真如此？30 多年过去了，诺德的这一推断，一直未得到完全的证实。

从笔者在第一历史档案馆所查阅的清朝档案来看，诺德的推断是完全正确的。

自 1848 年文翰接任驻华公使后，多次照会徐广缙，提出如期实行入城的问题。徐广缙则不顾《英军退还舟山条约》和耆英允两年后入城的照会，声称前约只是“姑为一时权宜之计，而其实非永远保护之道”，对英方入城要求继续以“民情未协”为理由来拒绝。[②] 文翰提出亲至广州两

---

① 诺德：《1849 年的伪诏》（John J. Nolde, “The ‘False Edict’ of 1849”），《亚洲研究》1961 年第 20 卷第 3 期。

② 佐佐木正哉：《中英抗争》资料篇稿，第 114—116、122—123 页。

广总督衙署会晤徐广缙，商谈此事及中英关系中的其他事务。徐广缙看出英方在会谈地点上潜含着实现入城之用意，遂提出反对建议，在虎门广东水师提督衙署会晤。最后据文翰的意见，会晤地点定在虎门江面的英舰上。1849 年 2 月 17 日，徐广缙与文翰进行了会谈，其中讨论的主要问题，就是 1849 年 4 月 6 日起实现英人入城。尽管徐广缙对入城一事仍予以拒绝，但同意了文翰的一项要求，即由徐广缙出面上奏请旨，让道光帝表示态度。文翰还提出，可用英国轮船将徐广缙的奏折送往上海，从上海由驿发送北京。徐广缙以不合体制为由表示反对，声称用“六百里加急”驿送，40 日内即可得到批回的谕旨。

请旨一事，并不是表示英方愿意按照中国皇帝的谕旨行事，而是他们已经看出，广东官员并无平息民众反入城浪潮的能力，他们想利用皇帝的权威来压制民众，即“遍贴謄黄，以践前约”[①]。这种请旨的手段，在 1846 年关于广州入城的谈判中就使用过，对促成《英军退还舟山条约》起到了重要作用。此次文翰正是重演德庇时之故伎。

从虎门回到广州后，徐广缙立即将会晤结果上奏道光帝。从《军机处录副奏折》来看，上奏的日期为 2 月 20 日，从军机处《随手登记档》来看，发文的速度为“四百里加急”。3 月 11 日，道光帝收到了这份奏折。他原本支持徐广缙拒绝入城的态度[②]，但此次徐奏中有“拒之过竣，难免激成事端”之语，并声称英军可能北犯江浙，遂下旨“暂准入城以践前约”，让徐广缙“酌量日期，暂令入城瞻仰”，但英国人“经此一游之后，不得习以为常，任意出入”[③]。据《随手登记档》，该道谕旨以“五百里加急”的速度发往广州。

2 月 21 日，就在徐广缙上奏的第二天，文翰将虎门会晤的要求写成备忘录，发送给徐广缙。文翰提到，应将道光帝的谕旨“俟三月初九日（4 月 1 日）以前，或于初九日，请贵大臣登复，以便本大臣随时设法，致固守成就约款”。徐广缙于 2 月 27 日复照，声称请旨的奏折“现已由

---

① 徐广缙等奏，见《军机处录副奏折》，又见《筹办夷务始末（道光朝）》第 6 册，第 3164 页。以下引用徐广缙、叶名琛等折片，道光帝上谕，皆将《筹办夷务始末（道光朝）》与档案进行核对。凡两者一致者，出处皆注《筹办夷务始末（道光朝）》。

② 《筹办夷务始末（道光朝）》第 6 册，第 3151、3159 页。

③ 同上书，第 3164、3166—3169 页。

释发报，二（三）月初十日（即4月2日）约可奉到批回，其应否如何办理之处，十二、三日（4月4日、5日）再行复照也”①。徐广缙将答复的时间推迟了几天。

道光帝3月11日的谕旨，于3月25日到达广州。② 但广州的局势已不容徐广墙按道光帝的谕旨来办。3月27日，徐广缙又用“四百里加急”的速度发出一份奏折，表示不同意道光帝允英国人“一游”的旨意，称言“婉阻之未必遽开边衅，轻许必立至兵端”③。与此同时，叶名琛也上奏支持徐广缙。4月14日，徐、叶的奏折送到道光帝手中，他看到徐、叶的局势分析后就立即放弃了让英国人入城“一游”的旨意，表示同意徐广缙的意见。道光帝的谕旨，仍以五百里加急的速度发往广州。

当3月27日徐广缙上奏之时，距与文翰约定复照的期限已经很近，等道光帝再次批回是来不及的。4月1日，徐广缙照会文翰：

> 本月初八日（即3月31日）十二点钟，恭奉大皇帝谕旨，以本大臣由驿驰奏贵国现议进城一节，谕以：“设城所以卫民，卫民方能保国，民心之所向，即天命之所归。今广东百姓，既心齐志定，不愿外国人进城，岂能遍贴謄黄，勉强晓谕。中国不能拂百姓以顺远人，外国亦应察民情而纾商力，更须严禁土匪，勿令乘机滋事，扰我居民。外国商人远涉重洋，总为安居乐业，亦当一体保护，庶几永敦和好，共享太平。钦此。”可见本大臣前与贵公使面议之言，非固执己见。即远奉谕旨，亦不出此公论也。为此照会。④

《筹办夷务始末（道光朝）》是根据皇帝收文日期编排的，诺德先生

---

① 佐佐木正哉：《中英抗争》资料篇稿，第132页。徐广缙复照中“二月”，当是“三月”所误，因为二月初十日是公历3月4日，距徐广缙发奏仅12天，即便用“八百里加急”，这么短的时间内也不可能得到批回。又该书据手抄稿影印，很可能是印刷原因而漏印一横。

② 据徐广缙奏，《军机处录副奏折》，该奏的内容与《筹办夷务始末（道光朝）》相同，仅删去前面“某日接准军机大巨字寄”的清代奏折的开头。后引内容，注《筹办夷务始末（道光朝）》。

③ 徐广缙奏，《筹办夷务始末（道光朝）》第6册，第3171页。上奏日期据《军机处录副奏折》，发文速度据军机处《随手登记档》。

④ 佐佐木正哉：《中英抗争》资料篇稿，第140页。

根据该书 3 月 11 日上谕、4 月 14 日上谕和 4 月 1 日照会相互核对，推论徐广缙上引谕旨，是其私下伪造的。

徐广缙是否伪造了上谕，关键在于《筹办夷务始末（道光朝）》所录的徐广缙两次奏折之间，是否另有奏折，道光帝两次上谕之间，是否另有上谕。

查军机处《随手登记档》，自 3 月 11 日收到徐广缙关于虎门会晤奏折之后，至 4 月 14 日再收到徐广缙表示不同意让英国人入城“一游”的奏折之前，道光帝收到广东方面奏折情况为：

3 月 20 日，收到粤海关监督基溥、署广东水师提督洪名香的三份奏折，内容是谢免欠项、暂缓出洋、奉旨查访汉奸，道光帝朱批“是”“览”等字样，并无上谕下发。

3 月 21 日，收到徐广缙、叶名琛等人三折一片，内容是知州方卓然送部引见、查各属分贮银两、谢赏“福”字及“定期至虎门与英夷面议”一片。前三折道光帝仅朱批“吏部议奏”“户部知道”“知道了”，后一片仅批一“览”字。值得注意的是，虎门会晤结果的奏折于 3 月 11 日收到，而关于约定会晤日期的附片晚到 10 天，这因为前者用“四百里加急”发送，后者仅用平常速度发送。当日道光帝并无上谕下发。

3 月 22 日，收到徐广缙、叶名琛四折一单，内容是审拟朱巫志、邓大统等人案件、上报雨水粮价、上报盐银、谢赏“福”字等事项。道光帝分别朱批“刑部速议具奏”“知道了”“户部知悉”“览”等字样，并无上谕下发。

4 月 9 日，收到徐广缙、叶名琛三折两片，其内容是审办匪徒陈均保等案、英国人伯德令已离琉球、请以曾琪升署守备、王平如升补广州协都司等。道光帝也是例行朱批。值得注意的是，徐、叶关于审办陈保均的奏折中还夹有一片，道光帝的朱批为“刑部知道，留夹片一件”。这样，这份留中的夹片的内容《随手登记档》中自然无法摘出，笔者在档案馆中也没有找到。这份夹片的内容是否与广州入城有关呢？笔者认为，似不可能。这是因为，根据清代奏折制度，关于广州入城的大事，应以专折，而不应以附片上送，更不可能作为审理案件奏折的附片上送。这还因为，若是关于广州入城之事，因时间紧急，应当以四百里加急或更快速度发出，而此日的折、片全是以普通速度发送的。在当时，奏折以普通速度发往北京需30—35天。由此推算，该片是3月初旬发出的。若此时徐广缙因对时局估计有所变化而另下决心，可用六百里加急发送，还可能来得及，决不会以普通速度发送。查《上谕档》，该日道光帝下有一旨，即同意王平如升补都司。

从军机处《上谕档》来看，从3月11日至4月14日（包括未收到广东方面奏折的日子），道光帝除上引王平如任职一道上谕外，并无任何发往广东的谕旨。

由此可见，徐广缙4月1日照会中所引上谕，确实不是出自“圣裁”，而是私自伪造的。

伪造圣旨是一件大事，徐广缙对此还是心虚的，为此，他在行动的前后都对道光帝做了一些小手脚。

当徐广缙收到了3月11日上谕后，肯定准备伪造圣旨了，但他在3月27日的奏折中，仅是轻描淡写地声称：“数日之内，拟即照会该酋（即文翰），晓以民为邦本，民既不从，大皇帝亦不肯拂百姓以顺远人。”[①] 这一段文字并没有明说将自行拟旨，仅表示将在照会中说明道光帝的态度，却为他后来的行动作了铺垫，预留了地步。

4月1日，徐广缙发出引有伪诏的照会后，当日上奏道光帝，但在多方面进行淡化处理：第一，他将上奏的事由称为3月25日收到道光帝2月17日的上谕[②]，遵旨查访英方的情况，仅在最后部分提到照会之事，使整个奏折显得更像报告英方情况而不是报告私拟圣旨。第二，他在奏折中称“本日拟即备文照会”，将已经实行的事实，说得不那么肯定，显得仅仅是意向性的。第三，他在奏折中仅摘抄其私拟谕旨的小部分内容，而不是全文。[③] 第四，也是最关键的，他将这份重要的奏折混在平日例行公务的三折三片一起，用普通速度发送北京。[④] 徐广缙心中十分清楚，普

---

① 《筹办夷务始末（道光朝）》第6册，第3171页。

② 该奏折被收入《筹办夷务始末（道光朝）》，仅前头部分删去百余字，特别是删去了事由：“窃臣于三月初二日接准军机大臣密寄道光二十九年正月二十五日奉上谕……查广东商民心齐志定，断难暂准外夷进城缘由，已由臣于本月初四恭折由驿驰奏在案，近复不时探访英夷。”见《军机处录副奏折》，2月17日上谕可见《筹办夷务始末（道光朝）》第6册，第3159页。

③ 《筹办夷务始末（道光朝）》第6册，第3184页。

④ 据军机处《随手登记档》，道光帝每日处理公务甚多，不认真审阅很容易混过去，而徐广缙自可声明其已经上奏过。

通速度驿递需 30 天以上，若在这段时间内局势有变，他可用加急速度奏报道光帝，抢先进行说明和解释，以挽回一些不利于他的因素。

后来的事实也果真如此。

4 月 4 日和 5 日，徐广缙两次收到文翰的照会。他见文翰并无用兵之意，仅在照会上表示不满，声称要将此情况“具奏本国”，并要求进城“具礼拜会”徐广缙时①，总算放下心来。他于 4 月 6 日一面答复文翰，拒绝在城内会晤；一面上奏道光帝，称文翰“势处两难，较前已似有转圜之意”。直到此时，他才吐露真情，随奏附上他 4 月 1 日照会的全文。这份奏折，徐广缙用“四百里加急”的速度发往北京。②

4 月 6 日，广州商馆前贴出告示，据徐广缙称，告示内容是“布告各国夷商，现已罢议入城，大家安静贸易”。4 月 11 日，绅商许祥光、伍崇曜向徐广缙报告：文翰已在新闻纸上遍告各国，“罢议入城”，并向徐广缙介绍新闻纸的功能：“夷人举动，无论大小事件总以新闻纸为确据，不但本国取信永以为凭，仰且各国通知不能更议。”③ 徐广缙由此认定大局已经粗定。同日，徐广缙再次收到文翰的照会，由于对其文字的误解，认为文翰已放弃继续要求入城的权利。④ 4 月 13 日，他上奏道光帝，声称英国已“畏葸中止”入城之举。该奏折以“四百里加急”发往北京。⑤

到 4 月 18 日，局势已经完全明朗，英方在徐广缙、叶名琛等人的强硬态度面前，并无直接有力的对策。徐广缙等人当日一口气发了四折两片，仍用“四百里加急”的速度，向道光帝报捷。⑥

---

① 佐佐木正哉：《中英抗争》资料篇稿，第 140—142 页。徐广缙在奏折中称，该照会于三月十五日（4 月 7 日）收到，与其复照中称收到时日不同，显系其 4 月 6 日奏折未提此事，至 4 月 13 日奏折时才报告，由此蒙混道光帝。

② 《筹办夷务始末（道光朝）》第 6 册，第 3176 页。所附照会见《军机处录副奏折》，核对上奏照会与致送文翰照会两文本，仅开头部分“本月初八日十二点钟”改为“为照会事。现在”，其余完全相同。发折日期据《军机处录副奏折》，发文速度据军机处《随手登记档》。

③ 《筹办夷务始末（道光朝）》第 6 册，第 3179 页。

④ 徐广缙奏称，该照会于三月二十二日（4 月 14 日）收到，与其给文翰照会中所称日期不符，仍是蒙混道光帝的手段。

⑤ 《筹办夷务始末（道光朝）》第 6 册，第 3179—3180 页。发文日期据《军机处录副奏折》，发文速度据军机处《随手登记档》。

⑥ 《筹办夷务始末（道光朝）》第 6 册，第 3185—3192 页。发文日期据《军机处录副奏折》，发文速度据军机处《随手登记档》。

由此可见，徐广缙为伪造圣旨一事，时时均有奏报，一旦查起来，亦有为己辩护的理由。

我们若从道光帝的角度来看，情况又会是怎样呢？4 月 14 日，道光帝收到徐广缙 3 月 27 日的奏折，由于徐广缙并未声明将私拟上谕，仅称拟在照会中表明道光帝的态度，道光帝在当日谕旨中称“自应照该督等所议酌办”，“操纵之法，朕绝不为遥制”。[①] 北京与广州远隔数千里，徐广缙不执行 3 月 13 日的谕旨，而自行另断，在道光帝的心目中，仍符合“将在外，君命有所不受”之古训。尽管 4 月 14 日的谕旨至 4 月 28 日方到达广州，但也使得徐广缙自 3 月 27 日以后的行动，有了合法、合礼、合理的依据。4 月 25 日，道光帝收到徐广缙等 4 月 6 日的奏折，见到徐 4 月 1 日的照会。但此时徐广缙报来的已是好消息了，道光帝自然不会横加指责，更何况“其如何寝议，谅已详奏在途，难以悬揣”，于是他在徐的照会上，仅朱批一“览”字。[②] 这实际上也就默认了徐广缙违反礼制的举动。5 月 1 日，道光帝收到徐广缙等 4 月 13 日的奏折，得知“英夷不敢入城，已见明文”，十分喜悦，不仅朱笔褒奖“远胜十万之师”，而且颁给“黄辫珊瑚豆大荷包”等赏品。此时，在道光帝的心目中，伪造圣旨一事，不再是罪过，而是“胸中之锦绣、干国之良谋”了。[③] 5 月 2 日，道光帝收到徐广缙故意慢送的 4 月 1 日的奏折，在此胜利之际，道光帝对这份晚来的报告，根本没在意，仅朱批“知道了”三字便了事。[④] 5 月 7 日，道光帝收到徐广缙等 4 月 18 日的奏折，“嘉喜之忱，难以尽述”，封徐广缙为子爵、封叶名琛为男爵。[⑤] 伪造圣旨一事，早已抛到脑后去了。

于是，在一片欢天喜地之中，“伪诏”一事不再有人提起。徐广缙在自撰年谱时，使用曲笔，含混地称其在四月（系夏历，未指具体日期）收到道光帝褒奖的朱批（系将道光帝 4 月 25 日、5 月 1 日、5 月 7 日的朱批和上谕拼凑而成的），并在“同日”奉到上谕：“设城所以卫民……”

---

① 《筹办夷务始末（道光朝）》第 6 册，第 3174—3175 页。

② 同上书，第 3177—3178 页。徐广缙 4 月 1 日照会上的朱批，见《军机处录副奏折》。

③ 同上书，第 3180、3183 页。

④ 同上书，第 3185 页。

⑤ 同上书，第 3189—3190 页。

(即其自拟圣旨) 然后 "遵即恭录，照会文酋"[①]。而咸丰年间清政府编纂《筹办夷务始末》，编纂官们自然不会将徐广缙私拟圣旨的照会编入。由此，伪诏一事似乎在空气中消失了，在中国史籍上并未留下痕迹。这是因为，尽管徐广缙的举动实际上得到了道光帝的允准，但毕竟是一件违反礼制的事。

对徐广缙说来，局势向有利于清政府的方向发展，使其顺利地通过了道光帝这一关；但如何通过文翰这一关，即让文翰相信其私拟圣旨是真的，他又很是花费了一番工夫。

当时，广州各衙署中有一些人为英方所收买，清方的各类公文，往往很快为英方所侦知。同时在香港，也有清政府的坐探，英方的一些举动，也会很快报告到两广总督等官员耳中。此次也不例外。就在 4 月 1 日文翰收到徐广缙照会之前，于 3 月 28 日收到广州领事的报告："现有一种流言，大意是徐总督已收到了上谕……其回答是倾向于允准我们入城的。" 3 月 30 日，香港首席翻译郭士立又向文翰报告：上谕已于 3 月 25 日到广州，命令中国官员 "妥协，将一切责任推到民众身上，并细心地避免衅端"[②]。可以说，英方的情报是相当准确的。可是，文翰为何没有怀疑徐广缙伪造圣旨呢?

要说文翰一点怀疑也没有，似乎也非如此。他在 4 月 2 日给徐广缙的复照中，曾提出过折中的方案：

> 英国主之公使大臣，并随带官员，若进城在尊处，具礼拜会贵大臣也。嗣后管事官等，随时必进城，可以在彼互相妥定。行此者，斯时凑合也。[③]

若将此 "斯时凑合" 的方案，与道光帝 3 月 11 日 "暂准入城" 的方案相比较，除文翰的 "嗣后管事官等，随时必进城" 与道光帝的 "一游之后，不得习以为常" 不同外，临时处理手段是完全一致的。这种一致，

---

① 《思补斋自订年谱》，《第二次鸦片战争》第 1 册，第 154—155 页。

② 英国外交部档案，转引自诺德《1849 年的伪诏》。

③ 佐佐木正哉：《中英抗争》资料篇稿，第 141 页。

难道仅是一种巧合而没有情报的作用?

日本人佐佐木正哉录英国外交部中文档案而编成的《鸦片战争后の中英抗争》资料篇稿一书，主要录双方来往照会，但在此处却出现了徐广缙、叶名琛、穆彰阿等人关于入城的奏折。这就给人提出一种启示。

可以先分析一下这些奏折。该书收徐广缙两折。一是报告与文翰虎门会晤的情况，随折所附的，正是伪诏。很显然，无须再考证，这份奏折是伪造的[①]。二是报告士绅禀称不容英国人入城，“该民众志成城，官不可制”，并署二月十四日（3 月 8 日）发出。查军机处《随手登记档》，唯一能与此发折日期相符的，只有道光帝 4 月 9 日收到的徐广缙审办陈均保一折被“留中”的附片。前已叙及，该“留中”附片的内容似不可能与入城内容有关，而此折又在最后标明“理合恭折具奏”而不是“理合缮片附奏”，说明它是正折而不是附片，再观其内容，亦无“留中”之必要。[②] 由此可见，这一奏折是伪造的。该书收有叶名琛一折，内容是广州民夷对立，入城必不可行。据该折，事因正月二十八日（2 月 20 日）奉上谕，“着叶名琛会同李璋、赵长龄，体察目前情况，（对入城一事）筹议具奏”，查军机处道光二十八年十二月至二十九年二月的《上谕档》，并无此谕。该折最后称“缮折由六百里具奏”，查军机处道光二十九年正月至三月的《随手登记档》，并无收到此折的记录。[③] 这足以证明此折是伪造的。该书收有穆彰阿一折，内容是请饬两广总督等，开导广州民众，“责以大义，毋得妄行启衅”。据该折，事因道光二十九年正月二十八日奉到道光帝在徐广缙奏折上朱批：“军机大臣会同该部议奏。”[④] 查《上谕档》《随手登记档》均无该朱批、该奏折的任何痕迹，而正月二十八日（2 月 20 日）根本没有收到广东方面的任何奏折，更何况入城一事，不属清政府六部中任何一部管理，“该部”指何，实不知所云。这份奏折肯定也是伪造的。此外，该书所收徐广缙致广东水师提督洪名香关于奉旨加强虎门防御的咨会，据中方档案考订，它也是伪造的。

---

① 佐佐木正哉:《中英抗争》资料篇稿，第 148—149 页。
② 同上书，第 137—138 页。
③ 同上书，第 136—137 页。
④ 同上书，第 138—139 页。

问题由此而凸显出来，既然该书所收关于入城的四折一咨都是伪造的，那么又是谁伪造的？又是如何存入英国外交部档案的？实际上也就是说，是谁将这些伪造的文件送到文翰手中的？

根据当时的条件来分析，不外是两种情况：一是广东各衙署的衙役书吏，为了贪财，伪造中方文献卖给英方。但此中又有疑问，为何文件伪造得如此逼真，又如此系统？很难予以解释清楚。另外一种情况是，这些文件都是徐广缙或其手下人伪造的，有意透露给英方情报系统的。根据这一思路，我们可以看出，这四折一咨有着内在的联系：为了证明伪诏是真实的，于是成龙配套地伪造了报告虎门会晤的奏折；为了配合这一奏折，又系统地伪造了徐、叶两折，将广州不能入城的原因归于民众反对；为了表示官府不愿开战，又伪造了穆彰阿的奏折，为了警告文翰不得轻易动武，表示清军有备，又伪造了徐广缙的咨会。将这些伪造的文件合起来看，有着一个明显的统一的思想，而这一思想与徐广缙当时的制敌方略是完全合拍的。由此，我们似可以大胆推测，所有这些伪造的文件，都是徐广缙进行情报战的手段。这样的话，徐广缙不仅伪造了一道上谕，而且还伪造了四份奏折一份咨会，更在这些奏折咨会中，又伪造了三道圣旨。

不管这些文件是谁伪造的，这么多的假情报涌至文翰面前，也确实使他难以判明形势。

最后，还须说明，徐广缙、道光帝等人所认定的 1849 年 4 月英方已明确放弃入城的看法，亦属误解。徐广缙的证据之一是，英方在新闻纸上表示“罢议入城”。查文翰确实在 4 月 2 日发表过一项文告，但仅称“女王陛下的公使决定，英国臣民目前不要试图入城”。① 徐广缙的证据之二是，他于 4 月 11 日收到的文翰照会，最后一段称：“所议各款，如前未定，必须存候也。现在本大臣与贵大臣，更不得辩论此事。”② 从汉语来看，这段话意思不太清楚。徐广缙在其奏折中将其解释为：“现经议定以后，再不辩论进城之事。”③ 而从英文来看，意思完全不同，译成现代

① 《中国丛报》（*Chinese Repository*），第 18 卷，1849 年 4 月，第 220—221 页。

② 佐佐木正哉：《中英抗争》资料篇稿，第 144 页。

③ 《筹办夷务始末（道光朝）》第 6 册，第 3185 页。

汉语为，“所争论的问题，依旧停留在过去的水平上，只得暂时搁置。阁下与敝人之间的争论，将不必再进行下去了”①。英方的意思是，在两年的期限到达之后，英方暂时不提入城。看来在七年之后，如《南京条约》那样，又出现了中英文问题。此后英方一再要求入城，清方一再以新闻纸和“不得辩论”相拒之。问题由此拖了下来，直到1856年，成为英国发动第二次鸦片战争的所谓“理由”之一。

① 英国外交部档案，转引自诺德《1849年的伪诏》。

论不平等条约

——兼析《中外旧约章汇编》*

张振鹍

不平等条约是中国近代史上一个很大的问题，又像是一个很普通的问题。每一本有关中国近代史的著作都会谈到不平等条约，每一个稍微有一点中国近代史知识的人都知道有不平等条约。也许正因为这样，我国大陆学术界反而对此很少有或者简直没有全面的专门研究，以致往往产生出种种误解。笔者有感于此，草成此文①，提出问题，说一点个人的粗浅之见，目的是引起讨论，促进研究，以期群策群力，集思广益，对不平等条约的历史作出科学的总结。

现在就从一个数目问题谈起。

一 1182个不平等条约？

1990年以来，中国近代史上不平等条约的数目成了一个热话题。这一年近代史学界为纪念鸦片战争150周年而举行的几个座谈会上，都听到有人为揭露并谴责帝国主义对华侵略而明确、肯定地指出它们曾强迫旧

---

* 本文原载《近代史研究》1993年第2期。为庆祝王铁崖老师80寿辰而作。

① 拙文《近代中国与世界：几个有关问题的考察》（《近代史研究》1990年第6期）多处涉及不平等条约问题，可与本文互相补充。

中国“签订1182个不平等条约”。如果说这些都还只是口头上的一说，那么随后也就见之于文字上的正式记述。一篇分析“不平等条约给近代中国带来的灾难”的文章中写道：“截至1949年中华人民共和国成立止，象征中国屈辱的不平等条约竟达1182个，这1182个不平等条约分明是1182根绳索！”[①] 这期间还出现了另外两种说法：一个是被誉为“向广大人民群众尤其是青少年进行近代史教育的一部好教材”的电视专题片《莫忘八·二九》所说：“从1840年到1949年的109年中，外国强迫中国签订的不平等条约，竟多达1100多个！”[②] 另一个是为此电视片做宣传的一篇文章所说：“从1842年8月29日签订《南京条约》开始，列强迫使衰弱、腐败的旧中国政府先后签订了1000多个不平等条约。”[③] 历史学家和宣传家们个人的这类说法被官方所采纳，国务院新闻办公室的《中国的人权状况》白皮书中写道：从1840年到1949年的110年间，“帝国主义强迫中国签订了1100多个不平等条约”[④]。国内官私各方的这个说法流传到国外，有的报刊跟着宣扬：“在过去旧中国，帝国主义前后强迫中国签订了1100多个不平等条约”。[⑤] 看来此事好像已成为定论。

以上三个数字乍看起来是有明显区别的：1182个不平等条约，这是个很具体的数字；而“1100多个”和“1000多个”则都只给了一个大概范围，前者的含义是1101—1199个，后者的含义是1001—1999个，两者在上下限之间都有一个不小的差距。不过“1100多个”和“1000多个”这两个提法极可能都是从“1182个”来的，取其整数而略其零头，前者取百位而后者取千位，两者的基础都是1182。这样，1182个就成为判定不平等条约数目的基本数字。这个数字据一位作者说是“有的学者统计”

① 乔还田：《绳索的羁绊——不平等条约给近代中国带来的灾难》，《光明日报》1992年3月11日。此文转载于《新华文摘》1992年第5期。

② 此解说词《莫忘国耻，振兴中华》（总撰稿陈汉元，史料撰集郑则民、刘效牛）发表于《光明日报》1991年8月28日，里面说“这1100多个不平等条约就是1100多株罂粟”；“编者按”称之为“好教材”。在此以前，魏仁《不忘国耻，爱我中国——电视专题片〈莫忘八·二九〉观后》一文引述了“不平等条约竟多达1100多个”之说，见《光明日报》1990年11月9日。

③ 胡绳：《以史为鉴，爱我中华》，《人民日报》1991年8月29日。

④ 《人民日报》1991年11月2日。

⑤ 巴黎中文日报《欧洲时报》1991年11月10日社论《中国理直气壮谈人权》，摘要见《光明日报》1991年11月19日。

出来的①，至于哪个或哪些学者用怎样的方法统计的，却没有说明。但稍加考察，就可以很容易地找到这个“统计”的踪迹，也可以很容易地判明这个“统计”其方法、结论都极不可取。而这样一个显然错误的“统计”结果竟为那么多人所接受，并且以讹传讹，越传越广，仅此一点就足以说明不平等条约问题需要认真研究了。

二 发端与发展

什么是不平等条约？这是我们的研究首先应弄清的问题。

不平等条约顾名思义有两层含义：“条约”和“不平等”。条约是国家间或国家组成的组织间订立的在缔约各方之间创设法律权利和义务的契约性协定。② 在正常情况下，在国与国的平等交往中，两国或两个以上的国家之间缔结条约应当都是自愿的，条约内容应当是相互商定的，体现于其中的利益应当是对应的，有关各方的权利、义务应当都是对等的，这样的条约使缔约双方或各方地位平等，是为平等条约。有时情况不是这样，而是缔约一方出于强迫而另一方出于被迫，条约内容为一方所强加而另一方不能反映其自由意志，其中的规定只使一方得利而对另一方有害或有损，相互间的权利、义务不对等，一方独得某种或某些权利或得到较多权利而不承担或少承担义务，另一方只承担或多承担义务而不能享受相应的权利，这就使缔约双方处于不平等的地位，这样的条约就是不平等条约。本文所要讨论的就是这种对中国不平等的条约。

中国之有不平等条约，发端于 1840—1842 年的鸦片战争。这次战争把中国推入了近代，作为战争结果的《南京条约》也开辟了近代中国不

① 乔还田：《绳索的羁绊——不平等条约给近代中国带来的灾难》，《光明日报》1992 年 3 月 11 日。此文转载于《新华文摘》1992 年第 5 期。

② 劳特派特修订：《奥本海国际法》上卷第二分册，王铁崖、陈体强译，商务印书馆 1989 年版，第 491 页。“一般地说，条约的客体可以是一种有关任何国家利益的事项的义务。”劳特派特修订：《奥本海国际法》上卷第二分册，第 501 页。1969 年《维也纳条约法公约》对条约所下的定义是：“国家间所缔结而以国际法为准之国际书面协定，不论其载于一项单独文书或两项以上相互有关之文书内，亦不论其特定之名称为何。”见李浩培《条约法概论》，法律出版社 1987 年版，附录一，第 606 页。而以国际法为准“译作”并受国际法支配”较妥。李浩培《条约法概论》，第 702 页。

平等条约史的第一篇。鸦片战争是西方资本主义入侵中国的头一场大规模武力发动，《南京条约》就是这一时期英国侵华活动的基本总结。这个条约连同它的直接后续《虎门条约》、中英《五口通商章程》等，使英国得到大量的侵略利益、特权以及在华活动的许多便利，并把中英两国间的关系根植于不平等的基础之上，从而成为英国进一步侵华的出发点。这样，不平等条约既产生于侵略，又推动着侵略，侵略与不平等条约结合为一体，不平等条约成为侵略的一个环节，其本身也就构成一种侵略。不平等条约的这个本质，从其在华产生之日起就清楚地暴露了出来。

《南京条约》成为一个先导，从这第一个不平等条约中直接引出了第二个、第三个不平等条约，并由此造成一种形势，使中国成为更多资本主义国家猎取的对象。此后，抱着牟取权利的目的来中国的国家日益增加，中国被迫签订的不平等条约也随之越来越多；诸多强国在华侵略越来越扩大、越深入，它们强加于中国的不平等条约也随之日新月异；外国资本主义、帝国主义侵华进程持续不断，时快时慢，不平等条约的数目及其内容的涉及面也随之上升、扩展：在长达 70 多年的时间内，即到第一次世界大战初期为止，不平等条约一直有增无减，各种各样不平等条约的密网越来越紧地把中国缠缚了起来。

不平等条约有形形色色，但每一个都使中国丧失利益，外国单方面得到利益。这里所说的利益，有有形的、现实的，如中国割让土地、支付赔款等；有无形的、潜在的，如外国在华取得种种特权、特殊便利等；有的重在一时，有的作用久远。从其内容广狭、含义深浅及影响大小等各方面来看，有一些不平等条约具有特殊的重要性，这主要是以下几方面。

1842—1844 年的《南京条约》及其后续各条约以及中美《望厦条约》、中法《黄埔条约》。这是中国近代史上的第一批条约。这些条约使当时世界最先进的几个资本主义强国初步进入了中国，迫使中国与它们分别建立起有限度的国家关系，为它们在中国一定范围的活动提供了有利的条件，开始把古老的中国纳入近代世界，并由此改变了中国社会发展的进程及方向：从一个完全的封建社会走向半殖民地半封建社会。

1858—1860 年的中俄、中美、中英、中法《天津条约》和中英、中法、中俄《北京条约》。这些条约极大地扩充了列强在华特权，使不平等条约初步形成一个体系，由此四国在更完全的意义上进入了中国。俄国在华取得与英美法并驾齐驱甚至凌驾于其上的地位，造成了中国同时遭受由海上和内陆相逼而来的钳形压迫的局势。紧接着这批条约之后，1861 年普鲁士也来与中国签订不平等的《通商条约》，使中国又增加了一个潜在的有力侵略者。

1895 年的《马关条约》。这个条约使日本得到欧美列强在华已有的一切特权，日本从此跻入了主要侵华列强的行列。条约内关于“日本臣民得在中国通商口岸城邑任便从事各项工艺制造”的规定，反映了列强向中国输出资本的强烈愿望，并满足了它们的要求，这也成为外国资本主义的侵略正转向帝国主义侵略的一个重要标志。继此之后不久就出现了列强近乎要瓜分中国的一系列不平等条约。

1901 年的《辛丑条约》。这是当时世界上 11 个主要帝国主义国家集体强加给中国的一个条约，它们借此不仅向中国进行了一次空前严酷的物质上的掠夺，而且给中华民族造成一种巨大的民族屈辱。这个条约不仅规定这些国家在中国有权做这做那，还规定中国在自己的领土内不得做这做那。还有些规定更强化了帝国主义对当时中国政府的监视和控制。总而言之，《辛丑条约》的签订使不平等条约体系完整化，标志着帝国主义在华半殖民地统治的确立。

1915 年的《中日民四条约》。这个名称包括关于南满洲及东部内蒙古和关于山东的两个条约以及 13 个换文，其内容使日本二十一条要求的绝大部分得到落实。二十一条要求的提出和这个条约的签订，是日本独霸中国野心的大暴露和日本在华侵略势力的大推进。从此，日本超越其他帝国主义，成了侵略中国最主要的国家。

以上这些条约虽然大多是中国与某一国之间签订的，其内容直接涉及的多是双边关系，但其意义及历史作用都不限于此，而是关乎中外关系的全局或大局。外国从不平等条约中所取得的种种特权，绝大多数都来自这些条约，如开辟商埠权、军舰驻泊权、领事裁判权、协定关税权、沿海贸易权、内河航行权、内地传教权、内地游历通商权、租借地、口岸设厂权、北京设置使馆区、驻军权等。这是一些具有纲领性、基础性的不平等条约，是全部不平等条约的主干、不平等条约体系的骨架。它们一次次地签订，成为不平等条约发展史中的一座座里程碑，也是近代中外关系史、资本主义帝国主义侵华史的里程碑。

这些条约大多具有“母体性”，从它们身上往往派生出另外一些不平等条约，如中美《望厦条约》是1847年中国与瑞典—挪威条约的样本，后者是前者的推广；1896年的中日《通商行船条约》由《马关条约》而来，也就是它的延伸；1860年的中俄《北京条约》引出了一系列使中国丧失领土的边界条约，等等。这类带“母体性”的条约（不限于上述各条约）显然比其所衍生的条约要高出一个层次。

所有不平等条约在中国方面几乎都是被迫签订的。所谓被迫就是被情势所迫，而迫使中国不得不依从的情势大多是外国侵略者使用武力或以武力相威胁造成的历史上各主要的不平等条约几乎都是外国侵华战争的直接结果，而每一次外国侵华战争之后都要产生一批不平等条约，这就是战争与不平等条约的密切关系的最有力证明。即使不是直接以战争而是用威逼、恫吓、要挟、诱骗使中国就范，其后盾依然往往是武力、是强权。小国武力不足，则倚大国为奥援。[①] 总之，不平等条约之所以称为不平等，是既由于中国丧失利权，也由于中国被迫签订，而这两点往往是密切相关的。

世界上有哪些国家迫使中国签订过不平等条约？这是不可以含混的。[②] 按时间顺序来说，继前面已提到的英、美、法、瑞典—挪威、俄、普各国来华订立不平等条约之后，接下来的有丹麦、荷兰、西班牙、比利时[③]、意大利、奥地利、秘鲁、巴西、葡萄牙[④]、日本、墨西哥、瑞士各国[⑤]。这18

---

① 例如，丹麦1863年派使来华议约，得到英、美驻华公使的帮助。H. B. Morse, *The International Relations of the Chinese Empire*, Vol. 2, pp. 117 – 118。

② 有的书上认为中国与拉丁美洲国家如秘鲁、巴西、墨西哥等签订的条约“从一开始就具有比较友好和平等互利的性质，与当时中国同西方列强的不平等关系有着根本的区别”（沙丁、杨典求等：《中国和拉丁美洲关系简史》，河南人民出版社1986年版，第231—232页）。这是曲解了中秘（1874年）、中巴（1881年）、中墨（1899年）第一个条约的性质。实际上，这些条约都是对中国不平等的，在这一点上，与当时中国同西方列强的不平等关系没有“根本的区别”。参见拙文《〈中国和拉丁美洲关系简史〉：有关“立约建交”若干问题的商榷》，《世界历史》1992年第5期。

③ 1863年中比订立过一个《通商条约》，带有对华不平等性质，但比利时政府未予批准，不曾生效。正式生效的中比第一个不平等条约签订于1865年。

④ 1862年中葡签订过一个《和好贸易章程》，清政府未予批准（参见H. B. Morse, *The International Relations of the Chinese Empire*, p. 117）。正式生效的第一个中葡不平等条约签订于1887年。

⑤ 1856年廓尔喀（尼泊尔）与西藏签订过一个对西藏不平等的条约，西藏是中国一个地区，不代表全国，所以这个条约不计入中国的不平等条约内。1898年中国与“刚果自主国”（刚果自由邦）签订《天津专章》，使刚果在华享有领事裁判权。但当时刚果已为比利时国王所私有，1908年正式成为比利时殖民地，此约在历史上未起作用，所以刚果不列入不平等条约国。

个国家就是全部在华不平等条约缔约国。[1] 它们每一国至少有一个对华不平等条约，是为各该国在华建立侵略基础的条约；多数国家还陆续与中国签订了更多的不平等条约（其数目多少各国不尽相同），是为各自深化侵华的条约。前一类不平等条约的签订很大一部分集中在19 世纪60 年代，那时欧洲各中小国家纷纷来中国订约建交，它们从其第一个对华不平等条约中一般都是“一体均沾”到英美法等国已有的特权，很少有什么新增加，所以这也就是英美法等在华特权向欧洲各中小国家的普及化，是早期对华不平等条约的横向大发展。这一发展在 19 世纪 70—90 年代扩及于拉丁美洲的一些国家和日本。与此同时，后一类不平等条约也日益加多，至 90 年代后半叶出现列强攫夺新利权的高潮，形成了不平等条约的纵向大深入。攫夺新利权的主要是英、俄、法、美、德、日六国，它们一直是谋取各种特权的带头者，历来各主要不平等条约皆出于它们之手，它们行使各种特权最为积极，从中得利也最多。它们是最主要的在华不平等条约缔约国，也是对中国最主要的侵略者。

三　斗争与变化

近代中外关系史上有一个值得注意的现象，就是欧美（包括拉美）各国与中国早期订立的第一个条约都是不平等的，也就是说，这些国家同中国的关系从一开始就建立在不平等条约的基础之上。这种情况从 1842 年英国与中国订约起到 1899 年墨西哥与中国订约止，都是如此。[2]

---

① 1847 年瑞典—挪威联盟是作为一个国家与中国订约的，照此计算不平等条约国共 18 个。1905 年挪威脱离联盟独立，瑞典和挪威分别作为在华不平等条约国，则总数为 19 个。

② 此处所谓“近代中外关系史”，指的是 1840 年以后的中外关系，所以就中俄第一个条约来说，不是指《尼布楚条约》，而是指 1840 年以后的条约。1840 年以后中俄间的第一个条约应是 1851 年的《伊犁、塔尔巴哈台通商章程》。这个《章程》对中国是不平等的，但中俄两国间的关系不是据此建立的，而是根据 1858 年的中俄《天津条约》（此约的签订比中俄《瑷珲条约》晚半个月，所以是中俄第三个不平等条约）建立的，这是俄国同中国建立关系与其他从海上来华的欧美国家同中国建立关系的情况稍有不同之处。关于 1840 年以前的中俄条约，有人认为《恰克图条约》使中国 30 万方里土地“被俄骗去”，是不平等条约（林泉编：《抗战期间废除不平等条约史料》，台北正中书局 1983 年版，第 127 页）；也有人认为“尼布楚条约及其以后几个中俄条约都是基于平等原则而订”的（杜蘅之：《中外条约关系之变迁》，台北 1981 年版，绪言第 2 页）。大陆出版的有关著作如余绳武主编《沙俄侵华史》第 1 卷第 4 章第 2 节对《恰克图条约》的性质未加评论。

这成了一种定式，一个规律，1918 年瑞士与中国订约建交，也是如此。

但在 1899—1918 年，情况开始发生变化。发生了两件事：一是 1902 年古巴独立并成立共和国，中国立即给予承认并派遣了公使[①]；双方当时并没有签订条约，而是径直建立了平等关系[②]。另一件事是 1915 年 2 月，中国、智利签订平等的《通好条约》，由此确立了两国间完全平等的关系。这两件事在近代中外关系史上都是新事：中国与一个非亚洲国家从一开始就确立平等关系，这是前此从未有过的，中古模式（不订约而建立平等国交）和中智模式（立平等之约，建平等国交）都是对上述定式、规律的突破，打开了中外关系史的新篇章[③]，代表了一种新趋势。尽管在中智订约三年后在中瑞（士）关系上事情又发生了一次反复[④]，但那只不过是这大趋势中的一个小回流，并不能改变它的大方向：瑞士成为最后一个以订立不平等条约而进入中国的国家，中瑞条约也成为这类不平等条约的最后一个；此后凡是新来中国的国家（自 20 世纪 20 年代以后越来越多），不论来自欧洲、亚洲或拉美、非洲，都是照中智模式或中古模式与中国建立关系的，从而它们与中国签订的条约、它们与中国的关系也都是平等的。

这是对华不平等条约国家的变化。

与此同时，又发生了另一个变化：有些不平等条约开始被废除。

1917 年 8 月中国对德、奥宣战，宣战布告中宣布：“所有以前我国与

---

① 由驻美公使兼任。

② 中古建交经过，参见沙丁、杨典求等：《〈中国和拉丁美洲关系简史〉：有关“立约建交”若干问题的商榷》，第 203—204 页。前此当古巴还是西班牙的殖民地时，中国已于 1879 年开始派领事驻哈瓦那等地，即与古巴早有正式联系；古巴独立中国即与之建交，改总领事馆为使馆，是顺理成章的。

③ 有的著作强调 1920 年 6 月中国波斯《友好条约》为“明白规定不给予领事裁判权”的第一个条约，如刘彦《帝国主义压迫中国史》（上海太平洋书店民国十九年第 9 版）下卷第 284 页写道：“与外国初次订约而规定不给予领事裁判权者，则始于民国九年中波《通好条约》，此可纪念之事也。”此说似觉不够完整。“可纪念之事”应当是：中智条约第一个不规定给予领事裁判权，1919 年 12 月中国、玻利维亚《通好条约》第一个以互换照会申明不给予领事裁判权，中波条约第一个在条约正文中规定不给予领事裁判权。详见拙著《近代中国与世界：几个有关问题的考察》有关注释。

④ “1918 年 6 月 1 日中国与瑞士条约，附件许瑞士有领事裁判权。当时中国因欧战将了，急欲在瑞士设使馆，探取情报，遂为瑞士所乘。”钱泰：《中国不平等条约之缘起及其废除之经过》，台湾 1959 年版，第 8 页。

德奥两国订立之条约、合同、协约及其他国际条款、国际协议属于中德、中奥间之关系者，悉依据国际公法及惯例一律废止。”[①] 此项战争中的单方面宣告，到战后由于1921年5月《中德协约》及1925年10月中奥《通商条约》的签订而分别得到对方事实上的确认。这样，中德、中奥一切不平等条约便不复存在，德、奥对华侵略与被侵略关系变为平等关系。

1917年11月俄国发生革命，建立了新政权。1919—1920年，苏俄政府接连两次发表对华宣言，宣布废弃在华“一切特权”，“以前俄国政府历次同中国订立的一切条约全部无效”。[②] 1924年5月中苏签订《解决悬案大纲协定》，规定“苏联政府允予抛弃前俄政府在中国境内任何地方根据各种公约、条约、协定等所得之一切租界等等之特权及特许”[③]。这样，中俄间一切不平等条约便不复存在，俄国对华的侵略与被侵略关系变为中苏两国的平等关系。

中德、中奥、中俄不平等条约的废除，在中国与这三国的关系中是历史性的大事，在中国不平等条约史上也是大事。这标志着在华不平等条约国减少了三个，其中两个多年来曾是侵略中国的主要国家，如今改变了在华地位，其意义更加重大。德、奥与俄国各自不平等条约废除的情况不一样，但都反映了中国人民的渴切要求和强烈愿望。

综上所述，20世纪头20年间在有关不平等条约全局的问题上出现了两方面的新情况：一方面，自19世纪中期到末尾长达60年间不平等条约缔约国不断增多的势头被遏制；另一方面，已有的不平等条约和不平等条约国开始有所减少。这是中国民族意志的体现，里面包含着中国人民反对不平等条约斗争的心血，对这个斗争又是一种推动。

中国人民反对不平等条约的斗争可以说是随着不平等条约的出现而来的。在第一批不平等条约订立后不久，社会上就有人对其弊害表示忧

① 程道德等编：《中华民国外交史资料选编（一），1911—1919》，北京大学出版社1988年版，第291—292页。

② 复旦大学历史系中国近代史教研组：《中国近代对外关系史资料选辑（1840—1949）》下卷第一分册，上海人民出版社1977年版，第14—20页。

③ 王铁崖编：《中外旧约章汇编》第三册，生活·读书·新知三联书店1962年版，第423—425页。

虑并进行了抨击。[①] 时间越推移，不平等条约的危害暴露得越显著，人们的反对也随之越明确而强烈。特别是领事裁判权、协定关税和片面最惠国待遇等特权，严重侵犯中国主权利权，造成种种有害影响，人们最为痛恨，纷纷主张予以废除。[②] 初时对外国人的这些特权的含义绝少理解的清政府当权者，在实践中渐渐也有了感知，便想有所挽回：1871 年他们成功地粉碎了日本以缔约谋取特权的野心[③]；1881 年中巴（西）缔约、1899 年中墨（西哥）缔约，清政府在不得不同意给对方以领事裁判权的同时，又越来越明确地表示了将来要予以废除的愿望；[④] 20 世纪初，在一系列条约中更争得英、美、日等国将来在一定条件下放弃领事裁判权的承诺。[⑤] 这些承诺在当时虽没有多少实际作用，但无异于这些国家正式承认了这类条约特权和这类不平等条约本身的不合理性。

清朝倾覆，民国建立，中国人民的民族意识益发显扬，其社会基础益加扩大，要求废除不平等条约的呼声越加强劲，声势越加浩大。这种民族要求和压力反映在北京政府的行动上，就有巴黎和会、华盛顿会议、关税会议、法权会议等各种国际会议上中国代表一再提出希望废除外国在华特权，有中国直接向日本提出废止《民四条约》[⑥]，有中国与比利时、

---

① 如张穆在 1844 年底就写了《弗夷贸易章程书后》，对中法《黄埔条约》提出批评，指出该约“有大可虑之事三”，等等。见《㣧斋文集》卷二，第 6—8 页。

② 郭嵩焘、曾纪泽、王韬、黄遵宪、陈炽、郑观应、薛福成等许多人提出过废除这些特权的主张。参见［美］费正清编《剑桥中国晚清史，1800—1911》下卷，中国社会科学院历史研究所编译室译，中国社会科学出版社 1985 年版，第 223—224 页。

③ 1871 年日本遣使来华，议订条约。日方提出的条约草稿集欧美各国对华不平等条约之大成，凡别国已有的各项侵华特权，日本都要“一体均沾”。中国断然拒绝。最后签订双方平等的《修好条规》。

④ 参见吴孟雪《美国在华领事裁判权百年史》，社会科学文献出版社 1992 年版，第 123 页。

⑤ 1902 年 9 月签订的中英《续议通商行船条约》第 12 款：“中国深欲整顿本国律例，以期与各西国律例改同一律，英国允愿尽力协助，以成此举，一俟查悉中国律例情形及其审断办法及一切相关事宜皆臻妥善，英国即允弃其治外法权。”1903 年 10 月中美《通商行船续订条约》第 15 款、中日《通商行船续约》第 11 款、1904 年 11 月中葡《通商条约》（未交换批准）第 16 款皆有同样规定。1908 年 7 月中国、瑞典《通商条约》第 10 款：“中国现正改良律例及审判各事宜，兹特订明：一俟各国均允弃其治外法权，瑞典国亦必照办。”参见王铁崖编《中外旧约章汇编》第 2 册，生活·读书·新知三联书店 1959 年版，第 109、188、194、256、518 页。

⑥ 程道德等编：《中华民国外交史资料选编，1919—1931》，北京大学出版社 1985 年版，第 131—132 页。

日本、法国、西班牙等国关于修订条约的交涉，[①] 等等；反映在南方革命政党、政府的主张、政策上，就是要废除一切不平等条约[②]。在大革命高潮中，各地接连发生反帝及收回利权的大规模群众斗争。南京国民政府成立后，同各国进行了一系列修改不平等条约的交涉。这多方面长时间的交涉和斗争没有白费，1920—1930 年陆续取得一些成果，主要是收回了几处租界和租借地、恢复了关税自主权，并使个别国家（墨西哥）放弃了在华领事裁判权。这是继中德、中奥、中俄不平等条约被废除之后中国在这个斗争中取得的新胜利。

但是，这一切都只是在不平等条约体系上打开了一些缺口，并未能动摇它的根基。英、美、法、日等对华不平等条约还大量存在，大量的特权还足够它们享用。进入 20 世纪 30 年代，日本对华侵略加紧，打断了中国修改不平等条约的进程，还时时想把新的不平等条约强加于中国。多年的历史证明，不经过一场更严重的斗争，不平等条约问题将难得有重大的突破。而这样一场斗争果然来了，这就是伟大的抗日战争。

中国在独力进行了四年多对日抗战之后，发生了太平洋战争，中国的抗日同世界反法西斯的斗争会合到了一起。1941 年 12 月 9 日，中国正式对日宣战，并宣布对德、意两国立于战争地位。国民政府对日宣战文昭告中外："所有一切条约、协定、合同有涉及中日间之关系者，一律废止"；对德、意宣告立于战争地位文宣布："所有一切条约、协定、合同有涉及中德或中意间之关系者，一律废止。"[③] 中日、中意间一切不平等条约至此终结。

对日抗战是为了清除侵略、争取民族解放和国家独立，如果说废除敌国的对华不平等条约是战争中的应有之义，那么要求盟国放弃其对华不平等条约也就是逻辑的必然。从英美方面说，既已与中国结为反法西斯战争的同盟，就很难拿出什么理由继续维护其对华不平等条约了。1943 年 1 月，中英、中美分别签订《关于取消英国在华治外法权及其有

---

① 参见吴东之主编《中国外交史：中华民国时期，1911—1949》，河南人民出版社 1990 年版，第 115—121 页。

② 同上书，第 140—141、158—159 页。

③ 秦孝仪主编：《中华民国重要史料初编——对日抗战时期》，台北 1981 年版，第 207—208 页。

关特权条约》《关于取消美国在华治外法权及处理有关问题之条约》，由此取消英美在华各项条约特权（英国在香港地区的特权除外），也就是废除了英美各不平等条约。这两个平等新约的签订成为中国打破百年来不平等条约体系的斗争的转折点，从此开始了废除一切旧的不平等条约的伟大进程。这两个条约引起的连锁反应是：秘鲁宣布放弃在华特权，巴西与中国签订平等的《友好条约》（1943 年 8 月）以代替 1881 年的不平等条约，比利时（1943 年 10 月）、挪威（1943 年 11 月）、瑞典（1945 年 4 月）、荷兰（1945 年 5 月）、法国（1946 年 2 月）、瑞士（1946 年 3 月）、丹麦（1946 年 5 月）、葡萄牙（1947 年 4 月）相继与中国签订取消其在华特权的条约。西班牙的在华特权也随之废止。这样，经过抗日战争的胜利，旧的不平等条约就基本上被废除了。

然而这并没有结束不平等条约的历史。就在旧的不平等条约成批地被抛弃的同时，中国又被加上了新的不平等条约，如 1945 年 8 月的中苏《友好同盟条约》。所以，到 1949 年为止，中国仍未彻底摆脱不平等条约的束缚，尽管这种条约已为数不多。

四 非条约、条约、不平等条约

不平等条约给近代中国造成无穷的损害，它们带给中国的是割地、赔款、被剥夺、被奴役、被榨取、被欺凌、受屈辱、受束缚、国土破碎、主权残缺，成为一个徒有独立国虚名的半殖民地。不平等条约与资本主义、帝国主义的侵略紧紧地联系在一起，要暴露帝国主义的侵略，就必须充分地暴露不平等条约。

然而不平等条约并不能概括帝国主义的全部侵略：不平等条约是侵略，而侵略却不限于不平等条约。例如日本军国主义制造“九一八”事变、占领并统治东三省 14 年，这是赤裸裸的侵略；但这里既没有以某个条约为依据，也没有能逼出一个什么条约来。所以侵略比不平等条约要宽得多，不可以把前者归结为后者。再者，帝国主义侵略者之需要不平等条约，是为了把他们的侵略成果用这种形式固定下来，为了使他们的侵略有法律依据，为了约束中国，而决不是为了限制他们自己，他们还超越条约特权攫取了许多条约外特权。所以，要暴露帝国主义的侵略，又不能仅仅看到不平等条约，不可过分地谈论不平等条约：过分了，客观上可能会降低帝国主义的多方面的侵略。而且过分就会失真，失真就难以取信。

说从1840年或1842年起到1949年止不平等条约竟达1000多个、1100多个、1182个，就是把不平等条约的数目说得过分了。“1182”这个数字是怎样“统计”出来的，似乎从未见于文字说明：但此种“统计”之所据，并不难找到，那就是王铁崖先生所编的《中外旧约章汇编》。此书共三册，分别于1957年、1959年、1962年出版。[①] 全书共340万字，广泛收录了到1949年为止的中外约章，编者按时间顺序给予每一文件一个编号，全书共1182号，表明共收录1182个文件。可以断定，所谓不平等条约共1182个就是由此而来。事实上，在纪念鸦片战争150周年的一些座谈会上，有人就明确说“根据”《中外旧约章汇编》，“旧中国签订了1182个不平等条约”。问题是怎样把此书的1182号与“1182个不平等条约”视为一事的：是研究了书中的那些文件而得出的结论呢？还是只看到1182个编号就想当然的呢？好像不是经过研究的结果，因为只要稍加研究，甚至稍微涉猎其内容或者认真看看目录，就不会得出那个结论。例如，全书第一个文件是1689年的中俄《尼布楚条约》，它不仅在1840—1949年的时间范围之外（还有6个文件也是如此，都不应统计于1840—1949年的条约或不平等条约之内），而且是一个平等条约：只此一点就足以说明全书1182个文件并非都是不平等条约。不仅如此。收入该书的，本来并不都是条约，所以书名不但不是“不平等条约汇编”，也不是“旧条约汇编”，而是“旧约章汇编”，其含义所在编者的“编辑说明”已交代得明明白白：

> 本汇编的范围不限于与外国订立的条约和协定，还包括与外国企业、公司等订立的各种章程、合同等在内。这样的章程或合同本来不属于国际条约范围之内，但是，在过去，帝国主义侵略中国往

---

① 第一册署名王铁崖编，第二、三册都作“北京大学法律系国际法教研室编”。稍知中国1957年政治历史的人都能想象到这是怎么回事。其实，全书三册都是王铁崖教授编的，1982年重版时，恢复了真正编者的名字。

往采取这种章程或合同的形式，这种章程或合同是研究帝国主义侵略中国所必须涉及的资料。本汇编既然包括这样的章程、合同等，因而称为中外“旧约章”。

事情说得这样清楚，却竟有人以此书为其“1182个不平等条约”之说的“根据”，这至少是对此书的莫大误解。

该书的1182个文件包括了两大类：一是“约”，即到1949年为止中国与外国订立的条约和协定，许多称为“条款”“条规”“专条”“来往照会”“换文”等文件也属此类；二是“章”，即与外国企业、公司等订立的章程、合同等（“约”中也有称“章程”“合同”者，但与这里的章程、合同不属一类）。在使用此书时，这是必须注意的。

作为中国与外国企业、公司等订立的章程、合同等而收录于该书的文件，占了全书文件总数的1/3以上。尽管这些章程、合同中很大一部分是使外国人获得利权的，是帝国主义侵略中国的一种形式，但它们既然不属于条约的范围，当然也就不属于不平等条约。

除此之外，所有其他文件看来都是作为中国与外国订立的条约而收入该书的，但其中有的显然不是条约。如1927年4月26日由中国学术团体协会与瑞典人斯文·赫定签订的西北科学考察团合作办法，虽然经北洋政府教育部备案，但终究是中国的一个社会团体与一个外国人个人之间的协议，其地位、性质与国家之间的条约不可同日而语。还有一些是否属于条约范畴还很值得讨论，如中国政府在外国的干预、压力、影响下所制定的某些章程、专章①，1921—1922年华盛顿会议的各议决案②等。条约是国家与国家之间所缔结的书面协定，而代表国家的是中央政府，所以严格说来，凡不是由中国与有关国家各自的中央政府授权签订

① 如1897年7月的《内港行船章程》（王铁崖编：《中外旧约章汇编》第一册，第786—787页）。此章程是清政府在外国（主要是英国）的压力及干预下制定并颁行的，它使外国输船在中国得到从事“内港贸易”之利。但这是中国方面的“约外通融”，并非外国的条约权利。参见丁名楠等《帝国主义侵华史》第二卷，人民出版社1986年版，第161页。还有一些章程、专章与此类似，似都不属中外条约。

② 王铁崖编：《中外旧约章汇编》第三册，第199页。以下这些决议主要是表达与会各国的意向，与会议中有关各国签订的《九国公约》（《华盛顿条约》）、《解决山东悬案条约》不同。

或批准的相互协议文件，都不能算作条约。在研究该书所收录的“约”一类各文件时，这一点也是应当注意的。

该书中当然收录了大量真正的中外条约，但并不是这里的每一个条约都是不平等条约。

第一，许多国家同中国建交的条约都是平等的。首先是亚洲国家如日本与中国的第一个条约（1871 年的《修好条规》）、甲午战争后朝鲜（韩国）与中国重建关系的第一个条约（1899 年的《通商条约》）；接着有前面已提到的中智（利）条约。第一次世界大战后来华的国家增多，第二次世界大战期间及战后与中国订约建交的国家更为增加，所有这些国家同中国签订的条约都是平等的。一战后中德、中苏、中奥重建关系的条约以及二战后中意重建关系的条约也属此类。

第二，许多国家、包括各主要侵华国，在某些方面为开展同中国的正常交往或处理相互关系中的某些共同性问题而缔结的条约、协定等很多是平等的。如 1888 年《中德人民互相嫁娶归夫治管辖章程》、1889 年《中意人民互相嫁娶归夫治管辖来往照会》、1890 年中日《船只遭险拯救章程》及 1898 年《归还难船经费公立文凭》、1896 年中法《边界会巡章程》、1907 年中英关于中国禁烟的来往照会及 1911 年的《禁烟条件》、1908 年中美《公断条约》及 1914 年《解纷免战条约》、1909 年中巴（西）《公断条约》等。还有如 1911 年中墨（西哥）订立的《赔偿华侨损失证明书》及 1912 年《续订展期赔偿华侨损失证明书》、1913 年中英《英属北波罗州招殖华民条款》及《章程》之类，更属平等性质。

第三，所有废除外国在华特权的条约和取消旧不平等条约的条约都是平等的。如 1893 年中俄《收回巴尔鲁克山文约》、1921 年中日《关于取消中日军事协定之节略》及《关于取消中日军事协定之换文》以及 20 世纪二三十年代间有关中国收回一些外国租界、租借地、废除外国在华协定关税权的许多协定、互换照会、专约、条约、前述 40 年代那一批废除外国在华领事裁判权及其他特权的条约等。

第四，有些条约，如 1862 年中葡（萄牙）《和好贸易章程》、1863 年中比（利时）《通商条约》、1866 年中英法《续定招工章程条约》、1869 年中英《新订条约》、1879 年中俄《伊犁条约》以及中葡 1902 年《增改条款》、1904 年《通商条约》等，虽已经有关方面议定，其中有的含有对华不平等的内容，但未被一方或另一方政府或议会批准，因此不曾发生效力，这些不应列入不平等条约。

第五，甲午战争以前的中朝（鲜）条约具有很大的特殊性，一律不可归入本文所讨论的不平等条约内。该书所收的第一个中朝条约1882年《商民水陆贸易章程》第一句话就是“朝鲜久列藩封，典礼所关，一切均有定制，毋庸更议”，首先把所谓“天朝”与“属邦”的传统不平等关系肯定了下来，而这个《章程》也正是此种不平等关系的产物和体现。其第二条规定：“中国商民在朝鲜口岸如自行控告，应归中国商务委员审断。此外财产、罪犯等案，如朝鲜人民为原告，中国人民为被告，则应由中国商务委员追拿审断。如中国人民为原告，朝鲜人民为被告，则应由朝鲜官员将被告罪犯交出，会同中国商务委员按律审断。至朝鲜商民在中国已开口岸所有一切财产罪犯等案，无论被告、原告为何国人民，悉由中国地方官按律审断，并知照朝鲜委员备案。”这是十足的中国单方面在朝领事裁判权。这个《章程》最后一段载明是清政府代表“会同”朝鲜代表“议定”的，但很明显是前者加给后者的。以后1883年《奉天与朝鲜边民交易章程》和《吉林朝鲜商民贸易地方章程》、1885年《中国代办朝鲜陆路电线合同》、1886年《釜山电线条约》、1891年《元山电线条约》等大体也都是这样。尽管有些规定有“中国优待属邦之意”，但整体上看，这些条约下的中国与朝鲜的关系很有点像中外不平等条约下欧美列强与中国的关系。甚至1910年3月中日签订《仁川、釜山、元山清国租界章程》，中国在朝鲜这三地还保留了租界和界内一些特权。① 当时中朝间的这些条约的确是不平等的，但这是中国对朝鲜的不平等，如果把这些也“统计”在外国对华不平等条约内，那就完全错位了。

以上这些不应视为不平等条约的条约，在《中外旧约章汇编》文件中占了近1/3。

除去不属于条约的章程、合同等以及不应归于不平等条约范畴的条约、协定等，其余的大体上就是《中外旧约章汇编》所收录的大大小小

① 自1905年11月以来，日本已攫夺了朝鲜的外交权，所以1910年有关中朝关系的条约由中国与日本签订。中日签订此《章程》后不到半年，日本吞并朝鲜。1913年11月与中国订立《中国在朝鲜居留地废止协定章程》，取消三地租界。

的不平等条约了，其总数有三四百个。

但是很难据此而精确地定出不平等条约的数目，原因是多方面的。第一，该书于旧约章的搜录虽极丰富，为他书所不及，但并非毫无遗漏（此点"编辑说明"已言及）。例如，书内收录了1935年的所谓《何梅协定》，如果说这是一个不平等条约，那么同时的《秦土协定》也应当是，但《秦土协定》却不见于该书。要确定不平等条约数，首先必须找全不平等条约。第二，有些条约（特别是或主要是那些专业性、技术性较强的条约）的性质并不是一目了然，必须进行深入细密的研究、分辨，才能作出科学的判断。只有对这类约章逐一审查、解析，按照客观的统一的标准，划清了非条约、条约、不平等条约的界限，而后才可能计出不平等条约总数。这项研究过去做得不够，现在很需要史学、法学等有关各界的学者共同努力去完成。① 第三，计算方法要明确。如1945年中苏《友好同盟条约》，有人把同时签订的《关于中国长春铁路之协定》《关于大连之协定》《关于旅顺口之协定》《关于中苏此次共同对日作战苏联军队进入中国东三省后苏联军总司令与中国行政当局关系之协定》等与之并为一起，视为一个整体，作为一个新的不平等条约；而该书予以分别编号，如果都定为不平等条约，那就成为5个不平等条约了。② 究竟如何计算为宜，应有一个统一的标准。以上这些问题解决了，不平等条约总数就可以真正统计出来了。

---

① 不平等条约问题可作为博士学位论文的一个很好的题目，衷心希望能有年轻学者来做这项研究。

② 这个《友好同盟条约》就其本身的约文来说，并无不平等之处；但其所附互换照会之二关于"外蒙古独立"问题则触及中国主权。互换照会构成条约的一部分，因此此条约成为不平等条约。《关于中苏此次共同对日作战苏联军队进入中国东三省后苏联军总司令与中国行政当局关系之协定》过去似乎没有人谈到过，但很值得研究。其第6条规定："所有在中国领土内属于苏联军队之人员，均归苏联军总司令管辖。所有中国籍人民，不论军民，均归中国管辖。此项管辖权并包括在中国领土内之人民对苏联犯罪过之案件，此项案件如发生〔于〕军事行动地带内时，则属例外，应归苏联军总司令管辖。"这个《协定》可与1943年5月中美《关于处理在华美军人员刑事案件换文》比较研究。《换文》规定："此次对共同敌人作战存续期间，凡美国海陆军人员，如或在中国触犯刑事罪款，应由该军军事法庭及军事当局单独裁判。"又规定："美国政府准备如中国在美国辖境内驻军，亦以同样办法，担保该中国军队有与在华美军相同之地位。"此《换文》多年来一直被许多人称为一项新的不平等条约，那么此项中苏《协定》当然也应如此。此问题还可参照国际惯例进行研究。

论清末铁路政策的演变*

崔志海

铁路问题是清末各种社会矛盾的一个焦点，其重要性长期以来受到学术界的重视。但国内以往的研究，重点放在帝国主义的掠夺和中国人民争回路权的斗争上，对清政府一面的研究则显不足。本文就清朝政府最后十余年间铁路政策的演变作一系统论述，以加深我们对清末铁路问题的全面了解。

一　铁路总公司和路矿总局的铁路政策

铁路作为近代最具革命性的交通工具，在近代中国的命运非同寻常。起初，它被当作“怪物”遭到国人的拒绝。后来，虽有洋务派倡导修筑，但清朝统治阶级内部对是否需要铁路认识不一，致使兴办铁路在很长一段时期处于“无人敢主持”，“两宫亦不能定此大计”① 的状态。兴办铁路之成为清末的一项基本国策，乃是19世纪90年代之后的事情。

1895年中日甲午战争结束后，清朝统治阶级总结此次战争失败的原因，误以为是由缺乏铁路所致。于是，他们纷纷谈论铁路的各种好处，将兴办铁路提到议事日程上来，看作是“方今切要之图”。与此同时，西方列强趁火打劫，纷纷占夺中国路权，将铁路作为他们划分势力范围的

* 本文原载《近代史研究》1993年第3期。

① 李鸿章：《李文忠公朋僚函稿》第17卷，第12—13页。

重要手段。在这种历史背景下，制定相应的铁路政策便成了清政府尔后十余年里所要解决的一个重大问题。

就在这一年的下半年，清朝统治集团内部就如何兴办铁路进行了首次商讨。商讨的结果，一致赞同先从津芦、芦汉办起，但在采取何种方式修建铁路上存在三种不同意见。第一种主张铁路商办，不借外债，不入洋股；第二种则主张借债造路，官办或官督商办；第三种既支持铁路商办，同时也主张允许洋商入股，采取中外合股方式。[①] 清朝中央政府最后采纳了第一种意见，在 12 月 6 日兴办铁路的上谕中宣布，芦汉铁路如有富商集股千万两以上者准其设立公司，一切赢绌，官不与闻；如成效可观，政府则予奖励。[②]

清政府倾向铁路商办的原因有二：一是甲午战后财政拮据，入不敷出，无力承办，试图借商办兴筑铁路，抵制西方列强对中国路权的占夺。诚若当时刘坤一所说，铁路如归官办，则“值此库帑支绌之时，无从筹此巨款；即令分年筹划，事难逆料，中辍堪虞，纵使有成，而旷日持久，计利亦不合算”[③]。二是甲午战后官办企业的各种弊端暴露无遗，信誉扫地，清朝中央政府也相信官办不如商办。

但事情的发展出乎清政府的意料之外。由于华商资金有限，且缺乏创办近代企业精神，再加上清朝统治集团内部意见不一，华商对商办铁路的响应并不积极，应者寥寥。其间，虽有广东在籍道员许应锵、广东商人方培尧，以及候补知府刘鹗、监生吕庆麟等，自称集股已有成效，要求承办，但至 1896 年 7、8 月间查明均不可靠，实替英、美两国资本家出面揽办。这样，在清廷内部借款官办的主张转而占了上风。

同年 9 月，授命主持芦汉路务的湖广总督张之洞与直隶总督王文韶联合上奏，指出铁路未成之先，华商断无数千万之巨股，只有借债造路，陆续招股分还洋债一策较为可行；强调借洋债比招募洋股有利于路权不为外人所夺，断言“路归洋股，则路权倒持于彼；路归借债，路权仍属于我”。认为与其由华商向外商借款，以铁路应入之款作抵，且须由国家

---

① 宓汝成编：《中国近代铁路史资料》第 1 册，第 199—204 页。

② 《清德宗景皇帝实录》第 378 卷，第 7 页。

③ 宓汝成编：《中国近代铁路史资料》第 1 册，第 203 页。

核准，还不如款由官借，路由官造更直接省事。最后，他们作一折中，建议设立铁路总公司，官督商办，一面招股，一面借款，并极力推荐与自己意见一致的盛宣怀担任公司督办。①

在王、张两督的保荐和盛宣怀本人的活动下，他们的建议终于被总理衙门接受。10 月 20 日，清廷批准设立铁路总公司，令盛宣怀为督办，同时仍著王、张两督“督率兴作”②。1897 年 1 月，盛正式启用铁路总公司关防。

盛宣怀成立的铁路总公司将张之洞的铁路计划进一步具体化，主张由铁路总公司募集 4000 万两，其款合官款、商股、洋债为一，采取官督商办形式。其中先募商股 700 万两，入官股 300 万两，借官款 1000 万两，借洋债 2000 万两，先办芦汉，后办苏沪、粤汉等路。外债的举借亦由铁路总公司出面，商借商还，避免清朝政府与列强之间的交涉。③

但盛、张的计划同样过于乐观，难以执行。首先在资金的募集上，铁路总公司遇到重大困难。华商对铁路投资本来就不积极，对铁路总公司的官督商办形式更是不感兴趣。苏、沪、浙、粤等省的富商主张与本省无关的芦汉路由官款官办，商人则专办苏沪、粤汉等路。④ 而更为糟糕的是，盛宣怀寄予厚望的官款也远远不能满足他的要求。原定的 300 万两官股在经过数月的努力后仅得 50 万两。

南洋的 250 万两，刘坤一虽勉强允拨，但只用作沪宁铁路专款。⑤ 这对耗资巨大的铁路来说，简直是杯水车薪，无济于事。在官款有限商股难招的情况下，盛宣怀转而单独求助于洋债一途。自 1897—1903 年，由盛经手签订的借款合同有芦汉、粤汉、正太、沪宁、汴洛等路，共计 7086 里；签订的草合同有苏杭甬、浦信、广九等路，计 2006 里。所有由盛宣怀铁路总公司承办的铁路均无华商参与。因此，原先所说的官督商

① 《张之洞、王文韶会奏芦汉铁路商办难成另筹办法折》，《张文襄公全集》第 44 卷，第 22—26 页。

② 《清德宗景皇帝实录》第 395 卷，第 7—8 页。

③ 《盛宣怀说帖》，《交通史路政编》第 1 册，第 74—77 页。

④ 《张之洞、盛宣怀请饬各直省将军督抚通行地方官帮同招集商股片》，光绪二十三年三月二十六日，《张文襄公全集》第 45 卷，第 25—28 页。

⑤ 《盛宣怀致张之洞电》，光绪二十二年十月二十二日，《愚斋存稿》第 25 卷，第 17—18 页。

办纯然变为借款官办。

再者，借款的条件也十分苛刻，盛、张最初设想的目标均未能达到。对清朝政府来说，借债造路最担心的是路权外移，成为西方列强瓜分势力范围的工具。为此，盛、张对借债的条件和方式十分注意，曾提出这样一些对策：第一，规定无论借何国路债，必须先用华款，后用洋债，造一段抵借一段，以免外商在借款谈判中多有要挟；第二，坚持借款为一般的商业性贷款，不涉及国家主权；第三，借款国尽量选择小国或在中国没有政治野心的国家，避免在同一地方借一国之款，原则上应在同一地区多借几国之款，以使它们之间彼此制约，不致铁路成为某国巩固其势力范围的工具。① 但这一时期的国际国内形势都对清朝政府十分不利，盛、张的计划大多落空。事实是，不仅筑哪条路、借何国款中国不能完全自主，很大程度被西方列强左右，而且路权在借款期内基本上也由借款国操纵，外国借款公司享有行车管理权、稽核权、用人权和购料权。同时，借款公司还从中获得不少的利益，由盛宣怀签订的几笔铁路借款合同和草合同利息重，折扣大，索酬多，一般都规定 5 厘息，9 折，提取红利 20%，购料佣金 5%，还本付息佣金 0.25%。此外，商借商还的原则也没有达到，外国借款公司并不认为铁路总公司为一商办机构，借款合同仍由国家批准担保。②

铁路总公司的实际政策与最初设想相去甚远，这不能不引起清朝统治阶级的严重关注。1897 年在德国强租胶州湾和芦汉铁路借款合同签订后，清政府即对铁路政策加以调整，改变过去由地方政府自行其是的办法，认识到为免使中国路矿落入外人之手，并促进路矿的发展，有由中央集中统一管理的必要。1898 年 8 月，清政府下令在京师设立矿务铁路总局，派王文韶、张荫桓专理其事，“所有各省开矿筑路一切公司事宜，

---

① 《王文韶、张之洞、盛宣怀密陈筹办芦汉铁路次序机宜折》，光绪二十三年三月，《愚斋存稿》第 1 卷，第 23—25 页；《张之洞致王文韶电》，光绪二十三年三月二十七日，《张文襄公全集》第 153 卷，第 1—3 页。

② 以上材料见各铁路借款合同。有关这一时期铁路借款受各国在华势力范围的影响，以及西方列强瓜分路权的情况，已有许多论著作过研究，其中宓汝成先生的《帝国主义与中国铁路》一书尤为详细全面，因此本文不再作具体论述。

俱归统辖”[①]。

作为清政府管理全国路矿的最高行政机构，路矿总局推行由中央统一规划和管理的铁路政策。它在成立的当天即向各省宣布：“在本局设立之前揽办但未确定的路矿均不得作为定案，由本局制订有关章程后再行处理。”[②] 一个多月后，由总理衙门照会各国公使，声明中国开矿造路借用洋款必须经路矿总局批准，凡未经批准私自订立合同者，“一概视同废纸”，不予承认。[③] 同年 11 月 19 日，总局颁布《矿务铁路章程》22 条，对申办路矿的手续、条件、经营方式，借用外资的原则等作了具体说明和限制，规定“此后各省开办路矿，无论官商华洋，均应按照本章程办理；借用外资须由总局核准，并由总局咨明总理衙门照会该国驻京大臣照复后，方为定准；如未经本局核准，官商擅自与洋商议借者，虽已画押，本局概不承认。另规定各公司办理情形及账目等事，本局有权随时调查，或派员前往看阅；而各公司也有义务将办理路矿情形根据本局缮制的表谱格式，于每年年终填写送局查复。此外，章程还要求承办路矿公司，无论华股洋股，必须在批准 6 个月后开工，如迁延未报开办日期，所有批准之案即按作废论；如实有意外之事，亦须预先报明”。

在以何种方式兴办铁路问题上，路矿总局的政策是鼓励商办，限制洋商。《矿务铁路章程》第 1 条明确规定，路矿可分官办、商办、官商合办三种形式，但“总不如商办”，宣布除未设局以前业经开办者外，“此后总以多得商办为主，官为设法招徕，尽力保护，仍不准干预该公司事权”；凡华人承办路矿，独立资本至 50 万两以上，或出力劝办，实系华股居半者，应照劝赈捐之例予以优奖。同时，章程又规定集款以多得华股为主，无论如何兴办，统估全工用款若干，必须先有已资及已集华股十分之三作为基础，方准招集洋股或借用洋款，如一无已资及华股，专集洋股与借洋款者，概不准行（第 9 条）。此外，章程还规定凡办路矿，无论洋股、洋款，其办理一切权柄，总应操自华商，以归自主；唯该公

---

① 《光绪朝东华录》，总第 4150 页。

② 《交通史路政编》第 1 册，第 87 页。

③ 宓汝成编：《中国近代铁路史资料》第 2 册，第 526—527 页。

司所有账目，应听与股洋商查核，以示公平（第 13 条）。[①]

为保证借款官办各路预期完工，并能偿付洋债本息及养路各费，以图按期收回路权，路矿总局在颁布《矿务铁路章程》后不到一个月，又会同总理衙门下令稳定借款筑路规模。宣布铁路由中央统筹规划，分别缓急，次第兴筑，先修芦汉、粤汉、沪宁、苏浙、浦信、广九、津镇、关内外及正太等路，只有在以上各路筑成敷还借款本息及养路各费尚绰有余裕的情况下，才有可能扩大其他各路。规定自此次奏明后，除已与各国定有成议以及近干支路地不过百里，款不出百万者，不在停办之列外，凡华洋各商请办各支路，此时概不准行。[②]

路矿总局的政策与铁路总公司显然有所不同，它试图贯彻清朝中央政府的意图，即通过铁路商办的形式和加强中央对铁路的统一管理来扭转因借款而造成的太阿倒持的被动局面，阻止列强对中国路权的占夺。总局的这一目的虽然没有完全达到，它宣布的那些政策还来不及具体执行，便因义和团运动的爆发而遭中断。并且，总局的铁路政策本身也存在不少缺陷。如规定铁路集股允许可以华三洋七，若根据正当法理，洋股既占多数，大权即归其掌握，所谓“办理一切权柄，总应操自华商”的规定便成一纸空文。再如在加强中央集中统一过程中，总局并没有采取措施，削弱各路督办大臣及铁路总公司的权力和职能，将他们置于自己的直接控制之下，而是仍由他们自行其是，各自为政等。尽管如此，路矿总局的政策在当时对遏制西方列强对中国路权的占夺还是起了积极作用，综观有清一代借款筑路的规模，基本上仅限于总局规定的范围，再没有盲目扩大。而路矿总局对洋商铁路投资的各种限制和规定，则为后来的收回利权运动提供了某些法律依据。它所采取的中央集权政策虽然刚刚起步，但毕竟使中国近代路政开始具有统一之规，使办路者开始有章可循，是中国近代路政走上正规化道路的第一步。

当然，对于这一时期铁路总公司的借款官办政策，我们也应作具体分析，不能因为它在客观上满足了西方列强的某些要求，便视为卖国政

---

① 《交通史路政编》第 1 册，第 89—91 页。

② 《通筹铁路办法事宜》,《光绪政要》第 20 册，第 62—63 页。

策。必须看到，这一时期借款条件比较苛刻，主要是由于当时中国国势太弱，社会过于落后所致。就张之洞、盛宣怀最初提出借债造路的目的来说，并不是为了要迎合西方列强，而是为了启动中国的铁路事业，“泯各国窥伺之心，断无数葛藤”，使中国铁路“早成一日，可保一日之利权，多拓百里，可收百里之成效”①。借债造路虽然没有完全像他们想象的那样达到收回路权的效果，但较之由西方列强直接承办的东清、胶济、滇越等路，确如清朝统治阶级所说，“已属渐复主权”②，至少在名义上清政府对各借款铁路仍拥有主权。并且，借债造路也的确带动了中国铁路事业的发展，清末中国自办铁路的增长主要是借款筑路的成果。至1911年，借款筑路占中国铁路总长度的54%，计5192.78公里。其次便是由西方国家直接经营的铁路，占39.1%，计3759.70公里；而完全由中国自己出资兴办的铁路仅占6.9%，总共才665.62公里。③

至于张之洞、盛宣怀等提倡铁路官办或官督商办，固然有封建性一面，与商办争权夺利，达到个人揽权的目的，但同时也不能不说是出于实际的考虑。铁路毕竟不同于一般企业，它耗资大，获利迟，工程技术复杂，不仅需要一套科学的组织管理制度，而且还要排除来自地方的各种干扰，维护铁路沿线的社会治安，所有这些，都不是普通华商所能胜任和解决的。此外，铁路事关国计民生，涉及国防军政，的确也有官办的必要，不宜由华商借款兴办。

总之，铁路总公司的借款官办政策虽然受到西方列强的操纵，有被动的一面，但同时又是一项积极主动的措施。借款官办政策的目的并不是要出卖路权，而是要借助外国资金和技术来启动中国的铁路事业，促进中国经济的发展，抵制西方列强对中国路权的占夺，这在当时不能不说是一个十分大胆的决策。

---

① 《王文韶、张之洞、盛宣怀会奏湘鄂粤三省绅商合请速办粤汉铁路折》，光绪二十三年十二月二十五日，《愚斋存稿》第2卷，第3—5页。

② 《邮传部奏议覆湖广总督张奏商办铁路由官备价收回年限暂从缓议折》，《东方杂志》1907年第8期。

③ 严中平编：《中国近代经济史统计资料选辑》，第190页。

二 商部的铁路政策

1903年9月，清政府裁撤矿务铁路总局，将所有路矿事务划归新成立的商部办理。而商部作为清政府兴办实业的中央机构，在铁路方面的政策，基本上是在总局的基础上加以改进。

商部接办路矿总局后，铁路方面所做的第一件事是重定铁路章程。商部认为，1898年路矿总局制定的《矿务铁路公共章程》存在许多缺陷，不能适应新的形势，于是就在这一年的12月初，另行颁布《铁路简明章程》24条，宣布华洋官商禀请开办铁路均应按照本章程办理，其有援引前定铁路章程与现在相违者，概不准行。与《公共章程》相比，该章程在不少地方有所改进，其中对洋商的限制就比原章程严密。如该章程第16条规定，如有华洋商向各省督抚请办铁路者，应由该督抚查明此路确于中国商运有所裨益，且于现行章程不相违背者，方能咨会本部办理。这就是说，洋商申办铁路，地方督抚如认为对中国商运无益，可不予批准。章程第12、15条还规定，无论华商请办铁路附搭洋股，还是洋商请办铁路，均须由商部和外务部核准，如有华人与洋商私订合同，以请办之路抵借洋款，或于开办后将该路工程私售于他人者，一经本部觉察，或由地方官查明，除将路工充公注销全案外，且视案情轻重予以处罚。《铁路简明章程》对华洋在铁路集资中的比例也作了改变，不再允许华三洋七，明确规定集股总以华股获占多数为主，洋股以不逾华股为限，并且不得在洋股之外另借洋款，如有违者，一经查实，随时注销撤办（第6条)。同时规定洋商请办铁路，无论集股若干，总须留出一半股额任华人随时照价附股（第7条)。[①]

其次，商部代表清朝中央政府，力图行使对借款官办铁路的监督权和管理权。1904年7月，商部责备各管路大臣疏于职守，奏请清廷批准，咨令督办铁路大臣、关内外铁路大臣、云贵总督、江苏巡抚、办理潮汕铁路候补京堂、两湖总督、云南巡抚，要求他们将历年办理铁路情形，包括工程起止，各项出入用费，工程师及华洋员役人数、薪工职业等，

① 宓汝成编:《中国近代铁路史资料》第3册，第925—928页。

造具图册，上报本部，“以期有利与兴，有弊与革，其最要者莫如使铁路公司早一日清偿路款，即中国早一日收回路权”①。两个月后，商部再次上奏，令各管路大臣逐年按季填造表谱图册呈报本部，如再迁延拒不执行者，则“由臣部据实奏明，用以副朝廷整饬百度之至意”②。同时经清廷批准，率先向盛宣怀的铁路总公司开刀，派员会同盛宣怀调查他所办路矿出入款项。③

作为对借款官办各路和各省商办铁路行使监督权和管理权的一个重要措施，1905 年 10 月商部奏请，仿照商务议员之例，由本部选派路务议员，遇有公事，径行呈报本部核办，或由本部差遣调查。次年 4 月商部遵旨颁布《路务议员办事章程》12 条（以下简称《章程》），规定路务议员的选派一是由各该管路大臣及督办铁路的地方督抚在三个月内将在路供差各员，造具履历清册，出具切实考语，咨送商部择优录用；二是在商部章京及新学堂毕业的学生中由商部直接挑选。至于各省自办铁路公举之总理、协理及华工程师等，也由商部直接访察任派。该《章程》赋予路务议员的职权十分广泛，举凡材料之楛贵贱，工程之优劣得失，用人之能否称职，运输之能否便利，岁出之如何能撙节，岁入之如何能增益，均由路务议员统筹并顾，随时径报本部核办。④ 1906 年 3 月和 7 月，商部先后两次选派正太铁路总办记名道潘志俊，京张铁路总办候补道陈昭常、京张铁路正工程司候选道邝孙谋和詹天佑、关内外铁路总办候选道梁如浩，以及代理潮汕铁路事候选道张步青、山西铁路局会办志森等为路务议员。⑤

与此同时，商部还注意全国铁路线的规划和铁路轨制的统一。1903 年冬，商部在《铁路简明章程》第 13 条中就规定，两轨相距须以四英尺八寸半为标准，以与现行之路一律。1905 年底，因各省申办铁路大增，商部专奏厘定铁路轨道，指出有关钢轨距离之尺寸，桥梁承受之能力，开凿山洞之大小，造作车辆之高宽，以及车底挂钩之形式，均宜各路一

① 《商部奏请饬铁路大臣将历办情形报部折》，《东方杂志》1904 年第 10 期。
② 《交通史路政编》第 1 册，第 100 页。
③ 《光绪朝东华录》，总第 5342 页。
④ 《商部奏陈路务议员办事章程折》，《东方杂志》1906 年第 9 期。
⑤ 《交通史路政编》第 1 册，第 105、107 页。

律，以免轨辙不一，不相衔接。① 次年 5 月，商部又奏请各省修筑铁路应统筹规划，破除省界，由各省疆臣先行选派工程测绘人员标明本省干路和支路，最要之路和次要之路，已造之路和未造之路，再由商部参酌厘定成各省路线全图，此后各省官绅即根据商部所绘全图分别缓急，指明段落，次第兴办，避免出现“参互复沓，骈拇枝指”现象，保证“支干相继，脉络相贯，他日全国路成无虚糜之工程，有周行之利”。②

在采取何种方式兴办铁路问题上，商部极力提倡商办。1903 年 9 月，商部在成立伊始即表明拥护铁路商办的立场，宣布对商办铁路公司如同其他的商办公司一样，随时“维持保护”，并表示不用官督商办名目，亦不另派监督总办等员，以防弊窦。③ 稍后，商部在《铁路简明章程》第 9 条中规定，华商请办铁路如系独力资本至 50 万两以上者，由本部专折请旨给予优奖，如招集华股至 50 万两以上者，俟路工告竣，即按照本部奏定之十二等奖励章程核办。在此同时，商部还支持全国性的收回路权运动，不顾西方列强的阻挠和抗议，鼓励各省士绅、华商成立铁路公司，筹款自办，以防利权外溢。在商部的大力提倡下，商办铁路盛极一时，自 1903—1906 年的三年里，由各省将军督抚会同绅商筹办而经商部核准的铁路公司有川汉、滇蜀、西潼、洛潼、粤汉、黑龙江、吉长等路。由各省绅商士民集股自办而经商部代奏者则有江西、安徽、浙江、福建、江苏、陕甘、山西、广西、广厦、潮汕、新宁等。④ 而尤为重要的是，这一时期商部对奏准的商办铁路还多加保护。如商部尚书载振在请准侨商张煜南筹办潮汕铁路折中就吁请明降谕旨，令两广总督和广东巡抚谆饬该处地方官出示布告，晓谕沿线居民，俾知开办铁路，原为兴商便民之举，有关办理勘路、购地、运料、兴工等一切事宜，该地方官均应随时妥为关照，即便将来路成之后，也仍须认真保护，“不得以事属商办，稍存漠视之意，致拂舆情”⑤。再如当华商陈宜禧经办新宁铁路遇到地方劣绅干涉揽权时，商部即出来替他说话，态度坚决，表示“决不令邑绅干

---

① 《光绪朝东华录》，总第 5428 页。

② 同上书，总第 5515 页。

③ 宓汝成编：《中国近代铁路史资料》第 3 册，第 925 页。

④ 曾鲲化：《中国铁路史》，第 64、103—105 页。

⑤ 宓汝成编：《中国近代铁路史资料》第 3 册，第 930 页。

预路权”，声明附股士绅，“均照公司律股董权限办理；若并未附股者不得干预公司事宜，以清界限”①。并于1906年2月予以立案奏准，称：“该职商陈宜禧请办新宁铁路，自行修筑，洵足创开风气，保全利权，于路政、商务均有裨益。……俟全路工竣，应照章奏请奖励，以资观感。”②

很明显，商部的铁路政策，无论是加强中央对铁路的监督和管理，还是提倡商办，目的都是要收回路权，促进路政的统一，同时推动铁路事业的发展。但在清末封建政治体制之下，商部的这些政策也没有得到很好的贯彻。

首先，商部推行的中央集权政策便因地方督抚和不同权力派系集团的阻挠而步履维艰。开始时，盛宣怀的铁路总公司和各管路大臣无视商部的权威，对商部的指令不予理睬，商部很难行使监督权和管理权。后来，商部虽然借助国内收回利权运动的浪潮，迫使盛辞去铁路总公司督办一职，但权力却又落到北洋大臣袁世凯的手上。袁除自任关内外及津浦铁路大臣外，举凡盛氏借用外债所筑的或拟筑的各路，包括芦汉、沪宁、广九、汴洛、正太、道清、苏杭甬、浦信等均由他的一位得力助手唐绍仪一手接管。袁是一位怀有政治野心的人物，他虽然在削弱盛宣怀的权力中曾与商部联手合作，但他的目的是要取盛而代之，将铁路作为培植个人势力的工具。因此，当商部试图通过奏派路务议员加强对借款官办各路的控制时，袁即以这一举动侵越地方督抚权力为由表示反对，说什么“部中为立法之地，非行政之地；部员为中央议事之人，非地方办事之人”。责问路务议员隶属商部，“则置管路大臣于何地?”③ 由于袁的反对，商部只好在《路务议员办事章程》颁布两个月后遵旨对有关路务议员的选派和任免的规定加以改动，将路务议员的隶属关系变为双重隶属关系，既隶属于商部，也隶属于各管路大臣或地方督抚。④ 这样一来，商部统一路政的政策就遭到重大挫折。

再者，商部的铁路商办政策也不能始终如一地贯彻，它不仅遭到西

① 宓汝成编：《中国近代铁路史资料》第3册，第946页。

② 《商部奏绅商筹办新宁铁路拟准先行立案折》，《东方杂志》1906年第5期。

③ 《请饬另行核议路务办事章程折》，《袁世凯奏议》下册，第1291—1294页。

④ 《商部奏陈路务议员办事章程》，《东方杂志》1906年第9期。

方列强的抵制和破坏，而且还因清朝统治集团内意见不一而受掣肘。譬如在收回利权运动中，商部站在华商和地方士绅一方，态度积极，往往不顾中外条约、合同及其有关章程的限制，支持各省铁路公司不认洋股，不借洋债，集款自办。但外务部以及具体负责路权交涉官员的态度则不同，他们在有关收回路权问题上比较谨慎，往往屈服于西方列强的压力，倾向于在中外条约和合同的范围内切实行使中国主权。而像盛宣怀、张之洞、袁世凯、唐绍仪等清朝要员也不认为完全拒绝外商铁路投资是明智之举，他们在路权交涉中并不太重视商部的意见，更多的是根据自己的判断行事，只对皇帝负责。对此，商部因权力所限，鞭长莫及。它积极提倡的撤退铁路外资、改归华商自办的目标，因西方列强的反对和清朝有关官员的妥协让步，大多未能实现，如粤汉、津浦、沪杭甬等，依然受中外条约或合同的限制，维持借款的局面。① 又如商部曾支持湖南成立商办铁路公司，但在老臣张之洞的反对下，商部的奏请也未能得到清廷的批准，而仍维持官督商办。②

检讨 1903—1906 年商部的铁路政策，几乎无不带有强烈的民族主义色彩。这些政策的出台，对 20 世纪初年收回路权运动的兴起和各省商办铁路公司的大量涌现起过积极作用，并在一定程度上促进了中国近代路政的统一。但商部的政策在推动中国铁路事业的发展上却表现得软弱无力。虽然这一时期各省铁路公司一个接着一个成立，但雷声大，雨点小，实际修筑的铁路里数少得可怜。在 1906 年邮传部设立之前没有一条完工，到 1911 年总共才筑了 401 英里的铁路，仅占当时中国铁路总长度的 6.92%。③ 因此，笔者认为，商部的商办铁路政策在政治上曾产生过非同寻常的影响，它几乎使全国的士农工商都来关心铁路问题，唤起人们保护路权的意识，但在推动铁路事业发展上并没有取得预期的效果，甚至可以说是失败的。

---

① 有关清朝统治阶级内部对挽回路权运动的态度以及列强对商办铁路的抵制和破坏，可参见李恩涵《中国收回铁路利权运动：1904—1911 年》（英文本）一书。

② 宓汝成编：《中国近代铁路史资料》第 3 册，第 1035—1037 页。

③ 张嘉璈：《中国铁路发展史》（英文本），第 39—45 页。

三 邮传部的铁路政策

1906 年 11 月 6 日，清政府下令进行机构改革，将原六部中的工部并入商部，改为农工商部，同时另设邮传部，专管船、路、电、邮四政。

邮传部接管铁路后，在统一路政方面继续执行商部政策，并在清朝政府加快中央集权步伐的背景下和袁世凯、唐绍仪、梁士诒等一批北洋官僚的强有力领导下，取得重大进展，在短短的一年时间里便将各借款官办铁路置于邮传部的集中统一管理之下。1906 年 12 月，督办关内外及津浦铁路大臣袁世凯率先将两路关防移送邮传部。1907 年 1 月，办理京汉、沪宁铁路大臣唐绍仪接着也将两路关防移交到部。同年 3 月，唐绍仪又将京汉、沪宁、正太、汴洛、道清五路卷宗及督办铁路大臣盛宣怀原交卷宗一并移送邮传部。与此同时，邮传部也在部内设立管理借款官办铁路的专门机构。先是于 1907 年 3 月奏设提调处，任记名丞参梁士诒为提调，作为综理借款官办铁路的临时机构。同年 12 月，撤销提调处，改设铁路总局，梁士诒任局长，各借款官办铁路统归管辖，由铁路总局局长执行借款合同上督办的职权，“所有借款公司各路华洋员均受节制”[①]。次年 4 月，邮传部还专门饬令各路局只能称某某路局，不得再用“总局”字样，以免混淆，澄清隶属关系。[②]

邮传部在完成对借款官办铁路的接管工作之后，还对它们进行了卓有成效的整顿。这方面的措施主要有以下几项。

第一，归并职掌，裁汰冗员，尤其洋员，既可节约费用，又便暗中削弱洋人权力，培植本国铁路人才。如邮传部接管京汉铁路后，即将洋总工程师及驻比利时 13 名洋员尽行裁撤，另解雇 30 名在铁路上服务的洋员，裁去监工、栅头等员役 10 名，部分工作改派华员充任，每年可省银 10 万元。[③] 京奉铁路整顿后，至 1909 年裁去华洋人员 50 余名，将原路局

---

① 《交通史路政编》第 1 册，第 112 页。

② 同上书，第 322—323 页。

③ 《接管京汉铁路整顿情形暨筹拟扩充改良各办法折》，《邮传部奏议分类续编》，路政，宣统元年正月至宣统元年十二月，第 74 页。

内执事华洋员计分 20 处合并为一处，使所出费用比整顿前有所减少，1908 年以前每年费用占进款的 37%，整顿后只占 28%。① 汴洛铁路据 1909 年底邮传部具奏，共裁去洋员 26 名、华员 23 名，每年省银 52000 两。②

第二，完善铁路规章制度，打击营私舞弊行为。以京奉铁路为例，邮传部接管后严定客票、货票规则 12 条，规定凡各站票房、磅守、车守串通舞弊，以多报少，以贵报贱，私带客货，漏填账本，遗失票据者，一律严加罚款；如有知情举发者，酌量提赏，以资奖励。对该路各货厂也加清理整顿，明确货厂的宗旨是便商储货，各厂司事如有索要小费，积搁货物者，一经查明，即予惩办。鉴于沿路站长与客商旅客随时接洽，实为要职，邮传部订立站长委派章程，规定站长更调补充，应由总办主持，车务总管不得专主，其平日办公勤惰也须按季造册呈报，听候考核黜陟，并以此项人员皆有钱银之责，饬令一律觅出妥保签单备案。③ 据统计，邮传部在成立后的三年里，查处涉嫌贪污、勒索、玩忽职守的铁路员司不下百十余人次。④

第三，加强铁路的经营管理，提高服务质量，增加铁路收益。如京奉铁路自邮传部接管后，为拓宽铁路运营业务，添开车辆，酌减运费，在交通要道添修岔道铁路，并与京汉、京张、南满铁路实行联运。京汉铁路也在收回自主后锐意进取，除核减运煤车价，优给各项运货回费外，还设立商务专员，与客商随时接洽，在京、津、鄂、汴等地揽载货物，经济效益明显提高，1909 年头五个月铁路进款达 510 万元，比上年同一时期多收 70 万元。⑤ 此外，邮传部还以铁路厘卡严重妨害铁路运营业务和道路的畅通，直接出面与各省督抚协商调整。光绪三十四年（1908），京汉路局在邮传部主持下，与直鄂豫三省协商，拟订《试办凭单运货章

① 《整顿京奉铁路划分权限疏浚利源折》，《邮传部奏议分类续编》，路政，宣统元年正月至宣统元年十二月，第 77—79 页。

② 《汴洛铁路裁并员司更定职掌折》，《邮传部奏议分类续编》，第 133 页。

③ 《整顿京奉铁路划分权限疏浚利源折》，《邮传部奏议分类续编》，路政，宣统元年正月至宣统元年十二月，第 77—79 页。

④ 《特参铁路贪劣职员折》，《邮传部奏议分类续编》，第 116 页。

⑤ 《陈明接管京汉铁路整顿情形暨筹拟扩充改良各办法折》，《邮传部奏议分类续编》，路政，宣统元年正月至宣统元年十二月，第 74—75 页。

程》15条，实行凭单运输，由三省捐局划一各货捐例，载明某货抽捐若干，送由路局研究，期于铁路运输无碍，然后编成印本颁示客商，以免临时议捐，有误行车时刻。但后因三省捐例未能划一，只好暂缓执行。宣统元年（1909），邮传部侍郎沈云沛以三省货捐病商蠹路，再次建议三省裁撤捐局，所有应收税厘由邮传部拨还。这一建议也由于三省督抚担心财权旁落，最终没有实行。[①] 京奉铁路因与南满铁路竞争，铁路总局局长梁士诒于宣统元年亲临奉天解决铁路货厘问题。经协商，奉天至营口往来之货概行免征，沟帮子税局于十月初一停止收税，由京奉铁路每年包缴5000两，以作补偿，并拒绝奉督遣派捐局巡司上车查验。[②] 沪宁铁路通车后，邮传部也即派员与苏省督抚磋商厘金问题，厘定沪宁铁路厘金办法大纲八条。至宣统元年，议定减收厘金条款，规定减少厘卡道数，减轻货厘，除烟酒茶糖米捐外，南北货一律由五成减作三成，布匹棉纱由五成减至四成，牧畜门由五成再减十分之一，杂粮由八成减为七成，杂货门内棉子、棉饼、煤炭也减为四成；并规定厘局司巡会同稽查货物，不得耽延火车时刻。[③] 京张铁路通车后，经与直隶总督多次磋商，于宣统元年10月撤销丰台、张家口火车货捐局，改为调查火车商货局，归京张铁路局管理，暂停征收铁路货捐，并限制在铁路沿线添设厘卡。[④] 宣统二年（1911）十一月，邮传部特饬各路研究办法，或由路局代收货捐，或统括于运价之内，俾免捐吏扰乱行车，影响铁路运输。[⑤]

邮传部在加强铁路经营管理方面所采取的另一重要措施是废除官场免价旧习。铁路免票制度始于关内外，其后扩大到京汉、正太、道清，相习成风，严重损害各路收益。为此，邮传部尚书张百熙于1907年1月奏请铁路应按商业之法经营，对铁路免票实行限制，订定《铁路免价减价章程》5条，规定钦差大臣及其随从因公出差一律免价；现任将军、督抚、都统在所辖境内一律免价，出境外票价车租均减半折收；现任司道在所辖境内票价车租减半，出境外全收；练兵处及各省督练处学

① 《交通史路政编》第4册，第2522—2528页。

② 同上书，第2532—2533页。

③ 同上书，第2543—2546页。

④ 同上书，第2577—2578页。

⑤ 同上书，第2505页。

生军人减半；查缉火车税厘各员酌给免票。[①] 1908 年 12 月，尚书陈璧以铁路宗旨重在营业，主张彻底废除免票制度，奏请自 1909 年 1 月 1 日起，各部省办公人员及官物材料一律停发免票，并另拟《铁路免价减价变通办法章程》8 条，规定钦差大臣及现任将军、都统、督抚由部代购车票，车价由部作正开销；护路军警按名发给车票；陆海军军部及各省督练处军人票价减半；各省现任司道一律照收全价；各部省税厘局、文报局、造币厂探访局由各路局刊发凭照，按次记账，每月结算，照全价付款。[②]

在对各官办铁路进行整顿的同时，邮传部也注意全国铁路线的规划和轨制的统一。1907 年 8 月，邮传部根据两广总督岑春煊的建议，奏定全国铁路线以北京为枢纽，分东西南北四大干线：由京汉连接粤汉为南干；由京张展至库伦、恰克图为北干；由京奉展至齐齐哈尔直抵瑷珲为东干；由正太西连同蒲，与潼关、兰州之线相接，延至伊犁为西干。四大干线之后，再分四路支线，以取“铁路之用，义取相连”之意。计划南路支线将豫、皖、苏、浙、赣、闽、鄂、湘、黔、粤 10 省铁路联为一体；北路支线使热河、绥远、内外蒙古诸轨相接；东路支线连接山东、奉天、吉林、黑龙江诸轨；西路支线则使晋陕甘新川滇青藏诸路相通。[③]这一庞大的全国铁路网虽然不是当时的清政府所能修筑完成，但它却是中国近代第一个由政府规划的比较系统的铁路网计划，展示了邮传部发展中国铁路事业的雄心和长远目标。

在铁路轨制方面，邮传部除重申轨距以四英尺八寸半为统一标准外，另专门制定《中国铁路轨制章程》，对重轨铁路、中轨铁路、轻轨铁路，以及路轨工程、弯道工程、坡道工程、过道栅栏、过道桥洞、铺道石渣、垫道枕木、桥梁枕木、车站建筑、行车车辆、车轮车轴、碰垫车钩等各项规格和技术要求分别作了具体规定，以保证铁路建筑和车辆的质量，

① 《限定铁路行车免价减价章程折》，《邮传部奏议类编》，路政，光绪三十二年十月至三十三年十二月，第 4—5 页。

② 《变通铁路免价减价办法折》，《邮传部奏议类编》，路政，光绪三十四年七月至十二月，第 310—313 页。

③ 《邮传部奏筹画全国铁路轨线折》，《东方杂志》1908 年第 2 期。

以及各铁路线的联通和维修。①

此外，邮传部在主持路政期间还制定颁布了其他有关铁路规章，如《路员养老章程》11 条、《铁路雇佣洋员合同格式》10 条、《铁路员司工役服色章程》6 条、《出差给费章程》10 条、《铁路毕业生见习规则》16 条、《铁路地亩纳税章程》12 条、《陆海军铁路运输详细章程》10 条。同时，在部内设立铁路立法机关，加紧编订各项铁路法规。至 1911 年，共编法规 10 种。关于路律者有职司编、公司编、车务编、厂务编、工程编 5 个法规；附于路律者亦有 5 种，分别是公司编施行条例、车务章程、车务章程施行细则、铁路犯罪条例、铁路征地通行条例。这些法规均因辛亥革命爆发，未及颁布施行。

在采取何种方式兴办铁路问题上，邮传部的态度比较复杂，大致以 1908 年为界，前后有所变化。

1908 年之前，邮传部继续鼓励铁路商办。1907 年初，当张之洞提议商办铁路俟通车 30 年后一律由官备价收买一半时，邮传部即不以为然，认为不应打击绅商兴办铁路的爱国热情，称商办铁路为“我国路政发达之基础”，表示在目前国家财力困难的情况下，不宜模仿日本效法列强，将商办铁路收归国有，主张铁路问题应由本部统筹全局，外仿列强之成法，内准中国之情形，再作定夺，“所有商办铁路备价收买暂请缓议”②。

接着，在铁路材料免税问题上，邮传部也坚持对商办铁路公司采取保护政策，反对向华商自办铁路材料征税。4 月 30 日，与农工商部联合上奏，吁请各省商办铁路公司所用材料按照官办，一律暂行免税，强调在这个问题上不应有优待外人而薄待本国商人之理，指出本国绅商“不恤投其血汗之资本以经营铁路，正所以助国力之不足，而杜外患于将来，推其公忠爱国之热忱，方奖励提倡之不暇，乃以其事非官办，遽责以苛细之税，何以作其气而服其心！”③

---

① 《交通史路政编》第 2 册，第 1055—1060、1148—1152 页。

② 《邮传部奏议覆湖广总督张奏商办铁路由官备价收回年限暂从缓议折》，《东方杂志》1907 年第 8 期。

③ 《农工商会奏各省商办铁路所用材料请照官路一律暂行免税折》，《邮传部奏议类编》，路政，光绪三十二年十月至三十三年十二月，第 33 页。

在邮传部的提倡和保护下，这一时期商办铁路公司也继续一个接一个成立，如山西同蒲、河南、京兆房山、广东粤汉、湖北兴国、广东佛江、惠潮、江苏仪泰、山东寿光、奉天开海、河南禹州、江苏浦宁、黑龙江齐昂等铁路公司先后由邮传部奏准设立，保持了上几年的发展势头。[①]

但自 1908 年之后，邮传部对商办铁路的态度发生明显转变，由积极扶持到消极否定，直至最后宣布收归国有。

1908 年 1 月，邮传部第一次发出要收回商办铁路的信号，责令粤鄂湘三省铁路公司赶速兴办粤汉铁路，如三年内仍未能取得重大进展，本部即会同该省督抚，另行设法筹款修筑。[②] 它表明邮传部开始从鼓励商办的立场上退却下来。

6 月 25 日，清政府发布加快铁路建设上谕，也一改以前的商办立场，指责各省铁路公司“奏办有年，多无起色，坐失大利，尤碍交通”，称赞近年各省官办铁路“皆能克期竣工，成效昭著”；责令邮传部选派委员，对各商办铁路进行勘查，严定期限，若所集股资不敷尚巨，或内部纷争，推诿误工，不能依限竣工者，即由邮传部会同该管督抚另筹办理；该路所举承办人员，查照商部历次奏案，分别撤销。[③]

随后，清政府采取直接措施，将商办铁路收归国有的目标首先放在当时问题最多的粤汉路上。同年 7 月，任命一直主张铁路官办的张之洞以军机大臣身份兼充粤汉铁路督办大臣。10 月，又特颁谕旨，专张之洞督办粤汉铁路之权，宣布“嗣后该路筹款用人兴利除弊各事，宜悉责成张之洞通筹全局。……所有各省原派之总协、协理均听节制；在事官绅商董倘有营私舞弊、煽惑把持，以致妨害路政各情事，即著张之洞据实参办”[④]。12 月，再命张之洞兼督鄂境川汉铁路。

与此同时，邮传部也为商办铁路收归国有做好准备工作，自 1908 年 7 月起，将商办铁路分三批派员查勘。第一批包括川汉、洛潼、西潼、同

---

① 曾鲲化：《中国铁路史》，第 104—105 页。

② 《请饬湘粤鄂三省赶办粤汉铁路片》，《邮传部奏议类编》，路政，光绪三十二年十月至三十三年十二月，第 134 页。

③ 《清德宗景皇帝实录》第 592 卷，第 8 页。

④ 《东方杂志》1908 年第 11 期，法令，第 39 页。

蒲、江苏、浙江；第二批有粤汉、福建、潮汕、新宁、惠潮；第三批则为安徽、江西、滇蜀。历经两年余，至1910年秋勘查完毕。并于这一年的9月发表《借款办路说帖》，提出发展中国铁路，“舍借款办法，目前实无良图”①。同年9月14日，又就撤销浙路总理汤寿潜一事，声明铁路公司事关国防军政，非普通商业公司可比，商部前定《公司律》中所载总协理应由股董选派开除一节，系指一般商业公司，不是铁路公司所能“妄为比附”，将铁路公司看作“官治之公司”②。

经过一段时间的酝酿之后，1911年5月，邮传部和清政府终于将“干路国有”定为国策，宣布除支路仍准华商量力酌行外，从前批准的商办干路一律撤销，“如有不顾大局，故意扰乱路政，煽惑抵抗，即照违制论”③。这样，清政府便在一直争论不休的商办铁路和官办铁路问题上强行画上了一个句号。

促使邮传部政策发生转变的原因是多方面的。列强的鼓动和施压可以说是其中的一个因素，如果列强没有向中国输出资本的愿望和要求，那么，清末所谓的借债造路也就无从谈起；并且，列强为攫取中国路权，对商办铁路一直进行抵制和破坏，抱敌视态度，对清政府的铁路政策施加影响。但1908年邮传部政策的转变，主要还是出于国内的实际考虑，是前一时期铁路政策的一个逻辑发展。如前所述，邮传部在1907年底基本完成了对借款官办铁路的统一管理。这样，自1908年之后，各省的商办铁路自然就成了邮传部整顿的主要对象。而各省铁路公司在资金和管理等方面存在的一系列严重问题，以及由此所造成的在铁路修筑上实际效果的微弱，使邮传部和清政府对前一时期试图利用商办铁路发展中国铁道事业的计划彻底失去信心，转而将商办铁路看作中央加强全国铁路统一管理和加速铁路发展的障碍。在当时，姑且不论造成商办铁路各种弊端的原因是什么，以及该不该继续提倡商办铁路，至少清政府所说的各省官办铁路“皆能克期竣工，成效昭著”，而商办铁路“奏办有年，多

---

① 《东方杂志》1910年第10期。

② 《声明铁路公司与普通公司情形不同片》，《邮传部奏议分类续编》，路政，宣统二年正月至宣统二年十二月，第58页。

③ 《愚斋存稿》第17卷，第3—4页。

无起色”，确是实情。此外，邮传部及出使人员调查外国铁路以国有居多，也影响了这一时期铁路政策的转变，是清政府采纳干路收归国有政策的原因之一。总之，在采取何种方式兴办铁路问题上，邮传部最后又回到借款官办政策上来，这并非要出卖国家利益，投靠列强，而是出于发展中国铁路的实际需要。

并且，随着国内国际形势的变化，邮传部执行的借债造路政策也比铁路总公司时代有所改进，更加注意利权的保护，力图使铁路外资不致损害中国主权，同时又使它们成为促进本国经济发展的一股力量。如1910 年 9 月邮传部在公布的《借款办路说帖》中，总结本国和其他国家引用铁路外资的经验教训，明确提出此后铁路借债要做到“严禁抵押”“严禁折兑”“严禁居间者之垄断”，另要“保留伸缩偿期之权”，“保留用人购料之权”，强调为防止借债筑路出现伤权损利还须本国用好管好铁路外资，将外资用于“生产之路”，“而军防次之”，同时慎选有司，节糜汰滥，并为准备偿还外债建立铁路特别会计，或另筹检查之法，严防挪移侵权之弊。[①] 而在此之前，邮传部还于 1909 年 6 月颁布《雇佣洋员合同格式》（以下简称《合国格式》）10 条，对铁路洋员的任期、待遇、权限、职务等作出具体规定和限制，将他们作为雇员置于中国政府的管理之下。该《合同格式》第 5 权限条声明，所雇工程师或机器师居于受雇之地位，应秉承总办或总协理之指示办理有关车务路工等事，遵守邮传部和清政府所定的一切律例规章及临时所发之命令，倘有不称职守，违背合同条款，不遵守本路所定之各项规则章程，或任行滋事、虐侮欺诈者，总办、总协理随时有权解雇，且无须说明理由。该《合同格式》第 6 职务条还规定，“该受雇人既为本路雇佣，便应为本路办事出力，合同期内不准另管他业，而平时非请假允准，不得擅离职守；有关本路应购各项材料、机器，受雇人须先期开单，呈明总办查核，或在中国采办，或在外洋订购，均应由路局、公司定夺，该受雇人不得干预包揽。该雇员除对工程疑难、行车危险及车务养路负有责任外，还有培养中国铁路人员之责，如本路在差华员有堪以学习工程、机

---

① 《邮传部借款办路说帖》，《东方杂志》1910 年第 10 期。

器者，该受雇人应随时尽心教导，俾得实地练习”。[1]

再从这一时期经由邮传部签订的几笔铁路借款合同来看，条件也确乎比以前有了明显改善。

就路利来说，前一时期铁路借款的折扣都是90折，而由邮传部经手的铁路借款扣头有所减少，一般是93折，其中也有低于93折的。如广九和京汉赎路借款为94折；津浦铁路第二次借款为95折，第一次借款中的英款为94.5折；粤汉、川汉铁路借款为95折。其次在酬劳费上，铁路总公司时代一般规定购料佣金5%，借款公司在借款期内提取铁路余利20%。而邮传部在签订铁路借款合同中对购料佣金和提取余利采取另一种方式支付，不按提成，规定一个总数，分期付清。如广九铁路规定以35000镑作为借款公司承办铁路的各项酬金，余利提成每年按1000镑付给。沪杭甬铁路借款合同也以35000镑作为借款公司购料佣金，余利改由在借款内提取67500镑代之；津浦铁路借款合同余利也以在借款内提取20万镑代之。其中，京汉赎路借款合同和粤汉、川汉借款合同均无提取余利之说。[2]

从路权来看，铁路总公司时代铁路借款合同都规定由借款公司承造，行车、账目、铁路工程均归借款公司管理。而邮传部签订的铁路借款合同则均改为归中国自造，行车、账目等也均归中国自行管理。其中，1908年1月签订的《津浦铁路借款合同》是这一时期中外签订铁路借款合同的一个蓝本，反映了这一时期路权的基本状况。该合同第17条载明“此铁路建造工程以及管理一切之权全归中国国家办理”。规定由中国政府选用公司认可之德、英总工程师各一人，此两名总工程师须听命于总办或代办；其聘用该两名工程师之合同，也由督办大臣自行独订。有关铁路专门人员的任免，由总办或代办与该段总工程师商酌办理，如意见不合，则禀请督办大臣定夺，彼此均不得异言。另规定铁路完工后在借款期内须任用一位欧洲人为总工程师，但不必与银行商酌。有关铁路材料问题，合同第18条规定在借款期内仍由借款公司经理，但定购材料及支取费用须经总办核准，否则，不得照行。有关铁路账目，合同第14条

---

① 《交通官报》宣统元年第1期。

② 以上材料均见各铁路借款合同。

规定，由中国自主，借款公司派人稽查账目仅限于查察所用开支是否用于铁路及铁路公司每月所购外洋材料账目。[①] 从这些合同条款的内容来看，路权显然比前一时期有所挽回。

在此期间，邮传部在挽回路权上还有两件值得一提的事。一是通过艰难的谈判，1908 年与英国银公司签订《沪宁铁路总管理处续订办事新章》（以下简称《办事新章》)，在挽回沪宁铁路权上取得部分成功。1903 年 7 月盛宣怀与英国怡和洋行、汇丰银行签订《沪宁铁路借款合同》，其第 6 款规定在铁路预备开筑时，设立管理造路行车事务所，名之曰沪宁铁路总管理处，共设司事人员 5 名，其中华员 2 名、英方 3 名，实行多数表决，沪宁铁路行政管理权实际被英方操纵。而邮传部则通过《办事新章》打破了英方对沪宁铁路的操纵，规定由中国派一总办代表总管理处施行主权，总管路政，统辖员司，从总工程师至所有总管各科的司务人员均受总办节制，无须时时会商，但有关铁路工程、账目、购料、行车等仍由英总工程师及各类英方人员具体负责。[②] 二是根据《芦汉铁路借款合同》第 5 条的规定，于 1909 年成功地从比利时手中赎回芦汉铁路，完全归中国自主。虽然邮传部的赎款也来自英、法两国的借款，但从赎路借款合同的内容来看，并没有牵涉到路权问题。[③] 因此，不能简单地将收回芦汉铁路说成只不过是债主国的转移。

当然，邮传部执行的借款筑路政策要完全达到预期的目标还需要一定的社会政治经济背景，不可能一下子产生重大改观，做到于中国利权毫无损害。但毋庸讳言的是，在邮传部的努力下，借款筑路政策毕竟朝着越来越有利于中国的方面发展。

四 结语

纵观 1895—1911 年的铁路政策，固然存在这样或那样的问题，但加

---

① 王铁崖编：《中外旧约章汇编》第 2 册，第 456—461 页。

② 同上书，第 482—489 页。

③ 借款合同见王铁崖编《中外旧约章汇编》第 2 册，第 540—548 页。有关赎回京汉铁路的经过请参见《三水梁燕孙（士诒）先生年谱》上册，第 74—82 页。

快中国铁路事业的发展，抵制西方列强的占夺，收回路权，提高国力，始终是这一时期清朝统治阶级制定铁路政策的根本宗旨。并且，清末的铁路政策也非通常所说，越来越趋向反动，而是在不断地吸收和借鉴西方经验，朝着专业化、合理化、制度化和自主性的方向迈进。至于在采取何种方式兴办铁路问题上，不能一概而论，认为商办便是正确的，借款官办便是反动的。其实，在国内资金匮乏又无铁路专门人才的情况下，借款官办政策有其客观必然性和可行性，不失为加快中国铁路建设的一条捷径，关键是如何正确运用，使之既促进中国铁路事业的发展，又保障路权不因借款而被列强操纵，这可以说是清末铁路政策中的一个最大难题，也是清朝政府面临的一个严重挑战，值得我们认真总结。对于清末借款官办政策的利弊得失，本人将另文专门讨论。

近代香港人口试析（1841—1941 年）*

徐曰彪

香港，包括香港岛、九龙和“新界”，总面积约 1062 平方公里，是中国固有领土。鸦片战争前，香港岛人烟稀少；1842 年英国割占该岛后，这里成为华洋杂处之地，人口激增。19 世纪末，港英当局管辖下的香港岛、九龙（1860 年割占）和“新界”（含离岛，1898 年租借），人口逾 36 万人；至 1941 年日本侵占香港前夕，人口已达 164 万人，成为亚洲人口增长最快、密度最高的地区之一。

人口是一切社会生活的基础和出发点。研究近代香港人口状况，有助于全面认识英国殖民统治下香港社会的性质和特点、历史和现状。本文仅就 1841—1941 年香港地区人口增长、人口构成和流动人口等基本问题，作一些初步探讨。

一

近代香港人口的发展，历经三次高潮，四个阶段，各个阶段情况不同，特点各异。

（一）1841—1860 年，高速增长期。据港英当局首次公布的人口资

* 本文原载《近代史研究》1993 年第 3 期。

料，1841年5月香港岛共有华人7450人，有4350人分布在沿海的赤柱、筲箕湾等近20处村落，约占总人口的58.4%，基本上是当地人；在北岸今中环附近商贸市场聚居的800人和来自九龙的劳工300人，大体上是抵港不久的新移民，约占人口总数的14.9%；另有2000人即总数的26.7%是以舟楫为家，漂泊无定的船民。[①] 1842年3月，港岛华人跃至12361人，即10个月内增加近5000人，新增者约占原有人数的2/3。[②] 由于英国在占领香港之初即将该岛辟为自由港，对人民出入境不加限制，加以民政工作处于初始阶段，人口调查项目很不完善，工作粗疏，有些数据可能出于估计，难以进行分析比较。1844年8月，立法局制定法例，决定自次年起每年对全岛实行一次户籍登记，并责成总登记官（华民政务司）主持其事，人口管理与统计工作于是开始步入轨道。[③] 1845年6月，香港首次举行人口调查，其时共有居民23817人（不包括驻军），有华人22860人，欧洲人595人，印度人362人[④]，与上年相较，华人增加3851人，非华裔人口增加503人，增幅较大。到1851年末，香港人口已达32983人，有华人31463人，非华裔1520人。[⑤] 总计，英国侵占香港的头10年间，该岛人口增长了3.4倍，年平均增长率为16.04%。这是香港人口增长的第一个高峰期。

早期香港新增人口，绝大多数是由广东沿海只身前来谋生的手工匠、小商贩、农民和无业游民，另有一部分是鸦片战争期间为英军提供服务的人、逃犯及亡命之徒；内地富户因香港治安状况恶劣，前景不明，一时裹足不前。1850年太平天国农民运动兴起，战事连绵，社会震荡，华南沿海一带居民大批迁入香港，形成新的移民高潮，香港人口猛增。据统计，1853年有39017人，1854年为55715人，1855年共72607人，平均每年增加逾万人；到1860年，为数已达94917人（不包括九龙），比

---

① 《中国丛报》(*The Chinese Repository*) 第10卷第5期，1841年5月15日。

② 《中国之友与香港公报》(*The Friend of China and Hong Kong Gazette*)，1842年3月24日。

③ 英国殖民地部档案，C. O. 130/1，《香港法例汇编》，第262—269页，1844年第16号法例。

④ 费伦（Fearon）:《人口调查报告》，1845年6月24日；英国殖民地部档案，C. O. 129/12，第304—310页。

⑤ 文翰（G. Bonham）:《1851年度工作报告》，1852年3月14日；《英国议会文书》(British Parliamentary Papers) 1852年第31卷，第282—283页。

1851 年净增 61934 人，年平均增长率为 12.46%，[①] 其中不乏携带资财、举家前来的富商、买办、地主和其他殷实之家。[②] 内地人力、资金的大量涌入，给香港经济以决定性的推动。这是后 10 年与前 10 年移入人口明显不同之处。在此期间，非华裔人口因受第二次鸦片战争影响，有起有伏，最多时为 2476 人（1860 年），最少一年为 1411 人（1857 年），[③] 年平均 1790 人，比 1851 年增加不多。

（二）1861—1870 年，增长停滞期。1860 年，英国割占九龙，该地居民 5105 人“人随地归”，悉数计入香港人口范围。[④] 1861 年，香港人口达 119321 人，创有史以来最高纪录。其后 5 年，由于内地政局暂趋稳定，来港华人未见增多，返回原籍者络绎于途。1866—1869 年，香港受世界经济不景气的影响，商业陷入低谷，对劳动力的需求减少，不少商贩离港回乡，人口有减无增，1866 年降至 115098 人，比上年减少 10406 人，[⑤] 幅度之大，为前所未有。同时，港英当局采取歧视性措施，于 1866 年 8 月制定《香港港口及海岸法例》《维多利亚城户口登记法例》，加强了对华人及其居所、船舶的监督和控制，限制华人就业，这也是导致当时华裔人口骤减的重要原因。[⑥] 1871 年，香港总人口为 119477 人（含驻军为 124198 人），比 1861 年仅增 156 人。人口发展停滞，是这 10 年区别于头 20 年的显著特点。在此期间，华人人口减少 1159 人，非华裔人口增加 1315 人，两者形成鲜明反差。[⑦]

---

① 《华民政务司 1851—1861 年统计资料摘要》，《英国议会文书》1863 年第 39 卷，第 251 页。

② 详见《英国议会文书》1856 年第 42 卷，第 311 页；1859 年第 21 卷第 2 期，第 621 页；1860 年第 44 卷，第 262 页。

③ 《华民政务司 1851—1861 年统计资料摘要》。

④ 华民政务司署：《人口调查》，1861 年 12 月 31 日；《香港政府宪报》（*Hong Kong Government Gazette*）第 8 卷第 8 号，1862 年 2 月 22 日，第 50—54 页。

⑤ 华民政务司署：《1857—1871 年逐年人口调查统计资料（不含海陆军和警察）》；《英国议会文书》1872 年第 42 卷，第 203 页。

⑥ 法例全文见《香港法例汇编（1865.7—1870.12）》（The Ordinances of Hong Kong, July. 1865 to Dec. 1870），1870 年香港出版，第 20—32 页。按：上述法例于 1867 年 1 月 1 日起生效，当时约有 2000 名华人回乡，港内华人船舶全部离港，以示抗议。见安德葛《香港史》（G. B. Endacott, *A History of Hong Kong*），1973 年香港修订版，第 148 页。

⑦ 《1871 年人口调查》，1871 年 4 月 2 日；《香港政府宪报》第 17 卷第 18 号，1871 年 5 月 6 日，第 196—202 页。

（三）1871—1900 年，平缓发展期。进入 19 世纪 70 年代后，由于苏伊士运河的开通及欧亚海底电缆的敷设，香港与欧洲间的交通邮电条件大为改善，经济有了新的活力，人口于是再次增长，但增幅不大，趋势平缓。1881 年起，香港政府决定每 10 年举办一次人口普查，调查项目比较广泛，组织工作比较细密，统计资料也较为翔实。[①] 据普查，1881 年人口数为 152858 人（含军警则为 160402 人），较 1871 年增 33381 人；[②] 1891 年为 217936 人（含驻军为 221441 人），较 1881 年增加 65078 人。[③] 1898 年英国强租"新界"，当地居民改隶港英当局管辖，香港人口基数增大。[④] 1901 年 1 月，香港岛及九龙居民共 283975 人，加上"新界" 85011 人，总人数达 368986 人。[⑤] 按可比因素（即不包括"新界"），1871 年后的 30 年间人口增加 1.29 倍，每年净增 5326 人，年平均增长率为 2.80%，增长速度明显低于 19 世纪四五十年代。递增情况如下表 1。

表 1　　1871—1901 年香港人口增长统计表　　单位：人,%

项目＼时间	1871.4.2	1881.4.3	1891.5.20	1901.1.20
人口数	124198	160402	221441	283975
年平均增长率	—	2.59	3.28	2.52

注：1901 年人口数中不包括"新界"人数；年份后标明的是当年人口调查日期。

资料来源：各该年人口统计报告。

（四）1901—1941 年，超常增长期。该时期受中国义和团运动、辛亥

① 1881—1941 年，香港政府实际举行的人口普查共 8 次（1881 年、1891 年、1897 年、1901 年、1906 年、1911 年、1921 年和 1931 年），比预期的多两次。

② 《1881 年人口调查》，1881 年 4 月 3 日；《香港政府宪报》第 27 卷第 24 号，1881 年 6 月 11 日，第 436—445 页。

③ 《1891 年人口调查报告》，1891 年 5 月 20 日；英国殖民地部档案，C. O. 131，《香港立法局会议文件汇编》(Sessional Papers)，1891 年第 30 号。

④ 当时估计"新界"共有 10 万华人。见《1899 年年度工作报告》，1900 年 10 月 6 日；《英国议会文书》1901 年第 45 卷，第 365 页。

⑤ 《1901 年香港殖民地人口调查报告》，1901 年 1 月 20 日；C. O. 131，《香港立法局会议文件汇编》1901 年第 39 号。

革命等政治运动影响，内地居民迁入者有增无减；1901—1931 年的 30 年间增加 84%，年平均增长 2.78%，增长率虽与 19 世纪最后 30 年相近，但由于人口基数大，年平均净增 15716 人，约为上期年平均增长值的 3 倍。① 1937 年中国全面抗战爆发后，上海、华南等近海地区难民纷纷避居香港，估计三四年间新增人口达 75 万人，形成超常的移民浪潮。1937 年香港人口首次突破百万大关，至 1941 年 3 月已达 163.9 万人，② 比 1931 年增长几近一倍，成为近百年香港人口发展的最高点。

表 2　　1901—1941 年香港人口增长统计表　　单位：千人，%

项目 \ 时间	1901.1	1911.5	1921.4	1931.3	1941.3
人口数	369.0	456.7	625.2	840.5	1639.3
增长数	—	87.7	168.5	215.3	798.8
年平均增长率	—	2.16	3.19	3.00	6.91

注：1931 年人口数中不包括驻军（9278 人）人数。

资料来源：1911 年、1921 年、1931 年人口统计报告；戴维斯：《香港的地理环境》，第 95 页。

自然繁殖和机械变动——移民是区域性人口增长的两种形态。历史表明，1841—1941 年香港人口的急剧增长，主要是由于外来人口特别是中国内地居民的移入，属于机械增长性质。香港人力资源不足，百业初兴，对劳动力的需求迫切，是导致香港移民猛增的基本原因；中国内地自给自足的自然经济逐渐瓦解，社会动荡，劳动力“过剩”，则是促成香港人口非自然增长的重要条件。前者是引力，后者是推力，两者缺一不可。近代香港三次移民来潮，都是紧随中国发生外敌入侵和社会动乱之

① 详见《1911 年香港殖民地人口调查报告》，1911 年 5 月 20 日，C. O. 131，《香港立法局会议文件汇编》，1911 年第 17 号；《1921 年香港殖民地人口调查报告》，1921 年 4 月 24 日，C. O. 131，1921 年第 15 号；《1931 年香港殖民地人口调查报告》，1931 年 3 月 7 日，C. O. 131，1931 年第 5 号。

② 戴维斯：《香港的地理环境》（S. G. Davis，*Hong Kong，in Its Geographical Setting*），1949 年伦敦出版，第 92、95 页；安德葛：《香港史》，第 289 页。

后，足证香港人口的巨大增长与中国的政治经济状况息息相关。由于这一时期香港人口的自然增长率是负数（详后），因此可以说这是近代香港人口发展的基本规律。世界经济状况和香港的突发事件，是引起香港人口波动的一个重要因素，如1858年为反对英法联军侵华2万华人离港，[①] 1866—1869年因世界经济不景气人口增长停滞，1894年10万华人为躲避鼠疫返乡，[②] 1925年省港罢工工人及其家属25万人返省，[③] 等等，都曾使当年人口急剧下降，但这种人口倒流与回落只是短暂的现象，对香港人口的发展趋势并未构成严重影响。

二

近代香港是多种族、多国籍人口的聚居区。华人在总人口中占97%左右，始终居绝对多数。由于华人增长率高于非华裔人口，华洋人数对比悬殊的状况在后期尤为突出。

表3 **香港华人与非华裔人口比例表** 单位:%

项目＼年份	1851	1861	1871	1881	1891	1901	1941
华人	95.4	97.5	96.4	97.3	96.8	96.7	98.5
非华裔人口	4.6	2.5	3.6	2.7	3.2	3.3	1.5
比率	100	100	100	100	100	100	100

资料来源：各该年人口统计报告；戴维斯：《香港的地理环境》，第96页。

近代香港华人绝大多数系广东人。据19世纪70年代以后人口调查，90%以上华人原籍广东，其中尤以广州、番禺、南海、东莞、三水为多；

---

① 英国外交部档案，F. O. 228/259，《巴夏礼（Parkes）致额尔金（Elgin）函》，1858年6月6日。

② 《威廉·罗便臣（William Robinson）致张伯伦（J. Chamberlain）：1894年年度报告》，1895年7月10日；载《英国议会文书，地区研究，中国，第26卷，1882—1899年有关香港事务文件》，爱尔兰大学1971年版，第434页。

③ 《司徒拔（R. E. Stubbs）致英国殖民地部函》，1925年6月26日、7月10日、7月24日，C. O. 129/488，第468—472、580—584、646—649页。

1911 年后改以出生地计，广东占 65% 以上，仍居首位；次为香港，占 30% 左右。[①] 粤语（广州语）是香港的主要方言，80% 以上华人操粤语，次为客家语、潮州语（闽语），讲国语（普通话）、英语、葡语的为数甚少。在文化传统、伦理道德与生活习俗等方面，华人也与内地居民一脉相承，香港源源不断的华人移民就是依靠这个人文因素得以实现的。实际上，香港属于广东文化区。

非华裔人口大体可分欧美人和亚洲人两类。前者以英国人和葡萄牙人为多，美、法、德、西等国人次之。早期来港葡萄牙人大部分在澳门出生，因长期与异族通婚，家世嬗变，已很少欧洲血统；到 19 世纪末，其人数与英国人约略相等，其中 55% 在香港出生。[②] 非华裔亚洲人大半来自印度；菲律宾人、马来人、欧亚混血人也占一定比例。自 19 世纪末起，来港的日本人逐渐增加，到 1941 年已达 3500 人左右，约当印度人的一半，详见表 4。

表 4　　1901—1941 年香港非华裔人口统计表　　单位：人

项目 \ 年份	1901	1911	1921	1931	1941
欧美人	3860	5185	9025	8820	11313
葡萄牙人	1948	2558	2057	3197	2922
印度人	1453	2012	2012▲	4745	7379
日本人	484	958	1585	2205	3500▲
其他	从略	从略	从略	从略	从略

注：人数后有▲号者系估计数。

资料来源：各该年人口统计报告；戴维斯：《香港的地理环境》，第 96 页。

与人口增长同时，香港人口呈现集中化、城市化趋势。如前所述，鸦片战争前香港岛居民聚落，散处沿海，内以该岛南端的赤柱规模最大，约有 2000 人，[③] 占陆上居民总数的 46%。英国侵占香港，决定在拥有优

① 参见 19 世纪 70 年代后历次人口调查报告。

② 《1897 年香港殖民地人口调查报告》，1897 年 6 月 20 日；C. O. 131，1897 年第 26 号，第 65 页。

③ 司蔑：《中国各设领城市、香港及舟山诸岛调查访问纪事》（G. Smith, A Narrative of an Exploratory Visit to Each of the Consular Cities of China, and to the Islands of Hong Kong and Chusan, in the Years 1844, 1845 and 1846），1847 年伦敦出版，第 504 页。

良港湾的北岸择址建立首府；1841年在北岸形成的商贸市场，便是维多利亚城（1843年正式命名）的雏形。1842年此处已有居民6081人，约占香港总人口的1/2。① 这是新移入的第一批城镇居民。1844年4月，聚居在维多利亚城及其附近水域的华人已达13132人，约占香港华人总数19009人的69.1%，加上英国人和印度人454人，居民总数远远超过了该岛所有其他地区。② 维多利亚城的兴起，打破了港岛历来以渔业、农业为主的经济格局，改变了原有的社会结构，标志着香港人口重心的北移。

近代香港以转口贸易为其主要经济功能，围绕转口贸易的其他部门如航运、船务、港口、码头、货仓、保险、银行、邮电等行业也乘时而起，不仅为当地居民提供了较多的就业机会，而且增强了吸收外来劳动人口的能力。城市人口遂以大大高于农村的速度迅速发展。这是促成香港人口城市化的基本动力。换言之，香港人口城市化是香港商贸经济发展的必然结果。到1871年，维多利亚的华人几近8万人，比1841年增加70余倍，占城乡华人总数的88%以上。同一时期农村人口只增加了1.29倍（如不包括1860年新并入的九龙人口，则仅增36.7%），变动不大，具体情况见表5：

表5　1841—1881年香港城乡华人人口统计表　单位：人，%

项目＼年份		1841	1851	1861	1871	1881
合计		5450	17835	77284	90100	118991
维多利亚城		1100	12601	66069	79593	102385
农村	香港岛	4350	5234	6110	5946	7585
	九龙	—	—	5105	4561	9021
城镇人口在城乡总人口中的比率		20.2	70.7	85.3	88.5	86.0

资料来源：各该年人口统计报告。

① 《中国之友与香港公报》，1842年3月24日。

② 英国殖民地部档案，C. O. 133/1，《香港蓝皮书》，1844年，第101—102页。

此后，随着转口贸易的发展，维多利亚人口规模不断扩大。19世纪80年代后期，在该市方圆不超过半英里的地区，已有10万华人居住，平均每英亩1600人，① 其密度高于1931年即40年后英国人口密度最高的伦敦东区肖尔迪奇。② 为改善人口过度集中的状况，港英当局着手调整经济布局与人口布局，鼓励人口从中心城市向外扩散。九龙为开发新经济区与人口移居提供了新的空间。70年代中期拟订了在尖沙咀筑城的计划。不少移民为当地的低地价、低房租所吸引，陆续迁来。90年代，九龙半岛南端已建成与维多利亚城隔海相望、工商繁茂、人烟稠密的新市镇。同时，维多利亚城沿北岸向东西两个方向即湾仔和西环扩展、延伸，并开山填海造地，以增加可使用面积。香港岛北岸原属农业地带的一些村落，也因商业的发展和新工厂的开办而向城镇转化。例如，筲箕湾1871年有居民2360人，1891年增至6669人，20年间增加2倍以上，其中多数人不再从事农业。③ 显然，人口布局与经济布局的变动互为因果，但后者起决定性的作用。

值得指出的是，港英当局在城市布局中贯彻种族歧视、华洋分居的原则，将维多利亚中环滨海地段及环境幽雅的半山区辟为欧洲人专属商业区与居住区，而以太平山区为中心包括上环、西营盘在内的地段为华人聚居区，④ 彼此按各自的传统营造屋宇、进行日常生活和社会活动。这种人为的界限使居民一开始就分成了泾渭分明的两大社区，即华人社会和欧洲人社会；维多利亚的城市结构和建筑风貌也就兼具东方城市（中国城）和殖民地城市的特色。

由于受资本主义经济自由竞争的影响，香港人口城市化不可避免地

---

① 德辅（William Des Voeux）:《1888年度香港工作后续报告》，1889年10月31日；《英国议会文书：1882—1899年有关香港事务文件》，第332页。按：1英亩=0.4047公顷；1平方英里=640英亩=2.5900平方公里。

② 戴维斯：《香港的地理环境》，第111页。按：1931年肖尔迪奇（Shoreditch）每平方英里的人口为94336人。

③ 《1891年人口调查报告》，1891年5月20日；C.O.131，1891年第30号，第375页。

④ 《德庇时（J.F.Davis）致斯坦利（Lord Stanley）函》及其附件，1844年7月26日，C.O.129/6，第435—440页；《英国议会文书，地区研究，中国，第25卷，1862—1881年有关香港事务文件》，爱尔兰大学1971年版，第651页；参见1888年《保留欧人区域法例》及1903年《维多利亚区域界址法例》。

带有自发性和盲目性。20世纪二三十年代，香港城市发展仍集中于维多利亚港两岸。到1931年有67万人即占香港总人口近80%居住在面积不超过6平方英里即仅占香港总面积1.4%的港、九市区；其余的20%主要散居于“新界”、香港岛南岸香港仔、赤柱等地。[①] 香港八成以上的土地是丘陵和山地，平地只占总面积的16%。人口膨胀与过度集中，使地价上扬、物价腾贵、住房紧缺、环境污染、交通拥挤、治安恶化，其中尤以华人区为甚。火灾、风灾、雨灾、山泥倾泻，连年不断，给华人的生存和发展带来巨大损害，这是理解近代香港经济和人口诸多问题的关键。

另一方面，随着行政辖区的扩大，香港人口的地理分布也发生相应变化。19世纪40年代初，香港有2/3的居民住在香港岛，其余1/3以船舶为家；这一格局，在其后20年间没有显著变化。1860年割占九龙后的一二十年间，香港岛人口所占比重增至75%以上，九龙人口约占4%，船民的绝对量有所增加，但所占比重已降至20%以下。90年代末英国强租“新界”后，香港岛、九龙、“新界”三地区在香港总面积中的比重依次为7.2%、1.0%和91.8%；香港本岛面积仅为“新界”的7.8%，但人口仍超过香港总人口的一半；“新界”面积虽大，人口却仅占23%，而且几乎全是农业人口。显然，香港岛在政治、经济等方面仍执香港全区之牛耳。

表6　　1841—1901年香港人口地区分布统计表　　单位:%

项目＼年份	1841	1851	1861	1871	1881	1891	1901
香港岛	73.2	69.1	69.8	76.4	75.1	75.3	53.6
九龙	—	—	4.3	3.8	5.9	9.5	11.9
“新界”	—	—	—	—	—	—	23.0
船民	26.8	30.9	25.9	19.8	19.0	15.2	11.5
比率	100	100	100	100	100	100	100

资料来源：各该年人口统计报告。

① 《1931年香港殖民地人口调查报告》，见C.O.131，1931年第5号。

香港人口分布不均衡是香港经济发展不平衡的反映。随着九龙地区特别是油麻地、深水埗、红磡、九龙城等地新兴城镇的崛起，人口城市化的趋势由南往北推移，上述情况有所改变。

表 7　　1911—1941 年香港人口地区分布统计表　　单位：千人，%

项目	1911 年		1921 年		1931 年		1941 年	
	人数	比率	人数	比率	人数	比率	人数	比率
香港岛	244.3	53.5	347.7	55.6	409.2	48.7	709.3	43.3
九龙	56.2	12.3	113.9	18.2	240.4	28.6	581.0	35.4
新九龙	13.2	2.9	9.5	1.5	22.6	2.7	85.0▲	5.2
“新界”	81.2	17.8	83.2	13.3	98.2	11.7	110.0▲	6.7
船民	61.8	13.5	71.2	11.4	70.1	8.3	154.0▲	9.4
合计	456.7	100%	625.2	100%	840.5	100%	1639.3	100%

注：人数后有▲号者系当年估计数。按：新九龙包括原属“新界”的长沙湾、石硖尾、九龙塘、牛头角、鲤鱼门等地，与九龙连界。

资料来源：1911 年、1921 年、1931 年人口统计报告；戴维斯：《香港的地理环境》，第 95 页。参见范叔钦《香港经济》，新加坡 1972 年版，第 5—6 页。

如表 7 所示，1911 年九龙和新九龙人口为 6.84 万人，1931 年增至 26.3 万人，20 年间增加了 2.85 倍；至 1941 年，该地已达 66.6 万人，即比 1931 年又增长了 1.53 倍，40 年间平均增长率为 5.82%，远远超过了同期香港岛的增长速度（年平均增长率为 2.7%），在总人口中的比重亦由 15.2% 增至 40.6%，与香港岛（43.3%）相去不远。同一时期“新界”人口由 8 万余人增至 11 万人，仅增加了约 35%，基本上保持原有的农村面貌。广阔的“新界”是租借地，港英当局视之为港、九割让地的附庸和香港与中国大陆之间的缓冲地带，实行“港、九优先”的发展战略，这是导致“新界”经济长期滞后、影响人口合理分布的重要原因。

三

近代香港社会是一个成年型社会，以青壮年所占比重为大。儿童在总人口中只占17%—20%左右，老人所占比重甚小。华人与非华裔人口的年龄构成相似。这是近代香港人口的重要特点。

表8　　1851—1901年香港华人年龄分类统计表　　单位：千人,%

项目＼年份	1851	1861	1871	1881	1891	1901
合计	31.4	116.4	115.2	148.8	210.9	274.5
成人	25.9	96.3	94.6	117.7	168.1	227.3
儿童	5.5	20.1	20.6	31.1	42.8	47.2
儿童所占比重	17.7	17.3	17.8	20.9	20.3	17.2

注：1901年统计数中未列入当年“新界”人数。

资料来源：各该年人口统计报告。

在1881年前的人口统计资料中，“儿童”栏与“成人”栏均无明确的年龄界限，1897年后的“儿童”栏确指未满15周岁者。据1871年、1876年、1881年对维多利亚华人所作的以20岁为组距的分组统计，未满20周岁的分别占该城华人总数的20.7%、24.3%和23.5%，20—60岁的分别占77.2%、73.3%和73.1%，60岁以上老人约占2%—3%。1897年、1901年未满15周岁的儿童分别占华人总数的18.1%和17.2%。[①]可见，19世纪下半叶香港华人“有劳动能力”年龄人口即16—60岁的劳动人口占华人总数的80%左右，“被抚养”年龄人口即15岁以下未成年人口和60岁以上老年人口所占比重较小。20世纪头30年儿童所占比重有所增加，成人比重有所下降，但劳动人口仍占70%左右，即成年型人口[②]构成的格局基本未变：

---

① 据各该年人口统计资料计算。

② 当代国际人口学界将人口构成划分为年轻型、成年型、老年型三类。以64岁以上人口在总人口中所占比例作为划分标准，4%以下为年轻型，4%—7%为成年型，7%以上为老年型。鉴于近代世界人口的平均寿命较当代为低，加以近代香港人口中儿童所占比重不大，本文将上述标准稍作变通。

表 9　　**1911—1931 年香港华人年龄构成统计表**　　单位:%

项目＼年份	1911	1921	1931
0—15 岁	21.5	26.0	27.6
16—60 岁	74.2	70.8	69.0
61 岁以上	4.3	3.2	3.2
不明			0.2
比率	100	100	100

资料来源：各该年人口统计报告。

近代香港不仅是一个成年型社会，而且也是一个男性型社会。19 世纪下半叶男性人口约为女性人口的 2 倍，在总人口中占多数。这是香港人口构成的又一显著特点，详见表 10。

表 10　　**1851—1901 年香港人口性别构成统计表**　　单位：千人,‰

项目＼年份		1851	1861	1871	1881	1891	1901
总人口	合计	32.9	119.3	119.4	152.9	217.9	283.9
	男	24.8	87.9	85.8	108.1	154.1	206.2
	女	8.1	31.4	33.6	44.8	63.8	77.7
	男女性别比	3061.7	2799.3	2553.5	2412.9	2415.4	2653.8
华人	合计	31.4	116.4	115.3	148.8	210.9	274.5
	男	23.7	85.5	82.7	105.8	149.6	200.3
	女	7.7	30.9	32.5	43.0	61.3	74.2
	男女性别比	3077.9	2767.0	2544.6	2460.5	2440.5	2699.5
非华裔人口	合计	1.5	2.9	4.2	4.1	7.0	9.4
	男	1.1	2.4	3.1	2.3	4.5	5.9
	女	0.4	0.5	1.1	1.8	2.5	3.5
	男女性别比	2750.1	4800.0	2818.2	1277.8	1800.0	1685.7

注：1901 年统计数中未列入当年“新界”人数。

资料来源：各该年人口统计报告。

需要指出的是，男女性别比例失衡的现象，成人比儿童突出。这是移入人口大部为成年单身男性所致。以华人为例，19 世纪下半叶成年男性始终超过华人总数的 60%，而自 80 年代起，男女儿童的人数比已相当接近。由于华人是香港居民的主体，所以近代香港社会也可说是成年男性型华人社会。随着时间的推移，两性比例悬殊的状况，逐步改变；如表 11 所示，到 1931 年，包括"新界"在内的华人男女人数之比已降至 1347：1000。

表 11　　1911—1931 年香港人口性别构成统计表　　单位：千人，‰

项目 \ 年份		1911	1921	1931
总人口	合计	456.7	625.2	840.5
	男	296.1	382.9	482.6
	女	160.6	242.3	357.9
	男女性别比	1843.7	1580.3	1348.4
华人	合计	437.7	607.2	821.4
	男	282.3	374.4	471.4
	女	155.4	232.8	350.0
	男女性别比	1816.6	1608.2	1346.9

注：1931 年人口数中不包括驻军人数。

资料来源：各该年人口统计报告。

按地区分类统计，男女性别比例失衡的状况，香港岛比九龙和新九龙严重，而"新界"大体保持平衡，这是由于"新界"居民基本上是当地人，尚少移民前往之故。

表 12　　1911—1931 年香港人口性别—地区构成统计表　　单位：‰

项目 \ 年份	香港岛	九龙	新九龙	"新界"	船民
1911	2253.0	1973.5	1400.0	1019.9	1956.9
1921	1750.6	1565.3	1159.1	1014.5	1749.0
1931	1510.4	1244.6	1054.5	1016.4	1494.7

注：1931 年人口数中不包括驻军人数。

资料来源：各该年人口统计报告。

如按年龄分组，儿童的性别比例接近平衡，变化不大，但青壮年中男多女少的问题十分突出。例如，1911 年 16—50 岁的华人男性超过女性一倍，1921 年仍超过 70%，这对香港未来人口的发展影响至深（详后）。但在 1911 年和 1931 年 65 岁以上老年中，女性略多于男性，这与女性平均寿命普遍高于男性的规律相一致。具体情况见表 13。

表 13　　1911—1931 年香港华人性别—年龄构成统计表　单位：千人，‰

年龄	1911 年			1921 年			1931 年		
	男	男女性别比	男女性别比	男	女	男女性别比	男	女	男女性别比
0—15	48.0	46.3	1036.7	80.8	76.9	1050.7	116.6	109.7	1062.9
16—20	31.3	12.9	2426.4	50.2	23.2	2163.8	64.7	35.6	1817.4
21—25	40.6	15.4	2636.4	49.8	22.6	2203.5	63.3	37.4	1692.5
26—30	37.0	15.7	2356.7	45.3	23.6	1919.5	52.2	36.4	1434.1
31—35	35.4	15.5	2283.9	38.0	20.1	1890.5	42.9	29.3	1464.2
36—40	26.4	11.8	2237.3	36.1	19.6	1841.8	36.9	26.6	1387.2
41—45	23.4	10.5	2228.6	24.2	12.8	1890.6	28.9	20.4	1416.7
46—50	13.5	6.7	2014.9	19.3	11.3	1708.0	24.0	17.8	1348.3
51—55	11.6	6.8	1705.9	12.3	7.1	1732.4	16.5	12.3	1341.5
56—60	5.9	4.1	1439.0	8.3	6.3	1317.5	11.1	10.1	1099.0
61—65	4.9	4.2	1166.7	4.5	3.8	1184.2	6.5	6.2	1048.4
65 岁以上	4.3	5.5	781.8	5.6	5.5	1018.2	5.9	8.1	728.4
不明	—	—	—	—	—	—	1.9	0.1	1900.0

注：1931 年人口数中不包括驻军人数。

资料来源：各该年人口统计报告。

人口的年龄构成与社会经济生活关系密切。成年型人口具有劳动力丰富（劳动力的数量取决于人口的数量和人口的年龄构成）与抚养指数（受抚养人口与劳动人口之比）低①的特点和优点，堪称人口发展中的“黄金时代”，它有利于香港的经济增长。港英当局一再承认，香港贸易

① 香港华人的消费基本上由两部分组成，一部分用于在香港开支，一部分用于内地亲人的消费。从香港一地考察，他们的抚养指数甚低（每个劳动力平均抚养人口少于一人）；如将受其贴补的内地亲人计入，则情况大不相同。港英当局考虑的社会负担自然是不包括后一因素的。

增长与人口增长同步[①]，财政收入增长与人口增长成正比，[②] 足见香港人口数量增长与香港经济发展基本上互相适应，香港的繁荣得益于华人的合作与支持。但人力资源富裕，就业压力增大，对华人改善生活条件不利。据统计，1871 年维多利亚华人就业人口约占当地华人总人口的 57.9%，占成人数的 68.2%；1876 年上述比重分别为 59.5% 和 70.6%；1881 年为 61.5% 和 74.4%；[③] 就业率虽高，但仍低于同期劳动人口所占的比重（80% 左右），这表明华人就业不足。人口资料中出现的许多“流浪者”和“街头苦力”，[④] 实际上就是无业者或潜在的失业者。由于劳动力市场经常供过于求，竞争激烈，雇主有恃无恐，工人平均工资始终十分菲薄。例如，19 世纪 40 年代初欧洲人雇用的苦力工人年薪仅 12 英镑 10 先令至 15 英镑（合月薪 5—6 元）[⑤]，约当同期港督年薪（6000 英镑）的 1/500—1/400，或华民政务司年薪（600 英镑）的 1/50—1/40[⑥]。19 世纪末，苦力工人月薪仍在 7—8 元[⑦]；无固定工作的每月只能挣得 2.5 元[⑧]，勉强糊口。1940 年熟练工人如木工、瓦工、电工的月薪为 30—50 元，非熟练的男工如苦力、建筑工，月薪为 15—25 元[⑨]。近百年间工人工资增加了约 2 倍，但由于物价上涨，银价下泻[⑩]，工人的实际收入水平

---

① 1856 年 4 月 26 日辅政司马撒尔（W. T. Mercer）说：香港“人口增长的自然和必然的结果之一是贸易的增长。”见《英国议会文书》1857 年第 10 卷，第 376 页。

② 参看《1861 年年度报告》，《英国议会文书》1863 年第 39 卷，第 247 页；《1891 年人口调查报告》，C. O. 131，1891 年第 30 号，第 376 页。

③ 据 1871 年、1876 年、1881 年人口统计资料算出。

④ 1861—1563 年估计每年各有“街头苦力”5000 人；1858—1866 年共“流浪者”18100 人，平均每年 2000 余人。见《英国议会文书》1872 年第 42 卷，第 203 页。

⑤ 参见 C. O. 133，《香港蓝皮书》1844—1846 年各卷。

⑥ 20 世纪 40 年代香港政府官员工资标准，见科林斯《香港行政》（C. Colins, *Public Administration in Hong Kong*），1952 年英国出版，第 52—53 页。

⑦ 《卜力（H. A. Blake）致张伯伦函》，1899 年 9 月 22 日；《英国议会文书》，1900 年第 54 卷，第 518 页。

⑧ 安德葛：《香港史》，第 252 页。

⑨ 戴维斯：《香港的地理环境》，第 155 页。

⑩ 1842 年银圆与英镑的法定汇价为 1 元 = 4 先令 2 便士 = 50 便士；1873 年起银价下降，1894 年 1 元合 2 先令，即下降了 52%；1903 年下跌到原价的 36%；1936 年 1 元合 1 先令 3 便士余，即下跌了 70%。香港因实行银本位制而深受其害（1935 年 11 月港英政府宣布放弃银本位制）。

有所下降。香港长期实行的这种高就业低工资体制，便是以华人劳动力充裕为前提的。

早期香港华人就业人口绝大多数是未经技术和技能训练的非熟练劳动者，文化素质低，主要是为航运、船务、基础设施和市政工程以及商业部门提供劳务。1891年仅店员（15222人）一项，即占全部就业人口的14.8%。手工工人充斥劳力市场，仅木工、泥瓦工、石匠、铁匠、铜匠、锡匠、舂米工、裁缝8种行业，1876年有7854人，1881年为9555人，1891年达16991人，分别占当年就业人口的15.6%、13.8%和16.5%。从事个人服务业的仆役、苦力和轿夫，1871年为10144人，1881年共23881人，1891年共25507人，占当年就业人口的25%左右。[①] 19世纪八九十年代兴起的近代制造业，也容纳了相当数量的劳动者。此外从事渔、农业的人口仍占一定的比例。处于社会上层、财力雄厚、生活富足的商人和买办，在华人中只占极少数。欧美籍就业人口通常在政府机关、司法部门、商业和金融等单位任职；按职业不同，大致可分公务员、商人、专业人员（包括教师、护士、牧师和传教士、技术人员等）、监工和其他低收入者（如警察、监狱看守等）四类；[②] 其中以收入丰厚的商人和公务员为多，约占总数的2/3，余1/3（不包括士兵和海员）属于社会下层。[③] 印度人通常充当士兵、警察和其他保安人员。由于当时人口调查中缺乏科学的行业与职业分类，加以行业分化较快，劳动力流动性大，因此难以对早期香港人口的职业构成及其演进过程作出确切的分析与比较。20世纪30年代后，行业与职业的分类统计逐渐规范化，上述情况有所改变。据1931年3月调查，当时就业人口为470.8千人，约占总人口的56%，其中男性372.1千人，占男性人口的77.1%，女性98.7千人，占女性人口的27.6%，即男性就业率大大高于女性，但

---

① 参见《香港政府宪报》1871年第17卷第18号，第199页；1877年第25卷第9号，第85页；1881年第27卷第24号，第441页；1891年第37卷第38号，第766页。

② 莱思布里奇：《香港：稳定与变化》（H. J. Lethbridge, *Hong Kong: Stability and Change*），1978年香港出版，第164—165、191—199页；参见戴维·莱思布里奇编《香港的营业环境》（D. G. Lethbridge, *The Business Environment in Hong Kong*），牛津大学出版社1984年版，第55—56页。

③ 克里斯韦尔等：《皇家香港警察》（C. Crisswell and M. Watson, *Royal Hong Kong Police, 1841—1945*），1982年香港出版，第71页。

各行业男女职工人数比差别很大。如商业、服务业女性比率较高，建筑业职工几乎全为男性。此外，就业者年龄较轻，60%—65% 在 20—40 岁之间；不足 14 岁的童工有 5750 余人，约占就业人口的 1.2%，内过半数系女性。[①] 就业人口的主要行业分类见表 14：

表 14　　1931 年香港就业人口行业分类统计表　　单位:%

业别	比率	业别	比率
商业与金融业	20.6	私人服务业	13.0
交通运输业	15.1	建筑业	4.4
加工与制造业	19.7	行政与防务	5.0
渔、农业	13.6	其他	8.6

资料来源:《1931 年香港殖民地人口调查报告》。

表 14 表明，到 20 世纪 30 年代，香港作为转口贸易港的功能依然很突出，但近代制造业已经在香港生根。人口中商、工、服务业人口比重较大而且不断增加，阶级关系改组，新兴的工人阶级与资产阶级逐渐形成，这是近代城市人口构成的共性与特征。近代香港作为远东新兴的殖民城市，其人口构成具有与此一致的特征。

四

人口的年龄和性别构成对人口的生产与再生产有决定性影响。近代香港男女特别是青壮年男女性别比例严重失调，招致严重后果：第一，以婚姻和血缘关系为基础的社会基本单位——家庭偏少，婚姻家庭生活不健全。例如，1845 年维多利亚华人 19260 人，仅有家庭 315 户；1871 年有 69047 人（不包括欧人雇用的华人数，下同），家庭仅 6987 户；1881 年 96856 人，家庭仅 9724 户；[②] 如以每户 5 口人计算，则有近半数

① 《劳工处处长毕特关于香港劳工和劳动状况的报告》（H. R. Butters, Report by the Labour Officer on Labour and Labour Conditions in Hong Kong), C. O. 131, 1939 年，第 109 页。

② 见 1845 年、1871 年、1881 年人口统计资料。

居民在香港没有“家”。即使是已婚者，也有不少夫妇分居大陆、香港两地。例如，1931 年已婚者 39.74 万人（占华人总数的 48.4%），有男性 23.01 万人，女性 16.73 万人，男性多于女性 6.28 万人，约占已婚男性的 27.3%，[①] 这表明至少有 1/4 的已婚男性在香港也过着单身汉的生活。第二，人口出生率过低。人口的增殖要通过一定的婚姻制度和家庭制度来实现。男女性别比例失衡，婚龄、育龄妇女过少（参见表 13），婚姻家庭生活不健全，是导致近代香港人口出生率过低的重要原因。据统计，19 世纪八九十年代最高出生率为 9.16‰（1887 年），最低为 4.3‰（1899 年），通常为 8‰左右，平均每年出生约 1500 人。在此期间，非华裔人口出生率在 15.22‰（1890 年）至 19.53‰（1891 年）之间，平均约为 17.49‰；华人出生率在 7.13‰（1891 年）至 8.61‰（1887 年）之间，平均约为 7.98‰，[②] 相当于非华裔人口出生率的一半，并远远低于同期中国内地的人口出生率。出生率的高低是人口增减的重要因素之一。由于人口再生产（即人的生命的再生产）周期长（一代人的更新一般需要 20 年以上的时间），具有惯性（当人口处于生育高峰期，即便采取措施降低出生率，也不可能使人口持续增长的过程马上中止；反之，当人口低增长或负增长时，即便采取鼓励生育的措施，也不能使人口立即激增），过低的出生率使香港在相当长的历史时期内不能依靠本地的人口增殖来满足社会对劳动力的正常需求，而指望境外劳动人口的移入。在一定意义上这固然可以减轻港英当局在人口再生产方面的社会负担，有利于经济的增长和财富的积累，但它不能不陷入移民—性别比例失衡—低出生率—移民的恶性循环，难以摆脱人口生态不平衡的窘境，及由此而来的性关系混乱、性犯罪、拐卖妇孺等一系列社会问题。而一旦发生社会变故，人口向中国大陆倒流，整个社会生活就会陷于瘫痪。

与人口出生率过低形成鲜明对照的是人口死亡率过高。据统计，19 世纪四五十年代香港平民的年平均死亡率在 30‰（1846 年）以上，其中

---

① 见《1931 年香港殖民地人口调查报告》。

② 《华民政务司 1891 年年度报告》，1892 年 3 月 14 日，见 C. O. 131，1893 年，第 233 页。参见《英国议会文书》1886 年第 45 卷，第 332 页；1901 年第 45 卷，第 365 页。《英国议会文书：1882—1899 年有关香港事务文件》，第 297、351、368、379、441 页。

华人约为 28.9‰（1853 年），低于平均数；白人则在 50‰以上（1849—1853 年）。[①] 其后，社会年平均死亡率有所下降，但直到八九十年代，仍保持在 25‰左右。例如，1880—1893 年平均为 26.74‰，1894—1899 年平均为 23.78‰，每年死亡人数在 4000—5000 人；1894 年由于鼠疫流行，死亡人数增至创纪录的 7362 人，年死亡率高达 30.11‰。[②] 按种族区分，这一时期华人的年死亡率在 19.08‰（1897 年）至 32.22‰（1888 年）之间；[③] 白人的年死亡率在 12.5‰（1899 年）至 16.2‰（1898 年）之间。[④] 前者明显高于后者。上述情况在 20 世纪上半叶并无多大改变：

表 15　　1906—1930 年香港人口死亡率统计表　　单位:‰

项目＼年份	1906	1911	1916	1921	1926	1930
华人	26.41	21.13	24.6	19.01	17.85	19.63
非华裔人口	14.02	13.88	14.3	17.24	8.74	9.59
平均	25.06	20.74	24.3	18.96	17.59	19.41

注：非华裔人口中包括华人以外的其他有色种族人口；白人的经济、生活和医疗条件较优，其死亡率当低于非华裔人口的综合死亡率。

资料来源：《香港殖民地历史和统计摘要，1841—1930》，第 3 版，统计资料篇，第 7—9 页。

稍加比较，不难发现，在近百年时间内，白人死亡率下降了约 4 个

---

① 《英国议会文书》1847 年第 37 卷，第 463 页；1849 年第 34 卷，第 513 页；1852—1853 年第 62 卷，第 341 页；欧德理：《欧西于中土：从初期到 1882 年的香港历史》（E. J. Eitel, *Europe in China, the History of Hong Kong from the Beginning to the Year 1882*），1895 年香港出版，第 245、278 页。

② 《英国议会文书：1882—1899 年有关香港事务文件》，第 297、351、368、379、441、466、481、623 页。《英国议会文书》1900 年第 54 卷，第 512 页；1901 年第 45 卷，第 365—366 页。《香港殖民地历史与统计摘要，1841—1930》（*Historical and Statistical Abstract of the Colony of Hong Kong, 1841—1930*），1932 年香港第 3 版，统计资料篇，第 6 页。

③ 《华民政务司 1897 年年度报告》，1898 年 3 月 19 日，C. O. 131，《香港立法局会议文件汇编》，1898 年，第 302、328 页。按：由于华人普遍存在叶落归根的思乡之情，不愿客死他乡，垂危时往往迁返故里，以终天年；同时华人对婴儿死亡往往讳莫如深，所以实际死亡率要高于上述统计数。

④ 《英国议会文书》1901 年第 45 卷，第 366 页。

百分点，华人死亡率下降了不足 1 个百分点，白人的健康状况比华人有较大的改善。

疾病，特别是流行性传染病是导致死亡的主因，在疫病大流行的年份这一情况尤其明显。例如，1858 年约有 1400 人死于霍乱;① 1894—1900 年鼠疫为患，年死亡千人以上者共 5 年（次），累计死亡 7267 人;② 1901—1922 年因鼠疫年死亡 570 人以上者共 8 年（次），累计死亡 10072 人,③ 死亡者几乎全是华人。

华人平均寿命短促，是近代香港人口另一个突出问题。例如，1881 年维多利亚华人死者的平均年龄仅 18.33 岁，其中年逾 20 岁的成年死亡者平均年龄为 43 岁，而在 1840 年即 40 年前的英格兰，上述两类死者的平均年龄分别为 29 岁和 55 岁,④ 即比香港华人高出十多岁。又如 1884 年华人未满周岁夭折的占死亡总数 37.8%，1—5 岁死亡的占 12.26%，两者合计占死亡总数 50% 以上（比同期非华裔婴幼儿死亡者所占比重 23.9% 高出 1 倍），死亡时年逾 20 岁的占 45.18%，其中 20—45 岁的占 25.39%，亦即有 1/4 的死者死于青壮年时期，真正属于老死的是极少数。⑤ 1892 年，即 8 年之后未满 5 岁死去的仍占 41.68%，于 15—45 岁死去的也占 29.27%,⑥ 可见情况并未好转。这无疑是华人生活环境恶劣、卫生条件太差所致。

出生和死亡是构成人口自然循环的两大要素。人口的自然增长，即出生人数多于死亡人数，是人口再生产的正常形态，也是人类自身发展的基本规律。但 19 世纪下半叶的香港，由于出生率始终低于死亡率，人

---

① 《英国议会文书》，1860 年第 44 卷，第 260 页。

② 《英国议会文书》，1900 年第 54 卷，第 512 页；1901 年第 45 卷，第 366 页；《英国议会文书：1882—1889 年有关香港事务文件》，第 441、480 页；《香港殖民地历史和统计摘要，1841—1930》，第 3 版，统计资料篇，第 6 页。

③ 《香港殖民地历史和统计摘要，1841—1930》，第 3 版，统计资料篇，第 7—9 页。

④ 柴维克（Osbert Chadwiek）：《关于香港卫生状况的报告》，1882 年 7 月 19 日；《英国议会文书：1882—1899 年有关香港事务文件》，第 136 页。

⑤ C. O. 131/11，《香港立法局会议文件汇编》，第 352 页。按：华人有溺婴现象，见《英国议会文书》1859 年第 21 卷第 2 册，第 626 页。由此造成的死亡，因户主隐匿不报，当不在统计数之列。

⑥ C. O. 131，《香港立法局会议文件汇编》，1893 年，第 233 页。

口的自然增长率是负数。例如，1881—1890 年的 10 年间，共出生 15902 人，死亡 47687 人，死亡者较新生者多 31785 人，约为前者的 2 倍，[①] 然而同期香港人口不仅没有萎缩，反以每年 3% 以上的速度递增，计净增 65000 余人。到 20 世纪 30 年代，香港出生人数和死亡人数逐渐接近，但人口负自然增长的现象尚未消失：

表 16　　1936—1941 年香港出生和死亡注册人数统计表　　单位：人

项目 \ 年份	1936	1937	1938	1939	1940	1941
出生	27383	32303	35893	46675	45064	45000
死亡	26356	34635	38818	48283	61010	61324
自然增长	+1027	-2332	-2925	-1608	-15946	-16324

注：1941 年系估计数。

资料来源：《香港统计资料（1947—1967）》（*Hong Kong Statistics, 1947—1967*），1969 年香港政府印务局出版，第 209 页。

第二次世界大战结束后，香港人口才形成自然增长的正常局面。[②] 这就再次表明：近代香港的生存和发展，有赖于内地的移民。香港实际上是一个移民开发的城市，中国内地是香港地区名副其实的人口基地。

五

动态人口即流动人口数量众多，是香港人口的另一个显著特点。

19 世纪下半叶的香港，作为远东最大的转口贸易中心，每年都有大批工商业者、海员、游客及其他人士在此过境。据船政厅报告，19 世纪 60 年代末年平均过境人数达 57 万人，80 年代末增至 154 万人，[③] 1893 年

---

① 参见《英国议会文书：1882—1899 年有关香港事务文件》，第 297、351 页；《英国议会文书》1886 年第 45 卷，第 332—333 页；C. O. 131/11，《香港立法局会议文件汇编》，第 230 页。

② 参见香港政府统计处编《香港统计资料（1947—1967）》，第 40 页。

③ 详见表 17。

高达 2283554 人，日平均 6256 人（次）。[①]

表 17　　1868—1892 年香港水路过境人数统计表　　单位：人

项目＼年份	1868—1869	1870—1874	1875—1879	1880—1884	1886—1889	1890—1892
抵达	592275	1791468	2925004	3189745	3119430	2625646
离境	554030	1742994	2844536	2990502	3043110	2604587
合计	1146305	3534462	5769540	6180247	6162540	5230233
年平均	573152	706892	1153908	1236049	1540635	1743411
日平均	1570	1936	3160	3386	4220	4776

注：缺 1885 年统计数。

资料来源：可儿弘明：《近代中国的苦力与“猪花”》，1979 年东京版，第 118—119 页。

同时，香港又是粤闽地区向海外移民的中转站，每年进出本埠的移民数也极可观：

表 18　　1855—1899 年出入香港的中国移民人数统计表　　单位：人

项目＼年份	1855—1859	1860—1869	1870—1879	1880—1889	1890—1899
离境	81053	96096	317273	657479	595028
抵达	?	75641	343881	774355	1072305

注：1860 年前无由海外进入香港的中国移民人数。

资料来源：可儿弘明：《近代中国的苦力与“猪花”》，1979 年东京版，第 24 页。

由表 18 可知，19 世纪 60 年代每年从中国以外地区进入香港的中国移民平均为 75600 余人，到 90 年代已达 1072000 余人；同期，移往中国以外地区的为数也不少。进入 20 世纪后，进出香港的中国移民数继续增长，除 1930 年前后因受资本主义世界经济不景气影响外，头 30 年总的趋势是由海外地区进入香港的人数多于移出人数（详见表 19）。至于往来于

---

① 《英国议会文书：1882—1899 年有关香港事务文件》，第 380 页。

香港与中国内地之间的人数，因无确实记载，尚不包括在内。

表19　1901—1940年出入香港的中国移民年平均人数统计表　单位：人

项目＼年份	1901—1905	1906—1910	1911—1915	1916—1920	1921—1925	1926—1930	1931—1935	1936—1940
离境	73105	88452	109110	84602	129004	235141	99104	127953
抵达	137814	146585	151728	100641	129106	181227	176707	91754

资料来源：戴维斯：《香港的地理环境》，第9页及附录第212—215页。

每年出入境的人数如此众多（年末累计数成倍地超过本埠人口数），使香港原本极其有限的生存空间更加狭小，为人口管理、交通运输、住宿安置、食品供应、治安保障等添加了许多困难，但它有利于活跃市场、促进内外经济文化交流。同时，它显示香港在国际经济交往中的作用日益增大，逐渐具有国际都市规模。

值得指出的是，来港居民很多人不愿在此生息繁衍。华人受中国传统文化思想影响，安土重迁，只身来港谋生，大多出于无奈，一旦有成，即生返乡之念；即使是荷囊饱满、置有恒产的富翁，往往也是把家眷留在大陆，不把香港作为永久的栖身地。外来的西方殖民者，大多是淘金者，素有"候鸟"之称，他们或在暴富之后，或于破产之时，或因任期届满，或因疾病，或待退休后迁返故国者也不在少数。① 到19世纪末，真正在香港出生、成长并久居的只占少数。据官方资料，1881年即英占香港整整40年之后，在被调查的113462名华人（占华人总数的75.3%）中，只有3668人即3.2%为土生土长的香港人。② 又过了50年，即到了1931年，华人在香港和九龙的居住期超过30年的只占当地总人口的6.4%；居住期超过10年的占38.44%；③ 在香港和"新界"出生的华人仅占32.93%。④ 可见，其余的2/3仍系到港不久的新移民。香港华人的

---

① 夏耶-贝尔：《印度支那的殖民》（Chailley-Bert, *The Colonization of Indo-China*），法文英译本，1894年伦敦出版，第88、139页。

② 《香港政府宪报》第27卷第24号，1881年6月11日，第440页。

③ 《1931年香港殖民地人口调查报告》，C. O. 131，1931年第5号，第136页。

④ 同上书，第129页。

基本选择和价值取向仍然是祖国和故乡！当然，这种双向迁移并不是香港特有的现象，而是当时北美洲、澳洲新兴“边疆”城市的共性。究其缘故，当地政府实行种族歧视政策，华人不能当家作主，缺乏归属感，是一种最重要的原因。

南京国民政府初期实施训政的背景及挫折

——军权、党权、民权的较量*

蒋永敬

一 前言

1928年6月，南京国民政府所辖之国民革命军进克北洋军阀所据之北京首都，使中国结束长期以来的军阀统治。年底，东北军归顺南京国民政府，分裂十多年的中国，在形式上趋于统一。中国则由国民党所统治。依照孙中山生前制定的《国民政府建国大纲》的规定，军政时期结束，进入训政时期，以为到达宪政时期的过渡时期。

这年10月，国民党中央通过《训政纲领》，遂即开始实施训政，到1947年12月开始实施宪政为止，其间19年，是为训政时期。在此期间，中国政局变化至多，训政的程度亦有变化。大致而言，从1928年10月到1931年"九一八"事变以前的训政，对异议人士的限制，极为严厉；"九一八"事变以后到1937年7月抗战以前的训政，对党内不同的派系及知识分子的批评，较取包容的态度；抗战以后对国内各党派及反对势力，更为宽容而开放。从这一变化趋势可以看出国民政府在遭遇外敌压

---

* 本文原载《近代史研究》1993年第5期。

迫时，对内限制的尺度，逐渐由严而宽，由紧而松。虽然出于形势所迫，但对训政的结束，政权的开放，仍有其正面的作用。

南京国民政府于 1928 年 10 月开始实施训政，是在戡平军阀割据与抑制中国共产党势力之后，见于党权分裂，军权独大，而强调党治，强化党权，希图消除地方军人“分治”的局面，却遭遇到强烈的阻碍，受到严重的挫折。终因“九一八”事变的发生，国难严重，国民政府的施政与人事，势必有所更张。其训政措施，亦不同于往昔。

从 1928 年 10 月到 1931 年“九一八”事变以前，国民政府实施的训政，为时三年，这一段历史事实，过去的评价，有两种极不同的看法。一者认为这一时期的训政，有助于中国统一的巩固，得以从事建设，为宪政立下基础。一者认为“一党专政”或为实行“个人独裁”，造成惨痛的内战，使国家元气大受损害。究竟哪一种说法是为正确？作者不拟定位。本文将就军权（治）、党权（治）、民权（治）三个问题及其关系，来探讨国民政府这一时期训政的由来和意义，及其背景、经过和特色，以及遭遇的阻碍和挫折。最后则检讨这一时期训政的得失，作为本文的结论。至于“九一八”事变以后的训政，不在本文讨论范围之内。

二　训政的由来与意义

训政源于约法之治，早在 1906 年孙中山制定《同盟会革命方略》时，已将其革命程序分为军法之治、约法之治与宪法之治三个时期。1914 年发布《中华革命党总章》时，将革命程序分为军政、训政、宪政三时期。与《同盟会革命方略》的三时期名异而实同。而训政或约法之治皆为由军政（军法之治）而达宪政（宪法之治）之过渡时期。目的在伸张民权，节制军权。盖清季革命，原为民权与皇权之争，经过军法之治，皇权既倒，应为民权时代。但代之而起的，可能是军权，而非民权。因此，《同盟会革命方略》中规定由军法而至宪法时期，必须经过约法之治，借以防止军权的膨胀，使不致抑制民权的发展。此在同盟会的《民报》中述及孙中山的“约法之精义”，指出约法的作用，不仅为推行地方自治，以立民治的基础，且有节制军权的膨胀，以免民权遭受抑制的作用。其意义概略如下：

革命的目的，在争民权，但其结果，未必能如所期。原因是在革命进行之际，必重兵权，此与民权常有抵触。如抑兵权，则削弱革命力量而不能成事；如抑民权而纵兵权，正是军政府所优为者。如此民权为所抑制，不可复伸，迨革命成功，要军政府解除兵权，以让民权，不可能之事也。

如何使军权与民权相成而不相克，其关键所在，即为革命进行之际，先定军权与民权之关系。定此关系，即为约法。因革命之始，必设立军政府，此军政府既有兵事专权，复秉政权，譬如既定甲县，军政府即与该县人民相约，凡军政府与人民之间的权利和义务，悉规定之，如军政府有权发布命令，组织地方行政机关，派遣官吏；人民有权组织地方议会，监督军政府是否循守约法。他日既定乙县，则与甲县相联，共守约法；复定丙县。甲县、乙县又与丙县相联，共守约法，推之各省均如此。

迨革命成功，全国底定。各县、各省都有民意为后盾，军政府虽欲专权，亦无能为力了。而国民在约法自治的磨练下，已养成民治的基础。此时再由约法而进至宪法，民权立宪政体，可谓水到渠成而无动摇之虑了。①

约法之治，只注意到军权与民权的关系，但两者之间似乎忽略了党权的运作，或者是把党权并在军权之中。即如辛亥武昌起义以及各地的光复，各地纷纷设立军政府，多由革命党人或军人掌权，行军事治理，使军权与党权不分，甚或只见军权，而不见党权，所谓“革命军起，革命党消”之说，盛行一时。也就形成军权独大的情况。虽然有许多政党纷纷出现，从事议会的活动，但一切政党，都没有民众作基础。所有的政党，都与民众不生关系，都成了水上无根的浮萍。② 一经袁世凯的军事压迫，所有政党纷纷瓦解，议会亦随之消失，形成袁氏军事独裁的局面。国民党“二次革命”失败以后，成立中华革命党，颇思重整党权，将革

① 汪精卫：《民族的国民》，见《民报》第二期，1905 年 11 月 26 日，第 20—22 页，东京出版。收入《国父全集》第 2 册，第 410—411 页，改题为《订定约法为达到立宪政体的途径》。

② 李剑农：《中国近百年政治史》下册，台湾商务印书馆 1974 年版，第 371 页。

命程序定为军政、训政、宪政三时期，而训政工作一方面要扶植民权，同时也要提高党权。其在《中华革命党总章》规定训政时期的工作为："以文明治理督率国民，建设地方自治。"另一方面则又规定"在此时期之内，一切军国庶政，悉归本党负完全责任"。是为明确提出党治之始。惜以兵力、民力的不足，中华革命党的党权，仍难提升。此种情况，一直到 1924 年中国国民党改组，始渐改观。

三　训政实施的背景

军权、党权、民权三者，在革命运动的过程中，是不可或缺的力量。而因三者运作程度的不同，则常形成军治、党治或民治的政治局面。

在国民党改组以前，党权不振，民权不张，民初败予袁氏之军权；袁亡以后，仍是军阀当道。护法时期（1917—1923 年），除号召部分国会议员南下护法以象征民权的奋斗外，主要的还是依靠西南的军事力量。前者虽然有点民权的象征，但这些议员并不能为民权而奋斗，其实际行为，则是一群依附军人的政客。后者以滇系军人唐继尧及桂系军人陆荣廷的兵力为主要的力量。但两人对于护法均无诚意，只是利用护法以扩张军权和地盘。唐以滇黔为基地，志在四川；陆以两广为基地，志在湖南。桂系军人且对孙中山的护法军政府施以压迫，于 1918 年结合议员改组了军政府，使孙中山退居上海租界，从事著述。1920 年驻守闽南的陈炯明护法粤军，回师广东，驱走桂系，并据有广西。一时之间，孙中山的护法事业，大有可为。但陈握有军权，野心勃勃，不仅不理护法事业，且于 1922 年 6 月对孙实行叛变。此时参与护法的国会议员则在直系军阀"恢复法统"的号召下，回到北京集会。在金钱的收买下，于 1923 年 10 月选曹锟为大总统。议员的受贿，使民权跌落到谷底；桂系军人的专横，陈炯明粤军的叛变，使军权的嚣张达于顶点。1923 年初，虽有滇、桂军将陈之叛军驱出广州，孙中山三度回粤，设立大元帅府统率各军，但军人多不受约束，尤以滇、桂军的跋扈为甚。

军权嚣张，民权堕落，难为革命所用。因此，唯有提高党权，强化党力，结合民力，以图制服军权，这是孙中山必须改组国民党的原因。廖仲恺对此原因说明如下：

此次之所以改组者，本有极大的原因，即广州政府三次起伏及失败，皆因军人持权，党员无力，故党之主张无力。假使广州有相当数目（十万）之党员，何致得历次失败之结果！党员本在民众之内，果有多数党员，庶足制服军队。因为徒恃军队，必至为兵所制，不能制兵也。做事须有力量，一方面依赖兵力；另一方面须有制服军队之力量，即党是也。

吾党目前除少数干部外，并无党员。虽有力量，然不过一部奋斗之历史而已。此种力量固可张罗于一时，但日久必穷倒。改造吾党，须从下属做工夫；因靠上层，必致如广州今日情形，徒赖军队，不过为军队所用而已。遑能改造国家哉！①

依孙中山之构想，改组后的国民党，党力强化，一方面可以制服军权，同时亦须扶植民权。故在国民党一全大会中通过《国民政府建国大纲》（后文简称《建国大纲》），其中对于训政时期的工作规划至详，对民权的扶植亦定出具体的办法。例如规定有：

在训政时期，政府当派曾经训练、考试合格之员，到各县协助人民筹备自治。其程度以全县人口调查清楚，全县土地测量完竣，全县警卫办理完善，四境纵横之道路修筑成功；而其人民曾受四权使用之训练，而完毕其国民之义务，誓行革命主义者，得选举县官，以执行一县之政事；得选举议员，以议立一县之法律，始成为一完全自治之县。（第八条）

每县地方自治政府成立之后，得选国民代表一员，以组织代表会，参预中央政事。（第十四条）

孙中山对于依据《建国大纲》来实施训政，显然具有充分的信心与决心。其在1924年复发表《制订建国大纲宣言》中强调：

---

① 廖仲恺在中国国民党中央干部会议的报告，1923年12月9日，上海。国民党中央干部会议第十次会议记录。国民党“中央”党史会藏原稿。见国民党“中央”党史会编《革命文献》第8辑，第77—78页。

> 训政时代，已能扶植民治。虽无宪政之名，而人民所得权利与幸福，已非藉宪法而行专政者所可同日而语。且由此以至宪政时期，所历者皆为坦途，无颠蹶之虑。为民国计，为国民计，莫善于此。本政府郑重宣布：今后革命势力所及之地，凡秉承本政府之号令者，即当以实行建国大纲为唯一之职任。

改组后的国民党，为了结合民力，提倡民权，所以在党的各级机构中，有宣传、农民、工人、青年、妇女等部门的设立，来组织和推动各类群众运动。其时国民党的群众运动，多为中国共产党人居间运作，特别是农民运动，在革命政府号令所到之地，虽表现有相当的势力，但几乎完全为中国共产党所掌握，进行其农村斗争，与《建国大纲》所规定的事项，颇有出入。而且由于中国共产党所进行的农工暴动政策，也使国民党放弃了群众运动。与民众关系，趋于疏远，此对《建国大纲》中县自治工作之推动，形成不利的影响。

同时，由于国民党“容共”之故，造成国共之间不断的纠纷，致党权分裂。尤其在孙中山去世以后，到 1927 年 4 月“宁汉分裂”以前，约两年的时间，国民党内部有四次严重的纠纷或冲突。一是 1925 年 8 月的“廖仲恺被刺案”，是胡汉民与汪精卫的分裂；二是 11 月的“西山会议”，是国民党人因反共与坚持“容共”而发生公开的分裂；三是 1926 年 3 月广州的“中山舰事件”，是蒋介石与汪精卫的分裂；四是 1927 年 4 月的“宁汉分裂”，不仅国共开始分裂，也使国民党多数成员发生集体性的分裂，以及革命军的内战。国民党的分裂，形成军权独盛的局面，其间的消长关系，胡汉民有如下之说明：

> 共产党的作祟，是党分裂的原因；党的分裂，是党权旁落的原因；党权旁落，却又是军权所以能篡窃党权的原因。[①]

军权的扩张，随北伐军事的进展而造成军人新的割据之局。据陈公

---

① 胡汉民：《党权与军权之消长及今后之补救》，载王养冲主编《三民主义与中国革命》，中兴学会 1935 年版，第 24 页。

博的观察，认为军人割据传统，非一时所能克服，国民革命军之北伐，目的虽为打破割据传统，但新的地方割据观念，亦于北伐时期养成，广西和湖南是整个归向革命，一时谈不上军民分治。长江流域几省虽为力战夺取，除湖北外，其他各省如江西、安徽、江苏等，均在北伐时期养成军人盘踞地方之渐。[①] 迨北伐完成，军人势力大为膨胀。当1928年底中国统一之时，全国因军事势力的分布。形成以下几个军权的中心：南京中央，蒋介石，第一集团军；开封中心，冯玉祥，第二集团军；太原中心，阎锡山，第三集团军；武汉中心，李宗仁，第四集团军；广州中心，李济深，第八路军，与武汉中心接近；沈阳中心，张学良，东北边防军。

每一中心均辖有大量的军队，除南京为中央政府外，其余各中心（沈阳除外）均设有政治分会，代行中央政府的职务。此外边远地区如川、滇、黔、新疆等省，仍在原地军人的统治中。各地不但以军治民，而且是“以军治党”及“以军分党”。凡军事所及的区域，党部也跟着变迁；凡党部负责人员。无不有军事作其背景。[②]

全国既成军人分治之局，为了迁就现实，也就有“分治合作”主张的提倡。倡此说者，以李石曾为代表；李在北伐前，即曾主张“联省自治”。反对“分治”主张的，则以胡汉民为代表。胡氏希望树立党的权威。以缓和军权的扩张，要求革命军的将领能够“互让”。他在1928年1月致函两广将领黄绍竑和李济深，指出李石曾“分治合作”之说易生“联治”的误解，认为“今日革命之需要，在恢复党的整个精神，与主义之实现”。认为：“唯互让始能恢复革命的政治道德，唯互让始能树立国民党整个之威信”；否则，“但有革命威风，而以威风终，其一蹶不振，虽有大力，莫之能阻矣”。[③] 胡之所谓“革命威风”，实指军权而言。胡的主张，获得蒋介石的支持。其后两年，国民政府所实施的训政，实即蒋、胡合作下的政策。

---

① 陈公博：《苦笑录》，汪瑞炯、李锷、赵令扬编注，香港大学1979年版，第218页。

② 陈公博：《今后的国民党》，原载《革命评论》第一期，1928年5月13日。见查建瑜编《国民党改组派资料选编》，湖南人民出版社1986年版，第73页。以下简称《改组派资料》。

③ 《胡汉民先生年谱》，第417页。

四　训政实施的经过与特色

南京国民政府北伐统一后实施的训政，是根据胡汉民的规划。1928年6月3日，胡在巴黎考察的途次，致电南京国民党中央谭延闿（代理国民政府主席），向将在8月举行的国民党二届五中全会提出《训政大纲》案。陈述该案原则说：

> 北伐完成，当依总理（孙中山）建国大纲，期主义之实现。审察内外情势，深信今后党国发展，不能外如下之原则：
>
> （一）以党统一，以党训政，培植宪政深厚之基。（二）本党重心，必求完固，党应担发动训政之全责，政府应担实行训政之全责。（三）以五权制度作训政之规模，期五权宪政最后之完成。①

6月18日，胡又自柏林向南京寄出《训政大纲提案说明书》，说明《训政纲领》中所含《政治会议纲领》及《国民政府组织纲领》的原则与制度，② 是对训政做了更为落实的规划。

8月8日，国民党二届五中全会在南京开幕，接受了胡的《训政大纲》提案。这天，胡亦自欧洲启程返国。8月28日到达香港。广东地方将领陈济棠、陈铭枢等要求胡去广州主持政治分会，目的在维持其“分治合作”的局面。但胡以为孙中山先生致力革命，已有40余年，未能及身使四分五裂的中国归于统一。这次完成北伐，统一全国，事非容易。其次，今后党内不能再起纷争，因为1927年的国共之争，在党在国，已遭受极大的损失。现大局方定，军阀余孽，尚未清除，今后至少要先维持一个统一的局面，推进今后的建设。③ 胡之意见，受到粤方将领的尊重。9月3日，胡与陈铭枢等抵达上海。与蒋介石、吴稚晖、李石曾等连

---

① 胡汉民致谭延闿电，1928年6月3日，国民党“中央”党史会藏档。引据《胡汉民先生年谱》，第427页。

② 两项“纲领”的原则与制度之内容，见《胡汉民先生年谱》，第428—429页。

③ 胡汉民：《党权与军权之消长及今后之补救》。见《三民主义与中国革命》，第34页。

日商讨要政，显然也说服了李石曾取消其“分治合作”的主张。因此，由胡发表谈话，将“分治合作”正名为“分工合作”。随即发布《训政大纲提案说明书》的全文。于是齐集南京。此时首都政治气氛，顿形融洽。10月3日。国民党中央常会通过了《训政纲领》及《中华民国国民政府组织法》，是为国民政府实施训政的开始。从这个《训政纲领》可以看出国民党的地位和权力大为提升，充分显示党治的浓厚色彩。不仅取代了民权和民治，也掩盖了军权和军治。该《训政纲领》内容如下：

> 中国国民党实施三民主义，依照建国大纲在训政时期训练国民使用政权，至宪政开始，弼成全民政治，制定左之纲领：
>
> （一）中华民国于训政期间，由中国国民党全国代表大会代表国民大会领导国民，行使政权。
>
> （二）中国国民党全国代表大会闭会时，以政权付托中国国民党中央执行委员会执行之。
>
> （三）（略）
>
> （四）治权之行政、立法、司法、考试、监察五项付托于国民政府总揽而执行之，以立宪政时期民选政府之基础。
>
> （五）指导监督国民政府重大国务之施行，由中国国民党中央执行委员会政治会议行之。
>
> （六）（略）①

依前纲领，中央执行委员会政治会议（简称中央政治会议或中政会）实为权力中心，为实施训政之最高指导监督机关，对中央执行委员会负责。凡国民党中央执监委员及国民政府委员，均为该会议的当然委员。其职权，在讨论并决议建国纲领、立法原则、施政方针、军事大计；凡国民政府委员、各院院长副院长、各院委员、各部部长、各委员会委员长、各省政府委员主席厅长、各特市市长、驻外大使特使，以及特任特派官吏之人选，均由该会决定。其决定事项，径交国民

① 《胡汉民先生年谱》，第432—433页。并见《革命文献》第22辑，第316页。

政府执行。①

1929年3月在南京举行之国民党三全大会，对《训政纲领》予以追认，此外并通过几项实施训政的议案，其中最要者为：

> 确定总理（孙中山）所著三民主义、五权宪法、建国方略、建国大纲，及地方自治开始实行法，为训政时期中华民国最高之根本法。举凡国家建设之规模，人权民权之根本原则与分际，政府权力与其组织之纲要，及行使政权之方法，皆须以总理遗教为依归。②

是项议案，可谓将国民党的权威推到至高无上。但也引起党内对训政问题的诸多争论。

依据《训政纲领》及国民党中央政治会议的职权规定，一切军政大计，均须经由党组织的决定，似乎已做到党治的局面了。但在实际方面，北伐后所形成的地方军权以及“分治”的局面，如不能解决，则所谓党治必将落空。因此，如何来解决这个问题，是训政工作中的最大难题。依当时的决策，是要将军权集中于中央，及编遣全国的军队。据国民党三全大会《对于军事报告之决议案》：国军之最高统帅权，完全属于国民政府，所有全国陆海空军之一切军政与军令，完全属于中央最高军事机关掌握，务求军事绝对统一，使国家不蹈从前军权旁落、割据相循之覆辙。全国现有军队，编留必要限度之正式军队，其余被裁遣之官兵，由国民政府制定工兵及屯垦计划，分别施行。全国军队之训练与教育，实施三民主义化。③ 故全国军权不仅要集于中央，且须党化。

国军之编遣，在1928年完成北伐时，即已着手进行。当时革命军的总额达84个军，300个师，兵员在220万人以上，而且东北、川、滇等

---

① 《中央政治会议暂行条例》，1928年10月25日。《革命文献》第22辑，第337—339页。《胡汉民先生年谱》，第433—434页。

② 《根据总理教义编制过去一切党之法令规章以成一贯系统确定总理主要遗教为训政时期中华民国最高根本法案》，1929年3月21日，国民党三全大会第七次会议通过，见《革命文献》第76辑，第77页。

③ 《对于军事报告之决议案》，1929年3月27日，国民党三全大会第十六次会议通过，《革命文献》第76辑，第104页。

地方部队尚未在内。军费占国家年度总收入的78%。[①] 1929年1月1日，国军编遣会议在南京开幕，连续会议至25日。各重要将领均到南京出席。争议至多，可谓不欢而散。[②] 但所有各集团军总司令、海军总司令、各总指挥，及其他高级战时编制，则已取消。将全国设为六个编遣区，办理各地区军队的编造事宜。预计保留兵额约80万人。军费不超过全国总收入40%。[③] 各地政治分会亦自1929年3月13日起，被通令停止开会，并即裁撤。[④] 但这些过激的措施，迅即引起各地方军人一连串的反抗。

国民政府实施训政后，国民党中央党政机关及人事，亦大加改组。首先是改组国民政府。原来的国府委员至多且滥。1928年10月改组后的国民政府仅设委员17人。地位崇高，多为党国或方面大员。他们的名单是，蒋介石：国民政府主席兼陆海空军总司令；谭延闿：行政院院长；胡汉民：立法院院长；蔡元培：监察院院长；戴传贤：考试院院长；王宠惠：司法院院长；冯玉祥：行政院副院长，兼军政部部长；孙科：考试院副院长；陈果夫：监察院副院长；林森：立法院副院长；张继：司法院副院长；何应钦：训练总监部总监；李宗仁：军事参议院院长；杨树庄：海军部部长；阎锡山：内政部部长；李济深：参谋总长；张学良：东北边防军司令长官。[⑤]

上列17名国民政府委员中，具有国民党中央执行委员身份者中仅有7人。[⑥] 五院院长及副院长10人中有9人为文人。凡握有大军权的将领都名列其中，显示有羁縻的作用。西山会议派有2人。但在国民党二届中执会中人数较多的汪精卫改组派却无一人列名。就整个党政关系而言，二届36名中执委中仅有7名出任国府委员。这种不协调的现象，是由于

---

① 宋子文：《确定军费总额实行统一财政办法案》。《革命文献》第22辑，第4870页。

② 胡汉民：《北伐及编遣经过》。《胡汉民先生年谱》，第442—443页。

③ 《国军编遣委员会进行程序大纲》，1929年1月1日。《革命文献》第22辑，第4888—4892页。

④ 《胡汉民先生年谱》，第444页。

⑤ 张朋园、沈怀玉编：《国民政府职官年表》，第1册，第5页（国民政府委员会一）；第54页（谭延闿内阁）。《胡汉民先生年谱》，第434页。

⑥ 当时国府委员为二届中执委者有蒋介石、谭延闿、胡汉民、戴传贤、孙科、何应钦（原为候补而递补者）、李济深7人。

国民党内经过几次分裂的缘故。1929 年 3 月三全大会产生了新的三届中央执行委员会，使所有的国府委员同具中执委或中监委的地位。但二届 36 位中执委中获得连任的只有 14 人。新任则有 22 人。[①] 如与一届 24 位中执委相较，仅有 6 人当选三届中执委。变动率之大，显示国民党内派系冲突的严重。此亦造成实施训政的重大阻碍。

五 训政实施的阻碍与挫折

南京国民政府实施训政在党务、军事、政治等方面的措施，显然有些矫枉过正或操之过急，因而遭到严重的阻碍与挫折。其阻碍与挫折，大致来自四个方面，一为地方军人的反抗，二为党内各派的反对，三为知识分子的不满，四为南京中央内部的分裂。兹分述之。

（一）地方军人的反抗

南京国民政府为了消除地方军人“分治”的局面，一方面编遣全国军队并集军权于中央；同时撤销各地政治分会，集政权于中央。此举首遭桂系军人的反抗。所谓桂系军人是指李宗仁的第四集团军，及李济深的第八路军，分驻两湖及两广地区。二李均为广西人，北伐初期分任革命军第七、第四军军长。北伐后，二李拥兵数十万，力主“分治”，对编遣会议颇有异议。1929 年 2 月，李宗仁以武汉政治分会名议，改组湖南省政府，并调兵入湘。南京中央挽李济深调解，李借故推托，遂被扣留于南京。时值三全大会，决定派兵讨伐，开除李等之党籍。[②] 26 日下令西征，4 月 4 日，中央军占据武汉。两广方面，自李济深被扣后，内部即行分裂。粤军将领陈济棠等在以后两年的内战中支持南京中央。[③]

---

① 易正义：《中国国民党第三次全国代表大会之研究》，第 161 页。台湾政治大学历史研究所硕士论文，1990 年 6 月。据该文第 212 页注 73：若扣除递补的何应钦及周启刚 2 人，连任者实际只有 12 人。

② 国民党三全大会通过《开除李宗仁、李济深、白崇禧党籍案》，1929 年 3 月 27 日，见荣孟源主编《中国国民党历次代表大会及中央全会资料》上册，光明日报出版社 1984 年版，第 685 页。

③ 《胡汉民先生年谱》，第 450—451 页。

桂系军人反抗甫经平定，冯玉祥又举兵反抗。冯所部国民军，北伐时加入国民革命军，为第二集团军，辖陕、甘、宁、豫、鲁等省，兵数亦最多。编遣会议时，亦有异议。南京中央讨桂时，佯式中立，桂败，有唇亡齿寒的威胁。其部将刘郁芬等于5月15日通电拥冯为“护党救国军西北军总司令”，实行反抗。以部将意见不一，败走山西太原，受阎锡山之“保护”。阎自辛亥革命后，即统治山西，北伐时，响应革命，编为第三集团军，辖有晋、冀、察、绥等省。9月，阎、冯会商，决定举兵反抗中央。此时驻防宜昌的张发奎军亦自由行动，侵入湖南，通电指摘南京中央。[①] 张在北伐时期勇敢善战，被誉为“铁军”。这次异动，经湘入桂，与桂军会合，称张桂军。1930年2月23日，阎、冯、李（宗仁）、张等45名将领联名通电，要求对国军编遣重作决定。[②] 实即向南京中央公开挑战。4月1日，阎在太原就任“中华民国陆海空军总司令”，冯、李（宗仁）在潼关、桂平分任“副总司令”。5月以后，南、北各地军队对中央军展开激战，而以河南之陇海、平汉路沿线战争最为激烈，史称“中原大战”，此时各方重大目标，均在争取张学良东北军的支持。张自1928年归顺南京后，拥有东北四省，在双方僵持不下的情势下，有举足轻重的地位。最后则在9月18日通电支持南京。阎、冯背腹受敌，迅告失败。中原大战遂结束。从此张学良的军权，进而扩及华北各省。

（二）党内各派的反对

国民党自1924年改组到1928年北伐统一，历经两届中央。由于经过几次的分裂，大致形成为三个派系，即西山会议派、武汉的左派及南京的中派。西山会议派通常被形容为“右派”，多为一届中监委。曾受到广州二全大会开除党籍或其他的处分。三全大会时，多予恢复党籍，且有部分人员当选三届中央执监委员，亦有部分人员因政治原因而被排除者。

武汉的左派以汪精卫系为主。武汉“分共”后，以反对南京中央特

---

① 郭廷以：《中华民国史事日志》第二册，第493—494页。“中央研究院”近代史研究所印，1984年。

② 《胡汉民先生年谱》，第470—471页。郭廷以：《中华民国史事日志》第一册，第551—552页。

别委员会之故，主张在广州举行二届四中全会，到粤的中央委员除汪精卫外，尚有顾孟余、陈公博、何香凝、王法勤、陈树人、甘乃光、王乐平、潘云超、朱霁青等。这就是后来所谓的“粤方委员”①。汪为控制广州，命张发奎发动事变，驱走李济深和黄绍竑的势力。中国共产党武装起义后，汪、张备受各方指责，在粤难以自存。蒋去职，汪出国，桂系势力大张，军权左右一切。蒋、汪虽有一度合作之意，桂系极力反对。其嚣张之势，无视于党权之存在。

1928年，“粤方委员”成立“中国国民党改组同志会”于上海，通称改组派。三全大会产生新的中央执行委员会时，除改组派的首领汪精卫列名外，其余无一当选。汪及改组派的陈公博、顾孟余、甘乃光四人且分别受到警告及开除党籍的处分。故反对三全大会者，以改组派最为强烈，彼等认为国民党三全大会代表的产生，极不公平。根据一项比较确实的计算，在336名代表中，只有87人是选举产生的，合全人数的24%弱；其余279人，都是指派圈定的，合全数的76%强。② 所以这次三全大会，不仅受到改组派的反对，甚至非改组派也有反对的。例如由汪精卫领衔的否认三全大会的宣言中说：

> 在本党第三次全国代表大会之召集，以为真正代表民意之大会一开，或使真正民意可以表现，党的危机可以挽回。乃现在中央历次所决定之全国代表大会选举办法及各地代表产生法，益促成本党之官僚化而使民众失望。依照该代表选举法与代表产生法，将近百分之八十之代表，为中央所圈定与指派，将本党民主制度之精神，蹂躏殆尽。③

西山会议派人士虽已获得三全大会的“平反”，但仍有部分人士牵入

---

① 陈公博：《苦笑录》，第162页。

② 《国民党上海特别区分部联合会办事处告民众书》，原见《民意》周刊第234期。《改组派史料》，第170页。

③ 汪精卫等13人发表《关于最近党务政治宣言》，否认三全大会。1929年3月11日。《改组派资料》，第155页。列名者除汪精卫外，尚有陈公博、恩克巴图、柏文蔚、何香凝、王法勤、白云梯、王乐平、朱霁青、陈树人、陈璧君、郭春涛、潘云超等人（均为二届中委）。

派系纷争而难于自拔者。例如在国民党内有历史地位的谢持因参加支持桂系的特委会而被排除，其自述有云：

> 余被举为中央特别委员会委员兼常务委员，又被举为国民政府委员。数月乱作，全党又分，斯时党员门户之见未除，竟有不惜牺牲人命以快一己之大欲者。退居上海，所不能忘者党之事耳！而南京大张标语，打倒谢持，提案中央组织惨案委员会。各种印刷刊物，风起云涌，一时是非黑白，尚可问哉！沪居不易，生计迫人，赖陈鸿轩、徐可亭、邹海滨、许汝为诸公之接济，十八年赴北平，因时事之关系也。十九年阎百川、冯焕章两同志举兵与南京战于豫鲁，党人之组织扩大委员会于北平，余被举为中央扩大委员会委员，又被举为国民政府委员。[1]

谢氏早年追随孙中山，毕生参与革命，为孙中山极信任之同志。因与桂系军人接近而见弃者，谢氏不过其中之一而已。

在共同不满南京中央的情绪下，虽有派系之间的矛盾，也有结合共同反对势力的可能。故在军事上有“中原大战”，在党政上有北平“扩大会议”和“国民政府”的出现。按改组派与西山会议派原不相容，军人阎、冯之间素有矛盾，汪、张（发奎）与桂李（宗仁）曾有冲突，今以南京厉行党治训政，悉遭排斥，形成彼等一致之反对，其联合阵线之成立，有水到渠成之势。在军事方面，阎、冯在北，张、桂在南，故在1930年5月以后，对中央形成南北夹击之势；在党政方面，于7月13日组成“中国国民党中央党部扩大会议”（简称扩大会议），委员约30人，网罗各派系的中坚人物。常务委员为汪精卫、赵戴文、许崇智、王法勤、谢持、柏文蔚、茅祖权。分设组织、宣传、民众训练三委员会，每会设委员五人。[2] 9月1日，由扩大会议推定阎锡山、唐绍仪、汪精卫、冯玉

---

① 谢持：《天风澥涛馆六十自述》，1934年9月。《革命人物志》第8集，台北，国民党中央党史会编印，第317页。

② 《扩大会议的组织机构》，1930年8月7日。《改组派资料》，第885页。

祥、李宗仁、张学良、谢持为国民政府委员。① 以召开国民会议公布约法为号召。以张学良举兵入关，迅即星散。但其国民会议与公布约法的政治号召，却使南京方面处于困境。在思想理论方面，对南京所造成的压力，不在军事武力之下。例如，汪在 8 月 8 日草拟的《扩大会议宣言》中所提出的七大主张，实系针对南京方面训政的缺失，其要义是：

(1) 国民会议为孙中山救国之唯一方案，党治不特不因国民会议而生扞格，且因此日臻发扬。

(2) 训政时代必有约法，犹之宪政时代必有宪法。人民权利始有保障。

(3) 地方自治而不使民众参加，则自治没有意义，亦无民主可言。

(4) 军权高于一切，而党政日益混淆，中央党部、国民政府皆形同虚设。

(5) 训政以来，以中央党部代替国民会议，以各级地方党部代替各地方会议，一切措施，皆以一党专制之名，行一人专制之实。此为民主政治之大敌。

(6) 曲解党治，一切官吏非党人不用，此不但使人视党为干禄之工具，而导致党员官僚化，且党外人才，屏之党外。

(7) 建国大纲，采均权制度，今中央用集权之名，行个人独裁之实。②

素对孙中山思想及中国革命史富有研究的西山会议派邹鲁对于南京方面的训政的缺失，亦有批评。认为训政时期必须有约法，理由如下：

(1) 可于同盟会宣言中见之，其言曰："第二期为约法之治，凡军政府对于人民之权利义务，及人民对于军政府之权利义务，

---

① 《扩大会议通电》，1930 年 9 月 1 日。《改组派资料》，第 884 页。

② 汪精卫：《扩大会议宣言》，1930 年 8 月 8 日。《改组派资料》，第 379—383 页。

悉规定于约法。”（2）可于革命方略见之，其言曰：“第二为过渡时期，在此时期，施行约法，战事停止之日，立即颁布约法，以规定人民之权利与义务，与革命政府之治权。”（3）可于孙文学说见之，其言曰：“训政时期，须颁布约法，以之规定人民之权利义务，与革命政府之统治权。”总上所言，可知“训政时期不须约法”之言不当。①

依据南京国民党三全大会的决议，确定孙中山“遗教”为训政时期中华民国最高之根本大法，而汪、邹之意见，均在“遗教”之内，不仅使南京方面难以自解，也颇能得到一般社会的同情。

（三）知识分子的不满

中国近代知识分子倾向西方民主自由思想，显已成为时代流潮，对于政府当局的批评，亦多以此为标准。国民政府的训政与党治，与民主自由制度相衡量，显有相当距离，自易引起知识分子的不满。其间可以胡适等人为代表。胡在早期与国民党人颇多交往，亦有文字上的讨论。在北伐初期及国共分裂时，对国民党持以肯定的态度，希望国民党带来中国新生的局面。迨国民政府实施训政与党治，渐感失望。其开始表示强烈的不满，是国民党三全大会时，有上海代表陈德征向大会提出《严厉处置反革命分子案》。该案大意是说法院往往过于拘泥证据，使反革命分子容易漏网。因此该案主张：“凡经省或特别市党部书面证明为反革命分子者，法院或其他法定之受理机关应以反革命罪处分之。”云云。胡在报上看到这个提案，实在忍不住了。便写信给国民政府司法院长王宠惠说：

先生是研究法律的专门学者，对于此种提案，不知作何感想？在世界法制史上，不知那一世纪那一文明民族曾经有过这样一种办

① 邹鲁：《回顾录》下册，三民书局版，第363页。并见《胡汉民先生年谱》，第503页。

法，笔之于书，立为制度的吗?[①]

上案在国民党三全大会虽未成立，但大会所通过的《确定训政时期党、政府、人民行使政权治权之分际及方略案》对于人民的权利，仍由党的机构加以限制，规定："中国国民党最高权力机关……于必要时，得就于人民之集会、结社、言论、出版等自由权，在法律范围内加以限制。"又"中华民国人民须服从拥护中国国民党……始得享受中华民国国民之权利"[②]。这些忽视民权与人权的规定，在自由主义的知识分子看来，不免有违反时代潮流的感觉。胡适即在《新月月刊》上连续发表文章，对国民党方面的措施，提出严厉的批评。主要的有下列几篇:《人权与约法》，第 2 卷第 2 期，1929 年 4 月;《我们什么时期才可以有宪法》，第 2 卷第 4 期，1929 年 6 月;《知难，行亦不易》，同前卷期;《新文化运动与国民党》，第 2 卷第 6、7 期合刊，1929 年 10 月。

胡适的批评，相当激烈。例如在《人权与约法》文中列出许多事实，指出南京国民政府保障人权命令的虚伪。在《我们什么时期才可以有宪法》文中指出："我们不信无宪法可以训政，无宪法的训政只是专制。我们深信只有实行宪法的政府，才配训政。"《知难，行亦不易》更尖锐地指出:

以一班没有现代学术训练的人，统治一个没有现代物质基础的大国家，天下的事有比这个更繁难的吗? 要把这件事办好，没有别的法子，只有充分请教专家，充分运用科学。然而行易之说，可以作一班不学无术的军人、政客的护身符! 此说不修正，专家政治决不会实现。[③]

---

① 胡适致王宠惠（稿），1929 年 3 月 26 日。《胡适来往书信选》上册，中华书局香港分局 1983 年版，第 511—512 页。以下简称《胡信选》。

② 国民党三全大会通过《确定训政时期党、政府、人民行使政权治权之分际及方略案》，1929 年 3 月 21 日，《革命文献》第 76 辑，第 83 页。

③ 吴相湘:《胡适"但开风气不为师"》，见《民国百人传》第一册，台北传记文学出版社 1971 年版，第 156 页。

胡适的批评，曾受当局的查禁，却获得其他知识分子的共鸣。例如，张孝若致函胡适说：

> 时局搅到这地步，革命革出这样子，谁都梦想不到的。而事实一方面，确是愈趋愈下。防民之口，甚于防川，现在政府对老百姓，不仅仅防口，简直是封口，都是敢怒而不敢言。……最痛心的，从前是官国、兵国、匪国，到了现在，又加上党国，不知中华几时才有民国呢？①

蔡元培致胡函，认为胡的“大著”《人权与约法》是“振聩发聋，不胜佩服”②。知识分子对于“国事”似乎处于无奈之中，一位山西大学国文教授马小进作有“打油诗”以嘲时局：“国事真是丢那妈！近来心事乱如麻。从来不食山西醋，来看佳人郭艳霞。”③

（四）南京中央内部的分裂

南京国民党中央在军事上既然取得胜利，各派反对势力受到暂时的抑制，但真正的问题并未解决。为了消除反对者政治的借口，蒋介石于结束战事之后，乃于1930年10月3日由开封前线致电国民党中央，提议召开国民党三届四中全会，以确定召集国民会议之议案，其中包括制定训政时期之约法问题。此议使胡汉民大加反对。其反对的主要理由，此不仅接受了反叛者的主张，也是推翻了三全大会的决议。在11月15日的一次全会会议中，为了制定约法问题，胡与其他与会人员起了强烈的争执。这天，参与全会的张群突向全会提出长达万言的议案，要求速开国民会议制定约法，并列举了五项理由，节略如下：

> （1）速开国民会议制定约法，为孙中山的遗教，徒为倡乱者所

---

① 张孝若致胡适，1929年7月31日。《胡信选》上册，第525—526页。

② 蔡元培致胡适，1929年6月10日。《胡信选》上册，第517页。

③ 陈公博：《苦笑录》，第247页。马小进为广西人，曾任扩大会议秘书。“郭艳霞”为戏剧名伶。

阻，转以归罪中央；今纵接纳反对者之意见，各国政治家或政府不无先例。

(2) 为使党与人民之关系渐臻密切，舍国民会议外，别无他途。

(3) 国民会议目的，在将本党建国的主义政纲提出公认，期得国民的赞助，实为增进党与国民团结之方法。

(4) 训政时期应行约法，在同盟会之四纲宣言、孙文学说及中国革命史均有说明。

(5) 三全大会决议确定总理各种遗著为训政时期之根本大法，但其中亦有不少不少法律性质。[①]

胡对上项说明颇为震怒。李石曾、吴敬恒等则支持上项提案，曾发生激烈的争论。全会最后的决议是先召集国民会议，制定约法的问题缓议。[②]

张群的提案，李石曾、吴敬恒的支持，实际则站在蒋介石方面说话。胡则坚持反对，实际则为否定蒋的意志。演变的结果，蒋、胡的分裂与冲突竟至发生了，1931 年 2 月 28 日晚间，胡应邀到蒋的总司令部与蒋发生激烈的言辞冲突后，遂由警卫人员送往汤山“休息”，即一般所谓的“汤山事件”。在此同时，胡辞去国府委员及立法院长。胡受此刺激，血压增高，情绪激动，于 3 月 8 日回南京双龙巷寓邸，但无行动自由。[③]

胡辞职后，召开国民会议制定约法即经国民党中央常会顺利通过，并积极从事约法的起草工作。经过为时两个月的筹备，国民会议即于 5 月 5 日开幕，12 日通过约法。但这项约法对于过去的训政，似无影响或有所改变。但“汤山事件”却引发了更为严重的政潮，造成宁粤之间长期的分裂。原被冲散的“扩大会议”部分人士如汪精卫等，再度聚集广州，与新加入的反蒋人士，在广州成立“非常会议”

---

① 《胡汉民先生年谱》，第 493—494 页。原据国民党“中央”党史会藏国民党三届四中全会原件。

② 同上。并见周聿峨、陈红民《胡汉民评传》，广东人民出版社 1989 年版，第 221 页。

③ 关于“汤山事件”经过，胡汉民撰有《革命过程中之几件史实》，原载《东方杂志》三十周年纪念专号。

与“国民政府”，使西南又回复到“分治”的局面。两年多来的党治努力，似告幻灭。胡汉民本人后来亦曾承认1928年以来的训政“没有党治，只有军治”；“既然是军治，便非民治，更非党治。军治的帐不能写到党治的帐上来”。①

六 结论

南京国民政府初期实施训政的目的，原期以党权及党治来削减北伐时期所形成的军权膨胀与地方军人分治的局面，其所表现的特色不仅大胆地以党权代替民权，且集军政大权于中央，在新的党政组织中，过于忽视不同派系的地位。这在中国久经战乱之后，像是一剂猛药。但由于打击的层面过广，结果促成不同派系的联合反抗，同时也使具有民主自由观念的知识分子发出不满的言论，更助长了反对者的声势。南京国民党中央在镇压反对者的行动上，取得军事的胜利之后，显然有意调整训政的尺度，对反对者的主张予以采纳，但不幸引起南京国民党中央内部的分裂，发生了“汤山事件”。不仅使西南地区回复到军人分治的局面，且因东北军进入华北之故，也使北方地区出现更大的军治局面。两年多的训政努力，似乎完全落空。两年内战之后，发生“九一八”事变，竟无抵抗而丧失广大国土。致南京国民政府和国民党的声誉，在国人心目中，大为降低。而训政的评价，常为史家所诟病。

平心而论，孙中山在其《建国大纲》中所规定训政时期的工作，是由下而上，由县而省而至中央，是以民治为基础的。南京国民政府在北伐后所实施的训政，是由上而下，而且只在中央，不到省县，是以党治为构想，与《建国大纲》的精神，颇不相同。这并非规划者的疏失，而是由于当时形势所迫。因为在军权决定一切的情况下，民权既不可期，唯有希图以党权来平衡军权，以党治来取代军治，未尝不是较为切合实际的选择。但不幸的，国民党的本身既是四分五裂，互相对抗。党人之间的意见，既多分歧，则又依恃军人为工具。要想借训政来提升党权，推行党治，来消灭军权及改变既成的军治局面，显然是很困难的。正如

---

① 胡汉民：《党权与军权之消长及今后之补救》，见《三民主义与中国革命》，第50页。

孙中山早年在《约法之精义》中所说的："既借兵权之力，取政府之权力以为己有矣，则其不能解之于民者，骑虎之势也。"又云："中国革命成功之英雄，若汉高祖、唐太宗、明太祖之流，一丘之貉，不寻其以致此之由，而徒斥一二人之专制，后之革命者，虽有高尚之目的，而其结果将不免仍蹈前辙，此宜早为计者也。"[①] 辛亥革命之际，未行"约法之治"；北伐之际，未行《建国大纲》中的训政工作，造成军权独大的既成事实，事后要其让出既得之权力，不可能之事也。

① 见《国父全集》第 2 册，第 411 页。

对重庆谈判一些问题的探讨*

章百家

重庆谈判是抗日战争结束后中国政治生活中的头号事件，距今已近半个世纪。近十年来，国共双方先后公布了一批有关重庆谈判的档案，加上美国方面的档案以及其他文献，有关资料已比过去充实了许多。时间的流逝、各方档案的公布，为客观分析这一历史事件，解开以往研究中的部分疑点，提供了较好的基础。

一　重庆谈判的背景

重庆谈判发生在抗日战争结束向战后时期转变的关键时刻，以往对重庆谈判的论述大多以这个短时期为背景。但是，正像许多重大的历史事件一样，重庆谈判的背景是复杂的和多层次的；仅了解短期情况很难对国共两党在这场谈判中各自的动机目的和政策策略作出准确的判断和分析。笔者打算回溯得更远一些，把眼界放得更开阔一些：一方面，便于说明与重庆谈判有关的各种线索；另一方面，可以以双方政策的长期发展脉络作为分析短期情况的基础。

（一）战时国共谈判与战后重庆谈判的联系

重庆谈判涉及的重要问题大多是在抗战期间提出或出现的。关于战

* 本文原载《近代史研究》1993 年第 5 期。

时国共谈判与战后重庆谈判之间的联系，这里简略地指出以下三点：

首先，与人们一般所知的情况不同，蒋介石与毛泽东会面的问题并不是在抗战结束时才提出来的；事实上，早在太平洋战争爆发后不久，蒋介石和毛泽东就设想过由他们二人直接会谈，以解决国共矛盾问题。1942 年 8 月 14 日，蒋介石在重庆约见周恩来，提出他打算在西安约毛泽东一晤。毛泽东得知后十分积极，愿出面与蒋会谈，以争取“将国共根本关系加以改善”。不过，周恩来认为，毛与蒋会面的时机尚不成熟，安全也缺乏保障，中共中央决定，先派林彪与蒋见面，以判明其意图。此后，林彪赴渝谈判达半年之久，蒋迟迟未提与毛会谈之事。① 另据张治中回忆，1943 年夏季，在林彪即将返回延安时，蒋介石突然写了一封信托张交林转毛泽东，再次表示要邀请毛来重庆面谈一切；但此时国共关系再次恶化，中国共产党方面未作答复。② 尽管蒋介石与毛泽东在抗战期间始终未能会面，但这个问题的提出为战后重庆谈判打下了重要的伏笔。

其次，在毛泽东前往重庆与蒋介石举行会谈时，由美国提供交通便利和安全保证问题也是在抗战期间提出的。1944 年下半年，美国开始直接插手国共谈判。9 月，赫尔利以总统私人代表的身份来华；11 月上旬，他在延安与毛泽东举行会谈。在这次会谈中，双方签署了以建立联合政府与联合军事委员会为核心内容的《五点协议草案》。赫尔利还主动提出，如果蒋介石表示愿意会见毛泽东，他愿意陪同毛泽东去见蒋；不管会谈成败如何，他将以美国的国格来担保毛泽东及其随员在会谈后能安全返回延安。毛泽东回答，他很久以前就想见蒋先生，过去情况不便未能如愿；现在有美国出面，赫尔利将军调停，如果蒋能同意这次会谈所达成的五要点，他即可与蒋见面。③ 虽然赫尔利的这次斡旋活动很快就失败了，但美方为毛泽东与蒋介石的会谈提供安全保障一事却由此而来。

最后，重庆谈判与战时国共谈判有明显的连续性，这两次谈判面临的实质问题是相同的。概括地看，战时国共谈判围绕着三个基本问题，

---

① 杨奎松：《失去的机会——战时国共谈判实录》，广西师范大学出版社 1992 年版，第 118—130 页。后文注简称为杨奎松《失去的机会》。

② 《张治中回忆录》下册，文史资料出版社 1985 年版，第 685 页。

③ 重庆市政协文史资料研究委员会、中国共产党重庆市委党校、红岩革命纪念馆编：《抗战时期国共合作纪实》，重庆出版社 1992 年版，第 365 页。

即中国共产党军队问题、敌后解放区政权问题和两党关系问题。双方的基本分歧是：中国共产党方面要求国民政府承认中国共产党领导的抗日军队的地位，根据抗战需要、抗战成绩及现有军队实数加以整编；要求承认解放区民选政府为地方政府；要求承认中国共产党及一切抗日党派的合法地位。国民党方面则以军令政令必须统一为由，试图尽量缩减中国共产党军队的数量，拒绝承认解放区政权，并表示只有在中国共产党交出武装和解放区政权的条件下才能给予中国共产党合法地位。这三方面的分歧也正是战后重庆谈判试图解决的。

（二）抗战后期，国共双方对战后问题的设想

抗战后期，国共双方设想的战后政策主要包括两部分内容，一部分是对中国政治前途的设想，另一部分是如何处理两党关系，这两个部分是紧密联系在一起的。

首先，在中国共产党方面。抗战期间，在考虑战后问题时，毛泽东有两条不同的思路：一条思路是国共两党长期合作，实现和平建国；另一条思路是准备应付国共关系破裂，内战爆发。这两条思路一直伴随着国际上美苏关系和国内国共关系或紧或松的状况交错发展。虽然中国共产党始终做着两手准备，但总的来看，力争第一种前途是中国共产党政策的主导方面。

太平洋战争爆发后不久，毛泽东就提出，中国共产党的方针是“极力团结国民党，设法改善国共关系，并强调战后仍须合作建国”①。1942年7月7日，中共中央发表《为纪念抗战五周年宣言》（后简称《宣言》），首次指出：“战后的中国应当是各党派合作经过人民普选的民主共和国……战后中国的新秩序的建立应当依据孙中山先生的三民主义，国民党的抗战建国纲领和中国共产党的施政纲领与社会政策。”《宣言》还强调，国共两党在抗战胜利后应继续团结，承认蒋介石“不仅是抗战的领导者，而且是战后新中国建设的领导者”，② 这些内容可以说是抗战结

① 毛泽东致刘少奇电，1942年7月9日。

② 中央档案馆编：《中共中央文件选集》第13册，中共中央党校出版社1991年版，第408—412页。

束后中国共产党提出的“和平建国”方针的雏形。尽管此后国共关系时有起伏，但到了抗战末期，随着自身力量的发展，中国共产党力争战后和平民主的方针变得更明确了。1945年4月下旬，中国共产党七大开幕时，毛泽东提出，在国际上英、美、苏三大国的团结是主要的，是统治一切的和决定一切的；由于存在这一有利的国际条件，国民党有可能做出让步，与中国共产党取得妥协；战后中国可能由此走上和平统一道路，废止一党统治，实行民主改革，建立包括各党派在内的联合政府，以逐步达到在全国实现新民主主义的政治目标。[①] 在当时的情况下，这是一个长期的路线方针，而不是一个短期的策略。

在国民党方面。在处理国共关系时，蒋介石的一贯考虑是利用一切可能的机会削弱乃至消灭共产党，以确保战后在维持国民党一党统治的前提下“实施宪政”。无论他是否真的相信国民党有能力消灭共产党，但从抗战后期他的所作所为来看，蒋介石力争的目标至少是要把中国共产党削弱为没有独立武装、不掌握根据地政权、在政治上无足轻重的小党派。为此，他准备使用“军事解决”和“政治解决”两种手段，并把军事解决的办法置于首位。

1945年5月下旬，国民党召开第六次全国代表大会。蒋介石带头指责“中国共产党要发动内乱”，声称他的责任是“要巩固本党的基础，制止共党篡窃的阴谋”[②]。这次会议通过的文件诬蔑中国共产党“一贯坚持其武装割据，借以破坏抗战”，提出联合政府是“企图颠覆政府，危害国家”[③]，强调与中国共产党的斗争无法妥协，国民党的“急务”在于创造对中国共产党斗争的“优势与环境”。虽然这次会议对外宣称，对中国共产党问题“坚持以政治方式力求解决”；但4月上旬蒋介石已下达命令，要各战区在7月以前“集中全力以消灭奸匪之组织及武力”[④]，这是他把

---

① 毛泽东：《论联合政府》，载于《解放日报》1945年5月2日。

② 朱汇森主编：《中华民国史事纪要》（初稿），1945年5—7月卷，台北“国史馆”1987年版，第186页、第114页。

③ 荣孟源主编：《中国国民党历次代表大会及中央全会资料》（下册），光明日报出版社1955年版，第921—922页。

④ 国民政府军令部战史会档案（二十五），5816。参见杨奎松《失去的机会》，第189—190页。

军事解决置于优先地位的明显证据。

在既定的斗争态势下，国共两党各自采取的方针政策都可以说是合乎本能的选择。在国民党由盛而衰、共产党由弱而强的转换过程中，抗战结束前后是极为关键的一段时间。此时，共产党准备力争和平，国民党倾向首先使用武力，这是因为尽管从纯粹的力量对比上看，国民党比较强大，共产党相对弱小，但从发展趋势上看，国民党的颓势已相当明显，共产党却有一股挡不住的上升势头。为维持自己对国家权力的垄断地位，国民党急于利用尚存的军事优势及早打断共产党上升的势头，至少也要把共产党的力量削弱到不足以对自己的地位构成威胁；共产党则希望尽可能地推迟摊牌的时间，以避免挫折，取得进一步的发展，有把握地赢得最后胜利。

较弱的一方希望和，较强的一方要打，一般来说其结果必然是打；中国内战之所以能推迟到抗战胜利后将近一年才爆发，在很大程度上是美苏两国干涉的结果。

（三）雅尔塔协议、中苏条约谈判与重庆谈判

以往，人们注意到雅尔塔协议与中苏条约之间的联系，但没有注意到这两者与此后重庆谈判之间的联系。从现有史料来看，这两者与后者之间的联系是不容忽视的，特别是中苏条约谈判与重庆谈判的关系可以说相当直接。

众所周知，在雅尔塔会议上，美苏两国首脑一致同意支持由蒋介石来统一中国以避免发生内战，并由中苏两国政府签订一项友好同盟条约来实现美苏两国在中国问题上所达成的协议。这种似乎一致的美苏对华政策充满种种矛盾，它造成的影响也是错综复杂的。4 月上旬，依据雅尔塔协定的精神，赫尔利在华盛顿宣称美国只支持蒋介石领导的政府。几天之后，蒋介石就下达了全力清剿共产党的命令；但 4 月下旬，苏联提出与国民党政府谈判，随后，美国也作出同样暗示，这就迫使蒋介石不得不更多地考虑政治解决的办法。

尽管中苏条约谈判基本是在美苏雅尔塔协议所框定的范围内进行的，但国民党政府并不缺乏自己的考虑。在国民党事前拟就的“对苏交涉方针”中，“中国共产党问题”被专门列为一款。显然，蒋介石从一开始就

打算把这一谈判与他解决共产党问题的设想衔接起来。7 月初，谈判开始以后，斯大林提出外蒙古独立问题。作为答复，蒋介石指示要把“苏联今后不再支持中国共产党与新疆匪乱”和保证“东三省领土主权及行政之完整”作为国民政府承认外蒙古独立的“交换条件”①。这样，原先隐含在雅尔塔协议中限制中国共产党发展的问题就被直截了当地提了出来。蒋介石让宋子文明确告诉苏联人，在中国共产党问题上，国民党的要求是：“中共对军令、政令必须完全归中央统一，即照各国政党对国家法令切实遵守，则政府将一视同仁，一俟正式国会召集，政府改组时，当可容纳其在行政院之内，但决不能称为联合政府。”② 这实际就是重庆谈判时蒋介石对中国共产党方针的雏形。对于蒋介石的条件，斯大林相当爽快地答应了。关于国共关系问题，斯大林共表示了三点意见：第一，“中国只能有一个政府，由国民党领导”，但应容纳共产党和其他人士参加；第二，“中国政府要求军令、政令统一，极为允当”，国民党不愿建立联合政府是“正当之愿望”；第三，苏联援助中国的一切武器及其他物资“均以中央政府为惟一对象，不供给武器于共党”。他还半是拉拢半是威胁地说：“在中国有国民党，其他力量即为共产党，共产党能推翻政府乎？……如果中国与苏联同盟，将无任何人可推翻中国政府。”③ 这些话意味着，斯大林承诺不支持中国共产党建立联合政府的主张，而赞助由蒋介石来统一中国。由于斯大林的承诺，在寻求以政治方式解决国共矛盾时，国民党方面的筹码无疑大大增加了。

（四）抗战结束前夕国共冲突加剧的原因

抗战结束阶段，国共之间的紧张状况是人们所熟知的，导致这种紧张状况的原因主要有三点：

第一，中苏谈判开始后，蒋介石一方面于 6 月底同意六位国民参政员访问延安，以示他愿意寻求政治解决；但另一方面，他仍试图抓紧抗

---

① 秦孝仪主编：《中华民国重要史料初编——对日抗战时期》第三编《战时外交》（二），中国国民党中央委员会党史委员会，1981 年，第 596 页。

② 同上书，第 594 页。

③ 同上书，第 588、602、609 页。

战结束前的最后机会从军事上打击中国共产党。7 月中旬，美国决定派遣美军在中国沿海举行规模不大的登陆，其目的不但是为表明美国决心帮助中国驱逐日本，而且是为表明美国对国民政府的援助正在增加，以牵制中国的反对派共产党。[①] 这个军事安排立刻增加了蒋介石使用武力的倾向。一个明显的迹象是，7 月底，发生了胡宗南部队进攻陕甘宁边区淳化地区的事件。

第二，在中国共产党七大即将结束时，鉴于国际上美苏关系和国内国共关系都趋于紧张，毛泽东对战后中国前途的估计不再像七大开幕时那样乐观，他甚至十分担心抗战一结束内战就会接踵而至。七大闭幕前，毛泽东在讲话中多次强调，现在美国的政策是联蒋抗日拒苏反共，企图独霸东方，中国战后有可能爆发内战，甚至会出现美国的武装干涉的危险。他要求全党做好准备，要“估计最坏的一着”[②]。

第三，抗战出人意料地提前结束使原先就陷于紧张的国共矛盾变得更加尖锐，受降问题成为双方斗争的焦点。在国共两党各自召开代表大会时，双方都估计战争还将持续一年左右的时间。但 8 月上旬，美国向日本投掷了原子弹，苏联红军出兵东北，战局立刻发生决定性变化。在获悉日本即将投降的消息后，中国共产党领导人曾考虑在适当的时机恢复国共谈判。[③] 但是，在蒋介石下达了禁止中国共产党部队参加受降的命令后，中国共产党领导人立即决定把反对内战危机置于中国共产党政策的首位。8 月 13 日，毛泽东发表题为《抗日战争胜利后的时局和我们的方针》讲演。他不仅严厉抨击蒋介石坚持独裁、挑动内战，而且斥责美帝国主义老早就确定了要帮助蒋介石打内战的政策，并鲜明地提出了“针锋相对，寸土必争”的方针。

抗战胜利的曙光带来了和平的希望，同时也投下了内战的阴影。

---

① 《美国对外关系》（FRUS），1945 年，中国卷，第 136—137 页。

② 中共中央文献研究室编：《周恩来年谱》，中央文献出版社、人民出版社 1989 年版，第 608 页。

③ 见《中共中央文件选集》第 15 册，第 228 页；毛泽东致徐冰、张明电，1945 年 8 月 10 日。

二 国共双方关于重庆谈判的决策

8 月 14 日，就在日本投降的那一天，蒋介石向延安发出第一封电报，邀请毛泽东到重庆会谈，共同商讨国际国内各种重要问题。16 日，毛泽东回电说，只有等到蒋介石答复了朱总司令关于八路军参加受降问题的电报之后才考虑与他会面的问题。20 日，蒋介石发出第二封电报，再次邀请毛泽东赴渝。22 日，毛泽东复电蒋介石，兹为团结大计，特先派周恩来同志赴渝。23 日，蒋介石第三次来电相邀。24 日，毛泽东回电表示，准备立即赴渝，与蒋介石会面，商讨和平建国大计。①

双方的往来电报是公开的，这一过程尽人皆知，但其中有两个重要问题一直不很清楚：第一，在国民党方面，蒋介石原打算首先使用武力，这时为什么突然向毛泽东发出邀请？第二，在中国共产党方面，毛泽东对与蒋介石举行最高级会谈的态度在几天之内出现了明显的变化，从准备观察一时到决定立即亲赴重庆，这个转变是怎样发生的？

（一）蒋介石决定邀请毛泽东的原因

抗战结束时，在究竟是使用内战方式还是使用和平方式来处理国共关系的问题上，国民党掌握着较大的主动权。到目前为止，虽然仍没有史料能直接说明蒋介石发出这一邀请时的具体考虑，但综合各方情况已可以比较准确地推断出他作出这个决策的基本原因。

首先，从军事角度来看，抗战结束时国民党尚不具备立即发动内战的条件和能力。抗战突然结束造成的一个重要后果是国共双方都没有足够的时间来实施预先拟定的战略反攻计划，没有一方在战争结束时取得预期的优势地位。相比之下，共产党军队虽然数量少些，装备差些，但由于长期坚持敌后斗争，在华东华北占有优势，捷足先登，率先收复了一批战略要点；国民党军队尽管在数量和武器装备上占有优势，并有美国飞机军舰运送的便利，但它的绝大部分部队仍滞留在西南和东南地区，

① 双方之间的往来电见中国共产党重庆市委党史工作委员会、重庆市政协文史资料研究委员会、红岩革命纪念馆编《重庆谈判纪实》，重庆出版社 1983 年版，第 21—24、36—37 页。

远离敌占区。正如人们在战后最初阶段所看到的，为抢先接收与占领华东、华中、华北的大城市和战略要地，国民党使用了一切可能的办法，包括由美军替它开道，利用伪军日军驻守，甚至连抗战期间一直包围陕甘宁边区的胡宗南部队也有将近一半被调离陕西赶赴河南。尽管在一些地区很快出现了国民党军队进攻、中国共产党军队防守的情况，但双方所处的总态势决定了国民党在短期内不可能聚集起足以向中国共产党解放区发动大规模战略进攻的力量。

其次，8 月 14 日中苏条约签订，在蒋介石看来，有可能按照他的条件实现政治解决的机会已经到来了。在中苏条约即将签字之前，参加谈判的王世杰致电蒋介石说，就国民党方面的利害而言，这次缔约的重要意义之一在于“可以明中苏之关系，减少中国共产党之猖獗”[①]。中苏条约签署后，蒋介石告诉赫尔利，他对这个条约“总的来说是满意的”，条约表明“苏联支持中国国民政府”并“愿意帮助统一中国的武装力量”[②]。从这些言论不难看出，国民党领导人把中苏条约的签订视为从政治上解决中国共产党问题的一张王牌，只是它后来起的作用远不如他们想象的那样大。据说，邀请毛泽东是出于吴鼎昌的建议[③]，但有理由认为，蒋介石本人在策划中苏条约谈判时就考虑到这个问题。尽管还没有材料能直接证实这一点，但赫尔利的反应颇能说明问题。8 月 15 日晚，蒋介石向赫尔利通报有关中苏条约谈判的情况。一听到条约已经签署，赫尔利立刻提出现在已到了邀请毛泽东的适当时机。[④] 虽然此时邀请已经发出，赫尔利的建议只是“马后炮”；但重要的是这件事提醒我们，赫尔利一下就想到的问题，蒋介石本人早就会有所考虑。

在近期内，以军事方式解决国共矛盾的条件尚不具备，而求得政治解决的可能性又增加了，这是蒋介石把对共产党的策略从首先使用军事方式转为首先采取政治方式的主要原因，这种策略上的转变构成了蒋介石向毛泽东发出邀请的前提。此外，其他一些因素也对这一决策具有重

① 《中华民国重要史料初编，第三编，战时外交》（二），第 650 页。

② 《美国对外关系》，1945 年，中国卷，第 445—446 页。

③ 同上。

④ 《重庆谈判纪实》，第 412 页。

要影响。例如，抗战期间蒋介石已考虑过与毛泽东会面的问题，战后美苏两国政府不愿中国发生内战，国际国内舆论要求中国和平，国统区人心厌战等。如果国民党决心寻求政治解决的话，对它来说，这的确是历史上曾经出现的最为有利的时机，但它显然缺乏这种决心与诚意。

对蒋介石转向政治解决之后的策略需做进一步的分析。蒋介石对谈判本身没有多少兴趣，甚至表现得不很重视；但他全盘策略的重心并不在于“谈”，而在于最大限度地调动各方，从外交、军事和政治三方面向中国共产党施加压力，造成战略上的“优势与环境”，迫使中国共产党或是接受他长期以来坚持的“政令军令之统一”，或是在政治上陷入全面被动的窘地。在邀请发出之前，蒋介石手中已握有两张大牌：一张是外交方面的，美苏两国一致支持他统一中国；另一张是军事方面的，美国答应以受降和接收为名帮助国民党运送大批部队，苏联答应军需品及其他物资援助仅给予国民政府。蒋介石对毛泽东的邀请则是一张政治牌，这张最先打出的牌也是完成他全盘部署的最后一步。如果毛泽东前来，在各种压力之下，蒋介石有可能指望“不战而屈人之兵”；如果毛泽东拒绝接受邀请，那就意味着蒋介石不仅轻而易举地赢得了战后国共斗争的第一个回合，而且还获得了自由选择下一回合斗争方式的主动权。邀请的时机和形式是与这一策略相配合的。从时机上看，邀请恰在中苏条约签订、日本投降的同一天发出，可谓紧锣密鼓，一环扣一环。从形式上看，未经磋商便突然地、直接地向毛泽东发出邀请，这是一种出人意料、不留余地的办法。显而易见，这种办法旨在向中国共产党方面施加最大压力，而无助于改善气氛，为两党最高领导人的会谈创造条件。

历史地看，在国共两党的斗争中政治方式与军事方式一直是交替使用、互相配合的。蒋介石决定首先尝试政治解决的方法并不排除在寻求政治解决时以军事力量作为施加压力的手段，也不排除下一阶段或最终改为以军事方式为主来解决国共关系问题的可能性。

（二）中共中央的决策过程

这时接到蒋介石的邀请多少出乎中国共产党领导人的意料。当时，共产党最担心的是国民党可能发动内战，延安的人们几乎出自本能地把蒋介石的邀请看作“鸿门宴”，所以毫不奇怪，毛泽东第一封复电的口气极为冷淡，周恩来也认为“请毛往渝全系欺骗”[①]。然而，经过几天时间的观察分析，形势的发展表明国民党要立即发动全面内战还存在许多难以克服的困难，中国共产党争取一个和平民主局面的可能性仍然存在。于是，以毛泽东为首的中国共产党领导人很快决定以审慎而积极的态度来对待重庆谈判。比较明显的变动是从 20 日开始的。翻阅这段时间毛泽东签发的大量指示就可以看出，此前他集中精力处理的是各种紧迫的军事问题，此后他的注意力迅速转移到与谈判有关的事宜上来。

20 日，也就是蒋介石发出第二封邀请电的当天，毛泽东和周恩来商定，由周恩来先行赴渝见蒋，并电告南方局徐冰与邵力子交涉，速派飞机来延安。[②]

22 日，毛泽东的第二封复电发出。虽然这封电报仍未提及毛泽东本人是否赴渝的问题，但派遣周恩来赴渝已清楚地向外界表明了中国共产党愿恢复国共谈判的立场。同日，中共中央和中央军委联合发出《关于改变战略方针的指示》。[③] 最重要的战略变动是立即决定放弃正在发动中的在上海、南京、北平、天津等大城市武装起义，改为占领中小城市和向农村地区发展，避免与国民党军队发生重大冲突。这种战略变动表明中国共产党领导人对总形势的判断已有所改变。

23 日清晨，驻延安美军观察组转来魏德迈的电报。该电表示，赫尔利愿继续在国共两党之间进行调解并愿履行从前的允诺。当天，毛泽东在回电中表示：为谋中国团结、远东和平，他“亟愿至渝与蒋委员长共商大计”[④]。这封电报第一次透露出毛泽东准备与蒋介石举行会谈，不过，看得出来，行文中仍留有回旋余地。

23 日下午，中共中央政治局在枣园召开扩大会议，大约有五十名高级干部参加。可以说，在重庆谈判前的决策过程中，这次会议是最关键的。由于保存了完整的记录，现在可以详细地了解到当时中国共产党领导人对整个形势的看法以及他们在决策时的各种考虑。

---

① 《周恩来年谱》，第 614 页。

② 毛泽东致徐冰电，1945 年 8 月 20 日。

③ 《中共中央文件选集》，第 15 卷，第 243—244 页。

④ 毛泽东复魏德迈电，1945 年 8 月 23 日。

会议一开始，毛泽东首先发言。他开门见山的一段话是：“恩来同志先去谈判，我后一下。现在的情况是抗日战争的阶段已经结束，进入和平建设阶段。全世界欧洲、东方都是如此，都进到和平建设时期。不能有第三次世界大战是肯定的。”熟悉中国共产党党内生活的人都知道，这段话实际就是拍板定调子，它确定了中国共产党战后力争实现和平建国的总方针。随后，毛泽东全面分析了战后形势，阐述了中国共产党在国共谈判中将采取的政策以及今后中国革命的发展道路问题。

归纳起来，关于战后形势，毛泽东着重分析和解答了三个方面的问题，他所针对的是当时在相当一部分党员和干部中出现的失望和担忧情绪，这种情绪的出现是由于抗战结束时中国共产党未能如所期望的那样占领一部分大城市，苏联也未像许多中国共产党党员幼稚地认为的那样理所当然地给予中国革命以直接援助，以及当时国共关系的极度紧张。

第一，关于抗战结束后国共两党所处地位的优劣比较。毛泽东说，我们曾经可能在两种不同的情况下进入和平阶段：一种是可以得到一部分大城市，一种是得不到。现在，我们只能在得不到大城市的情况下进入和平阶段。在今后的斗争中，蒋介石的有利方面是他有合法地位与大城市；不利方面是在他面前摆着强大的解放区，他有内部矛盾，他不能满足人民的民主民生的要求。中国的民族独立由于日本的失败基本上已完成，这样民主民生的要求就突出了。我党有利的方面是抗日的功劳蒋介石不能磨灭，我党在全国人民中的地位为大革命与内战时期所没有过，广大解放区的存在使国民党无法封锁，为民主民生而奋斗的纲领能解决蒋介石所不能解决的问题；不利的方面是，没有大城市，没有机械化的军队，没有合法地位。

第二，关于美苏两国的对华政策及其影响。毛泽东指出，“抗战期间，美国没有帮助我们，赫尔利的政策胜利了。现在，苏联为了中苏条约和国际和平，不可能也不适于帮助我们。美国不公开帮助蒋介石，决定苏联也不能公开帮助我们。苏如助我，美必助蒋，大战即爆发，和平不能取得。在欧洲，苏联助保加利亚而不及希腊，是因希腊为英国所必争；在亚洲，中国则为美国所必争。主要是由于美国的势力使我们的发展受到了限制，我们如果占领南京、上海等大城市，美国一定要干涉”。关于尚未公布的中苏条约，毛泽东估计，内容大概是苏军进军区域限于东北三省。他说，“目前我们要这样看，苏联不帮我们比帮我们对中国人民更有利，虽然这可能引起我们某些同志失望”。

第三，关于内战与和平问题。毛泽东说，我们现在的口号是“和平、民主、团结”，这三大口号是有现实基础的，是能得到国内外的广大同情的。和平能够取得，这是因为：苏美英需要和平，不赞成中国内战；中国需要和平，过去是大敌当前，现在是疮痍满目；前方各解放区损失很大，人民需要和平，我们需要和平；国民党也不能下决心打内战，因摊子没摆好，兵力分散，内部有矛盾。国民党本身的困难，加上解放区的存在和我们不易被消灭，人民与国际反对内战，因此内战是可以避免与必须避免的。虽然蒋介石想消灭共产党的方针没有改变，也不会改变；但由于上述诸条件，他可能只好暂取和平，以便医好伤疤，壮大力量，将来等待机会消灭我们。我们要利用他这个暂时的和平。

关于即将到来的国共谈判，毛泽东讲了三个方面的问题。从这三个方面可以看出中国共产党的对策和基本部署。

第一，关于谈判的步骤和安排。毛泽东当时的设想是，首先由中共中央委员会发表一个声明，以表明中国共产党和平、民主、团结的姿态；重庆来的飞机一到，周恩来立即动身去谈判，两天后回来，实际是先进行一轮预备性谈判；然后，毛泽东由赫尔利陪同前往重庆。毛泽东强调说：“这回不能拖，应该去，而且估计也不会有什么危险。”

第二，关于中国共产党的基本要求。会议根据毛泽东的提议，讨论并通过了“目前的紧急措施”。这份文件由周恩来起草，内容最初为 12 条，毛泽东阅后补充两条，成为 14 条，又经博古提议，会后将 14 条合并为 6 项，于 8 月 25 日在《中共中央对目前时局宣言》中发表。毛泽东预计，“谈判开始后，双方力争的是最现实的承认解放区和解放军的问题，可能要打打停停，甚至可能要打得蒋痛，才能逼他让步。总之，他是不会满足我们的”。

第三，关于谈判期间各条战线、各方面工作的部署和配合。毛泽东说明，在宣传方面，对国民党的批评原定要停一下，后因日本突然投降，蒋介石要中国共产党“驻防待命”，不得不再批评一下。这次会议后要逐渐缓和下来。以后，中国共产党的方针仍是“蒋反我亦反，蒋停我亦停，以斗争达团结，有理有利有节”。在军事方面，毛泽东着重指出，“最近两星期的进军是需要的，今后还要进军一个时期，夺取更多的中小城市；今冬要整训军队，摆出内战不好打的姿态给蒋介石和美国看，以便于在谈判中取得比较有利于我的解决；谈判未成功，国民党进攻解放区应该回击，但条件是打胜仗，无把握的不打”。此外，毛泽东还强调了和平时期城市工作与军队工作的极端重要性，指出不学会做好这两项工作，中国人民的最后解放是不可能的。最后，毛泽东还指出解放区的各项工作要做持久打算。

在讲话快结束时，毛泽东就这次谈判可能产生的历史性结果和中国共产党今后的斗争道路作了重要说明。他说：“‘七大’时讲的长期迂回曲折，准备最大困难，现在就要实行了。希腊、法国的共产党人得了雅典、巴黎，但政权落在或主要落在别人手里；我们现在在全国范围内大体要走法国的路，即资产阶级领导而有无产阶级参加的政府。中国的局面，联合政府的几种形式，现在是独裁加若干民主，并将占相当长的时期。我们还是钻进去给蒋介石洗脸，而不要砍头。这个弯路将使我们党在各方面达到更成熟，中国人民更觉悟，然后实现新民主主义的中国。四万万五千万人的中国等于一个欧洲，欧洲现在许多国家还没有胜利或不由共产党完全领导。我们要准备有所让步，准备最大的困难。从外国得不到帮助，军队可能由谈判缩小，内部出现不一致等等。决定的一点就是我们内部的团结，只要我们团结一致，敌人是不能压倒我们的。只要我们站稳脚跟，有清醒的头脑，就不怕一切大风大浪。”

毛泽东的讲话十分全面地反映了中国共产党领导人对整个形势的看法，并提出了中国共产党在新形势下的现实目标。为避免误解，对毛泽东所说的“要走法国的路”需作两点解释：其一，十分明显，毛泽东当时准备在政治方面作出重大妥协。虽然中国共产党这时仍坚持建立联合政府的主张，但毛泽东明确指出，其性质是“资产阶级领导而有无产阶级参加”，其形式是“独裁加若干民主”。在这种联合政府内，中国共产党打算发挥的作用是非常有限的，它不同于毛泽东在中国共产党“七大”时所设想的那种中国共产党能在其中发挥重要作用、具有强烈新民主主义色彩的联合政府。其二，毛泽东虽以“要走法国的路”来说明中国革命以后可能经历的道路，但其含义及设想与后来受到中国共产党批判的“法国式道路”并不一样，最重要的差别在于毛泽东从未考虑过放弃武装和交出解放区政权。在这次讲话中，毛泽东特别强调“只要把军队拿在手里就有办法”。

周恩来在会议发言中指出，“国际上，美苏目前在东方问题上距离不大，都不愿有第三次大战；苏联不直接援助我们，对中国人民是有利的。在国内，蒋介石今天要下决心打下去还不可能，我们有准备就不怕。从抗战转到和平，我们实现这个方针的后盾和依靠，一个是力量，一个是人心”。他估计，在即将举行的谈判中可能有三种情况：第一，双方让步，求得妥协；第二，我党争取主动，迫蒋妥协；第三，出现“一面谈、一面行”或“打打停停”的局面，“我吃亏，他理亏”。关于毛泽东赴渝的问题，周恩来表示，要看他出去与蒋介石谈判的情况如何再作决定。

在这次会议上发言的还有十几位高级干部。他们一致赞成毛泽东对形势的分析，支持党中央在战后实行力争和平的方针，强调中国共产党首先要保持在抗战中已取得的果实，并表现出一定能在和平环境中获得发展的自信心。几乎每个发言的人都认为“苏军不入关、美军不登陆”这一形势对中国人民是有利的，原因有两个：其一，大战中苏联的消耗远远超过美国，目前如果美、苏分别直接援助中国国共两党的斗争，形势对中国共产党并不利；相反，苏军不进入东北以外地区，缓和美国反苏反共情绪，维持一个和平局面，这种情况对中国共产党和中国人民更为有利。其二，苏联红军进驻东北，客观上增加了中国共产党的声势，对国民党是一种威慑，使蒋介石在采取反共行动时不能不有所顾忌。中国共产党领导人的看法是非常现实的和合理的，他们相当敏锐地觉察到中苏条约客观上也带有抑制国民党的一面。

在是否需要毛泽东亲赴重庆参加谈判的问题上，人们的意见显然不一致。大多数人出于对毛泽东安全的担心，认为他不应轻易出去，至少也要再看一看才能决定。明确支持毛泽东出去的是朱德和彭德怀。他们认为，毛泽东出去有利于解决问题，有利于争取主动，能够给全国人民很大振奋，推动民主运动的发展。不过，彭德怀有些担心毛泽东出去可能增加蒋介石的气焰；因此，他主张双方先较量一下，打一仗，等到蒋介石的气焰被打下一点之后，毛泽东再去时机较为成熟。

最后，会议由毛泽东作了总结。他再次强调了以下几点：第一，和平是可能的、必须的，今天的方针是“七大”确定的，是抗战时期反内战方针的继续。第二，我们现在是在和平中进攻，但会有部分退却，我们准备以数量上的让步，以局部的让步换取全国的合法地位，养精蓄锐，迎接新形势。第三，和平时期是一个新环境，我党很需要这样一个时期来教育人民，锻炼自己，学会合法斗争，学会利用国会讲坛，学会做城市工作。第四，谈判未成功，国民党进攻我们，应予回击，条件是打胜仗。第五，关于他本人是否出去的问题，毛泽东说，今天还是决定出去而不是不出去；但出去的时机由政治局书记处决定，如果赫尔利、邵力子来，和他们出去这个姿态好些。

显然，23 日的政治局扩大会议把毛泽东将赴重庆一事基本决定下来，只是出去的时机还没有最后确定。可以设想，在这一重大决策最初的酝酿过程中，政治局书记处的五位书记毛泽东、刘少奇、周恩来、朱德、任弼时曾反复交换过意见。很遗憾，我们无法得知他们最初的讨论情况；但是可以肯定，在召开这次会议之前，毛泽东已经以一个伟大革命家和政治家的胆略和气魄下了要去的决心，书记处内也基本形成了一致意见。召开这样一次会议，一方面是因为事关重大，需要党中央集体作出决定；另一方面，也是先向党的高级领导干部提出建议，让他们做好思想上、心理上的准备。

据李维汉回忆，毛泽东的决定使党内相当多的高级干部感到意外。开始大家没有估计到他会亲赴重庆，消息传开后都很紧张，许多解放区的负责同志为他的安全计，或者口头劝说，或者打电报来，认为不去为好。李维汉的回忆还提供了另一个重要的情况，这就是周恩来当时曾力排众议，正确地分析了形势，主张毛泽东赴渝。周恩来认为，毛泽东赴渝的好处是可以同蒋介石直接谈判，争取有利于人民的谈判成果，并向国民党统治区的广大人民宣传我党要求实现和平民主的政治主张；同时，他估计在我方有强大的力量作后盾和美方作为“调解人”的情况下，国民党特务不敢随便动手，毛泽东的安全基本是有保障的。①

就在中国共产党召开政治局扩大会议的这一天，蒋介石向毛泽东发来第三封邀请电。次日，毛泽东在致蒋介石的复电中表示，先派周恩来见蒋，他随后赴渝。一天之后，毛泽东的决定又有所变化。25 日，魏德

---

① 李维汉：《回忆与研究》（下册），中共党史资料出版社 1986 年版，第 628 页。

迈再次致电毛泽东。当天，毛泽东回电说："承蒋委员长三电相邀，赫尔利大使两次表示愿望来延，此种诚意，极为心感"，并通知美方"欢迎赫尔利大使来延面叙，鄙人及周恩来将军可以偕赫尔利大使同机飞渝，往应蒋委员长之约，以期早日协商一切大计"①。这封电报意味着毛泽东已初步决定与周恩来一起去重庆。

除美方的两封电报之外，为促成重庆谈判，在这几天里苏联共产党也发来两封电报。不过，由于电报的原稿尚未见俄国公布，中国共产党的收报稿据说已经销毁，所以现在电报的详细内容和收到的准确时间都不太清楚。1960 年 7 月 31 日，周恩来曾在北戴河会议上回忆说，苏联的电报是在 8 月 22 日或 23 日来的，当时政治局的常委们都看了，电报的底稿大概烧了。刘少奇补充说，"苏联人说我们的路线是错误的，要我们重新考虑自己的路线"。当时负责翻译电报的师哲在回忆录中说，苏联的来电前后有两封。第一封的主要内容是，中国不能再打内战，再打内战就可能把民族引向灭亡的危险地步等。这份电报引起毛泽东极大不快，甚至很生气。过了两三天，斯大林打来第二封电报，主要内容是，世界要和平，中国也要和平。尽管蒋介石想打内战消灭你们，但是他已再三邀请毛泽东去重庆协商国事，你们一味拒绝，国内、国际各方面将不能理解。如内战爆发，必须考虑由谁承担战争责任的问题。毛泽东到重庆与蒋介石会谈，安全由美苏共同负责等。②

将有关回忆与中国共产党决策过程加以对照，可以推测，苏联方面的第一封电报在 23 日政治局扩大会议之前到达的可能性较大，甚至可能在 20 日之前就到达了；至于第二封电报则可能是在毛泽东 24 日致蒋介石电与 25 日致魏德迈电之间到达的。中国共产党决策过程中出现的重要变化与苏共两次来电有关是很可能的，但这两份电报影响的大小在未见到电文和未弄清确切收电时间的情况下难以判断。在赴重庆之前有据可查的讲话中，毛泽东只提到美国人的来电，而对苏联人的来电却缄口不言、未置一词，这里显然有十分微妙的原因。另一个提问是，中国共产党在重庆谈判开始后没有再提建立联合政府的要求，这是否也与苏联的来电

① 毛泽东请叶顿代转复魏德迈电，1945 年 8 月 25 日。

② 师哲：《在历史巨人身边》，中央文献出版社 1991 年版，第 308 页。

有关。如本文第一部分所述，斯大林在谈判中苏条约时已明确地向国民党政府暗示，苏联不支持中国共产党建立联合政府的主张；那么，苏联是否将这一意见告诉了中国共产党。这些疑问或许会随着苏联重要档案的解密而得到解决。从现有史料来看，尽管苏联的意见肯定对中国共产党领导人有所影响，但在考虑是否亲赴重庆时，毛泽东在国际方面更为关注的还是美国的态度和反应，这是因为当时美国的动向显然对中国政局具有更大更直接的影响力。

鉴于局势的迅速发展，25 日晚，中央政治局七人再次召开会议，并邀从重庆返回的王若飞参加，经彻夜讨论，就有关重庆谈判的几个关键问题作出了最后决定。26 日，在枣园召开的政治局会议上，毛泽东宣布了这些决定。主要有三点：第一，关于毛泽东是否赴重庆的问题。毛泽东说："决心答复魏德迈的电报，去！这样可以取得全部主动权。要充分估计到城下之盟的可能性，但签字之手在我。"第二，关于中国共产党的让步方案。毛泽东说明，我方必须作一定的让步，在不伤害双方根本利益的条件下才能得到妥协。我们让步的第一批资本是广东至河南；第二批资本是江南；第三批是江北，这需要看看，有些在有利条件下可以考虑让步。如果做了这些还不行，那么就"城下不盟，准备坐班房"。第三，关于总的战略部署。为巩固中国共产党地位，毛泽东的设想是把现有军事力量收缩集中到华北、山东和陇海路以北至外蒙古一带，并力争东北。他还考虑到，将来可能需要派遣更多的同志到延安以外的地区去工作，但领导核心仍留在延安。关于谈判的结果，毛泽东当时说："国共反映美苏"，"国际压力是不利于蒋介石独裁的"，"由于有我们的力量，全国的人心，蒋介石自己的困难，外国的干涉四个条件，这次是可以解决一些问题的"。这是一种比较乐观的估计。但实际上，毛泽东认为谈判无结果的可能性更大。在飞往重庆途中，毛泽东曾对胡乔木说，这次谈判很可能是"不了之局"。当天，中共中央向党内发出《关于同国民党进行和平谈判的通知》。

在了解中国共产党决策全过程之后，可以把毛泽东决定赴渝与蒋介石举行会谈的原因归纳如下：首先，毛泽东认为，实现和平、避免内战是有可能的；其次，从国共地位的优劣比较来看，如能实现和平将更有利于中国共产党的发展。在这两个前提下，毛泽东赴渝的益处在于：第一，增大实现和平的机会；第二，可与蒋介石直接谈判，有可能争取到更有利一些的条件；第三，便于争取中间派和国内外舆论的同情，第四，有利于开展外交斗争，避免给美国提供大规模援蒋的口实；第五，在爆发内战的情况下，使蒋介石无法转嫁发动内战的责任。总之，无论在何种情况下，只有毛泽东赴渝，才有利于中国共产党赢得政治上的主动地位。

通过重庆谈判前夕国共双方的情况加以比较，我们可以发现以下三点：第一，国共双方原先确定的方针基本没有变化，但在策略上都有所调整，双方都把政治解决置于优先地位，这就使毛泽东与蒋介石的会面成为顺理成章的事。这种策略上的变动，对国民党来说更多地带有暂时性，对共产党来说则与它的长期方针相吻合。第二，尽管国共两党都对通过谈判解决问题抱有一定希望，但双方都未因即将举行谈判而在军事上有丝毫松懈。第三，国民党虽一时在政治上占据较为主动的地位，但它对谈判毫无准备，特别是在全国人民最关心的和平问题上没有一个明确的方针；中国共产党则不仅鲜明地提出了“和平、民主、团结”的口号，而且统一了党内思想，制定了谈判方案。

8 月 26 日，蒋介石正式请求赫尔利前往延安。[①] 27 日，赫尔利和张治中飞抵延安。28 日清晨，毛泽东和周恩来、王若飞在他们的陪同下乘机前往重庆。前一阶段剑拔弩张的国共关系一时间出现了缓和妥协的迹象。当蒋介石出人意料地发出对毛泽东的邀请时，国民党似乎掌握了战后中国政治斗争的主动权；但当毛泽东出人意料地前往重庆的时候，这个主动权就开始从国民党手中向中国共产党转移。

三　谈判过程

重庆谈判从开始至最后达成协议历时 43 天，经过三个阶段：普遍交换意见阶段、就实质问题进行商谈的阶段和最后达成协议阶段。谈判在两个层次上进行：一个是两党最高领导人毛泽东和蒋介石直接交换意见；另一个是两党谈判代表周恩来、王若飞与张群、张治中、邵力子等人之

---

① 《美国对外关系》，1945 年，中国卷，第 453 页。

间的磋商。在渝期间，毛泽东与蒋介石共会面 11 次，大多是在公开场合；但两人几次重要谈话都是秘密的，有时甚至没有任何其他人在场。

（一）国民党谈判方针的确定

国民党方面的谈判方针在谈判即将开始时才提出。蒋介石再三邀请毛泽东赴渝共商国是，但他并没有做好相应的准备。直到 9 月 28 日中午，中国共产党代表团即将飞临重庆上空，蒋介石才匆忙召集会议讨论谈判问题。在这次会议上，他提出的方针是“政治与军事应整个解决，但对政治之要求予以极度之宽容，而对军事则严格之统一不稍迁就”①。29 日，他又提出三条原则：“一、不得于现在政府法统之外来谈改组政府问题；二、不得分期或局部解决，必须现时整个解决一切问题；三、归结于政令、军令之统一，一切问题，必须以此为中心也。”②

这套方针的实质是一次全面解决“共产党问题”，它意味着要同时实现三个目标，包括：共产党对国民党政府法统的承认，解决共产党军队的编制、数量和调遣权问题以及取消解放区政权。这套方针和目标表明，蒋介石当时感到形势非常有利，野心很大，对谈判抱有相当希望。9 月 2 日，他在日记中写道：“此时对共党应以主动与之妥洽，准予整编共军为十二个师，如其真能接受政令、军令，则政治上当准备委派共党二人，并予以一省之主席，以观后效。以目前形势，如由我主动为之，实于大局无损，而有益也。共党问题如能获得解决，则政治建设当无妨碍矣。”③

（二）中国共产党的提案与国民党的对案

谈判的第一阶段，即普遍交换意见阶段从 8 月 29 日开始至 9 月 3 日结束，事实上，双方互换提案的工作直至 9 月 8 日才完成。大体过程如下：

8 月 29 日，双方初步商讨谈判的原则、方针和程序问题。30 日，中

① 《中华民国重要史料初编，第五编，中国共产党活动真相》（四），第 190 页。

② 《中华民国重要史料初编，第七编，战后中国》（二），第 34 页。

③ 同上。

国共产党方面拟好具体的谈判提案，共 11 点。[①] 9 月 2 日上午，毛泽东约王世杰到桂园商谈，就 8 个问题表示原则意见，实际是把中国共产党提案的关键之处，预先向国方作了通报和强调。[②] 当晚，蒋介石与毛泽东单独谈话，就中国共产党意见中的几个关键问题作出反应。9 月 3 日下午，周恩来将稍作修改的 11 点意见作为中国共产党正式提案交付国方代表转蒋介石。[③] 至此，谈判第一阶段结束。由于国民党方面缺乏准备，国方对案是在第二阶段谈判开始之后于 9 月 8 日才提交中国共产党方面的。[④]

中国共产党提出的 11 点意见涉及政治会议问题、国民大会问题、自由问题、各党派地位问题、释放政治犯问题、解放区问题、中国共产党军队问题和受降问题等，其中既包括中国共产党主张的原则立场和向国民党提出的条件，也包括为力争实现和平、民主向国民党所作的让步和为解决实质性问题而提出的具体办法。整个提案的特点是，在政治方面坚定地提出和平、民主、团结的方针，同时又作出了很大让步。中国共产党承认蒋介石在全国的领导地位，承认国民党的第一大党地位，未提建立联合政府，只提参加政府；在军队和解放区问题上，中国共产党开价比较高，但并未脱离现实。这个较高的要价既是为了尽可能多地保存人民在抗战中所取得的胜利果实，也是为了有利于以后的谈判斗争，因为双方一定会讨价还价。由于国民党事前未准备任何提案，中国共产党提出的 11 点意见对整个谈判过程产生了非常重要的影响，它使中国共产党方面始终处于主导地位，而国民党方面则被动应付。国民党随后提出的对案其特点是以“军令政令之统一”为核心，试图最大限度地削减中国共产党军队并取消解放区，同时，在形式上作出一些安排，以示允许中国共产党参加中央和地方政府工作。

将双方提案加以对照可以看出，国共双方的分歧突出表现在四个问题上：第一，关于总的原则，也就是和平、民主与统一的关系。中国共产党方面提出“以和平、民主、团结为统一的基础”；国民党方面则提出

---

① 详见《党的文献》1988 年第 1 期，第 41—42 页。

② 详见《中华民国重要史料初编，第七编，战后中国》（二），第 37—39 页。

③ 同上书，第 39—41 页。

④ 同上书，第 41—44 页。

“民主与统一必须并重”，其实质是蒋介石所说的“统一是解决一切政治问题的前提”。第二，军队问题。中国共产党方面要求将其部队整编为 48 个师，分期实施；国民党方面只允许中国共产党部队编为 12 个师，而且要立即缩编至此数。第三，中国共产党方面要求承认解放区政权的合法地位，国民党方面拒绝就这个问题进行讨论。第四，国民大会问题。中国共产党方面提出，国大代表为抗战前选出，任期仅 6 年，现已失去代表资格，应当重选；国民党方面则坚持认为旧代表资格仍旧有效。事实上，对于中国共产党方面提出的 11 点意见，国方在答复中仅对“拥护蒋主席的领导地位”一点表示满意，说了些“承明白表示，不胜赞佩”之类的客套话；其余 10 项，国方代表或提出附加条件或认为根本无从讨论。

谈判的第一阶段既是普遍交换意见的阶段，也是双方互相摸底的阶段。这种摸底不仅通过双方谈判的直接对话，也包括其他方式，情报工作无疑是最重要的。从国民党情报系统呈蒋介石的报告中可看出，在谈判刚开始时，国民党方面已经了解中国共产党不愿发生内战，希望通过这次谈判使国民党承认现状，采取民主办法解决国共矛盾问题；中国共产党方面愿作出重要让步，并对谈判前途持比较乐观的态度。[①] 同样，中国共产党南方局的情报人员也很快摸清了国民党的底牌，包括：蒋介石确定的谈判方针，国民党在军队问题上最后可能让至 16 个师，所谓允许中国共产党参加政府是考虑在中央各院增设一名副院长，如毛泽东愿意可任命为新疆省政府主席，国民大会则要保证国民党代表占 7/10 以上等。尽管这些情报在细节上可能有所误差，但总起来看都具有惊人的准确性。

（三）边谈边打

从 9 月 4 日起，谈判进入第二阶段，两党代表开始就实质问题进行商谈；至 22 日，共举行了八轮会谈。由于国民党方面缺乏准备，双方所持立场又距离很大，谈判时断时续，形势复杂微妙。在第一轮谈判中，国共双方首先把焦点问题即把军队和解放区问题提了出来，但未能进行深入讨论。此后，休会四天。8 日复会，双方继续谈判。

---

① 《中华民国重要史料初编，第七编，战后中国》（二），第 35—37 页。

经过几天的接触商谈，国共双方对彼此的立场都有了清楚的了解，双方都认为对方缺乏诚意，提出的条件与自己的期望相距甚远；于是，一个显而易见的结果是双方都加紧从战场上向对方施加压力。在国民党方面，蒋介石和何应钦密令各战区印发了多年前围剿红军时编纂的《剿匪手册》。蒋介石甚至考虑了还都南京后再迁都北平的方案，以便依靠华中、华南的基础，直接控制华北，切断中国共产党与苏联之间的联系。国民党军队受命全力与共产党争夺华北。共产党也决心采取“打得蒋痛，才能逼他让步”的办法。9 月 8 日，中国共产党代表团在致中央的电报中说：国民党表面上招待很好，天天有人出来请宴会，报纸上不写刺激文章，对《新华日报》的检查也较放宽，在社会上造成一种政府力求团结的气象，但“实际上对一切具体问题不放弃削弱我，以至消灭我的方针，求得在有利于他的条件下解决问题……他们只要求我们认识和承认他的法统及承认军令政令要统一，但反过来他们却不愿认识与承认我们抗日军队与解放区民选政府长期存在的事实，不愿认识与承认两党都有武装长期对立的事实，不愿从事实出发解决问题，只取一概否认的态度”。故他们“特别抓紧的是军队国家化问题，对于政治民主化问题不感兴趣”。据此，中共中央军委通令全军：“重庆谈判，蒋介石毫无诚意。”“为着促进谈判，推迟蒋军深入华北、东北，争取全部占领察、热，争取东北优势，我必须布置几个有力战役，打退顽军气势。”①

“边谈边打”是战后初期国共斗争中一个非常突出的现象，重庆谈判从一开始就是在这种模式下进行的。在“边谈边打”的情况下，不确定的前景使双方的军事行动和政治提案都明显地带上了两重目的——近期的和下个阶段的。采取军事行动，一方面是为了直接向对手施加压力，好在谈判桌上讨价还价；另一方面，又是为下个阶段的斗争，无论是和平的或是战争的，作出战略上的准备。同样，谈判桌上的提案目的也是双重的，一方面是为了寻求近期内政治、军事上的某种妥协；另一方面，又是为下个阶段的斗争谋求政治上和军事上有利的至少是有保障的地位。在以这种形式进行的斗争中，任何一方的军事或政治行动都很容易引起对方的疑虑，寻求短期内的妥协与谋求长期斗争中的优势这一无法解决

① 转自杨奎松《失去的机会》，第 207—208 页。

的矛盾驱使双方的关系陷入恶性循环。和平即使能够侥幸实现，它的前提也必然是双方的军事力量能够达成某种相对稳定的平衡；全面内战不至于一下爆发出来，而呈现出一个逐步升级的过程。

国共双方在战场上的争夺趋于激烈，谈判桌上的温度也在上升。在前五轮谈判中，国方代表翻来复去地强调，必须在国家现有体制内实现政令军令统一，要中国共产党放弃所谓“必有军队、有地盘……始有保障”的观念。中国共产党代表则据理驳斥，周恩来和王若飞一再向国民党指出，中国共产党已作出重大让步，国民党的前途已获保障；国民党对待中国共产党的态度是不平等的，观念是自大的，承认中国共产党的政治地位必须承认中国共产党的军队、解放区及其经普选产生的人民政权；解决问题必须从现实出发，民主统一之理想，未可一蹴而就，需要一个过程。9 月 15 日，双方举行第六轮会谈。由于国民党代表宣布，中国共产党所提军队数目与中央规定相去太远，无法再谈；而解放区问题，中央之主张已不能再有变更。[①] 至此，谈判陷入僵局。

尽管双方在实质问题的谈判中未能取得任何进展，但经过讨论，双方在两项总原则和召开政治协商会议的问题上意见已趋于一致。9 月 16 日，周恩来向赫尔利递交了一份备忘录，这是他草拟的第一份公报稿，共有 6 条内容。[②] 其中，第一项“关于和平建国的基本方针”的内容和第三项“关于结束训政，实施宪政问题”的原则部分已与 10 月 10 日重庆谈判结束时所达成的会谈纪要第一、二两条大体一致。此外，这份文件还有两点值得注意：第一，关于“结束训政，实施宪政”问题，该草稿说：双方“一致同意在结束党治过程中，应立即采取必要步骤，实现政治民主化、军队国家化和政党合法，以达到军令政令统一”。这段话接受了蒋介石“军令政令统一”的提法，同时，又把“实现政治民主化”放在最前面，巧妙地使之在程序上成为“军队国家化”和“达到军令政令统一”的前提。第二，这份公报稿表明中国共产党方面的意图是，先就可以达成一致的原则问题发表一份公报，使谈判告一段落；然后，在下一阶段谈判和随后召开的政治协商会议上再解决具体问题。对中国共产党来说，这样做无疑比较有利，

① 见《中华民国重要史料初编，第七编，战后中国》(二)，第 82—84 页。

② 《美国对外关系》，1945 年，中国卷，第 463—465 页。

但对国民党则意味着蒋介石“不得分期或局部解决，必须现时整个解决一切问题”方针的失败，国民党一方显然不会一下子同意。

由于谈判进入了关键时刻，9 月 17 日，蒋介石邀请毛泽东和赫尔利午餐，并一起讨论军事问题。随后，赫尔利又分别约见国共两党代表，劝说双方妥协。赫尔利明确地向周恩来表示，无论如何应尽快发表一份公告，不仅要说明双方在一般的和平建国原则上所达成的谅解，还应对军队问题也作出明确决定。当周恩来指出，因国民党在军队等问题上固执己见，致使谈判没有希望时，赫尔利主动提出了将国共军队按照五比一的比例缩编的办法。周恩来立即表示赞同，并请赫尔利晚走几天，争取在走前使谈判取得结果。[①]

在此后的两轮谈判中，为打破僵局，国共双方各自作了不同程度的让步。17 日会谈后，毛泽东和周恩来反复考虑，决定根据预先拟定的方案率先作出让步，以打破僵局，争取主动。9 月 19 日，在第七轮会谈上，周恩来通知国民党代表：赫尔利大使拟议中国共产党与国民党军队之比数为 1/5，中国共产党依此比例考虑，愿让步至 1/7，即国民党现有 263 个师，中国共产党应编有 43 个师，较 9 月 3 日所提方案，让步 5 个师；以后，国民党军队裁减缩编，中国共产党亦依此比例裁编，国民党军队如缩编为 120 个师，中国共产党应有 20 个师。同时，中国共产党拟将海南岛、广东、浙江、苏南、皖北、湖北、湖南、河南境内黄河以南等 8 个地区之军队撤退，集中于苏北、皖北及陇海路以北地区。[②]

21 日，双方举行第八轮会谈时，国民党代表对周恩来前日所提让步方案作出反应，表示可允许中国共产党增加数个补充师，但至多不超过 5 个军 16 个师。同时，国民党代表又提出，军队驻地与所谓“解放区”不可混淆，中国共产党可提出堪任地方各级行政官员的人选名单，送请中央量材任用，但不可指定何省应划归中国共产党，并规定由中国共产党推荐各级官员。[③] 这意味着国民党不但有权任免中国共产党干部，而且有权随意调遣。中国共产党当然不能同意这个建议。

---

① 杨奎松：《失去的机会》，第 211 页。

② 《中华民国重要史料初编，第七编》（二），第 86 页。

③ 同上书，第 90—91 页。

在这两轮谈判中，尽管国共双方都有所让步，事实上接近了双方各自拟定的底限，但仍不足以打破僵局。

(四) 僵局是怎样打破的

从 9 月 22 日至 26 日，谈判停顿了五天。对中国共产党来说这是最紧张的一段时间。一方面，当时看来双方最后能否达成协议很成问题；另一方面，中国共产党获得的大量情报表明，国民党在美国的帮助下正在积极准备内战。例如，中国共产党从胡宗南处所获蒋介石密示称："目前与奸党谈判，乃系窥测其要求与目的，以拖延时间，缓和国际视线，俾国军抓紧时机，迅速收复沦陷区中心城市。待国军控制所有战略据点、交通线，将寇军完全受降后，再以有利之优越军事形势与奸党作具体谈判。彼如不能在军令政令统一原则下屈服，即以土匪清剿之。"[①] 还有一份情报说，国民党中统局某要员私下透露，不宜让毛泽东和周恩来返回延安，此二人在中国共产党位居头两席，把他们扣留在重庆可在相当程度上动摇中国共产党军心，有利于国军总攻。

谈判停顿期间，正是各方加紧进行幕后活动的时间。此后，僵局得以突破主要是由这几天出现的一些情况决定的。

首先，在国共谈判的关键时刻，赫尔利发挥了重要作用，这一点与人们以前的了解不同。赫尔利原定于 9 月 18 日与魏德迈一起返回华盛顿述职。17 日，与国共双方会谈之后，他决定将行期推迟四天。在致美国国务卿的电报中，赫尔利说："国共谈判显示出良好的发展，稍微推迟我的行程可能有助于形势。"[②] 由于在 19 日和 21 日的两轮谈判中并未出现他所期望的进展，于是赫尔利决定直接向双方施加压力，以便促成国共之间就实质问题达成某种协议，使他不至两手空空地返回华盛顿。

21 日，赫尔利从上海、南京视察后返回重庆。他先与蒋介石会谈。随后，又于 22 日约见国共双方的谈判代表，并向中国共产党方面施加了很大压力。赫尔利向周恩来和王若飞提出，蒋介石可同意中国共产党军队的数目增至 20 个师，但中国共产党必须同意立即缩编至此数，不能按

---

① 中共中央致中国共产党代表团电，1945 年 9 月 20 日。

② 《美国对外关系》，1945 年，中国卷，第 465—466 页。

国军数目比例缩编，也不能拖延；同时，军队与行政不能合起来谈、中国共产党必须放弃请求任命省主席和省副主席等要求，要么承认国民党的统一，要么谈判破裂。从赫尔利的这番话来看，一个非常可能的情况是赫尔利说服蒋介石以再增加 4 个师的数额来换取中国共产党交出解放区政权，并答应蒋介石为此向中国共产党施加压力。国共双方代表原已准备在军队数目达成协议之后发表会谈公报，这也是赫尔利本人的建议；但赫尔利这时却提出，如果解放区问题谈不出结果就不能发公报；并说，无论谈判是否成功和无论发不发公报，毛泽东随时可以回延安。他蛮横地要求周恩来、王若飞马上请示毛泽东作最后决定。当时，张群就坐在隔壁的屋子里等待中国共产党方面的答复，情况一时显得很紧张。接到周恩来的报告，毛泽东决定立即与赫尔利会面。尽管毛泽东对赫尔利的卑劣做法十分愤怒，但会谈时他坚持以大局为重，一方面在原则问题上丝毫不让，另一方面又以委婉忍耐的态度尽量解释，不使谈判破裂。毛泽东告诉赫尔利：中国共产党的态度是“不承认，也不破裂，问题复杂，还要讨论”；“虽然目前有很多困难，但总可以想出合理的办法解决，不会向分裂的方向走”。他还表示，中国共产党不拒绝蒋介石关于中国共产党部队编为 20 个师的提议，但还要做进一步的考虑。面对声色俱厉的赫尔利，毛泽东接受了蒋介石给中国共产党增加 4 个师编制的建议，但在解放区问题上抛回去的却是一枚软钉子。这位善于见风使舵的大使最后不得不无奈地表示，要是当初能够照延安 5 点协定（除联合政府名词不要外）达成协议，那恐怕是最好的解决办法了。① 回到延安以后，毛泽东总算把一肚子的怒火发泄出来，他说：“美国政府、魏德迈、赫尔利对我们很坏。”

其次，在重庆谈判中并未登场的苏联这个时期的动向对国共双方都产生了极其重要的影响。9 月中旬，苏军远东司令部派出的一架飞机抵达延安。经过一天的谈判，苏军代表与中共中央达成一项默契，苏军允许中国共产党部队在不使用共产党、八路军名义的情况下进入东北地区。

---

① 中国共产党代表团致中共中央电，1945 年 9 月 24 日；《美国对外关系》，1945 年，中国卷，第 466—468 页；金冲及主编：《周恩来传》，人民出版社、中央文献出版社 1989 年版，第 599—600 页。

主持中央工作的刘少奇立即调兵遣将，赶赴东北开辟工作，并明确提出："我们全国战略必须确定向北推进、向南防御的方针。"此后，东北苏军又要求中国共产党军队迅速接防，以全力控制内蒙古及东北地区。东北形势的发展使中国共产党在谈判中顶住美蒋压力的信心大增。回到延安后，毛泽东说："对我们帮助最大的是苏联，开始蒋介石以为中苏条约对我们不利，但后来感觉并不如此。"相反，由于国民党预计在 9 月底对东北实行接收，蒋介石对苏联的动向，特别是中国共产党与苏联的接触忧心忡忡。

复次，谈判陷入僵局之后，中国共产党从政治、军事两方面向国民党的高压发起反击。在政治方面，中国共产党代表团积极活动，周恩来几天内接见了文化、产业、新闻、妇女等各团体和各党派人士，揭穿了国民党宣传部门制造的谈判十分融洽的谎言。在获悉两党谈判的具体情况后，各方人士一致认为：中国共产党代表团"不能再有让步，若再让步不仅是中国共产党的损失，且将是全国民主力量的损失，其他民主党派及地方实力派亦将同感威胁"①。据毛泽东回延安后说，有的民主人士甚至批评中国共产党"调子低，失立场"，让步太快太大，说蒋介石会"背信弃义，绝不可靠"。他们提出，今后应改变谈判方式，由各党派参加的政治会议来代替现在的两党谈判。在军队问题上，中间派人士的态度前后也出现了明显的变化。最初，在中国共产党提出 48 个师的要求之后，许多人都附和国民党散布的"中国共产党只要军队和地盘"的说法，青年党左舜生甚至指责国共谈判是"分赃会议"；当中国共产党表示在军队数量上让至 43 个师只占 1/7 时，中间派即表示赞成；最后，当毛泽东表示可接受 20 个师的方案时，中间派即开始为中国共产党着急，左舜生说："轻也轻不得，重也重不得。"各方面人士纷纷指责国民党，为中国共产党鸣不平，这不仅使国民党在政治上陷于被动，而且使中国共产党顶住国民党压力的信心大大增加了。在这最关键的几天里，中共中央曾致电代表团，请毛泽东立即返回延安。此前，毛泽东鉴于谈判已很难取得突破性进展，已告诉美方他准备离开，但这时他决定继续留在重庆。一方面，毛泽东认为，目前的斗争既不能作原则退让，也不能使谈判破

---

① 杨奎松:《失去的机会》，第 214 页。

裂，而要利用蒋介石的高压展开政治攻势，争取中间派同情；另一方面，赫尔利希望毛泽东能逗留到商谈结束，蒋介石也答应以誓言和人格担保毛泽东的安全，并负责安排毛泽东一行返回延安的交通。[1]

在军事方面，重庆代表团要求延安在有把握的情况下打几个大胜仗支援谈判，消灭胡宗南、傅作义、阎锡山进攻解放区的部队，使蒋介石知难而退。延安也决心坚决执行原订的军事计划。这时，上党战役正在激烈进行。这场战役是抗战结束后国共之间第一次较大规模的较量，它基本消灭了国民党阎锡山部主力。当上党战役进入尾声时，重庆谈判恰好结束。不过，没有什么证据能说明这个战役对重庆谈判的结果产生了重要影响。

最后，在国民党方面，蒋介石已感到如继续施压导致谈判破裂对国民党未必有利。在某种意义上，国方冷落中国共产党、制造紧张空气主要是一种心理战，目的在于向中国共产党施加最后压力，使中国共产党再让一步，但是，国民党也不敢做得过头。使蒋介石感到困扰的首先是美、苏两国在对华政策问题上出现了一些新动向。除苏联在东北的活动外，蒋介石对美国也不放心。当时，美国舆论对国民党的批评很严厉，对美国对华政策也表示怀疑。赫尔利回国是为参加国务院关于远东政策的讨论，而重庆谈判结果很可能直接影响美国对华政策的调整。20 日，蒋介石在日记中写道："俄国对'共毛'之袒护，几乎以此为奇货，预备制造其傀儡，美国蒙昧，且为之保证，殊为可叹！此时俄国是否因此藉口毁灭其盟约义务？促使蒙疆内侵与久踞东北？……又美国舆论与政策，是否因之改变，弃绝我国不再予以接济乎？'中国共产党'因之叛变，其能有成乎？"在国内，如果重庆谈判最终未能达成任何协议，执政的国民党必然要承担主要的政治责任，受到各方面舆论的抨击。国际国内两方面因素都迫使蒋介石不敢继续向中国共产党施加压力，并不得不作出一些让步姿态。

事实上，22 日赫尔利与国共双方的谈话结束之后，国民党方面已意识到要迫使中国共产党作出更大让步是不可能了。23 日，赫尔利在离华前致美国国务卿的最后一份电报中说，国共双方在政治方面已就 5 个主

---

① 《美国对外关系》，1945 年，中国卷，第 466 页。

要问题达成一致；在中国共产党军队的数量问题上双方接近达成一项协议；难以解决的问题是共产党要求有权在某些省份任命省主席和市长。他最后告诉国共双方的谈判人员，他们试图解决太多的枝节问题，如果双方能就总的基本原则达成一致，那么根据这些原则细节问题就能迎刃而解。① 这封电报表明赫尔利迫切希望看到国共双方能达成某种协议，即使这个协议不能完全满足蒋介石的要求。这一点对中国共产党显然更为有利。同日，国民党中央宣传部部长吴国桢向美国驻华使馆公使衔参赞罗伯逊递交了一份备忘录。② 这份看来是国民党草拟的公报稿声称，国共双方代表“在友好和谐的气氛中举行了一系列讨论”，已就5个问题达成一致结果。这份备忘录表明国民党当时并未打算停止谈判；更重要的是，它表明蒋介石原先拟定的“政治与军事应整个解决”“不得分期或局部解决”的谈判方针破产了，国民党不得不改变方针，首先解决政治问题。

25日在国民参政会举行的宴会上，张群主动向周恩来表示要继续谈判。他说，军队问题基本有了结论，现在商量政治问题与解放区问题。9月27日，周恩来、王若飞将中国共产党方面在谈判中已处于有利地位的情况电告延安。最紧张的一个阶段过去了。

（五）签署《会谈纪要》与毛泽东和蒋介石的最后会面

从9月27日至10月10日是谈判的最后阶段，也是达成协议的阶段。其间，共举行了四次会谈，重点讨论军队整编问题、解放区问题和政治会议问题；最后，双方又就《会谈纪要》专门讨论了一次。在谈判即将结束时，国民党内一部分人对发表公报比较积极。两党代表讨论通过《会谈纪要》之后，张治中对毛泽东说：“不发表这个东西不行，你既这么大的面子来了，就总得搞个什么。”不过，国民党内也有不少反对意见。《会谈纪要》原稿为“政府和国民党代表”，最后，把“国民党代表”几个字删掉了。

10月10日下午，中国共产党代表周恩来、王若飞与国民党代表王世杰、张群、张治中、邵力子在桂园客厅签署了《国民政府与中国共产党

---

① 《美国对外关系》，1945年，中国卷，第466页。

② 同上书，第465—469页。

代表会谈纪要》（简称《会谈纪要》）。这个历史性的文件常被称作“双十协定”。这份《会谈纪要》比较全面地反映了两党谈判的结果，内容共12条，其显著特点是既记载了双方的一致之处，又记载了双方的不一致之处。鉴于谈判最后阶段的情况以往的研究已比较充分，本文不再赘述。

在重庆的最后三天，毛泽东与蒋介石又有几次会面，并于9日和10日长谈两次。这两次谈话的中心问题还是军队和解放区。据毛泽东讲，蒋介石在谈话中说了一番“肺腑之言”。他说，“共产党最好不搞军队，如果你们专在政治上竞争，那你们就可以被接受”。为表示拉拢，蒋介石还说，“国共两党不可缺一，党都有缺点，都有专长，只要我们二人（指蒋和毛）能合作，世界就好办，十年之内总要搞个名堂，否则对不起人民”。毛泽东说，“对解放区的努力应该承认和帮助，并表示赞成军队国家化，军队只为国防服务，党则全力办政治”。最后，蒋介石带着悲观的神情说，这次没谈好。毛泽东回答，很有收获，主要是方针，确定了和平建国的路线，我们拥护。蒋介石在日记中所记的情况与毛泽东所说有很多不同。按蒋介石所记，谈话内容涉及政治协商会议、国民大会召开的日期和解放区问题。毛泽东提出，政治协商会议以缓开为宜；蒋则表示，如政协会议能在当月底召开，则国民大会可考虑改期召开。关于解放区问题，蒋介石一口咬定：“政府决不能再有迁就。”①

10月11日，上午9时45分，毛泽东偕王若飞在张治中的陪同下离开重庆。尽管此后国共谈判还继续了一段时间，周恩来一直留在重庆，王若飞也很快从延安返回，但人们一般所说的重庆谈判至此就结束了。

四 重庆谈判的影响和后果

经过43天的谈判，国共两党终于签署了《会谈纪要》，但国共双方究竟如何看待这次谈判及其成果，打算如何调整自己的政策，这是决定此后国共关系演变和中国历史发展方向的关键，也是重庆谈判的真实影响和后果所在。

---

① 《中华民国重要史料初编，第七编》（二），第104—105页。

(一) 中国共产党和国民党对重庆谈判的不同评价

在中国共产党方面，返回延安的当晚，毛泽东和王若飞向中共中央政治局作了全面汇报。主要有三方面内容：首先，毛泽东对谈判的结果表示比较满意，并指出在谈判的各项问题中“对我们重要的是和平与解放区”，但解放区问题未能解决。他说：“会议纪要是蒋介石提议，周恩来起草，根据国方意见略有修改，内容共 12 条。这个东西，第一个好处是采取平等的方式，双方正式签订协定，这是历史上未有过的；第二，有成议的六条，都是有益于中国人民的。”王若飞补充说：“这次我们在政治上取得了阵地，实际推动了民主运动；我们没有被国民党套住，国民党有些东西被我们抓住了。”几天后，在延安干部会上作关于重庆谈判的报告，毛泽东再次肯定：“这次谈判是有收获的。国民党承认了和平团结的方针和人民的某些民主权利，承认了避免内战，两党和平合作建设新中国。这是达成了协议的。”①

其次，毛泽东认为，经过重庆谈判和平的可能性增加了。通过一段直接的接触，毛泽东说：“我看蒋介石凶得很，又怕事得很。他没有重心——民主或独裁、和或战。最近几个月，我看他没有路线了。只有我们有路线，我们清楚地表示要和平。但他们不能这样讲。这些话，大后方听得进去，要和之心厉害得很，但他们给不出和平，他们的方针不能坚决明确。我们是路线清楚而调子很低，并没有马上推翻一党专政。我看，现在是有蒋以来，从未有之弱。兵散了，新闻检查取消了，这是 18 年来未有之事。说他坚决反革命，不见得。”王若飞也补充说：“与我们谈话的人都不是死硬派，国方代表都承认解放区的力量，认为国共不能打，一定要和，他们是倾向民主和平方面的。”刚从重庆返回时，毛泽东对前途的估计是相当乐观的。他说：“总而言之，表现一点，实行独裁的劲不大，像灰尘一样可以吹掉的。”不过，几天之后，面对国民党直接用于进攻解放区的 80 万军队，毛泽东就没有这样乐观了。他开始强调：写在纸上的“和平建国”和事实是矛盾的，“要把纸上的东西变成实际，还

① 《毛泽东选集》第四卷，人民出版社 1991 年版，第 1156 页。

要靠我们的努力"[①]。

最后，毛泽东认为，实现和平还需经过严重斗争。这一点突出反映在第二天发出的《中央关于双十协定后我党任务与方针的指示》中。这份由毛泽东起草的指示说："和平基本方针虽已奠定，但暂时许多局部的大规模的军事冲突仍不可避免"；"解放区问题未能在此次谈判中解决，还须经过严重斗争，方可解决。这个极端重要的问题不解决，全部和平建国的局面即不能出现"；为此，"解放区军队一枪一弹均必须保持，这是确定不移的原则……即将来实行编整时，我方亦自有办法达到一枪一弹均保存之目的"[②]。

在国民党内部，对这次谈判是有很大争论的。现在虽未见到台湾方面公布有关档案，但根据中国共产党方面当时了解的情况，谈判期间 CC 派就指责政学系是"联共坍党"；10 月 8 日，国民党中常会讨论《会谈纪要》，多数人表示反对，后来邵力子说是总裁倡导的，才得以通过。这些情况如果属实，国民党内对重庆谈判持肯定态度的只占少数，而对国共和谈不满的情绪是相当普遍和严重的。

在台湾方面公布的史料中，恐怕没有什么比蒋介石本人写的十几篇日记更能说明问题了。这些日记清楚地显示，谈判期间蒋介石对共产党的仇恨是与日俱增。谈判开始时，他指责"共毛""要求无厌""不可理喻"。谈判中途，他便说"目前最重大的问题，为'共毛'问题，国家存亡，革命成败，皆在于此"。谈判进入最后阶段，当国民党被迫不得不作出一些让步时，蒋介石更是恼羞成怒地在日记中大骂"共党反盗为主"，"到重庆在军事政治上作各种无理要求"，"要将国民政府一切法令与组织根本推翻……而代之以共党之法令与组织，必使中国非依照其主张受其完全控制，而成为纯一共党之中国，不甘其心"。他不厌其烦地列举了十几项所谓"中国共产党之罪恶"，称中国共产党为"变相之汉奸""第一罪魁祸首"，并咬牙切齿地发誓说：如不予以惩治，"实无以折服军民，澄清国本"[③]。这表明"双十协定"还未签署，蒋介石就开始考虑"秋后

---

① 《毛泽东选集》第四卷，第 1156 页。

② 《中共中央文件集》第 15 册，第 324—325 页。

③ 《中华民国重要史料初编，第五编》（四），第 191—195 页。

算账”了。

(二) 国共双方得失比较

如果把国共两党在谈判中的得失加以比较就可以看出，这种不同评价几乎是必然的。尽管国共双方在谈判中都未能实现自己预定的目标，但重庆谈判对毛泽东可以说是一个重大胜利，而对蒋介石却几乎是个彻底的失败。

从中国共产党的角度来看，虽然在它最重视的三个问题中，和平仍是一个未知数，军队和解放区问题也没有解决，但毛泽东仍有理由对谈判的结果感到满意。原因在于通过毛泽东亲赴重庆，中国共产党把“和平、民主、团结”的旗帜牢牢地抓到自己的手里，在争取人心的斗争中收获很大，取得了政治上的主动权。军队和解放区问题虽没有解决，但并没有任何实际损失，而这两个问题原先就估计到是很难一下解决的，至于答应退出江南 8 个解放区，毛泽东说明是因为“这些地区不可能保持”。总的来看，通过重庆谈判，中国共产党在全国的政治地位和影响力都大大提高了；从下一轮斗争的角度来看，双方达成的协议也基本上是有利于中国共产党方面的。

从国民党的角度来看，谈判的结果是令人沮丧的，蒋介石打算一次整个解决中国共产党问题的设想完全落空了。在国际国内形势对国民党都相当有利的情况下，蒋介石预先拟定的三个目标只达到了实际意义最小的一个，即象征性的中国共产党对国民政府法统的承认。在军队问题上，蒋介石拟定的整编中国共产党军队数量的底线一再被中国共产党突破。在解放区问题上，未能达成任何协议，这意味着除军事手段之外再没有任何办法可以遏制中国共产党解放区的发展，而从舆论和政治上看，在双方达成协议之后，立即大规模使用武力对处在中央政府地位上的国民党是很不利的。蒋介石一心想削弱共产党，结果他未能朝这个方向挪动一步。

(三) 重庆谈判对历史进程的影响

重庆谈判发生在中国历史的转折关头，谈判的参加者是国共两党的最高领袖，人们对它的预期是很高的；但事实上，重庆谈判并未产生决定性的影响，在此后的一段时间里和平与内战的问题并没有解决，中国的历史发展方向因而也是不确定的。就其有限的影响而言，如果说，在蒋介石和毛泽东这两个掌握着中国命运的人物会面之初，两人出于不同考虑，在不同程度上还抱着避免内战，缔造和平的意愿；那么，在这次会面之后，无论他们是否意识到了，和平实际上已变得更为遥远。这是重庆谈判的一个没有写在纸上的结果。

重庆谈判结束后，国共军事冲突立刻变得激烈起来。这是因为经过一段时间的准备，双方都具备了发动较大规模战役的能力。上党战役不过是一系列类似战役的开端，此后又接连爆发了邯郸战役、绥远战役、津浦路徐州济南段战役等。大规模军事斗争的出现不仅是战场态势发生变化的结果，更主要的，它是重庆谈判后国共两党调整各自政策的结果。在国民党方面，以政治方式解决“中国共产党问题”的尝试在它认为形势相当有利的情况下仍遭到失败，这使国民党的大部分领导人从此对政治解决不抱希望。尽管在短时期内蒋介石仍需要政治解决的外衣，但他的政策重新回到以军事解决为主的轨道上几乎是不可避免的。在中国共产党方面，中国共产党领导人认为，解放区问题悬而未决使和平缺乏基础。尽管毛泽东认为和平是会到来的，但他同时也认为，此前会有一个不可避免的大规模军事斗争阶段，中国共产党的对策是在和平到来之前尽可能扩大解放区的范围。简而言之，中国共产党领导人信奉的是通过坚决的武力对抗来求和平的政策。他们相信，要实现和平，就必须尽快使自己的力量与国民党的力量达到平衡，斗争得越坚决、越有力，和平就可能到来得越早，和平实现后中国共产党所处的地位也更为有利。[①]

重庆谈判还生动地展示了国共美苏四方的复杂关系和各方政策之间的相互作用。从现在了解的情况中可以十分清楚地看到，是各方政策的相互作用，而不是美苏两国的意志，决定了战后中国局势的演变，中国事态的发展在本质上是由中国人自己决定的。不过，这一点人们当时认识得并不很清楚。一个有趣的现象是，那个时代，国民党把中国共产党视为苏联的傀儡，中国共产党把国民党视为美国的代理人，双方都高估了外国势力对自己对手的影响力和控制力。会谈前夕，蒋介石和毛泽东

① 《中共中央文件选集》第 15 册，第 370—372 页。

都表现出某种比较乐观的情绪，共同的原因在于两个人都认为，站在自己对手背后的那个大国会向自己的对手施加压力，使其作出足够的让步以便双方能够达成妥协。但是，在谈判过程中，当发现自己对手的所作所为与被视为它后台的那个大国先前所作的允诺并不相同时，蒋介石和毛泽东首先怀疑的是站在自己对手背后的那个大国在捣鬼。事实上，由于四方各有不同的目标，在中国共产党处理与苏联的关系时，在国民党处理与美国的关系时，两党都尽可能地利用与自己关系密切的那个大国对华政策中有利于己的一部分，而对于不利的一部分尽量抵制。这使美苏两国看上去强有力的影响在实际上变得相当有限。抗战结束时，正是美苏两国特别是美国对中国的影响即将达到顶点的时候，一旦当中国人认识到大国能操纵中国命运只是一个神话，它们控制中国事态发展的能力必然迅速下降。

无论如何，重庆谈判结束后中国的前途仍旧是不确定的。和平虽未实现，但其可能性依然存在；国共冲突越演越烈，但还有许多因素制约着全面内战的爆发。中国人民和各民主党派要求和平民主的呼声更高了，美国和苏联准备向国共两党施加新的压力以制止中国内战。经过一段时间的军事冲突，国民党要继续发动进攻已力量不足，中国共产党要挡住国民党的攻势也十分吃力。在这种情况下，无论蒋介石在内心里多么想发动全面内战，他一时也下不了最后决心；毛泽东对内战的担心增加了，但他主张的力争和平的路线还没有动摇。经过一个边谈边打的阶段，1946 年初，在美国特使马歇尔的调解下，国共双方实现了停火，有各党派参加的政治协商会议也召开了。中国大地又一次露出和平的曙光。然而，这只是国共两党以生死相拼之前的最后一次喘息。

以一种回过头来看历史的眼光加以审视，在 1949 年之前，历史曾几次提供了国共和解的机遇，重庆谈判无疑是其中最重要的一次。就客观条件的相对比较而言，当时的国际国内环境和国共两党之间的力量对比是最有利于双方实现某种历史性妥协的；战后中国的和平如果能够实现，它必定是与这种妥协联系在一起的。然而，一个似乎是和解进程开端的重庆谈判最终还是成了一场空前规模的内战的序幕。一次和平统一的机会是如何错失的，这难道不是半个世纪之后，回首这一历史事件时最值得中国人深思的问题吗?!

中国自由主义的乌托邦

——胡适与“好政府主义”讨论*

许纪霖

1922年5月14日，以蔡元培领衔的中国16名著名自由知识分子联名发表了《我们的政治主张》，这一后来被视作中国“自由主义的观点的第一次系统的概括”① 的宣言，实际是由胡适发起和起草的，其一问世即轰动全国舆论界，并引发了一场“好政府主义”的讨论。这一讨论尽管不及在此前后的“问题与主义”“人权问题”以及“民主与独裁”论战那样在思想史上引人注目，但个中所蕴含的思想意义却远未为后人所充分认识。作为这一讨论的始作俑者和主角胡适，其“好政府主义”主张是中国自由主义思想发展中颇为曲折的一环，在今天很有重新检讨省思的必要。

一 从“二十年不谈政治”到《努力周报》

当胡适1917年从美国留洋归国时，曾发誓“二十年不谈政治”，立志要在“思想文艺上替中国政治建筑一个革新的基础”②。为什么不及五

---

* 本文原载《近代史研究》1994年第5期。

① 格里德：《胡适与中国的文艺复兴》（中译本），江苏人民出版社1989年版，第200页。

② 胡适：《我的歧路》，《胡适文存》二集，卷三。

年，他就改变初衷，站出来高谈政治呢?

这一转变是由胡适思想的自身逻辑所内在规定的。胡适是一个注重力行的行动主义思想家，他的实验主义哲学观决定了他不可能坐在书斋里研讨学理，势必要用世于外，追求社会事业的“有为”。不过，在 1920 年之前，胡适的主要志向在于以思想文化变革为主导的社会改造，他要求《新青年》同人们“二十年不谈政治，二十年不干政治”[①]。这与当时思想界风气颇为吻合。“五四”时期涌现的各种各样救世方案，诸如“工读互助”“新村主义”“工人储金”“改造人种”等，都是“不问政治”的，因为经过民初政治一段经历，在一般人心目中政治等同于“万恶之源”，是“供野心家的利用”，纷纷以不谈政治为清高[②]。独领当时思想界风骚的实验主义经过杜威、胡适的鼓吹，对这种非意识形态化的社会改造风气，起着相当大的影响。

然而，胡适本人对政治不是没有兴趣。他在大学时代就喜欢研究政治。事实上，就在他致力于思想文化变革的“五四”时期，在《新青年》同人创办的时评刊物《每周评论》上，以他独特的实验主义风格陆陆续续发表了几篇评论时政的随感和短文。到 20 年代初，北洋政府加紧了对北京新闻界的舆论控制，《每周评论》在“五四”运动后不久即被查封。自由知识分子尽管在主观上想与现实政治保持距离，但面对基本自由的匮乏，再也难以保持原先的沉默。我们注意到，后来署名《我们的政治主张》中的一些人，如蔡元培、陶孟和、王徵、张慰慈、李大钊、高一涵等，其中包括胡适，早在 1920 年 8 月，就联名在《晨报》上发表《争自由的宣言》，说明“我们本不愿谈实际的政治”，然而“实际的政治却没有一时一刻不来妨害我们……政治逼迫我们到这样无路可走的时候，我们便不得不起一种彻底觉悟”[③]。从这个时期胡适的日记和言论来看，他对混乱多变的北洋政治已失去了往日的耐心，每每露出不满之意。比如，1921 年 10 月发表的《双十节鬼歌》中就这样说：“大家合起来，赶

① 《胡适的自传》，《胡适哲学思想资料选》下册，华东师范大学出版社 1981 年版，第 200 页。

② 参见李新、陈铁健主编《伟大的开端》，中国社会科学出版社 1983 年版，第 195—197 页。

③ 《晨报》增刊，1920 年 8 月 1 日。

掉这群狼，推翻这鸟政府；起一个新革命，造一个好政府，那才是好政府的纪念了！”① 这些自由知识分子虽然还没有公开表明自己的政治主张，但在形势逼迫下已经开始跨越原先为自己设置的“不谈政治”的界限，从社会改造转向政治改造。

这个时候，新闻界“谈论政治”的风气逐渐浓郁起来，几家有影响的报纸杂志都先后开设了时评栏，胡适的实验主义在思想界开始式微，寻求“根本解决”的声浪喧嚣不已。无政府主义与马克思主义已成知识界趋之若鹜的两大显学。此时胡适与激进知识分子的分歧已经不是要不要谈政治，而是政治如何谈的问题。从实验主义的观点来看，胡适以为那种高悬“主义”的谈法不仅解决不了任何实际政治问题，反而有可能误国误民，他终于“看不过了，忍不住了”，“于是发愤要想谈政治”②。胡适自称的“第一次公开的谈政治”是 1921 年 8 月 5 日在安庆中国大学演讲《好政府主义》，针对无政府主义思潮，比较系统地阐释了自己的“有政府主义”政治主张。从此一发而不可收，走上了议政道路。

在与现实政治的关系上，现代知识分子发生过几次群体性的进退浪潮。从民国初年的政治参与热到五四新文化运动的转向思想文化变革，再到 20 年代初重新关注政治问题，个中蕴含着一个社会改造与政治改造孰为优先的现实悖论。丁文江在《努力周报》上曾借助一个虚拟的中国留学生与他的外国朋友的对话形式，生动地描述了这一悖论。在对话之中，这个留学生原先以为只要好人出来做官，政治便可清明，于是出来做了十年的清官，后来发现自己所做的一切完全是沙滩上的建筑，上面一道部令，便可全部推翻，于是便退出官场改行经商。那位外国朋友责问他：“你出来做买卖，政治就会清明吗？”他沉默半晌，勉强答道，“自己也知道不能放弃政治，所以在经商之余，也拿余力来谈谈政治”。外国朋友慨然反驳说：“政治是实行的，不是资谈助的；政治是要全力干的，不是以余力来消遣的！”留学生最后无可奈何地承认：“现在大家没有了信仰，代议政治破了产，不知道如何中国才能弄得好。为了什么牺牲？为了什么奋斗？谁也答不出来！只能始而失望，继之消极，最后麻木。”

① 《晨报》1921 年 10 月 10 日。

② 《我的歧路》。

外国朋友正色告诫他："在目前的世界上，凡没有信仰而消极麻木的民族，都是不能生存的。留学生是中国知识最完全的人，也是享社会上最大权力的人，所以我一面庆祝你买卖成功，一面希望你不要忘了政治！"①显然，通过这场实际是自己内心深处的自我对话，丁文江暂时摆脱了悖论的纠缠，坚定了政治改造的决心。这一信念也深深感染了胡适。于是，以胡适为核心，十几个为政府欠薪困扰的北京教授们，各自贡献薪金的百分之五，于 1922 年 5 月共同创办了《努力周报》，并在第二期上推出了《我们的政治主张》。

宣言发表之后，在全国知识界和舆论界引起了颇为广泛的反应，《努力周报》与胡适本人收到了不少读者与朋友的来函，表示各自的意见，北京的《晨报》《益世报》、上海的《民国日报》以及《先驱》《孤军》等具有各种政治背景的杂志也发表了回应文章，由此形成了一个"好政府主义"讨论。

这一讨论主要围绕着三个主题展开：第一，政治改造是否是一个建立"好政府"的问题？第二，"好政府"是否可以通过"好人政治"来确立？第三，知识分子应该如何从事政治改造？下面将分别论述这些主题。

二　"好政府"主张与左右两方面的回应

《我们的政治主张》中心观念是所谓"好政府"。胡适在宣言中写道："我们以为现在不谈政治则已，若谈政治，应该有一个切实的、明了的、人人都能了解的目标。我们以为国内的优秀分子，无论他们理想中的政治组织是什么（全民政治主义也罢，基尔特社会主义也罢，无政府主义也罢），现在都应该平心降格的公认'好政府'一个目标，作为现在改革中国政治的最低限度的要求，我们应该同心协力的拿这些共同目标来向国中的恶势力作战。"他具体阐释了"好政府"的含义，在消极方面是能监督防止一切营私舞弊的不法官吏，积极方面是一能为社会全体谋充分的福利，二能充分容纳个人的自由，爱护个性的发展；为此必须建立一

---

① 丁文江：《一个外国朋友对于一个留学生的忠告》，《努力周报》1923 年第 42 期。

个“宪政的”“公开的”“有计划的”政府。①

这一“好政府”的主张相当新颖别致，又出自知识界名流之口，为陷于社会改造与政治变革双重困顿的知识分子指出了一个似乎是切实可行的现实目标，因此博得了一般中下层知识分子的热烈反应，这从《努力周报》收到的大量读者来稿来信中可以看出来。但是，它也遭到了来自左右两方面的非难和诘责。

右的方面是北京的《晨报》和《益世报》。《晨报》在社论《政治主张底根本疑问》中说：“政治是为社会而发展的，同时又要待社会而发展。社会方面底工作，比政治方面更重要些；而且政治方面底工作不能单独进行，同时还要靠社会方面底工作做基础。”《益世报》在社评《好政治》中认为：“以为今日之事而不从根本教育入手，皆是费话。以吾国地大物博，岁入之丰，欲国民免去印度人民之困苦，非实施三五年以上之普及教育，实不足以语政治之事。”② 这一言路沿承了“五四”新文化运动以来的知识界精神，坚持思想文化变革的优先位置。其中的《晨报》一般被认为具有研究系的背景。以梁启超为首的研究系知识分子在民国初年以改造政治为己责，在北洋政治舞台上颇为活跃过一阵。他们幻想以“少数优异名贵之辈”领导的责任内阁领导中国政治，梁本人还一度入阁担任财政总长。到 1918 年，梁启超等人在一片无所作为中醒悟了，他们“着实将从前迷梦的政治活动忏悔一番，相约以后决然舍弃，要为思想界尽些微力”③。于是，研究系知识分子以“过来人”的身份对胡适等人的“好政府主义”提出微词。

宣言署名者之一的北大教员高一涵撰文解释了他们这群人的立场：“我们不是想抛开教育事业不管，一心要想去做政治事业；只想要求一个允许或不妨害我们办教育事业的政府。我们并不是想从政治方面‘单独进行’，把社会事业一切停止；只想要求政治事业与社会事业携手同行。”④ 胡适在回答读者王伯秋、傅斯稜的批评中也表示了同样的意见，

---

① 胡适：《我们的政治主张》，《努力周报》1922 年第 2 期。

② 转引自高一涵《政治与社会》，《努力周报》1922 年第 3 期。

③ 《梁启超年谱长编》，上海人民出版社 1983 年版，第 874 页。

④ 《政治与社会》。

他说:“我们这个报并不是‘专’谈政治的。政治不过是我们努力的一个方向。……我们当日不谈政治,正是想要从思想文艺的方面替中国政治建筑一个非政治的基础。现在我们虽然因时势的需要,不能不谈政治,但我们本来的主张是仍旧不当抛弃的,我们仍旧要兼顾到思想与文艺的方面的。”① 他根据杜威思想的意思,作了一首《后努力歌》,大意说要解开先有好社会(好教育)还是先有好政府这种连环套,只有一办法,就是干。“你没有下手处吗?从下手处下手,‘干’的一声,连环解了!”②

思想或社会改造在先还是政治改造在先,这是一个先有鸡还是先有蛋的悖论。当中国知识分子将它作为问题提出来并加以讨论时,本身内含着一个不可忽视的心理前提,即在现代化变革中追求一个可以“根本解决”的整体性救世方案。尽管不同派别有重建社会(重建文化)与重建国家的取向之分,但在未言明的思想层次上却共同默认有这样一个“根本解决”的进路。唯独胡适从实验主义立场出发,从不相信有什么“根本解决”的办法,他提倡“好政府主义”只是从具体问题入手,要求各家“平心降格的公以‘好政府’”一个目标,并不以为这种政治努力比思想文化变革具有优先性,具有化解一切的魔力。虽然胡适对此缺乏更有深度的理论论证,但他这种英美经验主义的态度仍然要比当时一般“先有鸡还是先有蛋”式的唯理主义争辩更接近真理。

对“好政府主义”另一方面的非难来自政治上左翼的国民党和共产党人。他们与胡适等人的分歧不在于要否从事政治改造,而是如何改造政治,是改良还是革命?国民党人邵力子在《民国日报》上连续发表评论,认为“倘所谓决战者仅只限于文字的激昂,则我怕‘好政府’终是梦想不能实现的”。“眼前要实现‘好政府’,我以为还非经过革命不可,还非自命好人的都起来革命或赞助革命不可。不破坏,不能建设,本是很浅明的理;蔡胡诸先生是希望好人共同来建设,我却希望好人先共同来破坏。”③ 中共中央在 1922 年 6 月 15 日《对于时局的主张》中批评

① 胡适:《答王伯秋与傅斯稜两先生》,《努力周报》1922 年第 4 期。

② 《努力周报》1922 年第 4 期。

③ 邵力子:《读蔡孑民、胡适之诸先生的政治主张》,《邵力子文集》,中华书局 1985 年版,第 686 页。

"好政府主义诸君"是"妥协的和平主义，小资产阶级的和平主义"，决定建立民主政治"决不是在封建的军阀势力之下选一个民主派人物做总统或是选几个民主派的人物组织内阁的意思，乃是由一个能建设新的政治组织应付世界的新环境之民主党或宗旨相近的整个党派之联合，用革命的手段完全打倒非民主的反动派官僚军阀，来掌握政权"①。

胡适对《民国日报》的批评不置一词，却对中国共产党的批评做出了反应，他对"小资产阶级"那顶帽子很不以为然，反唇相讥，但仍然以求同存异的态度力图调和自己与中国共产党的立场。他说："我们并不菲薄你们的理想的主张，你们也不必菲薄我们的最低限度的主张。如果我们的最低限度做不到时，你们的理想主义也决不能实现。"② 在另一处回答读者来信中他对改良与革命也表示了同样的调和立场："最好双方分工并进，殊途同归，可改良的，不妨先从改良入手，一点一滴的改良他，太坏了不能改良的，或是恶势力偏不容纳这种一点一滴的改良的，那就有取革命手段的必要的。"③ 应该指出的是，在胡适提供"好政府主义"的时期，正是他一生中政治态度较为激烈的时候。由于他对北洋政治近乎绝望，因而时常流露出理解、赞成暴力革命的情绪。当一位读者在来信中谈到南北和会除了分赃之外，没有其他意义时，胡适的回答很干脆："如果我们不准他们鬼鬼祟祟的分赃，如果我们用手枪炸弹罢工罢市的方法来对付他们，他们敢说'不要分赃更无办法'吗？"④

不过，从总体上说，暴力措施是不得已而为之；能够改良解决问题，胡适是决不赞成革命的。作为实验主义的信徒，胡适笃信社会进步是点滴累积而成的；而作为一个自由主义知识分子，他对暴民政治较之改良政治更为恐惧，存有戒心。因而在政治取向上，往往与中国儒家的中庸哲学有相通的一面。杜维明对此说过一段很有见地的话："在中国文化的发展中，过分强调协同、和谐、渐进，以至于对既有的现实态度，对那些即使是最不合理的政治统治集团，也需以一些委曲求全的方式来容忍

① 《中共中央文件选集》第1册，中共中央党校出版社1989年版，第35—36、42页。
② 《胡适文存》二集，卷三，第182页。
③ 同上书，第39页。
④ 同上书，第52页。

它，希望从内部来转化它。因此在中国这种类型的文化发展中，最大的恐惧就是农民革命。农民革命是大风暴，一切都得摧毁。知识分子即使中央政权腐败到了极点，自己深受其害，也不希望革命。”[①] 胡适身上的这种中国士大夫的心态，如果说在 20 年代初还表现不太充分的话，那么到 40 年代末期就显得异常鲜明。他眼睁睁看着国民党政府腐败下去，即使如此，他也不愿认同中国共产党领导的农民大革命，宁愿根据所谓“两害相权取其轻”的原则，在道义上支持国民党。

对于胡适而言，没有政府，丧失合法秩序是最为可怕的。他的“好政府主义”主张的政治哲学基础即是他的“有政府主义”或“政府工具主义”。在 20 年代初，无政府主义在中国经过刘师复、黄凌霜、区声白等几代知识分子的宣传已蔚然可观，在胡适看来，无政府主义与主张“颠覆政府”的马克思主义一样，具有莫大的危险性。他在《无政府主义》演讲中明白表示，现在不该乱谈无政府主义，应该提倡好政府主义。从其实用主义哲学来看，胡适“既不把政府看作神权的，亦不把政府看作绝对有害无利的，只把政府看作工具”，一种“人类发明的最大工具”，一种“社会用来谋最大多数人的最大福利的工具”。他说，“这种工具是一种有组织、有公共目的的权力”，“若用的得当，乃是督促社会进步，打破社会惰性的唯一利器”。[②] 像西方所有的自由主义者一样，胡适将政府视作社会合法秩序的象征，社会变革只有在合法秩序的范围内，通过立法等和平手段逐渐推进。不过，西方的自由主义视政府为必要的恶，胡适并不从善恶的道德角度评判政府，他以更彻底的实用主义和功利主义态度将之视作人类必不可少的工具。由于他所处的时代政治过于混乱、无序、动荡，胡适以为中国的政府不是太强大了，而是太软弱了，以至于无政府，因此他认为最重要的问题“不是如何限制政府的权限的问题，乃是如何运用这个重要工具来谋最大多数的福利的问题了”[③]。

维护政府的合法权威，是自由主义的题中应有之义。在西方，它与自由主义所主张的社会变革主张并无结构性冲突，因为西方自由主义本

① 薛涌：《中国传统文化纵横谈——杜维明教授采访记》，上海《社会科学》1986 年第 8 期。

② 胡适：《好政府主义》，《晨报》，1922 年 1 月 17、18 日。

③ 胡适：《五十年来之世界哲学》，《胡适文存》二集，卷二，第 303 页。

身是宪法政治的历史产物，它可以在合法秩序范围内推行“社会改造渐进工程”，然而，中国的自由主义所面对的却是一个没有宪法和法律制约的暴力政府以及一个缺乏基本共识的无序社会。在充满战争、混乱和革命的年代里，胡适所主张的社会改良便显得格外艰难，任何改良措施只有被整合进现存合法秩序之内，成为该秩序的一个有机部分，才能获得制度化的落实。但在中国既无形式理性的法治，又无稳定的政治系统，民间的自发性变革不能通过立法加以制度化，只能处于自生自灭的原始状态。处于如此窘迫困境之中的自由知识分子，便迫切感到中国缺乏一个能够导向“宪政的”“公开的”“有计划的”“好政府”，于是只能将建立“好政府”的希望寄托在“好人政治”之上了。

三 游荡着“圣王”幽魂的“好人政治”

如何在现存政治秩序中建立“好政府”？胡适在宣言中肯定地指出：“好人”出来奋斗，是“政治改革的唯一下手功夫”。他回顾民国元年（1912）以来中国政治的种种变迁，认定“中国所以败坏到这步田地，虽然有种种原因，但‘好人自命清高’确是一个重要的原因”。他号召“罪魁祸首的好人现在可以起来了！做好人是不够的，须要做奋斗的好人；消极的舆论是不够的，须要有决战的舆论”①。

孔子曰：“己欲立而立人，己欲达而达人。”② 胡适之所以联名蔡元培等16位著名知识分子公开发表宣言，本身就是想为全国树立一个“好人”挺身而出的表率。像西方的自由主义与中国的儒家政治一样，胡适的政治思想中充满着“精英政治”色彩。他说：“在变态的社会之中，没有可以代表民意的正式机关。那时代干预政治和主持正义的责任必定落在知识阶级的肩膊上。”③ 丁文江较之胡适将这种“精英政治”思想表述得更完全，他在《少数人的责任》一文中以达尔文的生物学观点为依据，认为自然哺育了一种超人，即“少数人”，他们主宰了社会进步，同样，

---

① 《我的歧路》。

② 《论语·雍也》。

③ 胡适：《这一周》，《胡适文存》二集，卷三。

“组织政府当然是少数人的事”①。显然，胡适、丁文江他们将中国政治的希望寄托在像他们自己一般的少数受过教育的知识分子身上。在胡适看来，“好人”的标准有两条，一是“人格上的可靠”，二是“才具上可以有为”，“进可以有益于国，退可以无愧于人”②。他举证的“中国今日的十二个大人物”即他心目中的“好人”中，除了三人是政治家外，其余九人都是学识过人的知识精英。

胡适的“好人政治”主张在社会上引起不同的反应。有些读者来信表示赞同说：“好政府”应从“好民众”而来，但“好民众”不会自动产生，必须由先知先觉的优秀分子先行一步。“只要少数大资望大名声的人肯出来奋斗，那次一等的许多好人，一定会都振作起精神来；而且便是稍微可好可不好的人，只要有好人领袖起来，一定亦会变好。”③ 共产党人的《先驱》杂志则对“好人政治”进行了激烈的抨击，他们从马克思主义的阶级分析方法出发，指出：“我们要知道好政治与坏政治，不是几个好人或几个坏人弄成的，乃是一派怎样特殊势力或特殊阶级弄成的”，在北洋军阀势力之下，无论“好人”如何努力，决不可能建立“好政府”④。

令人遗憾的是，无论是“好人政治”的鼓吹者，还是其批评者，都未意识到它只不过是中国儒家政治思想中一种源远流长的道德理想主义——圣王精神。这一精神的基本观念仍是认定“人类社会最重要的问题是政治的领导，而政治领导的准绳是道德精神。因为道德精神是可以充分体现在个人人格里，把政治领导交在这样一个‘完人’手里，便是人类社会‘治平’的关键”⑤。由于儒家对人性的幽暗意识缺乏深刻的体认，因而相信人可由成德而臻至善，而政治权力可以由这些成德的人领导和推动，而不需经由非人格化的法律制度加以规范。这一圣王精神成为中国政治文化的基本传统，尽管胡适这些现代知识分子经受过西方自由主义的思想洗礼，在未言明的意识层面上却难以摆脱这一情结的纠缠，

① 丁文江：《少数人的责任》，《努力周报》第 67 期，1923 年 8 月 26 日。

② 《胡适文存》二集，卷三，第 24 页。

③ 引自《胡适文存》二集，卷三，第 57—63 页。

④ 《先驱》编辑部：《批评“好政府主义”及其主张者》，《先驱》1922 年第 9 期。

⑤ 张灏：《幽暗意识与民主传统》，台北联经出版事业公司 1989 年版，第 35 页。

他们的政治目标虽然是为了建立一个“宪政的”政府，却仍然以人格化途径入手，寄希望于德才兼备的“好人”。为了做好政治准备，他们还设想自己成为“好政府党”的核心，其首要任务就是自我的道德训练，以便“保存我们‘好人’的资格，消极的讲，就是不要‘作为无益’。积极的讲，是躬行克己，把责备人家的事从我们自己做起”①。“好人政治”成为“圣王精神”在现代的翻版，自由主义的内心深处游荡着道德理想主义的传统幽魂，这不啻是20世纪中国思想史上发人深省的现象。

现代政治发展到20世纪，其核心问题是如何统治的问题，只有首先建立起形式化、理性化、非人格化的法律规范，民主政治才能获得制度化的保障。执政者是否道德意义上的“好人”，并非最为紧要，因为民主选举程度与监督程度能够有效地抑制执政者人性中的“恶”，弘扬他的“善”与“能”。然而，胡适这些中国的自由主义在20世纪初却不自觉地为中国传统的“圣王精神”所摆布，以为只有首先将“好人”推上台，才能建立起宪政，这样，民主政治就被偷换成民本政治，形式理性的法治也就被温情脉脉的“圣王政治”替代了。30—40年代自由知识分子几次暂时放弃民主政治，呼唤“新式独裁”或“强力意志”，都可以在20年代初这个“好人政治”主张中找到其滥觞。

四 超然的自由议政及其角色冲突

新文化运动的健将胡适领头站出来议论时政，在文化圈中引起了轩然大波。一些朋友们上门劝说他不要办报，担心他会做“梁任公之续”。孙伏庐写信问胡适：“从前许多抛了文化专谈政治的人现在都是碰了头回过来了，为什么先生一定也要去走一走这条不经济的路?”胡适的“文敌”兼朋友梅光迪却专函致意胡适，表示大力赞同他的议政之言。而常乃悳却责怪胡适脚踏两头船，希望他将全部精神用在政治上。②

胡适为了回答朋友们的劝告，专门作了一篇《我的歧路》，澄清自己为什么议政的立场。他在回顾了自己如何从“二十年不谈政治”走上言

---

① 丁文江：《答关于我们的政治主张》，《努力周报》1922年第6、7期。

② 《我的歧路》。

政的经历后，说明自己谈政治“只是实行我的实验主义”，“希望在政论界提倡这一种‘注重事实，尊崇证验’的方法”，“只是实行我那‘多研究些问题，少谈些主义’的主张”。他申辩说：“我不曾‘变节’，我的态度是如故的，只是我的材料与实例变了。”他表示，哲学与文学仍是他的本行，政治只是自己“一种忍不住的新努力”。如果一周中六天用来研究学问，一天用来办报，就是他最大的幸福了。①

这篇文章清晰地表明了胡适参与政治的方式是一种“不感兴趣的兴趣”，即以学者的身份主持舆论，自由议政。在“好政府主义”的讨论中，曾有不少人多次呼吁胡适他们出来组织政党，直接参与政治。丁文江对此表示了很大的兴趣，但胡适却无此意，他感兴趣的只是办报。他认为：“梁任公吃亏在于他放弃了他的言论事业去做总长。我可以打定主意不做官，但我不能放弃我的言论的冲动。”② 这一立场，胡适一生基本是守住了。在宣言发表后不久，宣言署名人之一汤尔和出任教育总长。在一次宴席上，胡适戏言愿意做汤一个月的秘书，以将教育部的一切公文都改为白话文，并加标点。汤信以为真，果然要发表胡适的委任令时，胡适赶忙推托，说要等到忙完再说。以后在 30—40 年代，除了在战争期间一度出任驻美大使，他谢绝了国民党政府从教育部长、国府委员直至民国总统的一切盛邀，基本守住了学者的本色。

胡适的这种以在野身份自由议政，既是西方自由主义者参与政治的基本方式，同时也继承了中国士大夫“清议”的历史传统。中国知识分子与政治系统的关系，在历史上经过几度分合。在最早的时候，士是封建政治系统的一部分，是古代贵族阶级中最低的集团。到春秋战国时代，随着“礼崩乐坏”局面的出现，士从封建统治阶层中分离出来，成为独立的“四民之首”阶层。以孔子为代表的“游士”，一方面开设私学，传播文化，另一方面奔走于各国之间，自由议论政治。齐国出现的长达一百五十年历史的稷下学宫，学士们“不治而议”，就开创了知识分子“清议”的传统。汉唐之后，通过察举、科举制度，大一统政治将知识分子再度整合其间，士与大夫相结合成为“士大夫政治”。晚清以还，随着科

① 《我的歧路》。

② 《胡适的日记》上册，中华书局 1985 年版，第 263 页。

举制度的废止，现代职业结构的出现，知识分子第二度从政治系统中分离出来，在民间社会取得了自由职业者的独立身份。这就为自由知识分子以学者专家的资格自由议政提供了可能性空间，胡适在这方面一以贯之的立场，为现代中国知识分子树立了很有影响的楷模。而且，他比一般人对这种参政方式有着更深切的体认，立志做一个超然的、独立的政论家。他指出，即使是政论家，也有三种类型。第一种是“服从政党的政论家，纯粹是政党的鼓吹机关”。第二种是“表率政党的政论家，并不能代表一党的全部党员，只代表一党的思想阶级”。胡适赞赏的是第三种所谓“监督政党的政论家，他们是‘超然’的，独立的”。他坚定地认为，中国“今日最大的需要决不在政党的政论家，而在独立的政论家。独立的政论家只认是非，不论党派；只认好人与坏人，只认好政策与坏政策，而不问这是那一党的人与那一派的政策。他们立身在政党之外，而影响自在政党之中。他们不倚靠现成的势力，而现成的势力自不能不承认他们的督促”①。

做一个超然的、独立的政论家，这是胡适十分自觉的努力追求，也是他在宣言中所说的好人“出来和恶势力奋斗”“要有决战的舆论”的真正寓意。

不过，在那个命运多舛的乱世之中，胡适这种参政方式面临着两种类型的角色冲突。第一种是“知识精英”与“社会良心”之间的角色冲突。这种角色是中国自由主义知识分子的特殊境遇。在现代西方，自由知识分子既能够在各自的专业领域中有所建树，又可以通过社会舆论压力和团体影响、干预社会公共决策。但在现代中国，知识分子的议政不仅无补于国事，而且其专业领域也往往遭到政治权力的强暴。胡适多少也遭遇上这样的困境，他在学者与政论家两种角色之间常常有一种紧张感，这可以在《我的歧路》一文中微妙地体会出来。到40年代，胡适身上的这种紧张感表面化、尖锐化了，老是做着这个惦记着那个。当他担任驻美大使时，他想的是自己的学术，发誓诅咒“至迟到战争完结时，我一定回到我的学术生活去”②。当他担任北大校长，一头扎进专业，对

---

① 胡适：《政论家与政党》，《努力周报》1922年第5期。

② 耿云志：《胡适年谱》，四川人民出版社1989年版，第265页。

国是表示沉默之后，又悔恨自己太自私，只顾及与自己性情相近的学术，而辜负了应负的社会责任。① 这种顾此失彼的心态煎熬着胡适等大多数知识分子的灵魂。

第二种角色冲突是“社会正义的主持者”与“合法秩序的维护者”之间的冲突。这一冲突同样为中国知识分子所特有。如前所述，西方自由主义可以在法治秩序内和平地推行“社会改造渐进工程”，而中国的自由主义者却始终在社会正义与合法秩序之间难以保持适当的张力。胡适之所以一再拒绝入仕做官，保持独立的在野身份，乃是深知只有“道”独立于“势”，才有说真话，主持正义的余地。不少人责备他过于“爱惜羽毛”，他却引用一位朋友的话回答说：“我们若不爱惜羽毛，今天还有我们说话的余地吗?”② 整个 20 年代，是胡适主持社会正义最为光彩的时期，尤其是在办《新月》杂志期间，其对人权的伸张维护，对国民党思想专制的抨击，连激进知识分子也所不及。当时张謇之子张孝若写信给胡适，深深钦佩他的有胆有识：“这种浩然之气，替老百姓喊几句，打一个抱不平，不问有效无效，国民人格上的安慰，关系也极大。”③

然而，胡适并非以批评政府为己任，以他点滴进化的渐进改造观点，他最希望充当一个“忠诚的反对派”角色，以“忠诚”维护政府的合法权威，以“反对”主持社会的正义。然而，这一观念在中国政治文化传统中缺乏相应的资源，也就得不到政府的认同，以至胡适陷入了某种二律背反的境地：如果一味扮演“社会正义主持者”的角色，就会将自己逼到政府的对立面，最终非走上革命道路不可；如果偏重于“合法秩序维护者”的形象，那么就有可能从自由主义转向保守主义。这一悖论内在地存在于中国自由主义知识分子身上，是他们日后左右两极分化的重要因素。

胡适到 40 年代后期转为保守，正是他参与政治的特殊立场决定的。他尽管始终坚持以在野之身自由议政，但是其在野不仅是为了保持人格

① 《被遗忘的大使：司徒雷登驻华报告》（中译本），江苏人民出版社 1990 年版，第 269 页。

② 《胡适的日记》上册，中华书局 1985 年版，第 361—362 页。

③ 《胡适来往书信选》上册，中华书局 1979 年版，第 523 页。

的独立，同时也是为了更好地替“国家效力”。1932 年，他在谢绝教育部长的信中向时任行政院长的汪精卫表白说：“我所以想保存这一点独立的地位，决不是图一点虚名，也决不是爱惜羽毛，实在是想要养成无偏无党之身，有时当紧要的关头上，或可为国家说几句有力的公道话。……以此之故，我很盼望先生容许我留在政府之外，为国家做一个诤臣，为政府做一个诤友。”[①] 1947 年，胡适在给傅斯年的信中讲自己“赤心的话”时说得更明白：“我在野，——我们在野——是国家的、政府的一种力量，对外国，对国内，都可以帮政府的忙，支持他，替他说公平话，给他做面子。”[②] 这种并非以个人为本位，而是以国家、政府为本位的在野立场，与以个人自由为终极价值的自由主义已相去甚远，同中国历史上的清议派士人的心态倒颇为相近——以犯颜直谏的方式替朝廷尽忠。中国的士与君主传统上有两种关系，一为君臣，二为师友。胡适不愿作君之臣，但愿作君之友，君之“诤友”，所谓“忠诚的反对派”。但在中国严酷的政治环境下，在激进与保守水火不相容之下，“诤”与“友”之间发生了冲突，迫使胡适要么“忠诚”，要么“反对”，以至一度偏离了自由主义立场，被迫转向无条件拥护政府权威、维护现存秩序的保守立场。但当激进与保守在空间上隔离之后的 50 年代，胡适再度回到了自由主义立场，恢复了中国自由主义精神领袖的应有形象。

五 “好人内阁”的破产与向“五四”的回归

1922 年春夏之际的这场“好政府主义”讨论，尽管轰动一时，但没有几个回合就无声无息地结束了。总的来看，这场讨论参与者各方都缺乏必要的思想准备和理论准备，更多的是就事论事地争执救世的应急方案，没有兴趣也缺乏能力将讨论引向更深入的学理层次。在这一方面，讨论的发起者胡适及其同人们负有更多的责任，他们那种实验主义的研究问题方法将复杂的对象简单化，深刻的思想平庸化，以至于不能通过讨论使中国的自由主义思想有所突破或深化，而是继续停留在直观原始

---

① 《胡适来往书信选》中册，第 208 页。

② 同上书，第 173 页。

的常识水平。

不过,“好政府主义”讨论在理论层面上结束了,却在实践层面上戏剧性地展开了。这年 9 月,在宣言中署名的王宠惠、罗文干、汤尔和三人,受命组织内阁,分别出任内阁总理、财政总长和教育总长,人称“好人内阁”。它受到了舆论的普遍关注,“好人政治”能否产生一个“宪政的”“公开的”“有计划的”政府,成为检验“好政府主义”的试金石。

胡适等人原本期望这些“好人”上台之后,能够首先做一个大计划,逐渐将中国政治引入轨道。但是,“好人内阁”手中并无行政实权,一切都要看直系军阀吴佩孚的脸色行事。在军阀的干预下,“好人内阁”仅仅存在了两个月零六天,便偃旗息鼓。时任北大校长的蔡元培为了表示不能与军阀政客同流合污,也愤然辞职。“好人政治”转变为“不合作政治”。

“好政府主义”以一种典型的实验主义证明了自身的破产。出任教育总长的汤尔和下野之后感慨万千地对胡适说:“我劝你不要谈政治了罢。从前我读了你们的时评,也未尝不觉得有点道理;及至我到了政府里面去看看,原来全不是那么一回事!你们说的话,几乎没有一句搔着痒处的。你们说的是一个世界,我们走的又另是一个世界。所以我劝你还是不谈政治了罢。”① 胡适无言以对,只得承认:“‘好人’政府不等于‘好’政府。”② 好人政治未必能够产生宪政的政府。胡适幡然醒悟,从此再也不谈“好人政治”,开始直接从制度层面——人权和宪政从事政治改造。

1923 年 10 月,《努力周报》宣告停刊,胡适发表了《一年半的回顾》,对“好政府主义”作了全面检讨。在这短短一年半中,胡适发表了六七十篇时评,到头来自嘲地发现“完全不是那么一回事!”他坦率地承认:“我们谈政治的人,到此地步,真可谓止了壁了。”如同当年梁启超他们从“迷梦的政治活动”中醒来,转入“为思想界尽些微力”一样,胡适他们从 1923 年起也“渐渐地朝着一个新的方向去努力,那个新的方

① 《胡适文存》二集,卷三,第 282 页。

② 《胡适的日记》下册,第 506 页。

向便是思想的革新”。科学与玄学论战就是在这样的思想和心理背景下拉开序幕的。在绕了一个圈子之后，胡适又重新回到了“五四”新文化运动的起点上，他总结这一年半的教训说：“我们还应该向国民思想上多做一番功夫，然后可以谈政治的改革。”① 较之以前的“二十年不谈政治”之语，这番话已平添了几分历经沧桑的生活哲理。

“好政府主义”是20年代中国自由主义的政治乌托邦。在现代中国，乌托邦情结并非属于激进主义者所专有，保守主义者有之（权威主义乌托邦），自由主义者亦有之。现实无情地嘲弄了一切乌托邦的梦幻，让历史呈现出它本来的逻辑。“好政府主义”乌托邦在20年代如昙花一现，短暂地结束了，但它的阴魂却在20世纪中国思想史上弥久不散，几度以另外的面目变调重弹，值得后人深省。

---

① 《胡适文存》二集，卷三，第148—151页。

晚清军人的经济状况初探*

皮明勇

军人的经济状况是制约军队建设的一个重大问题。在晚清，这个问题曾经使清政府几度"黔驴技穷"，不少官绅也为之大伤脑筋。从绿营饷薄兵疲到营勇索饷哗变，从魏源提出厚饷赡军到清末新军统一饷章的颁布与军人经济地位的显著提高，事情虽始终在变化着、发展着，但变化剧烈却发展缓慢。问题多，影响大，在这纷繁的历史表象后面显然还隐藏着某种规律性的东西。而在对这些问题进行深入研究之前，又有必要先将有关的基本史实弄清楚。本文拟就晚清军人的法定收入情况、非法定收入和实际经济状况、社会经济地位的变化情况，以及对晚清军队建设的影响等方面的问题进行探讨。

一　晚清军人的法定收入情况

清代绿营、八旗俸饷章程初定于顺治朝。此后，绿营俸饷在乾隆四十六年（1781）有一次大的变化，军官于俸饷之外另加养廉；八旗俸饷历经康熙、雍正、乾隆、嘉庆朝的多次调整，鸦片战争后的八旗饷章实际上是嘉庆朝形成的。清朝对八旗官兵实行优俸优饷政策，对绿营则长期压低待遇，绿营兵的法定粮饷收入是极为微薄的。

太平天国革命爆发后，湘、淮军等勇营部队代替绿营、八旗，成为

* 本文原载《近代史研究》1995 年第 1 期。

清军的主力。勇营部队的饷章并不统一，而以湘、淮军的规定最具代表性，除此之外，当时各路勇营部队的粮饷水平或高或低，但差别并不悬殊，营官月饷多在 50 两上下，正勇月饷在 4 两上下，与绿营兵战时饷额相当，超出绿营兵的平时饷额 1—3 倍。

19 世纪六七十年代以后，练军和防军又先后出现在晚清历史舞台上。虽然练军是绿营的一种发展形态，防军是湘、淮军等勇营部队的存续和蜕变，但它们的粮饷章程却有了相当的变化。总的变化趋势是：练军的饷额相对于绿营的低水平饷额已有了明显提高，而防军的饷额相对于湘、淮军的高水平饷额又有所压低。这种变化的结果改变了过去绿营和湘、淮军在粮饷水平上的巨大差别，使练军和防军的粮饷水平渐趋接近，但差别始终还是存在。

同一时期建立的晚清海军也有自己独特的饷章，其中北洋、南洋、福建和广东四路海军的饷章规定也有高低不同。1888 年《北洋海军章程》的饷额规定影响最大。由于晚清海军是一个新的军种，清政府在制定海军饷章时借鉴了一些西方近代海军的做法，饷额比各路陆军要优厚。

甲午战争后，清政府大力练新军，推行军制改革，新军的饷章也几度变化，成为这个时代变革的产物。从新建陆军、自强军、武卫军到全国各省普练的新式陆军，饷额都比较高，1904 年练兵处会同兵部奏准的全国新军的统一饷章，无疑是晚清军人粮饷制度变革的最高成就。它对全国新军军官、军士、士兵和其他军营人员的饷额都有明确、统一的规定，而且饷额水平适度，对新军建设乃至中国近代军事的全面发展都产生了积极的影响。

这里，我们综合各种资料记载，将晚清士兵和军官的月饷情况列为两表（见文末附表），以资比较。

表中所列皆为饷章所规定的清军官兵的正式收入。除此之外，清政府对清军还有一些临时补贴、战时津贴和战功奖赏。临时补贴如绿营官兵出差，每日可以得 0. 03 两银子的补助；① 八旗、绿营官兵遇有红白喜事也可得到数两银子的补助。八旗、绿营的战时津贴有行装费、盐菜口

---

① 据《钦定大清会典事例》卷二五六，1899 年刻本，页一七。

粮等，一名绿营士兵在战时的各种粮饷收入每月在 5 两上下。[①] 防、练军的战时津贴是通过“行饷”体现出来的，“行饷”相对于“坐饷”而言，坐饷为平时的粮饷，行饷就是战时的粮饷。在当时，行饷一般要比坐饷多 1 两左右。

临时补贴毕竟数量有限，战时津贴和战功奖赏又非恒有，晚清军人法定收入关键还在于饷章的规定以及这些规定的执行情况。通过附表，我们可以明显地看到晚清军人法定收入方面所存在的两大差别和一个发展趋向。其差别之一存在于各支军队之间，如绿营与湘、淮军相比，与北洋海军、清末新军相比，其粮饷水平甚低，往往相去数倍。另一大差别存在于军官和士兵之间，无论是八旗、绿营、湘军、淮军，还是海军、新军，在这一点上都具有共性，无疑是旧军队官兵对抗性矛盾的一种反映。在绿营提督与守兵之间，在新军镇统与副兵之间，薪饷差距分别为 217 倍和 95 倍。即使是绿营的把总、新军的排长这类最基层的军官，他们的薪饷也都在他们手下士兵的四五倍之上。一个发展趋向就是，越到后来清军饷章所规定的军人收入水平越高。如果把这一点与晚清政府一天比一天恶化的财政形势，以及全国百姓越来越贫穷的事实联系起来考察，我们就一定可以体会到它的特别重要性。

晚清各军饷章的执行情况非常复杂。总的可以说是落实的少，不落实的多，而这种不落实又严重影响各军官兵尤其是士兵的实际合法收入。

1853 年，清政府规定绿营军官自游击以上扣发养廉二成，1856 年夏后改为扣发养廉一成，并相沿为例。也就是说，在晚清的大部分时间里，绿营军官均未能享受到全部法定待遇。

士兵法定收入不落实的最重要表现是欠饷。在太平天国革命爆发以前，绿营、八旗很少有欠饷的现象，但此后的情况就不同了，不但绿营、八旗欠饷甚巨，就是湘、淮军和防、练军，乃至清末新军也都曾欠饷累累。

绿营士兵发饷减成始自咸丰年间（1851—1861 年）。当时清廷并无统一规定，各省根据自己的财力情况随时决定，有的省一年仅发两三个月

① 曾国藩：《会议长江水师营制事宜折》，《曾国藩全集·奏稿》四，岳麓书社 1990 年版，第 5095 页。

饷，有的发四五个月，高的也只发七八个月，能够享受全饷的在当时只有四川一省的绿营。到同治年间（1862—1874年），各省积欠绿营粮饷的数字已经大得惊人，欠饷或三五年，或七八年，总额都在数百万两以上。[①] 绿营兵的粮饷本来就很低，而这样低微的粮饷又只能实领三五成。这种状况在光绪朝（1875—1908年）亦无大的变化，1885年湖南巡抚卞宝第奏称，绿营兵每月只能得到"数钱两许之饷"[②]。1886年后，清廷谕令给京师绿营发放全饷，而各直省的绿营一直仍只发七八成。

八旗的欠饷情况与绿营相似。1853年，清廷首先取消了恩赏八旗兵的一个月钱粮。[③] 1863年，又决定八旗骁骑校以下各官兵只发六成饷，养育兵等只发七成饷。1885年后京师八旗恢复全饷，驻防八旗则直到辛亥革命始终领不到七成粮饷。奉天省内外城满蒙汉八旗及三陵内务府官兵岁饷总额为40余万两，而1907年和1908年两年实只发饷9个月31.8万余两，仅占应发饷额总数的37.5%，整个东三省八旗1875—1906年共计欠饷达4035170两。[④]

湘、淮军的粮饷由其统帅自筹，欠饷亦是常事。湘军在攻克太平天国天京时，全军欠饷达一年多，累计超过50万两。[⑤] 曾国藩在裁撤湘军时为了补发这笔欠饷，想尽了各种筹饷办法。淮军在创建之初便实行每年发九关饷的办法，即每年只发9个月饷，其余一概拖欠，这种办法一直使用到甲午战争以后，而实际上，有时一年连9个月的粮饷亦发不足数。所以，淮军的欠饷额也很大，早在上海、江苏作战时期积欠已达七八百万两，到1869年仍欠200余万两，到光绪年间经常保持积欠150万—160万两的水平。淮军欠饷并不像湘军那样全部找还，补发的只是其中的少数，而且多行之于1870年之后，其他的大量欠饷，或用报效（换

---

① 郭嵩焘等：《历陈广东筹解京饷万分支细势不能兼及镇江协饷疏》，《郭嵩焘奏稿》，岳麓书社1983年版，第28—30页；丁宝桢：《变通绿营兵制折》，《丁文诚公奏稿》卷七，1893年京师刊本；沈葆桢：《请整顿额兵疏》，《沈文肃公政书》卷一，1880年吴门节署刊本；左宗棠：《清厘闽营欠饷停募兵缺折》，《左宗棠全集·奏稿》二，岳麓书社1957年版，第124页。

② 沈惟贤：《皇朝政典类纂》兵四，上海图书集成局1903年刊，页九。

③ 昆冈等撰：《光绪会典》卷二〇，1899年刊本，页七。

④ 刘锦棠：《清朝续文献通考》卷七四，1921年印行本。

⑤ 曾国藩：《清理补发同治三年六月前湘军欠饷报销片》，《曾国藩全集·奏稿》八，第5564页。

取增加地方科举考试中试名额）的名义，或用发给饷票却不兑给现银的办法分批分期勾销了。据李鸿章的奏报统计，到 1870 年，淮军共计报效欠饷 177.3 万两以上，发放饷票 50 万两。

防、练军和清末新军的欠饷现象同样存在。1900 年袁世凯奏称，山东所存防军 34 营，每年实际支饷不及 90 万两，欠饷甚巨。[①] 1904 年新军统一饷章颁布后，陆军部又有一个补充规定：北洋新军按饷章全数发足，其余各地新军按饷章减发，官佐发给八至六成，士兵据当地物价折合酌减。据档案记载，山东新军官佐皆支八成；福建、浙江、安徽等省新军军官支八成，军佐支七成。[②]

在欠饷之外，影响晚清士兵法定经济收入的另一因素便是军官对粮饷的克扣。八旗士兵“以核扣减平、办公摊派受累颇深，每兵所得乃不及额饷十分之一二”[③]。绿营军官“花钱买缺，到任后自不能不克扣兵粮”，“凡营官至任，铺张器具，都守千把红白喜葬，护送饷鞘弁兵盘费，修补零星军装器械，起早油蜡，差操茶点，无一不摊派兵饷，是以每月每兵仅得饷三钱有零”。[④]

遭受克扣最厉害的是勇营、防军士兵的粮饷。士兵所食粮米，米价加运价不过每石（150 斤）需银 1.6 两左右，而统领营官发给士兵必按每石（约 130 斤）需银 3 两扣饷。统领、营官卖给士兵的棉衣、铺盖、包头、裹脚、烟、茶等物品的价格亦往往超出市价二三倍，并且这种买卖是强制性的，不买也要扣饷。军营修筑营房等事，费用本可报销，所用材料本有公费，但军官还是要向士兵摊派，以中饱私囊。更有甚者，军官遇有红白喜事，士兵也要摊助费用，递送红包。[⑤] 结果，“每关银六两有发四两八者，每关银四两八有发四两二者，有发三两二者。扣军米五

---

① 袁世凯：《遵旨筹饷练兵酌拟办法折》，《袁世凯奏议》上，天津古籍出版社 1987 年版，第 88 页。

② 中国社会科学院近代史所编：《清末新军编练沿革》，中华书局 1978 年版，第 149、229 页。

③ 刘锦棠：《清朝续文献通考》卷七四；《清末新军编练沿革》，第 229 页。

④ 中国近代史资料丛刊《洋务运动》第 2 册，第 394 页；张集馨：《道咸宦海见闻录》，中华书局 1981 年版，第 279 页。

⑤ 光绪七年十月都察院代上王开运奏，见朱寿朋《光绪朝东华录》第 1 册，中华书局 1958 年版，第 1218 页。

钱，又除零星花费，每人实得一两有零”[①]。甲午战争时淮军卫汝贵部“兵勇每日仅老米斤余，钱30文，但能养命，不能裹腹”[②]。

影响晚清士兵法定收入的第三个因素，是清政府所推行的以钱钞、制钱替折饷银的政策。绿营兵饷搭发制钱早在鸦片战争之前便已开始，搭放比率为5%—50%不等。当时钱贵银贱，故规定兵饷1两折发制钱1000文。到了近代，钱价大跌，而绿营兵饷的折算率却不调整，士兵暗受损失。1863年，清廷在对八旗官兵粮饷减成发放的基础上，又规定官兵月饷俱发二成制钱。以钱钞代替饷银的情况在咸丰朝以后也出现了，因钱钞无用，实际等于少发饷银，降低绿营兵等的法定待遇。至于绿营的月粮，亦只给七成或八成，且又折米为银，“辗转核扣”[③]。

综上所述，我们可以大致明了晚清军人实际法定收入的情况。各类军官的实际法定收入一般占饷章规定的八成左右，军官之间实际法定收入的差距主要是饷章规定的差距。相反，各种军队士兵之间的实际法定收入的差距则不仅要考虑饷章规定，更要重视饷章规定的执行情况。晚清各军士兵的实际法定收入所占饷章的比例：绿营、八旗有时只有30%，高时也只有70%；湘军在同治初年超过90%，此后渐趋下降；淮军1870年前占75%，此后有所提高；防、练军各路部队很不统一，多在70%左右；北洋海军在90%左右；北洋新军士兵在90%以上，其他各省新军在80%以上。[④]

如果就近代清军各类部队士兵间的实际法定收入的数额进行比较，其大致情况为：绿营士兵每月实得饷银约为数钱至两许，是各类士兵中最低的；湘淮军的正勇实得一般在3—4两；练军、防军（不包括后期淮军）士兵实得在2—3两；北洋海军的练勇和水手实得在3两余至9两余之间；北洋新军的正兵实得在4两左右，其他各省新军士兵实得约为3两余。从这些数字中可以看出，各类士兵之实际所得法定收入的差距比饷章规定所存在的差距更大，特别是绿营兵所得太少，练军和防军到后来

① 夏东元编：《郑观应集》上册，上海人民出版社1982年版，第870页。

② 故宫博物院编：《清光绪朝中日交涉史料》卷二六，1932年版，第6页。

③ 光绪元年五月初一日彭玉麟奏，《光绪朝东华录》第1册，第76页。

④ 李铎：《练兵刍议》，《东方杂志》第三卷第八号（1906年）。

也不行，每月 2 两饷银的收入显然偏低。

二　晚清军人的非法定收入

军人的实际法定收入并不等于军人的全部收入，往往另有一定数量的非法定收入。由于种种原因，晚清军人非法定收入在其全部收入中所居地位相当重要。

晚清军人获取非法定收入的途径与手段主要有四种。

一是收受贿赂，勒索钱财。由于绿营在训练作战的同时还肩负着护送粮饷、看护仓库、巡察地方、查缉走私、缉捕罪犯、押解犯人等多项差务，从而为他们勒财受贿提供了机会和可能。鸦片战争时期，广东水师的三艘缉私船曾在三年之内多次卖放走私鸦片和纹银，收贿并私吞赃物，计银近 400 两。官兵得银多者 140 多两，少者亦近 10 两。[①] 鸦片战争后绿营官兵在执行各种差务时收取贿赂仍是常事。1865 年，两广总督毛鸿宾等奏称："广东赌风之盛，甲于天下，乡村市镇，到处聚赌，因之文武员弁皆有规费。"为了争夺规费，员弁之间有时竟大动干戈，聚众斗殴。[②] 晚清绿营官兵靠收贿勒索得来的钱财的具体数字是无法统计或估计的，但可以肯定一点：大多数官兵都从中得到了一定的好处，而相比之下军官获利更多。

二是自营生业，赚取钱财。在晚清，靠这种手段获取非法定收入的主要是绿营官兵，尤其是绿营士兵，此外也有少数八旗士兵。[③] 绿营兵兼做买卖和手艺，在雍正、乾隆朝以后便已成为常事，但只有到了近代才成为与粮饷同等重要的主要收入来源。据记载，鸦片战争时期长沙青石街的双美茶室就是 4 名绿营兵合伙经营的。双美茶室的本钱为制钱 27 千文，每日收入当然也不会太少。[④] 绿营兵做的买卖五花八门，除了开茶馆

---

① 林则徐：《已革营员蒋大彪等卖放烟贩案审明定拟折》，中山大学历史系编：《林则徐集·奏稿》中，中华书局 1965 年版，第 749—755 页。

② 郭嵩焘：《员弁争索赌规请斥革严讯片》，《郭嵩焘奏稿》，第 164 页。

③ 据《满族社会历史调查报告》记载，辽宁兴城满族旗人赵连毕祖孙四代，曾从事农业和经营小商业。

④ 林则徐：《查复游击马辰被参各款折》，《林则徐集·奏稿》中，第 550 页。

外，还有开杂货铺的，贩鱼卖肉的，如此等等。绿营兵做的手艺包括木工、篾工、裁缝等各类营作。平时，一部分人在外做买卖手艺，另一部分人替他们承担营中差操任务，过一段时间后再相互倒换。在一般情况下，一名绿营兵平均每月可以通过做买卖手艺挣得 3000 文左右，约合白银近 2 两，相当于再领一份粮饷。所以，光绪年间有人说绿营兵是“半供差操，半借贸易手艺以谋生”①。

三是战时掳掠，强取暴夺。战时掳掠是晚清诸军的通病，而以湘淮勇营部队最为厉害。1853 年，太平军北伐怀庆之役，黑龙江八旗兵“唯日肆搜抢，至民间桌椅门窗鞋袜等物，零星杂货掠卖之，竟至成市”②。有记载称：湘军将士“争求从军，每破寇，所掳获金币、珍货不可胜计。复苏州时，主将所斥卖废锡器至二十万斤，他率以万万数”③。又湘军在攻克太平天国天京后，萧孚泗部从天王府“取出金银不赀，即纵火烧屋以灭迹”④。淮军组建之初，同样是攻城略地志在掳获，李鸿章自己也承认淮军“所富者，军装也，贼赃也”⑤。甲午战争时，淮军卫汝贵部在朝鲜“见贼即溃，遇物即掳”。掳掠给部分晚清军人，特别是部分湘、淮军军官带来了巨大的非法定收入，不少淮军将领通过掳掠，迅速变成了战争暴发户。在与太平军作战中，“每向夕无事，各哨聚会金钏银宝，堆案高数尺许，多寡不较也”⑥。郭松林“家赀累数百万，盖皆从贼中得之”⑦。

四是军官克扣粮饷，吃空额。军官克扣士兵粮饷，减少了士兵的法定收入，同时便相应增加了军官的非法定收入。以每名士兵每月被克扣 0.5 两计，一支 3000 人的部队总共便是 1500 两，统领营官等之所得便已极为可观。而根据我们前面的论述，晚清士兵每月被克扣之数是普遍超出 0.5 两的。

---

① 谭钟麟：《防营渐减谨拟练兵章程折》，《谭文勤公奏稿》卷十，1911 年刊本。

② 李棠阶：《李文清公日记》咸丰三年七月记事，1915 年张镇芳影印本。

③ 王闿运：《湘军志》，岳麓书社 1983 年版，第 166 页。

④ 赵烈文：《能静居士日记》同治三年六月二十三日记事，见《太平天国资料简辑》第 3 册。

⑤ 李鸿章：《李文忠公全书·朋僚函稿》卷五，第 20 页。

⑥ 徐珂编：《清稗类钞》第 2 册，中华书局 1986 年版，第 745 页。

⑦ 《清朝野史大观》卷八，中华书局 1936 年版，第 172 页。

军官“吃空额”是绿营在清前期便已存在的老弊病，当时被称为“绿营名粮”。1781 年，清廷在给绿营军官增加“养廉”、大幅度提高他们待遇的同时，取消了绿营名粮，但吃空额的现象却始终未能根治，并一直延续到晚清。道咸之际，贵州绿营普遍缺额过半，偏远营汛甚至只存 1/6 人数。[①] 咸丰皇帝在 1852 年承认，“空粮之弊”，“各省皆然”[②]。到了光绪初年，东南各省的绿营兵额几经裁减，但裁剩之兵中仍不免有相当缺额。湘、淮军以及后来的防、练军本是为矫治绿营之弊而创设的，但士兵缺额则与绿营同出一辙，而且愈演愈烈。曾国藩于 1863 年致书左宗棠，说湘军朱品隆、唐义训部缺额不少。1871 年，有人发现陕西“各营勇丁，多不过七八成，少则不及五六成”[③]。甲午战争时又有人揭露各路防军“勇数或至五六成”。1901 年，山西巡抚岑春煊奏称：各省“营员之侵蚀”，“无论防练，无不相同”[④]。1907 年锡良又奏，云南新军亦有“缺额情弊”[⑤]，其实各省新军缺额扣饷之弊是相当普遍的。晚清兵勇缺额如此之多，军官靠吃空额而获取的非法定收入自然为数甚巨，“故久充统领，无不坐拥厚赀，至十数万，或数十万百万者”[⑥]。

正是由于广泛存在上述四个方面的情况，晚清军人总的实际经济收入发生了严重的扭曲现象：一方面，饷章规定的法定收入既不合理更不落实，另一方面，非法定收入却又名目繁多且数额惊人。根据许多材料显示，除八旗官兵以及防军、海军和新军士兵外，其他各类官兵的非法定收入的数额都不低于甚或大大超过其实际法定收入。具体说来，就军官而言，其非法定收入一般都比实际法定收入要高，即使是绿营官弁亦是如此，至于湘淮军的统领和营官则总在其法定收入的数倍乃至数十上百倍以上。以湘淮军的营官为例，其法定月饷银为 50 两，但其非法定收入则有每月每营所发之公费银 100 两，再加上营勇缺额或请假离营所扣发

① 胡林翼：《与孔廉访论会匪启》《致黎平府子祥函》，《胡文忠公遗集》卷五七、卷五八。

② 咸丰二年三己亥谕，见潘福颐《咸丰朝东华录》卷一四。

③ 胡家王：《预筹挽救时局疏》，见王延熙等辑《道咸同光四朝奏议》。

④ 杨凤藻编：《皇朝经世文续编》卷一四，清光绪年间刊本，第 4 页。

⑤ 中国社会科学院近代史所编：《清末新军编练沿革》，第 269 页。

⑥ 李秉衡：《奏陈管见折》，《李忠节公奏议》卷十，辽宁作新印刷局 1930 年刊本。

之饷，一般每月实际所得便可达250两以上，已是其法定收入的5倍。正如王闿运所说的："将五百人，则岁入三千"，"犹廉将也"①。实际上，湘淮军的营官通过战时掳掠所获更远在250两之上。就士兵而言，湘淮军营勇在与太平军、捻军作战时期，其非法定收入很高，往往要超过其法定收入若干倍。尽管他们的法定收入本来不低，但这时对他们来说反而变得不甚重要。正因为如此，才会出现湘淮军官兵在同治年间大规模无偿报效欠饷之事。相反，绿营兵等虽也有相当比例的非法定收入，但其绝对数额并不大，其法定收入与非法定收入二者相加，每月所得也不过数两白银。

晚清军人的非法定收入是对其法定收入的一种自发调节，这种调整是消极的。首先，它是由于清军粮饷规定不合理所导致的。绿营兵的法定收入太低，不足以养家糊口，被迫无奈，只得自营生计，赚取非法定收入。其次，它又是晚清腐朽的政治军事制度的产物。制度和管理的漏洞不仅给予牟利者以可乘之机，而且大大刺激了一些不法之徒大发横财的欲望。通过这种调节，表面上解决了绿营士兵的部分生计问题，但从根本上讲，它不但未能解决清军粮饷规定的不合理现象，反而使这种不合理变得更加严重。一个突出的事实是：真正通过这种自发调节而获得大的好处的恰恰不是饷章低微的绿营兵，而是本来法定收入就较高的湘淮营勇。晚清军官在获取非法定收入方面也比士兵居于更为有利的地位，进一步扩大了他们与士兵之间全部收入的差距，使官兵的实际经济状况出现明显的贫富两极化。这无疑是晚清军队建设中非常严重的问题。

三　晚清军人的实际经济状况

晚清军人的实际法定收入和非法定收入是决定他们经济状况最重要的条件，但并不是唯一的条件。军人家庭人口的多寡，社会生活水平以及市场物价的高低，同样要影响到军人的经济状况。

据记载，乾、嘉以后，社会人口增加，军人家庭规模亦相应扩

---

① 王闿运：《湘军志》，第163页。

大，每户平均 5 口左右。[①] 绿营、八旗实行世兵制，每家往往不止一人领取粮饷。如绿营之子初为余丁，月给饷银 5 钱，16 岁后可考补守兵，考不中者仍食余丁之饷。又，兵丁 50 岁以上老弱者可退休，如有子弟在营食粮则月给饷米 3 斗，否则给守兵粮饷一份。当然，晚清时的余丁和退休粮饷（1723 年后均折为银）同样也是严重不足额的。一名绿营、八旗军人平均需要负担 3—4 人的生活。湘、淮军和海军、新军等士兵多系农民出身，大多拥有一定的田土家产，因此也不需要靠他们的粮饷来维持全家人的生活，他们的实际负担是 2—3 人。

晚清的物价与清前期相比变化很大，主要是上涨迅速。即使同是晚清，20 世纪初的物价与鸦片战争时期的物价相比较，也上涨了数倍。据四川《富顺县志》记载，该县在光绪朝 30 余年，“物价低昂比较相差二倍”。这方面情况从以下两表可窥一斑。[②]

表 1　　晚清米价及指数　　单位：两/石

时间	平均价格	指数
1841—1850	0.78	100.0
1851—1860	0.59	74.2
1861—1865	2.30	294.3
1866—1875	1.17	150.0
1876—1880	1.06	135.6
1881—1890	1.10	141.1
1891—1895	1.25	160.0
1896—1900	1.76	250.1
1901—1911	2.62	335.7

① 据（第一回）《中国年鉴》（商务印书馆 1924 年版），第 49—50 页，所载 1909—1915 年间的统计，全国大部分地区（不包括安徽、四川、新疆和青海）计有 55917462 户，305098424 口，每户约有 5.45 口。

② 两表的资料来源：彭信威《中国货币史》，第 601 页；北洋政府直隶省实业厅《实业来复报》第一年第二十三册；《银行月报》卷二第二号“国际财金栏”，第 2 页。

表 2　　晚清小麦价格及指数　　单位：两/石

时期	平均价格	指数
1862—1871	1.55	100.0
1872—1881	0.93	60.4
1882—1891	1.09	70.9
1892—1901	1.29	82.5
1902—1911	1.91	124

因此，探讨物价对晚清军人经济状况的影响，必须要动态地看问题。林则徐在 1838 年说："若以食贫之人，当中熟之岁，大约一人有银四五分，即可过一日。"[①] 如果要负担 3—4 人一年的生活，则共需银 50 多两。左宗棠在 1866 年奏称，士兵每月得银 3 两至 3 两余，即可"日用足敷，无须别营生业"[②]，折合每人每天大约需耗银也是四五分。稍后，丁宝桢却奏称，每人每日五分银子"实属不敷食用"[③]。当时淮系将领周盛传曾经算过一笔账，认为一个三四口人的家庭一年吃穿杂用共需制钱 80 余千文。他按每石米价值 2000 文计算，显然偏低，[④] 实际上这样一个家庭一年约需制钱 100 余千文，约合银 70 多两，平均每人约 20 两。时至清末，由于物价进一步上涨，一个两三口之家一年的花费也需 70 多两，平均每人近 30 两。

晚清军人的收入情况和生活费用的需求情况决定了他们的实际经济生活状况。尽管他们的粮饷收入在总体上呈增加趋势，但由于物价上涨因素的作用，他们中的相当一部分人的经济状况却并未完全改观，尤其在甲午战争前 50 多年间清军士兵的经济状况更是如此。

鸦片战争时期，八旗兵"生计倍形竭蹶"，以至"蒙盗窝娼，恃为生计"[⑤]。绿营兵所得粮饷"仅敷糊口，不能兼顾身家"，调征广东之兵

① 林则徐：《钱票无甚关碍宜重禁吃烟以杜弊源片》，《林则徐集·奏稿》中，第 600 页。

② 沈惟贤：《皇朝政典类纂》卷三，第 4 页。

③ 丁宝桢同治八年八月二十八日奏，见《丁文诚公奏稿》。

④ 周盛传：《周武壮公遗书》外集一，1905 年金陵刊本。他估计三四口人一年总需吃大米 12 石，当时米价多为 1 石 3000 余文，或白银 1.6 两。

⑤ 道光十五年九月辛丑上谕，见《清实录》宣宗朝卷二七一，中华书局 1986 年影印本。

"时届冬令，衣装单薄，无以御寒"[1]。太平天国革命爆发后，绿营因无战斗力渐被清政府遗弃，粮饷无着，饥寒交迫，许多省的绿营兵都曾发生饥溃事件。光绪年间，一名绿营兵每年所得粮饷银不过 10 两左右，"非特无以养家，抑且不足自顾"[2]。绿营兵不得不靠做买卖手艺来负担家人的生计，往往全家人都在贫困中挣扎。八旗兵在当时所得钱粮也只够勉强维持一夫一妇的生活，子女一多便贫困不堪。据当时日本人的估计，饥寒贫穷者占十之七八。有的八旗兵丁不得已"将所有物件变卖糊口"，"衣敝履穿，形同乞丐"；有的八旗兵无家什可卖，"男妇赴乡乞食，死者甚多"[3]。

湘、淮军士兵的经济状况较为优裕。他们的实际收入比绿营、八旗兵要高得多，除去军中开销外，一般都有相当数量的节余。曾国藩推行欠饷制度，名之曰"扣存贴饷"，每月酌扣士兵一定饷银，统一存贮，积少成多。湘军士兵在攻克太平天国天京后遣撤回乡，每人都可领到欠饷数十上百两[4]，故他们对于遣撤不但没有怨言，反而争先恐后，普遍存在一种"饱则思归"的心态。由于大批湘军士兵携带大量钱财回到湖南，致使湖南各地物价飞涨。淮军士兵在与太平军作战时掳掠财富不少，1870 年后也像湘军一样实行裁勇补发欠饷的制度，因此其实际经济状况亦与湘军士兵相当。淮军士兵回籍之后购田置产者不乏其人。

至于湘、淮军军官，法定收入和非法定收入所得数额之巨，使他们当中的许多人迅速变成社会富豪。有记载称，湘军"人人足于财，十万以上赀殆百数"[5]。其水师统领彭玉麟在攻陷天京之后一次便可获银近 60 万两,[6] 周凤山充任湘军营官不到三年，"已成富家"。淮军军官所获财富无法统计，但从他们在安徽所掀起的兼并土地的规模可以推知其数量惊人。据统计，李鸿章六兄弟拥有土地 60 万亩，卫汝贵 1200 亩，徐善登 3000 亩，周馥 4000 亩。即使是以廉洁自称的刘铭传，他的田土每年亦可

---

① 奕山等奏，见《筹办夷务始末》道光朝卷四〇，中华书局 1964 年版，第 1522 页。
② 夏东元编：《郑观应集》上册，第 137 页。
③ 同治二年十二月丙戌上谕，见《清实录》穆宗朝卷八八。
④ 曾国藩：《朱镇品隆禀石棣四营勇丁求饷安抚大略情形》，《曾文正公批牍》卷三。
⑤ 王闿运：《湘军志》，第 166 页。
⑥ 彭玉麟：《彭刚直公诗稿》卷二。

收租2000—5000石。[①]

防、练军官兵的经济状况被张之洞概括为“将拥厚赀，士不宿饱”[②]，其军官之富虽不如太平天国战争时期的湘、淮军军官，但仍可发财；士兵的生活则远不及前此的湘勇、淮勇，只比同一时期的绿营、八旗兵稍强一点。在甲午战争时期，防、练军兵勇“衣食莫赡，时忧冻馁”的情形是很常见的。

晚清海军由于饷额较高，饷章执行较好，官兵的经济状况比较平衡。即使是甲午战败之后，当事人检讨海军失败原因，指出战时鼓励不够，伤亡抚恤太少，也并不认为海军官兵平时待遇和生活状况有什么问题。

清末新军士兵所得粮饷除了自己在营开销外每人每月还可节余2两左右。当时北洋新军士兵入伍3个月后，正目每月扣饷1.5两，副目及正副兵扣1两，扣足6个月后，由各营统一寄送兵丁家属。这样做不但不影响士兵在军中的生活，而且士兵手中每月仍可余银将近1两。等到退伍之时，“类多购买布匹日用等物，携带还乡”[③]。需要指出的是，清末新军官兵经济状况的改善是不平衡的，除北洋六镇、湖北新军等外，各省新军官兵经济状况的改善水平是参差不齐的。

四　晚清军人在社会中的经济地位

军人的社会经济地位是通过军人与非军人的经济状况的比较而显现出来的。晚清非军人包括士、农、工、商等社会成分，其中农、工是社会最主要的构成，他们的经济状况反映了当时社会大多数人的基本生活水平，最具有代表性。因此，占晚清军人绝大多数的士兵的经济地位的高低，主要就是相对于农、工生活水平而言的。至于军官的比较对象，自然是清政府中的文官。

晚清全国人口在4亿左右，其中90%以上是农民。大量的农村人口

---

① 李文治编：《中国近代农业史资料》第1辑，第189页。

② 张之洞：《选募新军创练洋操折》，《张之洞全集·奏稿》卷四〇，中国书店1990年影印本。

③ 袁世凯奏，见《东方杂志》第4卷第10号（1907年），“军事”，第98页。

又可分成地主、自耕农和佃农等三部分，其中自耕农和半自耕农是晚清农民的主体，约为全部农民的 70%。[①] 晚清人均耕地面积，1863 年为 1.86 亩，1872 年为 2.29 亩，1887 年为 2.49 亩，1900 年为 2.31 亩，1910 年为 3.95 亩。[②] 自耕农和半自耕农一般占有耕地在 15 亩左右。按照当时的生产水平，平均亩产在 2—3 石。在正常年景下自耕农一年耕种所获，在维持自身的食用外，尚有一定富余。所以像当时湖南北部、湖北南部农村还是较为富庶的，湖南安乡农民“出则长衣洋伞，草帽白扇，俨然士绅”[③]。在晚清，佃农家庭平均每人要耕种 5 亩以上田地才能勉强维持生活，而这显然是很难做到的。他们终年为饥寒所迫，“四民之中，惟农最苦”，所指的就是佃农。

拿晚清士兵的经济收入与农民的经济收入进行比较，我们可以看出：首先，一名湘军、淮军、海军和清末新军士兵的实际法定收入相当于或者优于一家自耕农的耕种收入。一户自耕农的年耕种收入在 33—50 两白银之间。[④] 根据前文的记述可以计算出：一名湘军正勇的实际法定收入在 45 两以上，什长在 51 两以上；一名淮军正勇在 1870 年以前的年实际收入在 38 两以上；一名海军三等练勇的年法定收入在 43 两以上，一等水手在 108 两以上；一名新军正兵年法定收入在 43 两以上，正目在 49 两以上。

其次，一名防、练军士兵的年法定收入低于一家自耕农的收入，而高于一家佃农的耕种收入。晚清的佃农每户年耕种收入在 15—30 两。[⑤] 而防、练军士兵一年的实际法定收入为 25 两左右。

再次，一名八旗和绿营士兵一年的实际法定收入则不及一户佃农的耕种收入。八旗兵和绿营兵以平均月饷 1.5 两的 30% 或 70% 计算，一年的实际法定收入才有 5.4—12.6 两。

需要说明的是，我们对士兵的收入统计是以人为单位的，而农民的

---

① 张朋园：《中国现代化的区域研究：湖南省，1860—1916 年》，第 80 页。

② 陈彩章：《中国历代人口变迁之研究》；陈长衡：《中国人口之几方面观察》，见《申报统计月报》1935 年第 2 卷第 9 期。

③ 《安乡县志》(1936 年) 卷十六，“风俗”。

④ 按耕地 10—15 亩，亩产粮 3 石，平均粮价 1.1 两/石计算。

⑤ 按耕种 15 亩，亩产粮 3 石，交租之后剩余六成或三成，平均粮价 1.1 两/石计算。

收入则是以户为单位。更为重要的是，士兵的收入中不包括他们的非法定收入。因此，有必要对上述判断做适当的修正。实际上，即使是绿营兵、八旗兵和防、练军士兵，他们总的经济状况一般也不会比自耕农差。至于湘军士兵的全部收入往往超出自耕农许多，而接近于当时的中小地主的收入，而且，湘、淮军士兵本身确有不少跻身于中小地主之列。问题在于，晚清军人靠非法定收入来提高他们的社会经济地位，这反映了晚清军事制度存在明显的弊端。

晚清工人如果以全国总人口的4%计算，约有1600万。清末山东总人口3450万，有工人140万；[①] 湖北总人口2480万，有工人103万；[②] 湖南总人口2400万，有工人190万。[③] 工人因工作性质不同大体可以区分为工厂工人、矿工和手艺工等三类。在一般情况下，工厂工人的工资高于矿工和手艺工的工资；官府工厂工人的工资高于民厂工人的工资；技术工人的工资高于非技术工人的工资；城市工人的工资高于乡村工人的工资。据记载，道光末年浙江嘉兴香铺工人年工资约为27.4千文，合银20两；19世纪80年代宁波纱工年工资为13—23.5两。山东工人1870年前后年工资约合39两；19世纪80年代合18.3—60两，而且，随着物价的上涨，工人的工资也越到后来越高。[④]

对照晚清军人的收入情况，我们不难得出这样的结论：八旗兵、绿营兵的实际法定收入低于或只接近于工人中的工资最低者，他们要靠非法定收入来弥补这一差距。防、练军士兵的实际法定收入高于工人中的工资最低者，但还达不到工人的中等工资收入水平，显然待遇也偏低。湘军、淮军、海军和新军士兵的实际法定收入相当于工人的中等工资收入水平，也有少数人的法定收入与工人的高工资收入相差不多。如果加上他们的大量非法定收入，湘、淮等军士兵的全部收入肯定已在一般工人工资收入水平之上。

如果把晚清军队士兵的经济状况与农民、工人的经济状况三者合起

① 张玉法：《中国现代化的区域研究：山东省》，第69、676页。

② 苏云峰：《中国现代化的区域研究：湖北省》，第69、484页。

③ 参见汪敬虞编《中国近代工业史资料》第2辑下，第1198页。

④ 李文治编：《中国近代农业史资料》第1辑，第6912页；彭泽益编：《中国近代手工业史资料》第2卷，第62、159、233、359、584页等。

来对照，则我们可以明确结论如下：湘军、淮军、海军、新军士兵的经济地位居于晚清社会的中等水平，部分甚或略偏上；绿营、八旗和防、练军士兵的经济地位接近于或略高于当时社会的一般水平。

晚清地方文官跟军官一样，他们的收入也包括实际法定收入和非法定收入两部分。非法定收入数量大，情况复杂，但在此不做比较。地方文官的法定收入由岁俸、养廉和公费三部分组成，公费的数量不大，岁俸和养廉的情况如表 3。

表 3　　晚清地方文官岁俸、养廉统计①　　单位：两/年

	岁俸	养廉	合计	按 65% 折算
总督	180	16125	16305	10598
巡抚	155	11785.7	11940.7	7761
布政使	155	7888.9	8043.9	5228
按察使	130	5717.7	5847.7	3800
道员	105	3344.6	3449.6	2242
知府	105	2251.6	2356.6	1532
知州	80	1110.1	1190.1	773
知县	45	1094.9	1139.9	740

晚清地方文官并不能享受全部法定待遇。1853 年 3 月开始，他们的养廉便被扣发四成。1856 年夏季后，又规定总督、巡抚和布政使只发七成；按察使、道员、知府只发八成；知州、知县发九成。至 1897 年，又规定外省文官养廉一律只发七成，此外还要减平、扣荒、罚俸，其实际所得一般都只有法定待遇的 60%—70%。

拿晚清军官与外省文官的实际法定收入比较，绿营军官显然比同一品级的外省文官相去甚远，一般都只有外省文官的 20% 左右。湘、淮军军官的实际法定收入也不显多。以一个湘军营官为例，一年的薪饷共计 600 两，其水平只相当于同一时期知县的实际法定收入的 81%。海军军官的实际法定收入亦不过同品级文官实际法定收入的 60%—80%。由此可

① 各省文官的养廉并不统一，表中所列为平均数，合计也相应为平均数。

见，19 世纪末年清军军官的法定收入普遍低于同品级的地方文官，清朝重文轻武的政策在薪饷待遇上同样明显地表现了出来。但是，这种情况到 20 世纪初年编练新军时便完全改观了。新军一名队官（连长）的年薪计达 600 两，已与文官知县的实际法定收入相去不远，一名管带（营长）的年薪 1200 两，便已大大超过了知州的实际法定收入，而接近于知府的实际法定收入；一名镇统（师长）的薪饷 4800 两，超过了按察使的实际法定收入，而接近于布政使的实际法定收入。可以说，到新军时，清朝传统的武官对文官法定收入的逆差已经彻底改变为顺差了，这无疑是一个非常值得注意的历史事实。

五 晚清军人经济问题对军队建设的影响

根据上面的论述，我们可以把晚清军人经济状况问题的基本特征概括为：由于粮饷制度的失范和经济收入的多元化，所引起的军人经济状况的严重无序波动。在这里，粮饷制度的失范，既包括旧的绿营、八旗饷章与晚清社会经济现实条件间的不相适应，也包括绿营、八旗饷章未得执行而名存实亡，还包括湘军、淮军等勇营部队在饷章方面自行其是所造成的各种差异。晚清军人经济收入的多元化，则体现在既有饷章规定的收入，又有官兵通过自营生业、战时掳掠和克扣中饱等手段和途径所获取的经济利益。晚清军人经济状况的波动主要表现为绿营、八旗官兵的经济收入继续跌滑，而湘、淮军等勇营部队的经济收入则暴涨暴跌，起伏不定。另外，军官与士兵之间、军人与非军人之间在经济收入上的差距也在不断发生着变化。

需要说明的是，这种特征概括主要适合于甲午战争以前约半个世纪的情况。至于甲午战争以后的十多年，上述问题虽然仍继续存在，但其发展的趋势却出现了根本性的变化。就甲午战争以前的情况而言，清军官兵的这种经济状况无疑对当时的军队建设产生了巨大的冲击。这种冲击所产生的直接结果，便是一方面使得绿营继续陷于疲惰不振的深渊，另一方面又导致了湘、淮军等勇营部队的骄横早衰。

人们的社会地位是由许多因素决定的，但根本在于他们的经济状况。中国封建社会具有浓烈的“好男不当兵”的鄙夷军人的意识，作为暴力载体和工具的军人在道德主义至上的传统文化价值体系中处于一种被否定的地位，这使得军人的社会地位更加依赖于他们的经济状况，绿营在创建之初，“兵丁所得，仅能存活”①，粮饷菲薄而地位不高。清中叶以后，随着绿营兵经济状况的不断恶化，他们的社会地位更是一日不如一日。到鸦片战争后，“壮健之士，力足以谋朝夕者不愿入伍，独游手偷惰之卒隶名其中，名著于籍而兵缺于伍者又不可胜数”②。士农工商一般都不再瞧得起他们，到中国来的西方人更是把他们形容成“一群肮脏不堪，面似乞丐的家伙”。

生计的窘迫，社会的鄙夷，使绿营兵本来就不强烈的自尊意识荡然无存。他们全然忘记了自己作为军人的职业使命，从思想到言行也失去了军人所特有的规范。他们不但把做买卖、从事手艺劳作以赚取额外的经济利益视为正常，就是对自己的贪赃枉法、强取暴夺的行径，也恬不为耻。据记载，道光、咸丰以后，绿营兵丁私卖官马的事时常发生，普遍造成一种册上有马、营中无马的状况。左宗棠曾上奏指出，光绪初年，甘肃绿营额设 20831 匹官马全部有名无实。至于东南沿海绿营水师士兵为了赚取外快，则将所装备的战船私自出租给商人，按月收取租金以私分。③ 其他像私卖兵器、军装的情况也屡有发生。绿营兵在做这些事情时几乎已不会感觉到良心的谴责。

无论通过什么样的手段，使用什么样的方式，绿营兵对非法定收入的获取都给他们的训练带来了很坏的影响。“一心不可二用”，他们既然将自己的精力和时间花在了自营生业方面，就必然旷废操练。平时营中只剩下一些疲弱老病者，到了检阅会操之时，随便雇人顶替，一切都变成了表面文章。正如当时人所指出的：“其力既各有所分，其人自不能聚，每逢操演之期，不过奉行故事，校阅甫毕，队伍旋散。设有征调，往往兼旬累月始克起程。”④ 而且，马被卖掉了，船被出租了，没有了武器装备，训练也无从谈起。绿营兵的素质因此而急剧败坏，平时的战备

① 姚元之：《竹叶亭杂记》“林起龙奏”，中华书局 1982 年版。

② 刘蓉：《养晦堂诗文集》卷八，清光绪年间刻本，第 31 页。

③ 张集馨：《道咸宦海见闻录》，第 63 页。

④ 陈韬：《同治中兴京外奏议约编》第 1 卷，上海书店 1985 年影印本，第 40 页。

水平也明显下降。鸦片战争前夕，湖南绿营“各乡村塘汛，碉堡倾圮，烟墩坍塌，平时并无守汛之兵，即有在汛者，俱系罢软无能之卒，见有匪徒，并不盘诘，难望其擒拿盗贼，保护行旅”①。至于绿营水师出洋巡哨，更是阳奉阴违，双方对巡士兵由于害怕风涛，往往并不出海，而是由陆路接头互换文书，各自回去销差塞责。无怪乎当时英国人敢于叫嚷：“一团英军便可把数省的（清朝）军队击溃。”②

绿营兵在嘉庆年间镇压川楚白莲教起义的战争中，便开始表现出疲弱无能，清政府不得不雇募壮勇随军作战。鸦片战争中，绿营兵在东南沿海数省疲于奔命，但屡战屡败，甚至不战自溃。当时人谓之“名之为兵，实则市人，无纪律，无赏罚，见贼即走”。太平天国起义爆发后，各省绿营纷纷奉调出征，兵力数倍于太平军，然而，没有哪一支绿营部队能打硬仗。曾国藩、胡林翼等人见绿营实在不可救药，于是决定在旧有绿营之外另建新的湘军，以对付太平军。太平天国失败后，绿营虽作为一支武装力量仍继续存在，但它完全丧失了正规作战能力，实际上已蜕变成一支很不称职的警察部队。

湘、淮军等勇营部队的创设本来旨在矫治绿营之弊，但由于它所采取的是一种“以偏治偏”的特别解决办法，从而对勇营的未老先衰产生了直接的影响。

---

① 《清宣宗朝实录》卷三九四，道光十七年二月甲戌上谕。

② 《中国丛报》第4卷，第444页。

战后东北问题与中苏关系走向*

薛衔天

近年来，学者们就新中国外交对苏“一边倒”问题，发表了一系列文章，并出版了一些与此问题有关的专著。这些文章和著作深入挖掘各方面史料，不乏精辟之论，但大多对东北问题与“一边倒”形成的关系未加注意或未予应有的注意。本文试图弥补这一缺憾，并以此就教于各位先行者。

一 战后东北问题是中、苏、美关注的焦点

中国东北地区东邻日本，南接朝鲜，西控蒙古，北连苏联，更是中国京津腹心地区的屏蔽，兼以幅员广大、物产丰饶，其战略意义在远东地区处于无与伦比的地位。因此，从 19 世纪末开始这里一直是远东国际矛盾的焦点。日本侵华战争旨先在这里打响，第二次世界大战在这里最后结束。战后东北集中了最多的日本战俘，有除日本本土之外最强大的日资产业和武器储备，显然战后东北问题如何解决、东北地区将由何种政治力量主宰，不仅直接关系到中国的命运和前途，而且直接关系到远东局势，甚至世界格局的变化与发展。因此，战后中（国共两党）、苏、美三国四方都把注意力集中于东北。

战后美苏关系和世界格局是雅尔塔会议确定的。雅尔塔协定是这次

* 本文原载《近代史研究》1996 年第 1 期。

会议的重要成果，它构筑了战后远东国际关系的基本框架。中苏《友好同盟条约》则是雅尔塔协定的派生物。因此雅尔塔协定和中苏《友好同盟条约》将美、中、苏三国紧紧地连接到了一起。雅尔塔协定的达成使苏联出兵东北，中苏《友好同盟条约》的签订则是苏军占领东北全境的产物。[①] 苏联出兵东北的直接作战目标是日本关东军，但其最终目的则是恢复沙俄在1904年日俄战争中失去的侵华权益。雅尔塔协定和中苏《友好同盟条约》满足了苏联的要求，这样，美苏就以牺牲中国的利益达成了联盟，战后出现了美苏协调一致的对华政策。

但是这一美苏联盟很快就破裂了。这是因为：第一，1946年美欧出现了冷战观点，东西关系开始恶化，逐步形成了以美、苏为首的两大营垒对抗的格局。在这一总的形势下，美苏为加强对华影响，各自在华选择了自己的同盟者。美国选择了蒋介石，首先支持他向东北运兵，接着又全力支持他打内战。而苏联则利用其在远东的优越地位，支持中国共产党在东北发展和壮大力量。这样，美苏便打破了它们自己设计的战后远东格局。第二，苏联并不满足于恢复沙俄时代在东北的侵华权益，它要通过取消大连自由港的地位和与蒋介石达成垄断性的东北经济合作协议变东北为独占的势力范围，将美国势力排除于东北，从而使美苏在远东的力量配置失去了平衡。美国则以垄断战后对日事务报复苏联。这样就形成美（对日）、苏（对东北）在远东“你走一里，我送二里”互不相让的局面。

中国国共两党的斗争正是在以上美苏矛盾斗争的大背景下展开的。蒋介石认为美苏必战。为解决中国共产党，他将希望寄托在爆发第三次世界大战上，一头栽进美国的怀里，拼命挑拨美苏矛盾，执行反苏反共的方针。而中国共产党则将未来建立在依靠自己力量的基础上，执行独立自主的方针，它不仅利用美苏矛盾，而且巧妙地利用美蒋之间的矛盾。与蒋介石相反，毛泽东认为第三次世界大战并无可能性，所谓“第三次世界大战”之说，是国际反动派借以控制中间地带的舆论。鉴于美蒋勾结日益紧密，毛泽东在对外政策上决定依靠以苏联为首的和平民主阵营的支持，但在策略上处处考虑到国内舆论和照顾苏联当时的处境（与蒋

① 中苏《友好同盟条约》签订于1945年8月14日，当时苏军对日作战已基本结束。

介石政府的同盟关系），这就使中国共产党在阶级斗争和民族斗争中处于不败之地。正是中国共产党方针策略的正确，从东北这一具有特殊的国际背景的战略地区发展和壮大自己的力量，促使战后“三国四方”关系不断发生新的组合，最终以新中国对苏外交的“一边倒”代替了蒋介石对美的“一边倒”。

二　由中苏《友好同盟条约》确定的战后中苏关系的基本框架

中苏《友好同盟条约》是中苏为战胜日本和防止日本再事侵略战争的政治和军事联盟条约。该约将中苏在战前业已存在的同盟关系进一步用法律条文固定了下来，它为粉碎日本关东军、尽快结束世界反法西斯战争具有重大意义。但是与该约同时签订的《关于中国长春铁路之协定》《关于大连之协定》和《关于旅顺口之协定》，以及关于外蒙古独立的中苏互换的照会严重地损害了中国的主权。据以上协定和照会，中长铁路为中苏所有并共同经营，旅顺口为苏联军港，大连为自由港，外蒙古实行独立，作为反法西斯战争的战胜国，而且是四大战胜国之一的中国竟承受如此大的损失，实在是骇人听闻！

当时以“抗战领袖”自居的蒋介石何以隐忍接受了上述严重损害国家主权的规定呢？除美苏的共同压力外，主要是国内政治斗争的需要。中苏缔约谈判中国共产党虽然不得与闻，但未出场的中国共产党代表却参加了谈判的全过程：因为谈判双方都考虑到了中国共产党的因素，在中苏缔约谈判临近最后时刻，斯大林发表谈话说，中方如不赶快达成协议，“中国共产党就要进入满洲了”①。蒋介石正是害怕苏联将东北交给中国共产党，才答应了苏联的要求。可以说，从蒋介石政府同苏联签订盟约之日起，这一脆弱的同盟关系就时刻受到中国共产党因素的威胁。

促使蒋介石签约另一重要原因是苏联出兵后造成的新局势。在条约临签字之前，苏联红军已彻底粉碎日本关东军，占领了东北全境。当时，外蒙古独立已是既成事实，特别是苏联挟外蒙古军队对日作战并取得了

---

① 赫尔伯特·菲斯：《中国的纠葛》，吕浦等译，北京大学出版社 1989 年版，第 379 页。

胜利，使这一独立趋势已再无法阻止。而新疆“三区革命”在苏联的支持下正如火如荼地向前发展。若苏军长期占领东北，蒋介石就将承担第二次丢失东北的罪责，如苏联将东北交给中国共产党，中国共产党必利用东北雄厚的工业实力和丰富的资源，把东北变成取得政权的基地。无论出现哪种情况，蒋介石都必将失去他的领袖地位。设若新疆有失，必将震动整个大西北，陕、甘、青、宁又会处于长期动荡之中。面对三北出现的严峻形势，蒋介石采取了舍一北（外蒙古）、保二北（西北与东北）的方针，即以承认外蒙古独立和苏联在东北特殊利益换取苏联承认国民政府对东北和新疆的主权。他所关注的这两大问题在中苏《友好同盟条约》中得到了充分体现。

东北问题。

第一，苏联要按时撤军：“在日本投降以后，苏联军队当于三星期开始撤军”，并“在三个月以内撤完”。第二，东北军政必须全部交给国民政府：中华民国政府派代表“在（苏军）业已收复之领土”上，“依照中国法律设立行政机构并指挥之”，并“树立中国军队，包括正规军及非正规军”；“一俟收复区域任何地方停止为直接军事行动之地带时，中华民国政府即担负管理公务之全权”。[①]

新疆问题。条约要求苏联须从新疆“三区革命”中脱手：苏联重申对“新疆最近事变（三区革命）”本两国“彼此尊重主权及领土完整与互不干涉对方内政之原则”解决之，苏联“无干涉中国内政之意”[②]。

对蒋介石国民政府来说，只要苏联履行以上条约关于东北和新疆的有关规定，就达到了基本要求，对苏同盟关系就可继续维持。

对苏联来说，为防止日本的重新崛起，牵制美国独霸远东，也需要同战后四大国之一的中国保持合作和一定的同盟关系。但是苏联并不看重这方面的利益，它所最为关注的是恢复沙皇时代俄国在中国东北和新疆这两个独占的势力范围。由于通过“三区革命”苏联已控制了新疆局势，而且那里没有美国的势力，苏联便把主要精力集中于东北。

---

① 王铁崖主编：《中外旧约章汇编》第 3 册，生活 · 读书 · 新知三联书店 1962 年版，第 1339 页。

② 同上书，第 1330 页。

“二战”后期起，斯大林最优先考虑的问题就是如何吸取“二战”初期的教训，保证苏联的安全问题。《雅尔塔协定》就是斯大林确保战后苏联远东安全战略的具体化。斯大林的安全战略是沙皇俄国安全战略的继承和发展，其核心思想是“以空间换取时间”，即通过无限地扩大领土以及在相邻国家和地区制造大量的中间地带（势力范围），以赢得保障中央俄罗斯安全的时间。中苏《友好同盟条约》签订后，斯大林十分得意地描绘了苏联边界从西到东向外扩大的情况，关于东部边界，他说：“这边怎么样呢？千岛群岛如今是我们的了，库页岛全是我们的了，您看，多棒呀！就连旅顺口、大连都是我们的了。”接着，他用烟斗沿着中国画了条线说：“就连中东铁路也是我们的了。中国、蒙古——一切正常……您瞧，对我们的边界我还能不满意！”[①] 斯大林在进行上述谈话时，东欧七个邻国已纳入苏联的势力范围，在亚洲邻国中已控制了外蒙古与北朝鲜，并为控制伊朗正同美英进行激烈的斗争。在亚洲最大的邻国中国，由于雅尔塔体系的限制，红军没有越过山海关。但对与苏联交界的新疆和东北地区，斯大林决不允许第三国染指，他脱口而出——旅顺口、大连、中长铁路“是我们的”，并非一时口误，而表明他将东北早已看作苏联独占的势力范围了。因为不如此，苏联亚洲部分，就形不成一个从中亚到千岛群岛领土相连的“安全圈”。对斯大林来说，只要蒋介石保证第三国势力不进入东北和新疆，允许苏联在这两个地区实现垄断性的经济合作，他就帮助蒋介石实现包括东北在内的全中国的统一，与国民政府保持联盟关系。

为达到在东北和新疆建立两个独占势力范围的目的，苏联在对华政策上采取与美国相协调的方针，即支持蒋介石统一全中国。对中国共产党，斯大林参照法共和意共的模式，说服其参加蒋介石政府，改编军队，放弃武装斗争，以实现全国和平。当时美国的对华政策是“扶蒋限共”，即通过扶植和壮大国民党的力量，限制共产党的发展，将中国共产党融合在国民政府之中，以达到最终消灭共产党的目的。这样，苏联的对华政策便与美国的对华政策协调了起来。它们都是通过牺牲中国主权和中国革命利益来同国民党做交易，中国共产党处于十分不利的地位。

---

① 菲利克斯·邱耶夫：《莫洛托夫秘谈录》，莫斯科大地出版社 1991 年版，第 14 页。

为防止中国共产党力量的发展，在1945年8月15日日本投降的当天，美国总统批准了远东盟军最高统帅麦克阿瑟的第一号命令，宣布东北日伪军只能向苏军投降，中国其他地区的日伪军只能向蒋介石的政府军投降，剥夺了中国共产党军队接受日伪军投降的权利。当天，中国共产党以八路军总司令朱德的名义向美、英、苏三国驻华大使递交了一份说帖，提出中国共产党军队有权按有关国际文件接受被其包围的日伪军队的投降，对麦克阿瑟的命令表示反抗。[①] 说帖虽然是致美、英、苏三国的，但中国共产党主要是指望能得到苏联方面的支持。但苏联方面对中国共产党的要求未予理会。1945年8月，蒋介石三次电约毛泽东赴重庆谈判，中国共产党拟派周恩来前往。这时斯大林在两三天内连续给毛泽东发来两封电报，电报说，中国不能再打内战，要再打内战，就可能把民族引向灭亡的危险地步；电报又说，蒋介石已再三邀请毛泽东去协商国事，如一味拒绝，国内、国际各方面就不能理解了。如果打起内战，战争的责任由谁承担？电报还表示，毛如去重庆，毛的安全由美、苏两家承担。[②] 此前，在整个抗战期间，斯大林从未直接与毛泽东发生过电函往来。这时斯大林多次致电毛泽东，表明了他支持蒋介石的明确立场。在内战全面爆发之前，中国共产党为改变美国在调处国共两党关系中明显偏袒国民党的情况，多次要求苏联参加调处，又都被拒绝，国民党遂在美国的支持下挑起了全面内战。即使对苏联最为关注的东北问题，斯大林也准备按条约规定，按时撤军，并把主权交给国民政府。在1945年8月14日中苏《友好同盟条约》签订的当天，斯大林就发表声明，在日本投降三个月内苏联从东北全部撤军。8月27日，斯大林向美国驻苏大使哈里曼表示，苏联准备按与宋子文达成的协议从东北撤军，并希望国民政府派兵到东北接管治安。[③] 这样，以雅尔塔协议和中苏《友好同盟条约》为纽带，形成了美苏协调、共同支持国民党政府的基本框架。经过八年艰苦抗战，拥有近百万平方公里的土地，解放了1亿以上的人民，

---

① 中央档案馆：《中共中央文件选集》（15），中共中央党校出版社1989年版，第328—340页。

② 师哲：《在历史巨人身边》，中央文献出版社1991年版，第308页。

③ 薛衔天编：《中苏国家关系史资料汇编（1945—1949）》，社会科学文献出版社1995年版，第5页。

组织了 100 万以上的正规军和 220 多万民兵的中国共产党，在战胜日本之后居然在对外关系中没有它的应有地位，这就使美苏构筑的战后中国对外关系的框架失去了重要基石，从而注定了这一框架必然倒塌的命运。

三 围绕东北问题中、美、苏“三国四方”关系的重新组合

前已论及，东北问题是苏联和国民政府关注的焦点。抗战胜利后，蒋介石多次发表谈话，强调接收东北的重要性，把东北喻为“国家的生命线”，并集中最主要的精力筹划接收东北工作。他于 1945 年 8 月末 9 月初，组建了以熊式辉为首的东北行营，任命了东北九省各省省长，准备首先接收东北行政；还任命张嘉璈为东北经济委员会主任、自己的儿子蒋经国为特派员，作为国民政府的经济谈判代表，准备在长春与苏联进行经济合作谈判。蒋介石意得志满。他依恃美国的支持，又有中苏条约的保证，自认为接收东北万无一失。

但是蒋介石的消极抗日给自己造成了短时间难以弥补的致命弱点。他把军队集中在大西南和南方沿海一带，从这些部队驻地到东北隔着巨大的、由共产党部队控制的解放区。要想把大批军队运进东北，蒋介石就必须请美国的海军与空军帮忙。这就给美国提供了介入东北事务的机会。

同苏联一样，美国也十分关注东北问题。早在 1943 年开罗会议期间，罗斯福就首先向蒋介石提出战后把大连作为自由港的要求，并得到了蒋的同意，条件是苏联必须尊重中国在东北的主权。在德黑兰会议上，罗斯福又提出，苏联使用大连港的办法，可采用国际监督下的自由港的形式。在雅尔塔会议上，斯大林接受了国际监督的办法，罗斯福表示感谢。[①] 雅尔塔秘密协定的达成，实际是美国以牺牲中国在中长铁路、旅顺口的主权，换取苏联承认大连为自由港的结果。罗斯福坚持大连为自由港就是坚持美国一贯的门户开放政策，为战后美国资本进入东北创造条

① 张之毅等：《关于雅尔塔会议若干学术争论问题析疑》，《外交学院学报》1993 年第 2 期。

件，打破苏联将东北变为其独占势力范围的企图，为此美国曾准备抢在苏军之前占领大连港。[①] 日本投降后，美国十分担心苏联支持中国共产党在东北发展势力，尤其害怕苏联把东北建成“由它控制的自治国家”，将美国势力排斥在东北这一战略基地之外。因此，日本投降后，美国极力想插手东北事务。1945 年 9 月 11 日，蒋介石通过正在美国访问的宋子文向美国提出帮助向东北运兵，给美国插手东北事务提供了极好的机会。美国立即应允，从 9 月下旬起大批美国军舰满载国民党军从南方驶向大连。

前已提及，把东北变成苏联独占的势力范围、不允许第三国势力染指是斯大林的安全战略。这个“第三国”就是指美国。在雅尔塔会议上斯大林虽然接受了罗斯福提出的大连为国际监督下的自由港的建议，但他并不准备开放大连。因为开放大连，就意味着向美国开放整个东北。特别是在中苏盟约谈判期间，美国始终坚持东北实行门户开放政策，引起了斯大林的严重不安。如果美舰在大连登陆，就给美国势力进入东北提供了方便，斯大林把东北变为苏联独占势力范围的计划就将全部落空。这是斯大林绝对不能容许的。恰恰在此之前，中国共产党的军队已抢先进入东北，给斯大林送来了美蒋最害怕的一张王牌。

前文提到斯大林准备参照意共和法共的方式解决中国共产党问题，想以中国共产党加入国民政府的方式帮助蒋介石实现全中国的统一。但是中国共产党不是法共，也不是意共。它在艰苦卓绝的抗日战争中已经成为在思想上和政治上完全成熟的政党：能独立自主地处理自己的事务和抵制来自共产国际和斯大林“左”的和右的错误路线的干扰；能洞明国际和国内形势并相应地确定自己的战略和策略。还在 1945 年初，中共中央就预见到苏联参加对日作战和介入解决远东问题的可能性，及时将党的对外工作重心调整为配合苏军作战，相应地确定向热河、冀东和辽宁等地发展的方针。在中国共产党七大上，毛泽东把“全世界各国人民特别是苏联的援助”列为打败日本侵略者建立新中国的重要条件。苏联对日宣战后，毛泽东立即发表《对日寇的最后一战》的声明，号召全国

① 苏联科学院东方学研究所：《在中国道路上（1937—1945）·回忆录》，莫斯科科学出版社 1989 年版，第 305 页。

一切抗日力量举行全国规模的反攻，“密切而有效地配合苏联及其他同盟国作战”。8 月 11 日，中共中央命令吕正操等原东北军各部以及冀热辽边区李运昌所部分别向察、热、辽、吉诸省前进，配合苏军作战，并接受日本投降。[①] 李运昌率部 1.3 万余人奉命出关，在赤峰和山海关同苏军会师，并同苏军一起解放了山海关。其中曾克林部于 9 月 3 日占领锦州，5 日进入沈阳。[②] 这样中国共产党部队就抢在国民党军队的前面进入了东北的中心地区。

苏军初到东北，人地两生，又面对敌伪匪特的严重骚扰，急需有中国军队出面安定地方秩序。随苏军打回东北的原东北抗日联军仅 600 余人，不敷使用。于是东北苏军当局决定曾克林等部以“东北人民自治军”的名义维持地方治安。曾克林担任了沈阳市卫戍司令，很快同苏军建立起良好的信任关系。从此，苏军当局打破了中苏条约的约束，迈出了允许中国共产党部队进入东北的第一步。

但是这时苏联尚未得知美国军舰欲在大连登陆的消息，仍准备将东北按条约交给国民政府。9 月 15 日，驻东北苏军总司令马林诺夫斯基元帅派代表别洛鲁索夫（旧译卫斯别夫，误）携带他的亲笔信同曾克林一起飞赴延安。该信向中国共产党领导人解释了苏联同国民政府订立中苏《友好同盟条约》的有关情况，并要求中国共产党照顾苏联的处境，撤出东北，到热河和锦州一带去发展力量。[③] 但是中共中央不但没有按马林诺夫斯基的要求撤出东北，反而根据曾克林带回来的信息，果断地确定了“向北推进、向南防御的战略方针”，从新四军，以及陕甘宁、冀东、冀中、晋绥、冀鲁豫和山东各军区抽调 10 万官兵，100 个团架子部队干部和包括 20 个中央委员与候补中央委员在内的 2 万左右的党政干部进驻东北，从而为将东北建设成解放战争可靠的战略基地提供了干部保证。这样，中国共产党就打破了中苏条约的约束，在国民政府与苏联脆弱的同盟关系中打进了一个坚实的楔子。

10 月 1 日，苏联政府正式通知国民政府，苏联将于 10 月下半月开始

---

① 《中共中央文件选集》（15），第 319 页。

② 曾克林：《山海关—沈阳—延安》，《中俄关系问题》（总）第 28 期，第 2—3 页。

③ 谢德明（西季赫缅诺夫）：《往事回忆》，手稿本，第 25 页。

从东北撤军，至11月底撤完；但就在这一天得知，美国船只运送国民党军队将于10月10日左右于大连登陆，美国插手东北事务已成定局。[①] 于是苏联政府来个一百八十度大转弯，决定延缓国军进入东北，并支持中国共产党军队在东北适当发展，以对抗美国。10月7日，苏联通知国民政府，美舰大连登陆，违反中苏条约关于大连港为自由商港、任何兵舰不得进港的规定。在一再交涉下，苏联同意国军在营口和葫芦岛登陆，但事先将这两个港口交给中国共产党部队，并向国民政府表示，如在这两个港口登陆，苏方不能保证安全。[②] 此后美国分舰队自行驶入大连港海面，美舰队司令亲自与苏方交涉，要求登陆，也被断然拒绝。[③] 美舰只好折返关内在秦皇岛登陆，国民党军队亦只能经北宁线出关。但铁路线大部分都已毁坏，铁路沿线许多地段还驻守着中国共产党部队，北进国军直到11月中旬也未能进入东北。国民党在东北的接收官员强烈不满，暗地组织地下军攻击苏军，并造谣斯大林重病在身，大权已被剥夺。苏军当局遂进行报复，封闭国民党长春党部，限制东北行营自由行动。[④] 国民政府只得于11月17日将东北行营撤回关内，宣告东北接收失败。

在国民党部队登陆受阻期间，大批集中于烟台等港口的中国共产党部队，在苏军的支持下，相继在大连、庄河和金县（均为苏军辖区）登陆。为照顾苏联外交需要，登陆部队一律改用“东北人民自治军”的番号。苏军司令部通知各部队，凡带“东北人民自治军”标识的部队“可以自由行动，各地苏军不加限制”[⑤]。此外，苏军还给登陆部队大批的武器支援。在苏联军队的多方协助下，中国共产党部队在东北得到了迅速发展。至1946年1月，军队已发展到20万人，连同工作人员达30余万。中国共产党党政干部放手发动群众，抓紧东北根据地的开辟和建设工作，先后在沈阳、安东、本溪、旅顺、大连等重要城市建立市政府，并在铁路沿线地区开辟了大片的解放区。

中国共产党力量在东北的发展壮大，极大地加强了苏联与美国抗衡

① 《中苏国家关系史资料汇编（1945—1949）》，第13—14页。

② 同上书，第27—30页。

③ 《在中国道路上（1937—1945）·回忆录》，第305页。

④ 《中苏国家关系史资料汇编（1945—1949）》，第27—30页。

⑤ 《中国共产党党史资料》，1985年第15集，第68页。

和牵制国民政府的有利地位，也促使斯大林开始改变对中国共产党的态度。面对美国和蒋介石联合对抗苏联的局面，斯大林认识到，对抗美蒋的进逼，保住苏联在条约中取得的权益，必须扶持一个强大的国民党的反对派。这个反对派除了中国共产党之外，他别无选择。进入东北的中国共产党党政军干部的优良军政素质、高超的斗争艺术在短短几个月的时间内便得到了充分的发挥，这就使东北苏联军事当局从切身体会中认识到，中国共产党比国民党更有希望，从而推动苏联政府实行“扶共制蒋”的政策。可以说，这时在东北地区已形成了中国共产党与苏联初步的结盟关系。中苏新联盟关系正是从此发育成熟的。另一方面，苏联把中国共产党“放进”东北等于在蒋介石的心脏插上一刀，国民政府同苏联的关系急剧地冷却了。双方都不再把刚刚签订的盟约作为促进友好关系的纽带，而是作为互相进行外交斗争的工具。美苏关系也拉开了距离，从此苏联在对华政策、特别是对中国共产党的政策上与美国的矛盾越来越大。美、蒋、苏三方关系的重新组合，为中国共产党力量的发展壮大提供了有利条件。

四　中苏关于东北经济合作谈判的破裂与国民政府对苏关系的进一步恶化

上述苏联支持中国共产党在东北发展力量的做法，并不意味苏联已经将中国共产党作为依靠力量，而仅仅是作为对抗美蒋的借助力量。这是因为：1. 斯大林对中国共产党并不信任。从延安整风时起斯大林就怀疑中国共产党是民族主义的党，反法西斯战争后期，斯大林又多次在国际场合说中国共产党不是真正的共产党。在斯大林眼里，中国共产党与国民党并无本质区别，甚至后者还优于前者。2. 斯大林还需要蒋介石。因为斯大林要将东北变成苏联的独占势力范围，还必须与国民政府签订垄断性的中苏东北经济合作协定。没有这样一个协定，美国资本随时可以打入东北，与苏联竞争；就经济力量而言，苏联是无法与之抗衡的。3. 中国共产党的力量在全国来说还是弱者，它能否取得全国政权还是未定之数。在中国共产党未奠定全国胜利的基础之前，斯大林绝不冒险全面支持中国共产党。在这种情况下，围绕苏联撤军与东北经济合作谈判问题，苏联与国民政府又展开了第二轮的斗争。

中苏东北经济合作谈判从 1945 年 10 月开始，至 1946 年 3 月苏军开始撤退之前仍未能达成协议。双方的主要分歧之点是：1. 东北日本资产的归属问题。苏联坚持东北所有日本资产均为苏军的战利品，为苏联所有；中国则坚持，所有在东北领土之内日伪所设工矿企业，均应列为日本对华战争赔偿品，一律归中国所有。在双方僵持不下的时候，美国又插手进来，提出德日等战败国所有境外资产应一律完好保存，由战后赔偿委员会裁决，作为有关战胜国的战争赔偿品。美国的方案虽与国民政府的方案有差异，但对苏联大肆拆运东北工矿设备是有力的打击，使苏联十分气恼。2. 关于合作范围。苏联提出将前日伪时期满洲重工业株式会社和满洲电业株式会社经营的各项企业全部纳入中苏经济合作项目之内，等于将日伪时期东北重轻工矿企业全部一网打尽，用张嘉璈的话说，这“无异于日本帝国主义之故技”，使国民政府难以接受。但为了换取苏联撤军和交还东北主权，国民政府同意将一些项目（包括一些重工业项目）拿出来与苏联合作，但苏联并不满足。3. 关于达成协议的时间。苏联主张，将达成经济合作协议和撤军问题合并解决（政治经济不可分），在撤军前达成协议，实际上是以达成经济合作协议为撤军条件，国民政府则主张先撤军后达成协议。这些分歧对双方来说都是原则性的分歧。

双方之所以在谈判桌上都不肯作出原则性的让步，主要是美国因素起了关键作用。为防止美国势力打入东北，苏联必须在东北取得对重要工矿企业的垄断性的合伙经营权；而蒋介石又恰恰想借助美国力量抗拒苏联的要求，所以怎么也谈不拢。到了 1945 年底，双方对对方的心理都摸得十分明晰。为解决东北问题，蒋介石派出自己的私人代表蒋经国访问莫斯科。斯大林对蒋经国作了一次十分坦率的谈话：

> 你们中国人要明白：美国人想要利用中国作为满足他的利益的工具，他必要的时候，是会牺牲你们的。苏联愿意把本国的生产机器、汽车，以及中国所没有的东西供给中国；同时，也希望中国能把自己出产的矿物、农产品供给苏联。苏联又可以帮助中国在东北建立重工业，并发展新疆的经济，但是，我再三声明，也是最大的一个要求：你们决不能让美国有一个兵到中国来，只要有一个兵到

中国来，东北问题就很难解决了。

只要国民政府能保证今后美国不在东北得到利益，我们苏联一定可以作必要的让步。①

斯大林谈话的用意非常清楚，就是以经济合作为手段，在美蒋关系中打进一个楔子，使国民政府执行联苏反美的政策。但斯大林这样做等于缘木求鱼。因为联美抗苏反共是当时蒋介石的既定方针，其中反共是这一方针的中心环节。只有联美，才有能力反共。苏联在东北支持中国共产党，更加坚定了蒋介石联美抗苏的决心。怎么可以想象蒋介石抛开美国与支持中国共产党的苏联一起去反对中国共产党呢！

1946 年 1 月末，蒋介石将苏联在东北经济合作谈判中的要求告诉了马歇尔，以取得美国的支持。马歇尔随即表示，在任何情况下都不能答应苏联的要求，即使苏联推迟撤军也在所不惜。2 月中旬，美国政府又分别照会苏中两国政府，指出按 1945 年 8 月中苏条约规定，除中长和南满铁路归中苏共管外，条约并未给予苏联对其他工矿企业共管的权利。中苏如就这些工矿企业达成合作协议，都将被认为违反门户开放原则，是对美国商业利益的歧视。照会还驳斥了东北日资产业为苏军战利品的说法，指出这些资产因涉及战胜国的共同利益，应归赔偿委员会处理。② 有美国的公开支持，国民政府的谈判立场更趋强硬，于 3 月末终止了谈判。中苏东北经济合作谈判遂宣告失败。

原来，苏联为达成经济合作协议，曾与国民政府两次协商延期撤军，最后撤军期限定为 1946 年 2 月 1 日。在延期撤军期间，东北苏军当局还协助蒋介石的接收人员，接管了长春、沈阳、哈尔滨等大城市，以及辽北、松江和嫩江各省的行政（由于苏军未撤，国民政府军未有接防）。但由于经济合作谈判相持不下，苏联撤军大大超过了最后期限，引起了中国民众和国际舆论的严重不安，使斯大林不得不开始撤军。

国民政府不但不接受斯大林的严重警告——拒绝美国插手东北事务，反而请美国对其进行公开支持，使斯大林十分恼怒，于是再次借助中国

---

① 《中华民国重要史料初编——对日抗战时期》第 7 编，战后中国（一），第 113 页。

② 《中苏国家关系史资料汇编（1945—1949）》，第 460 页。

共产党的力量对蒋介石进行报复：实行闪电式撤军，使国民政府军措手不及，以便中国共产党部队顺利进入苏军撤出的城市和地区。3 月 24 日，苏联通知国民政府，苏军将于 4 月底全部撤完。就在当天，中共中央即指示东北局速与苏方联系，“允许由我方派兵占领长哈两市及中东全线”①。苏军全面撤退前，国民党军队集中在沈阳、长春、哈尔滨等市，只有少许的警察部队维持治安。苏军只允许国民党正规军在它撤出的三天之前方能入城，又不通知撤出的具体日期，从而使屯驻于城郊周围的中国共产党部队得以抢先入城。这致使国民政府在一些城市的接收官员，乃至国民政府驻苏军军事代表团都未来得及撤走，只得随苏军撤至苏境，再绕道回国。这样苏联在实际上把东北交给了国共两党。5 月 3 日苏军全部撤完。② 东北便形成国共两党对峙的局面。

东北经济合作谈判失败意味着斯大林变东北为苏联独占势力范围的战略落空，而中国共产党军队进入长春、哈尔滨和铁路沿线也使蒋介石借助苏军阻止中国共产党进入东北的企图彻底失败，双方从此都失去了改善关系的兴趣。随着中国共产党力量的日益强大，蒋介石彻底抛弃了中立苏联的策略，走上了联美、反苏、反共的道路。而苏联对中国共产党，也从以其为借助力量转变为以其为依靠力量了。

五　东北战略根据地的形成与中国共产党和苏联结盟的确立

苏军在撤离东北之前给中国共产党部队留下了大量武器装备，据苏联元帅华西列夫斯基提供的情况：“中国人民解放军得到了巨额的缴获的武器储备。仅我们两个方面军转交给中国人民解放军的武器就有 3700 门大炮、迫击炮和掷弹筒，600 辆坦克，861 架飞机，约 12000 挺机枪，将近 680 个各种军用仓库以及松花江分舰队的一些舰艇。稍后又转交给他们大批的苏联武器。苏军司令部还关注使全部武器保持完好以适于作战使

① 《中共中央文件选集》(16)，第 100 页。

② 《中苏国家关系史资料汇编（1945—1949)》，第 121 页。

用。”[①] 为尽快进入东北，中国共产党从南方调往东北的一些后续部队把随身携带的武器都留在了原来驻地。正是苏军留下的武器弹药装备了中国共产党东北军队，使其成为全国各解放区内装备最好的部队，顶住了蒋介石军队的猖狂进攻。

国民党军队东北登陆失败、转秦皇岛登陆后，即集中优势兵力占领山海关、锦州，打通了北宁线。然后海陆空并进，很快在东北集中了用美国装备武装起来的五个机械化王牌军。于 1946 年 3 月 12 日占领沈阳。3 月 27 日国共下达全国停战令，但蒋介石却在东北发动大规模的内战，从沈阳向南、北两个方向展开进攻：向北占领四平、吉林、长春，一直打到松花江边；向南占领海城、鞍山、安东等地，使中国共产党南满部队只保有临江等四个完整的小县。中国共产党在东北处于十分困难的局面。这时苏联又通过驻旅顺口的苏军给予必要的援助。应东北民主联军副司令员萧劲光的请求，驻旅顺口苏军司令部转请苏联滨海军区司令部批准，从朝鲜给北满部队运去从日军缴获的两军列武器，又从旅大经海路向北满解放区运去 50 车厢的武器。[②] 在国民党军队大举向辽南进攻的时刻，驻旅顺口苏联第 39 集团军司令部派代表与国民党军队代表达成协议，在旅大苏军辖区以北的 8—10 公里处划出一条“安全线”，国民党军队不得越雷池一步，使该线至旅大苏军辖区之间宽达 8—10 公里的地带成为中国共产党南满部队自由进入的安全区，并一度成为辽南党政机关进退自如的后方。[③] 尤其重要的是，苏军当局将旅大地区（含旅顺口、大连和金县）的行政管理权完全交给了中国共产党，中国共产党旅大地委充分利用大连的工业优势和海上交通的便利条件，在大连建立起一批重要的兵工厂和生产各种军需物资的大工厂，大批武器、弹药、药品、服装等急需的物资，源源不断地运往东北和华东解放区，其中仅迫击炮就有 1200 多门。旅大地委还利用这里的特殊环境，为东北前线输送 13400 多名经过训练的兵员，以及通讯兵、装甲兵骨干，并为解放区培训了大批

① 《在中国道路上》，第 338 页。

② 同上书，第 303、336—337 页。

③ 同上书，第 335 页；韩光：《旅大人民的支前工作》，《辽沈决战》（上），人民出版社 1988 年版，第 585 页。

党政干部和各种人才。[1] 苏联的这些支援，大大缓解了国民党军事进攻和经济封锁给东北解放区造成的压力，使东北几十万军政人员度过了从1946年春至1947年上半年最困难的时期。

四平、吉林、长春等大城市和铁路干线被国民党军队占据后，中国共产党东北局和东北民主联军各部队执行“放开大路，占领两厢”的策略，依靠自己的力量，到中小城市和广大农村去建设巩固的根据地。通过剿匪建政，实行土改和开展忆苦练兵运动，到1947年上半年东北各根据地得到了巩固和发展。特别是经过1947年夏、秋、冬三次攻势，东北民主联军大量歼灭了敌人并扩大了解放区，使南北满根据地连成一片；与国民党军队的兵力对比也从攻势前的43万对58万变为98万对44万。这一力量对比的变化将解放全东北的决战提上了日程，中共中央决定于1948年6月开始举行大反攻。由于铁路和桥梁被破坏，恢复交通运输成为当务之急。应中国共产党请求，苏联派出以茹拉夫廖夫为首的大批铁路专家和工程技术人员，连同必需的技术设备来到东北，帮助修复铁路。到同年12月，共修复15000公里的铁路线和包括第二松花江大桥险段在内的9000多米大中型桥梁，做到了“解放军打到哪里，铁路就修到哪里”，保证了辽沈战役的顺利进行。为缓解东北战略物资的短缺，苏联有关外贸机构与东北民主政权开展积极的经贸合作，于1946年底、1948年2月和1949年7月签订两个贸易合同和一个换货协定，总贸易额和换货额为4.49亿卢布。依据合同与协议，东北向苏出口粮食和土特产品，进口急需的军用和民用物资。这些物资为保证辽沈战役的胜利进行和恢复东北经济提供了必要的条件。

在各种条件均已具备的情况下，东北人民解放军于1948年9月至11月举行了辽沈战役，一举全歼国民党军队47.2万人，解放了全东北，自己的兵力上升为132万。东北成为名副其实的全国革命的战略基地。

陈云在分析辽沈战役胜利原因时指出：“在抗日战争结束前，我们党在东北的力量与全国其他各个根据地相比最弱。然而不到三年，却在那里打响并且打胜了解放战争的第一个大战役。所以能够出现这么大的变化，绝不只是和战役的参加者，和战役的组织、指挥以及具体战斗有关，

---

① 韩光：《旅大人民的支前工作》，《辽沈决战》（上），第583—587页。

而是有着多方面原因的。”除党中央、毛泽东所做出的完全正确的工作方针和作战方针外，“首先，是由于苏联红军出兵东北，打败了日本关东军。这为我们的大部队能抢在国民党前面迅速进入这个地区，为改善我们的装备，创造了十分有利的条件。那时，苏联党对我们的力量估计不足，并有雅尔塔协定的约束，但他们还是尽力帮助我们的。东北背靠苏联，东邻朝鲜，这对于我们在和国民党作战中的后勤补给和伤病号的运送、安置也是十分有利的条件”①。陈云的这些分析是十分中肯的。本文已充分论证，从中国共产党部队进入东北之日起，苏联所给予的各种援助从未间断。正是苏联的援助及其他各种原因促成了辽沈战役的伟大胜利。辽沈战役的胜利奠定了全国解放战争胜利的基础。从全东北实现彻底解放过程中所培植起来的中国共产党与苏联的友谊，也就奠定了新中国与苏联结为友好同盟关系的基础。

六　中国共产党全面调整对美、苏政策与“一边倒”政策的形成

抗战胜利后，中国共产党对处理美苏关系是十分清醒的。1945 年 11 月 28 日，中共中央在关于对美蒋斗争策略的指示中精辟地分析说：“目前世界的中心问题是美苏之争，反映在中国便是蒋共之争。美国政府对华政策是尽力扶蒋、打共、反苏，而蒋之政策则在打共时企图中立苏，而在反苏时又必望连上共。故苏联目前对华政策在形式上乃不得不与中国共产党隔离，在对美斗争时有时中立蒋，在对蒋时亦常不联系美。”② 既然美国政策是“扶蒋、打共、反苏”，中国共产党就绝没有可能联美；苏联在形式上与中国共产党隔离，实际上必然靠近中国共产党。这就在总体上决定中国共产党必然执行联苏、中立美、集中力量打蒋的政策。

其中，中立美国的政策，也“只是在对蒋斗争中的一种策略……并非不反对美国殖民地化中国的政策，也非不抗议美国武装干涉中国内政

① 陈云：《对编写〈辽沈决战〉一书的意见》，《辽沈决战》（上），第 1—5 页。

② 《中共中央文件选集》（15），第 455—456 页。

和参加中国内战的政策，更非在美军进攻我们时采取不抵抗政策”①。还应特别指出，这一中立美国政策的提出，是中国共产党争取美国在调处国共关系时能持公正立场，以便结束内战，实现全国和平。但是事实证明，美国在“扶蒋、打共”政策上越走越远。1. 美军赖在中国不走，到1946年5月苏军撤出东北、中国战区正式撤销之后，大批美军仍留驻华北，为蒋军守护交通要冲和战略物资，帮助蒋军打内战；2. 设立美国驻华军事顾问团，直接参加中国内战；3. 继续大量运送国民党军队至东北和华北；4. 一再延长对蒋介石的租借援助，至1946年6月援助额已达7.81亿美元，用这笔钱装备了蒋介石20多个陆军师，八九个航空大队，还为蒋培训了大批海、空军人员。随着美国出钱、出枪帮蒋介石打内战的政策的日益暴露，中国共产党不断修正自己对美方针，从不公开批评美国转为公开谴责。1946年八九月间，毛泽东在接见美国记者斯特朗等人时，强烈谴责了美国援蒋打内战的政策，对马歇尔电进行了严厉的批评；《新华日报》也明确宣布，经过美国两次调处试验，中国共产党“对于美国政府政策的帝国主义性质，是没有怀疑了”②。这种谴责与批判表明中国共产党放弃了“中立美国”的政策。中国共产党对美国的彻底决裂是1946年11月中美《友好通商航海条约》（《中美商约》）的签订，这一丧权辱国的条约逼迫中国共产党不得不实行反蒋必须反美的政策。该约集19世纪以来除领事裁判权之外的美国对华要求之大成：中国全部国土一律向美国资本开放，美国公民、团体、法人可在中国居住、旅行，从事经商、制造、加工、金融、科学、教育、宗教以及慈善事业，并可购置和保有房地产业，享有中国公民、团体、法人同样的权利；美国商品在中国内地行销，税收与中国商品同等待遇；美国商船有前往中国任何开放口岸、地方及领水的自由。③ 此外，该约还在实际上给予美国“无条件和无限制的”最惠国待遇。围绕该约，国民政府还同美国签订了一系列的协定和秘密协定，保障美国在华政治、经济、军事等方面的排他性地位。《中美商约》是为美国资本全面占领中国、压倒民族工商业，最

① 《中共中央文件选集》（15），第455—456页。加重号为引者所加。

② 《解放日报》1946年9月12日。

③ 《中外旧约章汇编》第3册，第1429—1451页。

终变全中国为美国殖民地的新的不平等条约。它将美国自抗战胜利以来在对华关系上所散布的自由、民主、统一等友善言词的虚伪性暴露无遗。1947年2月，中国共产党发布严正声明，昭告国内外：国民政府自1946年1月10日至今，与外国（美国）谈判并签订的条约和协定，“已经使并将继续使中国陷于内战、反动、丧权辱国、殖民地化、混乱与崩溃的危机之中”，中国共产党现在与将来均不承认。① 同年10月中国共产党提出鲜明的“打倒美帝国主义走狗蒋介石”的口号，表明反蒋必须反美，实行反蒋与反美相统一的政策。中国共产党不承认美蒋签订的一切条约，从根本上决定了美国拒绝承认中国共产党的政策。全国胜利前夕，美国多次试探中国共产党继承并履行美国同国民政府所签订的条约的可能性，均被中国共产党拒绝。美国与中国共产党建立正常关系的一线希望便溘然而逝。

《中美商约》以及其他一些协定的签订，表明第二次世界大战后蒋介石政府与美国政府所形成的反苏反共的特殊关系已用法律的形式固定了下来，亦即表明国民党先于中国共产党实行了“一边倒”的政策，只是对象不同罢了，国民党实行的是对美“一边倒”。面对美苏两大营垒对抗的世界格局，中国共产党要取得民族解放斗争的彻底胜利和新政权的巩固与发展，除实行外交对苏“一边倒”的路线之外，别无选择。

中苏两党意识形态的一致是连接两党的坚强纽带。联合苏联，取得苏联的同情和支援，以促进中国人民反对帝国主义民族革命的胜利是中国共产党的一贯政策。毛泽东本人对斯大林也充满尊敬和感激之情，早在1939年他就著文称“斯大林是中国人民解放事业的忠实的朋友”，第二年他又在其名著《新民主主义论》中从理论和实践上论证了中国革命是世界无产阶级革命的一部分，回答了中国革命向何处去的核心问题。尽管毛泽东在指导中国革命问题上曾受到来自共产国际和斯大林的种种误解，甚至是严重打击，但直到斯大林逝世之前，毛泽东对斯大林的尊敬和坚持联苏的信念始终不渝。特别是苏联在东北所给予中国共产党的实际援助，是中国共产党自建党以来所受到的来自苏联方面的最大实惠。因此，随着辽沈战役的胜利，中国共产党就与苏联结成了不可分割的关

① 《中共中央文件选集》（16），第208—209页。

系。对苏“一边倒”在中国共产党一方不存在任何问题。

但对苏联来说，正如前文所指出，却存在两个障碍，即斯大林对中国共产党的无产阶级性质和中国共产党能否取得全国政权心怀疑虑。对于后者，经中国共产党在1947年举行反攻作战的胜利，斯大林主动地改变了对中国形势的看法。1948年2月，他在会见南共领导人时说，战后，“我们认为中国没有发展起义的前景”，“根据中国现在的情况，我们承认是我们错了”。[①] 辽沈战役胜利后，斯大林对中国共产党取得全国政权的疑虑便从根本上消除了。为消除斯大林前一种疑虑，中国共产党在1948年夏苏南两党冲突中主动地站在苏共一边，参加了对南共的批判。1948年6月，欧洲共产党情报局通过了《关于南斯拉夫共产党的决议》，将南共开除出情报局。7月，中共中央便作出相应的决议，表示坚决拥护情报局的决定。决议明确指出，情报局的决议是国际共产主义者为保卫马列主义原则应尽的职责，并要求全党干部认真研究情报局的决议，“借以加强党内关于阶级的、党的、国际主义的、自我批评精神和纪律性的教育”[②]。这实际上表明中国共产党在国际共运中与南共划清了界限。同年11月，毛泽东借纪念十月革命胜利31周年之机，发表了题为《全世界革命力量团结起来反对帝国主义的侵略》的论文，高度评价了十月革命和斯大林关于殖民地、半殖民地民族革命理论的伟大意义，并着重批判了“中间路线”即所谓“第三条道路”，申明中国共产党“就是依照苏联共产党的榜样建立起来和发展起来的一个党”[③]，决不会走南共式的“第三条道路”。中国共产党主动参加对南共的批判，大大地消除了斯大林对中国共产党是否坚持无产阶级国际主义路线的怀疑。这样，到1948年底，随着辽沈战役的胜利和中国共产党对南共的批判，斯大林对接纳中国共产党为其盟友的障碍便基本上消除了。于是，实现了1949年1月底至2月米高扬访问西柏坡和刘少奇于同年7月访问莫斯科。

毛泽东等中国共产党领导人在西柏坡与米高扬举行了一系列的会谈。关于中苏关系问题，米高扬主动提出，作为1945年中苏条约重要组成部

① ［南］弗·杰吉耶尔：《铁托传》，伦敦1954年版，第331页。

② 《国际主义与民族主义》，解放社1949年版，第176页。

③ 《中苏友好文献》，北京1953年版，第63—66页。

分的《关于旅顺口之协定》“是不平等条约”，“因此苏联政府已决定，废除这一不平等条约，同时一旦同日本缔结和约，立即将自己的军队撤出旅顺港。如果中国共产党认为立即撤出军队是适宜的，那么苏方准备满足中国共产党的这一愿望”①。苏联政府的这一决定等于承认中苏《友好同盟条约》为不平等条约。这就使毛泽东在全民族面前可以做出切实交代：中国共产党与苏联结盟不是损害国家主权的结盟，而是恢复国家主权的结盟！因此，毛泽东不待刘少奇访苏结束，就于 1949 年 6 月 30 日发表了《论人民民主专政》一文，宣布了对苏外交“一边倒”的政策。中华人民共和国成立后毛泽东做的第一件大事便是赴苏访问，与之签订新约，以废除严重损害中国主权的旧约，兑现米高扬的承诺。这样，解决好东北问题便成了中苏缔结新约的关键。苏联鉴于自 1945 年中苏签约以来远东形势已发生了根本的变化，以及新中国“推行了与苏联友好合作的政策”，其远东安全有了可靠的保障，同意放弃在东北的特权，于是两国顺利地签订了中苏《友好同盟互助条约》和《关于中国长春铁路、旅顺口及大连的协定》。根据该约与协定，苏联将大连港完全交还中国；将共同管理中长铁路的一切权利及属于该路的全部财产无偿地移交中国，不迟于 1952 年末实现移交；苏军不迟于 1952 年末完成从旅顺口撤军，苏联恢复和建设该军港的费用由中国偿付。② 正是这些关键问题的解决，才开辟并巩固了 50 年代中国外交对苏“一边倒”的格局。

从 1945 年 8 月 14 日国民政府与苏联签订盟约，至 1950 年 2 月 14 日新中国废除这一盟约并缔结新盟约，东北问题一直是构成中苏关系的主要内容，并制约着国共双方对苏关系的变化和组合，离开东北问题探求战后中国外交格局的形成过程和原因，就难以避免发生舍本逐末的偏颇。

---

① 俄罗斯总统档案馆：全宗 39，目录 1，卷宗 39，第 78—79 页，引自俄罗斯《远东问题》杂志 1995 年第 3 期。

② 《中苏友好文献》，第 93—96 页。

论近代中国农村手工业的兴衰问题*

史建云

近代以来，农村手工业和中国其他经济部门一样，以前所未有的规模和速度发展，到19世纪末20世纪初，中国农村手工业曾一度相当兴盛，尤其是20年代，农村手工业的繁荣极为引人注目。然而，仅仅几年之后，在30年代初期却出现了急剧的衰退，这一现象在当时就引起了广泛的注意。有不少论著分析过一些部门的衰退原因，其中对农村手工棉纺织业和丝织业的研究尤为详细。学术界较普遍的看法是，农村手工业是一种落后的生产组织形式，带有浓重的自然经济色彩，它的性质决定了它在30年代的衰亡是历史发展的必然规律。本文主要是对30年代初期农村手工业衰退的原因作一些简要分析，同时说明这一衰退只是暂时现象，并不意味着农村手工业的根本衰亡。

以往的研究者提出过多种造成30年代乡村手工业衰退的因素，内因即属于生产过程自身的因素，也就是经济机制，其中最主要的是生产力水平低下，生产工具落后，以及生产中的偷工减料和粗制滥造等。而外因则包括自然环境以及当时的政治状况、经济环境等社会机制，这些外部因素通过影响生产过程、流通过程和市场需求而对农村手工业的兴衰发生作用。笔者近年来一直从事近代华北农村手工业的研究，对于华北

---

* 本文原载《近代史研究》1996年第3期。

农村手工业中主要部门的生产、市场、进出口贸易、兴衰状况等方面都有所了解。这一区域面积庞大，人口众多，有平原，也有山区，有沿海，也有内陆。在近代中国，华北不是经济最发达的地区，也非贫困地区；人口密度既不是最大，也不是最小；境内有大城市，有港口，但都不是国内最大；有铁路、公路和通航河流，却也不是交通最方便的地方；农业生产条件不如南方，但比西北和西南都要好一些。总而言之，从各个方面看，这一地区都处于中间或中间偏上的地位，因而有一定的代表性。所以本文行文将主要依据华北三省（河北、河南和山东）的具体情况，同时参照一些其他地区以及全国性的史料。

一

在属于经济机制的因素中，首先引起注意的是农村手工业生产力水平低下，生产工具落后。人们普遍认为小农经济的致命弱点是个体农户生产规模狭小，缺乏社会分工，无法容纳先进的生产力。这也正是某些学者论证乡村手工业必然衰亡的主要依据之一，在他们看来，因为生产力落后和停滞致使手工业无法与机器大工业竞争，除非个体手工业能够发展成作坊手工业，进而成为手工工场，并最终成为机器工厂，否则，就只有走向衰亡（然而，在30年代的具体条件下，由个体手工业沿着作坊—工场—机器工厂的道路发展，对于农村手工业来说，几乎是一件不可能的事情）。在这一方面表现最明显的似乎是纺织业，特别是棉纺织业——对农村手工业和近代机器工业来说都是最重要的生产部门之一——在这一行业中，手工纺织与机器工厂生产效率相差悬殊，产品质量也无法比拟。加之纺织品染整工序，除少数工厂使用机器和近代工艺外，大多数还是手工作坊，土法染轧，效率既低，质量又差，由此而造成土布的生产成本远远大于机织布。

然而，事实上这二者之间的差距并不像一般人所想象的那样大。就织布业而论，首先，机织业和手织业之间的劳动生产率差距并不很大，严中平先生在研究近代农村家庭棉纺织业存在的条件时曾指出，当时，机纺业中一个工人的生产效率80倍于手纺业，而机织业一个工人的生产效率仅 4 倍于手织业。[①] 这还只是理论上的推算，是按照在机器工厂中每个工人可以看四台布机计算的，实际上，据 1929 年的调查，在一些民族资本家的织布厂中，一个织工只能看两台织布机，到 1933 年、1934 年，每人看机数尚不足两台。即使是在条件较好的日资布厂中，一个工人也不过看三台左右的织机而已。[②] 换言之，动力织机的劳动生产率仅是铁轮织布机的两三倍，至于动力丝织机的效率则只有铁轮织机的一倍多，再加上机器、厂房、燃料等的消耗，机器工厂的成本未见得能比农村家庭手工业低多少。其次，农民家庭手工业的生产组织形式不同于近代工厂，成本核算方面另有自己的特点，小农家庭是一个集生产、消费和人口再生产于一体的经济单位，所有的家庭成员都隶属于这个单位，无论工作与否，家庭都要维持他们的生存，全体成员的生活消费都构成这个经济单位再生产的成本，而且是固定成本，工厂效益不好时可以解雇工人，家庭却无法“解雇”家庭成员，这类似工厂中的机器或厂房等固定资产，农民家庭中劳动力的闲置，在经济意义上比机器闲置损失更大，机器闲置时只需要保养，劳动力闲置时却仍要吃饭穿衣。这种情况下，农民家庭从事手工业生产时，只需要考虑工具和原料的成本，除非雇工生产，劳动力的价格不必考虑在内。所以，按照近代企业的核算方式，手织业的成本高于机织业，但对于从事手工业的农民家庭来说，成本并没有那么高。这是在相当长的一段时期内，手织业可与机织业并存的一个主要原因。当然，这种情况不会长久持续下去，当机器工厂有了进一步的发展，与手工业之间在劳动生产率方面的差距继续拉大，机器大工业各方面的优越性充分展开时，手工业会越来越难以与机器工业竞争。但这种条件在 30 年代初期并没有出现。此外，有很多种农村手工业部门中并不存在机器大工业的竞争，如在近代华北农村中占有重要地位的发网业、草帽辫业等，属于劳动密集型产业，它们在华北农村得以发展的条件正是农村中存在的大量廉价劳动力，当时，无论国内还是国外，这些行业中都不存在机器生产。另有一些行业如花边业，当时的情形和现在一样，在国际市场上，手工制品比机器制品价格更高。换句话说，生产力水平

---

① 严中平：《中国棉纺织史稿》，科学出版社 1955 年版，第 267 页。

② 同上书，第 224—225 页。

低下并不是乡村手工业衰退的根本原因。

尽管如此，农村手工业生产力水平低下总是事实，对于这一点，人们常常认为这是由小农经济的性质所决定，个体小农家庭生产规模狭小，保守落后，无法接受也无法容纳先进的生产力。然而，近代华北农村家庭手工业的发展却表明情况并非如此，自 20 世纪初开始，手工业生产中陆续从国外引进了一些效率较高的工具，如铁轮织布机、轧花机、弹花机，就其工作原理来说，已经可以认为是用人工作动力的机器。这些机器使生产效率成倍以至成数倍地增长，如铁轮织布机的生产率是旧式木机的 8.8 倍，轧花机的生产率是旧式轧车的 5 倍，弹花机的生产率是老式弹花吊弓的 16 倍以上。在丝织业中，新式脚踏纩车比手摇纩车效率既高，质量又好，铁轮平纹织机的生产率是木机的 4—8 倍，而新式提花机在提花楼上安装有按照显花程序编制的打孔纸板，可以自动提综织出提花图案，与旧式提花织机相比，既免去了提花工，又可以减少提花差错，从而使劳动生产率和质量都得以提高。这些机器和工具最初都是为城市的作坊手工业引进的，但很快就在农村家庭手工业中得到推广，特别是在一些新兴手工业区中，其普及之广，更新换代之快，即使用今天的眼光来看，也是令人吃惊的。例如棉纺织业中所用的铁轮织布机，在高阳、潍县等近代著名棉手织区都只用了 10 年左右的时间就全部淘汰了旧式木机。尤其是在高阳手织区，一些村庄中几于一户一机或一户数机。如高阳县城东 7.5 公里的小王果庄，一共不过 300 户人家，1916 年，普遍使用小提花机织布，比起旧式木机已经进了一大步，1926 年以后，人造丝织业兴起，人们争相购买，小提花机迅速淘汰，到 1937 年，全村有大提花机 300 多张，除家庭手工业外，另有 8 家小工厂，农民进城买线售布，不再用木轮手推车或靠肩挑背驮，而改用自行车，全村有日本进口的“僧帽”牌自行车 100 多辆。高阳县城东 6 公里的李果庄，1937 年全村不到 400 户人家，拥有铁轮织布机 700 多张。高阳县城西南 5 公里的于留佐村，100 多户人家有 200 多台织机，还有 20 余家小工厂。县南的延福村共 200 多户人家，1921 年尚只有铁机 20 多张，1927 年改织大提花机，很快就发展到 300 多张。[①] 华北之外的其他地区，这类机器和工具的推广也

① 《高阳织布业简史》，（河北文史资料第 19 辑），河北文史书店 1987 年版，第 37—45 页。

表现出相同的趋势，如江苏南通织布区，乡村织户原用拉梭机织布，1930年冬季，南通通华织布厂由上海购入20台铁轮织布机，织工见机式更新，欲购者颇多，送机器来安装的机匠与当地一位木工合作，在南通建立了布机装配工场，当地农民在通华织布厂学会三五个品种，即退出工厂自购织机，自己织布出售，到1932年6月，乡村铁轮织布机已达万台之多。[①] 江苏省的江阴县，1924年开始普及拉梭机，铁轮机的使用还要稍晚，到30年代中期，全县已有拉梭机3万余台，铁轮织布机近1.3万台。[②] 如果说，上述机具还是农村手工业原有部门中工具的更新换代，那么，织毛巾机和针织机在农村家庭手工业中的使用就使农村手工业增加了新的部门。我国传统纺织品中并无针织品，直到19世纪末，针织品才在城市中较时髦的喜爱西装的人群中流行，20世纪初，一些大城市中引进了针织机，到20年代，在浙江省的平湖、嘉善、嘉兴、石门和硖石一带的城镇和乡村中，已形成了一个针织手工业区，其中仅平湖一县，在1926年就有针织机一万架。[③] 在全国各地农村中，织毛巾比织针织品还要普遍得多。这些事实说明，小农家庭在接受新技术、采用新工具方面，并不像通常所想象的那样目光短浅、保守落后，个体经济容纳先进生产力的能力也不那么狭隘。诚然，所有这些以人工为动力的机器，在生产效率上都不如动力机器，以蒸汽为动力的机器需要比较大的生产规模，也无法用于农村家庭，但如果电力能够有较为充分的发展，家庭中是有可能使用动力机械的，这正是今天在很多农村家庭中发生的事情。

偷工减料、粗制滥造、弄虚作假等行为在当时也曾引起广泛的注意，论者多认为这是出于小生产者的急功近利、目光短浅，并把这种现象也作为农村手工业必然衰亡的依据之一。这种论断并不公正。这类行为多出在纺织业中，如高阳白布应该八斤重一匹的，有时只有七斤或七斤数两不等，最轻的甚至不足七斤。应该百二十尺一匹的，也许只有一百零几尺甚或不足百尺。[④] 宝坻织户常以油料、肥皂、白粉、食盐等渗入棉纱

① 林百举：《近代南通土布史》，南京大学学报编辑部内部本（1984年），第243—253页。

② 徐新吾：《江南土布史》，上海社会科学院出版社1992年版，第473—474页。

③ 彭泽益：《中国近代手工业史资料》，中华书局1962年版，第2卷，第377页；第3卷，第154—155、180页。

④ 吴知：《乡村织布工业的一个研究》，商务印书馆1936年版，第267页。

以增加布匹重量，或减少经纱道数，往往布匹未经售出即已腐烂，据说一次运布至山西，在运输途中发酵霉变，酿成诉讼。[①] 平纹柞丝绸也可以用减少经纱道数，布面放稀，然后上浆增重的方法偷工减料。山东柞丝绸在出口早期，就曾因掺粉、硫黄熏白造成的质量问题引起市场缩小。但是，这些行为并不普遍，一般都出现在资本主义包买主控制生产的情形下，而且，只发生在白布和平纹柞丝绸的生产中，因为提花布、格子布、斜纹布和提花丝绸的经纬纱都有一定的数目，无法偷工减料，同时，这几种纺织品也不以重量作标准。发生这种情况，通常是由于市场萎缩时，包买商采用压低工资的方式以保持利润，小生产者迫不得已而反抗，但独立织户则不能这样做，因为这种时候商人对布匹质量十分挑剔，不要说粗制滥造，即使稍有瑕疵都会拒绝收购。类似情形只在高阳、宝坻等资本主义家庭劳动盛行的地区出现，已可说明它不是 30 年代农村手工业衰退的主要原因，即使在上述地区，与其说这类行为引起了农村手工业的衰退，倒不如说它们是衰退的结果。在市场畅旺时，商人付给织户的工资往往比较高，织户既能得到较高收入，又希望能与商人保持长久关系，一般都比较注重产品质量。当然，这种时候，商人对商品质量要求比较宽松，部分织户为图快而放松质量也非绝对不可能。30 年代初，土布业进入衰退后，商人包买主日益压低工资，并在收布时百般挑剔，有时会将工资压低 80%—90%，甚至完全不付工资[②]，织户为求生存，只能设法偷工减料以节省一点原料自己织布卖。至于纺织业之外的其他农村手工业，例如造纸业、榨油业或者制粉业，能否节省原料，降低成本，主要依靠技术水平，粗制滥造反而会浪费原料。因而，这一因素也不是造成农村手工业衰退的根本原因。

根据上面的论述不难看出，在 30 年代，农村手工业内部的经济机制，包括它自身所具有的一切不利因素都不足以造成农村手工业的全面衰退，那么，外界因素是否能够起到这种作用呢？

---

① 《政治经济学报》第 4 卷第 2 期，第 315 页。

② 《中国农村》第 1 卷第 3 期。

二

外界因素中首先是自然灾害。自然灾害从两个方面影响农村手工业，一方面，农业减产造成手工业原料价格上涨，近代大部分农村手工业是以农产品为原料的，如榨油业和制粉业以花生和豆类为原料；造酒业以粮食为原料；植物枝条编织业以芦苇、麦秆、高粱秸之类为原料；气候也会影响蚕茧产量从而影响缫丝业和织绸业；棉纺织业中尚有一部分地区依靠本地所产棉花进行生产，即使是使用机纱的地区，机纱价格和国内棉花产量及价格之间也并非全无关系。另一方面，自然灾害会造成人民购买力，特别是农村购买力的下降。近代中国农村手工业的产品如土布、人造丝织品、苇席、粉条、粉丝以及榨油业的副产品各类籽饼等，国内市场都以农村为主，砖瓦业的开工与否更与当地农业丰歉密切相关。20 年代末 30 年代初，中国自然灾害频繁，1928 年到 1930 年，西北的陕西、甘肃、山西等省份发生连续三年的大旱灾，尤以陕西为最重，赤地千里，十室九空，人民以草根树皮为生，彼时彼刻，穿衣问题变成了极为次要的事情，而这几个省份一直是华北棉布的主要销售地之一。另外，尽管华北棉纺织业一直以东北、西北和内外蒙古为主要市场，但从 20 年代起，也逐渐开辟了南方市场，因而，1931 年长江流域发生 60 年未遇的大水灾，也使华北棉纺织业和丝织业受到了很大影响。至于原以南方各省为主要市场的江南棉纺织业和丝织业受水灾的影响就更大了。没有发生这些自然灾害的地区，农村手工业尚且受到巨大的损害，可以设想，在直接受灾地区，农村手工业肯定会受到同样的以至更大的损害。但是，30 年代中期以后，全国范围内没有继续发生大规模自然灾害，各地农业生产均有所恢复，而且，在一般情况下，自然灾害是不应该被视为造成某种经济活动全面衰退的根本原因的。

其次是社会经济因素。社会经济因素的影响主要通过市场需求的变化表现出来。近代中国农村手工业中有不少产品属于生活必需品，随着人口的增长，这类产品的市场需求也在逐渐扩大，虽然有些行业中出现了机器工业的竞争，但一方面，近代中国机器工业的发展尚不足以覆盖市场，另一方面，由于农村手工业和机器工业产品之间存在的各种差异，它们有时候可以分别满足不同层次消费者或同一层次消费者的不同层次的需求，因而，抛开机器大工业与农村手工业在生产力上的差距不谈（这一问题前文已经论及），机器工业与农村手工业在这一时期是各自有自己的市场范围的，尽管双方的市场范围可能会有一些重叠。此外，有些人把农村手工业各种产品之间的替代也看成竞争，看成手工业的衰退原因，如认为仿洋布和改良土布在市场上排挤了土布，毛巾代替了土布手巾，针织品取代了部分棉纺织品，从而造成土布业的衰退。① 单就传统的土布业来说，这的确是事实，但如站在整体的角度看，这种情形恰好说明农村手工业的进步和发展。

农村手工业中还有相当多的品种用于出口，国际市场上需求的变动必不可免地对农村手工业产生影响。国际市场的变化虽然很复杂，但促进了 30 年代初中国农村手工业衰退的主要原因则是 1929—1933 年的世界件经济危机。危机期间和危机过后的一两年中，中国几乎所有出口手工业品的出口量都曾急剧下降，从而对生产造成沉重打击。如江南土布大量向南洋、新加坡、印度、爪哇等地出口，经济危机期间，南洋各地橡胶园失败，工人失业，致使江南土布出口急剧下降。② 国际市场的影响还不止于此，危机期间，中国农产品出口大幅度缩减，与此同时，西方资本主义国家又向中国市场大量倾销生产过剩的农产品，致使中国农产品价格下跌，农民收入减少，造成农村购买力锐减。当发生自然灾害时，粮价上涨，但此时农民无粮可卖；丰收时，又受世界性经济危机的影响，农产品价格下降，30 年代初的中国农村陷入了谷贱伤农、谷贵亦伤农的境地，农民收入下降，意味着工业品市场——包括农村手工业——的缩小，市场缩小，又使农村手工业收益降低，农民的收入进一步下降，形成一种恶性循环。这是 30 年代农村手工业衰退的重要原因之一。但是，这种恶性循环是可以打破的，1934 年以后，随着大危机的结束，中国农产品的出口逐渐恢复，农产品价格逐年上升，全国经济形势有所好转。以华北为例，1937 年上半年，华北农产品批发物价指数上升到了历史最高水平，这种情况下，华北各地农村手工业逐渐复苏。如河北省高阳县

① 徐新吾：《江南土布史》，第 301—302 页。

② 同上书，第 298—299 页。

的织布业，在萧条时期，资本较大的工商业趁物价下跌之际大力收购原料、定制成品、扩充销路，并根据西南各省人民“习尚华美”的风俗翻新花样、提高质量，开辟了西南市场。萧条过后，不但以前停工的织布机都开动起来，并且还有增添，自 1934—1937 年卢沟桥事变前，工商户屡有增加，形成高阳织布业的第三次勃兴。①

有些人把收益少、工资低，从而引起劳动力流动视为农村手工业衰退的原因之一，并且认为收入过低是农村手工业生产力水平低，竞争不过机器工业所造成，并由此得出农村手工业衰退必然性的结论。首先，农村手工业的经济效益并不低，特别是与农业相比，如棉纺织业中，在河北省的高阳手织区，1915—1920 年，用铁轮织布机自织自卖，每匹可获利 1—2 元，如接受商人包买主的订货，一匹布可得工资 0. 5 元，以一年织布 150 匹计，全年收入在 75—300 元。当时高阳户均占有土地不足 15 亩，平均每亩净收入 1. 47 元，即农业收入每户每年不足 30 元，手工业收益为农业的 2. 5 倍到 10 倍左右。② 高阳织户雇工者相当多，工人的年工资在 30 年代初为 40—60 元不等，20 年代布业兴盛时则可达 60—80 元之多，而同时期农业雇工中，男性长工的年工资平均在 40 元上下③，也就是说，从事织布业的农民，无论是完全占有生产资料的独立织户，还是只占有工具，不占有原料，受商业资本支配的家庭劳动者，抑或是完全不占有生产资料，出卖劳动力的工人，其收入都要高于农业劳动。高阳织布区属于近代新兴的农村工业区，生产力水平较高，江南棉纺织区历史悠久，到 20 世纪初发展程度反不如高阳织布区，但棉织业收入仍相当可观。20 年代前后，上海郊区一个农家妇女一年要织 200 多匹布，净收入 40—60 余元。一些缺乏织本的农家妇女到别人家中做工织布，一天可得工资 2 角，一月也有五六元收入。④ 丝织业的收益各地相差悬殊，高者如 30 年代初，山东省周村镇的个体织户，平均每年收益为 420 余元⑤，按当时的物价水平，可购买小麦 80 余担，相当于 50 亩地的产量，

① 彭泽益：《中国近代手工业史资料》第 3 卷，第 453—454 页。

② 吴知：《乡村织布工业的一个研究》，第 6—7、16—17 页。

③ 同上书，第 133、142 页。

④ 徐新吾；《江南土布史》，第 242—244 页。

⑤ 《工商半月刊》第 6 卷第 9 期。

而同时期山东全省平均每农户耕地只有 18 亩多，大部分小农实际占有土地面积还达不到这一水平。低者如河南省南阳周围的柞丝绸业，这里的织户多接受包买商的订货，织一机绸的工资为7—11 元不等，而一机绸的生产周期为 40—45 天[①]，以此计算，织户平均日工资在 0.16—0.28 元，若以一年工作 300 天论，收入在 48—84 元。与高阳和周村相比，可谓天壤之别，但南阳柞丝绸产区位于大别山区，自然条件较差，交通不便，风气闭塞，经济也不够发达，这样的收入水平与农业相比，应该说还是相当可观的。纺织业中影响较大的还有针织业和麻纺织业。20 年代，浙江平湖、嘉兴、石门等地从事针织业的多为农村妇女，向商人雇主租赁针织机，领取原料，织成成品后得到计件工资，一个工人月工资在 5 元以上。[②] 麻纺织业中四川省的夏布收益较低，30 年代绩麻女工月收入不过 1 元上下，织麻工月工资 2.6—8 元。一个有一架织机的农户，每月净收入不足 14 元，但这里扣除了工资支出，而只有一两架织机的农户通常是不雇外工的，这样的农户每月实际收入可以达到 20—30 元。[③] 江西、湖北等省的夏布业收益要比四川高一些。其次，假如农村手工业中的劳动力是回到了农业中，或流入城市，或进入了机器大工业，劳动力流动造成农村手工业衰退这种论断当然可以成立。不可否认，在近代中国，这种类型的劳动力流动确实存在，如华北的冀、鲁二省，每年都有许多农民到东北去垦荒种地；上海等工业城市周围则有大批农民进入机器工厂做工。可是几乎所有谈到劳动力流动的史料，涉及的都是一些具体的手工业部门，劳动力流动的去向除了外地、城市、工厂之外，还包括了其他农村手工业。如上海四郊乡镇和郊县，刺绣、织花边、针织、绒线编结等多种手工业收入都比织布略高，使大量原从事织布的劳动力转入这些副业。[④] 山东省的花边业和草帽辫业也曾吸引不少纺纱女工改行。劳动力在不同部门之间的这种流动，正如前文所说不同产品之间的替代一样，标志着农村手工业的发展，体现了农民副业生产的机会增多。还要说明

① 河南农工银行：《南阳之丝绸》，河南农工银行经济丛刊 1939 年版，第 4—5 页。
② 彭泽益：《中国近代手工业史资料》第 3 卷，第 154 页。
③ 重庆中国银行：《四川省之夏布》，1936 年 6 月，第 111—120 页。
④ 徐新吾：《江南土布史》，第 302—303 页。

的是，近代中国比较大的移民趋势是华北农民出关到东北垦荒，而这一劳动力的大规模流动，其结果并非农村手工业的衰退，恰恰相反，却造成了东北市场的扩大，从而成为促进农村手工业发展的因素之一。

最后看一看政治因素。二三十年代的政局动荡对农村手工业的发展也曾产生相当大的影响。如20年代初蒙古独立时，曾发生没收中国商人在蒙古的财产之事，在内蒙古和张家口一带，则由于当地流通货币——旧沙俄卢布的贬值，造成商人赔累收歇。① 但蒙古地处内陆，生产以游牧为主，没有工业，亦无外贸，所需棉纺织品主要依靠华北。蒙古宣告独立后，当时并未得到国际社会的承认，虽与苏联关系较密切，但苏联的远东部分当时也全无工业可言。欧洲和日本的纺织品若要输往蒙古，都要经由中国的港口和陆路，华北棉布拥有蒙古市场，正是占了地利之便，蒙古独立并没有使华北失去这一有利条件。所以，20年代中期开始，华北与蒙古之间的商业往来又有所发展。至于蒙古民众喜爱的丝织品更是全靠中国生产。

相比之下，军阀割据和军阀混战带来的不利影响更为严重：其一，战区工农业生产遭到破坏导致人民收入减少，而地方军阀滥发纸币和苛捐杂税，更加重了人民负担，致使对手工业产品的有效需求大大缩减；其二，战区内部、战区之间、战区与非战区之间的交通受阻，直接威胁了商人的生命和财产安全，也影响了商品的运输；其三，军阀割据，各地军阀自立税卡，自行征税，任意发行货币，干扰了商品的流通。如在1924年的“齐卢战争”（齐燮元和卢永祥）期间，上海郊区南翔镇上的布庄大部分被抢劫一空，因此而关店的约有10家，其余10来家布店虽可勉强维持，收布数量亦比以前减少一半以上。② 不过，自1930年蒋冯阎大战以冯阎联军失败告终后，国民党新军阀之间的混战基本停止，国内政局进入了一个相对稳定的时期，可见这一因素也并未长久起作用。

最后也是最重要的是日本侵占东北。清初华北棉纺织业发展伊始，东北地区就是华北棉布的主要市场之一，历史更为悠久的江南棉纺织手工业区亦以东北为重要市场。19世纪末，日本纺织工业产品侵入中国，

① 吴知：《乡村织布工业的一个研究》，第19页。

② 徐新吾：《江南土布史》，第297—298页。

即把主要目标放在东北市场，尽管到 1931 年以前，在东北市场上，日货已占到国外进口棉纱的 100%，进口棉布的 80%—90%，但在从国内外运往东北的全部纺织品中，国产棉纱仍占棉纱总量的一半以上，国产棉布占棉布总量的 42% 以上。[①] "九一八事变"之后，日本帝国主义占领了全东北，劫夺海关，改定税则，一方面对日本输往东北的棉纺织品全部免税，另一方面又对内地棉布征收重税，如 1933 年伪满洲国对宝坻棉布征收的进口税，每包（34—40 匹）17.55 元，到宽城县后每包又加征印花税 4 元，合计每匹布增加费用 6 角左右[②]。在这样的条件下，华北土布自然无法与日货竞争，东北市场丧失殆尽。1933 年，日军又侵占热河，占据长城各口，设置关卡，层层收税，华北土布又失去了热河市场，华北棉纺织业再一次受到重创。日军对江南棉布征收的关税更重，1931 年以前，上海土布运往东北，每包纳税银 7 两，"九一八"事变后，骤增至 27 两以上，1931 年以后，东北销路告绝。[③] 与此同时，日本又在华北市场上用走私的方式倾销棉纱，造成纱价日跌。纱价下降本应对织布业有利，但土布价格与棉纱价格之间存在一定的比例关系，纱价下降过快时，往往商人散出棉纱尚未收回布匹，布价已随着纱价一起大幅度下降，使商人毫无利润可言。高阳织布区受日纱走私危害最深，华北其他各织布区除潍县外，大都受到了日纱走私的影响。

华北另一重要农村手工业是柞丝绸业，柞丝绸是近代中国最重要的出口商品之一。日军侵占东北对柞丝绸业的打击也是灾难性的。华北柞丝绸主要产在山东省的山东半岛上，在近代柞丝绸出口蓬勃发展的刺激下，与山东半岛一海之隔的辽东半岛上迅速发展起柞蚕养殖业，成为山东柞丝绸业的一个原料生产基地。最初，辽东半岛上的柞茧都是运往山东半岛上缫丝，一时间，烟台市及烟台附近的农村缫丝业勃勃兴起，但隔海运输柞茧总不如运丝方便，一些商人开始在辽东半岛设厂制丝，山东省的柞丝制造业受到了打击。不过，辽东半岛的柞丝仍然要运到山东，或供出口，或供山东省的柞丝绸业作原料，因而对山东省的柞丝绸业利

① 《纺织周刊》第 2 卷第 23 期，1932 年 6 月 17 日。

② 《政治经济学报》第 4 卷第 2 期，第 313 页。

③ 徐新吾：《江南土布史》，第 297 页。

大于弊。"九一八"之后，日本控制了东北，将辽东半岛的柞茧和柞丝直接运往日本加工，并在欧美市场上与中国柞丝绸产品展开竞争，华北柞丝绸业内失原料，外失市场，到30年代中叶终至一蹶不振。

华北的苇席业亦以东北为主要市场，在"九一八"之前，河北丰润县的苇席有60%运销东北，事变后，伪满洲国征以重税，运销关外的数量大减，仅占总产量的20%。事变前玉田县每年运销东北苇席60万—70万领，事变后亦因关税繁重，销量减少，以至全县产额由20年代的80余万领下降到不足20万领。[①] 日本对东北资源的掠夺还使华北一些以粮食作物及油料作物为原料的手工业如榨油业、制粉丝粉条业等受到了程度不等的打击。

日本侵占东北对农村手工业的打击尚不限于此，最主要的是，日军对东北的蹂躏造成东北人民购买力下降，加以此前由关内出关种地的农民纷纷返回原籍，使各地农村多种手工业的市场萎缩。东北与内地之间的交通运输以及商业也同时受到战争的破坏，严重影响了商品流通。华北农村手工业生产虽于1929年世界性经济危机开始时即有所下降，但急剧衰退却始于1932年，这不能不说是日军侵占东北并进一步占领热河等地的结果。此外，1932年日本侵略军进攻上海的淞沪战争期间，上海四郊部分布机被毁，致使农村手工织布业遭到严重破坏。[②]

但是，尽管如此，自1936年开始，随着世界经济危机的结束和全国经济形势的好转，农村手工业凭借着顽强的生命力，渐次恢复和发展，到1936年下半年和1937年上半年，近代华北农村中多种手工业都出现了新的高潮。棉纺织业中除前述高阳织布区外，其他织布区也都有所恢复，潍县织布区据说在七七事变前兴盛到了极点[③]，香河县的土布业也于1934年末1935年初渐趋畅旺[④]。草帽辫业出口量有所减少，但国际市场上的价格居高不下，所以出口值呈上升趋势，我们认为这是由于国内市场上的需求逐渐扩大的结果。柞丝绸业虽不能与20年代相比，其出口量和出

---

① 《北宁铁路沿线经济调查报告》，北宁铁路管理局1937年版，第965—967、1330—1331、1387页。

② 徐新吾：《江南土布史》，第298页。

③ 彭泽益：《中国近代手工业史资料》第4卷，第11页。

④ 天津《益世报》1935年4月16日。

口值比 1933 年、1934 年还是有所上升的，同时，人造丝织业作为一种新兴的农村手工业也在迅速发展着。华北植物油的出口，根据青岛、龙口、威海三港口的油类出口统计，1932—1934 年间有过较大幅度的下降，1935 年以后，出口量和出口值都迅速回升，到 1937 年，二者都已接近于历史最高水平。[①] 不仅华北地区，全国各地的手工业生产，包括农村手工业在内，都呈现出了同样的趋势，如江苏南通的关庄布（因专销关东而得名）于 1932 年以后陷于停顿，当地织户遂改用铁木机织造大机布，出产日增，到抗战前夕，亦形成了一个新的高潮。[②] 据彭泽益先生《中国近代手工业史资料》记载，以 1936 年、1937 年与 1932—1934 年相比，全国 67 种重要手工业产品中有 46 种的出口值明显回升。[③]

上述分析表明，在 30 年代，外界因素无论是自然环境还是社会机制都与经济机制同样，既不能亦没有造成农村手工业的衰亡。

那么，为什么近代农村手工业会给人留下一种趋于衰亡的印象呢？就华北的情形来讲，一个最基本的原因是日本侵华战争的扩大，的确造成了农村手工业的全面衰退。1937 年卢沟桥事变之后，日军很快占领了整个华北，对农村手工业造成的危害超过了此前一切政治因素所起的作用。譬如，同为战争，军阀混战对人民生命造成的损害主要发生在战场上，军纪败坏的士兵抢劫固然也会伤害百姓，而日本侵略军则对平民百姓直接杀戮；军阀战争对农村手工业生产力的破坏除直接作战区域之外，主要表现在征发人力、物力方面，日本侵略的破坏则是多种多样，既有对人力、物力的掠夺，又有直接的毁坏，还有对原料及产品的控制；地方军阀发行货币只是造成币制混乱，日伪发行伪币的同时还禁止中国货币的使用，既干扰流通过程，又起到了掠夺人民财产的作用。所以，自 1937 年下半年起，华北各个手工业部门逐渐开始了衰退过程。首当其冲的是棉纺织业，如七七事变后，日军占领高阳县城，高阳 14 家机器染轧厂的机器，除少数由老板运往天津外，均被日军抢走后加以破坏，致使

---

① 交通部烟台港务管理局：《近代山东沿海通商口岸贸易统计资料》，对外贸易教育出版社 1986 年版，表 76—78。

② 林百举：《近代南通土布史》，第 198、254 页。

③ 彭泽益：《中国近代手工业史资料》第 3 卷，附录。

高阳染轧厂全部倒闭。日军的频繁扫荡，烧杀抢掠，使大批纺织机和织布用具遭劫掠毁坏。日军又对棉花、棉纱和棉布严格控制，棉花统制收购，以充军用，棉纱只配给参加了伪新民会织业分会的织户，棉布亦统一回收，在日伪统治的8年期间，高阳布业濒临灭亡。① 潍县织布区也由于事变后治安紊乱、经济机构遭破坏而于1938年开始陷于停顿，据1942年日本人的调查，潍县的织布机已由战前的10万部下降到5000部。② 而高阳和潍县的织布业还是由于侵华日军想要加以利用方得苟延残喘，华北其他地方的棉纺织商品生产更是受到了致命的打击。其他行业的状况也并不比棉纺织业好多少。花边业或许是一个例外，抗日战争的爆发并没有立刻影响到花边业，据说1936—1940年为山东花边业出口最兴盛时期，但这是由于中国花边主要出口欧洲和美国，战争初期英美在中国尚有相当势力，因而花边业还能保持战前状态，1941年太平洋战争爆发后，英美在华的经济及政治力量均受到沉重打击，加以海上交通断绝，花边生产也和其他手工业一样陷于停顿。③ 至于全国各地的农村手工业，凡属于日军占领地区的，大都与华北农村手工业同一命运。

以上事实说明，在20世纪30年代，无论是农村手工业自身的生产力和社会分工水平，近代工业的发展程度，还是整体的社会经济环境，都不足以使农村手工业全面衰亡，30年代农村手工业衰退的根本原因是日本对中国的侵略战争。不过，我们今天研究这个问题，并不仅仅是要揭露战争的危害（虽然这一方面的历史教训值得我们永久记取），更重要的是揭示农村经济的发展规律，为今天的农村经济改革提供借鉴。

三

30年代曾出现一批质量很高的农村经济调查报告，其中对农村棉纺织业，特别是对华北农村棉纺织业的调查最为出色。但这些调查研究大多数作于1935年以前，1936年和1937年上半年农村手工业短暂的东山

① 《高阳织布业简史》，（河北文史资料第19辑），第10—11页。

② 彭泽益：《中国近代手工业史资料》第4卷，第30页。

③ 同上书，第126—127页。

再起，出于当时华北政治局势的动荡险恶而变得不引人注目。这就给人们留下一种印象，似乎自 30 年代初以来，农村手工业一直在走下坡路，抗日战争的爆发只是加剧了衰退过程，并使这一过程最后完成而已。即使有人注意到了 1936 年和 1937 年的兴盛，也往往视之为回光返照。从这一观点出发，就会把农村手工业 30 年代的衰退看作它生命的结束。

其实，无论是抗日战争还是解放战争时期，各革命根据地农村手工业都是有所发展的，如河北省高阳县，1945 年一解放，党和政府就积极采取措施恢复纺织业，各种印染工厂、作坊如雨后春笋一般。高阳棉布品种很快恢复到 20—30 种，运往北平、天津、保定、石家庄及冀中、冀南各解放区，均能销售。解放战争期间，高阳棉布供军用，为战争做出了很大贡献。① 华北著名草帽辫产区南（南乐）清（清丰）观（观城）的草帽辫生产也在 1946 年得到恢复，民主政府并出面组织天津的商人到南清观产区来收购草帽辫。② 中华人民共和国成立初期，政府在农村中也曾鼓励手工业生产。

当时的研究者身处具体的历史环境中，无法预见到此后的发展，产生前述看法是很自然的。而且，与机器大工业相比，农村手工业确实有其落后的一面，很多手工业部门也必将随着机器大工业的发展而消亡，但这并不能说明农村手工业就无法进步，更不能说明 30 年代农村手工业已经走到了尽头。

中国共产党十一届三中全会以后，农村改革浪潮汹涌，农业中的生产责任制已经充分说明了个体经济的顽强生命力，而农村工业的发展更是令人耳目一新。既有现代化程度堪与城市工业媲美的大企业，又有形形色色、各种各样的中小乡镇企业，其中对提高农民收入发挥了极大作用的却是众多的农村家庭工业。这些家庭工业基本上属于个体生产，保持了农业与工业结合的形式，以农户住宅为厂房，以农民家庭成员为工人，但却使用机器进行生产，用电力作为动力。这种农村家庭工业往往具有很强的历史延续性，如 30 年代著名的棉织手工业区高阳县，尽管其棉纺织手工业在 50 年代是由于竞争不过机器工业而消亡，今天的农村家

---

① 《高阳织布业简史》，（河北文史资料第 19 辑），第 158 页。

② 《解放日报》1946 年 5 月 24 日。

庭工业却仍以棉织业为主，再加上一些印染业。这种家庭工业的产品，在质量方面并不比机器工厂差多少，而由于生产规模小，转产较容易，在随时改变花色品种方面比城市中的大工厂更有优势。各地农村中纯粹使用手工劳动的家庭副业也相当可观，目前农村中手工业最发达的部门，往往是根本没有机器生产的部门，或虽有机器生产，市场上却认为手工生产的产品档次更高。譬如机器绣花整齐美观，电脑绣花图案繁复多变，而在市场上，手工绣花的价格却最高。

把现实和历史联系起来，可以更清楚地看到，农村手工业有着顽强的生命力，它可以以各种不同的形式存在，无论是家庭、作坊，还是手工工场；它可以保持手工业状况，也可以发展成机器工厂；可以是个体生产、集体生产，也可以是股份制企业或合资企业。如果我们不把农村手工业简单地看作农业的附庸，而是把它看作工业的一个组成部分（工业本来就是从手工业发展而来的，广义的工业也应该包括手工业在内），理解这种现象并不困难。农村手工业和其他生产组织形式一样，自然环境和社会机制能够影响其兴衰，但只要它自身的活力没有丧失，它的经济机制还能够容纳生产力的发展，就不会轻易消亡。即使在外界环境极为不利的条件下，也只是一时停顿，一旦外界环境许可，随时可以重新兴盛，并得到新的发展。

方法论问题*

刘大年

中国近代史领域目前引起研究者重视的问题不少。我在这里就其中带有共同性的几条说点想法。各条多寡不求相近，有话则长，无话则短。无以名之姑且叫作方法论问题。

一 近代科学与近代方法论

自然科学与社会科学各有自己的方法论。过去是这样，现在也是这样。

方法论讲指导思想，也讲基本的研究方法。科学研究的结论，只能来自研究的末尾，不能来自开头。科学研究一开始，怎么就能够提出指导思想呢？可是我们知道，人们了解任何一件事物都是在前人积累下来的知识、经验上开始的。那些知识、经验有可靠的，有不可靠的，它们是人们了解任何一件事物的前提。科学研究的指导思想或理论，就是对前人取得的有关知识、认识的总结、提高，是对那些知识的理论化、系统化。科学研究没有思想理论指导，就会成为盲目的、原始的，前人早就指出过这一点。事实上，人们对社会历史的了解、认识，常常不受这种思想倾向的影响、左右，就要受另一种思想倾向的影响、左右，区别只在于自觉与不自觉。有人热衷标榜讲历史要“浩然中立”，只讲事实，

---

* 本文原载《近代史研究》1997 年第 1 期。

不讲指导思想，那不过是表示他拒绝某种指导思想，而偏爱另外的指导思想。

近代历史科学或整个社会科学的方法论必须是一个足以阐明从社会经济基础、人的地位作用到上层建筑的辩证运动的科学思想体系。而且这体系必须是开放的、非封闭性的。今天我们现有的知识中从哪里去寻找合乎这个要求的方法论呢？中国传统历史学的方法论，有必须继承发扬的值得珍贵的部分。孔子传播《春秋》，对“义”与“事”两者平列。司马迁在《史记》上提出“义”与“法”并重。“事”是“义”的根据，“义”就是观点、主义，“法”则是具体方法。《春秋》一书的精华后人把它归结为“尊王攘夷”。翻译为现在的话，就是维护国家统一，抵抗外来侵略。它是孔学对中国历史最伟大的贡献。人们推崇孔学这样那样了不起，不讲这一条，好像尚未抓住要点。但孔学集中讲伦理哲学，而对社会生活的基础完全缺乏认识理解。孔子反对学稼、学圃，即反对讨论社会生产问题。整个《论语》除了孔子的一个学生名字叫“商”，没有“商”字。把社会物质生产、生活排除在认识社会历史之外，这是孔学根本的弱点。照现在的话来说，就是缺少唯物论，没有经济学思想。人们批评孔学这样那样糟，不讲这一条，好像也尚未抓住要点。孔学整个体系是建立在小农经济基础上的血缘关系、等级制度的封闭体系，这不必证明。西方讲哲学，讲历史方法论的学说、观点，从过去到现在，传到中国来的不胜枚举，这里无法一一论列。简单地讲，那些学说观点，或者在某方面存在合理性，带有先进性，或者能够讲出一番道理，是与非兼而有之，其中有糟粕充斥，转瞬即逝的，有一直受人注目的。但是，它们之中，没有哪一家是上面说的几个要素俱全，足以成为一个科学思想体系的。迄今为止，有此一家，那就是马克思主义历史唯物主义。历史唯物主义当然不只是讲中国近代史的思想方法论。中国近代史有一个非常特殊的地方，民族矛盾与阶级矛盾两个矛盾并存；半殖民地半封建社会迅速下沉，与近代工业出现并微弱上升两种趋向并存。由此我们可以这样说抓住近代中国两个矛盾、社会变动中的两种趋向这个特点，应用历史唯物主义，认识由它们构成的矛盾运动、各种事变、社会势力、人物，它们之间的相互关系，及其演变发展过程和结局，这就是研究中国近代史的基本思想方法。迄今为止，只有它够得上现代的方法论。

二 中国近代史上两个基本问题

中国近代的历史基本问题是两个：一是民族不独立，要求在外国侵略压迫下解放出来；二是社会生产落后，要求工业化、近代化。两个问题内容不一样，又息息相关，不能分离。

关于民族不独立，鸦片战争以前，中国独立于世界的东方，政治上、文化上对周围地区广有影响。英国用鸦片和大炮打开中国大门之日起，情况发生了根本性变化。中国在战争中遭受失败，割地赔款，受到不平等条约束缚。民族不独立了，社会开始逐渐走上半殖民地道路。民族矛盾从此成了社会生活里的基本矛盾之一。

中国近代最突出，令人睁眼就能够看到的，是一场接一场连绵不断的战争。其中一类，是列强发动侵略，施加民族压迫，中国抵抗侵略的对外战争。从鸦片战争到 1945 年抗日战争结束，包括英军进攻西藏，日本两次出兵山东与“九一八”占领东北等，列强侵略中国的战争共 12 次，历时 16 年又 9 个月。也就是说，近代中国每十年里，就有一年半的时间是在外国侵略者发动的战争中度过的。这一类是中国各阶级共同起来直接抵抗侵略的战争。大地主大资产阶级当权势力，多半先出来组织或参加抵抗，然后屈服退出。抗日战争中蒋政权没有中途退出，那是人民力量兴起和国际环境影响造成的例外。再一类是对内战争，如太平天国、辛亥革命、北伐战争、共产党领导的第二次国内革命战争、第三次国内革命战争等这些战争看似不是对着外国的，但实际上都是在外国侵略压迫的背景下出现的。对外、对内两种战争直接针对的对象与参加者不同。前者是各阶级联合起来抵抗帝国主义，后者是人民对帝国主义与中国封建势力同盟进行革命，那个同盟的盟主正是帝国主义。两种战争来回改变的只是民族矛盾与阶级矛盾哪个为主为次，暂时哪个最尖锐，而不是改变民族独立的目标，不是改变民族矛盾的存在。两种战争集中到一点，是强调说明了中国的近代首先存在民族不独立，中国要求在外国侵略压迫下解放出来这个基本问题。

关于近代化，近代化的核心是工业化。从落后的封建社会到工业化，是与资本主义分不开的。中国封建经济相当发达，走上资本主义，实现近代化，是历史发展的一种趋势。但是中国的资本主义还没有来得及露头，就受到外国侵入的沉重压制。中国的近代化由此陷入了困境，多灾多难。外国资本主义侵入促使封建经济解体，给中国资本主义生产创造了某些条件和可能，例如机器设备输入、技术引进等。外国既然要利用中国的原料和廉价劳动力，利用中国作为倾销产品的市场，就必须把某些设备、技术带进中国，为自己的利益服务。不那样做是不可能的。然而外国侵入的本来目的，不是要听任中国发展资本主义，而是要变中国为殖民地半殖民地，奴役压榨中国人民，是要阻止中国发展民族资本主义，阻止中国实现国家工业化。他们为了自己的利益，不这样做更是不可能的。

中国资本主义工业挣扎着冒出地面的时候，中国的海关掌握在外国人手里，外国人自由地在中国开设银行、工厂，列强的兵舰商船自由地在中国沿海、内河航行，日、英、美、法、意等国的军队驻扎在中国土地上，中国的广大地区成了列强的势力范围，而且一国得利，各国均沾，外国租界更遍布中国许多城市。中国产业与外国产业在华资本相比，外国资本远远超过中国资本。不仅如此，外国资本是商业掠夺性的，它依靠帝国主义的特权，利用投资获取最大的利润。中国资本根本没有力量竞争，处处要仰外国资本鼻息，求得生存。中国的工业中主要又是轻工业，重工业几乎等于零。以钢为例，1936 年全国除东三省外，钢的产量不足 5 万吨。1949 年全国钢产量也只有 15.8 万吨，相当于英国 19 世纪初的水平。科学文化教育的落后人所共知。政治黑暗没有民主，更不待言。所有这些，集中到一点，是强调说明了中国的近代存在社会生产落后，中国要求工业化、近代化这个基本问题。

中国近代史上的民族独立与近代化，这两个基本问题是什么关系，又如何去解决呢？

民族独立与近代化，是两件事不能互相代替，民族独立不能代替近代化，近代化也不能代替民族独立。它们紧密地联结在一起，不是各自孤立的。没有民族独立，不能实现近代化；没有近代化，政治、经济、文化永远落后，不能实现真正的民族独立。中国人民百折不回追求民族独立，最终目的仍在追求国家的近代化。1949 年，毛泽东说：“夺取全国胜利，这只是万里长征走完了第一步。”第二步、第三步是什么，那就是解决近代化问题了。但是民族独立与近代化毕竟是两个不同的问题。它们各有各的特定内容。民族独立是要改变国家民族被压迫的地位，推倒半殖民地半封建统治秩序。从根本上说是要解决生产关系的问题。近代化则是要改变中国经济、文化落后的地位，要发展以近代工业生产力为主干的社会生产力。从根本上说是要解决生产力的问题。两个问题的内容不同，解决的方法也就不一样。人们无法来实现两任务同时并举，或者毕其功于一役。那么，先从发展工业、发展资本主义入手，实现中国的近代化，然后去解决民族独立问题，行不行？人们不是没有这样想，这样做过。工业救国、教育救国、科学救国、物质救国的主张者，都从这方面做过了努力。但是不行！为什么？就因为有帝国主义与封建主义相勾结，使中国处在殖民地半殖民地半封建统治秩序下，就因为那种统治秩序竭力保护的生产关系，使中国变得越发贫穷落后，生产凋敝，民穷财尽，严重阻碍着中国新生产力的发展；就因为帝国主义的侵略压迫，大片国土沦丧，民族生存且不保，中国这时哪里来的工夫、力量去实行近代化？帝国主义怎么会允许你去实行近代化？事实摆在这里，此路不通。剩下的唯一解决办法，就是走革命的路，推翻半殖民地半封建统治秩序，取得民族独立，为中国实现近代化打开新的天地。历史就是沿着这条路行进的，而且终于走通了。这说明它是一条唯一正确的道路。

以前我们把中国近代史叫作“民主革命”时期的历史。“民主革命”里面有民族独立的要求，没有直接的工业化的要求，这当然不是表示革命者们不要求实现近代化，而是表示他们知道中国的近代化要从解决民族独立问题来突破难关。难关一旦克服，中国实现近代化的办法就形成了，前进的道路就打开了。这就是中国近代历史曲折地走过了 110 年的道路和结局。

三　社会性质

如何看待近代中国的社会性质。前代人根据种种调查、研究、论证，认定近代中国社会是一个半殖民地半封建社会。这个认识已经为全部革命实践和历史发展所检验、证明。现在一些出版物上有说“两半论”是所谓毛泽东的“失误”，影响了中国反封建任务完成的；有说外国侵入破坏中国领土主权，并不能改变中国社会性质的；有说辛亥革命以前为封建社会，以后为资本主义，无所谓“两半”的；有说“半封建”不准确，妨害与“境外”同行交流接轨的，等等。对历史上流传下来的学术概念有疑问，应当讨论、阐述，但事实终归无法改变。

半殖民地指民族不独立，国家领土主权遭到破坏，重点讲的对外一面；半封建指长期的封建制度开始崩溃，但没有成为独立的资本主义，重点讲的对内一面。它们互为表里，密切不可分，取消其中一面就不存在另外一面。中国现在多了一个外国侵略，少了一个民族独立，多了一个外国支持的封建统治势力，少了一个工业化、近代化。中国社会历史要前进，必须反帝反封建，取得民族解放独立，打开走向近代化的道路，认定中国近代社会是半殖民地半封建社会，就是指出这个历史真理，这就是它的意义。说什么提出“半封建”延误了中国反封建任务的完成，那么，这个“全封建”除了共产党领导人民废除了的封建土地制度和推翻了的蒋政权又是什么呢？说外国破坏中国领土主权不能改变社会制度，那么，英国占领香港、日本占领台湾和东三省，算不算把那些地方变成了殖民地？说辛亥革命以前为封建社会，以后为资本主义，那岂不是说辛亥以前以后都不存在帝国主义侵略中国的踪影了吗？这一些，不管出于什么设想，实在是不通之论！科学研究只追求对事物的客观认识，与“境外”境内是否接轨全不相干，就像中国革命、中国历史走自己的路与“境外”态度如何，毫不相干一样。

半殖民地半封建社会是一个过渡性社会。前面是封建社会，后面是社会主义。如果它始终被旧的社会力量所压倒，而不能从内部酝酿出新的力量，那个过渡就不会实现。种种否认半殖民地半封建的说法，徒然各逞臆见，不顾后面留下了什么问题。中国近代历史上存在一个特殊的矛盾现象：在民族遭受压迫和民族工业出现上存在虽不相等却是明显的两个走向、两条路线。一条是急剧的下降线，半殖民地半封建统治秩序不断加深，中国最后被推到了接近亡国的险境。一条是曲折而微弱的上升线，19 世纪六七十年代中国近代工业出现，20 世纪初短暂地显现出一个小小的浪潮，尽管也只限于轻工业。这个浪潮在第一次世界大战结束，帝国主义再次加紧控制以后成为过去，但是直到日本发动全面侵华战争，民族工业也仍多少保持增长倾向。这个事实表示什么？这个事实表示中国社会的经济基础出现了微弱的部分的但是前所未有的变化。它是中国历史上的最新事物。伴随着它，中国出现了新的社会力量，出现了民族资产阶级、工人阶级、近代知识分子。它们的地位、作用不同。其中工人阶级是近代工业的生产劳动者，最富于革命性、创造性；民族资产阶级有软弱妥协的一面，有要求革命的一面；近代知识分子并非同一色调的群体，但主流是反映时代走向的。因此，它们是不同于旧的社会力量，不同于大地主、大资产阶级的，后者在一定条件下可以参加反对外国侵略的斗争，但最后又或者对外屈膝投降，或者动摇妥协，终归是以保住自己的统治权为目的而行事的社会力量。这些新的社会力量，各自凭着自己的作用，再加上占人口最大多数、强烈要求反对剥削压迫的农民群众，才构成了争取民族独立、解放的最后支柱，中国历史才由此最终打开了前进的道路。这些新的社会力量，一般来说，与民族工业的出现与存在直接间接，或多或少是相联系的。半殖民地半封建社会和其他任何社会一样，是一个整体运动过程。民族压迫与近代工业同时存在的下降与上升两条线、两个走向的矛盾运动，是中国半殖民地半封建社会整体运动的两个方面、两种方向。帝国主义与封建势力相结合，把中国推进了黑暗深渊，民族工业、新的社会力量出现，给中国前景带来了光明。否定半殖民地半封建社会存在，那既是否定中国在帝国主义侵略与封建统治下在黑暗深渊里下沉，也是否定经济基础变化、新的社会力量出现推动了中国开始朝着光明的前景行走。照那些否定半殖民地半封建社会的说法看来，中国近代 110 年的正反两面，实际上什么都不再剩下，只剩下了漆黑一团或者白茫茫一片。

四 阶级分析

私有制社会里，人们由于在生活资料谋得方式、生产资料占有关系上的不同，形成了地位不同的社会阶级。研究私有制的历史，阶级分析是基本的分析方法。所谓基本的方法，是说不能牵强附会，把什么都拉到阶级上来解说，反过来，也决不可以丢掉阶级分析去认识、评定历史上一切重要的人和事，去认识看待历史的运转变迁。我们当然知道，讲中国近代史是否采取阶级分析方法，叙述重大事变，评价人物活动，结论是不一样的。但是也不一定就知道，拒绝基本的阶级分析，那完全可以从人们早已达到的合乎历史实际的现实认识，会一百八十度向后转，把颠倒过来了的历史再又颠倒过去，以至比没有加工没有雕琢的唯心史观，显得更加荒唐。

请看下面两个实例：

太平天国是一场农民战争、农民起义，学术界对此早有定论，无可疑义。前几年出版的冯友兰《中国哲学史新编》第6册集中论述太平天国、洪秀全与曾国藩，提出一个根本相反的说法。照冯著上说：近代中国进步的人们都向西方学习，“洪秀全和太平天国所要学习而搬到中国来的是西方中世纪的神权政治，那正是西方的缺点……洪秀全和太平天国如果统一了全国，那就要使中国倒退几个世纪”，“把洪秀全和太平天国贬低了，其自然的结果就是把它的对立面曾国藩抬高了。曾国藩是不是把中国推向前进是可以讨论的，但它确实阻止了中国的倒退，这是一个大贡献”。[①]“洪秀全宣传基督教，实行神权政治，这在客观上是和西方的侵略起了里应外合的作用。”[②]“洪秀全和太平天国的对立面，名义上是清朝皇帝，实际上是当时的湘军统帅曾国藩”[③]，“曾国藩的《讨粤匪檄》中说：太平天国‘乃开辟以来名教之奇变，我孔子孟子之所痛哭于九泉，凡读书识字者又乌可袖手安坐，不思一为之所也?!’这几句话说出了曾国藩、罗泽南等人共同的激愤和目标……照这些话看起来，曾国藩和太平天国的斗争，是中西两种文化、两种宗教的斗争，即有西方宗教斗争中所谓‘圣战’的意义。这是曾国藩和太平天国斗争的历史意义。曾国藩认识到，在这个斗争中所要保护的是中国传统文化，特别是其中的纲常名教。”[④]“在对付太平天国的问题上，曾国藩和清廷的目的是相同的，但其出发点不同。清廷的出发点是维护自己的统治，曾国藩的出发点是保卫传统文化。他和清廷是同床异梦，同归殊途。”[⑤]“曾国藩的成功阻止了中国的后退，他在这一方面抵抗帝国主义的文化侵略，这是他的一个

① 冯友兰：《中国哲学史新编》第6册，人民出版社1989年版，自序。

② 同上书，第71页。

③ 同上书，第73页。

④ 同上书，第75页。

⑤ 同上书，第93页。

大贡献。”[①] 如此等等。

拿冯友兰《中国哲学史新编》第6册上这些论述和历史事实对照一下，我们马上就知道：

（一）否认太平天国农民战争的性质是撇开历史的本质，掩盖事实真相。太平天国袭取西方宗教皮毛组织动员群众，但在它的全部斗争中从来没有对外国侵略者损害中国主权利益的要求屈服过，它所到之处，破坏清政府与西方签订的损害中国利益的条约。它几次进攻外国军事控制的上海，在浙江和整个苏南地区，一直与清政府雇佣的实际是外国侵略军进行着大规模战争。只是在外国侵略者干涉下才最终遭到失败的。这说明太平天国期间农民群众是反对外国侵略的主力军。太平天国的性质不取决于它奉行袭取基督教皮毛而创立的拜上帝教那种形式。拜上帝教是否与基督教相合，当时西方传教士、外交官争论不休，那都毫无意义。太平天国的性质是由广大贫苦农民构成运动的基本队伍，《天朝田亩制度》等纲领政策和运动一开始就把打击目标指向整个封建统治秩序所决定的。《天朝田亩制度》的核心，是从根本上否定封建土地所有制，没收地主土地，平分给农民耕种。否定封建土地制度就是挖掉地主阶级生存的根基，这是封建统治阶级必须拼死相争的。虽然《天朝田亩制度》事实上不可能实行，却是最突出地表现了农民群众要求摆脱封建统治剥削的强烈愿望。太平军所到之处，给封建势力以打击是毫不留情的、实实在在的。宗教的形式是它的外壳。农民运动要以宗教作为组织形式，很容易理解。《中国哲学史新编》其实对这个问题讲得十分清楚了。它说：“中国历史中的农民起义向来都以宗教为组织形式，因为农民是散漫的，如果没有一种宗教作为中心，它们就组织不起来。洪秀全等人用拜上帝教组织农民，这是农民起义的规律，和黄巾起义用太平教作为组织形式完全一样。不过洪秀全等人适逢其会，自己先受了西方传教士的影响，先信了基督教，所以就利用基督教组织农民。这正说明西方的传教士已经在中国社会中发生了影响。”[②] “在封建社会里，农民的生产是个体生产。在地主阶级的剥削和压迫之下，他们被剥夺了学文化的权利。农民

---

① 冯友兰：《中国哲学史新编》第6册，人民出版社1989年版，第76页。

② 同上书，第71页。

起义往往要依靠一种宗教组织起来，借用一种宗教的观念，表达自己的要求和愿望。”这说明《中国哲学史新编》著者也清楚地知道太平天国不过是“借用一种宗教的观念，表达自己的要求和愿望”。它之所以“借用”基督教不过是“适逢其会”而已。既然这一点是明确的，太平天国的农民反对地主统治的斗争当然也是明确的。不从这里立论，完全离开实质，掩盖了事件真相。

（二）说太平天国是外国的工具是对太平天国、清政权与外国侵略者三者的关系的根本歪曲。清政权最初对太平天国袭取基督教的外貌，是否与外国有什么联系，多少有过疑虑。但当英法发动第二次鸦片战争经过一些冲突试探以后，清政府那种疑虑消失了。那就是发现“夷人并无他志”，即并不想推翻清政权取而代之，是可以合作的。于是与打着传播基督教文明的西方国家相结合来镇压太平天国农民起义就成了它的基本方针。在西方一面，《北京条约》签订以前，英法等国还伪装“中立”，实际支持清军，打击太平军。在那以后，它们马上撕去伪装面纱，站在清政府一边，进攻太平天国。1862 年 3 月，英国下院正式作出决议，以太平天国为敌人，并准备同中国再进行一次战争。《泰晤士报》发表社论，欢呼“我们很高兴地说，下院对中国那些祸水（太平天国）的本质以及应该怎样对待它们的问题，看法完全一致”。英国政府接连采取措施，支持英国军人在中国训练清军，英国议会有人指出，清政府现在成了英国“新的被保护人”。俄国、法国也向清政府提供武器，并表示愿意派兵帮助清军作战。基督教的西方国家竟然与清政府联合起来攻打被认为是基督教侵略中国的“里应外合”工具的太平天国，也就是说，基督教自己打倒自己，西方文化跟西方文化自己开仗！试问这不是太过荒唐了吗？拿曾国藩来说，在第二次鸦片战争中，也没有动用过一兵一卒去对付外国侵略者。第二次英法联军向北京进攻，清政府慌忙号召各地“勤王”，他也无动于衷。《北京条约》以后，他马上赞成借用洋兵作战，说“目前资夷力以助剿济运，得纾一时之忧”①。1862 年，湘军主力在南京城外遭到太平军包围，曾国藩同意由白齐文率领“常胜军”从上海前来增援，由于英军司令作梗，没有实现。这时曾国藩节制的李鸿章的淮

① 曾国藩:《曾文正公全集·奏稿》第 12 卷，传忠书局光绪二年（1876）版，第 58 页。

军进攻苏、常，在很大程度上靠了戈登统领的“常胜军”协助。怎么能说曾国藩这是对西方宗教作战，而不是与外国侵略者联合起来对中国的农民革命作战呢！国内农民与地主的阶级战争，变成了中国与西方两种宗教、两种文化的战争，国内战争变成了对外战争，地主阶级与西方侵略势力联合起来镇压起义农民变成了农民充当西方工具对中国进行文化侵略，捏造错乱，孰甚于此！

（三）所谓宗教、文化战争是随意割裂《天朝田亩制度》和《讨粤匪檄》而来的。《天朝田亩制度》的基本内容是全面地逐一地对封建社会的秩序从经济基础到上层建筑意识形态的彻底否定，因此，曾国藩《讨粤匪檄》针锋相对，是全面地逐一地对《天朝田亩制度》所设计推行的从经济基础到上层建筑意识形态的极力批驳，“农不能自耕以纳赋，而谓田皆天主之田，商不能自贾以取息，而谓货皆天主之货”。强调君臣父子，上下尊卑自古以来是谁也不能改变的。太平天国居然自称“天王”，下至士兵，“皆以兄弟称之，谓唯天可称父，此外凡民之父皆兄弟也、凡民之母皆姊妹也”，毁灭人伦，冠履倒置。然后才是“士不能诵孔子经，而别有所谓耶稣之说，新约之书”那句话。《中国哲学史新编》置前面的全面逐一反驳《天朝田亩制度》的文字于不顾，单单挑出后面那句话来做文章，说曾国藩是保卫中国文化，进行“圣战”，那岂不是说他并不重视保卫封建土地私有，并不重视保卫君臣父子上下尊卑统治秩序，并不重视毁灭人伦，冠履倒置。《中国哲学史新编》知道两种文化的战争难于成立，于是又把湘军首领曾国藩与清朝皇帝镇压太平天国离奇地区分为两种不同的出发点。依照这种乱说，就先要承认清朝皇帝并不强调孔学教义，不需要利用它来挽救统治危机，而曾国藩只关心保卫程朱道学、纲常名教，并不看重维护地主国家的整个统治。事实是，在太平天国暴风骤雨般的进攻面前，最早抬出孔学教义来整饬内部、笼络民心的是咸丰帝自己。50 年前范文澜评论曾国藩的时候就讲过此事，这是有案可查的。对于地主阶级的代表曾国藩，保卫孔学纲常名教是他的出发点，维护清朝统治同样是他的出发点。孔学纲常名教与封建统治秩序，本来是一回事，不是两回事。给曾国藩与清朝皇帝各自安上一个出发点，意味着对清政权镇压太平天国的战争一分为二，从这方面看是一个部分、一种性质，从那方面看又是一个部分、一种性质。这个部分是中国反对外国侵略的战争，另一个部分是中国内部的阶级战争。这实在让人不可思议。

（四）曾国藩在西方文化侵略面前是投降者，也不存在所谓理学的“气学”讲唯物论，反神学的问题。曾国藩与西方直接打交道最重要的事件，是他作为直隶总督办理天津教案。他抱定媚外宗旨，一到天津，就滥捕无辜，严刑逼供，判处 20 人死刑，25 人充军，知府知县交刑部治罪。群众闻讯大哗，齐呼曾国藩为卖国贼，清政府中不少人也指责曾是“强人就案”，“杀民以谢敌”。北京的两湖人士要求撤除湖广会馆中夸耀曾国藩的牌匾，把他从会馆里除名。清政府不得已改派李鸿章处理此案。曾国藩事后也只得承认，“但冀和局之速成，不顾情罪之当否”，“庇护天主教，本乖正理”，“内疚神明，外惭清议”。曾国藩一死，地主阶级中就有人评论他“和洋罪大，早死三年是完人”。“和洋罪大”，即投降外国罪恶不轻！所谓曾国藩“抵抗帝国主义的文化侵略，这是他的一个大贡献”从何说起呢！

冯著强调曾国藩爱民，关于曾国藩“爱民”的问题，可以看谭嗣同《仁学》上怎么说的。冯著强调他讲“礼”、讲“诚”、讲“仁”的伦理学思想。“曾国藩的礼学，是将礼与诚、仁融合为一体，而不是就礼论礼”①，意思是曾国藩掌握的传统文化、程朱道学与太平天国相比是进步的。这里是老问题重提：究竟用什么观点看待程朱道学那些封建伦理的说教？就这个问题说下去，会把事情扯远了。《中国哲学史新编》作者主要是说，曾国藩奉行道学中的气学，用唯物主义与洪秀全的宗教神学作斗争。这是由于“只有气学的‘气’不可能曲解为类似上帝的东西，而理学的‘理’和心学的‘心’都有可能解释为类似上帝的东西，所以只有气学可以与洪秀全的‘上帝’划清界限……这一点用我们现在的话说，就是只有唯物主义才能彻底反对宗教”②。可是曾国藩却毫不客气反驳了这个论点。《讨粤匪檄》上说，“自古生有功德，没则为神；王道治明，神道治幽……粤匪焚郴州之学宫，毁宣圣之柱，十哲两庑，狼藉满地。嗣是所过郡县先毁庙宇，即忠臣义士如关帝岳王之凛凛，亦旨污其宫室，

① 冯友兰：《中国哲学史新编》第 6 册，第 79 页。
② 同上书，第 80 页。

残其身首，以至佛寺道院，城隍社坛，无庙不焚，无像不灭。斯又鬼神所共愤怒，欲一雪此憾于冥冥之中也”。曾国藩在这里最多是用土宗教、土迷信、土上帝，反对洪秀全半洋半土的宗教、迷信和中西合璧的上帝，它们同样是宗教神学，何以就成了彻底反对宗教的唯物主义呢？一句话，《中国哲学史新编》认定曾国藩与太平天国之间的战争是两种宗教、两种文化的战争，曾国藩阻止了历史的倒退，纵然别出心裁，独创新说，却是从根本上颠倒了历史。

冯友兰先生的《中国哲学史新编》对于古代的部分有写得很深刻，讲出了唯物论辩证法的地方，极具学术价值，应该加以珍惜和发扬。何以到了晚年，要写出一本书把曾国藩这个半殖民地半封建中国统治阶级中的重要代表人物全面肯定下来，这里不去讨论。但结果是一清二楚的，那就是把外国侵略者和中国封建统治者的作用，中国人民反抗外国侵略，反抗封建统治的地位作用，来了一个从头大颠倒。这也许是作者最初没有预料到的。原因就在于一条：拒绝对中国近代复杂的历史事变作基本的阶级分析，彻底否定阶级分析。

请再看一个实例：

蒋介石代表大地主大资产阶级，在他建立南京政权以后，这很容易说明，不存在疑义。英国出版的《中国季刊》上刊载一篇研究性长文坚决反对说蒋介石是大地主大资产阶级的代表。该文根据上海公布的和一些外国确凿资料叙述说：1927 年 3 月底，蒋到上海与同他以前在上海一起当过证券经纪人的同事这时在统治上海商业的宁波帮财阀虞洽卿等人达成协议，由资本家出资 300 万元支持蒋镇压上海组织起来的工人运动。“四·一二”反共政变后，再付给 700 万元。但蒋与武汉政权对抗，需要批款项而资本家不愿再付。蒋于是采取高压政策，5 月 1 日发行国库券 3000 万元。蒋从南京亲自到上海督促对资本家挨家挨户指定承购数目。如上海钱业公会、闸北水电公司、华商保险公司、内地自来水公司、南洋烟草公司、粤侨商业联合会等十多家机构公司，分别派购十万元、数十万元到一百数十万元不等。最富有的上海总商会会长傅某，被派购 1000 万元，傅不答应。蒋亲自下令逮捕，没收财产。傅被迫屈服。大批著名商家、工厂主、钱庄老板，纷纷以各种罪名被捕，没收财产。在他们各自认捐十万、数十万以后又无罪释放。蒋特别利用同他关系密切的上海流氓集团青洪帮，对资本家发动恐怖浪潮。先施公司总经理三岁的儿子被绑票，勒款50万元，大棉布商徐某的儿子被绑票，勒款67万元。资本家们或者在家中被捕，或者在大街上神秘失踪，他们任何时候都没有经历过这样的恐怖统治。据估计蒋靠这种手段，筹款约5000万美元。中间蒋一度下野。1928年1月，蒋重新上台，再度掀起绑架、镇压资本家的高潮。1929年以后，情况才缓和下来。据此种种事实，文章作者的结论是："蒋介石国民党占领统治地位的领导是反资本家的。"

《中国季刊》该文所述事实不假，然而它的结论却是完全错误的。道理很简单：此时共产党领导的人民革命力量仍然强大存在，南京与武汉的斗争胜负未决。1928年，蒋再次上台，地位也不巩固。对于蒋介石只有两条道路可供选择：极力加强南京政权，把共产党最后打下去，保住大地主大资产阶级统治，或者相反，看着人民力量发展，在全国出现一个"反资产阶级"政权。蒋选择了前者，即牺牲资产阶级局部的、暂时的利益，换来保护这个阶级的长远利益。这说明蒋确实是大地主大资产阶级最得力的代表人物。该文作者眼光短浅，见不及此，而得出蒋介石"反资产阶级"的结论。根本原因也就在一条：拒绝对中国近代复杂的历史事变作基本的阶级分析，否认阶级分析。

上述冯著《中国哲学史新编》第6册与《中国季刊》长文论述的事件广狭不同，前者让人一眼就看出其谬误所在，后者可以令人发生迟疑。然而它们论及的太平天国、中国大革命失败都是些近代历史上最重大的事件，它们都是肯定或基本肯定反动统治阶级代表人物活动的。结果都是使人辨别不清中国的基本矛盾是什么，中国历史到底应该走向何处！拒绝阶级分析，根本否认阶级分析，他们向人展现的结果，其实是苦果。事情就是如此。人类社会是一个复杂集体，阶级、阶级斗争这个概念，与现象常常呈现出某种差异，或者不相符合，而且在实际斗争中某些现象是可经常变动的。用贴标签、简单化的办法看待阶级、阶级斗争，到处乱套，只能破坏唯物论辩证法。但是冯著《中国哲学史新编》、英国《中国季刊》把历史上人所熟知的完全合乎客观实际的认识又无谓地颠倒过去。这里只是强调指出：阶级分析方法，是历史分析的基本方法。讲近代史研究方法论，不可丢掉，或者所谓"淡化"这个基本方法。

五 革命与改良

革命与改良方面的问题，报纸上有专文论述，不去重复。有两点在这里强调一下：

（一）什么是中国近代史的脊梁或者说是贯穿于其中的主旋律？回答是革命运动、人民起义。中国严肃的历史著作是这么叙述的，西方严肃的关于中国近代史的著作也是这么讲的。因为事情的本来面目就是那样。美国首屈一指的中国问题学者费正清于 80 年代出版的一本主要讲孙中山、共产党领导革命斗争的书，题目就叫《伟大的中国革命》。他之后出版的一本书题目叫《观察中国》，叙述中国革命一直讲到“四人帮”垮台。他说，美国人不了解中国，主要是由于不了解近代中国历史，中国近代历史的基调是革命。“基调是革命”确实讲到了中国近代史的点子上。谈论革命与改良，首先必须抓住中国近代历史的脊梁或者基调，人们不管赞成与否，对此是无法否定，也无法顾左右而言他的。

（二）帝国主义的侵略压迫把中国变成了半殖民地、半独立国。但中国除了部分地区，到底有没有变成外国殖民地，这与历史的脊梁即革命运动、人民起义又是什么关系？——叙述这一历史事件，大概要写一本书。在此且看看义和团这个由农民群众掀起，一直受人贬责的历史风暴。义和团抱着排外思想，带有不少封建愚昧的东西，最后被地主阶级统治者出卖而告终。尽管如此，它却起了阻止甲午战争以后中国面临的列强瓜分，变为殖民地的历史作用。八国联军占领北京前后，对于是否要或者如何瓜分中国，讨论和争论不休。这时，担任中国海关总税务司已经 37 年的西方侵略中国的谋主、代言人赫德说，瓜分中国行不通。“不论中国哪一部分领土被分割去，都必须用武力来统治。像这样，被分割去的领土越大，治理起来所需要的兵力就越多，而骚乱和叛乱的发生就越是确定无疑。中国如被瓜分，全国就将协同一致来反对参与瓜分的那几个外国统治者。”话讲得相当透彻。换一个说法，侵略者面临的问题是如何协同一致来反对中国人民，而不是瓜分中国，把它变为一块块帝国主义的殖民地。赫德又说，义和团“这个运动已经掌握了群众的想象力，将会象野火一样烧遍全中国，简单说来，这是一个纯粹爱国主义的自发自愿的运动，其目标是使中国强盛起来”。“这个运动对于世界其余各国不是吉祥之兆，但是中国将有权利采取行动，中国将贯彻它的民族计划。”① 这些话都是一个意思，中国人民的反抗对帝国主义是“不祥之兆”，但又是无法加以阻止的。义和团运动以后七八年，孙中山同他的英国老师讨论中国形势，提到列强瓜分阴谋。对方回答说：“在吾西国，则此等言论已成为明日黄花。盖自日本败中国之后，西人见如此地广民众之国，乃败于蕞尔弹丸之日本，各国之野心家，遂大倡瓜分中国之议。谓：‘支那人乏于爱种爱国之心，而富于服从媚异性质……’无何，而‘扶清灭洋’之义和拳起矣，其举虽野蛮暴乱，为千古所未闻，然而足见中国人民有敢死之气。”“近数年来，西土人士，无贤不肖，皆知瓜分中国，为必不能行之事；倘犹有言此者，世必以不识时务目之。不意中国人士至今尚泥于‘拳变’以前之言，真可谓不识时务者矣。”② 孙中山深有感于其言，把自己的文章题目叫作《论惧革命召瓜分者乃不识时务者也》。后来孙中山继续评论义和团的功绩说：“其勇锐之气，殊不可当，真是令人惊奇佩服。所以经过那次血战之后，外国人才知道，中国还有民族思想，这种民族是不可消灭的。”这一些，就是赫德和西方其他人士和孙中山告诉我们的义和团起义。为什么中国没有由半殖民地变为殖民地，而且最后摆脱了殖民地半殖民地统治，恢复了民族独立？根本原因就是一条：有包括人民各种反抗斗争在内的整个革命运动，有革命这个历史的主旋律。不管人们赞成与否，对此同样是无法否定，也无法顾左右而言他的。

中国近代历史上自有革命起，就有反对革命的声浪起。革命残酷流血呀！革命不如改良、不如开明专制呀！革命破坏稳定呀！革命过激呀！等等。革命的态度从来是相应不理，向着时代指引的目标、道路前进，曲折反复，直至达到某种解决。中国革命是这样，其他国家的革命也是这样。所谓时代目标的某种解决，是社会从基础到上层建筑实现一定的或者非常深刻的变革，旧的制度、秩序靠边或者消失，新的制度、秩序树立起来。革命于是宣告胜利了，历史由此再展开一个新局面。因此，世界上没有哪个伟大民族、先进国家是不把自己历史上的革命引以为光

① 《黄祸论历史资料选辑》，中国社会科学出版社 1979 年版，第 152、145、146、148 页。
② 《孙中山全集》第 1 卷，中华书局 1981 年版，第 382 页。

荣的。美国隆重的国家节日是独立纪念日。法国的国庆是大革命中群众攻占巴士底狱的日子。俄国有十月革命节，有卫国战争胜利日。中国革命是中国历史的光荣，我们没有理由，也没有权利妄自菲薄！一些论者反其道而行之，把帝国主义、封建主义统治及其代表人物的假丑恶，像变戏法一样，描绘成为真善美的化身，而对于推动历史前进的革命运动则说成仿佛是中国穷困落后、黑暗纷乱的祸首与根源。它与学术研究不沾边，但确实是一种在讲历史的名义下制造的社会舆论。“历史无用论”被人们说了很久似乎已成定论，现在看来也不尽然。

六　中国当代与近代

中华人民共和国成立，中国历史翻开崭新的一页。近代中国历史上的民族不独立，社会落后，无法工业化、近代化那两个基本问题，现在发生了以前几代人梦寐以求的变化。

关于民族独立，从150 年前开始使中国沦为半殖民地殖民地的世界列强，如今不再是与旧中国那样的关系了。再过二百几十天，英国就要把香港交还中国了。日本政府首脑去年“八・一五”对日本侵略中国表示了道歉；前此，日本天皇也专门对中国进行了正式访问。中俄两国边界条约和一系列有关协定的签订，把双方的关系建立在长期互利合作基础上了。德国、法国与中国早已不存在任何历史遗留问题。中国是联合国常任理事国，也是核俱乐部一个成员。这就是中华民族今天屹立于世界民族之林的地位和状况。关于国家工业化现代化，前进的道路打开了，尽管中国要赶上发达国家还有很长的路要走，但小康已经在望，举世共认，不需要细叙。但是如果以为中国近代史那一页一经翻过去，就再也没有必要加以回顾，加以过问了，再也没有必要加以认真研究了，或者即使回顾，那也无非是历史的过去，任凭怎么解释，怎么编造，与我们今天也没有多大关系，说不说由他，信不信由你，何必大惊小怪，小题大做，如此等等，是完全错误的。我们知道，新中国是从昨天即从近代史上一步一步走过来的。现在中国的社会主义道路不是由任何其他什么决定的，是近代110 年历史反复斗争，反复选择而来的。你认为它合理也罢，不合理也罢，你无法去改变历史。事实上只有了解过去的历史，才能认识我们所走道路的总体上的合理性。我们只有知道近代，才知道今天前进了多少，只有知道近代也才了解应当如何去克服前进道路上的种种困难。这与我们经常说的爱国主义，提高思想认识水平存在直接的重要的关系，一点也不假。这是现代史与近代史关系的一个方面一个部分。但还不止这个方面，这个部分。

现代的中国民族独立了。国家近代化的道路打开了。历史的经验告诉我们，中国的现代化必须坚持改革开放，坚持行之有效的一切对外经济合作、文化交流，坚持接受世界上一切先进的事物。这是毫无疑问的，不可改变的。历史和一切其他事物一样只存在于矛盾运动中，旧的矛盾克服了，新的矛盾又会出现，而且有些旧的矛盾也可以在新的形势下存留下来，兴妖作怪。现在摆在我们面前的，仍有继续捍卫民族独立，不受外敌侵犯的问题，仍有保卫国家现代化在中国特色社会主义道路上继续前进的问题，也就是说与中国近代史上的两个基本问题有关的斗争今天还在继续，而且这种斗争还会在相当的时间里继续下去。举世共知，冷战结束以后，美国企图独霸世界，抱着帝国主义霸权主义的态度对待世界，也对待中国。它公开宣布把中国作为“假想敌国”，宣布要所谓“遏制中国”。它在中国领土台湾、西藏和其他一系列问题上干涉中国内政，制造两国间的麻烦和事端。它必欲改变中国的社会制度，使中国变为适合美国统治利益需要而后快。日本在侵略中国的战争中遭受失败投降，50 年过去了。现在日本随着经济势力的增强，不甘心于当经济大国，要当政治大国。军国主义势力又蠢蠢而动，越来越嚣张，妄图重温“皇军赫赫战果”的旧梦。前人早就说过历史是可以重演的，尽管不会一模一样的重演。我们切不可以忘记，与中国近代史上两个基本问题有关的斗争今天还在继续这个现实。不要自我麻痹，自我陶醉。历史发展过程中，常常出现种种不可预料的情况。近代史领域美化帝国主义侵略、美化封建阶级统治的议论越出越奇，其中有些来自两个继续的背景，恐怕是无法否认的。

关于过去现在的关系，不妨这样说，一个人要生存下去不能只有躯壳，没有灵魂，一个民族要生存、兴旺发达下去也是这样。一个民族的牢固性，取决于它的以经济、文化发展水平为基础的灵魂的牢固性、顽强性，它表现在现实中，更表现在经过千锤百炼铸成的历史里。我们讲中国历史，说到底，就是要讲出我们这个民族所以生存下来，还要发展下去的灵魂。为什么我们总是强调要研究近代史、学习近代史，这绝不是什么个人或专业兴趣问题，从中国与近代中国历史上两个基本问题的密切关系上来看，讲中国近代历史、讲中国由衰败到复兴的过程，显现出我们这个民族的灵魂是怎么样的，这对于人们当前和今后继续捍卫民族独立复兴，捍卫现代化建设加速进行，决不是可有可无的事。这就是为什么我们要把近代和当代连在一起，来讨论近代史的方法论问题。

七　勇敢坚持真理，勇敢追求真理

马克思主义历史唯物主义是一个科学理论体系，作为一个体系整体——不是指个别的局部的论点，它是科学真理。我们说的坚持真理，就是指坚持这个科学理论体系。

马克思主义科学理论体系的内容，人所共知，如果简单重复几句，那就是它以人类社会任何共同生活里的基本事实、即生活资料的谋得方式为出发点。第一，它找到了人类社会存在和历史运动的物质存在、物质基础。人们依赖一定的生产力并结成相应关系进行解决衣食住行需要的物质资料生产，来开始自己对历史的创造。其他一切创造都起源于和最终依赖于这个创造的存在和继续。这是认定历史运动是独立于人的意志的客观过程的头一个也是决定性的根据。这个根据是推不倒的，所以历史唯物论是推不倒的。第二，它指出了社会生活中经济、政治、意识形态几个领域是不可分割的以及它们各自的作用和相互关系。人们的社会关系同时表现为经济、政治和意识形态的关系。它是一个统一的社会关系客观体系。人们按照自己的意志创造历史，但人们不能脱离物质生活环境条件，而必须受物质环境条件的制约从事创造。这解决了人们以前何以只从人的思想活动说明历史总是漂浮无根，落不到实处的问题。第三，人们对于在社会生活中多种多样的活动，以前似乎是不可能加以任何系统化的。现在被综合起来，归结为完全可以从物质上量化查考的社会经济结构系统了。这就是归结为物质生产体系结构中不同利益人群即不同阶级从量化上可以考察的状况，以及由此而来的不同地位作用上。质与量是既对立又统一的。一定的质必定表现为一定的量，社会生活中不能以某种方式量化的事物，就很难确认其质的地位。生产力与生产关系的矛盾推动社会发展，在阶级社会直接表现为阶级矛盾、阶级斗争推动历史前进。它不同于“历史是由个人创造的”那种空洞的观点，而是指出了个人活动是由什么社会环境决定的，使人认识到社会历史过程，最终也是自然历史过程。第四，科学上一般是通过客观事物的重复性来认识事物的规律性。现在，这个理论告诉我们，那也是认识历史运动规律的基本途径。物质生产过程，产品交换分配，同一经济形态下的生产力与生产关系矛盾，不同范围不同形式的阶级、阶级斗争，一种社会制度代替另一种社会制度等，无不处在重复中。社会历史中的重复性正是常规性。与自然界的事物不同，历史运动规律要通过有思想意志的人活动、斗争来实现。但多得不可胜计的重大历史事件表明，历史运动方向并不随着权力人物的意志愿望改变，这说明人们的意志只有在与重复性所表现出的客观规律性相适应才能起作用。否则无济于事。简单说，马克思主义科学体系合起来看，是一整块钢铁，分开来看是钢铁的各种铸件。越是进一步讨论，就越发增进我们对马克思主义科学体系的深入认识，就越是帮助我们接近真理，顽强地去坚持真理。

坚持真理，说来容易实行难。事情比那更加困难的是不可以满足于坚持真理。科学研究的任务是一要坚持真理，二要追求真理。而且原则上应该说坚持真理是为了追求真理。德国启蒙时代的大思想家、文学评论家莱辛说：假如上帝一只手拿着真理，一只手拿着追求真理，问我要哪一个，那我就说，要追求真理。因为真理是不能穷尽的，是认识不完的。同样意思的话，恩格斯在《反杜林论》上强调地反复地讲过，在此不去详述。客观世界的运动没有完结，人对它的认识就不会完结，就存在追求真理的问题。

真理是一个很大的词，真理又是具体的。它不会凭谁的自封而拥有，也不会因人的反对而消失。在这里，我们是讨论中国近代的历史。上面讲的指导思想、基本矛盾、社会性质、阶级分析、革命与改良、近代与现代等问题，都存在坚持真理与追求真理的问题，都需要进一步研究讨论下去。追求真理与无谓的翻案把本来正确的认识再颠过去是绝缘的。那种由前进变为倒退，是没有出路的。追求真理，不等于有人所说的讲近代史要所谓“淡化是非”之类。那是谬说。外国侵略中国，中国人抵抗外国入侵，统治阶级残酷剥削压迫人民，人民起来反抗，大是大非，如何“淡化”呢！追求真理，有时要研究重要的细节，但不等于要用种种无谓的细节去代替掩盖大节，等等。中国古人讥笑胶柱鼓瑟，刻舟求剑，追求真理是我们不要为古人所讥笑。清代汉学家在考据学上强调“解蔽”，追求真理就是要求思想认识上“解蔽”，照现在的话说就是解放思想。我们要支持讨论、争论。事物的存在、运转是有条件的，不能什么都“放之四海而皆准”，我们要同一切不赞成马克思主义的研究者讨论问题。要排除宗派主义，反对门户之见。不要怕对立面的反驳，应该欢迎反驳。一反驳就垮了，这说明你的观点本来与真理相悖谬或者似是而非，应该垮掉；驳不倒，则说明你的观点似是而非或者部分站得住脚，有益于自己继续追求下去。要承认人对事物的认识需要有一个过程，越是复杂的事物，认识需要的过程可能就越长。人的认识又是有矛盾有反复的，正确的和错误的认识往往交织在一起，不可以看得太单一。总而言之，追求真理，不是为了怀疑科学，而是为了认识新的真理，推进科学。追求与坚持真理，两者相区别，又直接相联。坚持是追求的前提，没有坚持，就谈不上追求，追求是坚持的继续，不追求，就会停滞下来，最终落后下去。马克思主义理论体系的唯物论辩证法，就说明了这个道理，坚持要有勇敢精神，追求同样要有勇敢精神。前怕狼后怕虎，连走在阳关大道上也难免提心吊胆。马克思说科学的入口处就是地狱的入口处。它永远是科学研究者的座右铭。真正的科学创造、突破，无疑地不是可以信手拈来，轻易取代，轻易言之的。但是后人总要学习、继承前人，又不断超越前人。对于一切有抱负、有作为的研究者，科学的王国永远敞开着大门。

略论晚清上海新型文化人的产生与汇聚*

熊月之

晚清上海崛起了一个新型文化人群体。与传统士大夫比起来，他们的共同特点是：有较新的知识结构，主要是有较好的西学素养，不像传统士大夫那样，除了诗云子曰、孔孟程朱之外，对天体地球、五洲万国、声光化电一无所知；有比较相近的价值观念，不再把传统的重义轻利视为不可动摇的准则；有比较相近的人生观，不再把读书做官视为实现人生价值的唯一取向，而往往凭借新的知识，服务于新式的报馆、书局、学校、图书馆、博物馆等文化机构，从而实现自己的人生价值。

笔者作过估计，戊戌变法时期，上海新型文化人约 1200 名①，到

---

* 本文原载《近代史研究》1997 年第 4 期。

① 估计的依据是：从 1895 年到 1898 年，上海新创立了 27 种报刊，加上此前已有的《万国公报》《申报》《新闻报》等报刊，共约 50 种，每种报刊算有 10 名文化人在内工作，则从事报刊业的新式文化人约 500 名。这时，上海有各类新式学校约 20 所，包括华人办的南洋公学、广方言馆、梅溪书院，西人办的圣约翰书院、中西书院等，从事新式教育的文化人有 200 名。上海有较为著名的出版机构 10 家，包括江南制造局翻译馆、广学会、商务印书馆等，每一机构估计有 10 名文化人，则从事出版业的文化人为 100 名。此外，上海这一时期成立过 8 个学会，除了与上述各业重合者外，每一学会亦算 10 人，加上医院的华人西医，如黄春圃，少数企业的工程师，共算 200 人。与华人社会关系不大的租界图书馆、博物馆、天文台的科技人员，租界的律师，亦算 200 人。这样，几方面加起来，共计 1200 名。

1903 年增加到 3000 人①，1909 年增加到 4000 人②。

这一新型文化人群体的形成与发展，大体分为两个阶段，以 1900 年为分界，也就是说，19 世纪中后期为一个阶段，20 世纪初期为另一个阶段。

一 西儒的作用与影响

晚清上海一共有多少从欧美来的文化人，现在还无法做出确切的统计。据研究，比较著名的有以下一些：

从事新闻、教育、出版、西书翻译、科技、医疗、律师其中两项工作以上的，有编辑《上海新报》《格致汇编》、执教格致书院、在江南制造局译书多种的傅兰雅，执教广方言馆、创办中西书院、主编《万国公报》、在江南制造局译书多种的林乐知，编辑《六合丛谈》《远东释疑》、在墨海书馆和江南制造局译书多种的伟烈亚力，在虹口医院行医，并曾在江南制造局译书的玛高温，参加墨海书馆工作、译书编书多种的艾约瑟、慕维廉，创办广学会、译书多种的韦廉臣，主持广学会工作、译编书籍多种的李提摩太，创办清心书院、《小孩月报》，并参加美华书馆工作的范约翰，圣约翰书院校长、译编书籍多种的卜舫济，主持《新闻报》、协助办理南洋公学的福开森，等等。

从事其中某一项的人更多。比如，从事出版业的有，墨海书馆的

---

① 参见张仲礼主编《近代上海城市研究》，上海人民出版社 1991 年版，第 1026 页。

② 估计的依据如下：根据商务印书馆在 1909 年出版的《上海指南》，（一）这年上海有大中小各式学校 230 所，每所含新式文化人平均 10 人（有的不止 10 人，有的不到 10 人），则从事教育的文化人计 2300 人。（二）1909 年上海创刊的报刊 29 家（据史和《中国近代报刊名录》统计），加上此前创刊尚继续出版的《申报》《新闻报》等 29 家，则 1909 年上海有 58 家报刊，每家以 10 人计算，则从事报刊的文化人有 580 人。（三）上海有挂牌营业律师 28 人，均为洋人，每人雇佣翻译、文案、帮办平均 3 人，则从事律师业务的中国文人为 84 人，华洋合计 112 人。（四）有藏书楼 4 家、博物院 2 家、天文台 1 家，每家从业文人以 5 人计算，则此类人员有 35 人。（五）有商务印书馆等出版机构与仪器馆 22 家，每家从业文人平均 10 人，则此类人员有 220 人。（六）有医院 12 所，正式医生 55 人，辅助人员当不少于 110 人，则此类人员有 165 人。（七）有各类学会 32 个，每个学会专职人员算 3 人，则此类人员为 96 人。（八）有教堂 39 所，从业文人算 39 人。（九）有挂牌卖画的画家 22 人。（十）在官府、海关、会审公廨、洋务局、电报局、保险、慈善等机构从业新式文人计 500 人。以上十类，合计 4069 人。

创始人麦都思，美华书馆的姜别利、韦利、巴特勒、马提尔、霍尔特、费启鸿。从事教育的有创办徐汇公学的晁德莅，创办圣芳济学校的郎格拉特，创办圣约翰书院的施约瑟，创办裨文女塾的格兰德，创办中西女塾的海淑德，华童公学校长李琪，创办同济德文医学堂的宝隆，创办浸会大学堂的万应远，在广方言馆执教的还有一批从欧美来的教习。从事新闻业的有创办《申报》《点石斋画报》的美查，创办《北华捷报》的奚安门，英文《上海汇报》主笔鲍克，英文《文汇报》主笔开乐凯，英文《捷报》的发行人兼主笔欧希，创办上海第一家英文晚报《晚差报》的琼司，英文《泰晤时报》《申报》创办人包尔，英文《上海社会》月刊的创办人肖洛克，上海第一份法文报纸《上海新闻》的主笔比埃，上海最重要的法文报纸《中法新汇报》的主笔雷墨尔、孟烈士特、弗雷德特、范德莱特，《德文新报》的主编内维拉、芬克。从事西医的有雒魏林等，从事律师工作的有大律师但文等，从事科技活动的，有在江南制造局担任技术顾问的科尔等，还有在徐家汇天文台工作的一批人。

上面所列的，仅是西儒中很小的一部分，有很多人我们还无法知道他们的具体情况，比如在徐家汇天文台工作的那批科技人员，在仁济、公济、同仁等医院工作的众多医生，在土山湾孤儿院教西洋绘画的那些画师的情况。

这些来自欧美的文化人，大多数住在英租界，其次是法租界、徐家汇。这些人大多有教会背景，其活动区域也认所在教会和所在国的租界为转移。在19世纪60年代以前，英租界山东路上的墨海书馆及其邻近的仁济医院、教堂，是来自英美的文化人的活动中心。其后则扩展到北京路上的美华书馆、圆明园路上的广学会。美租界虹口一带在19世纪后期依然比较冷落，所以，美国侨民多住在英租界。法国天主教系统的人多在法租界和徐家汇。徐家汇天主堂、藏书楼、天文台、土山湾一带，是法国文化人的集结地。高昌庙的江南制造局一带，一度住过傅兰雅、林乐知等人，他们在那里译书、教书，到80年代以后，就基本不住在那里了。

西儒对晚清上海文化的作用与影响，主要有三个方面：

其一，直接参与上海文化事业。伟烈亚力在墨海书馆、傅兰雅在江南制造局翻译馆所译之书，晁德莅、卜舫济等所办之学校，林乐知、福开森等所办之报纸，都是上海文化事业的重要组成部分。西儒所从事的事业，有些于上海华人社会似乎没有多少关系，如他们所办的许多仅供西人阅读的报纸，但从整个上海文化来看，那仍然是很重要的一个部分。这些西文报纸，是上海信息的一个重要来源，中文报刊上的许多信息译自它们。这些西文报纸也是西方了解上海的一个重要窗口，上面刊载了大量关于上海的信息。

其二，他们所从事的不少文化事业，具有先导性和示范性。《六合丛谈》是上海第一份中文期刊，《格致汇编》在上海科技报刊中具有先导地位，《申报》对于上海中文报纸具有开创意义，《万国公报》对于上海政论性报刊有广泛的影响，圣约翰大学之于上海的教会大学，徐家汇天文台对于近代上海气象预报的价值，以及他们所办的图书馆、博物馆，在上海都具有先导和示范意义。

其三，他们对中国存在的弊端，时有“旁观者清”的议论。西儒中对中国时局和社会问题发表意见的颇为不少，有些是隔靴搔痒，也有一些是旁观者清，切中要害。花之安等人对中国科举制度的批评，李提摩太等人对中国贫困问题、实业问题的意见，林乐知对中国男尊女卑、妇女缠足问题的批评，不但早，而且深刻。特别是在中日甲午战争以后，林乐知对中国战败各种原因的分析，具体而透彻，言他人所未言。只要翻翻晚清出版的各种经世文新编、续编、再编，对照一下《盛世危言》等中国知识分子所写著作与西儒著作的关系，就可以看出西儒言论的价值了。

其四，刺激和促进了一批文化人由传统向近代的转化。王韬在进墨海书馆以前，其知识结构、价值观念与一般士大夫没什么两样。他的转化，完全发生在与一批西儒交游以后。李善兰在到墨海书馆以前，虽说在数学上已颇有名气，但他的数学功底，主要是中国传统数学和明末清初耶稣会传教士输入的几何、对数之类，他的许多新的数学知识，是在与伟烈亚力等翻译西方数学著作的过程中获得的。徐寿、华蘅芳等人的近代科学知识，主要得益于与傅兰雅等人的译书工作。至于读了西儒的书刊而获得新的知识，发生思想变化，如郑观应之类，那人数已无法统计。

需要指出的是，晚清上海西儒中，有不少人是传教士。提到传教士，人们可能马上会闪出两个观念：一是帝国主义文化侵略分子；二是只传宗教，不传科学，或者传学是假，传教是真。对这个问题，我以为：

第一，从总体上说，晚清基督教东来，是从属于帝国主义侵略的。政治侵略、经济掠夺、文化渗透是互相结合的。从学理上说，宗教与政治是两个范畴，一般的宗教活动，并不等于政治活动。印度佛教东来，鉴真和尚东渡，我们称之为文化交流，因为那是常态下的宗教活动。但是，鸦片战争以后的基督教来华，是在不平等条约特别是治外法权保护之下的活动，不是常态下的宗教活动。

第二，对传教士需作具体分析。来华传教士中，确有为虎作伥者，搜集情报，为非作歹，为帝国主义出谋划策，既传教，也作恶，但也有许多人确是上帝的虔诚信徒，热衷传播福音，反对鸦片贸易，个人操守也不错，只传教，不作恶。对待后一类，即使他们没有传播科学，也不应将其归于侵略分子之列。

第三，对待某些有恶言劣行的传教士，也要综合评价，不应只看一时一事，而要看其全部历史。在戊戌变法时期，李提摩太向清朝政府要员献策，实质是要将中国变成英国的保护国，说他是狼子野心，一点也不过分。但是，我们不应该因为这点而否定他此前翻译《泰西新史揽要》所起的启蒙作用，不应该否定他主持的广学会所出西书的重要影响，不应该否定他在山西抗灾施赈时所作的艰苦努力，也不应该否定他此后创办山西大学堂时所做的贡献。

第四，大量事实证明，传教士在传播科学方面，做了大量贡献。他们译书，兴学，出版报刊，办图书馆，开博物院，这些都是有目共睹的。

第五，基督教并不完全排斥科学。说到基督教与科学，人们自然会想起宗教对科学的排斥，教廷对科学家的迫害，日心说遭排斥，伽利略受审判，布鲁诺被烧死，进化论遭攻击。在人们的印象中，宗教与科学，水火不容，互相对立。其实，宗教与科学的关系，远比人们传统的印象要复杂得多。一个显而易见的诘难是，如果两者关系确为水火，在近代科学出现以前，在宗教统治长达千年之久的中世纪里，西方应该毫无科学可言，那么，近代科学由何而来？西方许多大科学家，开普勒、波义耳、牛顿，为何同时也是虔诚的宗教徒？

对这个问题，宗教社会学、科学社会学的研究者已有较为深入的研究。有一种意见认为：基督教对科学不但不是完全、绝对排斥的，相反，还有一些适应或促进科学发展的因素。古希腊科学留下了两种传统，即数学唯理主义自然观和机械主义自然观，前者认为自然界是按照数学原则构造起来的，因而可被人的理性从数学的角度加以认识。中世纪基督教利用了作为统一意识形态的力量，将这两种观点灌输给整个社会。在中世纪的神学教育中，数学始终被置于重要的位置。这是因为，基督教为了使人们信服上帝，需要用自然秩序去论证上帝的伟大，认识自然秩序是认识上帝的必要途径。中世纪的神学家，都是通过论证自然界的和谐去论证上帝的存在。数学，则是研究自然的必备工具。宗教改革以后，新教伦理认为赞颂上帝的最好途径有二：一是研究和认识自然，因为上帝的智慧完全体现在它所创造的自然秩序中；二是为社会谋福利，最好的途径是运用科学技术为社会创造更多的物质财富。这些对科学技术的发展都有促进意义。① 我以为这种解释是有道理的。

宗教与科学的关系不是一成不变的。在一段时间里，当科学的结论与宗教的教义相抵触时，宗教会排斥、压制科学。哥白尼的日心说与基督教信奉的地心说相抵触，达尔文的人猿同祖论与上帝造人说相违背，教会便对这些学说横加压制、排斥，伽利略受审判，进化论被冷落。但是，当科学结论以其严密的逻辑、屡试不爽的实验，为广大社会普遍接受以后，宗教也会调整教义，适应科学。日心说终于被接受，伽利略毕竟被平反，就是明证。基督教并不是绝对封闭的信仰系统，否则，在科学日益昌明的西方，基督教仍然是影响最广的第一大宗教，许多科学家同时也是信徒，甚至有些诺贝尔奖获得者最后又皈依上帝，就是不可思议的了。

考察基督教传教士在中国的活动，可以看出，首先，对于一般科学知识，诸如数学、物理、化学、地理、地质、生物、医学等，传教士是乐于介绍、宣传的。其次，对于某些与基督教义相抵触的科学知识，传教士的处理方式与西方教会同步。晚明来华的耶稣会士对日心说避而不

---

① 参见罗伯特·默顿《十七世纪英国的科学技术与社会》，四川人民出版社 1986 年版，第四至六章。

谈，到了清代，蒋友仁等已不回避，且有准确的介绍。晚清来华传教士，宣传的都是日心说。对于达尔文的人猿同祖说，传教士一般持比较谨慎的态度，这也与西方教会的态度一致。当然，也不是完全没有述及，傅兰雅在《格致汇编》中就曾提到。所谓传教士对西方科学精华部分秘而不宣、只介绍低浅粗劣部分的说法，并不符合历史实际。

二 缓慢转变，自然集结

19 世纪中后期上海的新型文化人，除了西儒，大体由以下几部分人构成：

一是在教会机构工作的，如在墨海书馆工作的王韬、李善兰，在《万国公报》和广学会工作的沈毓桂、任廷旭、蔡尔康，在圣约翰书院教书的颜永京。

二是在西人文化机构工作的，如在《申报》馆、《新闻报》馆工作的钱昕伯、黄式权、袁翔甫、高太痴、韩邦庆等，在《点石斋画报》工作的吴友如、张志瀛等。

三是在国人自办的文化机构中工作的，如在江南制造局翻译馆工作的徐寿、华蘅芳、徐建寅、赵元益，在广方言馆教书的舒高第、顾文藻、黄致尧、刘彝程，在梅溪书院、南洋公学教书的张焕纶。

四是靠知识独立谋生的，如以卖画为生的任伯年、胡远，先以卖文为生、后来编报的邹弢，以及自办小报，靠文字换钱为生的李伯元。

这些人只有很少几个是上海本地人，如张焕纶、蔡尔康、黄式权，而绝大多数是从外地来到上海的。其来沪时间，40 年代较少，多在 50 年代和 60 年代以后，因为太平军与清军在江浙一带打仗，他们在本地难以维持生计，来沪避难或谋生。王韬是因父亲病逝，家乡遭水灾，被迫到墨海书馆觅食的。管嗣复是从太平军中逃出，无处安身，遇到传教士才来上海的。

这些人来沪，一开始未必就作长远打算，而是得过且过，有合适机会再走。尽管王韬、沈毓桂等人口口声声厌恶科举考试，但实际上，在五六十年代，他们大多还是一有机会，还是要去碰碰运气的。王韬、沈毓桂到上海以后，都回乡参加过科举考试。最典型的是蒋芷湘，原在

《申报》当主笔，后得中进士，便马上辞去报馆工作，回归士大夫的行列。沈毓桂虽然早已来沪，但他是1860年以后才决定长住上海。

从传统文化人转变为新型文化人，是个缓慢的过程，在很多人身上看不出明显转变的环节。我们很难说某人是从哪一年开始就由传统文化人变成新型文化人了。而且，这个转变也是相对而言的，在很多人身上，其实是新旧一体，亦新亦旧，半新半旧，有新知识、新观念，也有旧习气、老传统。有些人工作是新式的，如办报纸，但生活是旧式的。有些人虽然在新式文化机构中供职，但一有机会，还是想做传统士大夫。王韬、沈毓桂等人在上海工作多年以后，也还时不时地去参加科举考试。幸运之神没有向他们招手。假如在50年代后期，王韬能中举、中进士，他日后所走的很可能是另外一条路了。

从传统文化人转变为新型文化人，从动力来源方面说，可以区分为外压型和内驱型两种。

所谓外压型，是指因外界某种压力，如灾荒、贫苦、战争等，而从事新式文化事业，接触新的知识，然后发生转变的。王韬的例子是众所周知的，可以推想，假如不是因为江南水灾，不是因为他父亲去世，家中生计无法维持，以王韬先前的志趣和抱负，他是不会走进墨海书馆的。沈毓桂也属此类。他幼年丧父，家境贫寒，在50岁以前，一面在乡间设馆作塾师，附带行医，维持家庭，一面研习八股，不断参加科举考试，走的是典型的旧式读书人的路子。1849年因水灾来过上海，但未久留。1859年，他52岁那年，实在穷极，孑然一身，再来上海，卖文鬻字，聊资自给。途遇英国传教士艾约瑟，遂被聘为墨海书馆译员。他才久居上海，在《万国公报》、中西书院中工作。管小异、蒋敦复之受雇于墨海书馆，情况也与王、沈相似。

所谓内驱型，是指主要因个人的兴趣、思想而投身新式文化事业、接受新观念的。李善兰属于此类。李善兰来上海之时（1852年），已经42岁。他究竟因为什么而来上海，没有确切的记载史料。但是，在此以前，他在数学方面已颇有名气，出版了三本跟明末清初输入的西方数学知识有关系的数学著作，即《方圆阐幽》《弧矢启秘》和《对数探源》。他的家境如何，不是很清楚，但能有那么多年时间从容研讨数学，至少应算吃穿有余的中等家庭。摆在他面前的不止一条路，他可以一直去参加科举考试，也可以继续独自遨游在他的数学王国，还可以像他家乡许多人一样去经商，但他没有选择这些，而是进入墨海书馆，以后在同文馆教书，也是吃的西学饭。他走的这条路，比王韬的自觉成分大得多。

另一个典型是张焕纶。这位土生土长的上海人，1846 年出生，差不多可以算是上海租界的同龄人。他在青年时期，参加过一次科举考试，但因为生病，没考完就退了出来。他是绝顶聪明的人，文章写得好，诗也不错，家庭也比较富裕，父亲是做豆米生意的。他如果一直走科举道路，外部条件绝对没有问题。他如果继承父业，也顺理成章，说不定能成为上海著名的资本家。但他没有走这两条路，而是选择去开办新式学校，在 1878 年就创办了中国人自己开办的第一所新式小学，道路崎岖，备极艰辛。他走这条路，自觉成分很大。他认识到中国要自强，就要兴教育、废八股。他之投身新式教育事业，完全是一种自觉的行动。他拼命读西书，认真钻研。他不会说外国话，但能看外文书，据说他能顺畅地阅读英文小说。他是个思想极为敏锐的人，曾经给曾纪泽等人提过许多很有见解的富国强兵的建议。到了戊戌时代，他已成为上海远近闻名的新式教育家，是代表上海地方新文化的标志性人物。南洋公学开办，请他当教务长。康有为等南来北往的文化人到上海，照例都要去拜访他。

张焕纶是沿着“义”这条路变成新式文化人的，还有一些人则是沿着“利”的一条路成为新式文化人。胡远、任伯年、虚谷等画家大体走的都是这一条路。卖画比卖文、卖知识更有传统。胡、任等人以画谋利、以画谋生，苏州市场好就到苏州，上海市场好就到上海。60 年代以后，上海市场越来越好，这些人干脆就定居上海。他们靠知识、艺术为生，比较独立，在人格上更像近代文化人。他们是内驱型转变文人中特别的一群。

当然，所谓外压、内驱两种类型的区分，也是相对而言的，王韬等人的转变也有内在的因素，张焕纶等人的转变，也不是完全没有外在的因素。

并不是所有到上海的文化人都转变成了新型文化人。有些人虽然在上海生活多年，也多少读了一些西书，但观念还是老观念，做的还是老行当。上海龙门书院、求志书院的山长刘熙载、俞樾、孙锵鸣等，都是科举正途出身的翰林、进士，在上海多年，但教的是传统文化，治的是传统学问。19 世纪中后期的上海，存在两个文人活动圈，一是王韬、沈毓桂、蔡尔康之类的比较洋化的文人活动圈，二是刘熙载、俞樾等传统文人的活动圈，前者的中心在租界，后者的中心在县城，前者近商，后者近官。两者偶有往来，但不频繁。冯桂芬可以算是介于两者之间的人物。他是从科举一路过来的，但比较重视西学。他因公事，与洋人有点来往，比如为江南制造局翻译馆的事，他找过傅兰雅。但从总的情况来看，他似乎不大愿意与洋人来往。他想了解西方国家社会的情况，自己不直接去问洋人，而是让他的弟子管嗣复去问。此外，画家是自成一群的，他们组织画会，切磋画艺。他们与上述两个圈子的人都有联系，似乎与比较洋化的文人活动圈关系更密切些。

由传统文化人向新型文化人的转变，其轨迹在一个人或几个人身上可能看得不明显，在一个短时期可能看得不明显，但是，如果将一类人放在一个较长时期内考察，可能看得比较清楚。以办报文人而论，在 19 世纪 70 年代至 90 年代，在《申报》主持笔政的，多为科举考试中不得意的文人，其中只有蒋芷湘是举人出身，且在 1884 年中了进士以后就离开报馆了，其余吴子让、钱昕伯、何桂笙、沈定年、蔡尔康、姚赋秋、黄式权、高太痴等，或为秀才，或为布衣，或为落职官吏。[①] 在《汇报》《新闻报》作主笔的袁祖志、朱逢甲、孙玉声等，情况也是如此，很少有举人以上出身的人愿意供职报业。在时人心目中，供职报馆，卖文为生，实在是穷极无聊的表现。难怪左宗棠有“江浙无赖文人，以报馆为末路”的说法。诚如姚公鹤所说：

> 盖社会普遍心理，认报纸为朝报之变相，发行报纸为卖朝报之一类（卖朝报为塘驿杂役之专业，就邸抄另印，以出售于人。售时必以锣随行，其举动颇猥鄙，而所传消息亦不尽可信，故社会轻之，今乡僻尚有此等人），故每一报社之主笔、访员，均为不名誉之职业，不仅官场仇视之，即社会亦以搬弄是非轻薄之……昔日之报馆主笔，不仅社会上认为不名誉，即该主笔亦不敢以此自鸣于世。[②]

---

① 见马光仁《上海新闻史（1850—1949）》，复旦大学出版社 1996 年版，第 101—102 页。
② 《上海闲话》，上海古籍出版社 1989 年版，第 128、131 页。

这种情况，到戊戌变法时期，起了很大变化。从梁启超、汪康年开始，不只是举人办报，而且进士办报、翰林办报已是稀松平常事，张元济、蔡元培、严复、夏曾佑、王修植等都有进士以上或受人崇敬的社会地位。报人地位迅速上升，报人生存空间大为扩展，报人队伍迅速扩大。到20世纪初年，报人已不再是一个受鄙视的名称，一批传统文人变成了新式报人。

书局、出版业的情况也与此类似。在90年代以前，经营出版业的，多为不得意文人或买办。开办同文书局、靠石印《二十四史》《资治通鉴》大发其财的徐润是买办，将扫叶山房从苏州搬到上海、石印《百子全书》的是书商，开办商务印书馆的夏粹芳、鲍氏兄弟，都是家境贫寒、教会学校出身、在西人报馆当过排字工人的。到20世纪初年，这个情况发生很大变化，翰林蔡元培、张元济愿意为商务印书馆效劳，状元出身的张謇在1906年也带头发起组织中国图书有限公司，从事编译、印刷、发行图书工作。

三 特殊的吸引力

上海开埠以后，由于多种因素的综合作用，对各地文化人产生巨大吸引力，逐渐形成八方文人荟萃一地的奇特局面。这些因素包括：

（一）政治因素。租界既是列强侵略中国的据点，又因其具有属于中国领土却不受中国政府直接管辖的特点，使得租界成为战乱频仍、动荡不定的晚清中国的一块相对稳定的地区。这对于吸引文化人才、繁荣文化事业，有着至关重要的意义。许多文化机构在上海设立，不只是因为上海交通便利、人才荟萃，更因为这里比较安定。1853年至1864年，太平军在上海周围的江、浙、皖地区与清军频繁作战，驱使这一地区的大批文化人涌入上海，如冯桂芬、吴友如、蒋敦复、管嗣复等。1900年北方战乱，上海一带实行“东南互保”，基本无战事，又驱使北方一批知识分子进入上海。严复先前执教于北洋水师学堂，战乱发生后，匆忙离京赴沪，以后便将家庭安置在上海。天津北洋大学有相当一批学生，因战乱而南迁上海。1901年，丧权辱国的《辛丑条约》签订以后，爱国知识分子对清廷的失望达于极点，他们或打算留学日本，或准备到上海寻求发展，又一批知识分子来到上海。

由于租界的存在，在清政府权力版图上，出现了一道薄弱地带，这为清朝反对力量留下了一点活动空间。1898 年戊戌政变以后，慈禧太后下令禁止维新报刊发行，全国各地新闻业遭到重创，上海因有租界关系，影响不大。慈禧太后下令搜捕维新人士，黄遵宪因身在上海而免遭清政府迫害，康有为因上海租界的关系而得以活命。此后，租界的缝隙效应逐渐为进步人士所认识，各地激进知识分子纷纷汇聚上海。容闳在戊戌政变后逃出北京，来到上海；张元济因参加维新而被革职，南下上海；蔡元培在政变后，先到绍兴，随后转至上海。有些人选择上海作为谋事之地，有些人在别处起事失败后再以上海为避难所。1903 年，于右任在陕西倡言革命，遭到通缉，逃到上海便太平无事。1904 年，黄兴等在湖南策动反清起义，事泄，也跑到上海避祸。

（二）经济因素。上海文化事业发达，对于文人来说，谋生较易。这里出版机构众多，学校林立，报刊、书店遍布大街小巷。这里文化市场比较发达，有钱的寓公较多，买画、买字的人远远多于他处。稍有一技之长的文人，能撰稿、能印书、能教书、能翻译、能绘画、能看病，在这里都能立足。文人中，能教外文的收入最高，日校且不说，倘教业余培训班和夜校，随便招他十来个学生，每月就能有五六十元的收入，便可过上中等生活。写小说的作家收入不很固定，但日子也不错。据包天笑回忆，1906 年以后，他在上海的收入，每月为《时报》写论说 6 篇，其余写点小说，工资 80 元。当时，论说每篇 5 元，小说每千字 2 元。他同时在《小说林》兼职，每月 40 元。这样，他月收入 120 元。他租爱文义路一间厢房，月租金 7 元，每月家用 50 元至 60 元，还可剩下五六十元，足够他请客吃饭、喝茶、吃花酒之类开销了。当时，一碗茶 2 角，一瓶绍兴酒 1 角，一碗面条 1.5 角，著名西菜馆一品香吃顿西餐也仅 3 元。那时申报馆访员月薪 28 元。报刊发表小说，每千字稿费 2 元，也有 1 元的。林琴南的小说稿酬比较高，商务印书馆付每千字 5 元，后来增加为 6 元。这些文人，一般均身兼数职，既办报，又写稿，固定工资加上稿费，日子过得还是挺不错的。当时，一个下等巡警的月收入是大洋 8 元，稍好一点的工厂工人的月收入也是每月 8 元。比起巡警、工人、苦力，文人的收入应该说是相当不错了。

（三）社会因素。上海交通发达，进出方便。在津浦铁路通车以前，四川、两湖等内地人到京师去，要经过上海转海轮北上。内地青年若到日本留学，上海更是必经之地。这里信息灵通，便于社交。这里旅馆、戏院、茶楼、妓院、娱乐场所众多，风气开放，能满足多种类型文人的生活需要。上海是个特大移民城市，到1900年人口已超过百万。这里的人，只有先后之别，没有主客人之分。这里有名目繁多的会馆、公所，能为各地新来移民提供诸如居留、谋职等多种方便。

由于多种因素的综合作用，上海逐渐成为各地文化人的汇聚之地。在19世纪六七十年代，上海已汇聚一批新型文化人，他们分布在出版、报刊、教育等文化事业中。以戊戌变法时期，上海此类文化人已颇具规模。1898年戊戌变法的失败，1900年北方义和团运动的发生，八国联军侵略中国战争的发生，“东南互保”局面的出现，《辛丑条约》的签订，这接二连三的事件，促使各地文化人大量涌入上海。20世纪初，是各地文化人进入上海的高峰期。1900年1月，经元善领衔通电反对慈禧太后的“已亥立储”，列名者达1231人，其中很多是新式文化人，如叶瀚、王季烈、蔡元培、章太炎等。1903年上半年，南京陆师学堂闹学潮，一下子就有30多名学生来沪。1901年以后，张园爱国集会，动辄上千人。1905年以后，科举考试废除，传统文人读书做官的通路被堵死，上海更为各地读书人所注目，无论求学、经商、出国，都百川归“海”。1903年以后，1912年以前，估计常年在上海活动的文化人有三四千，不包括在校学生。

20世纪初的上海，汇集了全国各地的文化精英。以20世纪最初六年（1900—1905年）为例，以笔者所知，在上海从事各种活动、在当时或后来比较著名的文化人就有：江苏的马相伯、张謇、吴稚晖、刘师培、黄宗仰、汪凤藻、史量才、狄楚青、李伯元、曾朴、刘鹗、罗振玉、金天翮、陈去病、柳亚子、高旭、蒋维乔，浙江的蔡元培、张元济、汤寿潜、劳乃宣、沈曾植、夏曾佑、章太炎、汪康年、蒋智由、马叙伦、王国维、舒高第、谢洪赉、杜亚泉、李叔同、叶瀚、陈介石、樊炳清、虞和钦、宋恕、孙宝瑄，安徽的陈独秀、胡适，广东的容闳、伍廷芳、邓实、黄节、吴趼人、丁惠康、伍光建、苏曼殊、温宗尧，广西的马君武、龙积厚，福建的严复、林纾、郑孝胥、高梦旦、林白水，湖南的陈范、陈撷芬、黄兴、章士钊，四川的邹容，河北的张继，陕西的于右任。全国各地这么多名儒硕彦汇聚上海，用“群贤毕至，少长咸集”的古语来形容，已远远不够了。

这些知识分子成立了名目繁多的学会。维新运动时期，上海就有 17 个学会，庚子以后，学会数量更多，辛亥以前，有各种学会 32 个。[①] 其中，政治色彩较强的有上海中国教育会、预备立宪公会、地方自治研究会，社会色彩较强的有不缠足会、女学会、戒鸦片烟会、沪学会、江苏学会等，一般性的或比较专门的学会有新学会、农学会、蒙学会、医学善会、医学研究会、格致学社、算学会、实学会、译书公会、地图公会、经济学会、名学会、教育研究会、国学保存会等，还有许多演说会、各省旅沪学会。他们或出版刊物，或定期演说、讨论。这些人教育背景不尽相同，有像张謇、蔡元培、张元济、汤寿潜、劳乃宣、沈曾植、郑孝胥这样在科举考试中获得很高功名的人，也有像容闳、马相伯、严复、伍廷芳、舒高第、汪凤藻这样西文功底很好的人。这些人政治倾向不尽一样，有章太炎、邹容、黄兴这样的激烈派，也有马相伯、严复、狄楚青这样的温和者，更多的是只管办报、写稿、绘画，不太过问政治的文人。他们因地域、职业、志趣的不同，形成一个个既有区别、又有联系的文人活动圈。

来自全国各地这么多的文化人，聚集、进出于上海，办报、印书、教书、讲学、演说，进行各类文化活动，使得上海成为全国名副其实的文化中心。这批人中产生了许多杰出的教育家、出版家、翻译家、名记者、国学大师、文学大师、小说家、诗人、艺术家、大律师、政治家，对中国近代文化的发展，产生了难以估量的影响。

---

① 据《上海指南·公益主体》卷四，商务印书馆 1909 年版。

中国近代国家观念溯源

——关于伯伦知理《国家论》的翻译*

巴斯蒂**

国家观念及实践，曾经被视为建设一个强大和现代化中国的基础，因而人们一般把促进深入思考这个问题的功绩，归于百日维新失败后流亡日本的梁启超。对这一思考起过促进作用的文章固然很多，但仅就专论国家者而言，我们首先要探讨的是1899年4月10日至10月25日间，横滨《清议报》第11、15—19、23、25—31册发表的伯伦知理（1808—1881）《国家论》的译文。①

有关梁启超思想及中国政治思想史的研究著作，虽然在提到伯伦知理

---

* 本文原载《近代史研究》1997年第4期。

** 法国国家科学研究院研究员。1996年11月应邀访问中国社会科学院近代史研究所期间，作了下面发表的这篇学术演讲。按照作者本人的意见，《国家论》中卷、章、节的用法依据原日译文，“国民”和“民族”的用词也严格按作者原意，敬请读者留意。

① 《清议报》（台北成文出版社1967年影印本）第11册，1899年4月10日，第687—692页；第15册，1899年5月20日，第955—961页；第16册，1899年5月30日，第1029—1034页；第17册，1899年6月8日，第1089—1094页；第18册，1899年6月18日，第1163—1168页；第19册，1899年6月28日，第1231—1236页；第23册，1899年8月6日，第1507—1512页。以上各册为该书的第1卷和第3卷的开头部分。第25册，1899年8月15日，第1639—1644页；第26册，1899年9月5日，第1711—1715页。以上两册为该书第3卷的结尾部分。第27册，1899年9月15日，第1773—1778页；第28册，1899年9月25日，第1837—1840页；第29册，1899年10月5日，第1903—1907页；第30册，1899年10月15日，第1969—1973页；第31册，1899年10月25日，第2035—2039页。以上5册为该书第1部分的第4卷。

的名字时，偶尔也提到这部译著，但迄今为止，既未见有人下一番功夫对这部译著做严格的鉴别，亦未见有人对其内容进行认真的考辨。① 本文在试图弥补这一缺憾的同时，也想阐明中国政治思考过程中出现关键性转折时，各种新观念形成的一个主要原因，从而进一步突出这些新观念的特点。

事实与许多至今还在援引这部译著的作者的断言相反，《清议报》以《国家论》为题发表的译文，并不是加藤弘之 1872 年译成日文的伯伦知理《公法凡论》。② 就卷数而言，只需将两种文本加以对照，我们就不难发现，中译本 58 页③，与慕尼黑 1851—1852 年出版的两卷本不相符合，该书原德文本共 717 页。④ 此外，就内容而言，两者亦毫无共同之处。

---

① 勒文森在《梁启超与近代中国精神》（J. R. Levenson, Liang Ch'i-ch'ao and the Mind of Modern China, 伯克利/洛杉矶：加利福尼亚大学出版社 1967 年版）中。只提到了伯伦知理的名字。见该书第 107、114 页。张朋园在《梁启超与清季革命》（台北“中央研究院”近代史所 1964 年版）第 164 页中，亦是如此。高慕轲在《中国知识分子与辛亥革命：近代中国激进主义的产生》（M. Gasster, *Chinese Intellectuals and the Revolution of* 1911: *The Birth of Modern Chinese Radicalism*, 麻省坎布里奇：哈佛大学出版社 1969 年版）第 109 页中，所做亦不例外。张灏虽然对梁启超如何借鉴伯伦知理思想做了长篇评论，但所依据的仅仅是梁启超 1903 年关于伯伦知理的文章，而且并未发现梁启超这篇文章不过是对伯伦知理著作的简单抄袭。见张灏《梁启超与中国思想的过渡：1890—1907》（Hao Chang, Liang Ch'i-ch'ao and Intellectual Transition in China 1890—1907, 麻省坎布里奇：哈佛大学出版社 1971 年版），第 246—249、252—253、257—260 页。黄宗智在《梁启超与近代中国的自由主义》（Philip C. Huang, *Liang Ch'i - ch'ao and Modern Chinese Liberalism*, 西雅图：华盛顿大学出版社 1972 年版）第 61、81、99 页提及伯伦知理时，称之为“瑞士法学家”和“比较次要的人物”，并且说伯伦知理的思想是通过加藤弘之的思想，间接地对梁启超产生影响的。贾祖麟在《近代中国知识分子与国家》（J. B. Grieder, *Intellectuals and the State in Modern China*, 纽约：自由出版社 1981 年版）第 167—169 页中，也有类似的说法。即使说这部书是从日文翻译过来的，然而，实藤惠秀、谭汝谦、小川博编纂的《中国译日本书综合目录》（香港中文大学出版社 1980 年版）并未提及。

② 日译本书名为《国法凡论》，由日本文部省出版。

③ 有关这个页数及下文中《国家论》的引语，我们参考的是梁启超 1902 年在横滨发表的《清议报全编》第 3 集（横滨新民社辑印）。此书以整体形式集中了分散在《清议报》各册的《国家论》译文。其汇集出版的目的，在于使该杂志的内容得以在中国更加广泛地传播。本文使用的版本系当年上海一位文人私人藏书。

④ 伯伦知理《公法凡论》（*Allgemeines Staatsrecht*）曾多次再版，前四次均由慕尼黑科达出版社（J. G. Cotta）出版。第一次出版于 1851—1852 年，书名为 *Allgemeines Staatsrecht geschichtlich begrudet*（《史定公法凡论》），共 717 页；第二次出版于 1857 年；第三次为修订版，出版于 1863 年；第四次出版于 1868 年。此书第五次出版之前，作者再次修改，并且将其分成两部分（分别以《国家凡论》*Allgemeine Staatslehre* 和《公法凡论》*Allgemeines Staatsrecht* 为标题——如此分配，意图与前几次出版时将“国家理论”与“公法制度”分开相符），编入一部 4 卷本的著作，

我在海德堡政治学院图书馆查阅伯伦知理的论著时[①]，惊奇地发现，《国家论》竟是他于1874年出版的通俗读物《为有文化的公众而写的德国政治学》（以下简称《德国政治学》）的节译本。[②]《国家论》仅仅是该书第一部分《国家总论》的第1卷《国家之性质与目的》、第3卷《国体》（至第96页）和第4卷《公权及其作用》（至第164页）。

该书第1卷共5章，主要叙述国家概念的发展历史，当今的国家概念，国家的产生、发展与消亡过程，国家的基础，以及国家的目的。所译第3卷各章，讨论的是国家的四种基本形式（依据领导机构类型）、四种附属形式（依据民众参与类型）、两种近代形式（代议君主制和代议共和制）及代议君主制的最初几个阶段（即君主立宪制），不过，编译者却把这一章的结尾部分略去了。编译者从第4卷中选译了前两章，即主权，国家主权（国民主权）和君主主权（政府主权），以及第3章中有关区分公权的部分。

我们完全理解译者为什么不翻译该书论述国家与教会之间关系的第4卷，以及有关德国公法的第二部分全部章节。编译者将第3卷第4章和第4卷第3章略去不译，似乎亦在情理之中，因为伯伦知理在这两章中详加叙述的是欧洲立宪制的演变历史，这显然不是中国人的主要兴趣所在。

（接上注）名为《近代国家论》，并于1875—1876年在斯图加特科达出版社出版。这部著作的第三和最后一部分，系由一部题为《政治》（Politik）的论著组成。《政治》一书曾由A. 德·利耶马当（Armand de Riedmetten）译成法文（巴黎：吉约曼出版社1879年版，第410页）。《公法凡论》第六版，是伯伦知理去世后，由E. 罗宁（E. Loening）于1885—1886年在斯图加特科达出版社出版的，全书共2卷，总题目为《近代国家论》，第1卷题为《国家凡论》，第2卷为《公法凡论》。

① 其间，瓦格纳（Rudolph Wagner）教授曾提供诸多便利条件，于此谨致谢忱。同时亦感谢京都大学人文科学研究所及东京成蹊大学，承蒙两校热情接待，我得以在日本进行与本文相关的研究。

② 该书德文名为 *Deutsche Staatslehre fur Gebildete*，德国纳尔德林根贝克出版社1874年出版，全书447页。与伯伦知理此前出版的著作一样，这部著作中亦将其名字中的“K”拼写作“C”。此外，书中“Staat”（国家）一词和他以哥特字体排印的其他著作一样，亦被排作“Stat”。为清楚起见，本文引证时，对此词采用通常拼法，一律拼作“Staat”。

令人不解的是该书第 3 卷有关君主立宪概念一章和代议共和制之沿革、原则、运作各章，以及第 4 卷有关官员和自治制度各节也被全部略去了，何况这最后几节具有相当的技术性。最让人感到奇怪的是第 2 卷全部被略去。这一卷的标题是《国民与国土》[①]，共 6 章，即民族与国民，国民与社会，中世纪的等级，近代阶级，国家中的个人——外国人、侨民、公民以及国土。译者起码应将这一卷的前两章和第 6 章译出，因为这几章论述的内容是有关国家定义的，是伯伦知理强调的概念的关键所在。译者为什么把这些略去呢?

寻找答案，或许应该先从考察将伯伦知理著作译成中文的条件入手。张佛泉曾指出《清议报》译文与伯伦知理《公法凡论》之间存在的差异，并且认为梁启超本人天才地概述和评论了这位瑞士法学家学说的要点。[②]事实绝非如此，问题涉及对一部日文译著不折不扣的抄袭。

我们知道，梁启超主办《清议报》和《新民丛报》期间，曾利用了一些日译文。宫村治雄在编写梁启超所用日译文目录并提到伯伦知理时，只是说伯伦知理《德国政治学》的译本《国家论》系由平田东助出版，未加任何评论。[③] 平田东助在海德堡学习多年，并师从伯伦知理。1881 年，即伯伦知理去世前不久，他将《德国政治学》第 1 卷译成日文发表，受到原书作者嘉许。[④] 继 1882 年发表第一部分的第 2 卷之后，又于 1889 年将这一部分的 5 卷全部译出发表。[⑤]

不过，梁启超使用的实际上还不是这部译著。他逐字逐句“抄袭”的，是稍晚一点的译著，即 1899 年东京出版的吾妻兵治的《国家学》。[⑥]对梁启超这样一个急于求成的年轻记者来说，这部《国家学》有一个显著的优势，即它是用高水平的古汉语翻译过来的。很可能早在此书正式出版之前，梁启超就从日本友人那里听说大家传看的这部译稿正在寻找

---

① 按照伯伦知理本人措词的用意（见该书第 36 页），我将书中“Volk”一词译作“国民”，将“Nation”一词译作“民族”。

② 张佛泉：《梁启超国家观念形成》，台北《政治学报》第 1 期，1971 年 9 月。

③ 宫村治雄：《梁启超の西学思想家论》，《中国——社会と二文化》1990 年第 5 期。

④ 平田东助：《国家论》第 2 卷，东京春阳堂 1882 年版，“序”。

⑤ 平田东助、平塚定二郎：《国家论》，东京春阳堂 1889 年版，第 433 页。

⑥ 伯伦知理：《国家学》，吾妻兵治译，东京善隣训书馆/国光社 1899 年版，第 145 页。

出版社出版。实际情况是，此书第一部分的节译文，是1899年4月10日在《清议报》发表的，而此书提到出版社的那篇序言写于1899年6月，最后出版日期为1899年12月5日。这足以说明为什么《清议报》发表时不用《国家学》，而是用了《国家论》这个题目。

当时的中国人不习惯日本人那种过于陈旧的汉语文体①，从而对译文做了一些修改。他们在外国人名汉译方面也常做改动，例如：将吾妻兵治译著中的“伯仑知理”改为“伯伦知理”。除此之外，《清议报》发表的节译本整体上可说与吾妻兵治的译著完全相同。

译文的文字修改任务，可能是委托一名合作者完成的，而这个合作者可能就是罗孝高，因为梁启超曾从其刻苦学习日文。② 但是，吾妻兵治将伯伦知理著作的第一部分全部翻译出来了，而《清议报》发表的译文，肯定是梁启超本人节选的。

为什么要把伯伦知理作为第一位外国政治作家，选择翻译他的著作在《清议报》上发表呢？今天，伯伦知理可能有些被遗忘了，他绝不是“一个无名的瑞士法学家”③，而《国家论》也不是其著述中第一部被译成中文的著作。早在1880年，同文馆就在总教习丁韪良（W. A. P. Martin）的提议下，将伯伦知理1868年在慕尼黑出版的《文明国家的近代国际法》译成了中文，只是中译文是从法译本（《国际法法鉴》）转译过来的。④ 梁启超在1896年编纂《西学书目表》时，至少看到过这个书名。⑤

当时德国学派在日本颇具权威性，而伯伦知理又是该学派一位杰出的法学家。伯伦知理生于苏黎世，曾在苏黎世大学学习法学和政治学。

---

① 有关中国人如何修改日本人的古汉语译著，参看岛田虔次《中江兆民著译作在中国的传播》，《中山大学学报论丛》，1992年10月，第177—178页。

② 丁文江、赵丰田：《梁启超年谱长编》，上海人民出版社1983年版，第175—176页。

③ 贾祖麟：《近代中国的知识分子与国家》，第168页。

④ 李恩涵：《曾纪泽的外交》，台北“中央研究院”近代史所1966年版，第35页。苏精：《清季同文馆及其师生》，台北，1985年，第160、168页。法译本版权页上写道：伯伦知理《国际法法鉴》，C. 拉尔迪译自德文，É. 拉布雷作序，巴黎吉约曼出版社1870年版，全书XXX + 536页。此书中译本书名为《公法会通》，译者庆常和联芳均为满族人。有关中译文，亦见张海鹏《试论辛丑议和中有关国际法的几个问题》，《近代史研究》1990年第6期。

⑤ 《西学书目表》已由北京图书馆编入《质学丛书》第11册。书中提到了《公法会通》这部书，但未提及作者的名字。

1827 年取得柏林大学法学博士学位和波恩大学政治学博士学位，1833 年回到苏黎世大学任教授。1837 年任大理院委员，后又当选为国务院、政府和联邦督政府成员，以及多层议会代表，并领导保守派自由党。分裂主义者联盟失败后，于 1847 年退出政界并离开瑞士。此后，他曾出任德国大学法学最高讲座教授，起初（1848 年）在慕尼黑，后来（1861 年）在海德堡。他在海德堡大学讲授法学和政治学，直至 1881 年去世。在此期间，他曾任巴敦大公国第一议院成员，对政治自由导向产生过重要影响；1867 年任关税议院成员，后来又当选为大公国第二议院议长。[①] 他一生著述颇丰，且多次在德国再版，几乎全部被翻译成法文，并一再出版。此外，他的著作还有意大利文和俄文译本。伯伦知理是个温和的自由派，他反对教会权力，但不反对宗教信仰；他与活动在德国南部的共济会自然神论派有联系[②]，并且是 1864 年成立的德意志新教同盟发起人之一。

伯伦知理的法学思想，主要是受以罗马法学家萨维尼（F. K. von Savigny，1772—1861）为代表的历史学派的影响，伯伦知理在柏林深造时，曾师从萨维尼。萨维尼主张，法律是历史的产物，而历史又是法律形式的试金石。他的主张是与谢林（Schelling）及黑格尔（Hegel）哲学学派针锋相对的。历史学派的口号是波塔利斯（Portalis）的格言："立法者并不创造法律，而是撰写法律。"历史学派强调法律制度的有机成长，是与国民个性的有机成长并行的，并且认为民众的集体精神制定法律。"国家是国民的有机表现。"[③]

然而，伯伦知理却力图将历史方法与哲学方法结合起来。[④] 在对国家

---

① 伯伦知理：《回忆我的一生》（*Denkwurdiges aus meinem Leben*），德国纳尔德林根：贝克出版社 1884 年版，3 卷；《新编德国人物传》（*Neue deutsche Biographie*），柏林．拉克尔·安布罗出版社 1955 年版，第 2 卷，第 336 页；《德国历史人物辞典》（*Biographisches Worterbuch zur deutschen Geschichte*），慕尼黑：弗郎克出版社 1975 年版，第 536 页。

② 海德堡大学图书馆藏伯伦知理在海德堡和苏黎世共济会集会上的讲演稿：《共济会演讲录：一，关于上帝与自然；二，关于永生不灭及赠共济会兄弟》（*Freimauerge sprache*，*I Uber Gott Und Natur*；Ⅱ *Uber Unsterblichkeit. Ein Vermachtnis an die Bruder*），1878 年，第 99 页。

③ 见萨维尼《罗马法律制度》（*Syslem des romischen Rechles*）第 1 卷，柏林，1840 年，第 20 页。

④ 伯伦知理本人的解释，见《新政治学、普通公法及政治历史——16 世纪至今》（*Geschichte der neueren Staatswissenschaft*，*allgemeines Staatsrecht und Pilitk. Seit dem* 16. *Jahrhundert bis Zur Gegenwart*），慕尼黑和莱比锡：奥尔登堡出版社 1881 年版，第 756—759 页。

进行思考这一点上，他首先强调的是古代、中世纪和近代观念之间的区别，以及对近代国家意识的分析。他企图分清什么是作为分享共同文化遗产的群体——“Nation”（民族）观念，什么是作为一个国家的公民团体——“Volk”（国民）观念，以及两者之间同社会概念的关系。国家可以定义为某一特定国土内国民个性有组织的表现，也可以定义为某种未来的崇高观念，因为这种未来的崇高观念是人类在服从于国家关系的同时，对自己所作的保证。伯伦知理不赞成契约论，他指出，国家起源于原始部落为了生存对聚集的强烈需要，起源于人类对国家（Staatstrieb）自然本能的需要，起源于最初是部族首领、英雄和杰出王公，然后是贵族阶层，最后是国民之间对国家意识的觉醒。他强调人类的两重性：人有一种个体精神，自我感觉特殊，要求国家给他自由。与此同时，又受本种族集体精神的支配。因此，人既有个体的一面，又有群体的一面。因此，按照伯伦知理的说法，国家意志就其性质而言，只有一个，而不是个人意志的总和，不过，另一方面，人类历史是由冲突、斗争和进步构成的。至于国家的目的，他认为首先是从各方面发展国民生活，实现国民的完善，其次才是造福社会。

加藤弘之所译《国法凡论》，篇幅太长、太复杂，不适合杂志刊用。似乎梁启超也从未读过此书。然而，伯伦知理在《德国政治学》中所做的简明扼要的分析，恰好满足了梁启超借《清议报》向读者提供综合信息、促进深入思考的需要。这部书的优点是，它不但介绍了欧洲国家的全貌，而且还具体地阐述了近代国家的基本要素。梁启超的日本朋友们对伯伦知理著作的评价是：既有普遍的观点，又有学术上的批评，内容切实、可靠。所以说，肯定是梁启超的这些日本朋友向他推荐这部《德国政治学》的。而事实上，伯伦知理的《近代国家论》已经成了当时日本讲授法律和政治学课程及编写相关教材的基本资料来源。①

伯伦知理的论述，恰好阐明了梁启超到达日本以后，通过阅读、交

---

① 例如织田一述的《国家学凡论》（东京专门学校 1895 年版，195 页）。作者本人也不否认这部一年级政治学教材是伯伦知理《近代国家论》（*Lehre von modernen Staat*）第 1 卷的简编；二、三年级教学大纲则是根据该书的其他几卷编写的。我们在另外一些使用广泛的教科书中，同样可以发现抄袭伯伦知理著作的情况，如铃置仓次郎的《国家学》（东京：博文馆 1890 年版，150 页）；高木丰三的《国家学讲义》（东京：明治法律学校讲法会 1895 年版，第 398 页）。

谈和日常生活刚发现的基本原则，同时也是梁启超已经开始撰文加以维护和传播的原则。他在《爱国论》（《清议报》第 6 册，1899 年 2 月 10 日）中强调指出：国家是人民和君主的共同财产，国家权力归他们共同所有。这篇文章的第三部分“论民权”，发表于 1899 年 6 月 28 日《清议报》第 22 册。梁启超在这一部分中，发展了民权对国家强盛不可或缺及国家的力量来自人民的思想。他在《商会议》① 中宣扬：增强集体力量的关键是团结和教育，因为集体力量将成为国家的动力。他从 1899 年 8 月开始陆续发表《自由书》②，显然是为了唤醒国民意识。他这样写道：“中国人不知有国民也。”③ 他所维护的国家概念，是建立在国民力量、意识和能力之上的国家的概念，而且这个国家也应该是国民生存的保证。

梁启超之所以要删去伯伦知理著作日译本第 2 卷译文④，很可能因为他认为书中有关“Nation”（吾妻兵治译作“族民”，《清议报》改作“民族”）和“Volk”（译作“国民”）的区别，不仅没有意义，而且会引起混乱。他本人当时对民族和国民这两个名词就不加区分，甚至交替使用。

梁启超删去书中有关君主立宪制和代议共和制的分析，无疑反映了他当时在选择最合适政治形式这个问题上的犹豫不决。《清议报》在康有为的鼓动下，曾发表过几篇拥护清帝的文章，个别文章甚至有梁启超的署名⑤，可是在这同一时期，梁启超不仅同孙中山联系密切，而且还在积极树立“民权”，激发自由精神。⑥

梁启超政治学说的彻底转变，是他在 1903 年 2 月 20 日至 11 月 11 日旅美期间完成的。从那时起，他便开始有条理地抨击他曾维护过的自由

---

① 《清议报》第 10 册，1899 年 4 月 1 日，第 583—586 页；第 12 册，1899 年 4 月 20 日，第 715—720 页。

② 《清议报》第 25—33 册，1899 年 8 月 26 日、12 月 23 日，第 1639—1644、1689—1696、1739—1752、1803—1806、1869—1876、1935—1942、1999—2006、2069—2074、2135—2142 页。

③ 《清议报》第 30 册，1899 年 10 月 15 日，第 1927 页。

④ 编者虽然在第 1 卷注释中指出，有关“国民”与“社会”的区别将在第 2 卷中讨论，但正文中却说第 2 卷被删去了。与此相反，对其他各卷的删节，编者则未作只字说明。这篇文章发表时，梁启超仍在东京，他是 1899 年 12 月才去夏威夷的。

⑤ 如《尊皇论》，《清议报》第 9 册，1899 年 3 月 22 日，第 519—522 页。

⑥ 尤其值得参考的是狭间直树在“20 世纪初中国士大夫文化中的欧洲思想”研讨会（法国加尔希，1995 年 9 月 12—16 日）上的报告，题为《梁启超来日后对西方近代思想认识的深化》。

主义学说，特别是卢梭的思想。在此之前，他认为卢梭思想可以成为中国更新国家的基础。之后，他不仅宣布接受伯伦知理的政治观，而且重申对卢梭的批判。[①] 1903 年 5 月 25 日，《新民丛报》在《政治学大家伯伦知理之学说》标题下，发表了《德国政治学》中有关国家的有机性质、主权、政治制度和司法的论述。[②]

1903 年 10 月 4 日出版的第 38—39 号《新民丛报》，刊登了一篇与上述题目完全相同，并由梁启超本人署名的文章。看来梁启超是在有意识地续写前文。[③] 实际上，这篇文章再次重复了有关国家有机性质和主权的叙述，其中包括对卢梭的批判。不过，这篇文章却加进了有关“国民”和“民族”之间的区别和关系一节，即被伯伦知理著作第 2 卷第 1 章《国民与民族》全部译文所取代及《国家论》所舍弃的一节。接下去的一节，是论述各种民主制度的优点和价值的。其中，有关对共和制度的批判，重复了《国家论》删去的伯伦知理对此问题的论述，增加了早稻田大学刚刚翻译出版的波伦赫克（Conrad Bornhak，1861—1944）《国家论》（*Staatslehre*，柏林，1896 年）中的一些论点。[④] 这篇文章是以摘录《国家论》中已发表的伯伦知理有关国家目的的论述结束的。

研究梁启超的学者认为，1903 年 10 月发表的这篇文章是他治学道路上的一个重要标志。[⑤] 其实，这篇文章几乎完全是从吾妻兵治所译《国家学》抄袭过来的。这篇文章除了确切表明梁启超接受了伯伦知理的观点之外，丝毫没有他的个人创见。

《国家论》不仅在梁启超的思想和政治宣传演变中起过作用，而且在他应用和界定政治词汇的一般词义方面，也起了同样重要的作用。总之，由于日译文严谨准确、文笔晓畅，从而为梁启超及其同时代人使用此书

---

① 1899 年发表的《国家论》第 21—24 页，已经充分反映了伯伦知理对卢梭的批判。

② 力人：《政治学大家伯伦知理之学说》，《新民丛报》第 32 号，1903 年 5 月 25 日。张朋园将这篇文章记在了梁启超的名下（见《梁启超与清季革命》第 175 页）。与下面将要提到的第 38—39 号以同一标题发表的文章不同，这篇文章未编入《饮冰室合集》（中华书局 1936 年版）。

③ 梁启超：《政治学大家伯伦知理之学说》，《新民丛报》第 38—39 号，1903 年 10 月 4 日，第 19—54 页。文章指出这是《新民丛报》第 32 号发表的同名文章的续篇。

④ 波伦赫克著，菊地驹治译述：《国家论》，东京早稻田丛书 1903 年版，431 页。

⑤ 见张朋园《梁启超与清季革命》，第 164—165 页；张灏《梁启超与中国思想的变迁，1890—1907》，第 246—260 页。张灏可谓对此做了长篇论述。

提供了方便。

在界定基本概念的含义方面，首先应提到的是“国民”概念。它已不再是空泛意义上的“一国居民”，而是带有德国政治学中“Volk”一词含义的国民，它如同是奠定国家基础的政治、精神和道德的团体，其集体精神是国家的灵魂，而身躯则是国家的政体。通过对比，我们发现“社会”的概念被理解为具有各种不同利益的集团的无机群体，并且这个社会由于支离破碎、矛盾重重，因而不能领导国家。不过，必须指出的是“Volksstaat”被译作“人民国家”，以及伯伦知理的所谓“Kein wahrer Staat ohne Volk”（无国民则无真国家）被译为“无人民则无真国家”[①]，这说明普通语言中“人民”一词，很快又吸收了德国政治学“Volk”（原译作“国民”）的含义。

即使不是所有《国家论》的读者都接受了伯伦知理所维护的国家有机概念，这部著作及其题目所表达的国家物化的思想，肯定对中国有关国家的陈旧概念的转变起到了一定的促进作用。也就是说，从一个既指王朝国家又指边缘相当模糊的人类集体的概念，朝着一个完全人格化，并且成为政治生活的主体和政治辩论的基本主题的社会人类集体的方向转变。在此基础上，又出现了与这种概念紧密相连的国家目的的观念，以及属于国家本身的主权观念。

《国家论》不但澄清了一些概念，而且通过对国家现实进行分析的方法，以及对国家的各种不同成分和结构所做的区分，还显示出了它的重要指导作用。这部著作实际上为后来深入探讨国家改革勾勒了框架和范围。如果说这个基本概念模式是由 19 世纪德国政治学设计出来的，那么，我们也可以肯定地说，它是日后马克思主义在中国传播的一个有利因素。

黄遵宪在 1902 年 9 月 23 日给梁启超的信中写道：“《清议报》胜《时务报》[②] 远矣……《清议报》所载，如《国家论》等篇，理精意博，

---

① 见《国家论》，第 8 页。

② 《时务报》是梁启超创办的第一份杂志（1896 年 8 月至 1898 年 4 月），曾在当时文人中引起很大反响。

然言之无文，行而不远，计此报三年，公在馆日少，此不能无憾也。”①梁启超去夏威夷和美国，确实有一年半时间不在报馆。其间，梁启超的工作由其好友麦孟华代为完成，但有些勉为其难。黄遵宪在同一封信中还写道：“今之《新民丛报》又胜《清议报》百倍矣。”② 耐人寻味的是，黄遵宪在比较梁启超的论著并赞扬《清议报》时，所列举的唯一文章恰恰是伯伦知理《国家论》的译文。由于黄遵宪的改革者经历以及他自撰写《日本国志》③ 起对政治的深刻思考，因而使他的这番评价更具一种特殊的分量。

如同对梁启超本人的影响那样，《国家论》在百日维新后的混乱时期，肯定对启发和促进其他文人的政治思维也起了决定性作用。通过考证《国家论》的由来，我们不能不承认梁启超发现这部法学一年级优秀教材的功绩。与此同时，如果说这一考证导致了对有关年轻抨击者的思想见解独到新颖的评价产生怀疑，那么，我们也应看到，正是由于治学上的这个弱点，才促成了德国政治科学观念在中国的兴起。

---

① 《梁启超年谱长编》，第 274 页。《清议报》是在报馆于 1901 年 12 月失火后停刊的。之后，梁启超又创办了《新民丛报》，该报第 1 号出版于 1902 年 2 月 8 日。

② 《梁启超年谱长编》，第 274 页。

③ 《日本国志》，1987 年完成，1895 年出版。

梁启超《戊戌政变记》成书考*

狭间直树

梁启超所著的《戊戌政变记》是有关戊戌变法的最重要史料之一。由于作者直接参与了维新变法运动，在政变后亡命日本，打起了保皇的旗号而致力于改革运动，而且书中有许多其他资料上见不到的记述，理所当然地会受到高度评价。

众所周知，《戊戌政变记》最先登载于《清议报》的第1—10册，在《清议报》尚未刊载完毕，就以此为基础，加进其他文章，经若干修改后编成九卷本的《戊戌政变记》[①]（下称“九卷本”）出版。后来，删去了其中的第五卷，对其他八卷也作了修改，刊行了新版的《戊戌政变记》[②]（下称“八卷本”）。由于中国史学会主编的《中国近代史资料丛刊·戊戌变法》利用了这一版本，故以前一提到《戊戌政变记》，首先想到的就是八卷本。

杂志上刊载的与单行本有许多不同之处，考虑到这是常有的现象，并没有视作问题。但是对存在卷数不同的两种版本的情况，却长期没能予以充分的理解。

---

* 本文原载《近代史研究》1997年第4期。

① 《戊戌政变记》，线装3册，发行所、刊年不记，京都大学东洋史研究室藏，估计是1899—1903年间的《新民丛报》社版本。又洋装1册，文海出版社影印本，编排方式虽然与前者相同，但明显不是同一版本。

② 《戊戌政变记》，洋装3册，广智书局，刊年不记，京都大学中哲文研究室藏。同《饮冰室合集·专集》第1册，中华书局1936年版。

九卷本和八卷本的不同，以及《清议报》所刊载的文章与九卷本的关系，早就有刘凤翰先生的详细研究①，而且他在《梁启超〈戊戌政变记〉考异》一文中，对我至今未能目睹的“第十六次版《戊戌政变记》”（这是本文所说的九卷本，详细情况后面叙述）一并进行了考证。本文写作时，关于诸版本的异同全部参照刘先生的研究，在此首先表示感谢。

下面对《戊戌政变记》的成书过程进行探讨，并试图解明《戊戌政变记》诸版本的关系及其历史意义。

一 《清议报》上的《戊戌政变记》

署名“任公”的《戊戌政变记》最早刊载于《清议报》创刊号（1898年12月23日）的“支那近事”专栏。标题下面有个简短声明，谓“政变记凡八篇，卷帙太繁，今先将第四篇登载于报中”。第四篇“政变前记”包括第一章“政变之总原因”和第二章“政变之分原因”。当时梁来日本已两个月，尽管他倾注了满腔热望奔走于日本政界，呼吁营救光绪皇帝，但没有取得看得见的成果。② 在这种情况下，为了让内外了解政变的实际状况和自己的政治主张，以唤起舆论，梁构想出《戊戌政变记》八篇，开始在其主编的机关刊物《清议报》上连载。他自然是兴致勃勃的。

《清议报》连载《戊戌政变记》的具体顺序为，第2册为第5篇“现今政府之详情”的第1、2章，第3册为第2（续）、3章，第4册为“谭嗣同传”，第5册为“政变近报”，第6—8册为康广仁、杨深秀、杨锐、林旭、刘光第的传记（附烈宦寇连材传）。第9—10册是“光绪圣德记”（附谭烈妇传），至此连载结束。

---

① 刘凤翰：《梁启超〈戊戌政变记〉考异》，《袁世凯与戊戌变法》，台北传记文学出版社1979年版；原载《幼狮学报》第2卷第1期，1959年；《〈清议报〉——至十期对〈戊戌政变记〉的刊载》，同上所收，1964年稿。

② 拙文《初期到日本的梁启超》，广东省康梁研究会编：《戊戌后康梁维新派研究论集》，广东人民出版社1994年版。

但与此同时，日本《东亚时论》[①] 也刊登了《戊戌政变记》，两相比较，可知《清议报》登载的并非梁启超所撰原稿的全部。具体地说，《东亚时论》第 2 号（杂录栏）刊载的是“第四篇政变始末”的第 1 章和第 2 章的一部分，第 3 号刊载的是题目改为“政变前记”的第 2 章的其余部分，以及题为“辩诬”的第 3 章。[②] 大概该杂志收到了三章的全文，但编辑考虑到版面的限制，分两期进行了连载。

《东亚时论》第 2 号登载的时间与《清议报》的创刊时间大致相同，因此可以断定该杂志刊载的并非转载于《清议报》，而是梁启超“寄”去的。不知为什么没有《戊戌政变记》这一总题目，但构想中的“第四篇”当初被定为“政变始末”。而在第 3 号上，将其改为与《清议报》上所载一致的“政变前记”。“辩诬”长达 3500 字，是根据史实对当时日本政界舆论的批驳。日本政界的主流当时对康梁持批判态度，认为“变法过于激进所以失败”。不知道梁为什么没有将该文刊在自己办的《清议报》上。当然，也可能是因为从“政变记”的角度来看，“辩诬”带有余论的性质。

《东亚时论》第 4 号上登载的是“圣德记”全部 15 章[③]。这在后来的单行本中被当作“附录三”，为《清议报》第 9、10 册所载“光绪圣德记”的全文。“光绪圣德记”中，第 1 章相当于《清议报》第 2 册的“本馆论说”《论皇上舍位忘身而变法》，标有“见前第二册”而省略了文章，其实在两个月前就出来了。第 5 号以下的《东亚时论》，不再登载《戊戌政变记》。这时发生了康有为的离日问题，梁启超与东亚同文会的部分会员之间生出了一些摩擦，另外，两家杂志所载文章如此重复交错或许也是停载的一个原因。总之，这期间的经过充分反映了梁启超暗中摸索着写作《戊戌政变记》的奋斗过程。

---

① 《东亚时论》（半月刊）是日本的亚细亚主义者于 1898 年 11 月创立的团体“东亚同文会”的机关刊物。创刊号上未注明出版日期，但如果从第 3 号（1899 年 1 月 10 日）之后的出版周期来看，有可能是 1898 年 12 月 10 日，第 2 号可能是 12 月 25 日。另外，第 2 号“杂录”栏里同时刊载了《横滨〈清议报〉叙》一文。

② 第 3 章的结尾记有“未毕”字样，好像应该继续连载，但第 4 号之后却中断了。

③ 《东亚时论》上有九个地方缺字。其中一条是伊藤博文谒见光绪帝的场面：“暨日相伊藤博文来游请觐，上亦赐之坐”，另外八条是对西太后的诬蔑性表现。可以看出是该杂志的编者采取的措施。

梁启超所构想的八篇的具体内容不详，《清议报》第4册的目录中印有“第五篇”，只是误植，谭嗣同等六君子的传记大概相当于第六篇。以后的《清议报》就不再有篇次的记载，第5册的“政变近报”，无论从其标题来看，还是从集中了慈禧太后一派无道的传闻、诉说政情紧迫的内容来看，都是脱离了总体构想，对应局势的应时之作（最终单行本中省略掉了）。因此，即使将“光绪圣德记”包含在内，也只是在登载了当初构想的一半途中，突然出版的单行本。

二 《戊戌政变记》九卷本的刊行

这一突然的决定，是因为局势突变，使梁启超认识到必须赶快出版《戊戌政变记》全文。这就是所谓“己亥建储”事件的发生。[①] 梁后来在总括政变后三年概况的时候，作为“中国存亡绝续之所关”事件，曾历数“戊戌之政变、己亥之立储、庚子之国难”[②]。那是梁对抗从根本上反对拥护光绪帝的改革的政敌们的一个策略。

在已经停止连载《戊戌政变记》的《清议报》第11册（1889年4月10日）上，刊登了《戊戌政变记成书告白》。广告词中写道：“戊戌八月之变，实为中国存亡绝大关系，惟其事之本末，层类曲折，知之者少，今有局中人某君，将事之源委编辑成书，托本馆代印代售”，“记载详尽，议论精明，将中国将来之局言之了如指掌，有心人不可不读之书也”。全书共10卷，其内容为“一、变法实情；二、废立始末记；三、政变前记；四、政变正记；五、变法后记；六、殉难烈士传，余附录四卷”。10卷中本文6卷，如果无视文字上的细微差别的话，是与九卷本相同的。把本来设想中的8卷压缩为6卷，其篇目上的不同自不待说。而从“今已印成，定于四月中旬出书，如欲购者，随时函告本馆及代派处可也”中可以得知，预告出版的时间是旧历四月中旬，即阳历5月下旬。

在下一册《清议报》上的“成书告白”中，全书“十卷”被改成了“九卷”，虽说“今已印成”，但实际上正在印刷之中。在后来的第14册

---

① “己亥建储”之事见于《清议报》第9册“东报译编”栏《皇帝废立》的报道。

② 《清议报全编》出书广告，《新民丛报》第42、43号。

(5 月 10 日)的"成书告白"中，定价也公布出来了，先是印有"四本定价洋八角，邮费在内"，后来又将其涂掉，在旁边改为"三本定价洋六角，邮费另计"。由此可知，出版《清议报》第 14 册时还在印刷中的《戊戌政变记》一书，终于装订好了，定价也最后决定了。

如预告所示，《戊戌政变记》在 5 月下旬终于出版。根据日本密探的报告①，"自五月二十三日始"三卷本的《戊戌政变记》被"悉数颁布于欧洲、美国、新加坡、香港、其他清国人居留之地"。报告还称该书为"清国人康有为及梁启超等于居留地百三十九番清议报馆发行之《清议报》中选拔文章编纂而成，专论清国政治得失及国体当如之何"。

九卷本的《戊戌政变记》就这样刊行了。其内容包括上述本文 6 篇及附录的"变法起源记""湖南广东情形"和"圣德记"，被标为第 1—第 9 卷。关于各卷内容与《清议报》上所载的《戊戌政变记》各部分的对应关系，一如刘凤翰先生的研究所示，这里不予详述。但是第 5 篇"政变后论"的第 2、3 章，采用了《东亚时报》创刊号登载的梁启超的寄稿，这一点将在后面说明。

三 《戊戌政变记》订正九卷本的刊行

作为单行本刊行的《戊戌政变记》，到了第二年春又"再版"了②。后来又屡次再版，1903 年出版了"订正第十版"（订正九卷本）。根据《新民丛报》第 26 号（1903 年 2 月 26 日）的广告，它被改成了"洋装全二册"，"减价三角半"。

这一时期，在梁启超等人看来，出现了与三年前同样的废弑皇帝的动向。③ 但这并没有成为梁订正的理由。关于订正的理由，被解释为"计自出版以至于今，除本社自行重版数次，而各处之翻印者，复不可胜数，则其销流之广，价值之高，可想而知，惟各处翻印之本，每多错误，贻

---

① 明治三十二年 5 月 26 日，神奈川县知事浅田德则向外务大臣青木周藏的报告，外务省记录：各国内政关系杂纂，支那之部，革命党关系，1—440082。

② 再版《〈戊戌政变记〉成书告白》，《清议报》第 41 册，价格与以前相同，仍为"六毫"，原来的 3 册分装成 4 册。

③ 《政界时评》《逆臣废弑之阴谋》，《新民丛报》第 26 号。

害读者不少”。因而“本社今以各处购求者尽众，乃据原稿，重行精心校印发售，书成无多，请速购取”。这里所说的“各处翻印之本，每多错误，贻害读者不少”，作为订正“理由”有些牵强附会。各处翻印本即赚钱第一的盗版书，的确有很多错误，比如，文海出版社影印用的原本，与被认为是《新民丛报》社刊行的京都大学东洋史研究室藏本相比，非常明显的误植随处可见，大概可算是这种颇多错误的“翻印之本”。但是，因此就将其当作订正本社版本的口实，实在令人难以置信。必须订正的，归根结底应是本社版本的记述。

如前所述，我尚未看到订正九卷本。但是，可以认为，刘先生的“考异”作业中所用的“注明为第十六次版”的1958年1月初版、香港友方图书公司发行的原本，正是上面引用的广告中所说的“订正第十版”的后印本。

据刘先生的考证，在订正九卷本中，被删除的有5处，修正的地方有42处。除去细小的字句的改正，有几处订正值得探讨，其中最重要的是有关袁世凯的评价问题。最初袁世凯曾被看成是戊戌变法的同情者，而在此则变成了叛徒，这大约是与刘先生所强调的袁的告密问题密切相关。[①]

其次，有关西太后的记述也被订正了。这基本上可以说是对原来的“过火”的谩骂词语的修正。在梁启超看来，西太后是“恶的权力化身”，无论怎么谩骂都不为过。《东亚时论》在刊登“圣德记”时，曾将类似的地方隐去。这对必须与清朝当局接触的日本亚细亚主义团体来说，可能是很自然的。康有为等人对西太后的攻击，被认为不仅仅是“暴露中华之隐微于外邦”，据说甚至引起了孙文一派的不快。[②] 如此说来，既然这时西太后已开始消极地模仿戊戌变法，出现了所谓慈禧新政，那么可以肯定康梁的做法引起了周围同志和支持者的批判。

另外的一个原因是，梁启超在旅日当初曾将营救皇帝当作第一要务，而四年之后开始出现思想的转变，正像他开始执笔《新民说》所显示的

---

① 在此之前出现过稍有不同的张之洞的例子。张本来在《清议报》第2册里被列在“穷捕之士”的名单中，但到了九卷本时被删除了，后来遭到激烈批判。

② 明治三十二年（1899）1月24日，神奈川县知事浅田德则向外务大臣青木周藏的报告，外务省记录：各国内政关系杂纂，支那之部，革命党关系，1—440048。

那样，“国民”概念的提出已经占据其政治思想的中心位置。随着这一思想的变化，订正旧作就显得具有某种必要。比如第 2 卷第 4 章结尾部分（《清议报》载于第 1 册“论说”栏）“六经即为中国之宪法也”这段不甚周到的议论，就被删除了。

正是这些内在原因，促使梁启超在赴美之前匆忙地提笔作了修正。但为了不失去读者的信任，他找了一个借口，说订正的目的是力图避免盗版书的错误“贻害读者”。若根据“原稿”“重行精心校印”的话，应该是校出一个和原版本一致的版本。那么，《新民丛报》社刊行的版本又是怎么回事呢？梁对此未加说明。不过从这一不充分的借口与内在的真实原因之间，可以窥探到他内心的矛盾。

四 《戊戌政变记》八卷本的刊行

1903 年春刊行的《戊戌政变记》订正九卷本，似乎一直发售到 1906 年的夏季。《新民丛报》在 1903 年的每一期上都登载有该社或上海广智书局刊行的“《戊戌政变记》，洋装全二册，定价三角五分”的广告。① 此后则基本上没有再登。1906 年夏季的第 80 号（5 月 8 日）、第 82 号（7 月 6 日）上所见的“《戊戌政变记》，三角五分”为最后的广告。“洋装全二册”字样不见了，但可以认为是订正九卷本的广告。我们知道，《新民丛报》是在出到第 96 号（1906 年 11 月 20 日）时停刊的。停刊之前的第 95、96 号上登有包括 700 种以上的“本社发售各种书目”，但是独独不见其中有《戊戌政变记》。

就广告的情况来看，可以说在 1905 年以后②，订正九卷本的出现基本上被有意识地控制了。这种有些奇怪的状况持续之后，广智书局出版了《戊戌政变记》的八卷本。由于没有注明日期，不知是何时出版的，

① 刊载这最后广告的《新民丛报》第 38、39 台刊号的封底上的刊行日期是 1903 年 10 月 4 日，但《东邦协会会报》第 108 号（1904 年 2 月 20 日）的“受赠书目”栏里可以看到该号，估计是翌年 2 月前后出版的。1904 年，只能在第 49 号“新民丛报社出版各书”中看到。

② 这期间，《新民丛报》第 56 号（1905 年 11 月 7 日）的“本社寄售各种新书价目”中有“《戊戌政变记》，减价四角”，看来只能是原来的九卷本的减价广告。但不清楚为什么在这时候出售旧版书。

但可以推定是在《新民丛报》停刊后不久的事。[①]

据刘先生的考证，八卷本对订正九卷本作了9处削除和56处修正。最引人注目的是将九卷本的第5卷（第5篇）完全略去了，正因如此，故称之为八卷本。

如前所述，九卷本的第5卷“政变后论”的第2、3章本来是与梁启超寄给《东亚时论》创刊号的文章一致的。梁的文章的题目是《论支那政变后之关系》，由第1章“支那与各国之关系”、第2章“关系之问题”、第3章“日英政策旁观论”组成。其中的第1章成了九卷本的第2章，原第2章被削除了，第3章成了九卷本的第3章。该文呼吁英国和日本对控制了西太后和满洲守旧派的俄国予以抵制。削除了的第2章，实际上是将原来第1章的论点整理成15条，过渡到第3章，因此削除之后文章的总体构成应当说是更紧密了。

在《东亚时论》创刊号上，还登有梁的要求救援光绪皇帝的《上副岛近卫两公书》[②]，由此可见，梁的寄稿大概是对这一请求信的解说。就是说，这是在所构想的《戊戌政变记》八篇之外的。假如是这样的话，那么删除这一作为紧急关头的应对之策，回到《戊戌政变记》原来的构想，毋宁说是符合梁启超愿望的。另外，经过日俄战争之后，依靠英国和日本来推进中国的改革这条路线已经失去了意义，就此来说，九卷本中也自然应该删去第五篇。

附带说，《戊戌政变记》的执笔带有要援救光绪皇帝这一背景，删去这种背景影响下的叙述部分而编辑成八卷本，正体现了梁本人与日本的关系的变化。

八卷本中削除和订正的部分超过上次的削除和订正，其中最重要的地方是删去了满洲人根本不具备改革能力这一论点，以及西太后破坏变法的记述。这可能与下面的事情不无关系，即从1905年到第二年，清政府派出五大臣考察欧洲宪政，而梁启超暗中给予了配合。果真如此的话，

---

① 广智书局一直坚持到1915年，1910年陷入了经营不良的状态［张朋园《广智书局（1910—1915）》，《“中央研究院”近代史研究所集刊》第28期］。八卷本的刊行首先可以认为是在《新民丛报》停刊到1910年间的事情，但由于停刊时订正九卷本已停止发售，故八卷本的准备作业很可能在1906年秋已经开始，如果是这样的话，可以推定不久就出版了。

② 其内容与梁来日后致大隈重信首相等政界要人的信相同，《东邦协会会报》也同时登载了。

或许八卷本中的改订可以看作梁向清政府“靠拢”的一个隐讳的证明。这样就容易理解，为什么过去《新民丛报》社出版的九卷本现在成了广智书局出版的八卷本。

五 结语

从以上的考证可知，梁启超在 1898 年末完成了《戊戌政变记》的构想，开始自《清议报》创刊号起进行连载，在中断连载后于翌年 5 月最初作为九卷本刊行，随后于 1903 年春又出版了订正九卷本。进而又于 1907 年左右经过进一步的订正而出版了八卷本。① 每一次的订正虽然不能说很周到②，但是从中必须把握到梁启超根据需要被迫进行大幅度订正的姿态。

《戊戌政变记》的三种单行本的出版，大体上分别与《清议报》和《新民丛报》的刊行时期，以及《新民丛报》停刊后的时期（即《政论》的刊行时期）相对应。因此，这可以说是一面镜子，它从某种角度反映了随着时间的推移梁启超的思想和行动所起的变化。

梁启超在后来曾自诩于《戊戌政变记》的价值，谓“后之作清史者记戊戌事，谁不认为可贵之史料”，但同时也认识到了自己的不足，“然谓所记悉为信史，吾已不敢承认，何则？感情作用所支配，不免将真迹放大也”。③ 这里所谓“感情作用所支配”，不用说首先是对九卷本的谦辞，另外，虽然没有明言，但也是对自己被迫再三修正的批判。《戊戌政变记》不仅仅是关于“戊戌政变”的一部“信史”，同时也可以从中窥见在近 10 年的岁月里梁的思想变化的轨迹。就此而言，它具有非常重要的双重意义。

---

① 刘先生的“考异”认为，在订正了九卷本（他谓之“初印本”）的错误的基础上，首先出现的是八卷本（他谓之“合集本”），然后为了根据八卷本恢复九卷本的原貌，出现了订正九卷本（即刘先生所说的“十六次版本”）。

② 比如《东亚时论》登载的“圣德记”中被删除的对于西太后的骂辞，就没有被全部订正。

③ 《中国历史研究法》，第 5 章第二“鉴别史料之法”，《饮冰室合集·专集》第 16 册，第 91 页。

传统人口的性别与年龄结构*

姜　涛

性别与年龄结构，属于最基本的结构——人口的自然结构系统。因为两者的划分，一是基于男女两性在生理上的区别，一是基于人自出生成长直到衰老死亡的自然过程。它们都是人口自然属性的表征。然而，无论是性别结构还是年龄结构，又都是作为群体而存在的人口才具有的性质特征。具体的个人只能拥有或男或女一个性别，而人口却可以拥有男女两个性别。一个人若非夭亡总可以遍历自幼年起直至老年的不同年龄阶段，但在某个特定的时点，他（或她）又只能被划分在某个具体的年龄组之中；而唯有人口，才能拥有按种种不同特征指标划分的年龄结构。按照马克思主义的观点，人口决不是什么超历史的抽象，而是有其丰富的具体的内容的。因而，中国传统人口的性别与年龄结构，又不能不具有那个时代所赋予的种种社会属性。它们既是自然的，也是社会的、历史的。

一　传统性别结构

（一）男女两性之别

男女两性有别，这似乎是天经地义的事。因为两性在生理上确实存在差异，而这种差异在人类自身的繁衍——进行人口再生产时表现得尤

* 本文原载《近代史研究》1997 年第 6 期。

为明显。从这一层意义上说，男女两性之别是自然的，天经地义的。然而，当男女两性的差异被强调、夸大乃至固化，尤其在形成男尊女卑、夫为妻纲；男女异长、内外有别；女子有三从之德、女子无才便是德等一整套礼教习俗之时，男女之别显然又具有了社会的、历史的意义。从这一层意义上说，男女两性之别就不那么“天经地义”的了。因为它并不从来就是如此的。

中国曾经有过“男女无别”——无社会差别的时代。秦代的政治百科全书《吕氏春秋》中说过：“昔太古尝无君矣。其民聚生群处，知母不知父，无亲戚、兄弟、夫妻、男女之别，无上下长幼之道，无进退揖让之礼……”①《列子·汤问》中也提到有一个“终北”之国，那里的人民“长幼侪居，不君不臣；男女杂游，不媒不娉；缘水而居，不耕不稼；土气温适，不织不衣”。不管是“太古”之时也好，传说中的“终北”之国也好，显然反映的都是原始的蒙昧时代。那时的人们还没有形成固定的夫妻关系，也没有按性别的社会分工，男女两性的地位大概也应是平等的。

进入农耕时代以后，明确的按性别的社会分工开始出现了。这大概相当于古史传说中的神农氏时代。《商君书·画策》中说：“神农之世，男耕而食，女织而衣，刑政不用而治，甲兵不起而王。”男子开始成为农业生产的主力，妇女转而从事纺织等次要劳动。汉字之“男”字，无可争辩地透露了这一划时代的按性别分工的信息。《说文解字》对此字的解释是：“男，丈夫也。从田从力，言男子用力于田也。”② 随着生产力的发展，男性在社会生产中崛起，他们在整个社会生活中也逐渐居于支配的地位：以男子为中心的一夫一妻制取代了血缘婚，男性世系（父系）取代了女性世系（母系）。

考古发现表明：华夏文明大约是在公元前 3000 年—公元前 2000 年之间开始这一转变的。约始于公元前 3000 年的马家窑文化早期墓葬中，男女随葬品的种类和数量还没有什么差别，反映当时两性仍处于较平等的地位。但后期墓葬中，石斧、锛、凿等生产工具多作为男性的随葬品，

---

① 《吕氏春秋》卷二十《恃君览》。

② 甲骨文“男”字中的“力”象耒形，表明是用耒耜从事农耕。

而纺轮则多为女性的随葬品，体现了按性别的社会分工。而到了公元前2000年左右的齐家文化时，出现了可以判定为夫妻关系的成年男女合葬墓。其最常见的葬式是：男子为仰身直肢葬，女子为侧身屈肢葬，而且后者是面向前者的。这已是男子居统治地位，女子降居于从属和被奴役地位的生动写照了。①

有迹象表明：殷王朝（约公元前16—前11世纪）尽管是按男性世系传承王位，但殷代妇女的社会地位却不低，至少不像后来的周王朝那么低。从甲骨文的记载看，女性可以在战争中出任斩将搴旗的将军，可以在田猎时充当追逐猛兽的勇士；既可以执行祭司的职务，也可以从事档案文书的工作；结了婚的女子甚至还可以拥有自己的土地、钱财。② 也许正因为如此，殷人才遭到了周人的猛烈抨击。武王伐纣时的誓词《牧誓》中援引“古人”之言：“牝鸡无晨。牝鸡之晨，惟家之索。”意思是说，母鸡是不可以在早晨打鸣的。倘若母鸡在早晨打鸣，这一家子就完了。纣王之“惟妇言是用”竟也被宣布为罪状，这说明殷人确有不少“反传统”的或为他人所不能容忍的习俗、做法。周人伐殷的成功，究竟是先进的封建社会取代了落后的奴隶社会，还是落后的农业部落联盟战胜了先进的工商业奴隶制国家？这些问题自有专家去探讨。我们所感兴趣的是这一点：殷人的一套东西终于未能传承下来。在此之后三千年里起作用并形成传统发扬光大的，是周人大力提倡并身体力行的以宗法制度为中心的封建礼教习俗。而《周易》经传所阐发的业已上升为哲学理念的阴阳学说，无疑又起到了决定性的理论指导的作用。由农耕经济所产生的、体现了父权（男性之权）的男女两性之别，于是被进一步强化，或者说被固化了。

两性社会地位的不平等，尤其是只有男子才可继承家业、传宗接代的社会现实，造成了人们对生男生女的不同待遇。而有关这种区别对待的最早记载，也见于周人留下的经典文献。《诗·小雅·斯干》分别是这样说的：“乃生男子，载寝之床，载衣之裳，载弄之璋。其泣喤喤，朱芾斯皇，室家君王。”——如果生了男孩，让他睡在床上，身上穿起衣裳，手里玩弄玉璋。他的哭声响亮，红色套裙辉煌夺目，将来可以有室有家

① 《新中国的考古发现和研究》，文物出版社1984年版，第105—125页。

② 《李亚农史论集》，上海人民出版社1962年版，第441—444页。

为君为王。“乃生女子，载寝之地，载衣之裼，载弄之瓦。无非无仪，惟酒食是议，无父母诒罹。”——倘若生了女孩，只能睡在地上，身上裹着小抱被，手里玩弄陶纺锤。长大后无偏无邪，料理家务烧烧饭，不给父母添麻烦。

后世称生男为“弄璋”，生女为“弄瓦”，乃至嘲笑只生女孩的妇女为“瓦窑”，其源盖出于此。① 这两种截然不同的待遇，即出生时的性别歧视习俗，极为深刻地影响了中国传统人口的性别结构。

（二）传统性别结构的历史考察

所谓性别结构，是指一定范围和一定时间内，男女两性在人口中所占的比例关系。② 性别结构，如果仅就其自然属性说，应具有高度的稳定性。比如说，人口的出生性别结构，因不受后天各种因素的影响，就是极其稳定的。据法国数学家拉普拉斯（P. Laplace，1749—1827）研究，人类男女两性的出生之比几乎是恒定的，即 22∶21，或性别比 104.76。我国的几次人口普查，也证实了这一出生之比。人口统计学还告诉我们：在一个足够大的人口中，儿童组的男性要稍多于女性，老年组的女性则多于男性，而在总体上男女两性又应大体持平。比如说，1980 年的世界人口统计表明：男性人口占 50.14%，女性人口占 49.86%，性别比为 100.56，男女人口几乎相等。③

中国传统人口的性别结构，当然不可能超越自然规律。但它在男尊女卑、重男轻女传统礼教习俗的影响下还是尽可能地表现出了自身的“这一个”的具体特点，即在通常状态下男子人数大大超过女子人数。

有迹象显示：男多女少，早在史前社会就已十分突出。表 1 是考古发掘所显示的人口性别比。从表列有关资料看，性别比最低者为 70（青

① （清）褚人获《坚瓠集》丙《弄瓦》诗：“无锡邹光大连年生女，俱招翟永龄饮。翟作诗云：‘去岁相招云弄瓦，今年弄瓦又相招。寄诗上覆邹光大，令正原来是瓦窑。’”

② 对于性别结构，通常有两种表示方法。一是分别计算男性和女性在人口总数中的百分比，其计算公式为：男（女）性比例 = 男（女）性人数 ÷ 人口总数 ×100%；一是计算男性人数对女性人数的百分比，即每一百名女子所对应的男子数，其计算公式为：性别比 = 男性人数 ÷ 女性人数 ×100%。本文一般采用后者，即性别比表示法。

③ 许涤新主编：《当代中国的人口》，中国社会科学出版社 1988 年版，第 100 页。

浦崧泽与华阴横阵)，最高者为520（西安半坡)，而将所有资料合计，男性为1993人，女性为1080人，性别比为184.54（另有性别不明者735人)。由于这些出土人骨都属于成年人，从而由一个侧面反映了当时的现实的性别之比。

表1　　考古发掘所显示的男女性别比

遗址	考古学年代	合计	男	女	不明	性别比
长葛石固	裴李岗	69	34	23	12	148
河姆渡	河姆渡	11	6	2	3	300
常州圩墩	马家滨	120	53	37	30	143
青浦崧泽	崧泽	103	16	23	64	70
宝鸡北首岭	仰韶	80	55	23	2	239
姜寨一期	仰韶	125	71	54		131
半坡	仰韶	254	52	10	192	520
华县元君庙	仰韶	152	91	61		149
渭南史家	仰韶	730	441	224	65	197
华阴横阵	仰韶	102	37	53	12	70
下王岗	仰韶	286	207	79		262
兖州王因	大汶口早	780*	547	233	235	
邳县刘林	大汶口早	204	76	59	69	129
大墩子	大汶口早中	344	180	117	47	154
野店	大汶口	98	18	17	63	106**
大汶口	大汶口中晚	142	19	18	105	106
曲阜西夏侯	大汶口中晚	31	11	10	10	110
诸城呈子	大汶口中—龙山	108	28	19	61	147
郑州大河村四期	仰韶—龙山	31	24	7		343
陕县庙底沟二期	龙山	38	27	11		245
合计		3808	1993	1080	735	184.54

资料来源：据宋镇豪《夏商社会生活史》，中国社会科学出版社1994年版，第120页原表改制。*原表作885；**原表作109。

然而对于我们所要了解的传统人口的性别结构来说，在明代以前的一千数百年中，还缺乏必要的人口统计资料的证明。

有关传统性别结构的最早文字记载，见《周礼·夏官·职方氏》："乃辨九州之国，使同贯利：东南曰扬州，其山镇曰会稽，其泽薮曰具区，其川三江，其浸五湖，其利金、锡、竹、箭，其民二男五女，其畜宜鸟兽，其谷宜稻……"其下便按荆州、豫州、青州、兖州、雍州、幽州、冀州、并州次第叙述。为简明计，现仅将各州男女性别结构状况列表 2 如下：

表 2　　《周礼》九州之男女性别结构

州别	方位	性别结构	折合性别比
扬州	东南	二男五女	40
荆州	正南	一男二女	50
豫州	河南	二男三女	66.7
青州	正东	二男三女	66.7
兖州	河东	二男三女	66.7
雍州	正西	三男二女	150
幽州	东北	一男三女	33.3
冀州	河内	五男三女	166.7
并州	正北	二男三女	66.7
合计		二十男二十七女	74.1

资料来源：《周礼·夏官·职方氏》。

《汉书·地理志》在追叙周代地理时，几乎是全文照引了《职方氏》的有关内容，并认为是周代的实际情形。然而从《禹贡》的九州直到《职方氏》的九州，都只是一种学术上的概念，是对中国地理的超现实的区划。因而有关的叙述是不能完全作为信史来看待的。但《职方氏》的九州，毕竟反映了战国至西汉时期人们对中国地理大势的认识，它所描画的各州山川特产又确有所据。那么，它所叙述的各州男女两性之比，也应是现实的一种折射。值得注意的是，除地处正西的雍州和地处河内的冀州呈男多女少的情形外，其余七州均呈男少女多之势，尤其是豫、青、兖、并四州均为"二男三女"，而从总体上也为男少女多。因此，最有可能的是，它反映了战国至汉初经过长期战争后多数地区男性人口减少的事实。据记载，战国时期争雄的各大国军队人数均已达到数十万之众。有时交战双方的总兵力可达百万人以上，而战争对青壮年男子的摧残也空前酷烈。公元前260年，秦赵长平之战，秦征发民15岁以上者悉赴长平。赵军40万人战败投降，竟均遭秦将白起坑杀，仅小弱者240人获释。此役赵军前后损失45万人，秦军亦“死者过半”。公元前206年秦末农民战争时，项羽起兵伐秦，也一次即坑杀秦之降卒20余万人。可以想见，战国后期直至汉初的人口性别比不会很高，出现男少女多的情形也是极有可能的。

《汉书·地理志》中还载有西汉平帝元始二年（2）各州、郡的户口统计。这对我们了解西汉时期的人口分布等大有裨益。然而可惜的是没有男女人数的统计，我们无从掌握当时的人口性别结构。居延出土的汉简中，有一些是反映戍卒的家庭状况的。笔者根据已公布的材料，从中搜集到22户完整家庭的资料。经统计，男子共41人，女子共38人，性别比为107.89。然而由于样本人口过少，窥此一斑似不足以见到西汉人口性别结构的全貌。

目前我们所能见到的、能够反映较大范围的人口性别结构的资料，多集中于明清两代。明初洪武年间（1368—1398年）曾举行过类似当代人口普查的大规模人口登记。在一些地方志中还能找到这一时期分性别的人口统计。表3的样本地区为2府1州，地跨今天的2省1直辖市（湖南、湖北、上海），总人口150余万。由于时点的统一性也比较好（永州为1381年，沔阳与松江均为1391年），因而具有足够的代表性。它展示了明代初年的人口性别比为112.93。

表3　明洪武年间部分地区的人口性别比

地区	总人口	男	女	性别比
永州府	411616	229420	182196	125.92
沔阳州	47310	23109	24201	95.49
松江府	1094666	571433	523233	109.21
合计	1553592	823962	729630	112.93

资料来源：（明）洪武《永州府志》卷三；（明）嘉靖《沔阳州志》卷九；（清）康熙《松江府志》卷五。

明代永乐（1403—1424 年）以后，户口登记的隐漏成了普遍现象，妇女、儿童往往不入户籍。这种流于形式的人口登记终于为只载科税人口的赋役全书所取代。表 4 所载的松江府数据资料表明：该府人口性别比在 1391—1502 年这 100 多年间的渐次升高，并不是因为男性人口相对于女性的过高增长，恰恰相反，是因为登记人口，尤其是女性人口不断减少而造成的。显然，性别比的这种大幅度的抬升，是不足为据的。

表 4　　明代松江府男女人数及性别比的变动

年度（公元）	总人口	男	女	性别比
洪武二十四年（1391）	1094666	571433	523233	109.21
永乐十年（1412）	825497	433045	392452	110.34
宣德七年（1432）	727429	411997	315432	130.61
正统七年（1442）	757833	460901	296932	155.22
景泰三年（1452）	746262	479233	267029	179.47
天顺六年（1462）	663569	445930	217639	204.89
成化八年（1472）	643348	450790	192558	234.11
弘治十五年（1502）	583207	435253	147954	294.18

资料来源：据梁方仲《中国历代户口、田地、田赋统计》，上海人民出版社 1980 年版，第 439 页原表改制。

清代前期的近百年间（1644—1740 年），只有纳税人丁的统计，因而无从全面了解人口性别比的状况。但个别地区偶尔有全体民数的统计。如雍正十二年（1734），陕西洛川县即有分别男女成丁幼口的统计。据此可知，该县人口的性别比为 131.43；如按成年组和儿童组分计，则成人性别比为 124.36，儿童性别比为 146.65（参见表 5）。但它只反映了西北的一个县的性别结构，且时间过于靠近清代中期，因而还不具备足够的代表性。

表 5　　清雍正十二年（1734）洛川县人口性别与年龄结构

	总人口	男	女	性别比
总人口	31092	17657	13435	131. 43
成年	20592	11414	9178	124. 36
儿童	10500	6243	4257	146. 65
儿童人口比重（%）	33. 77	35. 36	31. 69	

资料来源：民国《洛川县志》卷十四《人口》。

清代中期（1741—1850年）自乾隆六年（1741）起，人口统计制度有了根本性的变化，即由编审纳税人丁转而由保甲册籍登载全体民数。因此，尽管《清实录》和户部《会奏各省民数谷数清册》（以下简称为《民数册》）都只有民数的合计，在为数众多的地方志中却依然可以找到分别男女的人口统计。这就为我们分析清代中期以降的人口性别结构提供了有利条件。美籍学者何炳棣曾经进行过这方面的工作。他在《1368—1953年中国人口研究》一书中，搜集整理了自乾隆四十一年（1776）直到道光末年（1850年）的一些数据。[①] 笔者在他的基础上又增补了若干资料，并按时期分列为三表（表6、7、8）。为减少偏差，使所得结果更具代表性，各表除了尽可能地扩大地区涵盖面外，对反映同一时期、同一地区的资料，则尽量避免重复。如在表6中列入乾隆四十三年（1778）直隶全省的数据后，对该省永平府（乾隆三十八年）及永清县（乾隆四十二年）的数据即行舍弃了。

表 6　　清代乾隆年间（1749—1795年）人口性别比

年度（公元）	地区	人口	性别比
十四年（1748）	浙江萧山县	209343	132. 1
三十六年（1771）	山东	25662799	113. 4

① He, Ping-ti, *Studies on the Population of China*, *1368 – 1953*, Cambridge: Harvard University Press, 1959, pp. 58—59. 参见该书中译本何炳棣《1368—1953年中国人口研究》，上海古籍出版社1989年版，第56—57页。

续表

年度（公元）	地区	人口	性别比
四十三年（1778）	直隶	20746517	118.8
四十八年（1783）	陕西澄城县	158310	154.2
四十九年（1784）	周至县	234456	125.0
五十年（1785）	浙江义乌县	513878	118.3
五十四年（1789）	嘉兴府	2416105	136.5
五十八年（1793）	江苏常熟县	525617	135.1
六十年（1795）	四川邛州	135788	101.1
合计		50602813	117.1

资料来源：乾隆《萧山县志》卷九；台北“故宫博物院”藏《军机档》15366 号，转据［美］饶济凡《清代中国之人口与市场聚落》，纽约坎布里奇大学出版社 1982 年英文版，第 78 页；《史料旬刊》第 21 号，第 770 页，1930 年 12 月；乾隆《澄城县志》卷五；乾隆《周至县志》卷四；嘉庆《义乌县志》卷一；乾隆《常昭合志》卷三；嘉庆《邛州志》卷十七。

表 7　　清代嘉庆年间（1799—1820 年）人口性别比

年度（公元）	地区	人口	性别比
四年（1799）	浙江嘉兴府	2540209	136.3
七年（1802）	陕西洛川县	94014	126.9
十一年（1806）	四川	17477076	114.1
二十一年（1816）	江苏松江府	2482974	127.0
二十五年（1820）	苏州府	5908805	134.4
合计		28503078	121.0

资料来源：光绪《嘉兴府志》卷二十；民国《洛川县志》卷六；第一历史档案馆藏内阁杂档；嘉庆《松江志》卷二十八；同治《苏州府志》卷十三。

表 8　　清代道光年间（1826—1845 年）人口性别比

年度（公元）	地区	人口	性别比
六年（1826）	安徽歙县	617111	120.7
九年（1829）	陕西宁陕厅	115392	156.4
十三年（1833）	四川石泉县	113963	116.5
十五年（1835）	广西浔州府	877337	109.5

续表

年度（公元）	地区	人口	性别比
十七年（1837）	山东	31533763	114.5
十八年（1838）	浙江嘉兴府	2937764	131.4
二十三年（1843）	四川重庆府	2071695	112.8
二十五年（1845）	云南大姚县	95451	110.9
合计		38362476	115.7

资料来源：民国《歙县志》卷三；道光《宁陕厅志》卷二；道光《石泉县志》卷三；道光《浔州府志》卷十八；道光《济南府志》卷十五；光绪《嘉兴府志》卷二十；道光《重庆府志》卷三；道光《大姚县志》卷三。

从表列资料所反映的情况看，县一级性别比数据的离散程度相当大。性别比高者可达156.4（陕西宁陕厅），低者仅为101.1（四川邛州），相差50多个百分点。但到府级乃至省级政区的数据，离散程度就相应缩小了。三个时期的均值，更是集中于116—121之间。就是说，相对于每100名女子，有116—121名男子。这一结果，应被视为清代中期人口性别比的总体水平。当然，地区性的差异也是明显的。如东南人口稠密的江苏、浙江等省，性别比相应地要较北方地区高一些。至于陕西宁陕厅的性别比偏高，据何炳棣分析，很可能是因为境内有大量单身垦山移民的缘故。①

清代后期（1851—1911年）自咸丰年间起，因受太平天国战争的冲击，保甲废弛，人口造报多流于形式。即使在战后的恢复时期，也往往出于地方吏胥的主观臆造，不足以成为信谳。② 从笔者所见这一时期的方志来看，或是只载男丁，不载女口；或是妇女、儿童大量隐漏。因此，从这一时期的方志中，是很难得出近实的性别比数据的。当然，这一时期仍有一些地区进行了认真的户口清查工作。如直隶（今河北）青县，就曾在光绪初年对全县人口按自然村进行了逐村登记。据笔者对《青县村图》汇总计算的结果（参见表9），青县全县共148722人，性别比为118.48（其中成人为118.95，儿童为117.58）。

① 《1368—1953年中国人口研究》，第56页。

② 参见姜涛《中国近代人口史》，浙江人民出版社1993年版，第62—72页。

表 9　　清光绪初年青县人口性别比

镇别	村镇数	总人口	男	女	性别比
1. 本城镇	37	13694	7293	6401	113. 94
成年		8883	4781	4102	116. 55
儿童		4811	2512	2299	109. 26
2. 南街镇	63	17213	9407	7806	120. 51
成年		11334	6183	5151	120. 03
儿童		5879	3224	2655	121. 43
3. 北街镇	31	9266	4499	4767	94. 38
成年		5498	2856	2642	108. 10
儿童		3768	1643	2125	77. 32
4. 流河镇	16	4224	2247	1977	113. 66
成年		2811	1512	1299	116. 40
儿童		1413	735	678	108. 41
5. 南庄镇	18	3851	2045	1806	113. 23
成年		2587	1360	1227	110. 84
儿童		1264	685	579	118. 31
6. 新集镇	54	16673	9227	7446	123. 92
成年		10939	5982	4957	120. 68
儿童		5734	3245	2489	130. 37
7. 兴济镇	47	19702	11029	8673	127. 16
成年		13267	7440	5827	127. 68
儿童		6435	3589	2846	126. 11
8. 黄洼镇	25	7470	4133	3337	123. 85
成年		5069	2721	2348	115. 89
儿童		2401	1412	989	142. 77
9. 李家镇	26	10068	5732	4336	132. 20
成年		6996	3891	3105	125. 31
儿童		3072	1841	1231	149. 55
10. 大兴镇	25	7756	4219	3537	119. 28
成年		5115	2804	2311	121. 33
儿童		2641	1415	1226	115. 42
11. 马厂镇	26	10301	5666	4635	122. 24

续表

镇别	村镇数	总人口	男	女	性别比
成年		6834	3706	3128	118.48
儿童		3467	1960	1507	130.06
12. 杜林镇	67	28504	15154	13350	113.51
成年		18551	9942	8609	115.48
儿童		9953	5212	4741	109.93
合计 12 镇	435	148722	80651	68071	118.48
成年		97884	53178	44706	118.95
儿童		50838	27473	23365	117.58

资料来源：据光绪《青县村图》汇总计算。

清末宣统年间（1909—1911 年），清廷为预备立宪，曾举办过全国性的户口调查。这次调查因辛亥革命的爆发而草草收场，留下了一些质量不高的调查统计资料。表 10 系根据这次调查所得民籍、旗籍及藩籍人口的不完全统计整理而成的清末宣统年间的人口性别比。尽管资料不全，有关数据也未必都很可靠，但它毕竟第一次较为系统地展示了全国人口性别结构的概貌。它表明：清末全国人口的性别比为 121.71。这一结果可能稍稍偏高了些。因紧随其后的民国元年（1912）的户口统计中，全国人口的性别比为 119.6，比其低了两个百分点。值得注意的是：在太平天国战争中人口损失惨重的苏南地区（即表列江苏各属）以及浙江省的性别比，均较清代中期大为降低，且低于清末的全国平均水平。

表 10　　　　清末宣统年间的人口性别比

地方	人口	男	女	性别比
京师内外城	766862	511369	255493	200.15
顺天府所属	3734716	1991096	1743620	114.19
奉天全省	3102940	1677077	1425863	117.62
吉林全省	5393744	3069304	2324440	132.04
黑龙江全省	1858792	1017064	841728	120.83
直隶全省	21156827	11531348	9625479	119.80

续表

地方	人口	男	女	性别比
江苏各属*	9189858	4842251	4347607	111.38
安徽全省	16229052	8954846	7274206	123.10
山东全省	27095659	14631855	12463804	117.39
山西全省	10099135	5810855	4288280	135.51
河南全省	12451904	6566564	5885340	111.57
陕西全省	8054407	4393231	3661176	120.00
甘肃全省	4691620	2455166	2236454	109.78
福建全省	8353585	4705320	3648265	128.97
浙江全省	12913319	7004082	5909237	118.53
江西全省	16725685	9312190	7413495	125.61
湖南全省	21712203	12161646	9550557	127.34
四川全省	18325997	10361699	7964298	130.10
云南全省	7174887	3823752	3351135	114.10
贵州全省	8503954	4636956	3866998	119.91
热河所属	2824324	1563108	1261216	123.94
民籍总计	220359470	121020779	99338691	121.83
旗籍总计	732032	381453	350579	108.81
藩籍总计**	341130	154959	186171	83.23
军籍总计***	8185	4520	3665	123.33
总合计	221440817	121561711	99879106	121.71

资料来源：据王士达《民政部户口调查及各家估计》《（社会科学杂志）抽印合订本（1932—1933 年）》第 11 表改制。

* 指江苏布政使司所属之苏州、松江、常州、镇江及太仓等府州。

** 为乌里雅苏台、塔尔巴哈台、科布多及库伦所属合计数。

*** 为马兰镇所属及直隶提督所属合计数。

民国时期的 38 年在人口史上只是短暂的一瞬。在此期间，战乱频仍，加之灾荒、饥馑、瘟疫以及人口迁移等多方面因素的共同作用，人口的变动十分激烈。不过在民国时期，中国的近代人口统计事业也已渐次形成。若干官方或非官方的机构，曾有过各种形式的人口调查与统计。这些五花八门的数据，多少透露了这一时期人口变动的若干信息。表 11

采用了民国元年（1912）和十七年（1928）的两次户口调查统计资料，以反映民国前期全国人口性别比的概况。但原表的数据中，广东省因无男女人口的分计，其性别比是照搬了广西的统计结果，而云南、贵州两省时隔16年的两次统计，性别比又竟然完全相同！其调查统计的质量可想而知。

表11　　民国前期（1912—1928年）的人口性别比

	民国元年（1912）		民国十七年（1928）	
省区	人口	性别比	人口	性别比
合计	355729605	119.6	441849148	122.9
直隶	26657682	124.2	31232131	123.8
山东	30988852	113.1	30336001	117.3
山西	10081896	132.3	12228155	137.1
陕西	9363860	128.6	11802446	126.5
甘肃	4989907	120.3	6403319	120.0
江苏	32282781	110.8	34125857	113.7
安徽	（未报）		21715396	128.5
河南	28518437	109.1	29090180	112.6
湖北	29590308	116.1	26699126	123.5
四川	48129596	131.5	54010410	131.5
浙江	21440151	115.8	20642701	128.4
福建	15849296	128.3	9744112	136.5
江西	23987713	125.2	18108437	124.9
湖南	27616708	114.5	31501212	125.8
贵州	9665227	111.6	12691900	111.6
云南	9467697	110.7	12665150	110.7
广东	（未报）		31433200	119.2
广西	（未报）		8741293	119.2
奉天	12133403	122.2	15233123	126.3
吉林	5580030	130.0	6102439	121.8
黑龙江	2028776	130.9	3724738	132.8
新疆	2097763	112.8	2551741	124.3
热河	4629790	130.2	4371600	120.8

续表

	民国元年（1912）		民国十七年（1928）	
省区	人口	性别比	人口	性别比
察哈尔	（未报）		1997015	143.3
绥远	629730	144.9	2123768	155.9
川边特别区	（未报）		521037	123.3
青海	（未报）		368213	103.6
外蒙	（未报）		364457	（83.7）
额鲁特蒙古	17380		97.8	
西藏	（未报）		1302591	113.4

资料来源：实业部《中国经济年鉴》第三章“人口”，商务印书馆 1934 年印行。

说明：河南省民国元年栏内的数据为民国二年的统计。民国十七年（1928）时，直隶已改称河北，奉天已改称辽宁，川边特别区已改称西康。

正如人口学家陈达所指出的：

> 提起性比例，我们首先要考虑的是一般西方人认为远东的印度、日本和中国都是男子的比例较高。过去我国的人口报告也常提到男子人数远超过女子人数。如 1927 年内政部关于 12 省的人口报告，普通性比例为 124∶100，这是民国以来所见各报告中最高的比例。因为这报告是根据各省民政机关、卫生机关和警察机关的报告及估计，并非人口普查资料，故其可靠程度也成问题。①

陈达利用 1932—1939 年间经过现代普查手段得到的资料，按算术平均数计算，得性别比为 112.17。我们根据他所提供的资料，扣除抗日战争爆发后的数据重新计算，得 1932—1936 年间部分地区普查的性别比为 113.04（参见表 12）。另一位学者冯和法依据截至 1932 年底的对部分农村地区计 7000 余家庭、3 万余人口的调查资料，得出男子（16 岁以上）占总人口的 34.7%，女子（16 岁以上）占 31.8%；男童占 18.1%，女童

① 陈达：《现代中国人口》，天津人民出版社 1981 年版，第 26 页。

占16.4%。[1] 换算成性别比，则结果为：109.5（其中成人为109.1，儿童为110.4）。然而其样本人口又有过少之嫌（在与表12合并计算后，得性别比为112.13）。

表12　　　　1932—1936年部分地区普查的性别比

地区	人口	出生性别比	普通性别比
江阴峭岐镇	21864	111.7	112.1
句容	279455	115.0	116.6
江宁	562063		106.2
定县	439259		110.49
邹平	165735		93.1
长乐	227801		129.4
兰	276468	123.3	125.3
合计	1972645		113.04

资料来源：陈达《现代中国人口》，第123—124页原表。

抗日战争胜利后，据当时国民政府的调查统计，1946年全国人口性别比为110，1947年上半年为110.01，下半年为109.52。[2] 这与1949年的性别比108.16[3] 已相当接近了。

经过以上的一番考察，我们大体上可以得出这样的印象（参见表13，为便于比较，列入了1953年的人口普查数据）：

首先，中国传统人口的性别结构，处于不断的变动之中，而这种变动，又是有规律可循的，是可以认识的。

---

① 冯和法编：《中国农村经济资料》，上海黎明书局1933年版，第11页。

② 内政部编印：《各省市乡镇保甲户口统计》（1946年12月）；第二历史档案馆藏，内政部人口局档案。

③ 据《中国人口年鉴（1985年）》（中国社会科学出版社1986年版）第807页的数据计算。

表 13　　中国传统人口性别比的变动

年代	性别比	备注
1381—1391	113	明洪武年间户口登记
1749—1845	116—121	清中期民数统计
约 1875	118	清后期直隶青县逐村统计
1909—1928	120—123	清末民初全国户口调查
1932—1936	112	部分县以下地区人口调查
1946—1947	110	全国户口统计
1953	108	第一次全国人口普查

明初洪武年间相对稍低的性别比（113），反映的是刚刚经过王朝鼎革时期战乱之后的人口状况。清中期较高的性别比（116—121），则是长时期休养生息阶段人口发展的表现。直隶青县的逐村统计，虽在时间上稍稍滞后，但因该地未受太平天国战乱的直接影响，仍可视作清中期较高性别比的延续。值得注意的是清末民初全国户口调查和稍后的部分县以下乡村地区人口调查所得的结果。在历经以太平天国战争为中心的全国性战乱以后，人口性别比理应有所下降，但几次所谓的全国性调查的结果反而偏高。其原因正如陈达所分析的，在于它们并不是严格意义上的普查统计，而是带有若干人为编造的成分。民国前期部分县以下乡村地区的人口调查，又因为不包括城市地区而有可能稍稍偏低。如江苏江阴县峭岐镇的调查就提及：大批中青年男子弃田进城，造成了 20—39 岁年龄段男性比例的大幅度下降。[①] 而城市人口的性别比通常都要比乡村地区高得多。因此，清末直到民国前期全国人口的实际性别比，应较清中叶稍低，但大概不会低于明初洪武年间的水平（113）。八年抗日战争及随后的解放战争，使中国人口的性别比再度下降。1953 年全国人口普查的结果便是最权威的结论。然而此时的中国人口已开始进入新的发展阶段，不再属于传统型了。

其次，中国传统人口的性别结构，在总体上并不表现为男女大致持平，而是明显地呈男多于女的高性别比。即对应于每 100 名女子，大约总

---

① 见乔启明等《近代中国人口统计的一项实验》，南京大学 1984 年印行，第 40 页。

要多出十几名男子。这种高性别比的结构，当然不是自然的，而是男尊女卑、重男轻女的传统礼教习俗，尤其是溺弃女婴习俗长期作用的结果。

早在战国之时，韩非子就说过："且父母之于子也，产男则相贺，产女则杀之，虑其后便，计之长利也。故父母之于子也，犹用计算之心以相待也。"① 可见战国之时即有此风。又如《晋书·范汪传》中提及，由于劳役负担过重，曾出现过"残形剪发要求复除，生儿不复举养，鳏寡不敢妻娶"的惨痛景象。② 但这里的"生儿不复举养"，似乎不是专门针对女婴的。溺杀女婴习俗的确凿文献记载，则见之于宋代。大文学家苏轼（1037—1101）在致友人书中说："岳鄂间田野小人，例只养二男一女，过此辄杀之，尤讳养女，以故民间少女多鳏夫。初生则以冷水浸杀，其父母亦不忍，率常闭目背面，以手按之水盆中，咿嘤良久乃死。"③

到了清代，有关溺女的记载已比比皆是。如"楚中恶俗，不但溺女，且溺男"④，说的仍是东坡居士提及的湖北地方。又如"晋民素称朴厚，而溺女一事，竟狃于故习而不能湔除。往往初生一女，尤或冀其存留，连产两胎，不肯容其长大。甫离母腹，即坐冤盆，未试啼声，已登鬼"⑤。这里说的又是山西的情形了。据笔者所接触到的有关方志的记载和时人的论述，清代南方的广东、湖南、江西、福建、浙江、江苏、安徽，北方的陕西、河南、直隶、山东，都有溺女的习俗。可见溺女不仅相沿成习且已十分普遍。民国时期江苏江阴县峭岐镇的调查报告则进一步指出：女孩受歧视，往往一出生就被溺死，或是在出生后最需要精心照料的那几天或几周里被弃之不顾。因此女婴死亡率高可能主要由于缺少照料而不是溺婴。⑥ 由此看来，对女婴乃至稍大的女孩"缺少照料"而造成早夭，可能是更为常见的现象。它与溺女习俗一起造成了女童的过于偏少，以致影响到总人口中的性别比居高不下。此外，育龄妇女因卫生条件差，死亡率往往高于同年龄段的成年男子，也应是造成和平时期人口性别比

① 《韩非子·六反》。
② 《晋书》卷七十五《范汪传》。
③ 《苏东坡全集·前集》卷三十《与朱鄂州书一首》。
④ 同治《安陆县志》。
⑤ 光绪《晋政辑要》。
⑥ 《中国近代人口史》，第155页。

较高的重要原因之一。这里还应指出造成传统人口高性别比的另一重要因素，这就是人口登记和造报中女性人口的缺漏。它在相当多的地方也是相沿成习的。清代乾隆时期的官僚陈宏谋曾经公开建议保甲编查中可将妇女儿童除外。这一建议虽然遭到清廷的否决，但不少地方的人口造报，实际注重的仍只是成年男子。很多方志，尤其是江苏的一些方志中往往只载男丁不载女口。《嘉庆重修大清一统志》中江苏省的人口统计数据，与 1820 年的《民数册》所载相去甚远，其根本原因，就在于该志中江宁布政使司所属 4 府 2 州的所谓人口，实际上只是男丁数。① 人口登记和造报中女性人口的缺漏，虽不会影响到真实的人口性别结构，但足可以造成人口统计中性别比的严重失实。

二　传统年龄结构

（一）成年及老幼之分

考察一个人口群体的年龄结构，最为常见的做法是将其划分为少年儿童、成年人和老年人三组。对于人口群体年龄结构的三分，是基于人的生命个体的出生、成长，乃至衰老、死亡的自然过程。因为人的一生，通常正是被划分为幼年、成年和老年三个阶段的。古希腊神话中著名的“斯芬克斯之谜”，将人说成是一种早晨用四只脚走路，中午用两只脚走路，晚上用三只脚走路的动物，就是对这种三分法的最为形象生动的概括。

为什么是三分？当然有其客观的依据。用以区分幼年与成年，成年与老年的客观依据，不是什么别的东西，而正是人的性机能的成熟与衰竭。中国古代医学的经典著作《黄帝内经·素问》中，称之为“天癸至”和“天癸竭”。书中是这样论述的：

> 女子七岁，肾气盛，齿更发长。二七而天癸至，任脉通，太冲脉盛，月事以时下，故有子。三七，肾气平均，故真牙生而长极。四七，筋骨坚，发长极，身体盛壮。五七，阳明脉衰，面始焦，发

① 《近代中国人口统计的一项实验》，第 40 页。

始堕。六七，三阳脉衰于上，面皆焦，发始白。七七，任脉虚，太冲脉衰少，天癸竭，地道不通，故形坏而无子也。丈夫八岁，肾气实，发长齿更。二八，肾气盛，天癸至，精气溢写，阴阳和，故能有子。三八，肾气平均，筋骨劲强，故真牙生而长极。四八，筋骨隆盛，肌肉满壮。五八，肾气衰，发堕齿槁。六八，阳气衰竭于上，面焦，发鬓颁白。七八，肝气衰，筋不能动，天癸竭，精少，肾藏衰，形体皆极。八八，则齿发去。①

按照《素问》的说法，女子的生长发育，是以每7年为一个阶段的，14岁②时性成熟，49岁生殖机能丧失；男子则以8年为一阶段，16岁时性成熟，56岁后性机能衰退，64岁后则完全丧失。据此，女子的成年期是在14—49岁，男子的成年期是在16—56岁。在此之前，是人的幼年期，在此之后则是老年期。

人口群体之分为儿童、成年人和老人三组或三个社会集团，又是社会生活的需要。它是人的自身再生产和物质资料再生产这两种社会再生产相结合的产物，是适应社会分工的需要而形成的。据人类学家研究，远在人类社会的早期，在按性别的分工出现之前，就已经有了按年龄的社会分工。一个原始群通常被分为成年人、老年人和儿童三个集团。其中成年人集团是主要的集团，他们既是劳动生产的集体，又是性生活的群体，是两种再生产的主要承担者。老年人通常带养儿童，儿童们也跟着老年人学习从事一些辅助性的劳动，因而这两个集团实际上是混为一体的，也可合并称为老人儿童集团。儿童们长大了，就转而加入成年人集团，成年人老了，就退而从事老年人的工作。由于这种角色的变换具有重要的社会意义，通常要举行一定的，甚至是非常隆重的仪式。在澳大利亚人的部落里，儿童进入成年人的集团要经过折磨身体的“入社仪

---

① 《黄帝内经·素问》卷一《上古天真论》。

② 中国传统年岁计算法都是“虚岁”，即出生当年即为一岁，以后每过一次新年便增加一岁。这与现在通行的周岁计算法是不同的。本文所涉及的年岁，除非特别说明，一般都是指虚岁。

式”，而从成年人集团进入老年人集团还要受到更大的折磨。[①]

华夏民族早已告别了自己的原始时代。到了有文献可考的周代时，建立在农耕经济基础之上的一夫一妻制家庭已经有了长足的发展。原始的年龄分工至此只剩下了一些残余或痕迹：

一是昭穆制。这是周代统治阶级中普遍实行的区别世代的一种制度。《礼记·祭统》说：“昭穆者，所以别父子、远近、长幼、亲疏之序而无乱也。”又说：“昭与昭齿，穆与穆齿。”如父为昭，则子为穆，孙又为昭，与其祖父同。可见昭穆制的主要特点就是祖孙同列，父子异列。据有些研究者认为，这应即是原始时代祖孙同属老人儿童集团，父亲另属成人集团的反映。[②] 而老少同组习俗的残存，在一些文献中还依稀可见。如《礼记·曲礼上》：“礼曰：君子抱孙不抱子。此言孙可以为王父尸。子不可以为父尸。”又如《论语·季氏》：“又闻君子之远其子也”，等等。甚至“八十、九十曰耄；七年曰悼。悼与耄虽有罪，不加刑焉”，“凡有爵者，与七十者，与未龀者，皆不为奴”[③] 云云，也透露了同样的信息。

再就是笄冠之礼。《礼记》中说：“二十曰弱，冠；三十曰壮，有室”；“男子二十，冠而字”，“女子许嫁，笄而字”；又说“女子……十有五年而笄，二十而嫁，有故，二十三年而嫁”；“女虽未许嫁，年二十而笄，礼之”；等等。[④] 可见，男子成年为20岁，女子成年为15岁。成年时，男子要行加冠之礼，女子要行笄发之礼。男子冠礼的若干细节，在《仪礼·士冠礼》中有所描述。

值得注意的是周代文献中有关婚嫁年龄的规定与成丁年龄的规定是相互脱节的。照理，男女成年后也即男冠女笄之后即可婚嫁，但文献中的规定却是“令男三十而娶，女二十而嫁”[⑤]。尤其是男子，“三十曰壮，

---

① 参见梁钊韬《氏族的起源及其早期发展》，《梁钊韬民族学人类学研究文集》，民族出版社1994年版，第201—218页。

② 参见李根蟠等《中国原始社会经济研究》，中国社会科学出版社1987年版，第315—316页。

③ 《礼记·曲礼上》；《周礼·秋官·司厉》。

④ 《礼记·曲礼上》、《礼记·内则》、《礼记·杂记下》。

⑤ 《周礼·地官·媒氏》。

有室”与“二十曰弱，冠”整整相差了十年。由于春秋战国以降，早婚已成习俗，后儒们对《周礼》婚龄之高感到困惑。有人用阴阳五行的大衍之数进行歪曲的理解；有人认为30岁、20岁是“言其极耳”也即规定的最高婚龄；也有人认为20岁而嫁，30岁而娶，只是庶人之礼；等等。穿凿附会，不一而足。现在看来，周初的高婚龄的规定应是一客观存在，而且很可能是当时社会生产力低下的反映。根据两种再生产必须相适应的法则，在男子成为社会生产的主要承担者以后，为维持生活的水准，用推迟结婚的方式以熟练掌握生产技术和积聚足够的物质生活资料应是必要的。据英国人类学家卡尔—桑德斯（A. M. Carr-Saunders）在20世纪初所搜集的资料，那些生产力迄今仍很低下的原始民族，其男子几乎都有晚婚的习俗，婚龄一般在25—30岁。①

周人对于成年进入老年，似无特别的仪式，也许因为人之衰老是一个渐进的过程吧！按《礼记·曲礼上》的说法，人生以百年为期，而以十年为年龄段，各有其特定的称呼：

> 人生十年曰幼，学；二十曰弱，冠；三十曰壮，有室；四十曰强，而仕；五十曰艾，服官政；六十曰耆，指使；七十曰老，而传；八十、九十曰耄；七年曰悼。悼与耄虽有罪，不加刑焉。百年曰期，颐。

当然，这里的“人”其实只是说了男子。各年龄段的称呼中，老幼本是通称。艾、耆、耄，都有老的意思，但程度上有所差异。《礼记·王制》中，对五十以上渐入老境之人有着种种不同的对待：

> 凡养老，有虞氏以燕礼，夏后氏以飨礼，殷人以食礼，周人修而兼用之。五十养于乡，六十养于国，七十养于学，达于诸侯……五十不从力政，六十不与服戎，七十不与宾客之事，八十齐丧之事弗及也。五十而爵，六十不亲学，七十致政……

① ［英］亚·莫·卡尔—桑德斯：《人口问题——人类进化研究》（中译本），商务印书馆1983年版，第238—245页。

其中值得注意的是“五十不从力政”“六十不与服戎”“七十致政”这几条。它们成了后世历代王朝对从事力役、兵戎的最高年限以及官员退休年龄规定的张本。

《周礼·地官·乡大夫》中，对应服徭役者的登记制度有所规定：“以岁时登其夫家之众寡，辨其可任者。国中自七尺以及六十，野自六尺以及六十有五，皆征之。其舍者，国中贵者、贤者、能者、服公事者、老者、疾者，皆舍。”一般认为，六尺指15岁，七尺指20岁。也就是说，国中男20—60岁，乡间男15—65岁，应被作为征发徭役的对象而进行登记。

然而官方文献中的规定与现实之间往往存在差异。如《左传·襄公三十年》的纪事中，就有一位绛县老人，73岁仍在参与筑城的力役。[①]

秦汉以降，历代王朝对于从事力役及交纳赋税对象的具体年龄，都分别有所规定。从各史《食货志》及其他记载中，可以探寻其发展的大致脉络。

《汉书·食货志》在追溯“圣王”之制时说：“民年二十受田，六十归田。七十以上，上所养也；十岁以下，上所长也；十一以上，上所强也。”按《礼记·曲礼》的说法，10岁以下为“幼”，所以要创造条件使他成长；20岁以下为“弱”，所以要使他强壮；70岁以上为“老”，已失去劳动力，所以要将他奉养起来。照此说法，受田的丁壮者的年龄为20—59岁。

汉代实际奉行的制度与此稍有不同。根据居延汉简的有关材料，凡6岁以下的男女幼童，称为未使男和未使女；7岁以上14岁以下的男女，称为使男和使女；15岁以上的男女，则通称为大男和大女，且未将老年人单独析出。但汉代规定，民年15—56，岁纳120钱，叫作算赋；7—14岁，岁纳20钱（武帝时增至23钱），叫作口赋。对于男子，又有服兵役和徭役的规定：男子在23岁（景帝初元二年改为20岁）至56岁期间，

① 这一史实常为史家所引用，以为晋国劳役之重的证据。但仔细推究《左传》原文，这位老人之所以参与筑城的力役，有其自身的原因，只能算是例外。而主事者闻知此事后，对老人敬奉有加，“与之田，使为君复陶，以为绛县师”，并因而“废其舆尉”。可见以此为例说明晋国劳役之重实在过于勉强。依笔者管见，此段文字叙事的重点在于从干支纪日换算为年岁，实际上是一道有趣的历法算题。

需服兵役二年；二年服役之外，每年又有戍边和服徭役的义务。综合以上的记叙，汉代应是以15—56岁为成丁，57岁以上，应即可以视为老年了。① 一般认为，汉承秦制，秦之成丁年龄虽不可考，但与汉代应是一致的。

值得注意的是，服兵役的起始年限，按规定应是23岁（或20岁），但在非常时期须全国总动员时，往往突破这一年龄的限制。如秦昭王四十七年（公元前260年），秦赵长平之战时，秦国为围歼赵军主力，“发年十五以上悉诣长平”，终于取得了战役的胜利。② 汉景帝初元三年（公元前154年），吴王濞起兵叛汉，下令国中曰：“寡人年六十二，身自将；少子年十四，亦为士卒先。诸年上与寡人比，下与少子等者皆发。”③ 结果得士卒20余万人。

西晋初年，对汉代的规定有所损益。晋在太康元年（280）平吴以后规定：“男女年十六已上至六十为正丁，十五已下至十三，六十一已上至六十五为次丁；十二已下、六十六已上为老小，不事。”④ 不仅成丁的年龄上限升至60岁，而且多出了对次丁的年龄规定。这一做法，无疑进一步扩大了课役对象的范围。究其原因，可能与东汉末年开始直至三国时期长期战乱，人口损耗过多有关。但这种竭泽而渔的做法，大大加重了人民的负担，“致有残形剪发要求复除，生儿不复举养，鳏寡不敢妻娶”，因而遭到了有识之士的抨击。东晋太元十四年（389），豫章太守范宁上疏：“礼十九为长殇，以其未成人也；十五为中殇，以为尚童幼也。今以十六为全丁，则备成人之役矣；以十三半丁，所任非复童幼之事矣，岂可伤天理，违经典，困苦百姓？”⑤ 于是改以20岁为全丁，16岁为半丁。

南朝宋时，以15—16岁为半丁，17岁以上为全丁。⑥ 南朝后期，又以男年16半课，18岁正课，66岁免课。女子以嫁者为丁，若在室者以

---

① 《汉书》卷1《高帝纪》注；《西汉会要》卷47《民政》2，卷51《算赋》。

② 《史记》卷73《白起王翦列传》。

③ 《史记》卷106《吴王濞列传》。

④ 《晋书》卷26《食货志》。

⑤ 《晋书》卷75《范汪传》附；《资治通鉴》卷107。

⑥ 《宋书》卷42《王弘传》。

20 岁为丁。①

北朝方面，北魏孝文帝太和九年（485）下诏：“诸男夫十五以上受露田四十亩，妇人二十亩……皆从还受之法。诸有举户老小癃残，无受田者，年十一以上及癃者各授以半夫田，年逾七十者不还所受。”② 西魏恭帝三年（556）宇文泰为相，定制：“凡人自十八至六十有四与轻癃者皆赋之”，“自十八以至五十有九皆任于役”，此制为北周所沿用。③ 北齐的规定较为明细：“男子十八以上六十五以下为丁，十六已上十七已下为中，六十六已上为老，十五已下为小。率以十八受田输租调，二十充兵，六十免力役，六十六退田免租调。”④

南北朝长期分裂对峙的局面，使得南北双方都十分重视对人力的控制。成丁的年限，尤其是上限始终居高不下。人民实际服役的年限，更是大大超过条文的规定。南朝宋元嘉年间（424—453 年），有人向皇帝反映兵士服役年限过长，说是“伏见西府兵士或年几八十而犹服隶，或年始七岁而已从役”，并认为应当“休老以六十为限，役少以十五为制”。⑤ 其服役年限之长，可谓空前绝后。

这里应该辨析一下题为《十五从军征》的古乐府诗：“十五从军征，八十始得归。道逢乡里人，家中有阿谁?”这首脍炙人口的古诗，迄今仍被人们认为是汉代诗歌，但实际所反映的应是南北朝时期的情形。而此诗的全文原即题作《梁鼓角横吹曲 · 紫骝马歌辞》。

隋王朝建立后，南北重新统一，成丁年限也再一次缩短。此时开始将男女按年龄分为黄、小、中、丁、老五个组别，即“男女三岁已下为黄，十岁以下为小，十七以下为中，十八已上为丁，丁从课役，六十为老，乃免”。开皇二年（583），还下令将军人成丁（即服役）年龄定为 21 岁（炀帝即位后，改以 22 岁为成丁），开皇十年（590），“又以宇内无事，益宽徭赋，百姓年五十者输庸停防”。⑥

---

① 《隋书》卷 24《食货志》。
② 《魏书》卷 110《食货志》。
③ 《隋书》卷 24《食货志》。
④ 《隋书》卷 24《食货志》。
⑤ 《宋书》卷 100《自序传》。
⑥ 《隋书》卷 24《食货志》。

唐代沿袭隋将男女分为黄、小、中、丁、老五个组别的做法，但略有调整。丁的起始年限上调至21岁："男女始生者为黄，四岁为小，十六为中，二十一为丁，六十为老。"中宗神龙元年（705），皇后韦氏上表请以22岁为丁，59岁免役，"制从之"。但韦氏此举被认为是"务欲求媚于人"，在其被诛杀之后，随即遭到废止。玄宗天宝三年（744），重新调整为"以十八为中男，二十二为丁"。九年（750）又规定"五十九者任退团貌"，在事实上恢复了韦后所定制度。代宗广德元年（763），诏"天下男子宜以二十五成丁，五十五为老"。①

自南北朝至隋唐，成丁的年限总体上呈逐渐缩减的趋势。其下限逐渐提高，上限逐渐降低，反映了生产力的逐步发展和休养生息后人口的增长。唐代盛年时，官方统计人口已赶上两汉。官府因而有条件示恩，实行优免。然而也有人从授田的角度发现了问题的另一方面：自隋至唐还田之年已相继降低；而自北齐以来，受田年龄却相继提高，这无非政府所掌握的足供授田之用的公田日见减少的反映。② 当然，可供授田之用的公田日见减少这一现象本身也就表明了人口的日见增长。

唐代诗人杜甫在乐府诗《兵车行》中，对兵士服役的实际年龄也有所披露："或从十五北防河，便至四十西营田；去时里正为裹头，归来头白还戍边。"诗人对频繁点兵给人民带来的深重苦难极为同情，而他对那位15岁出征，40岁还在戍边的"行人"的描画，证明了唐代兵士服役的实际起始年龄，也较规定年限低了好几岁。

宋代盛年，户数统计超过2000万，实际人口可能已有1亿。其人丁统计也有了新的特点，即偏重男性。一方面，它继承了隋唐将人口分为黄、小、中、丁、老五组的做法；但另一方面，又强调"女口不须通勘"。宋代规定："男女三岁以下为黄，十五以下为小，二十以下为中。其男年二十一为丁，六十为老。"③ 21—59岁的成丁已专指男性了。

---

① 《旧唐书》卷48《食货志》，卷7《中宗纪》；《新唐书》卷51《食货志》；《唐会要》卷85。

② 梁方仲：《中国历代户口、田赋、田地统计》，第469页。

③ 《宋史》卷174《食货》上二；《续资治通鉴长编》卷4；《宋刑统》卷12。

金人也将人口分为五组，但小与丁的起始年限均向下作了调整：“男女二岁以下为黄，十五以下为小，十六为中，十七为丁，六十为老。”①《元史·食货志》于成丁年龄无记载，但《兵志》中有兵役年限的规定：蒙古人“家有男子十五以上，七十以下无众寡尽佥为兵”，“孩幼稍长又籍之曰渐丁”；“既平中原，发民为卒，是为汉军”，“限年二十以上者”。②

明清两代，尤其是清，人口有了较大幅度的增长，户籍登记更加偏重于男性。

明代对人口年龄组的划分已大为简化，只将男丁分为成丁与未成丁两种：“丁曰成丁，曰未成丁，凡二等。民始生，籍其名曰不成丁，年十六日成丁。成丁而役，六十而免。”③

清承明制，一般将男子称为丁，女子称为口，男子16—59岁为成丁，未成丁有时也称作口。④

从表面看，明清两代的成丁年限较前代有所扩展。但我们必须考虑到以下三方面的因素：第一，成丁专指成年男子，女子已被排除在外；第二，兵役成了少数兵籍人口世袭的权利或义务；第三，普通民户的力役负担在明代“一条鞭法”实行后已逐步归入赋内，清代“摊丁入亩”后，丁银更被并入田赋。因此，明清两代，尤其是清代，成丁的年龄规定已越益与赋役脱离，主要只具有年龄分组的意义了。

以上对历代成丁及老幼年龄分组的考察，汇总制成表14（注意表中的年岁都是中国传统年岁计算法的“虚岁”）。

---

① 《金史》卷46《食货》一。

② 《元史》卷98《兵志》一。

③ 《明史》卷78《食货》二。

④ 《清史稿》卷120《食货》一；席裕福等：《皇朝政典类纂》卷30《户役》一，上海1903年印行。

表 14　　历代法定成丁及老幼年龄

朝代	性别	成丁及老幼年龄分组				
“圣王”之时	（男、女）	≤10 （幼）	11—19 （弱）	20—59 受田	60 归田	≥70 （老）
《周礼》	（男）			20—60 国中 15—65 野		
西汉	男： 女：男、女 男	≤6 未使男 未使女	7—14 使男 使女 7—14 出口赋	≥15 大男 大女 15—56 出算赋 23(20)—56 应兵役 及徭役	57 免	
西晋	男、女	≤12 小	13—15 次丁	16—60 正丁	61—65 次丁	≥66 老
东晋	男、女		16—19 半丁	≥20 全丁		
南朝宋	男、女		15—16 半丁	≥17 全丁		
北魏	男、女		11—14 受半大田	≥15 受田		
南朝后期	男 女		16—17 半课	18—65 正课 出嫁或≥20 成丁	66 免课	
西魏	（男）			18—59 任役		

续表

朝代	性别	成丁及老幼年龄分组				
北齐	男	≤15 小	16—17 中 ≥18 受田、 输租调	18—65 丁 20—59 充兵	≥66 老 60 免力役	66 退田、 免租调
隋	男、女	≤3 黄	4—10 小	11—17 中	18—59 丁 ≥21（22） 成丁	≥60 老 50 免役 收庸
唐	男、女 男、女 男	≤3 黄	4—15 小	16—20 中 18—22 中男	21—59 丁 22—58 成丁 ≥23 成丁 25—54 成丁	≥60 老 50 免课役 ≥59 免役
宋	男、女 男	≤3 黄	4—15 小	16—20 中	21—59 丁	≥60 老
金	男、女	≤2 黄	3—15 小	16 中	17—59 丁	≥60 老
元	蒙古男子 汉人男子			≤14 渐丁	15—70 兵 ≥20 卒	
明	男			≤15 不成丁	16—59 成丁	≥60 免
清	男			≤15 不成丁	16—59 成丁	≥60 开除

说明：凡原始资料未明确说出性别者，均加括号表示。

从表中不难看出：成丁演变的脉络，大致循着两条线：一是力役，年限相对稍短，起始年龄较高，终止年龄较低；一是算赋（包括受田），年限相对稍长，起始年龄较低，终止年龄较高。两者在宋以后，尤其是明清两代得到了统一。成丁的年限，虽在不断地变动之中，但变动的幅度不大。总的说来，自汉至清的两千多年中，基本上是以 15 岁以下为幼年，16—59 岁为成年，60 岁以上为老年。而在这一过程中，成丁由男女兼指逐渐发展为专指成年男子，成丁的统计也由男女兼备而演变为只计男丁。其转捩点是在宋代。

（二）传统年龄结构类型探析

所谓年龄结构，是指各年龄组人口在全体人口中所占的比重（通常以百分数表示）。通过对年龄结构的分析，可了解该人口的发展类型。

现代人口统计中，最基本的年龄分组，是按周岁年龄的分组。它是将一定时点（年末、年中或普查标准时间）的人口按当时每人的周岁年龄分成每岁一组。不满周岁的列为 0 岁组，已满 1 周岁不满 2 周岁的列为 1 岁组，等等。但对于传统人口统计来说，最基本的年龄分组是按虚岁年龄的分组。虚岁计算法的基本原则是从 1 岁开始而不是现在所规定的从 0 岁开始。它以出生当年为 1 岁，即“落地虚一岁”，以后每过一次新年便增加 1 岁。在按传统历法计算年岁时，虚岁极为方便实用。因为在传统的干支纪年尤其是其变态——生肖纪年体系的支配下，一个人是不会将自己的生年弄错的。它有利于官府对同年出生的人口即出生同批人的掌握，从而为各年龄组人口，尤其是成丁的划分，为赋役征调等都带来了方便。

对于考察人口年龄结构的类型来说，最常用的年龄分组是瑞典人口学家桑德巴（Sundbaerg）提出的三分法（见表 15），即将各年龄组人口分为 0—14 岁、15—49 岁、50 岁以上三组，用以判别人口属于前进型（又称增加型、年轻型）、稳定型（又称中间型、静止型）还是退后型（又称减少型、年老型）。

表 15　　**桑德巴氏人口三分法（%）**

人口类型	0—14 岁	15—49 岁	50 岁以上
前进型	40	50	10
稳定型	33	50	17
退后型	20	50	30

资料来源：G. C. 怀特：《人事统计》，转据《近代中国人口统计的一项实验》，第 37 页。

应该说，我国传统人口年龄结构的分组与桑德巴氏是非常接近的。尤其是少年儿童人口分组的年龄指标（虚岁 15 岁以下），实际上与桑德巴氏是完全一致的。但我们现在所能见到的分年龄别的传统人口统计资料，要比分性别的少得多。就是这些不多的资料，也是只分大小口，即分为少年儿童与成年人两组，而未将老年人从成年人组中析出。因而我们只能从少年儿童占全体人口的比重这样一个指标考察人口年龄结构的类型。

从居延汉简的人口登记资料看，15 岁以下少年儿童人口为 29 人（含由成年组划人的 3 名 15 岁“大女”），占总人口 79 人的 36. 71%。然而由于前面已说过的原因，即样本资料过少，这一结果尚不足以反映西汉时期人口年龄结构的概貌。

三国时期吴之长沙郡的人口年龄结构，也许从 1996 年在长沙发掘出的大批户籍简中可以窥见端倪。但长沙吴简的整理尚须时日，我们只能拭目以待了。

宋人朱熹的文集中，记有星子、都昌、建昌三县的饥民统计数据：三县饥民计 29578 户，其中大人 127627 口，小儿 90276 口。[①] 据此，则三县的少年儿童占总人口的比重为 41. 43%。

明初洪武年间的人口统计中，仅永州府有大小人口的分计数。经计算，全府洪武十四年（1381）共有人口 411616 人，其中少年儿童人口（即小男、小女）共 152297 人，占总人口的 37. 00%（参见表 16）。

---

① 《朱文公文集》卷 16。

表16 明洪武十四至十五年（1381—1382年）永州府人口性别与年龄结构

	总人口	男	女	性别比
总人口	411616	229420	182196	125.92
成年	259319	135349	123970	109.18
儿童	152297	94071	58226	161.56
儿童人口比重（%）	37.00	41.00	31.96	

资料来源：洪武二十六年《永州府志》卷3。

清代前期康熙、雍正两朝，曾有“奉恩诏给赏老人”的盛典，从而留下了有关老年人口的两组统计资料。据清代著名剧作家孔尚任所作《人瑞录》，康熙二十七年（1688）“合天下计之：七十者，不可胜纪；八十者，一十六万九千八百三十人；九十者，九千九百九十六；百岁者，二十一人。[①] 三十八年之后，雍正四年（1726）的一道“上谕”则提及：“朕览所奏恩诏内赏给老人一项，直隶各省七十以上至百岁以上老民老妇共一百四十二万一千六百二十五名。其仕宦绅士商贾僧道，皆不入此数内。”[②]

以上这两组数据都是为国家举办养老盛典而统计的，虽容有错漏，但估计不会很多。而不在统计的“仕宦绅士商贾僧道”，其总人数也是极为有限的。若这里的老民老妇也按占全体老年人口的5/6（参照农业人口占总人口的比重）计，则1688年80岁以上老人约占总人口（按估计数1.08亿计）的0.20%；1726年70岁以上老人约占总人口（按估计数1.70亿计）的1.00%。[③] 而据1953年人口普查资料，80岁以上老人占总人口的0.34%，70岁以上老人占总人口的2.34%[④]，均远高于清代前期老人所占比重。对于1953年的人口，我们已可判断为略高于稳定型。因此，清代前期的人口应比1953年的人口更接近于前进型。

① 孔尚任：《人瑞录》，《孔尚任诗文集》卷6，中华书局1962年版。

② 《清世宗实录》卷49，雍正四年十月辛未。

③ 对康熙、雍正两朝人口的估计，参见拙著《中国近代人口史》第2章。

④ 据《1953年全国每岁年龄人口》计算，参见《中国人口年鉴（1985）》，第600—601页。

至于这一时期的少年儿童人口比重，目前我们知道的仍仅为雍正十二年（1734）陕西洛川县的数据：该县是年总人口 31092 人，少年儿童人口 10500 人，占总人口的33.77%（参见表5）。很显然，仅据僻处陕北的这一个县 3 万余人口的统计，是无法得出全国的人口类型的结论的。

清代中期乾、嘉、道三朝，分大小口的人口统计相对较多，我们仍按考察性别结构时的做法，按时期分列为表 17、18、19：

从表列数据看，县一级少年儿童人口比重最低者为 22.7%（陕西澄城县），最高者为 52.8%（山西代州）。而从总体上看，清代中期少年儿童人口比重约集中于 37.5%—39.4%，按桑德巴氏三分法类比，相当接近于前进型人口。

表 17　　清乾隆年间（1748—1784 年）少年儿童人口比重

年度（公元）	地区	人口	少年儿童人口比重（%）
乾隆十三年（1748）	山西榆次县	264801	46.4
十四年（1749）	浙江萧山县	209343	44.54
三十一年（1756）	湖北襄阳府	449101	31.52
三十六年（1771）	山东	25662799	41.56
	山西汾州府	1277834	43.9
四十一年（1776）	山西大同府	702401	46.7
四十三年（1778）	直隶	20746517	31.52
四十八年（1783）	陕西澄城县	158310	22.7
四十九年（1784）	山西代州	505116	52.8
合计		49976222	37.53

资料来源：同治《榆次县志》卷6；乾隆《萧山县志》卷9；乾隆《襄阳府志》卷 12；台湾故宫博物院藏军机档 15366 号；乾隆《汾州府志》卷 7；乾隆《大同府志》卷 13；《史料旬刊》第 21 号，第 770 页，1930 年 12 月；乾隆《澄城县志》卷 5；乾隆《代州志》卷 2。

表 18　　清嘉庆年间（1802—1816 年）少年儿童人口比重

年度（公元）	地区	人口	少年儿童人口比重（%）
嘉庆七年（1802）	陕西洛川县	94014	37.13
二十一年（1816）	河南	23481492	39.7

续表

年度（公元）	地区	人口	少年儿童人口比重（%）
	江苏青浦县	209094	25.51
	江苏奉贤县	261898	24.90
合计		24046468	39.41

资料来源：民国《洛川县志》卷6；朱云锦：《豫乘识小录》卷1；嘉庆《松江志》卷28。

表19　　清道光年间（1826—1837年）少年儿童人口比重

年度（元）	地区	人口	少年儿童人口比重（%）
道光六年（1826）	安徽歙县	617111	35.6
九年（1829）	福建	17180039	38.22
	陕西宁陕厅	115392	34.2
十五年（1835）	广西浔州府	877337	42.4
十七年（1837）	山东	31533763	38.69
合计		50323642	38.54

资料来源：民国《歙县志》卷3；道光《福建通志》卷48；道光《宁陕厅志》卷2；道光《浔州府志》卷18；道光《济南府志》卷15。

清代后期的少年儿童人口比重，仍以直隶青县的逐村统计为代表。该县光绪初年全县人口为148722人，少年儿童人口（小男小女）为50838人，占总人口的34.18%（参见表20）。

民国时期有了一些较细的按年龄段的人口调查资料。表21为1920—1939年部分乡村地区人口年龄结构的调查统计，表22为1932—1936年部分地区的普查资料。两表均已按桑德巴氏三分法对年龄分组作了归并处理。两表因资料来源不同，个别地区（如定县）虽有交错，但数据并不一致。从总体上看，民国前期（抗战爆发前）的少年儿童比重要低于清代中期，即更接近于稳定型人口。

抗日战争胜利后的1947年，部分省市人口年龄结构的统计（表23）表明：少年儿童人口及青壮年人口所占比重都略有下降，老年人口比重有所上升。此时的人口属于稳定型或略呈退后型。这当是战争造成的青壮年人口死亡和婴儿出生率下降的综合表现。

表 20　　清光绪初年青县少年儿童人口比重

镇别	总人口	少年儿童人口	所占比重（%）
本城镇	13694	4811	35. 13
南街镇	17213	5879	34. 15
北街镇	9266	3768	40. 66
流河镇	4224	1413	33. 45
南庄镇	3851	1264	32. 82
新集镇	16673	5734	34. 39
兴济镇	19702	6435	32. 66
黄洼镇	7470	2401	32. 14
李家镇	10068	3072	30. 51
大兴镇	7756	2641	34. 05
马厂镇	10301	3467	33. 66
杜林镇	28504	9953	34. 92
合计	148722	50838	34. 18

资料来源：据光绪《青县村图》汇总计算。

表 21　　1920—1939 年部分乡村地区人口年龄结构（%）

地区	0—14 岁	15—49 岁	50 岁以上	未详
河北定县 5255 家	33. 09	50. 16	16. 75	
河北等省 22 处	35. 3	51. 4	13. 2	0. 1
河北定县大王耨村	33. 56	49. 41	17. 03	
安徽等省 16 处	34. 81	51. 95	13. 24	
中国南北两部 8 区 101 处 38256 家，全数人口	34. 8	51. 4	13. 7	0. 1
华北部分人口	34. 1	51. 6	14. 2	0. 1
华南部分人口	35. 6	51. 5	12. 9	0. 1

资料来源：据国民政府主计处统计局《中国人口问题之统计分析》（正中书局 1944 年版）第 35 页原表改制。

表 22　　1932—1936 年部分地区人口年龄结构

地区	人口	0—14 岁（%）	15—49 岁（%）	50 岁以上（%）
江阴峭岐镇	21864	39. 70	47. 19	13. 11
句容	279455	40. 64	47. 65	11. 71
江宁	562063	37. 10	50. 30	12. 60
定县	439259	33. 32	49. 11	17. 56
邹平	165735	27. 08	54. 34	18. 58
长乐	227801	32. 70	52. 80	14. 50
兰豁	276468	36. 30	50. 20	13. 50
合计	1972645	35. 33	50. 24	14. 43

资料来源：据陈达《现代中国人口》第 123—124、128 页原表综合。其中江阴峭岐镇的数据已据乔启明等《近代中国人口统计的一项实验》作了校正。

表 23　　1947 年部分省市人口年龄结构

地区	人口	0—14 岁（%）	15—49 岁（%）	50 岁以上（%）
湖北省	20580608	31. 65	44. 58	23. 77
山西省	15025259	31. 18	51. 97	16. 85
福建省	11085651	32. 17	50. 41	17. 42
台湾省	6090860	43. 32	47. 23	9. 45
辽宁省	2841512	31. 48	49. 08	19. 44
辽北省	2602332	36. 08	45. 93	17. 99
吉林省	3539254	38. 11	47. 79	14. 10
南京市	1103538	28. 225	5. 85	15. 93
上海市	3766111	28. 32	61. 64	10. 04
北平市	1682206	21. 28	63. 44	15. 28
青岛市	753369	31. 71	55. 24	13. 05
汉口市	749952	31. 92	55. 26	23. 34
合计	69820652	32. 66	49. 39	17. 95

资料来源：据《人口统计》（中华年鉴社 1948 年印行）第 11—12 页原表综合计算。

经过如上考察，我们对传统人口中少年儿童所占比重可大致概括为表 24（为便于比较，表内也列入了 1953 年人口普查结果）：

表 24　　中国传统人口少年儿童比重的变动

年代	少年儿童所占比重（%）	备注
约 1174	41.4	南宋江南西路三县
1381	37.0	明初湖广永州府
1748—1837	37.5—39.4	清中期民数统计
约 1875	34.2	清后期直隶青县逐村统计
1920—1939	33.1—35.6	部分地区人口调查
1947	32.7	部分省市人口统计
（1953）	（36.3）	（第一次全国人口普查）

但对于传统人口年龄结构的类型，我们只能说总体上表现为略高于稳定型（其中南宋的一例已达到前进型），而明初乃至清代中期的少年儿童人口比重明显地高于清后期及民国时期，也就是说，比清后期及民国时期更接近于前进型。

三　性别与年龄结构之间

同属人口自然结构系统的性别结构与年龄结构之间应当有着内在的有机的联系。但传统人口统计资料所存在的种种缺陷却使我们无法深入探究两者之间的这种联系。由于历史本身的原因，现存方志中的有关资料只能是地方性的、局部的、片面的，甚至往往是歪曲的。我们在考察中，一方面不能不为样本数据的过少、样本地区覆盖面的过于狭窄所苦，另一方面还要时时承受着统计资料是否可靠的更为难忍的折磨。

清代中期的民数统计，有着极其重要的历史地位。这种建立在保甲编查基础上的统计制度，使得中国的人口统计第一次彻底摆脱了赋税的束缚，避免了因逃避赋税征收而造成的隐漏瞒报，从而能够较为准确地反映人口变动的实际。这是一种历史的进步。然而，由于人口清查不可能年年举行，一般是由地方吏胥在某次清查“业有成数”之后估计人口的变动而酌量予以增减，于是又增加了若干人为编造的成分。这就需要研究者时时保持足够的警惕。一般地说，乾隆时期的民数统计，其可靠程度要高于嘉庆、道光两朝；而清代中期（乾隆、嘉庆、道光三朝）又要高于清代后期（咸丰、同治、光绪三朝）。因为太平天国战后各省的民数统计，往往都出于省级官府的人为编造，与实际状况的偏离程度更大了。①

表 25　　清光绪初年青县人口性别与年龄结构

镇别	性别比	［公式（1）推算］	少年儿童比重（%）	［公式（1）推算］
本城镇	113.94	(113.35)	35.13	(35.00)
南街镇	120.51	(117.69)	34.15	(33.51)
北街镇	94.38	(88.86)	40.66	(39.41)
流河镇	113.66	(120.79)	33.45	(35.06)
南庄镇	113.23	(123.58)	32.82	(35.16)
新集镇	123.92	(116.63)	34.39	(32.74)
兴济镇	127.16	(124.29)	32.66	(32.01)
黄洼镇	123.85	(126.59)	32.14	(32.76)
李家镇	132.20	(133.8)	30.51	(30.87)
大兴镇	119.28	(118.13)	34.05	(33.79)
马厂镇	122.24	(119.86)	33.66	(33.12)
杜林镇	113.51	(114.28)	34.92	(35.09)
合计	118.48	(117.56)	34.18	(33.97)

资料来源：据光绪《青县村图》汇总计算。

说明：括号中的少年儿童比重，据表列性别比推算；括号中的性别比，据表列少年儿童比重推算。

幸好有了《青县村图》。这是保存至今最为完整、系统的清代县级社会调查资料。全部资料均系按自然村（镇）逐个调查所得，除户口（每村户数，按性别、分大小的丁口数）外，尚有在籍官员、举贡生员、耆老、节孝、穷民、残废、义学、乡塾、义仓、街道、集市、权量、客店、庙宇、庙会、田赋，以及桥闸、津渡、河渠、井泉、禾稼等多项统计。但对于本文的考察来说，《青县村图》提供了最为宝贵的第一手户口调查资料。这就为我们揭示人口性别结构与年龄结构之间的内在联系创造了

① 参见拙著《中国近代人口史》第 3 章及第 4 章的有关论述。

条件。

从表 25 所反映的 12 个镇及全县的情形来看，青县人口的性别比与少年儿童占总人口的比重之间存在这样的对应关系，即性别比较高者，少年儿童人口的比重相对要低一些；性别比较低者，少年儿童人口的比重相对要高一些。这在数理统计中叫作负相关关系。

经计算，青县 12 个镇的 12 组两两对应的数据之间存在高度显著的负相关关系①，因而可以配置回归方程。设人口性别比为 X，少年儿童人口比重为 y，则有回归方程

$$y = 60.7202 - 0.2258x \quad (1)$$

将青县全县的性别比 118.48 代入公式（1），得少年儿童人口比重为 33.97%，与实际值 34.18% 仅相差 0.2 个百分点；再以少年儿童人口比重的实际值反求性别比，得 117.56，与性别比的实际值相差亦仅为 0.9。再验以民国时期部分地区的调查统计，乃至 1953 年全国人口普查的结果，拟合得都较好（参见表 27）。但对于清代中期的有关数据资料，则更适合于公式（2）：

$$y = 63.3509 - 0.2208x \quad (2)$$

表 26　　清代中期部分地区人口性别与年龄结构

年代	地区	性别比	[公式（2）推算]	少年儿童比重（%）	[公式（2）推算]
1771	山东	113.4	(98.52)	41.6	(38.31)
1773	直隶永平府	120.6	(129.77)	34.7	(36.72)
1777	永清县	108.3	(113.46)	38.3	(39.44)
1778	直隶	118.8	(144.72)	31.4	(37.12)
1783	陕西澄城县	154.2	(184.12)	22.7	(29.31)
1802	洛川县	126.7	(118.90)	37.1	(35.38)
1816	江苏奉贤县	131.1	(113.92)	38.2	(34.41)

① 所得 12 个样本的相关系数 $r = -0.8868$，当自由度 $n-2=12-2=10$ 时，对于给定的信度 $\alpha=0.05$ 及 $\alpha=0.01$，有临界值 $r_{0.05(10)}=0.576$，$r_{0.01(10)}=0.708$，因此所得相关系数不仅在 $\alpha=0.05$ 时显著，且在 $\alpha=0.01$ 时显著，因而是高度显著的。

续表

年代	地区	性别比	[公式（2）推算]	少年儿童比重（%）	[公式（2）推算]
1826	安徽歙县	120.7	(125.69)	35.6	(36.70)
	山东济宁州	115.7	(110.29)	39.0	(37.81)
1829	陕西宁陕厅	156.4	(132.03)	34.2	(28.82)
1835	广西浔州府	109.5	(94.89)	42.4	(39.18)
1837	山东济南府	111.5	(123.43)	36.1	(38.73)
	山东	114.5	(111.65)	38.7	(38.07)

资料来源：台湾“故宫”博物院藏军机档15366号；光绪《永平府志》卷45；乾隆《永清县志》卷2：《史料旬刊》21号，第770页，1930年12月；乾隆《澄城县志》卷5；民国《洛川县志》卷6；嘉庆《松江志》卷28；民国《歙县志》卷3；道光《济宁州志》卷3；道光《宁陕厅志》卷2；道光《浔州府志》卷18；道光《济南府志》卷15。

说明：括号中的少年儿童比重，系据表列性别比推算；括号中的性别比，系据表列少年儿童比重推算。

表26是根据清代中期性别比与少年儿童人口比重均有统计的13组数据计算而得，而这13组数据也呈高度显著的负相关关系。[①] 有意思的是，公式（2）对明初洪武年间湖广永州府和清雍正年间陕西洛川县的两组数据的拟合要比公式（1）更好些；但公式（1）对居延汉代戍卒家庭人121资料的拟合又要比公式（2）好得多（参见表27）。

表27　　中国传统人口的性别与年龄结构

年代	资料内容	性别比	（公式1）	（公式2）	少年儿童比重（%）	（公式1）	（公式2）
约前1世纪	居延戍卒家庭	107.89	(106.35)	(120.67)	36.71	(36.36)	(39.53)
1381	湖广永州府	125.92	(105.07)	(119.35)	37.00	(32.29)	(35.55)

---

① 所得的13个样本的相关系数 $r=-0.6885$，当自由度 $n-2=11$ 时，有临界值 $r_{0.05(11)}=0.553$，$r_{0.01(11)}=0.684$。由此可知，所得相关系数为高度显著。

续表

年代	资料内容	性别比	(公式 1)	(公式 2)	少年儿童比重(%)	(公式 1)	(公式 2)
1734	陕西洛川县	131.43	(119.37)	(133.98)	33.77	(31.05)	(34.33)
1736—1795	部分省府	117.1	(102.72)	(116.95)	37.53	(34.28)	(37.50)
1796—1820	部分省府	121.0	(94.39)	(108.44)	39.41	(33.40)	(36.64)
1821—1850	部分省府	115.7	(98.25)	(112.38)	38.54	(34.60)	(37.19)
约 1875	直隶青县	118.48	(117.56)	(132.12)	34.18	(33.97)	(37.19)
1932 年底之前	冯和法调查	109.5	(116.14)	(130.68)	34.5	(36.00)	(39.18)
1932—1936	陈达调查	113.04	(112.46)	(126.92)	35.33	(35.20)	(38.39)
1947	部分省市	112.47	(124.29)	(139.01)	32.66	(35.33)	(38.52)
1953	全国人口普查	107.56	(108.35)	(122.70)	36.26	(36.44)	(39.60)

说明：括号中的少年儿童比重，系据表列性别比推算；括中的性别比，系据表列少年儿童比重推算。

性别比与少年儿童人口比重之间极强的负相关关系，明确无误地揭示了这两者之间存在着因果或制约关系：性别比较低，说明男女比例得当，儿童亦能正常成长，没有或很少溺弃女婴的现象，从而少年儿童人口所占比重相应也较大；性别比较高，说明男女比例失调，溺弃女婴现象严重，连带地造成少年儿童人口所占比重的减小。对于进一步的人口发展来说，性别比高，会使婚姻率下降，使相当一部分贫寒男子无偶，从而降低未来儿童的出生率；性别比低，婚姻率有可能上升，儿童出生人数也会有所增长。

性别与年龄结构都直接与人口再生产有关。性别比与少年儿童人口比重的负相关关系，揭示了中国传统人口再生产的内在的调节机制。这是人口在长期发展的积淀之下形成的自我调节机制，而这一机制又是一整套相关习俗共同作用的结果。

公式（1）和公式（2）的系统性差异又说明了什么问题呢？

首先，公式（1）是建立在可信的普查资料基础之上的数学抽象，是对现实的人口性别结构与年龄结构之间相互关系的较为精确的概括与描画。它之所以对1953年全国人口普查资料拟合较好，对民国时期的几种调查统计资料乃至居延汉简资料也都拟合较好，这是首要的、最基本的因素。然而，不能排除其他的潜在因素。公式（1）所拟合较好的几种资料，除居延汉简外，都同属于太平天国战后、同处于半殖民地半封建社会的大环境之下。战争因素的持续影响，使得男性青壮年人口大量死亡，结果造成人口性别比的大幅度下降。半殖民地半封建社会的经济压迫，又使得人们不愿过多生育，以减轻抚养子女的负责。于是形成性别比相对较低、少年儿童比重也较小的局面。

其次，由于公式（2）是建立在若干种方志统计数据的基础之上的，因而不能排除人为编造所产生的种种误差。但它确实反映了相对较高的性别比对应于相对较大的少年儿童人口比重的事实。这可能是在和平、安定的环境之下人们生育较多而又追求男性后代的结果。据《当代中国的人口》一书介绍：1981年千分之一人口生育率抽样调查资料表明：第一胎出生性别比为105，第二、三、四胎则依次上升为107、113、115，即随着胎次的增加，出生性别比反而呈现上升的趋势。[①] 时至1981年，多胎次出生性别比的居高不下，显然与出生时的性别选择有关。而在传统时代的和平时期，人们追求多生育男性后代，在多胎次出生的情形下又有溺弃女婴的习俗，出现较高的性别比对应于相对较大的少年儿童人口比重就是毫不足怪的了。于是就出现了公式（1）与公式（2）的系统性差异。这种系统性差异是数学公式本身所无法解释的。

---

① 《当代中国的人口》，第109页。

晚清广州的社团及其近代变迁*

贺跃夫

近年来，晚清都市中的社会团体及其在近代社会变迁中的作用，日益受到学术界的关注。中国大陆研究晚清资本主义及资产阶级产生的学者，多将城市绅商社团视为中国早期资产阶级在政治上成长发展的标志①；而西方以“公民社会”理论来探讨中国城市社会史的一些学者，也以19世纪的城市绅商社团的出现与活跃为例，证明至19世纪末，中国城市社会已如同西方，渐渐发展出欧洲资产阶级初现时所特有的“公民社会”及“公共领域”。由此引起学术界对将这一理论运用于近代中国研究的一场论争。② 理论概念的引入，无疑会对学术研究带来有益的启发，但是理论概括是否能准确地把握近代中国城市社会发展的实际面目，则还有待更多实证性研究成果的证实。本文依据档案、地方报刊、方志及有关官私记载，将首先厘清在清代地方管理体制下，广州城内参与各种城市公共事务的社团类型及其相互关系与差异；剖析各类社团的构成、功能及其在城市近代化进程中发展变化的来龙去脉：然后试图通过分析绅商社团与官府及传统绅权之间、绅商社团内部相互之间等复杂的互动关

* 本文原载《近代史研究》1998年第2期。

① 如朱英《辛亥革命时期新式商人社团研究》，中国人民大学出版社1991年版。

② William T. Towe, *Hankow: Conflict and Community in a Chinese City, 1796—1895*, Stanford University Press, 1989, Chapter 3—4. 批评意见参见［美］孔复礼《公民社会与体制的发展》，台北《近代中国史研究通讯》第13期，第77—84页；黄宗智：《中国研究的规范认识危机——论社会经济史中的悖论现象》，香港牛津大学出版社1994年版，第22—23页。

系；探讨这些社团的社会属性及其对于晚清社会政治变迁的影响，从而为深化对近代中国城市社会的认识提供一个尽可能准确把握历史真实的实证个案。

一 清代广州城的管理体制及其问题

清代传统的地方行政管理体制，有两个显著的特征：一是城乡合治，城市作为各级官衙的所在地，通常都是由管辖全县城乡的县衙门兼管，没有专设的城市管理机构，且同城的地方衙门在城市管理上的职权不明；二是回避制度及作为牧民之官的府县级地方官调动频繁，削弱了地方行政的管理效能。州县地方官府除注重于税收与治安外，很少有能力对其所辖城市的社会发展有所作为。这两个特征在广州均十分明显突出。

作为岭南大区域的政治、经济中心与外贸港口，广州自19世纪初以来，人口至少超过60万。[①] 其范围除城墙内的内城与新城外，向南延伸至珠江南岸的河南地区，向西延伸至城门外的西郊。其中两广总督衙门、省巡抚衙门、广州府署及将军府等官署构成老城的中心部，其周围也是大小官署及学宫。城东南部明显形成本城的文化中心，贡院、广州府学宫及19世纪下半叶新建立的广雅书局均位于这一带。城墙外的西郊则是人口稠密的商业区，其中北面正西门外的一片地区称为上西关，南面太平门外的一片地区称为下西关。下西关是全城商业最为集中与繁盛的区域，也是19世纪发展最为迅速的地区。广州城内有两个县衙门，即南海县与番禺县。城区以老城的双底门与新城的小市街为界，分属两县管辖。这条分界线在明代基本上是广州城的南北向中轴线，但到19世纪，随着

---

① 广州的人口数无准确统计，各种估计悬殊甚大。粤海关19世纪80年代的估计是160万—180万（张富强、乐正等译编：《广州现代化历程——〈粤海关十年报告〉译编》，第26页）；这个数字在当时可能是被普遍认可的，1905年广州出版的一份广州城地图也说“省城居民约二百万口”（《粤省城地图》，1905年刊）。然而，清末筹办宪政时（1909年）公布的官方统计数字却只有59万（见东亚同文会编《支那省别全志·广东省》第22页）。一位学者根据民国时期广州人口统计估算后认为，19世纪末至20世纪初年广州的人口应为60万较合理，见Edward，J. M. Rhoads，“Merchant Associations in Canton”，in Mark Elvin & G. William Skinner eds.，*The Chinese City Between Two Worlds*，*Stanford University Press*，1974，p. 97。

广州商业中心向西面的发展，番禺县所辖东面相对显得狭小，尤其是商业区较小，番禺县志称：“广州商业以七十二行著称……其在本邑者不过寥寥数行。”①

驻于城内的大小官署，从督抚至广州知府与县署，均有权干预本城事务，但众多的官缺中，却没有专职的、职责明确的市政管理者。城市日常的行政管理事务主要归南海与番禺两个县分理。然而，二县均为辖境辽阔、人口众多的大县，其知县缺都是四字要缺，既要处理全县事务，也要分管属于其境的半个广州城，其政务的繁杂可知。然而，随着地方动荡的加剧、仕途的拥挤，晚清的州县官任期普遍缩短，南海与番禺县令也不例外。以清末最后的几十年间为例，南海知县从光绪四年至三十四年（1878—1908）的 30 年间，换了 28 任，每任平均任期仅为 1 年余；番禺知县从光绪朝至清朝倒台的 37 年间，也更换了 29 任，平均任期也只有约 15 个月。② 在回避制度下，面临繁剧管理事务的外籍主管官员如此频繁的更换，显然不利于地方的有效管理。即使是一个认真负责的官员，也很难在较短的时间内掌握当地的民情与问题，更难以完成需时较长的建设工程等。这种体制上的缺陷，使清代的城市社会如同乡村一样，在官府与社区民户之间，留下一片空白，需要地方社会的自治来填充。

学术界对传统中国乡村社会的研究成果已充分证实，填充从州县衙门到乡村民户之间的社会控制职能者，是地方绅权与族权。清中叶以来，地方士绅与宗族势力不断增长，加深了地方社会的自治化倾向。③ 清代城市社会远较乡村社会复杂，像广州这样的大都会犹然。根据在广州居住过的西方人的描述，19 世纪初，广州城的街区数目超过 600 个，狭小的街区中，拥挤着超过 10 万的工人与手艺人，珠江水面上还有 8 万多户水

---

① 《番禺县续志》卷 12，宣统三年刊，第 22 页。

② 据《续修南海县志》卷 9 职官表（宣统三年刊，第 1—2 页）、《番禺县续志》卷 13，第 13—15 页统计。

③ 参见韦庆远、叶显恩主编《清代全史》第 5 卷，辽宁人民出版社 1991 年版，第 420—423 页。

上居民“疍民”。[①]随着城区及人口的扩大而来的是一系列大都市的社会冲突与城市控制和管理问题的复杂化，诸如城市治安、卫生、防火及社会救济等。19 世纪的社会动荡，使珠江三角洲地区盗匪活动频繁，广州城的居民，尤其是富户常遭抢劫，密集的木结构房屋则使火灾对居民的生命财产的威胁甚大，一场火灾常常导致数以百计的房屋被毁；流行瘟疫也时常光顾广州，导致很多居民丧生；此外因经济的波动、灾害影响等因素，无业无根、居无定所的流浪者与乞丐，也群集于广州城中。[②] 面对迅速膨胀的城市和日益复杂化的城市社会，官府的控制能力显然远远不足。那么是什么样的社会团体参与了城市的社会控制与管理？它们代表了什么社会力量？

二 晚清广州城内社会团体的类型

晚清广州对城市社会控制发挥作用的非官方社会团体有四种类型，即街坊组织、商业行会、士绅结社、慈善及公益社团。

（一）街坊组织

广州 600 多个街区，称呼不一，有“街”“坊”“巷”“里”“甫”“约”等名目；每一街区的规模如乡村自然村落，差异较大，大者数百户，小者仅十数户。在城乡合治的管理体制下，清朝官府对城市居民的管理，也采用以地邻为原则的保甲编组，各街区设立地保或保长、场长等。尤其是每逢社会动荡时，官府即加强保甲，清查户口。1884 年广州出版的一份报刊记载，是年因中法战争使广州人心浮动，地方当局即在城内举办保甲，清查户口，“凡客寓试馆、庙堂寺观，及洋烟开灯馆，每日均着地保到查。并将屋主寓客姓名年籍，逐一注册，以便稽查”。[③]“地保”一职，大体上可视为是官府驻基层社区的差役，是承担官府稽查基

---

① Anders L. Jungstedt, *An Historical Sketch of the Portuguses Settlements in China*, Vikihg Hong Kong Publications, 1992, pp. 185, 228 –229.

② 参见张富强、乐正等译编《广州现代化进程——〈粤海关十年报告〉译编》（以下简称《粤海关十年报告》），第 26、64—65 页。

③ 广州《述报》甲申年九月初九日（1884 年 10 月 27 日）。

层社会、承办官府公役的执役人，通常责重而无权。然而地保介于基层社区与官府之间，可起到沟通城市基层社会与官府关系的作用。据 19 世纪中期西人记载，广州地保的任命过程是：每当一街坊的地保空缺时，通常会贴出需求地保的告示，该街坊的户主便会在寺庙中聚会，挑选新地保。而自愿候选人届时也亲自到场候选，地保人选的确定权，实际上是由几个本街区最有权势的人作出决定。街坊提出的人选一经决定，即禀请县衙门任命，毫无例外地均可获县衙认可。① 可见，街坊事实上存在一定程度的、获得官府默许的自治力量。

那么，街坊自治是如何组织的呢？这是城市社会组织研究中迄今仍甚少涉及的领域。广州的街坊组织也只有十分零星的记载可考。据方志记载考证，下西关地区街坊“甫”的名称，即源于明末广州、佛山等城关商人的自卫组织。当时发生明末黄萧养起义，街市商人为了自卫身家性命，自行组织起来，以防范盗贼；其防卫办法是以“铺”（甫通铺）为单位，一段街道为一铺，各铺在街头尾设立栅闸或门楼进行防守。② 事实上，到晚清这样的街坊自卫组织不仅见之于下西关以甫命名的街坊，也存在于城厢内外的大街小巷，且在晚清社会动荡中与团练相结合。一个建有街闸的自卫街坊单位（称为“约”“里”“巷”等），即是一个自治的“更区”，建有更馆，由薄暮时打一轮“落更”的大鼓起，到次日早晨打“散更鼓”止，街闸关闭，禁止人通行。③ 在城郊治安混乱的地段，一些街坊还组成“商卫公司”，互相守望。官方显然认可了这种街坊自治自卫组织，由官府倡导的团练，也建基于街坊自治之上。如中法战争时地方当局号召地方士绅办团练，广州城厢内外，各街坊组成街团，负责本地段治安。④

我们还可从一宗纵火案的处理过程管窥这类街坊自治组织的运作及其有效性。1884 年冬，西关兴隆街北约一笔店的伙计勾结外匪，图谋在该店纵火，趁机里应外合抢劫。第一次放火被迅速扑灭；第二次放火时，以一火药包置暗处，上置燃着的玉香，但尚未引燃即被人发现。接连两

---

① Thomas Taylor Meadows, *Desultory Notes on Government and People of China, and on the Chinese Language*, London, 1847, pp. 119 - 120.

② 曾昭璇：《广州历史地理》，广东人民出版社 1991 年版，第 360、383 页。

③ 《广东公报》1912 年 5 月 26 日。

④ 《述报》甲申年九月十二、十四日（1884 年 10 月 29、31 日）。

次放火，惊动街邻，左右铺商均来查问。店东无可辩驳，对众街邻说："今夕之事，黑白混淆。我偕同众店伴，同抵本约庙内，神前发誓，自行放火者，定遭阴谴。"众街邻认可，一同到庙。随即街邻着"壮勇"把守庙门，令众笔店伙计暂留庙内，不得远离；而店东与街邻则返回店铺内，逐一搜查各伙计衣箱。查得一店伙箱内的火药、镪水等物证，随即回庙将该伙计拿获，并在神前公同讯问。该伙计只得招供了两次放火经过，街邻"众怒沸腾，情难曲恕"，将该放火者及物证一同押送官府究治。[①]该案发生的兴隆街，离所属的南海县衙有相当远的距离，且发案时间是晚上，因而案中的"壮勇"，显然不属于官府的衙役，而是维持本约治安的民兵。据粤海关的报告称，光绪朝后期，广州各街坊均采取"紧张的自我防卫"，以街坊为单位，筹集经费自办警保，尤其是大户必须维持一支队伍以保卫他们所居住的街区。街坊团体显然不信任官方的治安部门，当官府试图将各街坊所征集的经费集中起来，以用于改善全城治安时，遭到街坊抵制。因此，街坊自卫的管理权仍掌握在街坊居民之手。[②]

街坊自治单位的另一个重要职能是防火。19 世纪下半叶，广州已采用了洋式手提灭火机。据粤海关记载，消防的组织也井然有序，发生火警时，灭火机能迅速被带到现场。消防设置的组织与经费均来自街坊，而非官府。购置及保养灭火机的费用和对灭火工作的奖金，由有关的街坊居民自愿认捐，或从类似于"街坊委员会"的机构征收的经费中开支；操作灭火机的人也均是街坊的志愿人员。[③]

街坊组织构成了清代大都市中最基层的自治单位，且无论是履行维护社会治安和自卫职能还是防火消防，都需动员本社区的人力与财力资源。因而可以推测，街坊内存在一个类似乡村绅权与族权的，由本坊绅董、商董或耆老组成的权力结构。据清末地方文献记载，广州各街"凡铺户皆举有值理"。这些值理很可能是代表西人所记载的"街坊委员会"来负责本街的事务，而区别于作为官府代理人的地保。1901 年广东当局为筹措庚子赔款，举办房捐，在广州即会集大绅，并"传知各街值理妥

① 《述报》甲申年十二月十三日（1885 年 1 月 27 日）。

② 《粤海关十年报告》，第 65 页。

③ 同上书，第 27 页。

理定章”。确定由值理经收，每月解局，各街值理可按收数的十成一获得薪水夫马等报酬。[①] 当然，都市街坊居民远较乡村复杂，即使同一都市内，各街区之间也存在很大差别，以广州而论，以官衙及学宫为主的老城中心地区与西关商业中心，集中于东城的官绅及下西关富商大户区域与城根的贫民区及临街商户街坊等，显然不可一概而论。各街区街坊组织的权力结构的差异，街坊组织与本街居民之间的支配与被支配关系的形成等问题，均还有待进一步的考察。

（二）商业行会

广州的工商业行会，以“七十二行”而著称。这一名称是清末才出现的（1899年以后），但行会的存在远远早于此。工商业行会，尤其是富有财力的银行、金行、茶行、米行、油行等，各有本行的“堂”。各行商人推举“值理”，处理和协调本行内部事务，维护行业垄断。19世纪下半叶，随着清政府开征厘金等税，行会越来越多地卷入财政税收事务。一方面，各行代替政府催征乃至包征税收；另一方面，也代表本行工商业者与官府讨价还价，维护本行工商业者的利益。厘金征收分为“行厘”与“坐厘”，前者征收的对象是运输途中的商货；后者的对象则是经销商铺。广州“坐厘”的征收，即是由各行店认缴抽收。张之洞督粤时，更因为行厘走漏甚多，积弊太深，拟变通办法，进行改革。其办法是由各行商自行设厂抽收。承包行会每年认缴若干，禀官查核，按月抽缴。如行内无人承办，则由外行人办。承包期可长达10年。行会既承担官府征税事务，必然加强行业内的相互联合。1899年，清朝廷派大学士刚毅来粤筹饷，也责令各行承担台炮经费每年400万两。为了认缴这一数额，以丝、银、茶、木等行为首的72行联合组成商办厘局，将认缴的税负分摊给72行。这一新增加的税负对各行显然太重，该局最终无法完成这一认缴数额，但跨行业的72行由此成了一个松散的联合体。[②] 在清末的地方

① 《番禺县续志》卷9，第4—5页。

② 参见《番禺县续志》卷12，第22页；算入七十二行者，均为有能力承担税负者，“无力者未有列入”。因而广州的行会不止72行，据民初日本人的调查，合计有94行（见东亚同文会编《支那省别全志·广东省》，该书列出了所有94行的名称）。

政治舞台上发挥了重要作用。

行会为官府承担催征及包征税收的同时，也代表本行与官府交涉，以求减轻或减免税收等。如光绪中期广州抽收鸦片厘金，城厢内外及河南一带共有1600余间烟店，该行行会采用每店科银2两为入会之费，举行全行宴会，商议联名呈请督抚两宪，乞恩豁免。若不允准，则请照各行成例，自行抽办。[①] 行会商人经济力量的增长，及他们的纳税与捐输在官府财政税收中的重要性，加强了其社会地位，他们的社会活动也超出了本行的经济行为。张之洞在广州建广雅书院时，据称72行的诚信堂与敬忠堂均捐纳了资助。[②] 19世纪下半叶，各行会也成为广州的慈善与公益社团的主要捐资人与管理者（详见后文）。

除行会外，19世纪末的广州还有23个会馆。其中除旗人会馆（成立于1890年）外，其余会馆均为各省或本省其他府的同乡会馆。这些同乡会馆的主要职能是：作为同乡的会议场所，救济同乡，促进和保护其生意，为新来者提供住所，以及在其内部对重要问题进行协商。[③] 但它们很少参与其他事务，大体上因为会馆代表的是外乡旅居广州者，通常较少关注本地事务，因而对广州城市的社会生活与管理事务而言，会馆的重要性远不及七十二行。[④]

（三）士绅结社

作为政治与文化中心的省城，广州也是士绅及在籍官员荟萃之地。晚清居于广州的士绅，主要是广州府属各县人，尤其是南海、番禺、顺德三县最多。这三县既是经济发达的大县，也是科举最盛之地。广东省乡试中额为每科72人，广州府中试者“几居其半”，上述三县则又占广州府的大半。[⑤] 广州的下西关即是省中大绅最集中之地。道光末年至咸同之际，从十一甫至十三甫，短短的两三条街区内，翰林进士等门第不下

① 《述报》甲申年九月十五日（1884年4月1日）。

② 《粤海关十年报告》，第31页。

③ 同上书，第79页。

④ Edward J. M. Rhoads, “Merchant Associations in Canton”, *The Chinese City Between Two Worlds*, p. 103.

⑤ 参见《续修南海县志》卷1，第11页。

数十家，包括有“状元第”“榜眼第”“探花第”。[①] 19 世纪初年在这片街区出现的文澜书院也就成为士绅们的聚会之地。

文澜书院并不是一所教书课士的普通书院，而实际上是一个松散的士绅结社。该书院源于管理城市濠渠需要而成立的清濠公所。1810 年，广东布政使组织重修和疏通西关各濠渠，完工后，西关绅士何太清等与西关四大富家（十三行的潘、卢、伍、叶）筹议善后，计议“储财为经远计”，建立清濠公所，作为长设性的维护清理濠渠机构。由绅商集资，报请广东布政使司认可，以下九甫的大屋 12 间为公所地址并出租生息，以供每年疏决濠渠之费。与此同时，又以余屋设文澜书院，用作绅士会文叙集之地，经费亦从租息中开支。[②]

文澜书院成立以后从不招生授课，而只有“会文”与清濠两项任务：冬则清濠，春夏秋则作会文，实际上是一个社交与公共集议之地。但它有明确的资格限制，只有考中生员以上功名的士绅，才有资格成为其成员，可以参加其春秋两次的大叙会（春秋二祭宴会），并领取胙肉。主祭者则均推选翰林进士任之。因而，文澜书院设立以来，逐渐成为广州士绅会文集会的活动中心，晚清广州的著名大绅，如易学清（广东谘议局议长）、邓华熙（广东地方自治研究社领导人，前贵州巡抚）、卢乃潼（广东地方自治研究社副社长、谘议局副议长）、黎国濂（力争商办粤路的领袖）等，均为文澜书院成员。[③] 它事实上发挥了一个城市绅权社团的作用，因而，它在 20 世纪初年也顺理成章地迅速政治化，文澜书院的士绅们成为广东立宪与地方自治运动的中坚。

广州城内的另一个士绅聚会场所是位于新城东面的番禺县属册金局。册金局设于三贤寺内，是一个掌握一定公产，资助和奖励士人应考的士绅机构。它也是属于番禺县辖境的广州东城的士绅集议之所，特别是 1905 年废科举后，它作为番禺县属士绅的集会场所，形成本城的另一个绅权自治中心。虽然它在晚清对广州全城的影响力远不及文澜书院，但

---

① 龚志鎏：《广州西关士绅和文澜书院》，《广州文史资料》第 12 辑，1964 年印行，第 164 页。

② 《广州府志》卷 64，同治九年刊，第 3 页；卷 66，第 24 页。《广州西关士绅和文澜书院》，《广州文史资料》第 12 辑，第 162—165 页。

③ 《广州西关士绅和文澜书院》，《广州文史资料》第 12 辑，第 163 页。

清末筹划地方自治时，该处士绅也对地方政治发挥了影响。

云集于广州的省中大绅们，在19世纪已广泛参与城市社会控制与管理，除了文澜书院士绅们在维护濠渠等方面发挥的作用外，鸦片战争以后的数十年间，本地团练的组织与筹划、城市防卫及经费的筹集、战后的善后及粮食仓储的管理等，官府均依赖本城士绅的参与。城内的惠济东西两仓、安良省局（同治七年设）、善后局（同治年间设）、厘务局及几家官设慈善机构，或完全由绅董经理，或官绅合办。[①] 士绅或绅商事实上已越来越多地参与了城市社会管理与控制，这是他们在20世纪初年民族主义与宪政思潮激荡下进一步政治化的起点。

（四）慈善及公益社团

绅商主办的慈善机构相继出现于19世纪下半叶至20世纪初，在此之前，官府倡导或主持的慈善机构包括育婴堂（乾隆九年落成）、恤嫠公局（嘉庆二十三年设）、普济院（康熙六十一年设）等，它们均坐落于东城和东郊，经费主要来自官府，士绅参与经理。但这些慈善机构相对于迅速扩大的城市，不仅数量太少，而且规模均较小，发挥的作用也十分有限。其中恤嫠公局虽于道光年间在新城东部建有局所，但光绪中期张之洞督粤时改建南园，局废后一直无力重建，此后的实际职能只是每季借文澜书院发恤银而已。[②] 这些官办机构远远无法满足太平天国建立后城市社会救济的需求，因而以商人行会及绅商为主导的善堂纷纷兴起。据笔者统计，这一时期广州新设善堂15家[③]，其中除润身善社（1869年）、爱育善堂（1871年）、寿世善堂（1875年）、广仁善堂（1884年）和述善、明善二善堂（光绪年间，具体年代不详）外，其余9家均设立于1900年前后的十几年间。

在这些新兴起的慈善机构中，润身善社、爱育善堂、广仁善堂、广济医院、方便医院、崇正善堂、惠行医院、述善善堂、明善善堂，即是

---

① 参见《广州府志》卷64，第12—14页。

② 同治《番禺县志》卷15，同治十年刊，第17—20页；《番禺县续志》卷2，第5—6页；*An Historical Sketch of Portuguses Settlements in China*, pp. 215－216。

③ 《全粤社会实录初编》，调查全粤社会处（广州）宣统二年编印；《番禺县续志》卷5；《续修南海县志》卷2。

清末广州的“九大善堂”，它们多分布于西关人口密集、工商业繁盛的地区；其余六家善堂的影响力较这九家为小，分布在南关、河南与东关。从善堂的创办人及资金来源看，它们的存在均是由商人行会及富有的绅商支持的。位于西关十一甫的崇正善堂，由商人陈基建、陈启沅（创建中国第一家机器缫丝厂）等创办，其章程规定：“堂内同人凡创办善事，俱归商人料理。”[①] 善堂的创办与经理，也促使商人打破行业界限走向横向协作。方便医院最初由善董吴玉阶等筹设，规模不大，后得到各行商人资助，列名的倡建总协理均为七十二行商人（部分直接以行列名）。医院的章程还明确规定其管理权亦在各行会，以倡建总理值理为董事，另外每年再从七十二行中推举两行为总理，两行为协理。“院中钱银各事，概归当年总理专管，协助理帮同兼顾，以佐其成；董事参理其间，集思广益。”各行商人显然要为此相互协作。得到商人行会支持的方便医院，规模不断扩大，“数年间扩充留医房舍，招待中外病人，年以万计，以至今日（1910 年——引者注）为九大善堂之冠”。[②]

善堂也是广州商界与绅界合作维持的重要领域，一些出头露面的善董，不少是有功名官衔的绅商或省中大绅，如广仁善堂（全称两粤广仁善堂）的倡设，“系两粤诸人士合力维持”，列名倡建总协理名单的，几乎包括了所有广州的著名大绅和绅商。该善堂以宣讲圣谕为首务，延聘“通儒”，编辑了《圣谕广训疏义》作为宣讲之本。但堂内的经费仍主要来自商人，规定“凡捐款至十元以上者，俱为堂内同人，可以随时公举当总协值理之职，办理堂内各事”，据称堂内的“办事人等自总理以逮司事概系商贾殷实之家”。[③]

善堂种类不同，各有所侧重，但均以赠药施医、救灾善后、救助贫困残疾、抚养弃婴、施粥施衣等善举为其主要功能，大多数善堂还兼宣讲圣谕与善书以劝善。各善堂章程通常都明确规定，除办善举外，“所有地方公事概不干涉”，或“概不干预他事”等。[④] 自觉担负清朝乡约所承

---

① 《全粤社会实录初编·崇正善堂》，第 2 页。

② 《全粤社会实录初编·方便医院》，第 1—3、8—12 页。

③ 《全粤社会实录初编·两粤广仁善堂》，第 1—6 页。

④ 同上书，第 2 页；《全粤社会实录初编·崇正善堂》，第2 页。

担的宣扬皇朝教化的职能，明确界定其团体的职能范围，表明了举办善举对城市绅商而言，实际上是一种加强社会控制，减少社会冲突与动乱的手段，并可以获得官府的合法性认可。然而，既然善堂已成为各行商人之间及商与绅扩大社会联系的一个场所，既然各行董、商董和绅界领袖可为地方善事商议协调，那么，在一定条件下，他们超越善举的界限，涉足更多的地方公事，其成员甚至转化为政治性社团的创办者，就成为顺理成章的事了。

三 清末新政与绅商社团的政治化

在清末新政的推行和20世纪初年民族主义与民主思潮的激荡下，各种类型的城市社会组织发生了什么变化？对城市社会变迁带来了什么影响？

作为铺户市民基层自治组织的街坊团体，在清末地方自治的推行过程中，并未获得官方认可而扩展其势力；相反，其维持本区治安与消防等职能，随着清末民初现代警察制度的建立与完善而被国家所取代。民初后，作为街坊自卫主要设施的街闸，因有碍城市交通及马路的修建而被政府强令拆除。可见，清末民初地方自治的推行，并没有完全利用和扩大原有的市民自治组织。在清末宪政与地方自治的推行中，其组织规模、社会与政治影响力均获得扩大的社团，主要是19世纪以来已在城市公共领域中发挥作用的各绅商团体。他们一反不干预地方公事的规章而迅速政治化，积极卷入清末的地方性社会政治变革之中。这主要表现在以下几方面。

（一）新绅商社团的出现

清末广州绅商社团的膨胀及其功能的扩大和政治化，首先表现在新社团的相继出现。在这些新社团中，广州商务总会是根据清政府1904年初颁布的《商会简明章程》而成立的，其职能包括联络与调查商情、兴商学、开商智、配合官府维持市面等，还有权受理商事纠纷，调解、仲裁“商民争讼”等，它享有的合法权利远远超出清代一般民间社团。不过，作为“通官商之邮”的中介组织，商会并不完全是商人的组织，而是与清政府联系密切的半官方机构，它介于官商之间，接受官府的“札委”与“关防”，其权威地位来自官府的任命。因而，商会的组织领导者，也绝非一般商人，而是有士绅地位的绅商或有名望的大绅。广州商务总会的第一任总理左宗蕃是顺德举人，在此之前曾任顺德县团练局总办；协理郑观应是退休在籍的著名洋务官僚，七名坐办也是有各种功名与官衔的绅商。[①] 可以说，清末商会实际上是一种半官方机构。因而，广州商务总会成立后并未取代七十二行的功能，后者作为商人自己的团体，仍自成一系而活动。

除广州商务总会外，其他团体均为民间自发成立的社团，最值得注意的是于 1907 年末几乎同时成立的粤商自治会与广东地方自治研究社。粤商自治会是商人的立宪团体，由七十二行商人陈惠甫、李戒欺等设立。在此之前，陈、李等人在商人聚居区的西关华林寺组织了广东戒烟会，1907 年冬，两广绅商反对英国攫夺西江缉捕权[②]，陈惠甫等商人在戒烟会集议，准备呈文两广总督及外务部，要求拒绝英国的干涉。此时，以士绅为主体的广东地方自治研究社已经成立。经陈惠甫建议，与会商人即成立粤商自治会，公益性社会团体由此一变为政治性社团。该会明显地含有与文澜书院士绅们组成的广东地方自治研究社分庭抗礼的意味，它建基于七十二行及善堂等既有商人社团之上，不仅人员均来自商人与善董，而且自治会本身无会籍、无会费，但“遇有拟办之事，动辄数千人”，完全依赖七十二行与善堂活动。[③] 因而可以说，粤商自治会是商人行会组织政治化的延伸，是商人群体的政治代表。

以士绅为主体的广东地方自治研究社的社址文澜书院，与粤商自治会的所在地华林寺，均位于下西关，相隔仅两个街区，可谓近在咫尺，但地理相邻无法弥合其社会距离。如前所述，文澜书院的成员有严格的资格限制，广东地方自治研究社对社员的资格虽无明文规定，但它不仅

---

① 参见《农工商部统计表》，光绪三十四年，第 9 页；宣统元年，第 24 页。

② 西江为通往广西的重要商路，当时英国以西江航道河匪猖獗，向清政府要求由海关税务司派船巡逻缉捕盗匪，清政府答应了英国的要求，但遭到两广绅商反对。1907 年 11 月，英国派舰队开入西江，引起更大的反英浪潮。

③ 邱捷：《辛亥革命时期的粤商自治会》，《纪念辛亥革命七十周年青年学术讨论会论文选》下册，中华书局 1983 年版，第 373—379 页。

社址位于文澜书院，而且人员构成及活动方式，均是文澜书院的延伸。该社的 11 名发起人 5 人是举人，2 人是贡生，1 人是生员，2 人为在籍官吏。首批社员 161 人中，90% 的人也有功名或官职官衔，包括进士 14 人，举人 49 人，贡生 27 人，生员 7 人，有官职衔者 44 人。总之，自治研究社的发起人、领导人及绝大部分成员，诚如该社自己所宣称的，都是省会的“明达士绅”。① 它很显然是代表广州绅界的立宪团体，在活动方式上，它也与粤商自治会存在鲜明的社会距离。后者在维护商人权利、组织反对清政府对外政策等方面表现出较激进的政治态度，而士绅的自治研究社则相对保守温和，它的成立公启宣称：“以忠君爱国为首务，以研究宪法为宗旨，上以副朝廷求治之盛心，下以养国民自有之能力。广通音问，交换知识，是则本社之微旨也。”它的活动也主要局限于研究宪法、交换知识等士绅聚会（每月两次在文澜书院集会，每次有百余士绅与会）。②

商界与绅界的政治结社平行发展，在社会公益事务上也各成体系。1907 年珠江三角洲发生大水灾，使广州地区米粮价格暴涨，市面人心浮动。七十二行及各善堂联合香港商界，在西关爱育善堂内设立省港善堂平粜总公所。这是各行商人与各大善堂联合组织的一次大规模社会救助活动，由善堂、商会、七十二行商集议，并联合香港慈善机构东华医院开办。经费先由九善堂、商会等出资垫付。粤商自治会的李戒欺、陈惠甫等均为该公所的“倡办平粜义务员”。③ 但省中大绅却没有参与，而是于次年由广东地方自治研究社的社绅们另设了一个广东赈灾慈善会。以商行为经济后盾的平粜总公所，有来自各善堂资助的经费总额上 10 万两，但广东赈灾会缺乏来自商界的经济支持，除了集会讨论赈灾及办水利的办法并向官府提供咨询外，对救灾所发挥的实际作用远不及平粜总公所。

---

① 《广东地方自治研究录》第 1 期，第 38 页。关于其社员情况，亦见该期所载社员名录；社长梁庆桂的生平，参见《式洪室诗文遗稿》（收入沈云龙编《近代中国史料丛刊》第 673 辑），第 1—4 页。

② 参见贺跃进《广东地方自治研究社初探》，《中山大学学报》1987 年第 3 期。

③ 《全粤社会实录初编 · 省港善堂商会行商平粜总公所》，第 1—3 页。

(二) 原有绅商社团功能的扩大

在新社团纷纷出现的同时，原有绅商社团的功能也进一步扩大。促使这些绅商社团越来越广泛地卷入地方公共事务的重要契机，是1904年以后的收回粤汉铁路路权及争取商办粤路的运动。广东收回路权运动的组织领导者邓华熙、黎国廉、梁庆桂等人，均是文澜书院的士绅，并得到各行商人及善堂的支持。粤汉路收回后，广东绅商一致要求组织由本地绅商控制的商办铁路公司，但湖广总督张之洞与两广总督岑春煊反对商办，主张由官方筹措官款投入，官商合办铁路公司。1906年初，岑春煊提出的筹集资金办法，主要是“取之于商民”，即以加收各种已有的商业捐税附加税的方式筹集公款，并以此作为官款投入铁路公司。[①] 这个办法，筹款权在官，表明官方欲控制即将成立的粤路公司；同时，附加捐税的税负仍落到富绅和商人头上，尤其是具有经济实力的七十二行商人。这对于广州绅商来说，是仅受其害，而不得其利。因而岑春煊的方案引起广州绅商的强烈反对，1906年1月10日，梁庆桂与黎国廉代表绅商在广济医院与官方会议，向官府申述了绅商的反对意见，且“用语激烈，痛斥官场之腐败”，当场引起争执。当天夜间，岑春煊下令番禺知县拘捕梁、黎二人，梁化装逃往香港，但黎国廉被押至巡警局。随后，岑春煊又上奏参劾梁、黎。[②] 岑的举动引起广州绅商更大的公愤，“连日集议，群情汹汹”。七十二行、九善堂与广州总商会纷纷以团体出面致电北京，街市甚至还有罢市的谣传。[③] 迫使清政府派人往广州查办，并于2月间释放了黎国廉。

广州绅商与官府冲突的公开化，进一步激活了绅商团体卷入商办铁路事务的热心。七十二行、各善堂及总商会在黎国廉被拘留后，自行集

---

① 《岑春煊就地筹款举办铁路公司情形由》，中国第一历史档案馆档案·录副档，光绪三十二年第46—50号。

② 宓汝成编：《中国近代铁路史资料》第3册，中华书局1963年版，第1050页；《商部代递广东职商电禀》，中国第一历史档案馆档案·录副档，光绪三十一年第62—66号，《式洪室诗文遗稿》，第14页。

③ 参见中国第一历史档案馆档案·录副档，光绪三十二年第46—50、62—66号，《岭东日报》光绪三十二年三月三十日（1906年4月23日）。

会，议定招股办法（每股五元，分三期交付），并得到各行商人及民众响应，认购者“众情踊跃”。这样迫使岑春煊放弃其筹款计划，同意粤路“归商办理”，保证“以后地方官专任保护维持，一切财政及举人之权，概不干涉”。①

粤路公司的招股，充分利用了七十二行及善堂等传统组织。粤路公司筹集的股份全部为通过发售股票而来的商股，不少股份是由各行会集体认购的②；而善堂以其较好的信用及在全城各商业区的广泛分布而承担了股本募集代理者的职能，据当时调查统计的数字，粤路公司筹集到的股本中，由本省各善堂所收的股本最多，在开始招股后的两个月内（1906 年 4 月中截止），由广州明善、爱育、述善、广仁、崇正、惠行等各善堂及广州总商会就合计征得 210 万股，占最初计划招股数 400 万股的 52.5%。③ 以不干预地方公事为戒律的各善堂，此时均以成功地为粤路公司招股而自豪，并视作“为全粤造福”的大善举。④

七十二行与九善堂在商办铁路公司的筹建与招股过程中，为自己赢得了社会声望，也加强了它们在地方政治中的地位。此后，在反对清政府出让西江缉捕权的斗争中及不少涉及地方公共事务的争议中，七十二行与九善堂总是以一个集合团体出面。七十二行还于 1908 年创办了《七十二行商报》，成为清末商人的一个重要舆论机关。

四 立宪与绅商群体内部的纷争及分裂

无论是传统绅商团体功能的扩大，还是新社团的纷纷出现，均显示了 20 世纪初年绅商社团的政治化趋向，它们作为一种不可忽略的政治力量出现在新时期的城市社会之中，在牵涉地方利益的公共事务上，敢于与官府据理力争。按照西方资产阶级的历史经验，下一步必然是政治参与的扩大与民主政治制度的确立。那么，清末各地绅商社团的政治化，

① 《中国近代铁路史资料》第 3 册，第 1052 页。

② 《岭东日报》光绪三十二年三月二十一日（1906 年 4 月 14 日）。

③ 《岭东日报》光绪三十二年三月二十五日（1906 年 4 月 18 日）。

④ 《全粤社会实录初编 · 方便医院》，第 2 页。

将会朝什么方向发展？它是否意味着新兴的类似于欧洲早期资产阶级出现时的“公民社会”在中国都市中产生？还是中国资产阶级登上政治舞台的表征？他们在政治民主化进程中扮演了什么角色？广州绅商社团在立宪与地方自治中的纷争与分化有助于我们回答上述问题。

从上述绅商社团在清末的活动可以看出，绅界与商界在共同争取商办粤路等事务方面，共同合作，走向融合；但在政治方面，二者却并行发展，显示出明显的界域，广东地方自治研究社与粤商自治会几乎是在同地同时成立即已清楚地表明了这一点。粤商自治会试图超越传统绅权，有明显的参政意图，它成立时宣称：“本会遵旨预备立宪，先与同胞谋自治，将以研究内政、外交之得失，发为议论，供朝廷采择；调查工商实业之利弊，力为整顿，以谋地方公益。”① 作为七十二行商人的政治代表，它有较广泛的社会基础，其领导人陈惠甫、李戒欺等人年轻气盛，十分热心地投身于城市公益事业与地方公共事务。然而，该团体参与宪政的努力，既得不到官方的认可，也为正统士绅所不容。由于它干预对外交涉事务，外务部在致广东当局的公函中即指责：“地方自治应由公正员绅妥为筹办，未便准令无籍之徒，妄行开会”，要求广东官方“严查解散”自治会。② 以文澜书院士绅为主体的地方自治研究社，似乎也不把粤商自治会放在眼中，该社出版的机关刊物《广东地方自治研究社》，每期均刊载各地自治机构的情况，但对近在咫尺的粤商自治会却始终无只字片语提到。因而自治会的负责人抱怨说：省城虽然表面上“似觉风气较开，交通较便，然其组织实比乡村市镇尤难，各界中人不易融洽故也”。③

在上述背景下，广东谘议局的筹办自然由官府主持，地方自治研究社的士绅们协助，完全排斥了商界的社团。1909 年 2 月成立的广东谘议局筹办处，其总办、会办、提调、坐办等职分别由布政使、按察使、提学使、盐运使及巡警道、广州知府等官吏兼任，另外延聘 22 个“议绅”，他们大多都是文澜书院士绅或地方自治研究社的成员，均是省城的士绅

① 粤商自治会编：《粤商自治会函件初编》，广州，1908 年印行，第 10 页。

② 王芸生：《六十年来中国与日本》第 5 卷，生活·读书·新知三联书店 1980 年版，第 193—194 页。

③ 《粤商自治会函件初编》，第 17 页。

名流。在随后的谘议局选举中，所有 94 名当选的议员均有各种功名及官职衔等士绅身份，而参与了谘议局筹办工作的地方自治研究社尤其占有明显的优势，正副议长易学清、丘逢甲、卢乃潼三人均为地方自治研究社的核心人物（易与卢也是文澜书院士绅）。另外至少有 23 名议员是地方自治研究社社员。① 与此形成鲜明对照的是，粤商自治会的活跃分子，无一人选入谘议局。谘议局的筹办过程，显然加深了绅界社团与商界政治性社团早已存在的裂缝。

谘议局为地方精英提供了一个聚集力量、发表言论和参与政治的合法场所。广东谘议局成立后的最初一年，议员们在为地方兴利除弊、弹劾官吏、审核政府财政收支等方面，表现出积极的参政议政意识。然而好景不长，第二年即因禁赌案的纷争，使广东谘议局四分五裂，陷于瘫痪。所谓禁赌案是指禁绝官府准许的合法赌博。广东官许的合法赌博自 1884 年张之洞督粤时开办，招商承包，至 20 世纪初年，每年为广东省当局带来 600 余万元的赌饷收入，构成清末广东最大的财政收入来源之一。但严重的赌害不仅关系到社会风气和道德问题，也影响了正常的社会秩序，加剧了清末社会治安的混乱，因而地方人士一再强烈要求禁赌。在舆论的压力下，两广总督于谘议局第一次常年会议上，提出《筹禁广东各项赌馆议案》。官方提出禁赌案的主旨，是在如何筹抵因禁赌而短缺的税饷。

正因为禁赌的舆论强大，已为大势所趋，所以在第一次讨论禁赌案时，在应不应禁赌的问题上，全体议员均一致赞成应该禁赌。② 但在如何禁赌问题上，部分激进议员与官方发生分歧。官方坚持要先筹抵饷后禁赌，而议员则主张先定期一律禁绝赌馆，然后再通盘筹充财政收入，即禁赌应与筹充抵饷分开。陈炯明为此提出了一个修正案，要求先定期一律禁绝赌博，得到大多数议员的赞成而通过。③ 但粤督仍坚持先筹抵之议，拒不接受谘议局决议案。双方的争执至 1910 年 5 月的临时会议仍无

① 广东谘议局议员名录见广东谘议局筹办处编印《广东谘议局筹办处第三次报告书》（粤东编译公司，1909 年）第 38—43 页；地方自治研究社成员情况，见《广东地方自治研究社》第 1 至 4 期所载社员名录。

② 见《广东谘议局第一期会议速记录》，广东谘议局 1910 年编印，第 4 页。

③ 同上书，第 30—34 页。

结果，禁赌之事被拖下来无法付诸实行。1910 年 10 月第二次常年会开会期间，谘议局采取较强硬的立场，作出《广东禁赌请电奏定期实行案》，并以停议、辞职相威胁，迫使粤督据情代奏，请清政府颁布广东赌博一律禁绝期限。①

纷争年余的禁赌案至此似乎已基本解决，为何又会在议员内部因赌博问题而发生大分裂呢？导致议员分裂的并不是这一个全面筹禁各项赌博的议案，而是在谘议局已迫使粤督代奏禁赌案并复议（谘议局 10 月 17 日停议抗议，10 月 22 日重新开议）后的 11 月 9 日，在讨论议员苏秉枢的安荣公司开设铺票赌博一案时，发生争执。要求一律禁止者认为："旧赌未能即除，岂容复增新赌"；而苏的支持者刘冕卿（常驻议员）则提出，铺票比山票赌博为轻，安荣公司是去重就轻，与次第施禁不相抵触，并说："今已抵数无著，不能遽禁，于法律上诚不合，于事势上所必然"，因而应让苏的安荣公司开赌。刘的主张得到部分议员的附和，双方发生争论，互不相让。② 最后付之于表决，当时出席会议的议员只有 64 人，其中有 9 人在争论激烈时离开议场，投票者 55 人，投票结果是只有 20 人赞成应禁，而 35 人投否决票。投票前赞成禁赌者主张以记名投票（谘议局平常表决时，大多以起立表决），议长易学清宣读议事细则，宣布以记名投票，赞成禁者书"可"字，反对禁者书"否"。这就是广东谘议局议员分裂为所谓"可决议员（禁赌议员）"与"否决议员（庇赌议员）"的由来。

刚刚迫使粤督奏请朝廷宣布禁赌的谘议局，为何在涉及具体赌馆时，禁赌之议却不能贯彻，并以多数票否决了禁赌的主张呢？原因就在于赌商的经济利益，赌商从承包赌饷中可获得丰厚的利润，如果以最保守的 50% 的利润率估计，那么每年落入赌商腰包的利润超过 300 万元。靠这笔巨大的财富养肥了一个财势颇大的直接与间接从赌博中得利的利益集团，选入广东谘议局的议员中，也有相当一部分人与赌饷利润相关。以拥有安荣公司的苏秉枢为例。苏曾承包多项赌饷，发了大财。他以承包赌饷所获取的一部分利润，结交广东的官绅名流，谋取政治与社会地位。广

① 《广东谘议局第二次常年会议报告书》，广东谘议局 1910 年编印，第 37 页。

② 同上书，第 37—44 页。

东水师提督李准的女儿与法政学堂监督、状元夏同和的儿子结婚时，苏秉枢送的礼物是一对金痰盂。[①] 1908 年以后，苏又屡次捐款赈灾、协助监狱经费及捐助学费等，与官场关系密切，先后被授以四品京堂候补、头品顶戴等官职衔，就在这次谘议局讨论他的安荣公司赌博问题之前，粤督袁树勋又奏请清朝奖赏给以三品京堂候补。[②] 正是因为有这种背景，苏才敢在普遍禁赌声中，继续筹划新赌项。考察可决议员与否决议员的名单还可以发现，坚定主禁的可决议员 20 人中，大多是非广府籍议员，尤其是嘉应州籍与潮州府籍议员，且他们多数是“学界”中人，与赌博利益和商界无关。而否决议员 35 人中，以广府籍议员人数最多（19 人），而且他们多数居住在广州城内；不少人经营商务，如广州总商会坐办区赞森。[③] 苏秉枢本人是广东英德籍人，但在省城经营赌饷，长期居住于广州西关十一甫（标其住所为“京卿第”）。因而，虽然还未发现直接证据，但完全可以推测，否决议员或者是出于个人的利益考虑，或者是因人际关系而碍于情面（投票时苏本人在场），或者是屈于苏的权势。且由于谘议局内当时尚未形成政治派别或政党势力，以方言为分界的地域因素也有重要作用。简言之，各种非政治性因素导致了广东谘议局的大分裂，随后，否决议员被迫辞职，但谘议局因此而瘫痪，在地方政治中的作用锐减。

还值得一提的是，在地方自治推行中，广州城南海县属与番禺县属也发生了分歧。1910 年 5 月间，当广州按清政府的城镇乡地方自治章程筹设城自治机构时，番禺县士绅两次在番禺册金局聚会，与会者均主张两县分立两个城自治会。吴道熔、丁仁长等 50 个番禺士绅联名上书说：“地方自治必因其民情之习惯，南番二县之人虽同居一城，而风气既殊，习尚亦异，与他省之二县同城、混而为一者迥然不同。观两次集议，竟无一人主合者，民情大可见矣。”[④] 粤督只好据实电报民政部，称南、番

---

① 《豪哉十万金送妆奁》，《中华新报》宣统二年十一月七日（1910 年 12 月 8 日）。

② 《粤督袁树勋奏请苏秉枢捐赈请奖片》，《政治官报》宣统二年十月十九日。

③ 谘议局议员名单载于《广东谘议局筹办处第三次报告书》及《编查录》；可决与否决议员名单，见《中华新报》宣统二年十二月十三日（1911 年 1 月 13 日）。

④ 《番禺县续志》卷 9，第 11 页。

两县士绅，“众论极难一致，各呈意见”。[①] 最后，广州统一的自治机构终于无法成立，因而广州城的自治出现一个奇怪的现象：在同一城中设立两套分属于两县的城自治机构。

综观绅商群体间的纷争与分裂，主要因素有三：一是绅与商之间的社会差别；二是利益纷争；三是地缘因素。这些早已存在于传统绅商团体中的因素，在地方政治近代化的进程中，并没有因与官府对阵的需要而消弭，相反，因获得国家认可的合法地方自治机构的筹组而凸现。从人员构成、聚会场所及活动方式等方面，我们均不难辨别商人社团（七十二行—善堂—粤商自治会）与士绅社团（文澜书院—广东地方自治研究社）各自的发展脉络及二者的界域，也可看到以西关为集会场所的西城（南海）绅商与以三贤寺为集会地的东城（番禺）士绅之间的差异。从这个角度来看，清末广州林立的绅商社团及地方自治机构，很难视作步入近代门槛的一个城市“公民社会”成长的标志，也难以笼统地视为中国早期资产阶级登上政治舞台的标志，相反，它们只不过是传统城市社团内部在近代化进程中的进一步分化。其结果是民间社会团体势力的削弱与地方政治民主化进程的受挫。

五　结语

晚清广州各类社会团体的发展及 20 世纪初年的政治化趋向，从表面观之，可以与初登历史舞台、向封建王权争取城市自治及参政权时期的早期西方资产阶级相比拟；但历史研究者更应注意的是，现象的类同底下所掩盖着的实质性差异。中西社会政治体制有别，例如近代前的法国与中国同是中央集权的君主专制国家，但法国王权对社会的控制深入基层，平均每 3000 个居民就有 1 个政府行政官员；而 18 世纪末的中国，县级行政单位只有 1436 个，平均每一个州县官管辖的人口超过 30 万。[②] 中

① 见江苏苏属地方自治筹办处编《江苏自治公报类编》（收入沈云龙编《近代中国史料丛刊三编》第 521—523 辑），要电类，第 83 页。

② Joseph W. Esherick and Mary Buckus Rankin eds, *Chinese Local Elite and Patterns of Dominance* , Berkeley: University of Canlifornia Press, 1990, Introduction, p. 3.

国的皇权之所以能依赖一个规模甚小的正规地方行政建制，控制如此庞大的社会，就因为在国家与基层社会之间，还存在一个承上启下的中介领域，其中绅权是填充这一中介领域的最重要因素。这是西方前近代的城市社会所无的。

在广州这样经济文化十分发达的区域大都会中，绅权的作用尤其不可忽略。因而在市民或商人势力向政治领域扩张时，面对的不只是官府，而且还需逾越绅权。作为商业中心的广州，商人群体人数众多，经济势力强。19 世纪行会在城市社会控制中已发挥了重要作用，以行会商人为背景的善堂相继出现，街坊铺户组织也发挥了较完备的基层街区的自治功能，这些无疑均显示了广州商人群体的社会力量。然而，试图谋求政治地位的商人，要通过读书登第、考取功名，或捐纳授职，才能跻身士绅阶层。文澜书院在西关极富象征意义，只有跨入它的门槛，才算进入绅界，才能更进一步涉足地方政治事务。而一般商人铺户，虽然通过其行会及街坊组织，在 19 世纪已广泛地参与了城市的公共事务，但难以获得政治地位。20 世纪初年，科举制的废除、新的社会思潮的激荡及政府新政的推行，大大激发了广州绅商社团的政治热情，然而商人社团向政治领域的扩张明显受到了官绅的联合抑制。从本文讨论的四种类型的广州城市社团中，我们可以看到：以商人为主体的街坊组织在清末民初湮没不彰，在城市自治中没有发挥应有的作用；商人行会及善堂虽然迅速政治化，并衍生出新的政治性社团粤商自治会，但它受到官绅联合抑制，完全被排斥在新成立的宪政机构之外；唯有士绅社团（文澜书院）及其新的衍生立宪团体（广东地方自治研究社），依然维持了对于省城的政治垄断。不过，士绅社团的这一胜利也只是暂时的，绅界与商界社团间的明争暗斗及相互牵制、谘议局内部的利益分化及因地缘造成的东城精英与西城精英的分离，使 20 世纪初年在力争收回路权与粤路商办等运动中势力大增，并使一度走向协作的广州绅商社团分崩离析。至辛亥革命前，各绅商团体很难组织统一的大规模的政治行动，因而它们也不可能在广东省的光复及城市民主政治的建构中发挥决定性作用。

严复拒卢梭意在讽康、梁*

蔡乐苏

严复与卢梭思想的关系，是中国近代启蒙思想史中的一个重要问题。迄今为止，学术界对此一问题具代表性的意见大致可分为三种：第一种是未加分辨地将卢梭置于严复乐于介绍的近代西方思想家之列，认为严复也像对待斯宾塞、赫胥黎、穆勒等人的思想一样，正面介绍和吸收了卢梭《民约论》中的天赋人权思想。① 第二种是将严复思想区分不同时期，认为在戊戌维新时期严复吸收和宣传了卢梭思想，其后开始反对卢

---

* 本文原载《近代史研究》1998 年第 5 期。

① 参见张岂之、陈国庆《近代伦理思想的变迁》，中华书局 1993 年版。该书第七章第二节“关于‘自由’伦理口号的评价”中就明确指出：“严复深受卢梭的影响。”（第 209 页）“严复积极宣传西方资产阶级的自由伦理观和天赋人权论。”（第 211 页）“在自由与法律、个体自由与群体自由的伦理关系问题上，严复也吸收了卢梭的主要观点。”（第 215 页）“严复在论述自由自主、民权民主等问题的时候，还介绍了西方资产阶级革命前期的启蒙思想家所宣扬的重要伦理思想武器——‘天赋人权论’，并且发出要求‘平等、自由、民主、博爱’的强烈呼声。”（第 220 页）“严复宣传西方资产阶级‘天赋人权’的伦理学说，其目的，在于攻击封建君主专制制度的封建伦理道德、纲常名教，伸张资产阶级民权，宣传资产阶级‘自由、平等、博爱’的原则。”（第 222 页）“严复宣传的‘天赋人权论’和‘社会契约论’，成为资产阶级维新派变法维新的有力思想武器，并在客观上为资产阶级民主革命推翻封建君主专制制度作了舆论上的准备。更为重要的是，严复以此为理论依据，启迪了大批青年知识分子的思想觉悟，呼唤着个体意识的觉醒。梁启超等维新志士曾为之拍案叫绝。”（第 224—225 页）

梭思想。[①] 第三种认为严复所吸纳的西方思想是19世纪以历史进化、科学实证为特征的思想，严复思想是内在一贯的，他对卢梭的天赋人权论始终是排拒的。[②]

上述三种认识的存在，促使我们对严复与卢梭思想的关系再作进一步的探讨。笔者反复把玩《严复集》及相关文献，将严复论及卢梭的文字一一录出，同时又将严复论及康有为、梁启超的段落亦全部摘出，再将两方面的资料按时间排列，加以对照思索，结果发现：严复对卢梭思想有赞同、有客观介绍，但更多的是批评排拒，对康、梁恰好也是如此。两条曲线并行，大体相应，所不同者，对卢梭的批评多见诸公开发表的文字，而对康、梁的批评则多见于私下的通信。从两种批评方式的相同性质中，我们有理由可以得出结论说："严复排拒卢梭，其实是在讽劝康、梁。"此一内在关联的揭示，对准确地把握严复的思想，恰当地说明严复与卢梭思想的关系，

---

① 参见林启彦《卢梭〈民约论产〉的传来及其对清末政治思想的影响》，原载《新亚学术集刊》（香港中文大学新亚书院）1979年第2期；又见于《步向民主：中国知识分子与近代民主思想》，（香港）中华书局1989年版，第32—94页，篇名改为《卢梭〈民约论〉对近代中国思想界的影响》。这是一篇研究卢梭思想在中国传播的力作，颇具参考意义。林先生指出：严复在1895年，"把卢梭'民约论'的民主思想更明晰地在他的早期几篇重要的政论中反映出来，很有划时代的意义"。见熊月之《中国近代民主思想史》，上海人民出版社1986年版，第250—251页。又见郑师渠《严复与卢梭的〈民约论〉》，《福建论坛》（文史哲版）1995年第2期。郑指出："严复是近代中国以鲜明的态度宣传卢梭的民约论和借此猛烈批判封建君主专制的第一人。正因为严复的文章率先使用了民约论新式的思想武器，故既令维新志士为之倾倒，又令守旧者惊恐不已，怒目相向。""戊戌后，严复在政治上后退了。他对卢梭《民约论》的态度，也发生了变化：由原先积极吸纳宣传民约的观点，转而着意批评民约论。"参见夏良才《卢梭》，开明出版社、（香港）中华书局1997年版。夏认为："严复在早年所撰写的政论文章中，也隐约地采用了卢梭的某些思想。"（第154页）

② 参见拙文《严复的启蒙思想与斯宾塞》，《清华大学学报》1990年第1期。笔者将此文适当修改后参加了1996年5月在香港中文大学召开的"明末以来中西文化交汇"国际学术研讨会，因论文的主题限于论述严复思想与斯宾塞的关系，故严复与卢梭思想的关系只是提出自己的意见，未及展开论证。1995年和1997年，王宪明和舒文合作发表了《近代中国人对卢梭的解释》和《关于戊戌时期严复传播社会契约论和天赋人权论问题的再探讨》，分别见于《近代史研究》1995年第2期和《河北学刊》1997年第1期。两文均持同一观点，特别是第二篇详细论证了戊戌时期严复所宣传的不是卢梭的天赋人权思想。作者最后归纳自己的观点说："总之，戊戌时期严复所鼓吹、传播的社会契约论和天赋人权论，并不是卢梭的'社会契约论'和'天赋人权论'，而是19世纪中后期英国派的进化的、实证的、功利的自由主义思想。因此，不存在严复早期传播卢梭思想，戊戌以后批判卢梭思想的问题。因此，也不存在严复早期民主进步，晚期反动保守的问题，严复的思想和政治态度始终是一贯的。"

进而观察严复与康、梁在思想、政治上的分歧；理解戊戌变法及以后中西文化交融冲突更深层次的内涵，无疑是必要和有益的。

一　严复评论卢梭的曲线轮廓

严复以向国人翻译介绍西学而著称于世，但对西方著名启蒙思想家卢梭的几部名作则置之度外，此中缘由，令人思索。严复虽不翻译卢梭的书，但在他的译著论述中，直接、间接提到卢梭及其《民约论》或“天赋人权论”的地方并不少见。笔者作了一个粗略的统计，据此统计，大抵可以看出严复评论卢梭的曲线轮廓。

《严复集》[①] 中直接提到卢梭、《民约论》（或民约）和天赋人权论约 64 处（如“卢梭民约”之类提法，只算一处）。这 64 处分别属于意思比较完整的 38 个条段。若将这 38 条归类于赞赏卢梭思想、介绍卢梭思想和批评卢梭思想三种，则其出现年代和分布可见表 1：

表 1

年代	赞赏	介绍	批评
1898			1
1901		1	
1902			1
1903		1	1
1904		1	
1905		1	10
1906		1	
1907		1	
1908	1		
1909	1		3
1913		2	
1914			7
1916			5
总计	2	6	30

说明：1909 年“批评”的 3 条，均出自《法意》案语，因《法意》从翻译到出版延续了 5 年，准确时间难以定位。估置于《法意》出版之年。

① 王栻主编：《严复集》，中华书局 1986 年版。后文简称《严复集》。

从表 1 至少可以看出三点：第一，严复对卢梭思想采取了区别对待的态度；第二，严复对卢梭思想的批评始于 1898 年 5 月；第三，严复批评卢梭思想出现过两座小高峰，第一座小高峰出现于 1905 年，第二座小高峰出现于 1914 年。

关于第一点，应当指出的是，严复在戊戌政变后，虽然其思想的主流是对卢梭持明显批评的态度，但不可一概而论，赞赏、介绍卢梭思想的情况是确实存在的。如 1908 年，严复在《〈蒙养镜〉序》中就说："且国弱种困，则有深望于后之人，此不独吾今日之事然也。彼欧西诸邦，莫不如此。吾尝读英洛克氏、法卢梭氏诸教育书，见其和蔼恺恻，大异平日反对政府之文辞。然皆大声疾呼，谓非是则国种决灭。"[①] 又如，严复在译《法意》时，对原书"故为政有大法，凡遇公益问题，必不宜毁小己个人之产业，以为一群之利益"之句加进的案语中说："卢梭之为民约也，其主张公益，可谓至矣。顾其言有曰：国家之完全非他，积众庶小己之安全以为之耳。独奈何有重视国家之安全，而轻小己之安全者乎？夫谓爱国之民，宁毁家以纾难，不惜身膏草野，以求其国之安全，此其说是也。然是说也，出于爱国者之发心，以之自任，则为许国之忠，而为吾后人所敬爱顶礼，至于无穷。独至主治当国之人，谓以谋一国之安全，乃可以牺牲一无罪个人之身家性命以求之，则为违天蔑理之言。此言一兴，将假民贼以利资，而元元无所措其手足。是真千里毫厘，不可不辨者耳。夫卢梭此言，与孟氏右所云云正合。吾故表而出之，使阅者得参观焉。"[②]

上述两段文字清楚表明，严复在戊戌政变之后，对卢梭教育思想和政治思想的某些重要部分，是有选择、有区别地予以肯定和赞赏的。严复明确肯定和赞赏卢梭思想的条数虽然很少，但其中所包含的意向却是值得重视的，其意向既表明严复的实事求是态度，也表明他在政治思想上并非在向后倒退。

除肯定和赞赏之外，严复对卢梭思想尚有较多中性的介绍和表述。[③]

---

① 《严复集》，第 255 页。

② 同上书，第 1022—1023 页。

③ 同上书，第 279、147、144、1295—1296、241—242、252 页。

此不一一列举。这些中性的介绍和表述，同样说明，严复是以比较客观平和的心态对待西方文化的，在他的思想中并无一意贬斥卢梭的倾向。

关于第二点，认为严复思想前期激进，后期保守的学者，几乎都说，严复在戊戌维新时期，鲜明地或隐约地宣传了卢梭的民约思想或天赋人权论。但是，在 1898 年 5 月，就已有言论证明他是不赞同天赋人权论的。他说："夫人之壮也，智识既开，则当特立独行，而不宜有所牵掣。若其幼稚，百事未知，听其自然，必至殒灭，是赖有父母之教养焉。"① 此语虽未直接提到卢梭与天赋人权，但意涵对卢梭天赋人权论的批评。1903 年，严复作《〈群己权界论〉译凡例》，其中一段与上述之语意极相近似。严复明确指出："卢梭《民约》，其开宗明义，谓'斯民生而自繇'。此语大为后贤所呵，亦谓初生小儿，法同禽兽，生死饥饱，权非己操，断断乎不得以自繇论也。"② 《法意》案语中，严复再次表达了同样的思想，他说："往者卢梭《民约论》，其开卷第一语，即云斯民生而自由，此义大为后贤所抨击。赫胥黎氏谓初生之孩非母不活，无思想，无气力，口不能言，足不能行，其生理之微，不殊虫豸，苦乐死生，悉由外力，万物之至不自由者也。其驳之当矣！"③

以上三段，辞近意同，第一段出现于戊戌变法中，后两段出现于戊戌政变后。严复批评天赋人权的思想前后一贯。若以后两段作为严复思想倒退的证据，则第一段无法与之相协和，于理难通。

关于第三点，在严复思想展现的进程中，涌起过两座批评卢梭的"小高峰"。第一座小高峰凸起于 1905 年，第二座"小高峰"出现于 1914 年。第二座"小高峰"，留待下文阐述。此处欲集中讨论第一座"小高峰"。这座"小高峰"以《政治讲义》为标志。《政治讲义》原本是 1905 年严复在上海青年会的演讲稿。严璩《侯官严先生年谱》将 1905 年误记为 1906 年。④ 但《严复集》的编者，在注中已将误记时间订正过来。不过此注似未引起有些研究者的重视，严璩先生的误记仍被沿袭。⑤

---

① 《论中国教化之退》，《严复集》，第 483 页。

② 《严复集》，第 133 页。

③ 同上书，第 986 页。

④ 《严复集》第 1550 页云："丙午（1906），府君五十四岁。上海知交请求演讲政治学，计青年会演讲八次而讫。名所讲者曰《政治讲义》，自序刊行。"

⑤ 见张志建《严复学术思想研究》，商务印书馆 1995 年版，第 316 页。

有的学者据此误记，将《政治讲义》与1906年清廷宣布预备立宪联系起来，以此作为严复思想倒退的重要论据。其文中说："戊戌后，严复在政治上后退了。他对卢梭《民约论》的态度，也发生了变化：由原先积极吸纳宣传民约论的观点，转而着意批评民约论。1906年，清廷宣布'预备立宪'，蛰居译书多年的严复，在政治上又稍稍活跃起来。是年他先后在上海青年会和安徽高等学堂发表宪政演讲，并把演讲稿且汇成《政治讲义》，同年由商务出版。严复在讲演中，明显贬抑卢梭的《民约论》。"① 严复既然是讲政治学，当然与宪政问题是离不开的。但是，如果认为，严复的讲演是对清廷宣布"预备立宪"的迎合，此恐既在时间上不相符，于严复的本意亦似相左。

清廷下诏准备"仿行宪政"，正式宣布预备立宪开始是1906年9月1日（光绪三十二年七月十三日）。在此之前，清廷曾两次派大臣出洋考察宪政，第一次是1905年7月16日（光绪三十一年六月十四日）；第二次为1905年10月26日（光绪三十一年九月二十八日）。即使不说1906年的预备立宪，就说1905年7月的第一次出洋考察宪政，其时间大约也不会早于严复在上海开始作政治学讲演的时间。因此似不能说严复的政治讲演是为迎合清廷的预备立宪而发的。

严复1904年冬去欧洲，1905年（农历四月）返回上海，政治学讲演，大约从这时就开始了。由于一连讲了八次，延续了一段时间，但是没有拖到1906年。商务印书馆将《政治讲义》作为单行本印行是1906年，但严复为单行本作"自叙"的时间为"乙丑十二月二十六日"。其实在商务印书馆单本印行之前，笔者查到的，就已有四种报刊登载严氏的《政治讲义》。这四种报刊分别是：《政艺通报》《日日新闻》《直隶教育杂志·直隶教育官报》《广益丛报》。最先刊载的时间不会晚于1905年9月。② 正因为《政治讲义》在1905年已载于报刊，所以严复于当年12月

---

① 见郑师渠《严复与卢梭的〈民约论〉》，《福建论坛》1995年第2期。

② 严复《政治讲义》刊载于《政艺通报》第四年（乙巳）第16号至23号，第五年（丙午）第1号至第8号，时间为1905年9月29日至1906年5月23日。刊载于《日日新闻》时间不详。《直隶教育杂志·直隶教育官报》是转录《日日新闻》的，转录于该刊的第1年第15、16、18、19、20期上，时间为1905年10月以后。《广益丛报》将《政治讲义》刊载于第93、94、98、100、101号，时间为1906年3月至4月。

在给友人的信中颇为得意地说："讲后刊列报端，颇闻都下士夫有以仆言为无以易者，此亦差足奉慰者也。"[①]

弄清《政治讲义》讲演的时间和刊出的时间，十分重要。一方面，我们知道《政治讲义》此一文本产生于清廷宣布预备立宪之前，因而认为它是为迎合预备立宪而发的看法是说不过去的。另一方面，我们必须追寻产生此一文本的真实语境，进而揭示文本作者的意向。若如此，严复在此文本中，多次批评卢梭的基本含义即可明了。

《政治讲义》产生的真实直接的语境是 1905 年 5 月前后发生的反美运动。1894 年的《中美会订华工条约》到 1904 年末期满，美国企图在新订条约中继续保持虐待华侨的条款。因此激起我国人民和海外华侨的强烈抗议。从 1904 年夏季起，华侨报纸和国内报刊不断刊载要求废约的言论。1905 年掀起了全国性的反美爱国运动。是年 5 月 10 日，上海人民发起抵制美货运动，反对美国迫害华工，各地纷起响应。6 月 3 日，广州人民集议抵制美约。6 月 18 日，天津、南京、汕头、潮州、杭州、福建以及新加坡等地集议抵制美约。7 月 20 日，上海商董大会决议不订美货，商学会亦开实行抵制美约大会。这次反美爱国运动声势浩大，全国各地，社会各界，普遍参与，书报宣传、集会演说，运动抵制，轰轰烈烈，沸沸扬扬，影响极巨。[②] 与严复有交往的汪康年、马相柏、张謇等人都介入了这一运动，对运动所持态度亦与严复相近。严复是一位老成的学者，他没有直接投入运动之中，但他对这场运动是有看法的。他是一个着眼长远、理性的、有责任心的爱国者。他赞成抵制美约，但不主张盲目的、情绪化的排外活动。他认为这样做只会更加加重民族的屈辱，造成更大的、更久远的损失。他认为这场运动中所表现出来的不冷静的暄嚣，梁启超所办《新民丛报》几年来感情色彩很浓的宣传鼓动，应当负有直接的责任。

---

① 《严复与曹典球书》，《严复集》，第 568—569 页。

② 有关此一运动的详细资料可参见《近代史资料》1956 年第 1 期，该期除辑录有关的图片外，文字资料达 90 页之多，分为六部分：第一，美帝国主义虐待华侨的概况；第二，反美爱国运动的发起及其进行办法；第三，全国展开了反美爱国运动；第四，美帝国主义勾结清朝政府破坏反美运动；第五，买办阶级的破坏和资产阶级的动摇妥协；第六，中小资产阶级、手工业者和工农群众坚持反美爱国运动。此种资料署名和作辑，疑为当时集体合作编辑而成。资料的六个标题带有 1955 年、1956 年的时代烙印，但资料的内容很有参考价值。

严复就是以这样的心态，在上海作政治学演讲的。他的《政治讲义》实际就是针对梁启超等人而发的。1905 年 12 月，他在给曹典球的信中吐露了心底的真实用意。他说："客冬随人薄游欧洲，道经英、法、瑞、义，如温州书。逮今夏四月而后返沪，适值抵制美约事起，群情汹汹。仆以为抵制是也。顾中国民情暗野，若鼓之过厉，将抉藩破防，徒授人以柄，而所其不成，则语以少安无躁。当此之时，逆折其锋，若将弃疾于复者。乃逾秋涉冬，其祸果发于罢市之事。于是官绅群然悔之，知前所主之非计。今夫处孱国而倡言排外，使人得先我而防之者，天下之至危也。彼议不旋踵而取快于一击者，初何尝恤国事哉。海上学界、商界，人杂语庞，其高自期许者，大抵云中国迩年程序已进，所持议论，半皆三、四年来《新民》诸报之积毒。适夏间有以讲说政治为请者，不自知其寡弱，乃取病夫症结，审其部位，一一为之湔涤，反复剖解，期与共明，并言后此立宪为何等事。"①

严复作《政治讲义》时，既然有感于抵制美约中"群情汹汹"的景象，有意针对"三、四年来《新民》诸报之积毒"，而"取病夫症结，审其部位，一一为之湔涤，反复剖解，期与共明"，则《政治讲义》中，多处批评卢梭的言论，自应与批评抵制美约运动中的情绪化行为和梁启超等人宣传鼓动的特点有着不可分割的联系。

二 严复心目中的康、梁形象

严复与康有为、梁启超虽同为维新派巨子，但由于他们之间所承继的学术源流明显不同，为人处世风格各异，思想方法、政治想望，差别很大，康、梁宗派意识非常强烈，所以，从戊戌维新的时候开始直至袁世凯垮台前后，在很长一段时期里，严复对康、梁实际是心存不满和抱怨。但是这种不满和抱怨不是敌对的，也不是绝对的。严复处处都表现他实事求是的冷静、理性态度，与自己志同而道异者，他认为值得赞赏的就予以赞赏，应该客观评论的就予以客观评论，而对他认为应予以批评的，则婉转地予以批评。在严复的心目中，康、梁是志同道异者。因此，

① 《严复集》，第 568—569 页。

他对康、梁有赞赏、有客观评论，但更多的是批评讽劝，为不使顽固守旧者有隙可乘，他对康、梁的批评，在与友人的通信中，言辞相当苛锐，而在公开发表的言论中，则多以批评卢梭的方式婉转讽劝，以引起康、梁的警觉。批评卢梭的方式上文已有所论及，后面还将继续讨论。此处，先看严复心目中康、梁的形象。如同展现严复对卢梭的态度一样，我们也可以将严复对康、梁的态度列出一个统计表格，以窥其概貌。

表 2

年代	赞赏	介绍	批评
1896	2	1	
1898			4
1899			2
1902	2		
1905			1
1913	1		
1916	1		9
1917			2
1918	1		3
时间不明			2
总计	7	1	23

从表 2 可一目了然，严复在论及康、梁的时候批评的条数大大超过了赞赏和介绍的条数。不过这里还应该说明的是，由《严复集》中所见资料并不全面，严复对康、梁的批评理应比表 2 中所列更多。表 2 中所列，严复对康、梁取明显批评态度是从 1898 年开始的。而严复在一封信中说到梁启超时，曾这样说："当上海《时务报》之初出也，复尝寓书戒之，劝其无易由言。致成他日之海（悔），闻当时得书，颇为意动，而转念乃云：'吾将凭随时之良知行之'。"① 据此可知，严复对康、梁的批评从 1896 年就已开始。现在《严复集》中编入的 1896 年 10 月"与梁启超书"，细读之，亦足资玩味。我们在上表中既未将其列入赞赏，也未列入批评，而是列在介绍之中，但是从严复的话中，隐约可见他们之间的区别和分歧。严复说：

① 《严复与熊纯如书》，《严复集》，第 648 页。

“自仆观之，则足下虽未通其文，要已一往破的。无似因缘际会，得治彼学二十余年，顾自揣所有，其差有一日之长者，不过名物象数之末而已。至其宏纲大旨，则与足下争一旦之命，胜负之数，真未可知。况足下年力盛壮如此，聪明精锐如此，文章器识又如此，从此真积力久，以至不惑、知命之年，则其视无似辈岂止吹剑首者一吷已哉！梁君梁君，无怠！”①

严复研究西方文化 20 多年，所长在名物象数，宏纲大旨与梁启超不同，究竟谁是谁非，现在还难下结论。严复对梁启超当时的方刚气概，虽予称赞，但却在宏纲大旨上拉开了距离。

1898 年，严复对康、梁的批评骤然增多。在一篇题为《论中国之阻力与离心力》的文章中，严复说：“若其家之父子兄弟，齐心耦意，沉毅有为，既不躁动，亦不馁败，将见如此久之，而阻力渐次变小，终至于无。”“若其家之父子兄弟，互相猜忌，借助外援，自相鱼肉，以取一时之快意，则其一家所成之离心力，外侮之来未迫，而内讧之势已不可支矣。”又说：“今日中西人士论中国弊政者，均沾沾以学校、官制、兵法为辞，其责中国者，何其肤廓之甚哉！夫中国之不可救者，不在大端，而在细事，不在显见，而在隐微。”② 这里实际是在批评康、梁急于求成，躁动不安，感情用事，而不能沉毅踏实。是年七八月间，严复给汪康年写信，对信中之语请汪“秘之不宣”。所以“秘之不宣”者，就因为指名批评了梁启超、黄遵宪等人。信中说：“梁卓如大学堂章程颇为知言之累，岂有意求容悦于寿州、南皮辈流耶？英华发露太早，正坐苏子瞻《稼说》所指病痛③；过斯以往，斯亦不足畏也已。公度欲富贵，遂富贵

① 《严复集》，第 514 页。

② 同上书，第 467—468 页。

③ 苏轼外任地方官时，逢同年进士张琥归家之前来看望他，他有感于当时士大夫中滋长着急功近利，浅薄轻率的风气，因而特地作《稼说》送给张琥，以之共勉。《稼说》中云：“种之常不及时，而敛之常不待其熟，此岂能复有美稼哉！古之人，其才非有以大过今之人也。其平居所以自养而不敢轻用以待其成者，闵闵焉如婴儿之望长也。弱者养之以至于刚，虚者养之以至于充。三十而后仕，五十而后爵，信于久屈之中，而用于至足之后。流于既溢之余，而发于持满之末。此古之人所以大过人，而今之君子所以不及也。吾少也有志于学，不幸而早得，与吾子同年。吾子之得，亦不谓不早也。吾今虽欲自以为不足，而众且妄推之矣。呜呼！吾子其去此而务学也哉。博观而约取，厚积而薄发，吾告子，止于此矣。”严复引苏子此语之意，以讽康、梁，颇中要害。

矣，于国种亦无望也。”[①] 苏东坡的《稼说》与批评王安石变法有关。他以说稼为喻，借题发挥，抑扬古今社会风气，阐发为学从政都应当长期涵茹，博观约取，厚积薄发的哲理，讽诋当时人学养浅薄，急功近利，率尔轻发的不良风气。严复说梁启超“英华发露太早，正坐苏子瞻《稼说》所指病痛”说明：在严复的心目中，处于维新变法高潮中的梁启超正在暴露其急功近利、轻率妄发的毛病。

《时务报》内部，梁启超与汪康年之争，给维新派的团结蒙上了巨大的阴影。严复对康、梁的所作所为颇有微词。他在《〈时务报〉各告白书后》中说：私书往还，相呼以贼，“前所石交，后乃仇雠。叩其所争，则仅仅万余金捐款，万余张销报之权与利而已”。“诸公为此，独不嫌与救种革习之言本末不相称耶？《时务报》且为天下之笑枋诟资，尚何开化辅时之与有？”他说：“梁君平日持论云何？岂不曰：务凭公理以悦服人心，不宜藉贵位尊势以劫制天下乎？此固祖龙与华盛顿之分也。乃一旦志得，遂挟天子之诏，以令钱塘一布衣，非所谓变本加厉者耶？”[②] 所以时人曾说：“新党之议论盛行，始于时务报；新党之人心解体，亦始于时务报。”[③]

1898 年 9 月 21 日，在强大的保守势力支持下，慈禧发动政变，囚禁光绪帝，并以光绪皇帝的名义发布上谕，再次垂帘听政，实则公开出面“训政”。维新失败，康、梁流亡日本，继续其反对清朝政府的活动。梁启超不仅创办《清议报》为宣传鼓动之喉舌，而且与孙中山往还日密，有孙、康两派合并的计划。[④] 与梁启超一同流亡日本的维新人士王照，本来在如何对待西太后和清政府的问题上，与康、梁意见不同，到日本后，又受康、梁的严密控制，致使相互矛盾冲突。严复对康、梁所干的这一连串事情，甚不以为然。他在通信中对张元济说：“每次见《清议报》，令人意恶。梁卓如于已破之甑，尚复哓哓，真成无益。平心而论，中国

① 《严复集》，第 508 页。

② 同上书，第 493—494 页。

③ 胡思敬：《戊戌履霜录》，中国史学会主编：《中国近代史资料丛刊·戊戌变法》（一），上海人民出版社 1957 年版，第 367 页。

④ 据《中华民国开国前革命史》上编所载：康有为离日赴美后，己亥（1899 年）夏秋间，梁启超因与中山往还日密，渐赞成革命。其同学韩文举、欧榘甲、张智若、梁子刚等，主张尤形激烈。于是有孙、康两派合并之计划。拟推中山为会长，而梁副之。梁诘中山曰：“如此则将置康先生于何地？”中山曰：“弟子为会长，为之师者，其地位岂不更尊？”梁悦服。

时局果使不可挽回，未必非对山[①]等之罪过也。‘轻举妄动，虑事不周，上负其君，下累其友。’康、梁辈虽喙三尺，未由解此十六字考注语。况杂以营私揽权之意，则其罪愈上通于天矣。闻近在东洋又与王小航辈不睦。前者穰卿，后者小航，如此，人尚可与共事耶？穗卿极祖对山[②]，弟

① “对山”，《汪康年师友书札》索引以“对山”为康有为；朱维铮、姜义华编《章太炎选集》，第150页、汤志钧编《章太炎政论选集》上册，第77页，注“对山”指康有为。《凌霄一士随笔》（四），山西古籍出版社1997年版，第1219页：“对山指有为。”（笔者认为，此处上文中的对山是指康海，而非指康有为）严复此处之“对山”，即指康有为。称康有为作“对山”，实际是借用明代状元、文学家康海之号。康海（1475—1540），字德涵，号对山，陕西武功人。举弘治十五年进士第一，授修撰。刘瑾专政，欲招致之，海不往。会李梦阳下狱，书片纸招海，曰：对山救我。海乃谒瑾说之，明日释梦阳，后瑾败，坐瑾党落职。卒年六十六，有《对山集》。又：叶昌炽《缘督庐日记钞》（王季烈辑）癸酉孟夏心葵属上海蟫隐庐印行本第6册，第67页：癸巳（1893年）十二月二十六日记：“蔚若前辈韬旋来谈云：有梁统高者，俊才也。闱中得其卷，误以为对山，抑置副车，而不知对山已高占魁席矣。功名前定，岂不信夫。”近人知此康海与梁统高科举轶事，后来与康有为和梁启超乙未（1895年）科举同试相比拟。《梁启超年谱长编》第36页记：“乙未会试，副总裁李文田，得先生（梁启超）卷大赏之，其后以额满落第。或曰正总裁徐桐疑为康南海卷，故抑之，不知确否。李题其卷末曰：还君明珠双泪垂，恨不相逢未嫁时。先生极感之。”又《中国近代史资料丛刊·戊戌变法》（四）第330页：陈叔通在《从戊戌政变至云南起义之政治轶闻》中写到：任公与康有为“同进京会试，徐桐为总裁，予戒粤省卷有才气者，必为康祖诒，即勿取。适遇任公卷，以为即康有为，遂弃置。发榜前五名向例后填，填榜已竟，只剩五名未填，徐夸示弃置者必有康祖诒卷。翁同龢亦为总裁之一，笑语徐，尚有五名，安知无康祖诒？及填前五名，康果在其中，徐既怒且惭，归语门者：康如来谒，拒不纳”。明、清两场科举会试，两对康、梁，录取与否，情节极为相似。故后人以康海之号称康南海，亦颇富历史意味。但是值得注意的是，称康有为作“对山”，既不普遍，使用时间也不太长。笔者寡陋，现在所见资料，称康有为作“对山”者，几乎都出现于1899年后，使用此称呼的人是夏曾佑、严复和章太炎三人。夏、章使用“对山”的信件分别见《汪康年师友书札》，第1344、1360、1363—1365、1367、1951、1955—1956页。从信函内容看多与联合孙中山有关。故笔者怀疑，此时称康有为作“对山”，是否寓有与孙中山联合即康有为对孙中山，简为康对山之意。夏曾佑信中有“今作一人名对，曰：李联英（可惜他要联俄）：孙同康”。“中山酒店重开否？《对山文集》重刻印否？”等语句，颇耐人寻味。若时人真有此意，则“对山”亦有借用李白《山中与幽人对酌》诗句之意。李白云：“两人对酌山花开，一杯一杯复一杯。我醉欲眠卿且去，明朝有意抱琴来。”

② 夏曾佑虽与严复交往甚密，但严复与夏为人治学不同。严复讨厌康、梁；心非康、梁，而夏则称赞康、梁。夏曾佑曾在致友人的信中说：“今任弟之誉满于四方，数年之后，当更可想。任弟之才，固琼乎不可及矣。然亦可见一人之学，显晦有时，不独大道之行，非人力所能强也。”《汪康年师友书札》，第1322页。汪大燮说夏曾佑的风格颇似严复批评的康、梁。而且喜与康、梁交游。他在一封信中曾说：“《国闻报》专门主张康教……穗卿向来见异思迁，性情浮动……此时康、梁恐在天津，其于康、梁之交，则不待言矣。又其人最喜欢欺侮忠厚人，见人有为人欺侮之事，甚以为乐。”《汪康年师友书札》，第781—782页。从以上情况看：严复“穗卿极祖对山”之语，则亦意涵对康、梁的批评。

则自知有此人以来，未尝心是其所举动。自戊戌八月政变以后，所不欲多论者，以近于打落水鸡耳。”①

由此可知，至 1899 年为止，在严复的心目中，康、梁二人一好轻举妄动；二好营私揽权。轻举妄动是由于不顾客观实际，凭理想、热情办事，因而激起政变，以致上负其君、下累其友。营私揽权是利欲之念过于强烈，心底不诚，持论不衷，待人诡诈，因而与汪康年、王小航公开发生争权。严复既觉梁启超办的《清议报》令人意恶；又说自知有康有为这个人以来，未尝心是其所举动。只是因为政变已经发生，二人在流亡之中，打“落水鸡”不合适。所以，严复从不公开发文直接批评康、梁，只在与友人的通信中指其病症。

严复待己待人，都力求实事求是，他看康、梁，并非一无是处。1902 年，在与张元济和梁启超的信中，对《新民丛报》刊登梁启超的《新史学》等论文就赞赏不已。他对张元济说：“近见卓如《新民丛报》第一册，甚有意思，其论史学尤为石破天惊之作，为近世治此学者所不可不知。”② 在给梁启超的信中，对梁更是夸奖备至，他说：“承赠寄所刊《丛报》三期，首尾循诵，风生潮长，为亚洲二十世纪文明运会之先声，而辞意恳恻，于祖国若孝子事亲，不忘几谏，尤征游学以来进德之猛。曙曦东望，延跂何穷！三篇所载，皆极有关系文字，而鄙诚所尤爱者，则第一期之《新史学》，第二期之《论保教》，第三期之《论中国学术变迁》。凡此皆非囿于拘虚者所能道其单词片义者也。”③ 更可贵者，对《新民丛报》中关于批评严译《原富》的文字，严复虽然对自己的译法有所保留，但对批评之词，仍表示“甚佩其语”。他还谦逊地说：“道不两隆，有所弃者而后有取。加以晚学无师，于圣经贤传，所谓宫室之富，百官之美，皆未得其门而入之。其所劳苦而仅得者，徒文辞耳，而又不知所以变化。”这都表明严复待人待己的诚恳求是态度。

从 1900 年至 1915 年的 15 年中，只有 1905 年 12 月给曹典球的信中，严复对梁启超有严厉的批评（此批评在本文第一部分中已有所论列，下

① 《严复集》，第 533 页。

② 《与张元济书》，《严复集》，第 551 页。

③ 《与梁启超书》，《严复集》，第 515—517 页。

文还将继续讨论）。此外未见直接的责难。到1916年，则情况突然发生了变化。这时严复虽已近暮年，但他对中国政局的关注仍未丝毫减弱。他许多发自内心的政治见解，在与他的学生熊纯如的信中，得以充分表达。正是从这些具有特殊意义的通信中，可以看出严复的心中涌起了对康、梁批评的又一次高峰。

为使读者更为完整地了解严复对康、梁的看法，我们不得不摘引一段较长的资料。1916年，严复在给熊纯如的信中这样说："吾国自甲午、戊戌以来，变故为不少矣。在海内所奉为导师，以为趋向标准者，首屈康、梁师弟。顾众人视之，则以为福首。而自仆视之，则以为祸魁。何则？政治变革之事，蕃变至多，往往见其是矣，而其效或非；群谓善矣，而收果转恶。是故深识远览之士，愀然恒以为难，不敢轻以掉之，而无予智之习。而彼康、梁则何如，于道徒见其一偏，而由言甚易。南海高年，已成固性。至于任公，妙才下笔，不能自休。自《时务报》发生以来，前后所主任杂志，几十余种，而所持宗旨，则前后易观者甚众。然此犹有良知进行之说为之护符。顾而至于主暗杀、主破坏，其笔端又有魔力，足以动人。主暗杀，则人因之而倜然暗杀矣；主破坏，则人又群然争为破坏矣。敢为非常可喜之论，而不知其种祸无穷……今夫亡有清二百六十年社稷者，非他，康、梁也。何以言之？德宗固有意向之人君，向使无康、梁，其母子固未必生衅。西太后天年已尽，俟其百年，政权独揽，徐起更张，此不独其祖宗之所式凭，而亦四百兆人民之洪福。而康乃踵商君故智，卒然得君，不察其所处之地位为何如；所当之沮力为何等，卤莽灭裂，轻易猖狂。驯至于幽其君而杀其友，己则逍遥海外，立名目以敛人财，恬然不以为耻。夫曰：'保皇'，试问其所保者今安在耶？必谓其有意误君，固为太过。而狂谬妄发，自许太过，祸人家国，而不自知非。则虽百仪、秦，不能为南海作辩护也。"[①] 类似的批评文字还有不少，兹不一一罗列。总括严复之旨，若与1898年、1899年严复对康、梁的批评相比照，则意仍一贯。严复这时对康、梁的批评，并未脱离"轻举妄动，营私揽权"八个字。

严复此时为什么要激烈地批评康、梁？大约是有感于梁启超的西南

---

① 《严复集》，第631—632页。

反袁活动而发。严复认为：共和制度一时还不适合于中国的历史实际和社会实际。共和必然给中国带来祸乱。他一贯主张君主立宪，以渐进迂回的方式，在稳定大局的前提下，逐步使中国实现革新的目标。他说："中国立基四千余年，含育四五百兆，是故天下重器，不可妄动，动则积尸成山，流血为渠。古圣贤所以严分义而威乱贼者以此；伊尹之三就桀者以此；周发之初会孟津，而复散归者以此；操、懿之久而后篡者亦以此。英人摩理有言：'政治为物，常择于两过之间'。法哲韦陀虎哥（雨果）有言：'革命时代最险恶物，莫如直线'。"① 他认为梁启超是"理想中人，欲以无过律一切之政法，而一往不回，常行于最险直线者也"。其在辛亥革命期间，不知投鼠忌器。"彼有清多罪，至于末造之亲贵用事，其用人行政，尤背法理，谁不知之？然使任公为文痛詈之时，稍存忠厚，少敛笔锋，不至天下愤兴，流氓章虓尽可奉辞与之为难，则留一姓之传，以内阁责任汉人，为立宪君主之政府，何尝不可做到。然则统其全而观之，吾国所全，顾不大耶！而无如其一毁而无余何也。"而"追原祸始，谁实为之？"② 而今"任公、松坡与唐、任辈倡义西南，以责垣上之背约，名正言顺，虽圣人无以非之。所不解者，袁氏自亡之后，不急出以把持国柄，除苛解娆，以建设共和不倾之国体。尔乃陁然聩然，一听元二乱党所欲为，以成此麻痹不能进行之政局。然则当日起事，固未尝原始要终，自诡作如何之收束，而只以感情意气，或有所不便于己，而反抗之。名为首义，实祸天下"③。

严复对康、梁的指责，措辞虽甚刻厉，但他们毕竟仍属一个营垒，他们之间的不同，不是进步与反动的对立，而是思想路线和政治路线上的分歧，也是为人治学上的分歧。正因为如此，严复对梁启超，始终以贤者相待，对康有为，仍愿与之合作，并说"不忍深责"。严复在信中说："吾于小人匪类，本无可责备，所责备乃贤者耳。松坡、任公皆此例也。"④ 又说："任公自是当世贤者，吾徒惜其以口舌得名，所持言论，往

---

① 《与熊纯如书》，《严复集》，第 632—633 页。

② 同上。

③ 同上书，第 652 页。

④ 同上书，第 657 页。

往投鼠不知忌器，使捣乱者得借为资，已又无术能持其后，所为重可叹也!”[1]

1916年底，1917年初，经张元济介绍，熊纯如致函劝其师严复与康有为联合。严复对此议态度甚和缓。他在回信中说：“来书谓得张菊生介绍，将谒南海、新会，此大佳事，不知相见时有何言论，甚欲闻之。言论界饮冰势力最巨，南海文笔沉闷，远不逮之，至如鄙人更当避舍，来教劝与联合，所见极是，但不知既合之余，鄙于两公有何裨补耳。”[2] 这时候，康有为所持政见[3]，实际与严复已非常接近。应该说他们之间的联合是有可能的。

三 严复拒卢梭意在讽康、梁

1898年之前，卢梭《民约论》虽未在中国正式出版发行，但康、梁一派思想主旨已很明显地包含了平等民权观念。康有为早已著有《实理公法全书》，为其倡导变法维新种下了理想的根基。[4] 梁启超后来在谈到谭嗣同的《仁学》时亦说：“《仁学》下篇，多政治谈，其篇首论国家起源及民治主义，实当时谭、梁一派之根本信条，以殉教的精神，力图传播者也。由今观之，其论亦至平庸、至疏阔，然彼辈当时并卢骚《民约论》之名亦未梦见，而理想多与暗合。盖非思想解放之效不及此。其鼓吹排满革命也，词锋锐不可当。”[5] 自1898年起，卢梭《民约论》已有正式版本在中国印行，书名《民约通义》。[6] 日本中江兆民曾以汉文翻译卢

① 《与熊纯如书》，《严复集》，第661—662页。

② 同上书，第659页。

③ 参见上海市文物保管委员会编康有为遗稿《戊戌变法前后》，上海人民出版社1986年版，第443页。

④ 参见拙文《康有为早期思想中的人道观念片议》，见中国人民大学复印报刊资料《中国近代史》1997年第6期。

⑤ 梁启超：《清代学术概论》，商务印书馆1921年版，第155页。

⑥ 1916年12月，马君武在《〈民约论〉译序》开头即说：“卢骚《民约论》共四卷。一八九八年上海同文译书局刻日本中江笃介汉译第一卷，名《民约通义》。”见莫世祥编《马君武集》，华中师范大学出版社1991年版，第300页。另据毛注青编《黄兴年谱长编》第33页，谓：1899年，黄兴“在课程余闲，悉购西洋革命及卢梭《民约论》诸书，朝夕盥诵”，亦可证明在1899年以前，已有《民约论》出版发行。

骚《民约论》，书名《民约译解》①，《民约通义》是直接翻印《民约译解》的第 1 卷，因此不是一个全本。笔者在清华大学、北京大学、北京图书馆和近代史研究所图书馆均未查到《民约通义》。据林启彦大作提供的照片，《民约通义》封面署法儒卢骚著、人镜楼主人书。如果人镜楼主人是黄遵宪，那此书的印行实与康、梁一派有关。康、梁流亡日本后，出报译书，热火朝天。特别是梁启超，在留日学生中领袖群伦。他自己描述当时的情景说："戊戌政变，继以庚子拳祸，清室衰微益暴露。青年学子，相率求学海外，而日本以接境故，赴者尤众。壬寅、癸卯间，译述之业特盛，定期出版之杂志不下数十种，日本每一新书出，译者动数家，新思想输入，如火如荼矣。然皆所谓'梁启超式'的输入。无组织、无选择，本末不具，派别不明，惟以多为贵，而社会亦欢迎之……其能消化与否不问，能无召病与否更不问也。"②

在梁启超的率领和影响下，在广泛介绍新书、新学浪潮之中，至 1904 年全国掀起反美拒约运动为止，翻译、介绍、宣传卢梭《民约论》及其思想观点，从书名或标题上可以一目了然的大致可见表 3：

表 3

时间	篇名	译著者	刊行出处
1898 年	民约通义	［日］中江笃介	上海同文译书局刻
1899 年	劝学篇书后	何启、胡礼垣	《新政真诠》
1899 年	民约论残稿	梁启超	《饮冰室合集》第六，中华书局
1900 年 1 月	民权论	愤时子	《中国旬报》第 1 期
1900 年 7 月	论民权	顾盼十方尊者	《中国旬报》第 18 期
1900 年 12 月	民约论	杨廷栋译	《译书汇编》第 1、2、4、9 期

① 中江兆民（1847—1901），名笃介，政治家、评论家。1871 年留学法国。1875 年任东京外国语学校校长和元老院权少书记官。1881 年任西园寺公望创办的《东洋自由新闻》主编。1882 年创办《政理丛谈》，同时参与《自由新闻》的工作。撰文普及民权思想，攻击专制政府，被称为"东洋的卢梭"。他的《民约译解》等书介绍了天赋人权思想的人民主权论。1887 年出版《三醉人经纶问答》，3 月根据《保安条例》被放逐。翌年，任大阪《东云新闻》主编，在该报发表《新民世界》。1889 年当选为第一届众议院议员。以后进入实业界，但没有成功。晚年组织国民党，倾向于国家主义。有《中江兆民集》等行世。

② 梁启超：《清代学术概论》，第 161—162 页。

续表

时间	篇名	译著者	刊行出处
1901 年 5 月	民权、天赋权与强权之说	《国民报》第 1 期	
1901 年 5 月	国家思想变迁异同论	梁启超	《清议报》第 94、95 册
1901 年	卢梭学案	梁启超	《清议报》第 98、99、100 册
1902 年 3 月	卢骚	观云	《新民丛报》第 3 号
1902 年 4 月	政治学大家法儒卢骚像		《新民丛报》第 5 号
1902 年 5 月	卢梭狗	忧患余生生	《新民丛报》第 7 号
1902 年 7 月	民约论巨子卢梭之学说	中国之新民（梁启超）	《新民丛报》第 11、12 号
1902 年 10 月	民权之界说		《政艺通报》第 15 期
1902 年 12 月	路索民约论	杨廷栋译	文明书局
1903 年 2—3 月	政治学大家卢梭传	杨廷栋	《政艺通报》癸卯第 2、3 号
1903 年 3 月	世界近世史（卷下）	［日］松平康国编	梁启勋译述、梁启超案语，广智书局
1903 年 4 月	注释卢骚氏非开化论		《江苏》第 1 期
1903 年 4 月	革命军	邹容	
1903 年	中国民约精义	刘师培、林白水	
1904 年 7 月	民权第五	邓实	《政艺通报》第 10 号

从表 3 可知，当时介绍卢梭及《民约论》者，主要是梁启超和杨廷栋。①

① 杨廷栋（1878—1950），字翼之，江苏吴县（今苏州市）人。光绪二十三年（1897）毕业于苏州中西学堂，考入上海南洋公学。翌年选为第一批公费生赴日本早稻田大学攻读法政。事迹参见《苏州市志》第 1 册，第 823 页，另见《秋夜草疏图卷与杨廷栋先生》，《传记文学》第 18 卷第 1 期，第 22 页。

杨廷栋翻译《民约论》先在《译书汇编》上刊载[①]，而《译书汇编》是受到梁启超称赞的。他在《清议报》百册祝辞中说：“客冬今春以来，日本留学生有《译书汇编》《国民报》《开智录》等之作。《译书汇编》至今尚存，能输入文明思想，为吾国放一大光明，良可珍诵。”[②]

梁启超在这一时期介绍西学，虽显驳杂，他自己虽也说“无组织、无选择、本末不具、派别不明”，但事实上，他对卢梭的介绍，便具明显的倾向性。他认为，当时的中国最需要的是卢梭的思想。他说：“欧洲近世医国之国手不下数十家。吾视其方最适于今日之中国者，其惟卢梭先生之《民约论》乎！是方也，当前世纪及今世纪之上半，施之于欧洲，全洲而效；当明治六、七年至十五、六年之间，施之于日本而效。今先生于欧洲与日本，既已功成而身退矣，精灵未沫，吾道其东，大旗觥觥，大鼓咚咚，大潮汹汹，大风蓬蓬，卷土挟浪，飞沙走石，杂以闪电，趋以万马，尚其来东。呜呼！《民约论》，尚其来东。东方大陆，文明之母，神灵之宫，惟今世纪地球万国，国国自主，人人独立，尚余此一土以殿诸邦，此土一通，时乃大同。呜呼！《民约论》兮，尚其来东。大同大同兮！时汝之功。”[③] 他在《清议报》上以《卢梭学案》为题，将深奥费解的《民约论》阐释得主旨鲜明，通俗易懂。在最后的案语中，他称赞卢梭之说“精义入神，盛水不漏”。他说：我中国数千年生息于专制政体之下，“诚能博采文明各国地方之制，省省府府，州州县县，乡乡市市，各为团体，因其地宜以立法律，从其民欲以施政令，则成就一卢梭心目中所想望之国家，其路为最近，而其事为最易焉”。梁启超对卢梭热烈的崇信和介绍，曾引起康有为的担心和不满。为此梁氏致函其师康有为，辩白说：“路梭诸贤论，施之于法国，诚为取乱之具，而施于中国，适为兴治之机……先生日虑及此，弟子窃以为过矣。”1903 年，在一篇答问式的文章中，梁启超再次申辩说：

① 参见杨廷栋译《路索民约论》卷首《初刻民约论记》，其中曰：“岁庚子，尝稍稍见于《译书汇编》中，既有改良之议，且谓疏浚民智，宁卑之无甚高论，遂辍此书，不复续刻……今并力营之，书始成。从此茫茫大陆，民约东来。”文明书局光绪二十八年版。

② 梁启超：《本馆第一百册祝辞并论报馆之责任及本馆之经历》，《清议报》第 100 册。

③ 《破坏主义》，见《饮冰室自由书》卷上，广智书局光绪二十九年四月订正第 4 版，第 45 页。

“近日言平等、言自由者，诚不如十八世纪末、十九世纪初之盛，卢梭《民约论》等学说，诚为西人所刍狗……至于中国，则未可语于此……故医今日之中国，必先使人人知有权，人人知有自由然后可。《民约论》正今日中国独一无二之良药也。”①

由于梁启超对卢梭的崇信和宣传影响极广，人所共知，所以在留学生中，甚至有直呼梁氏为卢梭者。② 这时候，不仅梁启超有卢梭之称，梁启超在为其师作传时，也把康有为比作中国的卢梭。③

上述情况，作为对西方文化十分熟悉，又对康、梁等人极为关注的严复来说，当然是看在眼里，记在心上的。从1902年起，严复开始直接批评卢梭，其用意是不言而喻的。现在的问题是：严复为什么要在1905年针对反美爱国运动来批评卢梭呢？他为什么说反美运动中，海上学界、商界所持议论半皆三四年来《新民》诸报之积毒？这只要细读梁启超在《清议报》上刊载的《国家思想变迁异同论》一文，就可明其奥妙。梁氏在文中说：“现今学界，有割据称雄之二大学派，凡百理论皆由兹出焉，而国家思想其一端也。一曰平权派，卢梭之徒为《民约论》者代表之；二曰强权派，斯宾塞之徒为进化论者代表之。平权派之言曰：人权者出于天授者也，故人人皆有自主之权，人人皆平等。国家者，由人民之合意结契约而成立者也，故人民当有无限之权，而政府不可不顺从民意。是即民族主义之原动力也。（重点笔者所加）其为效也，能增个人强立之气，以助人群之进步，及其弊也，陷于无政府党，以坏国家之秩序。强权派之言曰：天下无天授之权利，惟有强者之权利而已，故众生有天然之不平等，自主之权当以血汗而获得之；国家者由竞争淘汰不得已而合群以对外敌者也，故政府当有无限之权，而人民不可不服从其义务，是

① 以上两段引文，均转引自林启彦前揭文。

② 1902年春，马君武在《壬寅春送梁任公之美洲》的诗中，有“春风别卢骚”之句。见《马君武集》，第399页。

③ 1901年12月，梁启超作《康南海先生传》，传中说：“有应时之人物，有先时之人物。法兰西之拿破仑，应时之人物也；卢梭则先时之人物也……今日中国所相需最殷者，惟先时之人物而已。呜呼！所望先时人物者，其已出现乎？其未出现乎？要之今日殆不可不出现之时哉！今后续续出现者几何人，吾不敢言，若其岿然亘于前者，吾欲以南海先生当之。”（见《清议报》第100册）又参见《南海康先生年谱续编序》，《康南海自编年谱》（外二种），中华书局1992年版，第70页。

即新帝国主义之原动力也，其为效也，能确立法制之主格，以保团体之利益，及其弊也，陷于侵略主义，蹂躏世界之和平……民族主义者，世界最光明正大公平之主义也。不使他族侵我之自由，我亦毋侵他族之自由。其在于本国也，人之独立；其在于世界也，国之独立。使能率由此主义，各明其界限以及于未来永劫，岂非天地间一大快事!”梁启超在此段话中将当时思想界之营垒划得很分明，即民约论与进化论，以卢梭为旗帜与以斯宾塞为旗帜。梁启超举的是卢梭的旗，严复举的是斯宾塞的旗。[①] 梁启超认为，“民权主义是民族主义的原动力。国内既是人人独立自主，国际就应是国国独立自主，此是正大光明公平之主义。不使他族侵我之自由，我亦毋侵他族之自由。如能率由民族主义，则是天地间一大快事”。1905 年的反美运动，声势之所以能如此之浩大，当然与梁启超以民权主义为原本，而以民族主义为发挥的多年的宣传鼓动分不开。事实上，最早为反美运动思想原动力的《华工禁约记》，即为梁启超所著。[②] 严复是历史进化论者，他认为卢梭的“人生而自由”的天赋人权论是不科学的，不符合历史的事实，不过是理想主义的东西，早已受到西方 19 世纪学者们的批判，不应当拿来作为救国的良方。他认为，与其打起民权主义的大旗，不如强调民能主义。如果经过踏实的训练，使人民程度真正提高了，才能真正维护个人的权利和国家的权利。他认为在人民程度不足的条件下，一味排外，更易遗下长远的祸患。职是之故，他对风风嚣嚣的反美运动，虽不愿正面指责，但他要“取病夫症结，审其部位，一一为之湔涤，反复剖解，期与共明”。他认为症结就是梁启超为首的一些留日学生，对卢梭及《民约论》的盲目崇拜。因此，他在《政治讲义》中，多次批评卢梭。意在指出梁启超理论在本源上的错误，以讽劝其早日改旗易帜。

在《政治讲义》中，严复批评卢梭共计 9 处，可以视作严复批评卢梭的第一次高峰。在这 9 处之中，批评卢梭言治不由历史，所论不符合历史事实者占 7 处。其余批评“用心躁”与有复古愿望各 1 处。脱离历

---

① 参见蔡乐苏《严复的启蒙思想与斯宾塞》。

② 《华工禁约记》（一名《美国华工禁约记》）原为梁启超著《新大陆游记》之一章，发表于 1903 年《新民丛报》临时增刊。1904 年有上海广智书局单行本，并见《饮冰室文集》。

史事实、用心躁和复古，均出于主观的感情，而经不起历史的、科学的检验。

1914 年，严复发表《民约平议》，集中而系统地批评了卢梭思想，使其批评卢梭达到第二座高峰。此座高峰的出现，从表面看，当然可以视作严复针对辛亥革命和二次革命而发，但若前后贯通，细细体会，严复着笔之要点，仍在澄清思想根源上的谬误，以讽康、梁多年来学术源流之病症。

《严复集》中至少有两处，自论发表《民约平议》的动机。一处是给熊纯如的信；一处在《民约平议》之中。1913 年，严复在给熊纯如的一封信中这样说："昨梁任公书来，苦督为《庸言报》作一通论。已诺之矣。自卢梭《民约》风行，社会被其影响不少，不惜喋血捐生以从其法，然实无济于治，盖其本源谬也。刻拟草《民约平议》一通，以药社会之迷信。报出，贤者可一观之而有以助我。"[①] 严复此话有几点值得注意：一是梁启超请他写文章；二是他认为指导辛亥革命的思想本源是错误的；三是他作《民约平议》是为药社会之迷信；四是文章登出来贤者可一观之。上文已指出，严复心目中的"贤者"不是指孙中山等革命党人，而是指梁启超一类人。《民约平议》中有一段，说自《民约论》之出，"垂二百年，不徒暴烈之子，亦有仁义之人，愤世法之不平，悯民生之况瘁，奉若玉律金科，以为果足以救世。一误再误，不能自还。此今吾《平议》之所由作也"。这里若仔细体会，严复是为那些愤世法之不平，悯民生之况瘁，以为《民约论》果足以救世，而一误再误的仁义之人而作《民约平议》的。"仁义之人"无疑应是指康、梁等人。特别是"一误再误"，严复在 1916 年给熊纯如的信中就希望康、梁不要再种祸根了。[②]

在严复看来，中国之所以发生辛亥革命，清政府之所以被推翻，袁

---

① 《严复集》，第 614 页。

② 严复说："至于今日，事已往矣，师弟翩然返国，复睹乡，强健长存，仍享大名，而为海内之巨子，一词一令，仍然左右群伦，而有清之社，则已屋矣。中国已革命而共和矣……黄台瓜辞曰：'种瓜黄台下，瓜熟子离离，一摘使瓜好，再摘使瓜稀，三摘犹为可，四摘抱蔓归。'康、梁之于中国，已再摘而三摘矣。耿耿隐忧，窃愿其慎勿四摘耳。"《严复集》，第 633 页。

世凯之所以得势，社会之所以处于动荡不安的局面，原因虽然很多，但康、梁的鼓吹发动实是其原动力。严复说：“但问今日局面不可收拾之所由来，则其原因至众，项城不过因其势而挺之而已，非造成此势者也。若论造成此势，则清室自为其消极，而康、梁以下诸公为其积极。二者合，而大乱遂有不得不成之势。”①

康、梁何以能成为积极？由于康、梁所抱之思想学术误也。严复说：“康、梁生长粤东，为中国沾染欧风最早之地。粤人赴美者多，赴欧者少，其所捆载而归者，大抵皆十七、八世纪革命独立之旧义，其中如洛克、米勒登、卢梭诸公学说，骤然观之，而不细勘以东西历史、人群结合开化之事实，则未有不薰醉颠冥，以其说为人道惟一共遵之途径，仿而行之，有百利而无一害者也。而孰意其大谬不然乎?”② 严复又说：“梁任公笔下大有魔力，而实有左右社会之能，故言破坏，则人人以破坏为天经；倡暗杀，则党党以暗杀为地义。溯自甲午东事败衄之后，梁所主任之《时务报》，戊戌政变后之《清议报》《新民丛报》及最后之《国风报》，何一非与清政府为难者乎？指为穷凶极恶，不可一日复容存立。于是头脑简单之少年，醉心《民约》之洋学生，至于自命时髦之旧官僚，乃群起而为汤武顺天应人之事。”③ 联系严复上述言论和心态，似应有理由作出结论：严复作《民约平议》，其意主要是在讽劝警告康、梁。

《民约平议》所涉学理既深且广，兹无法一一讨论，亦不必与康、梁思想一一接对。按其核心，在指出《民约论》所谓天赋人权，人人平等的空想性；卢梭立论之感情化与非历史性。严复在《民约平议》结尾中指出：“总之，卢梭之说，其所以误人者，以其动于感情，悬意虚造，而不详诸人群历史之事实。”而严复批评梁启超亦多如此。如他说：“大抵任公操笔为文时，其实心救国之意浅，而俗谚所谓出风头之意多。”“(任公宋学主陆王，此极危险。) 由是所言，皆偏宕之谈，惊奇可喜之论。”④

---

① 《与熊纯如书》，《严复集》，第 645 页。

② 同上书，第 648 页。

③ 同上书，第 645—646 页。

④ 同上书，第 645—646、648 页。

梁启超后来检讨自己，对严复的批评直认不讳，且深自愧责。他说："启超既日倡革命、排满、共和之论……其保守性与进取性常交战于胸中，随感情而发，所执往往前后相矛盾。""启超之在思想界中，其破坏力确不小，而建设则未有闻。晚清思想界之粗率浅薄，启超与有罪焉。""运动垂二十年，卒不能得一健实之基础，旋起旋落，为社会所轻"。"而一切所谓'新学家'者，其所以失败，更有一总根原曰：不以学问为目的，而以为手段。"① 不以学问为目的者，没有实事求是的态度，不以历史事实为依据，好从理想、目标、模式出发，把学问当手段，而不能不流为感情用事。严复批评卢梭，意恐不在彼而在此。

四 结语

严复排拒卢梭思想，本意在讽劝康、梁。康、梁实际上逐渐接受了严复的批评。但是，既然严复公开批评卢梭，资产阶级革命派自然不会沉默不语。所以，针对严复的批评，先后就有胡汉民、马君武、章士钊等人出而回应。本文对此暂不讨论。不过，张奚若先生说得很对，"严、章两家为文本旨，均以当时国中实在政象为目标，非欲为探哲理作学术上有统系之讨论也"②。我们看严复对卢梭的介绍和评论，正是从当时国中实在政象上去理解。我们的理解与近代一位著名的历史学家的一段论述恰相吻合。他说，在清末改革者中，大概可分为两派：一派感情重于理性，以康、梁为代表；一派则理性重于感情，严复、章太炎就属于这一派。③ 严复对卢梭的排拒，正反映两派之间本质上的分歧。若此种理解大致不错，则学术界中认为严复吸收了卢梭思想或严复批评卢梭是政治上后退表现的结论就应该值得重新探讨了。

严复对卢梭的批评尽管带有其本身思想、眼光、价值等多方面的局

---

① 梁启超：《清代学术概论》，第142—143、147、162—163页。

② 见《张奚若文集》，清华大学出版社1989年版，第29页。

③ 吕思勉：《从章太炎说到康长素、梁任公》，见章念驰编选《章太炎生平与思想研究文选》，浙江人民出版社1986年版，第171页。

限，但是他批评卢梭不从历史事实出发，而以感情、空想立论，则是一贯的、正确的。到现今为止，真正懂得卢梭学说的严肃学者，仍是这么认为的。[1] 既然如此，为什么要说严复是在一步一步向后倒退呢?

---

① 参见何兆武“译者前言”，见《社会契约论》，商务印书馆 1996 年版。何先生指出：本书立论的观点基本上是唯心主义的。“本书虽然有着许多光辉的民主思想和辩证法因素，但同时也包括了大量空想的、反科学的观点和方法。这是我们应该注意加以分析的。”另见张庆海《卢梭政治思想是法国大革命的主旋律吗?》(《世界历史》1998 年第 1 期)，此文也指出了卢梭理论的空想性，认为卢梭思想的本质是反映了小生产者的道德理想，它既没有在法国大革命中起主导作用，而且其“覆灭”是历史的必然。

近代江南乡镇市场研究*

单　强

近代江南市场体系从层次结构上可以分成农村集市、乡镇市场和城市市场三种贸易体系。农村集市是整个市场体系的最基本的层次。乡镇市场上连城市，下通集市，成为城乡商品交流的桥梁，处于中级市场的地位。[①] 城市是现代工商业中心和金融信息中心，拥有十分完备的全方位市场功能。近代江南乡镇市场不仅面广量大，其专业化趋向也日益明显[②]，而庙会与茶馆交易以及市场经纪人的活跃，为我们透视江南乡镇市场提供了独特的视角。

一　规模与结构

本文所论“江南地区”，在民国时期包括镇江、常州、无锡、苏州、上海、嘉兴、湖州及南京、杭州一部共 41 县，面积 49741 平方公里，约 1940 万人口。[③] 江南乡镇市场在市场体系中的地位，首先表现为乡镇数量

---

* 本文原载《近代史研究》1998 年第 5 期。

① 本文所说的乡镇市场包括县城镇在内。

② 在江南市镇的研究中，台湾“中研院”刘石吉、复旦大学樊树志均提出了专业市镇的概念。二者的研究都以明清为主，也未能就乡镇专业市场问题展开专门的论述。详见刘著《明清时代江南市镇研究》，中国社会科学出版社 1987 年版；樊著《明清江南市镇探微》，复旦大学出版社 1990 年版。

③ 详见拙文《江南区域市场研究——环境、格局、模式及结构》，胡平主编：《近代市场与沿江发展战略》，中国财经出版社 1996 年版，第 107 页。

众多。

20 世纪初的统计资料表明该地区共有城市 7 座，农村乡镇约 1383 个[①]，城市与乡镇的比例为 1：197。平均每千平方公里有乡镇 27.8 个，约 36 平方公里就有一座乡镇，乡镇间距约为 6 公里。江南乡镇市场的贸易区域，也就在 36 平方公里左右。比较而言，华北冀鲁豫平原民国时期共 349 县，面积为 434577 平方公里，人口约 6266 万，重要集镇大约有 2248 个[②]，平均每千平方公里有集镇 5.2 个，每 193 平方公里有一座集镇，集镇间距约 14 公里。若就乡镇的贸易区域而言，华北是江南的 5 倍。相反，若就乡镇的密度而论，江南则是华北平原的 5.3 倍。

在市镇体系中，各类市镇因所处的层次不同，其规模便有所差异。以清末常熟、昭文两县为例，该地区乡镇可分为四个层次，第一层次为 1000 户以上的特大乡镇，共 2 座。其中支塘镇居民达 3000 户，人口当在 1.5 万左右。第二层次为千户以下 500 户以上的大镇，共 5 个。第三层次为 500 户以下 200 户以上的中等镇，共 14 个。第四层次为 200 户以下的小型市镇，共 26 个。[③] 镇的层次越高，数量越少，江南地区大量的乡镇是人口在千人以下的小型市镇，占市镇总数的 55.3%。星罗棋布的小型市镇、大量的中等乡镇和少量的超大型乡镇，共同构成有机的乡镇体系。

乡镇作为市场贸易区域的规模，从商人的利益考虑，首先必须达到一种“需求极限”，即该地区须拥有足够的消费者，其需求足以使供应商赚取正常的利润。决定需求极限的首要因素是单位地区的购买力，购买力的大小取决于人口密度和居民经济生活依赖市场的程度。江南地区人口密度每平方公里 390 人，镇的平均规模为 36 平方公里，在一镇的贸易区域内约有居民 14040 人。华北地区人口密度每平方公里 144 人，镇的平均规模为 193 平方公里，贸易区域内有居民 27792 人，居民人口约为江南乡镇的 2 倍。以“需求极限”的原则衡量，江南地区居民的平均购买力

---

① 据刘石吉《明清时代江南市镇研究》第 142—149 页“明清两代江南市镇统计表”计算。此表仅统计以镇命名的中心地，计松江 303 座、常州 253 座、苏州 206 座、太仓 193 座、杭州 145 座、江宁 83 座、嘉兴 78 座、镇江 65 座、湖州 57 座。

② 从翰香主编：《近代冀鲁豫乡村》，中国社会科学出版社 1995 年版，第 123 页。人口系根据该书第 440—452 页表统计而得，按每户 5 口人计。

③ 庞鸿文等纂：《常昭合志稿·市镇》卷 5，光绪三十年活字本。

应高于华北居民。

从居民的便利出发，乡镇区域的规模又不能超出“利益区域线”，即该地区居民外出购买商品时基于利益考虑所愿意到达的最远的地区的界限。决定重要商品利益区域线的最主要因素是经济距离（即将地理距离换算成运输费用）和生产成本。江南地区向来以舟为车，以楫为马，交通工具均系手摇小船。农民去市镇，均在早晨从各乡村开船来镇，及时赶上早市或中市，中午由镇返乡。① 两镇的距离若为6公里，对于四乡农民来说，到附近市镇的最近距离在3公里左右。

从空间结构来考察，乡镇多占据城乡交通要道，居于河流两岸，成为商贾云集的水陆码头。樊树志将之概括为“一河二街型”“丁字港型”和“十字港型”三种。②

“一河二街型”即一条河流横穿镇中，两旁是市街店肆。例如青浦县黄渡镇，临吴淞江上，江水把镇一分为二，南岸为老街，北岸为新街。时人曰：“吴淞江袤三里，跨江成市者惟黄渡镇，镇为嘉（定）、青（浦）接壤，商贩最盛。”③ 从江南市镇的建筑结构来看，通常是“前街后河”，即从事贸易的商业街道和用于运输的河流水巷并行，中间为居民住处。许多市民家庭临街一面即为店面，房后为简易码头。

“丁字港型”即两条河流丁字相交于镇中，有桥梁把夹河两岸的街道沟通。例如嘉兴县王店镇，镇中长水与市河丁字相交，市河绵亘1.5公里，系闹市所在。横跨市河的桥梁11座，横跨长水的桥梁11座，称横十一竖十一，沟通全镇街道。④

大型市镇往往处于两条河流十字相交处，镇中心即为十字港，系闹市所在。四周市廛俗称“四嘴”，乌程县南浔镇、嘉兴县濮院镇、秀水县王江泾镇、太仓州璜泾镇、嘉定县南翔镇、常熟县梅李镇均属此类。例如南翔镇，横沥与上槎浦、走马塘与封家浜十字相交于镇。横沥与上槎

---

① 刘大钧：《吴兴农村经济》，上海文瑞印书馆1938年版，转引自樊树志《明清江南市镇探微》，第115页。

② 《明清江南市镇探微》，第109—111页。

③ 熊其英、邱式金纂：《青浦县志·镇市》卷3，光绪五年尊经阁刻本；章树福纂：《黄渡镇志·建置》卷1，民国十二年铅印本。

④ 杨谦纂：《梅里志·山水》卷1，《梅里志·桥梁》卷4，光绪三年仁济堂刻本。

浦“贯市之南北”，封家浜与走马塘穿镇之东西。十字港北有跨横沥南口的太平桥、南有跨上槎浦的泰康桥、东有跨走马塘口的吉利桥、西有跨封家浜东口的隆兴桥，使全镇大街与十字港连成一体。[①] 当然，乡镇的内部空间结构还以各种不同的方式进行组合。

在江南水网地区，河流是现代化交通网络形成以前的主要运输途径。所以，在各级市场区域，都纵横交错着若干条河流，市镇便往往占据在河流交汇点上。常熟虞山镇即为一例。以虞山镇为中心的市场体系，分别由福山、梅李、白茆、唐市、吴塔和大义桥 6 个基层市场所构成。通过 6 条河流，分别与北部长江口的福山、东北梅李、东南白茆和唐市，西南吴塔以及西北大义桥相联，构成六边形的区域市场网络。

二 专业市场及其功能

随着商品经济的发展，社会分工的细密，乡镇市场呈现出专业化的趋势。即乡镇以一种主要产品为中心，形成“一镇一品”的格局，以生产促进流通，以流通带动生产，从而实现区域经济的良性循环。

以乡镇市场所经营的商品种类划分，江南乡镇约可分为三类专业市场，即棉布、棉花专业市场，丝绸与蚕丝专业市场和其他专业市场。

棉布业市场主要分布在苏、松二府。苏州府有嘉定县南翔镇、娄塘镇、新泾镇、罗店镇（后划归宝山县）、月浦镇（后划归宝山县）、外冈镇、真如镇、江湾镇（后划归宝山县）、安亭镇（与昆山县合辖）、纪王庙镇、葛隆镇、马陆镇、大场镇（后划归宝山县），吴江县章练塘镇（后划归青浦县），长洲县周庄镇（后划归元和县），常熟县璜泾镇（后划归太仓州），昆山县鹤王市（后划归太仓州）。松江府有华亭县朱泾镇（后划归金山县）、枫泾镇（后划归娄县，与嘉兴府嘉善县合辖）、莘庄镇、七宝镇（后划归娄县，与青浦县合辖），上海县乌泥泾镇、龙华镇、法华镇、三林塘镇、塘桥镇、诸翟镇，青浦县朱家角镇、金泽镇、盘龙镇、黄渡镇，奉贤县庄家行镇，南汇县金家行镇、周浦镇。

在棉花产地的市镇上，由于棉花的交易而形成专业棉花市场，大型

---

① 张承先纂：《南翔镇志·疆里·水道》卷 1，民国十三年铅印本。

市镇则以棉布交易而著称，也有一些市镇偏重于经营棉花交易，成为棉花集散中心。棉花交易专业市镇，以新泾镇和鹤王市较为著名。新泾镇在嘉定县治东1.5公里，每当棉花上市的季节，镇上牙行纷纷忙于收购四乡农家出售的棉花，呈现一派繁忙景象："市中交易，未晓而集。每岁棉花入市，牙行多聚。"① 鹤王市在太仓州治东北12公里，东濒大江，西达州城，南控浏河，北抵沙溪，为水陆交通要道。其地属沙壤，适于生长棉花，所产棉花"比之他乡，柔韧而加白，每朵有朱砂斑一点"。因此鹤王市棉花成为优质棉花的代名词，各地商人都闻名前来贩买。"闽广人贩归其乡者，市题必曰太仓鹤王市棉花，每秋航海来贾于市，无虑数十万金，为邑首产。"② 棉花市场把棉纺织个体生产者、手工业作坊、棉布行庄与各地客商、各地市场紧密联系了起来。

丝绸市场分布在太湖东南扇形地区，著名的丝业市场有苏州府吴江县震泽镇，湖州府乌程县南浔镇、归安县菱湖镇，嘉兴府桐乡县乌青镇、崇德县石门镇，杭州府仁和县塘栖镇、临平镇等。以绸业市场著名的有苏州府吴江县盛泽镇、黄溪市，嘉兴府桐乡县濮院镇、秀水县王江泾镇、嘉兴府王店镇，湖州府归安县双林镇，杭州府海宁县长安镇、硖石镇等。

震泽蚕丝市场上的品种细者可为纱缎经，俗名"经丝"，稍粗者多用以织绫，俗名"绸丝"。经丝、绸丝均集中出售于镇上丝行，由丝行趸销给各地客商。南浔镇的"湖丝"市场极负盛名，每当新丝上市，商贾辐辏，"列肆喧阗，衢路拥塞"。③ 镇南栅的丝行埭，丝行"列肆购丝"，"商贾骈毗，贸丝者群趋"。极盛时，"一日贸易数万金"。④ 明清两代，南浔镇成为湖丝的主要集散中心。五口通商后，南浔成为湖丝出口的重要基地。湖丝在欧洲市场享有崇高的声誉。乌青镇市场上贸易的主要为"辑里丝"（又名七里丝），专销上海洋庄。德清县的新市镇除有专业丝市外，还形成了专业桑叶市场。

在绸业市场上，盛泽镇则首屈一指。早在乾隆年间，盛泽的丝绸市

① 张斌纂：万历《嘉定县志·风俗》卷3，抄本，南京博物苑藏。

② 林晃纂：《增修鹤市志略·原始》卷上、《增修鹤市志略·物产》卷下，民国三十六年铅印本。

③ 汪日桢纂：咸丰《南浔镇志·物产》卷24，同治二年刻本。

④ 周庆云纂：民国《南浔志·农桑》卷31，民国十一年刻本。

场已经可以与苏州阊门的繁华商业区相媲美，“绫绸之聚亦且十倍，四方大贾辇金至者无虚日”。每逢绸市交易，各地富商巨贾，蜂拥而至，“摩肩连袂，如一都会”，绫罗纱绸，运销全国，“衣被遍天下”。[①] 此外，濮院绸市、王店画绢、双林包头纱、硖石紫微绸市场都相当著名。[②]

其他各种专业市场主要有：苏州郊区枫桥镇，海宁县长安镇，吴江县平望镇的粮食市场；青浦县青龙镇、商榻镇，平湖县乍浦镇，长洲县浒墅镇，太仓州浏河镇，吴江县八坼市，常熟县梅李镇，宝山县胡巷镇成为运输市场；南汇县新场镇、下沙镇、航头镇、一团镇，宝山县大场镇，金山县北仓市、西仓市，平湖县新仓镇、芦沥镇成为盐业市场；嘉定县清浦镇，常熟县福山镇则成为水产市场；吴县黄埭镇，元和县唯亭镇、周庄镇，常熟县唐市镇，太仓州茜泾镇成为编织市场；青浦县唐行镇，归安县埭溪镇，桐乡县陈庄镇成为竹木山货业市场；吴县陆墓镇，嘉善县千家窑镇成为建材市场；吴江县屯村市、檀丘市，长兴县炉头镇成为铁制品农具市场；吴县光福镇，南汇县下沙镇成为绣品市场；桐乡县屠甸镇有烟叶市场，归安县善琏镇有笔墨市场，吴江县章练塘镇有花车市场，石门县石门镇有榨油业市场。星罗棋布的各类专业市场，成为江南农村乡镇经济发展的轴心。

乡镇市场与农村集市的功能有较大的不同。农村集市的主要功能在于“保障供给”，与之相比，乡镇市场商业繁荣，“保障供给”的经济功能发挥得更加充分，更重要的是乡镇市场拥有农村集市所无法比拟的商品集散功能。江南地区需要输入的一些重要的生产资料和生活资料，如四川、湖广的米粮，苏北、安徽、华北、东北的饼肥，中原和华北的棉花等，都经过乡镇市场，由专业的米行、豆行或杂货行，转售给农民。

江南地区盛产的丝绸、棉布，销行外地，拥有全国性市场，甚至海外市场。这些产品都要经过乡镇市场，及时从分散的生产者手里集中起来，以保证贩运贸易的畅通，贩运贸易规模的扩大，赋予农村乡镇以集

① 倪师孟、沈彤纂：乾隆《吴江县志·镇市村》卷4，民国石印本，苏州文管会藏。

② 余霖纂：民国《梅里备志·物产》卷2，民国十一年阅沧楼刻本；蔡蓉升、蔡蒙纂：民国《双林镇志·碑碣》卷12，上海商务印书馆民国六年铅印本；王德浩纂：《硖川续志·物产》卷5，嘉庆十七年刻本。

散商品的功能，使它成为农村外销商品贩运贸易的桥梁，又是农村输入商品贩运贸易的中间站。同时，由于客商大量参与市场交易，乡镇便相应出现了客店、旅馆等设施，由此改变了乡镇市场的面貌，使它与农村集市有了本质的区别。

近代，江南许多乡镇正是在发挥这种经济功能中得到进一步发展，并趋向专业化，增强了作为农村中心市场的作用。乡镇市场在江南区域市场体系中，处于承上启下的地位，它要将各初级市场相对独立、分散的经济实体互相联系起来，从而将江南区域市场联为一体。它们一方面从初级市场将各类农产品原料输入高级市场，成为初级市场与外界联系的不可缺少的中转站；同时它也不断从高级市场吸收各类工业品及信息，并反馈到初级市场，对乡村进行资源的重新配置，从而对区域经济的发展起着平衡、调节的作用。

三 庙会与茶馆交易

在江南乡镇市场上还有两种独特的专业性市场，即庙会的农业生产资料市场和茶馆的信息交易市场。

以乡镇为基础的庙会，原是江南农村一种社区性的宗教祭祀活动，它使人口在极短时间里高度密集于一个地区的特点，吸引了商人的注意力。庙会作为一种宗教祭祀活动，它之所以吸引农民并不是靠其空泛的宗教，而是祭祀的仪式借用了生动具体的娱乐手段。庙会吸引商人的却不是文娱，而是为文娱所吸引的人群。庙会与市场的联系便自然产生了，庙会因此便带有越来越强烈的市场色彩。

第一，江南乡镇各种庙会，是以酬神演戏的形式而进行的社交盛会和集市盛会。凡庙戏演出期间，庙宇内外摆满了各种农产品、鱼肉、糖果、糕饼、布匹、神像、玩具、爆竹等，还有馄饨、油条、面条等小吃摊贩，自然形成了一个很大的庙市。届时，三教九流、百戏百玩都在庙内外表演展销，吸引了四乡八村的农民，走亲携眷，熙熙攘攘，热闹非凡。许多平时不离村的农民，也往往趁机出门来到庙会上开开眼界。枫桥杨神庙酬神演戏时，各处商贩云集，“市枫桥下，亦摊亦篷”。酬神演戏已与商业活动紧密地结合在一起。

第二，由于大型庙会耗费甚巨，必须得到实力雄厚的商人或商帮支持才能举行，此类庙会期间，该帮商人便趁机为自己的商品做广告，或直接促销。

第三，商人或商号还直接筹办酬神演出，此乃商业文化的内容之一。商店酬神之戏，多在春间演出，沿街用木板搭台，上盖芦席，点缀灯彩，在上演唱，谓之“街戏”。关公被商人视为保护神，客居苏州的各省商人专建关帝祠作为行业公议规条之所，五月十三关帝诞辰这一天，商人们必大肆祭祀。此外，新开集市时，商人要祭关公，演“开市戏”。

在经济发达的江南地区，庙会频仍，几乎每乡、镇均有庙会。民国前期，苏州吴县木渎镇一年之中，就有下沙庙会、阳庙会、紫泉庙会、穹窿山庙会、城隍庙会等大小庙会二十来个，其中最大的当推穹窿山庙会（上方山庙会）和城隍庙会。

穹窿山庙会俗称老会，实为猛将会。木渎地区猛将会活动最热闹，每年仲春季节阳庙、马丹庙、下沙庙、朱墅庙、藏书庙等庙均要定期举行猛将会。其中，以穹窿的老会最有代表性，历史悠久，规模盛大，给木渎镇商业市场带来了无比的繁荣。①

城隍庙会的商业气息更加浓烈，庙会期间有繁忙的商业活动，木渎商界的头面人物聚会于城隍庙内议事，雅称“菊花会”。庙会期间，商界还分业聚集于庙内商议行规，如有犯规的商户，即在庙内神前进行处罚。城隍庙内大堂正中挂有一把大算盘，作为商业的形象化标志，具有浓厚的经商气息。在商会出现以前，城隍庙便成了商人碰头议事的地方。庙场汛期间，摊贩云集，各种商品应有尽有，交易额是平时的几倍或几十倍。②

① 赛会时由穹窿山下 72 个村坊组成一支庞大的队伍，有划龙船、舞龙灯、耍狮子、踩高跷的，有扮水漫金山等戏文的抬阁等，最后殿以猛将老爷。队伍从穹窿山出发经木渎直到胥门外才返回，足足要走三四个小时。从灵岩山下直到东市梢堞楼、崇政桥之间，人山人海，万头攒动，十分壮观。所经之处，行人为之驻足，观者万人空巷。

② 1949 年后，为了促进农村的商品交换，搞活市场，商业部门把传统的庙会发展为土特产交流会，物资交流会。1951 年庙场汛时，木渎组织商界召开了第一届物资交流大会，营业额达 12 亿元。1952 年庙场汛举办第二届物资交流大会，营业额达 26 亿元。现在，展销会、订货会、供货会等交易方式都与庙会有着内在的联系。参见潘泽苍《木渎庙会忆旧》，《吴县文史资料》第 9 辑，1992 年 10 月。

在庙会举行的前一日或前几天，就有商贩预先在庙会周围出入要道布置摊位，陈列商品。庙会期间摆摊设点，在民国十四年（1925）前是不收地皮费的。20 世纪 30 年代以后，凡在庙会举办地经营的商人，均须纳地皮钱。收钱人除地皮的主人外，尚有寺庙和尚，场地钱的多少，依据摊位占地面积大小临时酌定。无锡“节场”上有几百个临时搭建的商业铺面，售卖的商品多达百余种，主要有以下五类：

日用商品类：如儿童玩具、西洋镜及各类戏法与博弈用具。

食品及百货类：有食物摊、书摊、洋货摊等。庙会期间饮食风味小吃尤其受人欢迎，农民都爱花少许的钱在庙会与家人分享平时难得有机会品尝的特色小吃。木渎庙会上的小米糖最受人欢迎，其中温大顺、赵永昌两户都是百年以上的老摊户，平时设摊于苏州玄妙观，庙场汛则特地赶来木渎设摊，生意十分红火。

种子类：菜籽、豆种、芋头种、韭菜籽等。

渔具类：网、鱼罩、鱼叉、海斗、藏笼、虾笼、箩头、克篓、钓钩等。

农具家具类：斧头、榔头、凿子、钻子、刨子、锯子、铲刀、菜刀、水桶、杓、长凳、台子、梯、蚕柜匾、套栈、田出、畚箕、笤帚，“大”、篮、苗篮、摇篮、手摇车、筛子、连枷、招耙、铁耙、锄头、铁铲、镰刀、犁、犁尖、长短扁型、锄头铁耙柄、盎公、斗板、粪桶、粪杓、土“大”、“大”篮、蓑衣、笠帽等。[①]

从上述五类物品的交易情况来看，庙会上的农具、畜力等农业生产资料交易较为突出。概因这类市场的季节性强，且使用寿命长，较为耐磨，平时不能形成连续的需求，故在农村集市贸易中一般没有形成专门行市。恰好庙会多于春秋季举行，或在播种前或在收获前，一些农具需要更新，便产生了需求。更主要的原因乃在于庙会把更大范围的购买力聚拢起来，使商人成市有利可图，故而庙会期间生产资料的交易较其他时间的零星买卖更为集中。二三十年代，武进各乡镇庙会多成为专业性农具交易市场，换言之，庙会市场逐渐向生产资料市场发展。

在江南乡镇市场上，茶馆也成为商品交易的重要场所。近代江南地

① 叶宗高：《无锡城乡的节场》，《新中华杂志》第 2 卷第 18 期，1934 年 8 月。

区，无论是商贾辐辏的通衢，还是地处偏僻之区的乡镇，都出现了各有所属的茶馆。太仓的璜泾镇自嘉庆以来，酒肆有四五十家，而茶肆倍之。[①] 璜泾并非大镇，东西 1 公里，南北 0.5 公里，镇民数千家，茶馆倒有近百家，令人吃惊。嘉兴新塍镇有茶馆 85 家，王店镇有 65 家，新篁镇有 40 家。[②] 民国时期，常熟城区内的大小茶馆就有 91 家之多。

不同的阶层，往往根据各自的身份和地位，相聚于固定茶馆，各不相混。常熟枕石轩、琴一楼等是专门招待官吏、地方绅士的；揖辛庐、新梅岭、天香阁、琴阁、环翠小苑、栗里等则是邑中知识界、医务界、书画界、教育界、金融界人士品茗聚谈之处；市中心的仪凤、湖园是少爷公子们聚友聊天所在；一般商贾市侩，则大多聚集在南门外长兴、得意楼、长乐等茶馆里。

茶馆无论雅俗、贵贱，首先具有休闲、娱乐的功能[③]，这是为人们所普遍接受的。茶馆作为信息交流场所，发挥类似交易的功能，则长期为人们所忽视。因为茶客来自各地，带来了各行各业的信息，人们在互相攀谈中不自觉地完成了信息的交换。此后，许多精明的商人干脆借茶馆之场所，于无声无息中做成大笔买卖。来自四乡八村的乡民，每晨由各乡村开船来镇，上市前，乡人即以此地为探听市价之所，因而经营茧丝米及其他产品之掮客，俗称“白蚂蚁”者往往出没其间，从事撮合，赚取佣金。特别是当江南市场上桑叶、蚕茧等紧俏农产品出现期货性质的交易后，茶馆传递的价格信息具有一定的权威性。因此，茶馆交易更多地带有信息市场的色彩。

四　乡镇市场的经纪人

市场经纪人的活跃程度，是评价江南乡镇市场发育状况的重要标尺。江南乡镇市场贸易中，各行各业都有牙人参与其间。棉布的买卖在濒江沿海一带市镇中较为发达，棉布业牙人与牙行便十分活跃。太仓州沙头

---

① 施若霖纂：《璜泾志稿·流习》卷 1，民国二十九年铅印本。

② 陆志鸿等纂：《嘉兴新志》上编，民国十八年嘉兴建设委员会铅印本，第 58—75 页。

③ 茶馆中往往有书场，表演评弹、独脚戏等说唱艺术，还有射虎、画展、兰展、菊展等。

镇出产沙头布，每年闽人到镇收买，寒暑无间，“牙行获利者恒累资数万”。乾隆年间，一镇就有花行一二十家。[①] 镇洋县柴行镇棉花交易繁盛，以致居民“半以牙侩为业”[②]。嘉定县娄塘镇从事花布两业的牙行铺户就有125家。[③] 江南又是全国最大的粮食集散市场，故专营米豆、杂粮的豆行、米行甚多。吴江县同里镇，米粮一业就有大小官牙72家。[④] 平望、石门（桐乡县）、乌青（乌程县）也都广设“籴买之所”，“专一招接客商”。此外，在菱湖、双林、南浔等镇，还有专营桑叶的牙人与牙行。

江南乡镇市场上几乎各类交易均有牙人与牙行，据称是“花布柴米纱傺下及粪田之属，皆有牙行，类皆领帖开张。悉照市价，主其交易”[⑤]。此类“领帖开张”者号称“官牙”，受到政府的保护。另外，“其杂卖鸡鹅豆麦业物者谓之‘小行’；粜籴糖粞，必有主人经手，谓之‘糟食行’；招揽柴船及每早率乡人向各家以油易肥者谓之‘酾油卖柴主人’。总称曰‘白赖’，谓其不当官也”[⑥]。这些牙人与牙行都是未经官府批准，未曾领取牙帖的私牙。

丝绸是江南市场上的大宗商品，丝绸业牙人与牙行也最为活跃。归安县双林镇“经纪者于丝、棉、绸、绢为盛……丝行一业生意甚大，客商之来，银洋动以千计。供应奢华，同行争胜”[⑦]。近代，双林、菱湖、南浔是湖丝的重要集散地，故当地均有“招接客商”的广行（或称为客行）、“代行家买丝”的抄庄（或称划庄）、“专买乡丝”的乡丝行、“招乡丝代为之售”的小领头及领乡人至行家“说价卖买”蚕丝的船户，均为市场经纪人。

近代江南丝绸市场上最有影响力的牙人是“绸领头”。[⑧] 盛泽领头业

---

① 曹焯纂：道光《沙头里志·物产》卷2，常熟博物馆藏。

② 王祖畲纂：《镇洋县志·市镇》卷2，民国七年刻本。

③ 《嘉定县为禁光棍串通兵书扰累铺户告示碑》（康熙二十四年），《上海碑刻资料选辑》，第96页。

④ 周元桢纂：《同里志·物产》卷8，民国六年铅印本。

⑤ 王祖畲纂修：《太仓州志·风俗》卷16，民国八年刻本。

⑥ 杨树本纂：《濮院琐志·杂流》卷7，抄本，浙江省图书馆藏。

⑦ 蔡蓉升纂：同治《双林记增纂·风俗》卷8，抄本，中国人民大学藏。

⑧ 亦有称为“领投”者，言“领以投卖”之意。领投多数经营绸缎，名“绸领”；少数经营绢类，称“绢领”。周德华：《吴江丝绸志》，江苏古籍出版社1992年版，第350—351页。

按经营品类分为生货和熟货两帮，按织物花样分为花帮和素帮，按经营地域分为西南帮、北帮、下塘帮三帮。开业经营者称为领户或领号，通常由三四名领投合伙组成，另有学徒数人。领户中从业者一般不超过 10 人，且多半为家属、亲戚或师兄弟。近代，盛泽镇“领户列屋而居，鳞次栉比，密若蜂窝”，几达千人。①

“绸领头”的经营，开始是到各村坊收绸。后来，由于业务量激增，他不再直接下村坊零星收购，而是坐守镇上，由机户将绸委托“载船人”②，运至镇上交“绸领头”。“绸领头”的主要功能在于按不同的丝绸品种归类分档，评比货物，介绍买卖，促成交易，从中赚取佣金，是地道的市场“经纪人”。“绸领头”经营的重点各有不同，分生货、熟货、花货、圆卷、扁折、串绸等，佣金也视织物情况和销售情况而有所不同。佣金大者银一元余，或六七角、二三角不等，“皆以匹计算，其本金，多者数千，少亦非千数不办”③。随着“领头”规模的扩大，其自身功能与形态也发生了重要变化。

第一，“绸领头”与绸庄的关系发生了变化。清初，“领头”引导交易，居间取佣，必唯绸行、绸庄马首是瞻，“看庄者衣冠济楚，高坐谕话，领投奉命维谨”④。晚清，绸庄随市场需要，不得不积办存货，尤其是资本稍轻的“下县庄”常感资金不足，经常在购进绸匹而尚未发售之际，无力付出现款，只好向“领头”欠账或借款，这样，绸庄与领头间发生了借贷关系。

第二，“绸领头”与小机户的关系也发生了变化。乡村机户多是没有多余流动资本的小农，他们的简单再生产靠间断性卖绸买丝来维持，既然绸庄无力兑现，也需向“领头”借支。“机户本无资产之小农民，亦渐

① 据沈云《绸业调查录》（载《盛湖杂录》，1918 年版）及笔者对吴江盛泽镇领头业老人的调查。

② “载船人”系早于“绸领头”而产生的代机户专门去市场销售零星绸缎之机户，以节约机户单个买卖体制所造成的生产中断和时间浪费，实际上是最早的“经纪人”。因其只负责本村较小范围的业务，不能直接满足“绸庄”的大批需求，其功能渐由“绸领头”取而代之，不再与“绸庄”发生关系。

③ 沈云：《绸业调查录》，见《盛湖杂录》。

④ 同上。

不得不向绸领头支借，候织就绸匹偿还。”① 后来，“绸领头”为了加强在竞争中的优势，干脆与机户建立起一种“摺子”制度，以巩固自己与一些机户的联系。② “摺子”上规定：机户接受了领户的贷款，织出的绸一定要交给他，且须按“领头”的要求生产各色绸货。这样，绸领头就能根据市场变化来有效地组织生产。

在乡镇市场上，从领有牙帖的“官牙”、资力雄厚的“大领头”，到私相交易的“私牙”、势弱力孤的“白拉主人”，所经营的买卖双方在规模上有很大差异，因而形成了层次不同的经纪活动。

---

① 实业部国际贸易局：《中国实业志·江苏省》第 8 编“工业”，实业部国际贸易局 1933 年印行。

② 宋伯胤：《盛泽丝织手工业历史调查随笔》，《中国历史博物馆馆刊》1983 年第 5 期。

琅威理与北洋海军*

戚其章

在北洋海军所聘用的众多洋员中，以琅威理（Captain William M. Lang）表现最为突出，影响也最大。他先后两次应聘来华，对北洋海军的发展和正规化做出过贡献；最终又辞职返国，不仅使北洋海军的发展受到重大影响，还酿成中英之间一场严重的外交风波。琅威理与北洋海军的兴衰关系甚大。惜乎百余年来，对其进行专门的研究却不多见。故撰此文，谈点浅见。

一　琅威理其人及其两次应聘北洋海军的经过

琅威理（1843—1906），毕业于英国皇家海军学校，其后一直服役于各舰，成为一名职业的海军军官。1863 年 9 月，清政府在英国购买了 7 艘兵船，由皇家海军上校阿思本（Captain Sherald Osborn）率领来华，琅威理曾随队同行。旋因清政府决定解散舰队，琅威理亦即返国。在此后十余年的时间里，他一直默默无闻地从事舰上工作。直到 1877 年，琅威理第二次远航来华，其才能始受到各方面的注意和称赞，从而给他带来了崭露头角的机遇。

先是在 1875 年，北洋大臣李鸿章通过海关总税务司赫德（Sir Robert

* 本文原载《近代史研究》1998 年第 6 期。

Hart）在英国阿姆斯特朗厂（Armstrong and Company）订造了4艘炮舰，该厂按希腊文字母顺序将其编号为“阿尔法”（alpha）、“贝塔”（beta）、“伽玛”（gamma）和“戴塔”（delta）。[①]“阿尔法”“贝塔”两舰于1876年11月20日先驶抵天津，舰上的驾驶和轮机人员皆为赫德委托其伦敦办事处的金登干（James Duncan Campbell）所雇用。但是，这些人员大都素质很差，举止粗野，有的酗酒成瘾，所以颇“受中国老百姓的厌恶”。尤为令赫德难堪的是，当李鸿章登“阿尔法”舰视察时，担任该舰指挥的英国海军退役船长勒·普里曼达吉（La Primandage）下令发射的第一发炮弹就瞎火，原因是误“用定时引信放射一颗普通的炮弹”。不仅如此，一名英国水手的来复枪竟然走火，恰好“子弹紧挨着德璀琳的耳朵和李（鸿章）的头顶飞了过去”，差点儿造成不堪设想的严重后果。[②] 为了弥补这次的过失，更为了改变李鸿章对英国炮舰的恶劣印象，金登干考虑下一批舰只来华时必须有一名“高级舰长”指挥，因此选中了琅威理。琅威理也确实没有辜负金登干对他的信任。1877年2月，“伽玛”“戴塔”两舰竣工后，驶抵朴次茅斯港。17日，清朝驻英公使郭嵩焘亲自到港视察炮舰。事后，郭嵩焘驰书李鸿章云：“正月初五，金登干邀往海口验试新选三十八吨炮船二只，一名麻甲，英官浪为美管带……运用机器，轻便灵妙。”[③] 金登干也向赫德报告说：“试航获得极大成功。郭高兴地亲自发射了大炮。在场者人人表示赞赏，郭也表示祝贺。”并颇为自信地认为：“在英国优秀军官指挥下，由纪律严明、训练有素的水手们操纵，这种新炮艇将以军舰的雄姿，到达中国海域。”[④] 6月，“伽玛”“戴塔”两舰抵达福州，于25日交给中国。当时作为“伽玛”舰长的琅威理给福建巡抚丁日昌留下了很好的印象。丁曾致函建议李鸿章聘其来华教练。李鸿章也曾“闻管驾三号兵官本领甚佳”，于是趁赫德过津之机，向他提及此事。赫德先是搪塞道：“其人奉英国委带兵船，不能分身，且不愿前来。”李继续追问何以不愿，始答称：“仅令教练，而不假以节制、黜陟

---

① 4舰来华后命名为“龙骧”“虎威”“飞霆”和“策电”。

② 陈霞飞主编：《中国海关秘档》第1册，中华书局1990年版，第505、534页。

③ 《李鸿章全集·朋僚函稿》卷17，海南出版社1997年版，第3页。按：“麻甲”应为“甲麻”之误，gamma之音译，即“伽玛”。“浪为美”亦即“琅威理”。

④ 《中国海关秘档》第8册，第107—108页。

之权，弁兵必不听令，断难进益。”[①] 赫德已经看出，中国“真正需要的是，要有一位英国指挥官员来指挥这四艘舰艇；但是中国不愿聘用一位指挥官，它只需要教官”[②]。

“伽玛”“戴塔”两舰抵华后，清政府又通过赫德向阿姆斯特朗厂表示继续购买炮舰的意向，几经交涉，于 1878 年 8 月 29 日在伦敦签订了订造 4 艘改进“伽玛”型炮舰的合同。由于琅威理头一年管驾“伽玛”舰来华赢得了中国当局的好感，金登干仍想让他率队运送。但琅威理没有马上接受，因为他宁愿在本国舰队服役。金登干认为，“他确实‘全心全意地’热爱他的职业，并且希望受到服现役的任命”。其实，琅威理主要考虑自己的晋升问题。可是，除琅威理之外，金登干感到再难以找到合适的人选了，便极力说服琅威理，请他指挥这支“小舰队”并支领双薪，即由原来的每月 60 英镑增加到 120 英镑；送到之日还另给赏金 100 英镑。[③] 到 1879 年春，英国海军部批准琅威理暂时离开海军，担任 4 艘炮舰的带队指挥官。这 4 艘炮舰，按船厂的编号，分别为“埃普西隆”(epsilon)、“吉塔”(zeta)、“伊塔”(eta)和“泽塔”(theta)。[④] 1879 年 7 月 24 日，“埃普西隆小舰队”[⑤] 在朴次茅斯港接受清朝新任驻英公使曾纪泽的检阅后，于当天起航。11 月 11 日，四舰驶抵大沽。19 日，李鸿章亲自到海口验收，见琅威理出洋操演，“阵式整齐灵变，炮准亦好，勤干明练，船学颇精”。其后通过数次接谈，他对琅威理的印象是：“琅公于新购蚊船情形甚熟，其人虽近刚激，而办事似尚尽心，或可勉强就范。”[⑥] 当时，他正致力于延揽熟悉兵船规制的洋将帮同训练海军，而异域海军人才寻求不易，于是决定聘请琅威理来华。

李鸿章求才心切，趁与琅威理接谈之机，当面提出聘请留用的意见。

---

① 《李鸿章全集·朋僚函稿》卷 17，第 23 页。按：gamma 为希腊语第三个字母，是英国船厂对 4 艘炮舰的编号。故“管驾三号兵官”即指管驾“伽玛”舰的琅威理。

② 《中国海关秘档》第 1 册，第 561 页。按：“这四艘舰艇”即指“阿尔法”“贝塔”“伽玛”“戴塔”。

③ 《中国海关秘档》第 2 册，第 196、215 页。

④ 此 4 舰来华后命名为“镇东”“镇西”“镇南”和“镇北”。

⑤ 4 艘炮舰以“埃普西隆”为首舰，故英国人称之为“埃普西隆小舰队”，或简称“小舰队”。

⑥ 《李鸿章全集·朋僚函稿》卷 19，第 5—6 页。

琅威理没有立即应允下来，但也没有拒绝的意思。只是答称："须回英乞假，准行，乃可复来。"[①] 留下了回旋的余地。于是，李鸿章致函曾纪泽，告以会见琅威理的情况，并请其代想办法，内称："与商帮同华员督操，伊尚情愿。惟以英例，须向水师兵部乞假允准。该副将资格已深，再历数年，可擢升至提督；若准假后，本国停俸断资，未免耽误升阶。恳由敝处转致执事，与水师部长官商调中国借用三年，仍与在本国当差劳绩一般，未知可行否?"[②] 曾纪泽便正式委托金登干办理此事。当时，琅威理主要考虑的是两点：一是来华后担任何种职务，二是会不会影响他在皇家海军的升迁。对于第一点，问题还不太大。赫德保证劝说李鸿章"委任琅威理担任海军主要职务"。至于第二点，则比较难办。因为当时他已是皇家海军中校，任"茶隼"号（kestrel）副舰长，而且很可能不久即可得到晋升。"按照惯例，晋升为海军上校的军官可以在五或六年中拿半薪不受雇用。在此期间，琅威理可以在中国政府中工作，到期时，他可以决定是继续在中国政府中工作，还是回到自己的工作岗位。"尽管海军部确曾表示来华服务不会影响他未来的晋升，却拒绝作为海军服役期计算。所以，此事就一直拖了下来。直到1882年6月，由赫德亲自出面做琅威理的劝说工作，告以海军部关于晋升的决议"比违反规定计算服役期要好"，因为"没有内阁命令，不可能计算服役期"；还私下向他透露海军部在大约一年里提升他的可能性，琅威理才不再犹豫，决定接受邀请。[③]

1882年9月，琅威理来到天津。10月11日，李鸿章任命琅威理为水师总查，授副提督衔，作为水师统领丁汝昌的助手。[④] 1884年6月，英国海军部终于决定晋升琅威理为上校舰长。7月1日，外交部官员克雷（Philip Currie）致函金登干，宣布海军部的决定。直到9月，又通过赫德向琅威理发出了海军部的授衔令。[⑤] 这本是琅威理期盼已久的事情，他应该可以在北洋水师安心工作了。但由于中法战争的战火已延及中国东南

---

① 《李鸿章全集·奏稿》卷35，第30页。

② 《李鸿章全集·朋僚函稿》卷19，第5页。

③ 《中国海关秘档》第3册，第39、56—57、68页。

④ 同上书，第139、155—156页。

⑤ 同上书，第575、611—612页。

沿海一带，依照英国法律，本国人不得投效交战国，琅威理被迫于 1884 年 11 月离职回国。[①] 这是他首次应邀来华任职，为时整整两年。

中法战争后，清政府决定大治水师，并成立了总理海军事务衙门。李鸿章自然又想到了琅威理，于 1885 年 9 月向英国外交部表示了邀请的意向。1886 年 3 月，琅威理再次来到天津。李鸿章授以水师副统领的名义。[②] 5 月，醇亲王奕譞奉慈禧懿旨巡阅北洋海防，对水师“布阵整齐，旗语灯号，如响斯应”感到满意，认为“各将弁讲求操习，持久不懈，可期渐成劲旅”。[③] 6 月 2 日奏上，当天降旨嘉奖水师洋员，以琅威理“教演水师尤为出力”，除赏给二等第三宝星外，并加恩赏给提督衔。[④] 从此，北洋水师有“丁琅两提督”之称。这次琅威理再度返华，到 1890 年 6 月辞职，历时四年零两个月。

1894 年 11 月，战争形势危急，清廷降旨，着赫德传谕琅威理迅速来华。琅威理提出“须由皇帝以玺书颁给海军最高职衔”等条件，连金登干也认为“这些条件显然太高了”[⑤]，因而未果。翌年 2 月，清廷以北洋战舰尽失，欲重整海军，谕署理两江总督张之洞借款购船。[⑥] 于是，张之洞通过驻法公使王之春，一面积极筹划购买战舰，另组海军；一面请代聘琅威理前来帮助训练。[⑦] 直至《马关条约》签订后，他还建议朝廷速聘琅威理来华。[⑧] 总理衙门奉旨委托赫德办理。琅威理表示有回华之意，并认为中国的处境岌岌可危，指出：“要盟雪耻，相机行权，西史历历可

---

① 《中国海关秘档》第 3 册，第 612 页。按：琅威理曾于 1884 年 4 月提出过辞职。其原因是不满意英国海军部迟迟不给予晋升，觉得不能在中国耽误更多的时间。但李鸿章不同意他辞职，说“未来两年里海军不能离开他”，一定要他留下来（见《中国海关秘档》第 3 册，第 510—511 页）。又据李鸿章《查复海防报销折》，亦称琅威理于光绪十年九月请假回国（见《李鸿章全集·奏稿》卷 62，第 49 页），可相印证。

② 《李鸿章全集·奏稿》卷 64，第 25 页。

③ 《奕譞奏查北洋炮台水陆操防机器武备水师学堂情形折》，见《光绪朝东华录》，光绪十二年五月，中华书局 1958 年版，总第 2108 页。

④ 《李鸿章全集·奏稿》卷 62，第 49 页；《光绪朝东华录》，光绪十二年五月，总第 2108 页。

⑤ 《中国海关与中日战争》，中华书局 1983 年版，第 100 页。

⑥ 《清末海军史料》，海洋出版社 1982 年版，第 580、127 页。

⑦ 《张文襄公全集》卷 144，中国书店 1990 年版，第 9、17—18 页。

⑧ 《张文襄公全集》卷 37，第 33—34 页。

证。即我守大信，而门户已空，若不速计补牢，恐有强邻接踵。”[①] 但又提出：“他此行要取决于中国是否接受他的条件。”[②] 所谓“条件”，除了他先前提出的以外，还拿出一份重建中国海军的计划。[③] 要实现此项计划，需筹一笔巨款，且其中条款颇有碍于清朝体制者，是清政府绝难接受的。何况内外形势已不允许中国兴复海军。这样，第三次募聘琅威理的事，也就不可能有什么结果了。

二 在华任职期间的工作表现

北洋海军先后共聘任过5位担任丁汝昌高级助手的洋员，其中以琅威理最为人们所称道。他在水师“深得各管驾、弁兵之心”，在他离职之后人们“尚时有去后之思”。[④] 验诸史实，他确实不愧为来华服务的洋员中之佼佼者，是一位十分难得的异国海军人才。

琅威理先是就读于英国皇家海军学校，毕业后又经历长期的舰队生活，锻炼成一位具有多方面专业技能的优秀海军军官。早在1877年，通过管驾“伽玛”舰来华，金登干便对他作出了高度的肯定：“琅威理是很优秀的舰长，从各方面来看，他都是完全胜任的。他在英国海军部就是出众的人物。他是从海军学校来到我们这里工作的。他对他所从事的职业十分热心，对他所指挥的舰艇感到非常自豪。他事必躬亲，再也找不到比他更称职的人了。”[⑤] 当他受聘来华工作一年半之后，赫德又给他写下了这样的评语：“最近这十八个月，琅威理工作得非常出色。他具备各种海军作业的经验，是为任何级别的军官所绝对不及的：教练水兵、培训军官、船舨驾驶术、射击技术、鱼雷作业、金工活、修筑堡垒、各种操练、演习等等。在这里，他已使人感到他的重要性，通过他必须为中国做的工作，增加了他作为一名英国海军军官的价值，并使他为英国服

① 《张文襄公全集》卷144，第26、18页。

② 《中国海关秘档》第6册，第424页。

③ 即《前北洋水师总兵琅威理条陈》，见《清末海军史料》，第789—797页。

④ 《丁汝昌海军函稿》，《北洋海军资料汇编》（上），中华全国图书馆文献缩微复制中心1994年版，第58页。

⑤ 《中国海关秘档》第1册，第519页。

务的能力增长十倍。”[①] 北洋水师的工作为琅威理提供了新的用武之地，使他的专业技术和才能得到了充分施展的机会。

琅威理曾有两位担任丁汝昌高级助手的前任：一是在他初次应聘来华前任职的英国退役海军军官葛雷森上校（William Hughes Clayson）；一是在他重返北洋前任职的德国船长式百龄（M. Siebelin）。葛雷森很注意同丁汝昌处好关系，赫德曾批评他“极力使中国人喜欢他和讨好中国人，而不是设法改进他们的海军的状况”。确实如此。琅威理到职后，即对新从英国购进的快船“被玩忽的状况”感到十分痛心。一度担任驻英海军武官的刘步蟾曾坦率地告诉金登干：“把属于代理提督的权力交给葛雷森是个错误，葛雷森是教练船上的第一流人物，在教练船上他可指导炮手和海军军士，但在指挥岗位上则需要一位有教养的人。”就是说，作为一名教练船上的教习，葛雷森是一把好手，但作为海军统领的助手来说，却难称其职了。赫德接到金登干的报告后，回信表示同意刘步蟾的说法，但又补充了很重要的一点：“就我要把北洋舰队办成一支海军的计划来说，结果是完全失败了。”[②] 赫德“要把北洋舰队办成一支海军”，自有其主观的意图，但在客观上对中国是有利的，而实践则已经证明指望葛雷森来效力是绝对不行的。更需要指出的是，葛雷森有时为维护本国的利益而不惜损害中国的利益。例如，当他奉命到英国接收“超勇”“扬威”两艘快船时，同行的英籍管驾章斯敦（S. J. Johnstone）曾揭露英国阿姆斯特朗厂的欺骗行为，认为“这两艘巡洋舰是骗人的东西”。并指出：“中国政府经常受人欺骗，他们将会感到非常失望。”而葛雷森则偏袒英厂，声称不存在质量问题，只是“钢板装配在一起的方法”有待改进罢了。[③] 对负责接收快船的中国水师总教习来说，这无疑是一种严重的渎职行为。后来的战争实践证明，这两艘快船已是非常落后，是根本不能用于实战的。至于式百龄，乃是驻德公使李凤苞所延募。李凤苞极称其人道：“该员朴诚耐劳，深明西法，其于各国船舰之利钝，炮台之坚

---

① 《中国海关秘档》第 3 册，第 510 页。

② 同上书，第 197、209、344、381 页。

③ 《中国海关秘档》第 2 册，第 618、641 页。

脆，军械之良窳，阅历探讨八年之久，实能穷究精微。”[①] 实际上，这不过是李凤苞“误听人言，妄加推许”。式百龄来华后，李鸿章发现其人“虽曾在德管驾小船，实非学堂出身，来津数月，闽厂管带员弁皆有后言”，既“不尽有真实本领”，且“夜郎自大”，“偏任己见，不服调度”。[②] 琅威理则不同，他不仅具有丰富的海军作业经验和很高的训练指挥能力，而且在工作中表现了高度的敬业精神和责任感，这是他的两位前任所万万不能及的。

琅威理到职后，对北洋水师的现状极不满意。尽管困难重重，还是全身心地投入工作。连反对他的葛雷森也不得不承认他“工作很努力”。他首先下决心对水师进行整顿，致书金登干说：“整顿将是非常费力的工作，因为有许多弊病要清除，并且现有的人员质量极差。”赫德十分了解他的处境，也函告金登干：“他正在令人恼火的情况下学着忍耐。他身边的每个人都是‘占着毛坑不拉屎’的!”其实，这些话主要指的是葛雷森。葛也“知道琅威理不会让事情马马虎虎地进行，并将恪守严格的海军纪律和礼仪”，所以只好回国休假。琅威理便用另一位英国退役海军军官法乐（John Farrow）来接替葛的位置。这样一来，才开始“诸事顺手，没有不服从他或和他作对的下属（或同事）”了。无论指导作业还是指挥训练，琅威理不但严格要求，一丝不苟，还必言传身带，以身作则。有一次，他在舰上作业时不留心“掉进船舱底部，九死一生”，侥幸未受重伤。[③] 他在工作中作风严厉，舰上员弁、水手没有不敬畏听命的。所以水师中流传着“不怕丁军门，就怕琅副将”[④] 之谣。李鸿章对他的工作非常满意，在电奏中赞其“教练、司事，各著成效”。[⑤] 丁汝昌也曾经对他作出了极高的评价：“洋员之在水师，最得实益者，琅总查为第一……其人品亦以琅为最，平日认真训练，订定章程，与英国一例，曾无暇晷。即在吃饭之时，亦复心手互用，不肯稍懈。去秋退处烟台，已经禀辞薪水，

---

① 《李鸿章全集·奏稿》卷 55，第 4 页。

② 《李鸿章全集·朋僚函稿》卷 20，第 57 页；《李鸿章全集·电稿》卷 4，第 29 页。

③ 《中国海关秘档》第 3 册，第 435、209、263、203、180、404 页。

④ 《来远舰水手谷玉霖口述》，见拙著《北洋舰队》附录 3，山东人民出版社 1981 年版，第 209 页。

⑤ 《李鸿章全集·电稿》卷 7，第 21 页。

尚手订舢板操章，阅两月成书寄旅。此等心肠，后来者万不能逮。”[①]

琅威理对工作的高度负责精神，还表现在：凡是不利于水师的事，他都要干预；凡是有利于水师的事，他都要建议。金登干批评他“喜欢把一切事情揽入自己之手”[②]，因为这样会得罪很多人。然而，由此正可看出琅威理的性格，这也正是他品格中的最可贵部分。例如，以往运煤给水师常与原数不符，有一次竟短缺达 40 吨之多。琅威理与丁汝昌商定，此后“俟煤径到船，即在船磅收吨数，以杜绝弊端”。后来，还专门设计了一种驳煤船图样，发交大沽船坞制造。关于旅顺基地的建设，他十分关心，亲去查验，发现口门有浅处，潮落时兵船出进容易搁浅，虽明知此工程乃德国退伍军官汉纳根（Constantin von Hanneken）大尉所主持，仍然直率地指出，并建议到春融将该处挖尽，以保出进军港船只的安全。天津海关税务司德国人德璀琳（Gustav von Detring）深受李鸿章的信任，时时插手水师的事，曾建议铁甲船到香港船坞改造龙骨，他表示不能同意，因为“已知该坞不能入此巨舰”，何况船图乃保密文件，“未便轻与人看”，使此议“暂作罢论”。他还深知中国海军经费筹措困难，每花一笔钱必力求节约。“敏捷”练船本系货船改配，底舱太轻，驶行洋面遇风多有未妥，他亲自带同机器厂洋匠前往勘验，确定机器厂可以自修。“超勇”“扬威”两艘快船需添电灯，到外洋购买所费不赀，他向李鸿章面陈，请由海光寺制造局承造。[③] 闽厂所造“龙威”兵船机器屡坏，他认为“若将就留用，船行大帮，一船出病，各船停候，耗费不轻”，必“为海军日后糜费大累”，主张“未便收留”。后经闽厂加以改修，出海驶验合法，始同意收留。[④] 可见，为了中国海军的发展，他是多么尽心尽力，不管对什么人都能够做到破除情面，即使得罪人也在所不惜。

一般认为，琅威理既是一名英国海军军官，必然要事事维护英国的利益，甚至是以控制中国海军为目的。英国政府也好，赫德本人也好，确实都是这样希望的。而琅威理则有所不同。他有一个最突出的特点，

---

① 《丁汝昌海军函稿》，《北洋海军资料汇编》（上），第 56—57 页。

② 《中国海关秘档》第 4 册，第 276 页。

③ 《丁汝昌海军函稿》，《北洋海军资料汇编》（上），第 151、298、75、114、286、331 页。

④ 《李鸿章全集·电稿》卷 11，第 49、55 页。按：“龙威”拨给北洋后，易名“平远”。

就是要做一名正直的海军军官，以自己的职业为荣，时刻忠于职守，并做出优异的业绩。所以，他在处理水师事务时，总以不违背职业道德为原则，甚至自觉不自觉地超出狭隘的民族利益。例如，当他接到运送炮舰回中国的任务时，就几次向阿姆斯特朗厂指出炮舰设计上存在的问题，强调“为了更为安全和有效，要做某些改进，尽管会导致延期和花费”①。甚至为此与该厂代表伦道尔（George Rendel）工程师进行长时间的激烈争论。在运送“埃普西隆小舰队”的途中，“伊塔”和“泽塔”上的螺旋桨断裂，他致电金登干，要求阿姆斯特朗厂或保险公司负担责任，并汇寄赔偿费。当“小舰队”驶回之前，李鸿章曾提出一个问题：“中国政府购置的舰艇何以不能雇用中国的军官?”金登干的意见是：“把有关炮艇航海的任何职责委托给中国人是危险的。”双方观点难以接近。后来，当“超勇”“扬威”两艘快船即将来华时，琅威理则建议：水手“全部由中国人组成”，且“必须满额”；中国高级船员则在英国先进行培训，在欧洲高级船员指导下，全面学习本职工作，并“要经过一定的队形变换训练，允许他们亲自驾驶这些船，使他们由此而产生信心”。他的建议遭到了金登干的激烈反对，向赫德报告说：“无论琅威理说什么，我还是怀疑在这些船出航时把它们当作教练船使用是否得计，我认为那样做要冒相当大的风险。”甚至危言耸听：“指挥一艘在中国国旗下出航的船，船上就会发生一场哗变。”② 事实证明琅威理的建议是可行的，而且对中国海军人才的锻炼和成长有利。由于有了这次经验，以后到欧洲接带“致远”“靖远”“经远”“来远”四艘快船回国时，琅威理又进一步建议：“华管驾可靠……另雇西管轮，则厂主机器可保。”③ 所有这些都足以说明，后人在评价琅威理时一定要从事实出发，把他同赫德等人区别开来。

为了中国海军的建设和发展，琅威理不遗余力地工作，做出了突出的成绩。时人称：“英员琅威理名为总查，实习训练。琅颇勤事，为海军

① 《中国海关秘档》第8册，第176页。

② 《中国海关秘档》第2册，第241、185、366—367页。

③ 《李鸿章全集·电稿》卷7，第51页。

官佐所敬惮，中外称之。一时军容颇为整肃。”[①] 后赴欧亲自接收“致远”“靖远”“经远”“来远”四艘快船并拖带“左一”鱼雷艇回华，才使北洋海军得以成军。据伦敦报载，当时中国海军位居世界第八，在东亚则居于首位。[②] 所以，赫德称之为“东方最好的舰队”[③]，洵非虚语也。由此可知，对琅威理在华任职期间的工作表现，是应该给予充分肯定的。

三 琅威理辞职问题及其反思

北洋海军成军刚过了20个月，琅威理却突然辞职而去，一时成为中外关注的特大新闻。其所以辞职，一般认为是因1890年春发生于香港的升旗事件而直接导发的。这样说并不为错，但问题远不是这样简单。如果仔细考察一番的话，那么，不难看出，其中还另有更深层次的原因。

先是在1889年底，丁汝昌率舰队南巡，于翌年分两批抵达香港。1890年2月24日，他带领“致远”“济远”“经远”“来远”四舰赴南海一带操巡，并致电李鸿章，留“定远”“镇远”“超勇”“扬威”四舰“在港操修，琅威理与两镇督率妥办”。“两镇”者，林泰曾、刘步蟾也。3月6日，琅威理忽电李鸿章问：“丁提督离军时，琅威理应升何旗?”[④] 7日晨，李鸿章复电林泰曾称：“琅威理昨电请示应升何旗，章程内未载，似可酌制四色长方旗，与海军提督有别。”[⑤] 盖丁汝昌率四舰离港后，余舰即易督旗为镇旗。琅威理见之，怒不可遏，故有致电询问李鸿章之事。及阅李之复电，益觉受到轻侮，气愤难平。5月，舰队北返，于29日抵威海。随后琅威理前往天津，面谒李鸿章。但话不投机，不欢而散。6月18日，琅威理致书英国海军大臣汉密尔顿（George C. Hamilton）述其辞职之意。[⑥] 6月20日，《泰晤士报》（*The Times*）首先披露了琅威理辞职

---

① 池仲：《海军大事记》，《北洋海军资料汇编》（下），第1083页。

② 林乐知：《各国新政治记》，《万国公报》卷88，第24—25页。

③ 《中国海关秘档》第4册，第730页。

④ 《李鸿章全集·电稿》（二），上海人民出版社1986年版（以下注明“沪版”，以与海南版相区别）。

⑤ 《李鸿章全集·电稿》卷12，第12页。

⑥ Lang to the Secretary of the Admiralty，June 18，1890，英国海军部档案：Adm. 1/7048，p. 1.

的消息。[1] 第二天，天津出版的英文报纸《中国时报》（*The Chinese Times*）也刊出琅威理辞职的新闻。[2] 从此，中英关系开始跌入低谷。

琅威理来华任职多年，丁汝昌离舰而由琅威理代为负责，本是常有的事。如1886年9月，丁汝昌拟乘“济远”舰赴长崎，“余船留威海，令琅威理督率操练；如有要事，电林泰曾与琅电商”[3]。1886年8月，丁汝昌要率舰赴台湾，将“威远”舰在旅顺验修配炮等事交琅威理与林泰曾“商办”。[4] 从未发生过升旗事件，为什么这次却发生了呢？论者或以与《北洋海军章程》的规定有关。如称：“北洋海军总查琅威理辞职。先是北洋之用琅也，畀以提督衔，此在吾国不过虚号崇优，非实职也。而军中上下公牍，则时有丁、琅两提督之语。故自琅威理及诸西人言之，中国海军显有中、英二提督，而自海军奏定章程言之，则海军只有一提督、两总兵也。”[5] 丁汝昌为琅威理辞职事所发表的谈话，也有相同的看法：“我很难过，琅为此种小事而自寻烦恼。琅为中国做了很好的服务，也实在帮了我不少的忙。当他回国时也要继续服役，升什么旗有何分别？龙旗专为北洋提督所用，因为只有一位提督，故别无他法可想。”[6] 所谓章程云云，虽不过是一种表面的理由，却道出了问题的关键所在：琅威理在北洋海军中究竟居于何种地位？

当时，在中国出版的某些英文报纸，诸如天津的《中国时报》、上海的《北华捷报》（*North China Herald*）等，曾经接二连三地发表读者来信和评论，对此问题进行激烈的争论。大致说来，对于琅威理在军中的地位有三种看法：第一种，认为琅与丁汝昌提督在水师中地位并列，居于同等地位，故可称“联合指挥官”（Joint commander）[7]；第二种，认为琅

① 《中国海关秘档》第5册，第221页。

② “Notes”, *The Chinese Times*, June 21, 1890, p. 386.

③ 《丁汝昌海军函稿》，《北洋海军资料汇编》（上），第139页。

④ 沪版《李鸿章全集·电稿》（一），第987页。

⑤ 池仲：《海军大事记》，《北洋海军资料汇编》（下），第1091页。

⑥ Notes of a Conversation between Ting and Lang, March 10, 1890，英国外交部档案：F. O. 17/1170, pp. 97 – 101。转见王家俭《琅威理之借聘来华及其辞职风波》，《中国近代海军史论集》，台北文史哲出版社1984年版，第92页。

⑦ “Notes”, *The Chinese Times*, Sept. 6, 1890, “China and His Foreign Employes”, *North China Herald*, pp. 7 – 8.

实系北洋舰队的“副司令官”（Deputy commander-in-chief of the Peiyang Squadron)[①]；第三种，认为琅只是一位海军顾问（Naval advisor）或“副将”(Brigadier-general)，既非“提督”（admiral）也不是“海军指挥官”(commander of the navy)。[②] 在这三种意见中，第一种意见肯定是不正确的，因为丁汝昌为实授提督，琅威理只是赏加提督衔，并非实缺，故在二者之间是不能够画等号的。第二种意见倒是有一定根据的，试看李鸿章所呈报的北洋海防经费清单中，在琅威理第一次任职期间称其职衔为“水师总查”[③]，而在第二次任职期间则改称为“水师副统领”了。[④] 按“副统领”的本来意义，是可以理解为“副司令官”的。但是，《北洋海军章程》内并无有关“副统领”的规定，这样琅威理的“副统领”职衔也只是虚衔而已。所以，第三种意见说的倒属实情。1890 年 11 月 27 日，驻英公使薛福成复照英国外交部，对琅威理辞职事作出解释，内称：“接海军衙门兼北洋大臣文内开：琅威理请派水师实缺以代虚衔，若不准给，定须告退。查此项实职给与外国官员实属尚来所未有，是以未能答允，只得准其告退。”[⑤] 由此不难看出，双方矛盾的焦点，说到底，乃是“实缺”与“虚衔”之争也。

琅威理与北洋海军的关系，大致可以 1888 年作为分水岭。在此以前，从职衔来说，北洋水师统领丁汝昌为记名提督直隶天津镇总兵，“镇远”管带林泰曾为记名总兵，“定远”管带刘步蟾为总兵衔水师补用副将，而琅威理则已晋升为海军上校，且由李鸿章奏闻其为“英国水师总兵”。[⑥] 当时，舰队只能升镇旗，林、刘都没有资格升旗，当然也就不可能发生升旗事件了。《北洋海军章程》奏准后，情况便有了变化。因丁汝昌补授北洋海军提督，林泰曾补授右翼总兵，刘步蟾补授左翼总兵，皆是实缺，而“总查”或“副统领”并非实缺，不在编制之内。特别是《北洋海军

① “Admiral Lang's Resignation”, *North China Herald*, Aug. 15, 1890, p. 181.

② Ibid., Aug. 5, 1890, pp. 192 – 193.

③ 《李鸿章全集·奏稿》卷 61，第 21、23 页。

④ 《李鸿章全集·奏稿》卷 64，第 25 页；卷 71，第 12 页。

⑤ 英国外交部档案：F. O. 17/1104；《薛福成致沙侯》（光绪十六年十月十六日），中国公使馆档。按：沙侯（Lord Salisberg）时任英国外交大臣。

⑥ 《李鸿章全集·奏稿》卷 62，第 49 页。

章程》规定：设提督一员、总兵二员；提督“统领全军”，“凡提督缺出，在实缺总兵内择其资深劳多、勋望素著者，由北洋大臣咨会海军衙门请旨简放”。[①] 这就将琅威理置于可有可无的临时雇员地位，不能不使其感到极度的失望。《北洋海军章程》还在草拟期间，琅威理已知其内容梗概。所以，在这一年中，他曾多次考虑辞职的问题。是年初，他即曾向赫德流露出辞职之意。[②] 9月30日，海军衙门奏呈《北洋海军章程》，次日他即到天津面谒李鸿章，以“目疾请假回国”。[③] 到12月，他给金登干写了一封长信，内称：“我希望下个月离去，如果明年三四月间身体好，而外交部又表示我应该在休假期满后返回中国，我自然将回去，但我是很不愿意回去的。”[④] 这足以说明他当时的不满心情。可见，即使后来不发生升旗事件，他的辞职也是迟早要发生的事。

琅威理辞职所造成的后果是严重的。当时有些英籍洋员合同届满，中国准备续聘，便被英国政府顶回。如水雷学堂教习罗觉斯（Scott Rogers）[⑤] 来华前，本是英国现役海军少校，为琅威理招聘来华，因其工作得力，丁汝昌请示李鸿章挽留，而英国外交部则予以拒绝，电驻华公使华尔身（Sir John Walsham）“饬其回国”。[⑥] 英国撤退洋员之举，为舰队的正常训练带来了极大的困难。再是自琅威理走后，北洋海军的情形每况愈下。甲午战后，“来远”舰帮带大副张哲溁总结海战失利教训说：“前琅威理来军时，日夜操练，士卒欲求离船甚难。是琅之精神所及，人无敢差错者。自琅去后，渐放渐松，将士纷纷移眷，晚间住岸者，一船有半。”“平日操演炮靶、雷靶，惟船动而靶不动，兵勇练惯，及临敌时命是自难。”并指出：“号令不严。平时旗号、灯号，多有迟久不应。一令既出，亦多催至再三，方能应命。用之已惯，及有事之秋，难免无缓应机宜之病。”[⑦] 后勤供应的情况也越来越糟。所供舰队之煤，“尽罗劣充

① 《北洋海军章程》，《北洋海军资料汇编》（下），第904、869、914—915页。

② 《中国海关秘档》第4册，第678页。

③ 《李鸿章全集·电稿》卷10，第26页。

④ 《中国海关秘档》第4册，第822页。

⑤ 罗觉斯，又译作罗哲士（见《丁汝昌海军函稿》）、罗杰斯（见《中国海关秘档》）、罗觉司或罗酌司（见《李鸿章全集》）。

⑥ 《丁汝昌海军函稿》，《北洋海军资料汇编》（上），第361页。

⑦ 陈旭麓等主编：《甲午中日战争》（下），上海人民出版社1982年版，第398—399页。

数”，“煤屑散碎，烟重灰多，难壮气力，兼碍锅炉”。如此劣质之煤，“虽在常时以供兵轮且不堪用，况行军备战之时乎?”[①] 更为严重的是，为舰队“所制之弹，有大小不合炮膛者；有铁质不佳，弹面皆孔，难保其未出口不先炸者。即引信拉火，亦多有不过引者，临阵之时，一遇此等军火，则为害实非浅鲜。”[②] 像这样一支海军，欲其御敌制胜，岂可得乎?琅威理辞职回国仅仅4年之后，舰队便遭到了全军覆没的结局，应该说绝不是偶然的。

关于琅威理辞职之是非曲直，历来多有评说。对琅同情者固然有之，惋惜和批评者亦颇不少。如英国海军人士对他表示“赞扬”，赫德则批评他“以个性取代策略，是以小失大”。[③] 丁汝昌觉得他为“此种小事而自寻烦恼”，很不理解；李鸿章则以其“请放实缺提督未允，即自辞退”，迹近“要挟”，怒而允之。[④] 如此等等，各有各的立场和角度，所见自然相异。但平心而论，琅威理是个个性鲜明的人，其缺点也暴露得特别突出。赫德曾多次评论过他，说他“具备优秀的品质，但大自然没有赋予他某些最重要的品德”。“具备了海军军官的坦率，但缺少一个‘组织者’需要具备的宽宏大量。”但问题还不止于此。他自尊心极强，以至发展到神经过敏。1886年，当醇亲王奕譞视察烟台海防之际，琅威理觉得受到了怠慢，多少年一直耿耿于怀。[⑤] 他脾气暴躁，甚至一触即发，遇事不冷静，也无耐性，稍不顺心即闹情绪，往往不考虑后果。虽然在许多情况下，他可能是对的，如他对水师的办事方式感到厌恶、对水师的补给品不能正常供应不耐烦等[⑥]，但他的颐指气使的态度却使一些海军高级将领难以接受。好在丁汝昌待人宽厚，处事方式温和，赫德说他“为人谦逊且有几分机智”[⑦]，所以同琅威理还能够比较融洽地相处。不过，丁汝昌也曾偶然吐露出这样的意思：一旦他本人退役，“其继任者无法与琅威理

① 《丁汝昌海军函稿》,《北洋海军资料汇编》（上），第533—534页。
② 《甲午中日战争》（下），第404页。
③ 《中国海关秘档》第5册，第242、230页。
④ 《李鸿章全集·电稿》卷12，第30页。
⑤ 《中国海关秘档》第5册，第20页；第4册，第312页；第5册，第270页。
⑥ 《中国海关秘档》第4册，第822页。
⑦ 《中国海关秘档》第2册，第553页。

共事”。果不其然，1890 年春便在香港发生了升旗事件。赫德指出：“当他在香港对扯下旗帜的事发出第一次咆哮时，事实上他是在面对公众‘破釜沉舟’，特别是同海军军人对立了。”① 所以，琅威理之终于辞职回国，他个人的因素是起了不容忽视的作用的。

尽管如此，琅威理辞职一事的责任，却不能完全由他本人来负。为什么这样说呢？首先，清政府为发展海军，异国借才已有多年，由于当政者缺乏远见和战略眼光，未能建立一套适合中国实际的聘用洋员的办法。直到 1888 年，虽然制订了《北洋海军章程》，其中却没有涉及聘用洋员的条款。长期以来，聘用洋员全凭金登干等人代为延募，难免良莠不齐，鱼龙混杂。滥竽充数者和平庸之辈为数不少，而真正优秀的高级海军人才却犹如凤毛麟角。后者如琅威理，本属难得的人才，而且确为中国发展海军所需要者，理应格外对其优渥有加，甚至采取特殊政策，使之长期为我所用。而当政者却将其视同一般对待，自然留他不住了。

其次，琅威理是因请放实缺未允而辞职，事情本身很清楚，问题是为什么他执拗地要请放实缺呢？为个人计，像赫德劝他那样，“不要自寻烦恼，按时领薪，提出正确的意见，作出正确的建议，然后就耐心等待”，不是也过得下去吗？然而，这并不符合琅威理的性格。他是一位事业心极强的海军军官，以事业为至上，希望有施展才能的条件。当他第一次应聘来华时，就“预先声明他要提出很高的条件”；第二次应聘来华时，又提出要有“明确的职位”。② 因为他知道，不是实缺就不能受到应有的尊重，也就很难在工作中有所建树。特别是 1888 年以后，他已经预感到东亚潜藏的危机，列强对朝鲜的争夺将使国际关系发生逆转，终至爆发战争。到那时，日本人和俄国人会站在同一条战线上。他希望在未来战争中一显身手。但作为一个英国臣民，中国政府不会信任他指挥舰队，他甚至一度表示情愿“暂时放弃自己的国籍”。当时，有人认为他杞人忧天，嘲笑说：“在他一生中会发生战争吗?!”③ 不幸的是，琅威理的话真的言中了。甲午战争后，清政府极力活动要琅威理第三次应聘来华，

---

① 《中国海关秘档》第 5 册，第 89、265 页。

② 《中国海关秘档》第 3 册，第 93、260 页；第 4 册，第 199 页。

③ 《中国海关秘档》第 5 册，第 4—5 页。

他的回答仍是一句话："此行要取决于中国是否接受他的条件。"[①] 也就是说，要用他就得给他实权。种种事实表明，琅威理要实权并不是想把北洋海军控制在英国手里，而是在强烈的事业心驱使下，考虑唯有此法才能推动水师的整顿工作，从而将北洋海军办成一支真正的海军。由于清朝当局不能恰当灵活地处理此事，而琅威理又不愿无所作为地在水师中打发日子，只有辞职之一途了。

复次，在琅威理辞职问题的背后，还隐藏着一个被人们所忽视的经济利益问题。因为琅威理在国内并不得志，英国海军部的主管官员凯古柏爵士（Admiral Sir Kooper Key）似乎不太欣赏他。[②] 本来他在1883年6月就可以晋升海军上校，结果莫名其妙地推迟了一年；看得出来以后情况也不会变得多么好。[③] 所以他很需要另找安身立命之地，来华服务正是一个不错的机遇。他第一次应聘前，服役英国海军时，月薪才60英镑，约合库平银200余两，当时还是单身；来华任职时月薪定为库平银600两[④]，不久增加补助10两，计每月610两[⑤]，虽比原先每月收入增加近2倍，但他此时已结婚，生活负担也加重了。所以，他对生活待遇还是比较在乎的。有一次，"他提出要求发给他妻子出国的旅费，并且还要求为他在船上和岸上维持两个住处而发给他津贴"。对这件事，连赫德也颇有微词，说他"正变得利欲薰心"。[⑥] 到琅威理第二次来华任职时，已由中校升为上校，月薪也只定为库平银700两[⑦]，仅比原来增加了90两，而他这时家庭里已添了一双子女，生活水平反而下降了。从近年发现的《丁汝昌海军函稿》中找到了琅威理给丁的一封信，内称："我深愿为中国出其死力，奈国法不准。如中国能与我订立合同，可常为中国水师官弁，我所应得本国终身廉俸，中国亦肯认给，则我亦不难舍英趋中，冲

① 《中国海关秘档》第6册，第422页。

② 《中国海关秘档》第3册，第115页。

③ 此后琅威理长期得不到晋升，直到1898年列入海军退役准将（retired rear admiral），距他晋升海军上校的时间已有14年了。

④ 《中国海关秘档》第3册，第139、155—156页。

⑤ 《李鸿章全集·奏稿》卷62，第49页。

⑥ 《中国海关秘档》第3册，第241页。

⑦ 《李鸿章全集·奏稿》卷62，第49页。

锋陷阵，惟命是听。盖我有妻子儿女，胥恃此也。”[①] 可见，他所最关心的问题，乃是一家人的终身生活保障。如果李鸿章早能有见于此，给予更高的薪俸，使其无后顾之忧，他就不至于长期不安于位，时时萌发辞职的念头。即使后来发生了升旗事件，只要李鸿章真能着眼于中国海军发展的大局，温言慰之，并说明道理，他权衡得失，也许不会轻易下决心辞职的。

海军是近代资本主义大工业的产物，在近代中国，创办海军是学习西方的结果。正由于此，中国社会的近代化进程与海军的发展基本上是同步的。所以，海军的兴衰，实乃近代化成功与否的重要标志。海军初创，在培养本国人才的同时，必须借才异国。对待洋员，清政府注意权操自我，不至太阿倒持，授人以柄，也是完全必要的。然而，不管采取什么办法，总要以聘用外国优秀的海军人才，充分发挥其聪明才智，将中国海军搞上去为目的。而清政府之聘用洋员，则已成为例行公事，主其事者，根本不了解应聘者是否确系人才，故上当受骗之事时有发生。对于已经来华任职的西方优秀海军人才，也不知道很好地尊重，为其创造必要的工作条件，调动其积极性，安下心来服役，致使其中许多人未竟厥功，中途离去。甲午战争中海军失败的原因是多方面的，但不能善于识别和使用外国优秀海军人才，也是一个重要的原因。李鸿章对琅威理辞职问题的处理，便是典型之一例。当他接受琅威理的辞呈时，何曾想到仅仅数年之后，他亲手艰苦缔造的庞大北洋海军竟毁于一旦！对此，时人不禁感慨系之，曰：“中日初立海军之始，掌其教者，皆英人也。乃一以琅威理而败；一以婴格尔篩而胜。非教之法有不同也。法同而有守法与不守法之殊；教同而有受教与不受教之别……是何异于奕秋之诲二人奕战！”[②] 确实，这给后人留下了不尽的思索和深刻的历史教训。

---

① 《丁汝昌海军函稿》，《北洋海军资料汇编》（上），第62页。

② 《清朝续文献通考》卷227，兵考26，海军，浙江古籍出版社1988年影印本。第9729页。按：婴格尔篩，英国皇家海军舰长 Ingles 之音译，或译作英格斯，曾受聘日本帮助训练海军，回国后任皇家海军炮厂终身监督。（参看《中国海关与中日战争》，中华书局1983年版，第100页）

晚清财政与咸丰朝通货膨胀*

张国辉

清王朝统治到嘉庆道光之际，已处于由盛转衰的转折时期。爆发于1840年的鸦片战争，以及战后10年的太平天国农民运动，使清政府在应付内外战争中消耗了大量的战费，对外战争失败后又支付了巨额赔款，这些均成了国家沉重的财政负担。

一　鸦片战争与晚清政府的财政、货币状况

鸦片战争前夕，清政府中央财政收支的总状况已经表现为岁入渐见减缩，岁出频年见增，左藏渐见短绌的景象。

清政府的财政收入一向以地丁、钱漕、盐课、关税和其他杂税为其主要构成，其中以地丁①收入占最重要地位。在一般情况下，地丁约占财政总收入的3/4，盐课、关税及其他杂税约占总收入的1/4。据曾任通政使司副使的王庆云称，道光时期，每年财政收入的定额规定为：

* 本文原载《近代史研究》1999年第3期。

① 清政府实行的农业税是将历代相沿的丁银，并入田赋征收，通称地丁，亦称“摊丁入亩”，是中国封建社会后期赋役制度的一次重要改革。

表1　　道光时期每年财政收入定额

名称	金额（两）	占总收入百分比（%）
地丁杂税	33348034	73.82
盐课	7475879	16.55
关税	4352208	9.63
总计	45176121	100

资料来源：王庆云：《石渠余记》卷3，光绪十四年刊印，“直省岁入总数表”。

就上述财政收入定额而言，地丁固然是国家收入的重要来源之一，但在道光朝之前，每年地丁所入已经是征不足额。到了道光朝，又由于西北回疆地区镇压少数民族的战争，黄河、运河频年决口，以及各省不时发生的重大灾情等原因，使地丁收入数额屡屡减少。预计18省额征田粮应为2500余万两，可是在1847年，据清军机处档案记载，征收额仅在2000万两，两年以后，又减收为1900余万两①；而云、贵、川、广、闽、甘等7省的地丁收入，已难以满足本省军事支出的需要。与此同时，盐课、关税亦因灾情困扰相应减少。所以，各省财政对中央“欠解”，便成了道光朝以来财政收入上的突出问题。对此，户部在其奏章中说：1843年以前，统计全国各省积欠地丁等项共有银5934800两，从1843年至1847年上半年，各省续欠地丁银2064800两，到1847年底，又续欠地丁银1065300两，总共欠银9084900两；截至1848年底，各省陆续完报并豁免的地丁等银共280万两，仍欠770万两之多。户部在详细陈述之后，归纳指出：当时清政府的财政收入已是“旧欠既已延宕，新欠又复踵增”。② 清中央财政拮据的景象已经无法掩饰了。如果进而联系1838—1849年（道光十八年到二十九年）清政府各年财政收支及其结余的统计进行考察，人们便能更加具体地理解晚清政府财政确已面临严重的挑战。

---

① 据清军机处档案，转见汤象龙《中国近代财政经济史论文选》，西南财经大学出版社1987年版，第65页附注8。

② 据道光二十七年八月二十八日（1847年10月6日）、二十九年三月十五日（1849年4月7日）《管理户部事务潘世恩等奏》，转见彭泽益《十九世纪后半期的中国财政与经济》（以下简称《财政与经济》），人民出版社1983年版，第38—39页。

表 2　晚清各直省实征地丁、盐课、关税、杂税等项岁入岁出表

1838—1849 年（道光十八年到二十九年）　单位：银两

年份	岁入	岁出	收支两抵
1838	41272732.659	36209382.386	5063350.273
1839	40307372.41	34787590.447	5519781.963
1840	39035229.796	35805162.109	3230067.687
1841	38597458.73	37341583.492	1255875.238
1842	38715060.818	37149811.287	1565249.531
1843	42264528.629	41904903.693	359624.936
1844	40163854.832	38651694.514	1512160.318
1845	40612280.774	38815891.185	1796389.589
1846	39222630.42	36287159.329	2935471.091
1847	39387316.116	35584467.837	3802848.279
1848	37940093.827	35889872.079	2050221.748
1849	37000019.041	36443909.923	556109.118

资料来源：1. 1838—1848 年数字见《道光十八年至二十八年岁入岁出册》，北京图书馆藏翁同家抄本，转见《中国近代货币史资料》第 1 辑上册，中华书局 1964 年版，第 172 页。2. 1849 年数字见王庆云《石渠余记》卷 3，第 47 页。

考察上述各直省岁入岁出表的统计，人们可以概略地理解道光朝后期财政收支的变化：在鸦片战争前夕，清中央政府财政收支尚能相抵，每年结余尚有 500 余万两。这个余额如果与道光以前各朝作比较，显见相去十分遥远。须知，清王朝财政在乾隆四十六年（1781），曾有结余 7000 余万两。① 但自嘉庆元年（1796）至九年九月（1804 年 10 月）10 年间，清政府为镇压席卷湖北、四川、陕西、甘肃和河南 5 省广大地区的白莲教起义，所耗军需饷银多达 2 亿两之巨，相当于当时清政府 5 年的全部财政收入。② 此后，在道光朝前期，又连年镇压西北回民反清战乱，所耗军费也为数不赀。所以到道光十八年（1838），就上述财政收支统计看，就只有 506 万两的结余了。

---

① 刘锦藻：《清朝续文献通考·国用十二》，上海商务印书馆 1955 年版。

② 王先谦：《东华录》（道光朝）卷 18，光绪二十五年刊印，第 16 页。

1840 年，英国发动鸦片战争，严重破坏了清朝社会经济的正常运转。在战火直接波及的广东、福建、浙江、江苏 4 省沿海各地，英国侵略军疯狂地破坏和掠夺，广大居民赖以维持生计的生产资料，几被抢掠一空。战争的进程中又使城乡农民、手工业者“废时失业”，濒临“民穷财尽”的境地。[①] 在未受战争直接蹂躏的省份，则因清政府征调频繁，加派勒捐，往往按户需索，计亩征求，居民负担反而倍于常赋，以致民怨纷起，“民之财尽矣！民之苦极矣！”[②] 第一次鸦片战争给广大人民群众制造的灾难，是无法估量的。

战后，英国侵略者借军事赔款、鸦片烟价和商欠等名目，向清政府勒索去了银 2800 万元，折合白银 1960 万两。这笔巨款的半数以上取自商民，约计 1510 万元，占总数的 54%，其余 1290 万元则取自官库，占 46%。[③] 西方侵略者的暴力掠夺，必然地在清政府的财政上投下强烈暗影。上述统计表反映：1843 年清政府的岁入为 4226 万两，岁出为 4190 万两，两相抵销，仅有余款 35 万余两，为清王朝建立政权以来国库收支所从未出现过的景况。1843 年以后的几年，在岁入上似稍见转机，但国库的储备依然无所改善。以致 1848 年 3 月，大学士管理户部事务潘世恩等不得不向道光密奏：“现在银库实贮数目除已到未收银 20 余万两外，截至二月十六日（1848 年 3 月 20 日）仅存银十二万三千九百余两，比较历年，甚形支绌。”[④] 为了说明库藏支绌真实情况的由来，户部特作详细分析：历年“岁入之数应有四千四五百万两，岁出之数约需三千八九百万两。按额核计，倒有盈余”；但是，“以近今十数年计之，海疆、回疆

① 中国史学会主编：《中国近代史资料丛刊 · 鸦片战争》（四），上海人民出版社 1957 年版，第 77 页。

② 杨松等编：《中国近代史资料选辑》，生活 · 读书 · 新知三联书店 1954 年版，第 115 页。

③ 这里所称“商民”是指广东行商和行商公所；官库是指广东藩库、粤海关税银、江苏地丁正耗银和江苏藩司等。详见严中平主编《中国近代经济史，1840—1894》上册，人民出版社 1989 年版，第 430—433 页。

④ 《管理户部事务潘世恩等密折》（道光二十八年二月二十三日），见中国人民银行总行参事室史料组编《中国近代货币史资料》（以下简称《货币史资料》）第 1 辑上册，中华书局 1964 年版，第 168 页。

及各处军务，东、南两河工用，南北各省灾务，统计例外用款[①]，多至七千余万两，清查库亏九百余万两；而岁额所入，除豁免、缓征、积欠等款，前后牵算，每岁不过实入四千万两上下”，所以，实际的收支情况是“入款有减无增，出款有增无减”。[②] 随后，库储情况更见恶化。管理户部大学士卓秉恬不得不又在密折中再度向道光陈述：“截至本年十月三十日(1850 年 12 月 3 日)，国家银库实在现银只有一百八十七万余两，连已拨未解及起解在途各银二百二十五万余两，共银四百一十二万余两。”[③] 非常具体地反映了国库空虚的景象。这期间知悉内情的内阁官员常为之惶惶不安，所谓“府库日虚，征求益急，当此之时，会计之司左支右绌，一筹莫展”。[④]

关于道光朝后期国库空虚的缘由，上述通政使司副使王庆云也曾有所论析，颇有参考价值。他说：综核“今昔出入大数计之，盖今之视昔，绌于入者二，溢于出者一。各省地丁岁额三千二百余万，迩来实征，止二千八九百万……盐课岁额七百四十余万，迩来实征，常不及五百万；河工之费，嘉庆时只一百余万两，当时值钱一百余万串，迩来增至三百五六十万两，而银价倍加，是七百余万串矣，四十年间增至五倍”[⑤]。国家岁入和岁出呈现为“入者日少，出者日多”，国库安得不趋于空虚？

王庆云在分析晚清财政状况的演变中，提到了嘉道年间“银价倍加”对财政的影响，很值得注意，可惜他仅仅一笔带过，不曾稍作分析。实际上他所说的“银价”问题，就是指嘉道以来日趋严重的“银贵钱贱”问题，它与国家财政盈绌既有密切关系，自然也有其独特的内容，唯两者互相激扬，成为晚清财政货币两大棘手问题。

众所周知，出现于嘉道年间严重的白银外流问题，源于西方殖民主

---

① 清代财政上称“河工、赈灾、军费”等为例外支出，依靠“捐例收入和动拨财政结余”来解决。

② 《大学士管理户部卓秉恬等折》(道光三十年四月十一日)，《货币史资料》第 1 辑上册，第 170 页。

③ 《管理户部卓秉恬密折》(道光三十年十一月十七日)，《货币史资料》第 1 辑上册，第 171 页。

④ 道光二十六年内阁学士朱语，见《皇朝政典类纂·钱币四》，光绪二十九年刊印。

⑤ 王庆云：《敬陈正本清源疏》，《道咸同光四朝奏议》，台湾商务印书馆 1970 年版，第 901 页。

义者的鸦片贸易和走私。1773 年，英国东印度公司在印度实行鸦片专卖以后，渐冉形成鸦片走私狂潮。西方列强对华鸦片贸易及其走私活动的直接后果，使得从 16 世纪以来中国与欧美的海上贸易情势起了根本变化，它破坏了中外贸易的长期走向，逆转了 300 年来中国对外贸易一直维持着的贸易出超和白银入超的局面。可以查阅到的统计资料表明，中国的白银外流至少在 1817 年即已开始了；其后 10 年，中国对外贸易的运作便已经感受到大量白银外流所导致的困扰，其数额从 1826—1827 年的 300 余万两、1830—1831 年的 500 余万两，一直上升到 1833 年接近 1000 万两的事实[①]，这种逐步上升的趋势继续到鸦片战争前夕，强烈地震动了晚清社会的经济生活。

鸦片战争后，中国白银外流的严重程度仍有增无减，不能不引起国内银价上涨和制钱价值下跌的后果。它有力地冲击了清政府历来规定的纹银 1 两兑换制钱 1000 文的标准。1843 年（道光二十三年）便有记载说："近数年来，每洋钱一枚可易钱 1300 文，银则以 6 钱之重可易（钱）1000 文，较昔加倍。"[②] 这就是说银 1 两已合钱 1666 文。次年又有史料透露："今银价每两易钱二千，较昔平时钱价盖倍之，较贵时几及三倍。"[③] 在京师，据说 1845 年纹银每两易制钱几及 2000 文，外省则易制钱二千二三百文不等。[④]

在银价上涨、制钱价值相应下跌的同时，晚清铜原料价格却不断上升。这是因为我国原非产铜国家，清政府在 1683 年（康熙二十二年）开放海禁以后，国内所需铜料，主要是从日本输入。乾隆年间，云南铜矿开始投产，中央和各省所需之铜原料转赖滇铜供应。但是，云南铜矿全蕴藏在深山峡谷之间，省内和省际几无水道可资利用。每年官销铜料 1000 万斤，全赖人力、马背和牛车输运，极为困难。嘉庆年间，又因矿区管理不善，产量锐减；道光初年其产量已不足以供应京运和各省所需了。1840 年，鸦片战争起，各省忙于筹措军费，几乎都停止了协济云南

① 严中平等编：《中国近代经济史统计资料选辑》，科学出版社 1955 年版，第 36 页。

② 《近代史资料》总 2 号，第 43 页，转见杨端六《清代货币金融史稿》，生活·读书·新知三联书店 1962 年版，第 188 页。

③ 《石渠余记》卷 5，第 10 页。

④ 《皇朝政典类纂·钱币四》；严中平等编：《中国近代经济史统计资料选辑》，第 37 页。

铜运经费，京铜起运极难维持。及至太平军起义后，长江沿线交通枢纽又成为两军更番争夺的据点，铜运遂完全陷于停顿。铜原料来源一旦断绝，制钱的铸造成本随之激增。在这种情况下，久已存在的民间私销、盗毁制钱的活动便更加嚣张起来。因为完好的即“式好肉圆”的制钱，每文重量为 1 钱 2 分，1000 枚制钱含铜量重约 7 斤，而千文制钱却只能购买到铜原料二三斤。因此，毁千文制钱便可得一倍以上的利益[①]；尤其是私铸小钱获利更为突出。小钱每文仅重一二分，毁制钱 1 文，便可私铸小钱五六文。[②] 在大利驱动下，民间何所惮而不为？政府法令无从禁止。1853 年的史料揭示：由于私毁制钱猖獗，使得当时流通的乾隆六十年（1795）和嘉庆二十五年（1820）所铸的制钱，在市面上都已不多见了，甚至连道光年间铸造的制钱也因私毁“亦渐少矣”。[③] 这表明制钱制度几乎到了难以维持的地步。

不仅止此，鸦片战后出现的新现象也加重了社会动荡。比如《南京条约》允许五口通商，外国资本主义势力渐从华南向北伸延，中外贸易中心渐从广州向上海转移。它所招致的社会后果更加复杂，使前此以广州为中心的旧有商路的繁荣，因之趋于衰落。在广州与湘潭之间，19 世纪四五十年代为洋货进口、丝茶出口服务的肩挑背负的劳动者，不下十余万人[④]；闽广之间从事于武夷茶叶搬运的劳动者，据称也有数十万人。[⑤] 现在他们中的大多数因为贸易中心北移，失去谋生手段，沦于失业和半失业状态。此外，在海上航运方面，《南京条约》保证了外国商船自由出入中国领海。据记载，战前每年来华的外国船只在 100—200 艘之间[⑥]，战后迅见增加。1844 年，抵达广州的外国船只有 306 艘，5 年以后便增加

---

① 《四川学政何绍基折》（咸丰二年十月十九日），《货币史资料》第 1 辑上册，第 198 页。

② 《太常寺少卿松桂折》（咸丰三年五月十七日），《清代钞档》，中国社会科学院经济研究所藏。

③ 《大理寺卿恒春折》（咸丰三年二月十二日），《货币史资料》第 1 辑上册，第 203 页。

④ 容闳：《西学东渐记》，商务印书馆 1934 年版，第 54 页。

⑤ 《中国丛报》（*China Repository*）1943 年 6 月号，第 331 页；向达辑录：《伦敦英博物馆所藏鸦片战争史料》，《中国近代史资料丛刊·鸦片战争》（四），第 293 页。

⑥ 梁廷枏：《粤海关志》第 24 卷，转见姚贤镐编《中国近代对外贸易史资料》第 1 册，中华书局 1962 年版，第 312—313 页。

到331艘，其中以英国船居多，美国次之。[①] 1845年，外国汽船首次作为货船在中国沿海出现；50年代初，大英轮船公司就有若干轮船从事于中国领海的沿岸贸易。“所有这些船只都象载运洋货一样地载运土货”[②]，“它们急于猎取中国货的沿岸运输任务”[③]。从而闽、粤、苏、沪各口无不成为它们直冲横突的目的地，使一向承担沿海运输业务的中国沙船业蒙受毁灭性的打击。1843—1850年，任闽浙总督的刘韵珂，目击江南沙船业受排挤而凌替的景象，不禁惊呼：“福建之漳州、泉州、兴化、福宁与浙江之宁波、台州、温州等府，地多滨海，民鲜恒业，沿海编氓，非求食于网捕，即受雇于商船……自外洋通商以来，商业大半歇业，前之受雇于该商者，多以衣食无资，流而为匪。”[④]

上述种种情况表明，鸦片战后十余年间，清政府的财政货币，以及社会政治情势，都发生了错综复杂的变化，使久已存在于国内的民族矛盾和阶级矛盾不断地受到刺激而激化起来。集中这些新旧情况，有力地说明清政权的统治已经面临剧烈变革的挑战。

1851年初，太平天国农民运动在广西揭起义旗。在不到两年的时间里，太平军武装力量从广西出湖南，遍及湖北、江西、安徽、江苏、河南、山东、山西、直隶、浙江、福建、广东、四川、贵州、云南、陕西和甘肃等18个省区。在相持达十余年的内战期间，清政府中央财政收支已面临严重失衡。主持户部的官员多次向中央告急，报告财政岁入已近枯竭景况。他们详细陈述：在进行军事战斗省份，地丁、漕粮已“无可催征”；到了咸丰三年（1853），税源夙称富裕的省份如江苏省“已请缓征”，其邻省山东也“早请留用”，余如山西、陕西、浙江因“皆办防堵”，它们的“地丁所入万难足额”。至于盐课征收，它原是清王朝财政收入仅次于地丁的一大来源。人们常称：清政府“部库饷源以盐课为大

① 黄苇：《上海开埠初期对外贸易研究》，上海人民出版社1961年版，第176页。

② 莱特：《中国关税沿革史》，生活·读书·新知三联书店1958年版，第187页。

③ 同上书，第324—325页。

④ 《清道光朝留中密奏·刘韵珂片》，《中国近代史资料丛刊·鸦片战争》（三），第492页。

宗，盐课又以两淮为大宗”[①]。淮盐的运销中，淮北之盐行销地区较小，淮南盐引行销苏、皖、赣、楚（包括湖北和湖南）4 岸。但自 1853 年太平军攻克汉阳、汉口，与清军在长江中下游展开鏖战，长江中下游重要据点大部为太平军占领。所以户部在 1853 年的奏折中说，“扬州久被贼占，汉口疮痍未复，淮南全纲不可收拾，是盐课所入去其大半矣”；关税征收则因“芜湖、九江、江宁、凤阳等地先后陷入兵事，夔关、苏关商贩亦多裹足”，因此“关税所入仅存虚名”；求助于捐输，近来不仅数量大减于前，且“缓不可待”[②]，户部官员不得不坦然承认凡能罗掘的税源“实已无微不尽”，仍无助于财政匮乏状况之缓解。到了咸丰三年六月十二日（1853 年 7 月 17 日），户部银库结存的正项待支银已只有 22.7 万余两。多年供职户部的官员说：国家度支“从未见窘迫情形竟有至于今日者”。[③]

处在军事失败、经济凋敝和社会动荡的危急状况下，清政府为了支撑摇摇欲坠的封建统治，明知已处在饷愈靡而愈竭的情况下，在反人民的内战中仍作垂死挣扎。统治集团在财政收入上除了例行旧的搜括之外，更为进一步聚敛民财寻找新蹊径。朝臣纷纷献策，建议铸造铜、铁大钱，发行票钞，企图把通货膨胀政策当作在财政上延续清王朝统治的救命稻草。

二　咸丰朝的通货膨胀

咸丰三年（1853），清政府为坚持内战，决意实行通货膨胀政策。当年四月初，咸丰命令户部发放官票、宝钞；嗣又于月尾，命令户部宝泉局、工部宝源局鼓铸量轻面值大的铜铁大钱。这两项决定一向被视为咸丰朝“货币改革”的主要内容，不过两者的酝酿和实行过程中所反映的情况，颇不相同，特分别论述其演变过程。

---

① 曾国藩:《议复楚省淮南引地折》,《曾文正公全集·奏稿》卷 36，光绪二年刊印，第 19 页。

② 《管理户部事务祁寯藻等密奏折——沥陈库款窘迫军饷难筹情形》（咸丰三年六月十六日),《货币史资料》第 1 辑上册，第 175—176 页。

③ 《货币史资料》第 1 辑上册，第 176 页。

（一）铸造大钱的演变

咸丰二年（1852），在镇压农民运动的内战中，清政府面临财政匮乏，军饷难筹的窘境。当年有四川学政何绍基、御史蔡绍洛，次年又有大理寺卿恒春等奏请变通钱法，铸造大钱。咸丰帝要户部议奏。户部复称：可“试行当十大钱，每文以六钱为率”，并称“当五十一种或可与当十大钱一并试行”，随即得到咸丰帝允准；他命令户部宝泉局、工部宝源局开铸用铜少、面值大的铜钱。①

按清制，鼓铸制钱在“顺治元年，每文重一钱，后改重一钱二分至一钱四分；康熙年间复改重一钱，后又改重一钱四分；雍正年间改重一钱二分，至今遵行”②。咸丰三年（1853）五月，政府准在开铸当十、当五十的大钱时，其重量分别改为六钱和一两八钱。③ 这就是说，铸造当十大钱一枚，用铜量只相当于十枚制钱的一半；当五十的只及原来用铜量的十分之三。同年十一月十四日（1853 年 12 月 14 日），巡防大臣绵愉等又奏请推广，添铸当百、当五百、当千大钱，并建议所铸大钱“分两不必过重，但求磨精工。如当千大钱以二两为率，当五百、当百大钱以次核算递减”。④ 咸丰迅表同意，并在上谕中指示户部：“通行各直省督抚均照此次所定分两，一体铸造，以归划一。其民间应纳税课钱文等项，均照部议，准以大钱交纳，其应交银者，并准其按照制钱两串折银一两之数抵交。”⑤ 从此，不仅中央的户部、工部鼓铸大钱，各省也奉命设置机构，仿照户部成式铸造。于是，福建、陕西、云南、热河、甘肃、河南、湖南、湖北、山东、江苏和浙江等省都相率开炉铸造大钱。

随着铸造大钱地区的扩大，面值也越铸越大，而单位面值的含铜量却一再减低。清政府当权者显然把铸造大钱视为搜括财政收入的工具。

---

① 参见《货币史资料》第 1 辑上册，第 197—205 页。

② 《大理寺卿恒春折》（咸丰三年二月十二日），《货币史资料》第 1 辑上册，第 202 页。

③ 《铜政便览》卷 4（抄本），转见彭泽益编《中国近代手工业史资料》第 1 卷，中华书局 1957 年版，第 571 页。

④ 《巡防王大臣绵愉等折》（咸丰三年十一月十四日），《货币史资料》第 1 辑上册，第 206 页。

⑤ 《咸丰三年上谕：著各省铸当五至当千大钱》，《清朝续文献通考・钱币二》。

据史料记载，在强制增大铜大钱面值的行动中，清政府获得的利益，有如表 3 所示。

表 3　　清政府铸造铜大钱强制增值的幅度及其净利

大钱种类	每枚重量（两）	工本（文）			按工本计算的净利	
		工银	料银	合计	文	倍数
当千	2.00	76	38	114	886	7.8
当五百	1.60	60	30	90	410	4.6
当百	1.40	30	20	50	50	1.0
当五十	1.20	16	16	32	18	0.56
当十	0.44	7	7	14	-4	-0.29

资料来源：《中国近代手工业史资料》第 1 卷，第 570 页。原编者附注：铜大钱始行于咸丰三年六月。最初分两种，计当十大钱和当五十大钱。当十每文重 6 钱，当五十每文重 1.8 两。当年十一月又铸各种大钱并减轻当十、当五十重量。表 3 各种大钱是按改革后的重量计算。另，表 3 按工本计算的净利栏，见《财政与经济》，第 89 页。

表 3 说明：如果以铜大钱的铸造成本与其额面的法定价值作比较时，当千、当五百铜大钱的法定价值，各规定为制钱 1000 文和 500 文，实际上它们的金属比价（即料银所值）各只合制钱 38 文和 30 文，各被政府强制增殖 886 文和 410 文；如按工本（工银加料银）计算，当千、当五百铜大钱的工本合计，也不过各在 114 文和 90 文。所以，铸造当千、当五百铜大钱的净利，各为其工本的 7.8 倍和 4.6 倍；其他如铸造当百、当五十及当十等全同大钱的利益，在清政府官员的有关奏折中也都有所反映．即铸当五十的铜大钱可获“一本一利”，铸当百大钱可实现“一本两利”①，而当千、当五百大钱的所得，更是可观，无怪清政府官员指出“获利之厚孰过于此”。② 唯独铸造当十铜大钱是亏本的，所以在庆锡的原片中也提到“铸造当十文者，得不偿失”。③

铸造铜大钱虽然获利不赀，无如铜原料供应短缺，成了执行过程中

① 《朱批庆锡片》（咸丰四年十一月初七日），《清代钞档》。

② 《货币史资料》第 1 辑上册，第 212 页。

③ 《朱批庆锡片》（咸丰四年十一月初七日），《清代钞档》。

一大难题。为此，咸丰帝于1854年4月17日指派惠亲王绵愉、恭亲王奕譞等试铸铁大钱。过了一个月，绵愉等复报筹划情形，称：经过“再三商酌，定为设立铁钱百炉，陆续招募……每炉一张……按现市采买城里残破锅铁，每斤京钱30文计算，再除杂料各费，每炉每日约可盈余京钱60吊文。按日后贩运山西平铁每斤京钱80文计算，每炉每日约可盈余京钱40吊文。将来添至百炉……但能撙节办理，所余尚多，于经费大有裨益”①。可见清政府从铸造铜大钱发展到铸造铁大钱，其着眼点全在于博取财政收入，尽管它打着铸造铁钱有利于市面流通的幌子，但它丝毫不考虑用这种贱金属充当铸币的原料在人民经济生活中会造成怎样的恶劣后果。

更有甚者，在铁钱投入流通之后，户部竟然进一步奏称：“铁既可以抵铜，铅似可以佐铁”，也博得咸丰的允准和支持，派钱法主事会同宝泉局监督，于咸丰四年（1854）八月投入试铸铅钱的活动。② 不过，铅钱在市面上的使用时间极为短促，有说它只在北京一地流通，作搭配散钱之用。大约到咸丰五年（1855）以后就不见有关铅钱流通的记载了。

据铁钱局历次呈报，自咸丰四年（1854）三月起至咸丰五年（1855）十月底，该局共铸造正额及额外当十文大铁钱并铁制钱，共合京钱572万余吊③；又自咸丰五年十二月百炉开齐时起，至咸丰九年（1859）五月，共铸正额钱930余万吊④。两者合计在1500万余吊，如折合制钱（通常京钱2吊等于制钱1串），则铁钱局历年所铸当合制钱751万余串。咸丰九年七月，铁钱在市场流通中受到民间强烈抵制，以致铁钱跌价过猛，核算已不敷成本，延至七月二十八日，由户部奏准裁撤铁钱局。

由于史料散佚，现在已经难以统计全国自1853年（咸丰三年）以后历年所铸大钱的总数量。有的统计称：从1853年到1861年，户部宝泉局和工部宝源局铸造的铜大钱合银约计450万两，铁钱局铸造的铁大钱合银

---

① 《惠亲王绵愉等折——报告铁钱试铸有效》（咸丰四年三月二十日），《货币史资料》第1辑上册，第221—222页。

② 《管理户部事务祁寯藻折——请试铸铅钱》（咸丰四年六月初六日），《货币史资料》第1辑上册，第223页。

③ 《惠亲王绵愉等奏》（咸丰五年十二月初三日），《货币史资料》第1辑上册，第233页。

④ 《铁钱局监督杨宝臣呈》（咸丰九年五月十五日），转见《财政与经济》，第80页。

在 375 万余两，总共合银 826 万余两。[①] 但是，这个数字就其内涵，只能反映清中央各局所铸铜铁大钱的数值；京外各省所铸大钱数量完全无法得到反映。因此，上述统计只能说是不完全的。它的全部数字仍有待于史料的继续发掘和整理。

（二）强制滥发官票、宝钞

咸丰元年（1851），在廷臣议论鼓铸大钱的同时，还有人建议行用票钞，以解救财政濒于匮乏的危机。当年九月，御史王茂荫奏《请行钞法》，可说是咸丰朝第一个建议行钞的官员。

王茂荫力主行钞，但反对铸造大钱。他比较深入地分析两者的利弊得失后，认为“钞之利不啻十倍于大钱，而其弊则亦不过造伪不行而止”[②]。他还从货币流通的历史中汲取经验教训，指出行钞和铸大钱两者在运作以后虽都“难以经久”，但行钞却是“不能久中之尚可久者”。[③] 在这个认识基础上，他指出过去行钞的 10 种弊端，同时有针对性地提出他所设计的 9 项行钞办法，尤以其中第 2 项“酌钞之数”（即限制发行数量），和第 5 项“筹钞之通”（即建立钞币的信用），很见深思熟虑，精密周详，值得稍作介绍。

在“酌钞之数”上，他指出：“钞无定数，则出之无穷，似为大利，不知出愈多，值愈贱。”这是很有见地的观点，是针对滥发钞币必然招致钞币贬值而言的。因此，如要保持钞值稳定，就必须限制钞币的发行数量。他具体建议仿照清初顺治年间成例，每年先造 10 万两钞币，试行一两年，“计可流通，则每岁倍之；又得流通，则岁又倍之”；但发行总额，以 1000 万两为限。这是依据清政府当时财政岁出入年在 4000 万两左右作为考虑基础的。所以他强调“行之以渐，限之以制，用钞以辅银，而非舍银而用钞”。[④] 只要银与钞的联系不割断，就可以防止钞币滥发，造成通货膨胀的弊病。

---

① 《财政与经济》，第 114—115 页。

② 《御吏王茂荫请行钞法折》（咸丰元年九月十九日），《货币史资料》第 1 辑上册，第 317 页。

③ 《货币史资料》第 1 辑上册，第 318 页。

④ 同上。

王茂荫所建议的第5项“筹钞之通”，其中心意旨在建立和巩固钞币的信用。他深知钞币只有流通无阻，方能体现它的价值。因此，他要求政府发放款项，“部库均可酌量以钞搭放”，所发之钞“许捐生兑作捐项”，“外省发银号之钞，许其解充地丁……该省每年应拨放款项，该藩司酌量以银与钞各半发给，领钞者均令就各该州县钱粮银号兑换。该银号得钞，仍可为办解钱粮之用”。[①] 他认为如此运行，有利于宝钞的流通，便可维持宝钞的价格。如果银号故意勒措，不肯兑换，或兑换扣减不肯如数，许民人指控，治之以罪。

在理论上，王茂荫的条陈符合财政学和货币学原理，在方法上也稳健可行。但是，他所建议行钞法的要害，是以允许钞币随时兑换现银为基础的。这一点极不符合中枢准备行钞的意旨，因之得不到咸丰帝的支持，户部便以“窒碍难行”议驳。[②]

一年后，福建巡抚王懿德也奏请“暂筹变通，改行钞法，以济要需”。王懿德自称曾在京师、山东和关东等地服官，目睹这些地方官民铺户都使用钱票，十分方便；近年他又来到福建任职，看到省城福州及外府州县，处处流通或银票，或钱票，或番票（外国纸币）。在民间经济往来上甚至有付与现钱而不受，情愿用票的情形，“皆因携带甚便，取用不难”。他甚至有所感触地说：一般铺户“不过一稍有身家之人，合城皆信而用之。皇上为天下主，酌盈剂虚，饬造宝钞，颁行各省，人人应无不乐用”。从这种主观愿望出发，他进而强调发钞数量和种类“不宜过多，多则难行”，并且要求各省向士农商贾晓喻：缴纳地丁钱粮及各类关税，数额达一两的，都用钞缴纳，不足一两的，仍用银钱完纳等。十分明显，王懿德并不了解政府发行钞币，乃是政府依据特权，强制发行的不兑换券，它与私人铺户所发的银、钱票，在性质上是完全不同的。正是在这个关键问题上，户部对他的主张所作的议驳击中要害。户部说：“民间行用铺户银钱各票，因实有现银，实有现钱，持票即可支取，故其用周流而无滞。是票乃取银取钱之据，并非票即为银，票即为钱也。若用钞，则钞即为银，钞即为钱；与铺户各票之持以取银钱者，较然不同，必致

① 《货币史资料》第1辑上册，第320页。

② 同上书，第323页。

民情不信，滞碍难行。”[①] 况且现在政府库藏支绌，银与钱都患其匮乏，如何能以虚有其名的“钞”作为“酌盈剂虚”的手段。王懿德“所请改行钞法之说”只能得到“应毋庸议”的结果。同年九月间，又有一位左都御史花沙纳上疏，也奏请行钞，其内容大多与王茂荫所奏相似；但也有一个重要的不同，就是在花沙纳的奏疏上，银钞只能充交官项用，不能兑现[②]，而王茂荫的主张可交官项，亦可兑现银。大抵出于这一重大的区别，花沙纳的奏疏迅速获得咸丰支持。

就在这时节，在江南进行的内战日趋激烈，前线军情，屡报败讯。咸丰三年初（1853 年 2 月），太平军破九江、下安庆、陷池州，3 月上旬前锋直逼南京。前线索饷急切，而户部无款可筹，特向咸丰密奏度支状况。在“焦灼”万状下，咸丰向军机大臣发出上谕，强调“军兴三载，糜饷已至二千九百六十三万余两……现在部库仅存正项待支银二十七万七千余两，七月应发兵饷尚多不敷……若不及早筹维，岂能以有限之帑金供无穷之军饷乎?”[③] 咸丰要求军机大臣等“及早筹维”。事实上户部和亲王大臣等也确在多次集议，但他们提不出合于咸丰旨意的办法。直到咸丰二年底，户部和亲王等还只主张在缓解财政困难上行用银票、期票，对发钞则持迟疑态度，表示“钞法可徐图而未可骤举”[④]，显然，这是违反咸丰旨意的。

随着内战形势日益严峻，咸丰只得直接亮明主张。1853 年 4 月，他便向内阁发去“著即行使官票”的上谕。称：“据花沙纳等……所拟章程各条尚属周密。著即照所称定为官票名目，先于京师行用，俟流通渐广，再行颁发各省一律遵办。”值得注意的是，上谕中强调：“官票之行，与银钱并重，部库出入收放相均。其民间行用银钱私票仍听其便，商贾交易亦不致稍有抑勒……总期上下相信，历久无弊，即使国用充裕，官票

---

① 《货币史资料》第 1 辑上册，第 322—323 页。

② 详见花沙纳《请停捐举人、生员，并酌行钞法疏》，《道咸同光四朝奏议》，第 1066—1081 页。

③ 《谕军机大臣等》（咸丰三年六月己丑），《咸丰朝东华录》卷 24，光绪二十五年刊印，第 25 页。

④ 《定郡王载铨等折——驳花沙纳行钞办法并请发行银票期票》（咸丰二年十二月二十六日），《货币史资料》第 1 辑上册，第 327—329 页。

照旧通行。”[①] 这就明确地将官票与民间行用的银钱私票在性质和作用上都作了区分，要求两者同时在市面流通。

时过半年，咸丰又于九月十八日（1853 年 10 月 20 日）再发上谕，对发行票钞作进一步规定：“银票即是实银，钱钞即是制钱，核定成数，搭放搭收，以期上下一律流通。”令户部制造钱钞，颁发中外，与现行银票，相辅通行。[②]

又两月，到十一月二十四日（1853 年 12 月 24 日），咸丰又发“著即发行宝钞”的上谕，称：“比年以来，银价日昂，民生愈困。小民输纳税课，每苦于银贵，而转运制钱又多未便。朕……酌古准今，定为官票宝钞，以济银钱之不足，务使天下通行，以期便民裕国。著照部议，凡民间完纳地丁、钱粮、关税、盐课及一切解部协拨等款，均准以官票钱钞五成为率。官票银一两抵制钱二千，宝钞二千抵银一两，与现行大钱制钱相辅而行。其余仍交纳实银，以资周转。京外各库应放之项，官票宝钞亦以五成为限……总期官民交益，上下相孚，并准五城殷实铺户具折承领宝钞，俾民间自行通用。”[③] 由此可见，从咸丰三年二月到十一月，在不足 9 个月的时间里，咸丰连续发出 3 次谕旨，一再强调从速发行官票宝钞，迫使户部迅速转变迟疑态度。从此造成票钞在全国泛滥。

官票、宝钞都是政府强制发行的不兑换券。官票代表银两，又称银票，其面值有一两、三两、五两、十两、五十两 5 种；宝钞代表制钱，又称钱票，其面值有五百文、一千文、一千五百文、二千文、五千文、十千文、五十千文和一百千文 8 种。[④]

为了有效地发放票钞，户部在咸丰三年二月底（1853 年 4 月）奏请设立第一批官银钱号，即乾豫、乾恒、乾丰、乾益，俗称“四乾官号”，以户部宝泉局和工部宝源局所铸钱文作为“票本”，发行“京钱票”，用

① 《货币史资料》第 1 辑上册，第 352 页；《咸丰朝东华录》卷 20，第 28 页。

② 咸丰三年九月十八日上谕：《著户部制造宝钞》，《货币史资料》第 1 辑上册，第 367—368 页。

③ 成丰三年十一月二十四日上谕：《著即发行宝钞》，《咸丰朝东华录》卷 29，第 37 页；《货币史资料》第 1 辑上册，第 377—378 页。

④ 官票、宝钞的图样及其大小，可参见彭信威《中国货币史》，上海人民出版社 1965 年版，第 810、811 页。

以发放八旗兵饷。[①] 次年十月（1854 年 11 月），又设立第二批“五宇官号”即宇升、宇恒、宇谦、宇泰、宇丰官银钱号，也是为了发行“京钱票”，用以收兑宝钞，以利宝钞流通。这种办法，实际上是仿效民间钱庄、银号在发行“会票”“期票”的同时，并经常发行“银票”和“钱票”。从“五宇官号”承办宝钞工作后，户部又进一步扩大宝钞发行数量。原先户部宝钞只有五百文、一千文、一千五百文和二千文 4 种，这时（咸丰五年）又扩大到发行五千文、十千文、五十千文和一百千文票面额的大钞。[②]

为了保证宝钞能够在国内流通，防止官役拒收、搭配等弊端，刑部配合中枢，在咸丰四年（1854）二月拟定了官役不遵定章拒绝搭放票钞处罚的办法，经咸丰帝批准，通行全国照办实行；同年四月，吏部也拟定官役拒绝搭收钞票，该管上司议罪办法。但实际上，大多数督抚、将军、都统等对推行纸币一事，采取观望和阳奉阴违态度。所以，在推行将近一年之后，即到咸丰四年下半年，只有福建、山西、陕西等少数省份比较认真贯彻，其他各省大都观望。咸丰为此大为恼怒，严厉训斥说：“前经户部奏请令各省开设官钱局，推行官票，添铸铜铁钱及各项大钱，当经降旨允准。原经费支绌，全赖钱法流通无滞，庶足以利民用而济时艰，乃迄今日久，仅据福建、山西、陕西各省抚奏明遵办，其余各省未将见办情形奏报。该督抚等如果悉心经理，何至拖延一载，迄无定章。总由地方官畏难苟安，怠玩因循，实堪痛恨！”[③] 命令各省迅速改变态度。1854 年便有江苏、云南、四川、热河、直隶、湖北、江西、浙江等省设立官银钱局，1855 年有山东、河南、安徽、吉林、甘肃，1856 年有湖南等省继之设立[④]，各省招商承办官钱局，发行“局票”，推广大钱票钞。从而票钞在全国泛滥，一发而不可收。被清政府视为救命稻草的通货膨胀政策无可挽回地步上恶性膨胀的道路。

---

① 《管理户部事务祁寯藻等折》（咸丰三年二月二十七日）、《户部尚书肃顺折》（咸丰十年十月初三日），《货币史资料》第 1 辑上册，第 469—470、474—475 页。

② 《管理户部事务贾桢等折》（咸丰五年十月十三日），《清代钞档》。

③ 上谕档（咸丰四年正月），中国第一历史档案馆藏。

④ 详见《咸丰初年各省设立官钱局及推行官票宝钞情况表》，《货币史资料》第 1 辑上册，第 464—468 页。

三 恶性通货膨胀的严重后果

从鼓铸大钱、发放票钞的过程中，人们看到正是咸丰本人及其统治集团在内战紧急关头和财政匮乏的状态下，急切企望通过发行劣币和票钞，挽救其垂危的统治。但是，以咸丰帝为首的统治集团又是一个颟顸而粗暴的集团。它拒绝承认社会经济运动有其固有的客观规律。朝臣中如王茂荫那样对货币运动的特征有比较深刻认识的，几乎是绝无仅有。但是，王茂荫的合理建议不但得不到重视，反而被咸丰毫无根据地申斥："看伊奏折，似欲钞之通行；细审伊心，实欲钞之不行"，并被调离户部[①]，实即解除他对"币制改革"的发言权。不宁唯是，封建统治者又总是强调王权具有无限强制作用。他们认为货币的面额价值可由国家规定，所谓："国家定制当百则百，当千则千，谁敢有违。"[②] 咸丰甚至在朱批中说："盖大钱之畅行与否，全视在上之信与不信。"[③] 这样唯君主意志决定一切而不遵从客观经济规律的做法，不可避免地受到了客观规律的制裁和惩罚。

鼓铸成色低下的铜铁大钱投入使用后，流通领域中同时存在银两、制钱和铜铁大钱；市场交易活动中随之出现了金属含量较低的通货将金属含量较高的通货逐出流通领域的现象，这就是货币流通界劣币驱逐良币规律在发挥作用。[④] 这种现象曾在16世纪英国金融市场出现过[⑤]，现在可说是在中国货币流通界再次显示这一规律的作用。清政府的官员对此却少有认识，他们只是在实际生活中诧异地发现："大钱出而旧钱稀，铁钱出而铜钱隐"[⑥]，形象地反映了劣币驱逐良币现象的存在。

1854年初，当铜铁大钱开始投入流通时，当十、当五大钱尚可流通，

---

① 《清文宗实录》卷123，1937年影印本，第9页，亦见《货币史资料》第1辑上册，第395页。

② 《货币史资料》第1辑上册，第208页。

③ 同上书，第209页。

④ 这里所说的"良"与"劣"两词，并非指铸币技术的优劣，而是指用来制造硬币的金属价值。参见［英］马歇尔《货币、信用与商业》，商务印书馆1997年版，第63页。

⑤ 参见《简明不列颠百科全书》第3卷，中国大百科全书出版社1985年版，第369页。

⑥ 《掌山西道监察御史宗稷辰奏》（咸丰五年十一月十八日），《清代钞档》。

待至当五十、当百大钱出现于市场时，立即遭到使用者的抵制。民间对这种劣钱“或任意折扣，或径行不用”①。当年七月，有史料反映：即使制钱缺乏，大钱也不能取信于民，城乡粮食交易陷于停歇。御史伍甫祥奏称：“近因京外各处贩卖粮食来京者，不肯使用大钱，致外来粮食日少，粮店纷纷歇业。”② 大钱行市也不断跌落，“始而每吊价值五六百文，后则日甚一日，每吊只值三百余文，今日毫无行市矣”，导致“各行商贾心皆摇动，议论沸腾，一概不用大钱”。③ 而且民间钱铺到咸丰四年甚至公议钱价，“于大钱一项，官铸者七成折算，私铸者四五成折算”④，具体说明了大钱的实际价值已远低于名义价值。更加严重的是，“兵民虽有大钱，无处买物，困苦情形，不堪言状”⑤。铜大钱贬值愈演愈烈，“民间将当千大钱只作七八百文，或五六百文售用，当五百者作三四百文售用”⑥。与此同时，物价便起剧烈波动。在市场交易进行中，如用大钱付偿，“每京钱千文之货，出售时增钱二三百文，如不用大钱则价仍其旧”⑦。商品与货币的运作竟表现为“同一买物，同一用钱，于大钱则增价，于制钱则减价”⑧。铜大钱已无法履行其通货的职能了。由于民间对大钱抵制愈演愈烈，到 1854 年 7 月，咸丰不得不采纳户部意见，停铸当千、当五百大钱。⑨ 次年（1855），当百、当五十大钱也告停铸，市面上只流通当五、当十两种铜大钱，但其实在价值也在不断贬低。到咸丰七年（1857），它们的所值只抵“折二、折三”⑩。咸丰九年（1859）初更进一步贬值到“以十当一”⑪。于是民间私铸更形猖獗。以致人民生计日蹙，争讼繁多，社会治安经常暴露不安景象，强壮者肆行盗窃，老弱者沦为乞丐，旗民

---

① 《通政使李道生折》（咸丰四年闰七月十五日），《货币史资料》第 1 辑上册，第 267 页。

② 《清文宗实录》卷 137，第 15 页。

③ 《给事中仙保折》（咸丰四年十月十五日），《货币史资料》第 1 辑上册，第 271 页。

④ 《左都御史周祖培折》（咸丰四年闰七月十歹乙日），《货币史资料》第 1 辑上册，第 270 页。

⑤ 《给事中仙保折》（咸丰四年十月十五日），《货币史资料》第 1 辑上册，第 272 页。

⑥ 《御史呼延振片》（咸丰四年六月十五日），《清代钞档》。

⑦ 《工科给事中宋玉珂奏》（咸丰四年七月二十一日），《清代钞档》。

⑧ 《鸿胪寺卿倪杰折》（咸丰四年闰七月初七日），《清代钞档》。

⑨ 《清史稿》卷 124，志 99，食货 5，钱法。

⑩ 《御史陈庆松片》（咸丰八年正月二十七日），《清代钞档》。

⑪ 《署刑部侍郎袁希祖奏》（咸丰九年四月十九日），《清代钞档》。

贫不聊生。更加严重的是，大钱已难以在城乡之间流通，“北京当十钱文出京数十里外即不能行使”①。这表明清政府当权者虽欲借政治特权，将自身的财政危机转嫁到城乡人民头上，但它无法强迫北京城外商人和农民向京都运送商品和粮食，去换取不断贬值的大钱。从理论上说，如果撇开市场的供求因素，商品价值与货币价值的比价，是以社会平均必要劳动量为准的。它不是帝王意志所能随心所欲的。缺乏常识的咸丰帝却认为货币价值是由国家制定的，当百、当千都由政府决定，这表明他根本分不清货币的面额价值和货币的实际购买力内涵上的不同。对此，王茂荫曾非常清楚地指出：“官能定钱之值，而不能限物之值。钱当千，民不敢以为百；物值百，民不难以为千。”② 这就是说国家可以规定它所发行的货币的面额价值，但无法规定货币的实际购买力。国家行政权力无论如何不可能改变货币流通规律。而违反了这一客观规律所引起的经济后果是不堪设想的。紧继咸丰三年（1853）发行铜大钱之后，私铸活动日见加剧。不仅京中如此，“天津、通州等处，私铸甚多，潜运入京，以致大钱愈贱”③。制钱和白银比价因之上升，物价迅即涌涨，市场陷于混乱，终至商业活动、人民生活以及社会治安都受到了严重威胁。清政府虽然尽力维持，但到咸丰四年（1854）七月，不得不停铸当二百、三百、四百大钱；又三年，到咸丰七年（1857），连当五大钱也因壅滞不堪经奏准停铸。④ 表明了铸造大钱的措施已无可挽救地宣告完全失败了。

那么，官票、宝钞在发行后的命运又如何呢?

咸丰三年（1853）十一月，清政府发出银票，各省试行，规定大省12万两，中省8万两，小省6万两。⑤ 户部奏按5成搭放搭收。⑥ 但在发放票钞时根本不考虑设立必要的现金准备。同时户部将前后设立的官银号，即“四乾官号”和“五宇官号”及民间钱铺定为收兑宝钞的机构，

① 《货币史资料》第1辑上册，第289页。

② 王茂荫：《论行大钱折》，《王侍郎奏议》卷6，光绪十三年刊印，第4页；亦见《货币史资料》第1辑上册，第208—209页。

③ 《清文宗实录》卷137，第16页。

④ 昆冈等纂修：《光绪会典事例》卷890，商务印书馆1908年刊印，第17页。

⑤ 《朱批劳崇光折》（咸丰三年十二月九日），军机处档案。

⑥ 《清文宗实录》卷113，第12页。

表示准许商民持票兑取现钱。可是在五宇官号承办钞务后，户部随即扩大宝钞的发行量，并将宝钞的面额提高，从原来的四种即五百文、一千文、一千五百文和二千文扩大到发行五千文、十千文、五十千文和一百千文面额的大钞。据户部称："自咸丰三年十二月行用钱钞起，合之本年（咸丰四年）正二两月应放数目不下一百数十万串。"① 在政府不设立现金准备的情况下，试问官银号和民间钱铺怎能有力量进行兑换如此巨额的宝钞？

尽管清政府规定：票银每两作制钱二千，宝钞二千作银1两。但由于无法兑现，到咸丰四年（1854）四月，距发钞不过二三个月，票钞价值便频频贬低。在北京市面上，钞一千已只能易制钱四五百文②，官票1两仅能易制钱八九百文③。以之与当时银钱行市相比较时，银票市价已贬低到票面额值的30%，随即引起商民恐慌，"大商小贾走相告语，谓毕生贸易，所积锱铢，异日悉成废纸"④。任凭政府一再宣示维持币值，但已不能见信于民间。到了咸丰九年（1859）情况进一步见恶，票面20两的银票已只抵实银1两；官票银1两仅值制钱200余文。市面上银钱比价1两换制钱6000余文；说明票钞的贬值率在不断加剧。处在这样严重的情况下，统治集团中部分有识官员不能不为币值贬价将危及社会治安和减弱国防力量而深感忧虑。他们指出："八旗兵丁所得钱粮，皆养赡身家之用，今所领票钞不能买物则日用愈绌，强欲买物则滋生事端。"⑤ 而"兵丁……国家所资以守御。今兵丁得钞一千，不能抵钱半千之用，衣食将无所资，安望其操防得力？"⑥ 不仅如此，另一个严重的问题是，在票钞发放后，清政府的基层政权单位利用银两、票钞和物价的强烈波动，乘机舞弊，加剧了票钞在流通上的困难。例如，收纳课税，政府规定实银和票钞各半，后来改为银七票三。但是课税单位作奸犯科，公然违背政府法令。当时有郡王和御史等分别揭露："京城凡有收项，各衙门于商民

---

① 《户部议复崇实折》，《货币史资料》第1辑上册，第384页。
② 《京畿道监察御史王荣第奏》（咸丰四年四月二十二日），《清代钞档》。
③ 《云南监察御史李鹤年奏》（咸丰六年十二月初七日），《清代钞档》。
④ 《通政使崇实折》（咸丰四年正月二十七日），《货币史资料》第1辑上册，第381页。
⑤ 同上。
⑥ 《御史吴艾生折》（咸丰四年四月二十四日），《货币史资料》第1辑上册，第399页。

交纳……均不肯按奏定成数收受”，在商民交纳钞票时，税收部门百计刁难而拒收，“追银钱入己，则贱价购钞而上解”。[①] 北京崇文门之收税务，火器营之收捐项，内务府之收地租，大兴、宛平之收地丁“或全不收钞票，或只收一二成，收后旋以银买钞票，按五成抵交抵放”，因为“纹银一两可换制钱二千四五百文，以银买钞票只须二千，每两可获四五百文，所以不肯收钞票，或只收一二成”。[②] 政府的基层官员如此公然舞弊，何怪票钞发行后不能畅通而见信于民。

官员在票钞交纳上的舞弊以及票钞不断贬值情况不仅京城如此，京外情形更见变本加厉。河南省开封府咸丰五年（1855）时，官票 1 两仅易制钱四五百文；宝钞一千起初尚可换八九百文，不久便只能换制钱四五百文，“商民尚不肯收受”[③]。在山东省济宁府一带，宝钞在 1856 年开始推行时，每千尚可易钱六七百文，次年便跌落为 200 文，第三年便“成为废纸”[④]。江苏省清江浦一带在 1857 年宝钞就已“无收受之人”[⑤]。湖南地方当局对户部发来的宝钞一直搁在藩库，不使之进入市面流通；当局怀疑“以尺幅之纸，当银三两，其能用耶?”[⑥] 直隶、河南两省各州I县征收钱漕税课均“以现银”，或“照现在银价核收现钱”，“百姓欲搭官票，而官弗之许”[⑦] 山东省“藩库搭放票钞，不搭收票钞”[⑧]。江苏省州县各地征收地丁、钱粮、盐课、关税，征收衙门只收现银与制钱。[⑨] 凡此种种现象，表明各省区往往地自为政，并不严格恪守中央政令，使票钞在全国流通不能不受到重重障碍。

在票钞无限制发行的同时，城乡物价呈现跳跃式上升。咸丰四年

---

① 《克勤郡王庆惠折》（咸丰四年二月初五日），《清史稿》卷 124，志 99，食货 5，钱法。

② 《御史伍甫祥奏》（咸丰四年二月十四日），《货币史资料》第 1 辑上册，第 387 页。

③ 《河东河道总督李钧奏》（咸丰五年九月初五日），《清代钞档》。

④ 《河东河道总督李钧奏》（咸丰八年三月十二日），《清代钞档》。

⑤ 《江南河道总督庚长奏》（咸丰七年十二月十三日），《清代钞档》。

⑥ 骆秉章语。《骆公年谱》咸丰四年纪事，沈云龙主编：《近代中国史料丛刊》（144），台北文海出版社印行，第 69 页。

⑦ 《管理户部事务祁寯藻等折》（咸丰四年九月二十二日），《货币史资料》第 1 辑上册，第 436 页。

⑧ 《河东河道总督李钧奏，又附片》（咸丰五年九月初五日），《货币史资料》第 1 辑上册，第 447 页。

⑨ 《通政使参议曾望颜折》（咸丰六年二月初四日），《清代钞档》。

(1854) 六七月间，当官票发放半年左右，城乡粮价便呈现浮动。北京城外面粉每斤约制钱十六七文，城内则每斤上涨为三十七八文不等；导致北京南城在一两日之间粮铺闭歇达 50 余家。[①] 京延至咸丰五年（1855）底，票钞出现大幅度贬值，北京“日用必需之物，价值［格］无不陡加数倍”[②]。受害最深的是出卖劳动力的群众，他们“佣趁所得钱文，竟不能供一日之饱”[③]，生活质量趋于恶化。根据中国社会科学院经济研究所保存的北京一家商铺记账簿，从咸丰八年（1858）起，北京物价上涨幅度更见扩大了。如以 1860 年日用必需品价格与发放大钱、票钞以前的同类商品价格作比较，香油上涨了 3 倍多、硬煤 4 倍、茶叶 5 倍、猪肉 6 倍、羊烛 7.5 倍。在日用必需品价格持续跃涨状况下，劳动者的工价在 1859 年名义上虽稍有增加，但远在物价上涨率之下，“从前日得百文而有余，今则数倍而不足”，“名为酌增，实为暗减”，“食用愈艰”。[④] 在绝对贫困煎熬下，京城“饿莩相属于道”[⑤]，社会不安事件层出不穷。咸丰八年（1858）的记载称：自行使大钱、宝钞之后，“贫民之流于乞丐者不少，乞丐之至于倒毙者益多”；“贫民负苦终日，所得数百文不得一饱，遑问妻子?”“其强者夺食，所在皆有。”[⑥] 京城如此，京外情况有过之而无不及。试以紧跟清中央积极发放票钞的福建省为例，1858 年，当地粮价腾涨，升米索价制钱 600 余文，铁制钱价贱，每百文只当十文使用。穷人所得工食，每日即进三四百文，只当三四十文之用。时在福州的两江总督何桂清在私人函牍中透露：当地佣工所得“一口不能饱，况欲养家乎?”而且这种情况“已历时过久，百姓真熬不过矣!”[⑦] 就在当年四月二十六日，福州南台贫民和农民反对使用票钞和铁钱，“其势汹汹”，几乎激成民变。[⑧]

---

① 《江南道监察御史唐壬森奏折》(咸丰四年七月二十二日)，《清代钞档》。

② 《曹登庸片》(咸丰五年十二月初四日)，《清代钞档》。

③ 《户部尚书柏葰折》(咸丰七年正月二十日)，《清代钞档》。

④ 《彭蕴章等折》(咸丰九年八月二十九日)，《清代钞档》。

⑤ 《郭嵩焘日记》卷 1，咸丰八年（1858）十一月十六日纪事，湖南人民出版社 1980 年版，第 194 页。

⑥ 《御史陈庆松片》(咸丰八年正月十七日)，《清代钞档》。

⑦ 苏州博物馆等编：《何桂清等书札》，江苏人民出版社 1981 年版，第 152 页。

⑧ 魏秀仁：《陔南山馆诗话》第 9 册（抄本），转见傅衣凌《明清社会经济史论文集》，人民出版社 1982 年版，第 271 页。

从北京和京外各省城所暴露的情况来看，到咸丰后期，官票、宝钞在货币流通界普遍受到拒绝使用，实际上已丧失作为货币的职能了。所以，延至1862年底，清政府迫于客观情势的变化，不得不准从户部奏折，明文发布规定："筹拨来年京饷并各省地丁等项，一律停收钞票。"[①] 实际上就是全面取消票钞，宣告咸丰朝币制改革的彻底失败。

至此，人们如果要问，从咸丰三年到十一年（1853—1861），历年发放的官票、宝钞究达多大数量？遗憾的是，清王朝统治期间对财经史料的保存很不健全；特别是道、咸二朝，海内分崩，战乱频仍，整个社会处于剧烈动荡之中，政府档案多有散佚。不仅京师有关局厂造币数目难期完整，各省局的造币数额更是无从查考。中国经济史资深学者彭泽益先生根据已经无法谋求完整的清代档案（主要是清军机处档案、户部档案及有关钱法方面档案的抄件），不辞辛劳，爬罗剔抉，初步整理出各方面的有关数字是：（1）户部银票历年（1853—1860年）发行总数计银9781200两，截至1868年4月11日（同治七年三月十九日）为止，收回的银票仅占发行量的34%，未收回者占66%（计银650万两），所有流散在民间的银票概成废纸；（2）户部宝钞历年发行总数（1853—1861年）共有27113038串，不包括各省发行的"省钞"。[②] 应当着重指出，上述数字由于无法将省钞统计在内，只能反映咸丰朝发行票钞总数中占主要的部分。即使如此，其数量也足以暴露清政府利用恶性通货膨胀政策，掠夺人民，荼毒天下，达到了剥肤椎髓的地步。

---

① 王先谦：《东华续录》（同治朝）卷15，光绪二十五年刊印，第19页。

② 《财政经济》，第115页。

关于孙中山“三大政策”概念的形成及提出*

杨天石

多年来，“联俄、联共、扶助农工”三大政策一直被认为是孙中山晚年思想的重要方面，也是区分国民党左派和右派的标准，但是，由于孙中山著作和国民党“一大”有关文件中从未出现过“三大政策”一类提法，因此，学者们不能不关注这一概念的形成、提出时间以及它的背景。在这一方面，日本学者狭间直树、石川祯浩，中国台湾学者蒋永敬，大陆学者黄彦、鲁振祥、张海鹏等人都做出了贡献。① 本人多年来也一直关注这一问题，今据中国国民党上海市左派组织所编《中国国民》，结合其他资料，略述己见，希望有助于厘清这一问题的来龙去脉。

---

* 本文原载《近代史研究》2000年第1期。

① 参见［日］狭间直树《“三大政策”与黄埔军校》，《历史研究》1988年第2期；［日］石川祯浩《施存统と中国共产党》，《东方学报》第68册，1996年3月；蒋永敬《“三大政策”探源》，（台湾）《传记文学》第54卷第3期；黄彦《关于国民党“一大”宣言的几个问题》，《中国社会科学》1987年第4期；鲁振祥《三大政策研究中的几个问题》，《孙中山和他的时代》（中），中华书局1989年版；张海鹏《关于中国近代历史发展规律的认识和对若干史实的解说》，（台湾）《历史月刊》1998年第2期。

反对戴季陶主义和西山会议派过程中提出的问题

孙中山在其革命生涯中，曾经寄希望于许多西方国家的支援，但是久无实效。十月革命后，孙中山转而寄希望于俄国，逐渐形成"联俄"政策。1921 年中国共产党成立，在共产国际推动下，孙中山又逐渐倾向于容纳共产党员以个人身份加入国民党，实行党内合作，这就是所谓"容共"政策。但是，从一开始，国民党内部对这两项政策就有不同的意见，只是由于孙中山的威望，没有形成大的风波。孙中山逝世后，反对的意见和呼声日渐增强。于是先有 1925 年 7 月戴季陶《国民革命与中国国民党》等书的出版，继有同年 11 月西山会议的召开。这样，国民党的党内斗争就日趋激烈了。

在《国民革命与中国国民党》一书中，戴季陶尖锐地指责共产党员加入国民党的有关政策是"寄生政策"，认为"真正的国民革命"，要"真实的国民革命主义者，才可以指导得来"。[①] 他一方面承认 CP 和 CY"真是为民众的幸福而奋斗的勇士"，但是，同时又"苦心孤诣"地希望 CP 和 CY，"要真把三民主义，认为唯一的理论，把国民党认为唯一救国的政党"，要求他们"牺牲了自己的空想，脱离一切党派，作单纯的国民党员"。[②] 这样，戴季陶这一时期虽然还并不反共，但是，却不允许共产党人跨党，和孙中山的"容共"政策有了很大不同。同书中，戴季陶还提出："中国在图国家的独立和民族的自由上，有很亲切联俄的必要，并且在参与世界革命运动上，尤其有和苏联共同努力的必要。但是中国人总要看清楚自己的需要，尤其是要尊重自己的独立性，不可把自己民族的独立性抛弃了，去依赖苏俄，更不可把自己的必要忘记了去盲从苏俄。"[③] 这一段话表明，戴季陶这时候还不反对孙中山的"联俄"政策，但是，他对这一政策已经持有怀疑态度。戴书的出版标志着戴季陶主义

① 《国民革命与中国国民党》，上海季陶办事处 1925 年印，第 52 页。

② 同上书，第 57 页。

③ 同上书，第 71 页。

的形成，上海部分国民党人迅速组织孙文主义学会，出版《革命导报》，以此响应。

1925 年 11 月 23 日，林森、邹鲁、谢持等人在北京西山召开国民党“第一届第四次中央全会”，继续宣扬戴季陶主义的有关观点。会议攻击共产党在国民党内的“党团作用”，声称国民党不容“党中有党”“不容共产党利用本党的招牌来鼓吹阶级革命”“不能再容共产派篡窃”，等等，会议要求跨党的共产党员一律退出国民党，使两党党员的“旗垒划然分明”。[①] 会议同时宣称，当时的广东，“军政大权实已完全在俄人掌握之中”“若是苏俄采用帝国主义的手段，那当然也是本党的敌人”。[②] 在此基础上，会议通过了一系列议案，如“取消共产党在本党党籍”“顾问鲍罗廷解雇”“惩戒汪精卫”“变更联俄政策”等。3 月 29 日，张继、林森、邹鲁等 77 人进一步在上海召开“国民党第二次全国代表大会”，继续通过了一系列文件和议案。其核心主题仍与西山会议相同，只不过提法上更为激烈。例如，明确批评苏俄的外交政策“犹带有帝俄时代之遗传病”，声言既反对“笼统的仇俄”，也反对“盲目的亲俄”，批评中国共产党“盲目模仿苏俄”等。[③] 又如，批评中国共产党的“阶级斗争”主张“不合社会之需要”，“至易破坏国民革命”，甚至批评中国共产党“暗中截断本党与民众之声气，毁坏本党之信仰”，“直接助帝国主义与军阀之摧残革命势力”，等等。[④] 本来，西山会议派对中国共产党还比较客气，仅仅要求取消“共产派”的国民党党籍，但仍可视为“友党”，说是“理势所不得不分，而情谊未始不可合”。[⑤] 但是到了中山舰事件后，就发展为要求“驱除党寇”，“缉拿共产党徒”了。[⑥] 可以看出，西山会议派

---

① 《取消共产派在本党之党籍案》《为取消共产派在本党的党籍告同志书》，荣孟源主编：《中国国民党历次代表大会及中央全会资料》上册，光明日报出版社 1985 年版，第 358、377、384 页。

② 《中国国民党历次代表大会及中央全会资料》上册，第 383、386 页。

③ 《中国国民党第二次全国代表大会宣言》（上海），《中国国民党历次代表大会及中央全会资料》上册，第 400、403 页。

④ 《中国国民党历次代表大会及中央全会资料》上册，第 403—404 页。

⑤ 《取消共产派在本党之党籍宣言》，《中国国民党历次代表大会及中央全会资料》上册，第 357 页。

⑥ 《中国国民党历次代表大会及中央全会资料》上册，第 419、425 页。

的议案虽多，但核心只有两项，即改变孙中山生前所定而为当时广州国民党中央所执行的“联俄”与“容共”两项政策。

戴季陶和西山会议派的思想、主张遭到了中国共产党和国民党左派的强烈批判。在这一过程中，“三大政策”的概念逐渐形成并提出。

沈雁冰概括孙中山的“民族革命运动政策”，包含了后来“三大政策”的全部内容

国民党第一次全国代表大会后，在上海成立执行部，负责指导江苏、浙江、安徽、江西四省党务，同时兼管湖北、四川、湖南、贵州四省。上海执行部之下，设各区党部联合委员会。① 1925 年 5 月 25 日，该会出版《中国国民》周刊，成为上海国民党左派的言论喉舌。同年 10 月 7 日，时任国民党上海第一区党部委员的沈雁冰（当时是共产党员）在该刊发表《苏俄十月革命纪念日》一文。文中除热烈赞扬列宁的“实现世界革命的政策”外，还热烈赞扬孙中山的“民族革命运动政策”。他说：

> 然而世界两大革命潮流之一——东方民族革命运动也有他的唯一伟大的革命导师！这便是本党先总理孙先生！正像列宁的炯眼早看到世界革命的实现必待东西两大革命之携手，先总理的炯眼也早看到东方民族革命之实现必须外与西方革命的无产阶级联合战线，内则扶植农工阶级的阶级势力而后有济！所以先总理于前年改组本党之际，毅然决然容许中国共产党党员以个人资格加入本党，共同革命。所以先总理不顾帝国主义者的造谣中伤而毅然决然与苏维埃俄罗斯携手。所以先总理于广州商团之变及其他无数的劳资争端与农民反抗地主的事项中，都制止资本家与地主的剥削压迫而扶助农工，组织自卫。迄今总理虽亡，而读遗嘱，翻遗著，我们都可以看见总理的民族革命运动的政策，如日月中天，江河行地。②

① 后来改称中国国民党上海各区党部联席会。

② 《中国国民》1925 年第 2 期。

文中论及“容许中国共产党党员以个人资格加入本党”“与苏维埃俄罗斯携手”“扶助农工”，后来作为“三大政策”的全部内容，在这里都提到了。

同年 12 月 3 日，陈独秀在中共中央机关刊物《向导》发表文章，分析国民党左右派时称：“在策略上：左派懂得要实现反对帝国主义与军阀的国民革命，国外有联合苏俄国内有联合工农阶级及共产党之必要；右派则反对联俄，反对共产党反对工农阶级之阶级利益的争斗而失其同情。”① 这一段话，比沈雁冰的上文精炼，但是，没有明确地和孙中山挂钩。类似的情况也表现在 12 月 4 日国民党中央发表的《对全国及海外全体同志之通告》（后文简称《通告》）中。该《通告》在批评冯自由、邹鲁等人的主张后，明确说明，“联俄与容纳共产分子”是“本党求达到革命成功之重要政策”，“先总理决之于先，第一次全国大会采纳于后”。接着，《通告》论证说：

> 若本党之革命策略，不出于联合苏俄，不以占大多数的农工阶级为基础，不容纳主张农工阶级利益的共产派分子，则革命势力陷于孤立，革命将不能成功。②

国民党“一大”通过的文件有“全力”扶助农夫、工人运动发展的明确内容；《宣言》甚至声称，国民党的事业，目的在于“谋农夫、工人之解放”，“为农夫、工人而奋斗”。③ 孙中山在 1924 年的相关演说中也表示，“要农民来做本党革命的基础”，工人“可以做全国人的指导”。④ 因此，《通告》所称“以占大多数的农工阶级为基础”云云，也明显地依据孙中山的晚年思想和“一大”文件。这在当时，极为明白，也极易理解，《通告》之所以没有在两者之间“挂钩”，其原因当在此。

陈独秀的文章和国民党中央的通告，一则发表于上海，另一则发表

---

① 《什么是国民党左右派》，《向导》1925 年第 137 期。

② 《广州民国日报》1925 年 12 月 5 日。

③ 《孙中山全集》第 9 卷，中华书局 1986 年版，第 121、124 页。

④ 《孙中山全集》第 10 卷，中华书局 1986 年版，第 149、555 页。

于广州，时间上只相差一天，没有彼此影响的可能。这说明，当时两党高级领导人之间对革命策略的认识相当默契。

12月23日，沈雁冰继续发表文章称：“孙总理所定的策略便是对外联络世界上革命的无产阶级，对内扶助本国的农工，培养农工阶级的势力，以增厚反帝国主义的力量。这个策略已见之实行者，是联合苏俄与容许中国共产党分子加入国民党。”① 这段话，指明是孙中山所定策略，也说得很精炼、很概括，但是，没有明确地形成“三个政策”的概念。

柳亚子发表《告国民党同志书》，沈雁冰总结为“总理的两个重要政策”

沈雁冰的《苏俄十月革命纪念日》一文没有和戴季陶正面论战，同时发表的国民党江苏省党部致中央执行委员会呈文及辩正文章则鲜明地批判戴季陶的观点。江苏省党部认为戴季陶的《国民革命与中国国民党》一书有五大错误：一是误认孙中山思想发生于中国“数千年的旧文化”，二是误认孙中山思想的根本意义是“仁爱”，三是否认阶级斗争。文章在论述第四个错误时说：

> 中山先生的主义所以与欧美各国的民主主义之仅代表资产阶级者不同，所以能为被压迫民族革命的指导，便在特别努力于促进工农阶级有意识的集中和发展。

又在论述第五个错误时说：

> 中山先生要增进国民革命运动之实力，力求农夫、工人之参加，所以允许为农工阶级自己的政党之共产党得以跨党加入国民党。②

---

① 《总理指示的一条路》，《中国国民》1925年第13期。

② 《对于戴季陶同志的〈国民革命与中国国民党〉一书误点的辩正》（连载之二），《中国国民》1925年第4期。

由于戴书反对“联俄”观点还不很明晰，所以文章仅论及“扶助农工”和“容共”两大政策，而没有涉及“联俄”。

11 月 20 日，上海《民国日报》刊出林森、覃政、戴季陶、邵元冲、叶楚怆、沈定一、张继等人电报，决定在北京西山召开中央执行委员会第四次全体会议，同时刊出该会《筹备处启事》，标志着上海《民国日报》的转向。29 日，《中国国民》自第 5 期起改为三日刊，更加着力于批判西山会议派。

《中国国民》在和西山会议派论战时，除陆续发表共产党人恽代英、杨之华、张国焘的文章外，特别注意发表国民党元老的文章。12 月 2 日、20 日，先后发表杨谱笙的《致国民党青年同志书》和张静江的《告国民党同志书》。29 日，发表江苏省党部执行委员、宣传部长柳亚子的《告国民党同志书》，着重论述“联俄和容纳共产分子，都是本党总理孙先生的遗训”。文章首引孙中山遗嘱中“联合世界上以平等待我之民族，共同奋斗”一语，说明“现在世界上以平等待我之民族，除了苏俄，还有哪一个?”文称：

> 我们要国民革命成功，要打倒帝国主义，取消不平等条约，以完成我们民族主义，当然非联俄不可了。同时，苏俄帮助我们，一方面是要巩固他们的立国信条，一方面是要雄厚他们作战的阵线。

在论述“容纳共产分子”时，柳亚子引述孙中山遗嘱中的“唤起民众”一语，说明“所谓民众，当然包括着全国国民中间最大多数的工农阶级了”。文称.

> 要国民革命成功，非把工农阶级宣传和组织起来，使他们加入革命的队伍，是没有第二个办法的。同时，共产党是代表工农阶级利益的政党，既然要吸收工农阶级，绝对无排斥共产分子加入本党的理由。

柳亚子表示：“排斥共产分子，就是断本党新生命，就是阻挠国民革命的成功，老老实实说，就是总理的罪人，也就是本党的公敌。”①

柳亚子的这篇文章实际上讲了孙中山晚年政策的三个方面，但是由于他把“宣传和组织”工农以及“容纳共产分子”糅合在一起讲了，所以，沈雁冰在推荐这篇文章时便把它概括为“总理的两个重要政策”。他在题为《柳亚子同志的至理名言》一文中称：

> 我们敢说，凡是国民党员读了亚子同志的文章，而犹怀疑于联俄与容纳共产派——总理的两个重要政策——那他不是神经系统有点毛病，便是反动派。

上文表明，沈雁冰虽然已经从三个方面概括了孙中山的政策，这里，又提出“两个重要政策”，一方面是随文就义，按柳亚子的思路在写文章；另一方面，也说明沈雁冰在进行概括时还没有想得很清楚。

由于西山会议派的责难主要指向“容共”与“联俄”，因此，孙中山的“两个重要政策”的提法曾经在相当广泛的范围内流行过。1926 年 3 月 12 日，中共中央在《中山先生逝世周年纪念日告中国国民党党员书》中说：“中山先生看清了国内无产阶级的共产派有党内合作之必要而无危险，看清了国外无产阶级的苏俄必然以平等待我而无所疑虑，才决定联共、联俄这两个特殊的革命政策。”② 5 月 22 日，在国民党二届二中全会的闭幕演说中，蒋介石也曾表示，绝不改变“先总理的两大政策——联俄和容纳共产分子”③。

纪念孙中山逝世一周年，施存统首次提出“三大革命政策”概念

在上海《民国日报》和国民党上海执行部先后为西山会议派掌握后，

---

① 《中国国民》1925 年第 15 期。

② 中央档案馆编：《中共中央文件选集》第 2 册，中共中央党校出版社 1989 年版，第 75 页。

③ 《蒋校长演讲集》，第 81 页。1926 年 4 月 7 日，广东孙文主义学会致电广州国民党中央时也说：“对于总理手订之两大革命策略，尤不敢有丝毫怀疑。”见《政治周报》1926 年第 10 期。

广东国民党中央委派恽代英、张廷灏、刘重民三人为中央特派筹备员，筹组国民党上海特别市党部。1926 年元旦，上海特别市党部在上海大学召开成立会。选举张廷灏、恽代英、林钧、杨之华、沈雁冰、杨贤江、王汉良、张君谋、陈杏林 9 人为执行委员；议决扩大《中国国民》的篇幅，移交市党部直接办理。市党部下设宣传、组织、商人、妇女、工农、青年、调查 7 部，分别以恽代英、张廷灏、王汉良、杨之华、陈杏林、杨贤江、沈百先为部长。1 月 10 日，市党部各部联席会议，确定施存统、杨贤江、恽代英等 13 人为宣传委员。

1926 年 3 月 12 日是孙中山逝世一周年。当日，国民党上海特别市党部青年部出版《总理周年纪念特刊》，施存统（当时是共产党员）以“复亮”为名发表《中山先生的三大革命政策》一文，空前明确地提出了“三大革命政策”的概念。文章说：

> 这个实现“中国之自由平等”的方法，也已由我们中山先生指示出来了。这就是中山先生的三大革命政策：团结工农势力，联合苏俄，容纳共产派。现在的革命的中国国民党，已经很忠实地很勇敢地继承中山先生的这三大革命政策了，所以它的基础一天稳固［了］一天，它底势力一天强盛一天，它底运动一天扩大一天，它底工作一天有效一天，全国被压迫的革命民众集中于它的旗帜下面的一天多似一天，帝国主义及军阀对于它底势力一天寒［害］怕一天。

文章并以广东国民政府的成立和国民革命军的发展为例，说明“这些都是证明先生这三大革命政策的成功，即以后的成功亦必须忠实地遵守这‘三大革命政策’”。

在分述三项政策后，施存统称：“以上这三个革命政策，可说是完成国民革命的根本政策，缺一不可。这三大革命政策，是中山先生积四十年的革命经验所得到的，亦就是国民革命的保障。我们若违反这三大革命政策之一种或全体，那就是中山主义的叛徒，不配冒称为中山主义者。”

施存统的文章并非无源之水。2 月 16 日，中国共产主义青年团中央曾经转发过中共中央的一份《孙中山先生纪念日宣传大纲》（下文简称

《大纲》)。这份《大纲》提出，孙中山逝世日，“应是国民革命最广大的宣传日”。《大纲》称：“借孙文主义之名，而行破坏统一的国民革命之实，不是真正孙文主义的信徒，乃是孙文主义的叛徒。”《大纲》特别要求，在国民党广州中央之下“遵从孙中山先生一切主义和政纲”。关于“政纲”，文件特别以括弧举例说明，“如联俄，集中革命势力，如容纳共产分子等”。[①] 显然，施存统写作《中山先生的三大革命政策》一文，乃是为了贯彻共青团中央转发的中共中央文件精神，只不过他没有照抄照搬，而是加进了自己的理解。

值得注意的是，3 月 12 日，中共中央在《告中国国民党党员书》中虽有孙中山“两个特殊的革命政策”这一提法，但是，同文中在分析国民党内部分化的原因时还曾说：“企图联合无产阶级，遂不得不采用容纳共产派联俄拥护农工利益等革命政策；企图结合资产阶级，遂不得不修正联共联俄政策及提出阶级调和口号。国民党左右派乖离的真正原因完全在此。”这里，实际上将孙中山的晚年政策概括为三个方面了。

柳亚子发表《揭破伪代表大会的真相》，将“两个政策”的提法改为“三个革命的重大政策”

西山会议派召集的“中国国民党第二次全国代表大会”于 3 月 29 日在上海开幕。30 日，《中国国民》出版《反对叛党分子之代表大会特刊》，猛烈攻击该次会议。在这一期特刊中，柳亚子发表《揭破伪代表大会的真相》一文，他说：“我们对于这一个伪代表大会，要解剖他的内容，从政策、纪律、事实三方面，来证明他们确实是反动，确实是非法，确实是捣乱，确实是本党的蟊贼，确实是总理的叛徒。”文章的最重要之点是将他原来的“两个重要政策”修改为“三个重要政策”，他说：“总理的革命政策，可分为三大点，第一是联合世界上的革命民众，第二是集中全国内的革命势力，第三是团结革命的基本队伍。”接着，他对这“三大点”分别作了论证。文章说：“为联合世界上的革命民众而联俄，

---

① 《中共中央文件选集》第 2 册，第 48 页。“如联俄，集中革命势力”一语中的逗号为笔者据文义所加。

是总理第一个重要的政策”；“为集中全国内的革命势力而容纳共产分子，是总理第二个重要政策”；“为团结革命的基本队伍而拥护工农阶级，是总理第三个重要政策”。柳亚子并说：“这三个重要政策，是决定于总理生前的。”

柳亚子激烈地指责西山会议派：

> 所谓西山会议，居然反对联俄，说是媚外卖国，居然反对容纳共产分子，说是本党确受蚕食的危险，更居然反对拥护工农阶级利益，说是提倡阶级斗争，那不是明明白白反对总理的政策吗！

文章又说：

> 大家要晓得，总理积四十年经验，才苦心孤诣，定下了这三个革命的重大政策，而他们敢于反对他，敢于诬蔑他，更敢于破坏他，只此一点，便足证明他们的反动，证明他们是本党的蟊贼，证明他们是总理的叛徒了。

将柳文和施文比较，显然，柳亚子读过施文，并且接受了它的影响，但是，柳文依“联俄、容共、拥护工农利益”的层次叙述“三大政策”，显然更接近后来的提法。

据柳亚子回忆，1926 年 5 月国民党二届二中全会召开期间，他曾以“三大政策”为武器，在广州当面批评蒋介石：“到底是总理的信徒，还是总理的叛徒？如果是总理的信徒，就应当切实地执行三大政策。”[①] 证以上引柳亚子文所提孙中山的“三个重要政策”，他的这段回忆应该是可信的。

《声讨反动派的第二次全国代表大会宣传纲要》再次阐述孙中山晚年“最重要的革命政策”

1926 年 4 月 1 日，《中国国民》周刊第 1 期出版，公布了上海特别市

① 《磨剑室文录》(下)，上海人民出版社 1993 年版，第 1584 页。

党部宣传部颁发的《声讨反动派的第二次全国代表大会宣传纲要》（下文简称《纲要》），共7条，其第二条称：

> 西山会议所要求的无不处处与本党进步的革命政策相抵触。本党总理积四十年之经验，深知欲达到中国自由平等之目的在唤醒民众与联合世界上以平等待我之民族，故注重农工利益与联合苏俄，同时为集中革命势力，又主张容纳共产派分子加入本党。所以注重农工利益、联合苏联、容纳共产派分子是本党总理晚年所决定之最重要的革命政策之一。凡是中国民族解放之忠实努力者都知道这种革命政策是正确的，并已卓著成效。乃召集西山会议的人反正［而］要推翻此种政策，其违背总理遗教，反叛革命可想而知。

这里，将“农工”问题列为首位，与柳亚子文将“联俄”列为首位不一致，却和较早的施存统文一致，但是，《纲要》将“三项重要政策”说成“本党总理晚年所决定的最重要的革命政策之一”。这种情况，说明当时施、柳的说法还没有为人们所普遍接受，也说明二人的说法并非来源于集体讨论所形成的决议。

陈独秀精炼地概括孙中山的“革命政策”，距后来提出的“三大政策”概念实际内容已经相差无几

1926年7月6日，陈独秀发表《论国民政府之北伐》一文，批评在蒋介石领导下匆促作出的北伐决策。此举引起蒋介石、张静江等国民党人强烈不满。9月13日，陈独秀写作公开信，答复张静江等人，内称：

> 凡是尊重国民政府的人，应该要求他有高度的革命性。事实是怎样呢？中山先生拥护农工利益联俄联共，此革命政策，都几乎推翻了……这样来革命，其结果怎样呢？①

---

① 《答张人杰符琇黄世见冥飞》，《向导》1926年第171期。

上文述及，当年 3 月 12 日，中共中央在《告中国国民党党员书》中已经将孙中山的革命政策归纳为“容纳共产党联俄拥护工农利益”，这里，陈独秀则将其概括为“拥护农工利益联俄联共”。次序上小有不同，其最重要的变化是将“容纳共产党”改为“联共”。在此之前，上引《告中国国民党党员书》曾偶见“联共”一词，但与“拥护农工利益”“联俄”并称，这是第一次。显然，陈独秀这里的提法和后来提出的“三大政策”的实际内容已经相差无几了。

陈独秀将“容共”改为“联共”，其理由，应基于当年6 月 4 日《中国共产党中央委员会致国民党中央委员会信》，其中透露了国共合作之初与孙中山的协商情况，信称：

> 唯是合作之方式：或为党内合作，或为党外合作，原无固定之必要……然当本党决定合作政策之初，曾商之于贵党总理孙中山先生，孙先生以为党内合作则两党之关系更为密切，本党亦认为中国社会各阶级力量只是相互关系，现亦可适用此种合作方式，故毅然决定，令本党得加入贵党，同时，本党与贵党结政治上之同盟。①

这样，陈独秀自然认为“联”字比“容”字能更准确地表现两党关系的实质了。

孙中山的“容共”是两党合作的一种特殊形式，包含着“联共”的意义，这一点，当年的蒋介石也是这样认为的。1926 年 3 月国民党二届二中全会闭幕后，他在广州全市国民党员大会上发表演说，特别声明：“共产党加入国民党，系增加革命力量，两党合作携手，中国革命前途，有希望成功。”② “两党合作携手”不是“联”，是什么？

---

① 《中共中央文件选集》第 2 册，第 141 页。

② 《广州民国日报》1926 年 5 月 25 日。

黄埔同学会机关刊物《黄埔潮》同时出现三篇提倡“三大政策”的文章

1926 年 10 月 3 日，黄埔军校黄埔同学会的机关刊物《黄埔潮》第 11 期同时出现提倡“三大政策”的三篇文章。其一为军校学生、经理第一队队员吴善珍的《我们对总理的联俄联共政策怀疑吗》中称：

> 自总理决定“联俄”、“联共”、“农工”三大政策以后，党内新旧的右派……如西山会议、上海伪中央、孙文主义学会——他们的宣言决议案，完全以反对此三大政策为骨干……但是，黄埔学生有始终拥护此三大政策的精神，并且以此作评判革命反革命的根据。

同期发表的余洒度和游步瀛的文章都述及“三大政策”。余文提出：“确遵总理对革命的三大政策。A. 联俄，B. 联共，C. 拥护农工利益”，称之为“革命的方法”。游文提出，必须接受“孙文主义和孙中山先生所手定的‘联俄’、‘联共’、‘农工’三政策”。文章自署作于 1926 年 8 月 20 日。

如果说第 11 期的三篇文章还只是表达个人观点，那么第 12 期的《最近宣传大纲》表达的则是黄埔同学会的集体意见。该《大纲》制订于当年 10 月 5 日，它声称：

> 及至十三年本党改组后始进了一个新的巩固的时期，制定应付时局的政纲及政策，提出适应时局的口号，确定“联俄”“联共”“农工”三大政策本党在民众中始取得领导的地位。

同期发表的《本会庆贺第四期同学毕业》一文则明确提出：“第一次全国代表大会时，总理订下‘联共’‘联俄’和‘农工’三大政策”，“这是我们唯一无二的革命策略，是我们今后唯一革命之路，也就是中国革命生死存亡的分水岭”。

《黄埔潮》的观点得到了陈独秀的肯定。同年 11 月 4 日，陈独秀在中共中央政治局和共产国际代表联席会议上报告称：

> 黄埔军校中，自我们同志一百六十余人退出后，左派学生在我们指导之下已经组织起来，并且发展到广大中去，又企图扩大到全国；他的政纲是迎汪复职，继续总理联俄联共扶助工农三大政策。①

陈独秀所述“左派学生”当即指在《黄埔潮》发表文章的吴善珍等人，他所述“在我们指导之下已经组织起来”，则明白无误地告诉人们，这些“左派学生”是受中国共产党领导的。

11 月 7 日，中共广东省委宣传部长任卓宣在中共广东区委机关刊物《人民周刊》第 30 期上发表文章称：“至于国民党的改组，五卅之反帝运动，广东革命基础之巩固，皆不是偶然的。任何一个有觉悟的革命者，都可以看得出，这是孙中山联俄、联共及工农三大政策之结果。”② 任卓宣的文章表明，中共广东区委支持黄埔“左派学生”的观点。这以后，《广州民国日报》也开始出现孙中山“三大革命政策”的宣传了。③

1926 年秋，施存统到广东任中山大学教授，同时任黄埔军校教官。黄埔的“左派学生”接受并宣传“三大政策”，应该和他在军校的教学生涯有关。④ 从吴善珍等人发表的文章看，它们和施存统当年 3 月在上海发表的文章之间也存在着某些联系。例如，吴文论及西山会议、上海伪中央、孙文主义学会，这正是施存统文章的写作背景；他将“三大政策”称为“革命的方法”，这正是施存统前引文中的观点。

恽代英在 1929 年曾经说过：“孙中山本人的著作中，并无所谓三大政策之一名词，这一名词据我所知，还是周恩来在三月二十以后，为黄埔左派制造出来的。”⑤ 1926 年下半年，周恩来正在广州担任广东区委军

① 《中共中央文件选集》第 2 册，第 426 页。“广大”，指广东大学。

② 《我们对于十月革命应有的认识》，《人民周刊》第 30 期，1926 年 11 月 7 日。

③ 《新闻记者联合会孙中山先生诞日纪念宣传大纲》，《广州民国日报》1926 年 11 月 11 日。

④ 施本人也曾于 1926 年 12 月 31 日撰写《孙文主义与马克思主义》，继续宣扬“三大政策”，见《广州民国日报》1927 年 1 月 14 日。

⑤ 《施存统对于中国革命的理论》，《布尔什维克》第 2 卷第 5 期，1929 年 2 月。

事部长，领导黄埔军校的共产党人应是他的工作范围。当年 10 月 14 日，他还对吴善珍所在的黄埔军校第四期学生作过《武力与民众》的报告。恽代英所称“黄埔左派”，当即陈独秀报告中所称“左派学生”。这里透露出来的讯息表明，周恩来在“三大政策”的概括和传播方面，有一份贡献。1926 年 12 月 1 日，他在写作《现时政治斗争中的我们》时即已公开提出，国民党左右派在对待“三大革命政策”上根本对立①；在此之前，他向黄埔学生传播这一概念是完全可能的。

中共中央特别会议将“三个政策”写入决议

1926 年 12 月，中共中央召开特别会议，通过《关于国民党左派问题的决议案》，中称：

> 所谓左右乃比较之词，并没有固定的界说，社会的左右派和一个政党内的左右派既然不能混同，赞成解决土地问题的国民党左派，现在又还未成胎，所以只好承认一些赞成继续孙中山、廖仲恺的联俄联共和辅［扶］助工农这三个政策的分子是左派，反对者便是右派……②

这是“三个政策”这一概念正式进入中共中央决议，并以之作为区分国民党左右派标准的开始。至 1927 年，蒋介石逐渐右转之后，中国共产党和国民党左派对这一概念的使用愈广，“三个政策”也逐渐被“三大政策”的提法所代替了。

结　语

孙中山的晚年，其思想与早年有其一贯之处，但是，也确有若干新成分。如何认识、总结孙中山的思想及其前后发展，成为孙中山逝世后

① 《人民周刊》第 37 期，1927 年 1 月 4 日。

② 《中共中央文件选集》第 2 册，第 573 页。

中国各政治派别论战的重要焦点。前人云:“孔墨之后,儒分为八,墨离为三。取舍相反、不同,而皆自谓真孔墨。”一个哲人的身后,常常有无尽的关于这一哲人的争论。这种情况,自古如此。

如上所述,“三大政策”这一概念形成于 1925 年 10 月至 1926 年末国民党的内部斗争中。它是中国共产党和国民党左派对孙中山晚年所行政策的一个比较准确的概括。应该承认,所概括的三个方面确实都来自孙中山,不是赝品;也应该承认,三个政策均为孙中山晚年新增,而为前期、中期所无,反映出孙中山晚年思想和政治主张的新发展。中国共产党和国民党左派在作出这一概括时有一个从“二”到“三”的发展过程。其最初的目的是反对戴季陶主义和西山会议派,后来则是为了反对蒋介石等人。在这一过程中,中国国民党上海区党部联合会、上海特别市党部、中共广东区委、中共中央,以及沈雁冰、施存统、柳亚子、陈独秀、周恩来和黄埔军校的“左派学生”们都起了作用。

附记:本文写作中,承日本神户大学石川祯浩教授赐寄国民党上海特别市党部青年部出版的《总理周年纪念特刊》,谨此致谢。

章士钊《甲寅》时期自由主义政治思想评析[*]

邹小站

章士钊是中国近现代史上一位经历曲折、思想复杂，曾经产生重要影响的人物。1903 年到 1904 年间，他是一位激进的革命宣传家。1905 年初，他留学日本，并从革命一线退到了书斋。1907 年起，他留学英国，受 19 世纪英国自由主义的影响，成为一个自由主义者。自 1910 年到 1913 年间，他大力鼓吹政党内阁制，宣传资产阶级民主思想。“二次革命”之后，他流亡日本，为了反击袁世凯的御用文人所鼓吹的专制集权理论，检讨民国建立后中国政治思想界的理论失误，总结民初民主政治试验的经验教训，捍卫民主政治的价值，探索中国走向民主宪政的道路，他创办了《甲寅》月刊。该刊秉持“朴实说理”的宗旨，以“徐徐牖启民志”为职志，从学理上探讨当时中国思想界最为关注的问题：民主政治的真正价值何在，它适不适合于中国，如果适合于中国，那么中国又应如何才能确立民主宪政？该刊由此成了当时中国最重要的政治论坛，章士钊也因主办该刊而名扬天下。《甲寅》月刊时期，是对章士钊一生思想影响最大的时期，也是他自由主义政治思想的巅峰时期。这一时期，他所提出的许多主张直到今天仍有借鉴意义，而他在国家与个人、民主政治的理想与中国的现实、调和与革命之间的困惑，在中国近现代民主

---

* 本文原载《近代史研究》2000 年第 1 期。

思想史上也具有相当典型的意义。

一　对国家与个人关系的认识

(一) 背景:"二次革命"前的国权主义思潮与章士钊对国家个人关系问题的认识

国家与个人的关系问题一直是困扰近代中国人的一道难题。

近代以来,反对列强侵略,争取民族解放,实现国家富强,与反对封建主义,建立一个民主自由的社会和国家,把人民从封建专制的政治、家族、思想的统治中解放出来,争取个人的自由权利,是中国人民的两个最基本的任务。从理论看,两大任务是相辅相成,互为条件的。但民族的独立、国家的富强一直是救国志士心目中第一位的任务。个人的自由平等只能是实现国家自由平等的结果,为着实现国家的自由平等,牺牲个人的自由权利也是理所当然的。这种思想倾向是十分普遍的。民初思想界所出现的普遍的国权主义趋向就是这种思想倾向的集中表现。

同盟会—国民党在民初号称"民权党",但它所指的"民权"实际是人民的公权,即人民的参政权,并且将参政权简化为议会的权力;而人民的私权,实际并未纳入其视野。不少革命党人存在这样的认识:"共和之国,国即政府,政府即国民,绝无冲突之虞"①;"民主立宪之国,主权在民,民权与国权一而二,二而一也……巩固国权,即所以扩张民权;而欲张民权,尤不可不先巩固国权。盖对内而言,民为邦本,本固邦宁;对外而言,国皮民毛,皮之不存,毛将焉附?若使国权侵削,日蹙百里,浸至于不国,国民之权,无论如何强大,吾未见其能朝夕保"②。由将国家、政府与人民混为一谈,而将国权、政权、民权混为一谈。对民权的强调实际变成了对议会权力与国权的强调。而以梁启超为代表的"国权党",则将民权与国权对立起来,片面强调国权。他们认为,"国家为重,而人民为轻。苟人民之利益与国家之利益相冲突时,只能牺牲人民之利

① 海鸣:《治内篇》,《民权报》1912 年 10 月 8 日。转引自胡绳武、金冲及《辛亥革命史稿》第 4 卷,上海人民出版社 1991 年版,第 253 页。

② 空海:《中华民国制定宪法之先决问题》,《民立报》1912 年 2 月 8 日。

益以殉国家，而不能牺牲国家之利益以殉人民。盖国之不存，人民且无所托命，而奚论其利益也”[①]。天赋人权、自由平等之类的学说，“只能有效于强国之人民”，生于弱国的中国人民，必须先谋求国家之自由平等，才有条件讲个人的自由平等。[②] 说鼓吹民权论会引起“暴民专制”，而“钝国权之作用，不获整齐于内竞胜于外”，因此主张“稍畸重国权主义以济民权主义之穷”。[③] 他们对自己所说的“国权”，并没有进行清楚的界定；从其行文看来，大概指国家获得生存与富强的能力，也可以说就是国家利益。但由于他们没有区分国家与政府，没有区分国权与政权，因此对国权与国家利益的强调实际上变成了对政府权力的强调。无论是“民权党”，还是“国权党”，都有一个基本的认识，即国家利益高于个人利益。

与普遍的强调国家利益的趋向相一致，人们希望有一个“强有力政府”来谋求国家利益，实现国家的富强，出现了一股强有力政府思潮。本来，武昌起义后的一段时间里，要求建立联邦制政府，扩大省的自治权，削弱中央政府权力的联邦论曾经很有市场。[④] 但是到南北议和告成，清帝逊位之后，人们普遍认为民国基业业已确立，剩下的就是建设问题。于是深受“大一统”思想熏陶的知识分子，鉴于几十年以来国家主权备受侵蚀，国家地位沦落，人民因之倍受歧视、欺凌的历史，目睹革命以来，各省都督专权跋扈，中央政府毫无权威，无力应付局面，国家日趋分散的现状，纷纷高唱强有力政府论与中央集权论。“非特进步、民主、共和诸党同倡中央集权主义；即素以民党自命之国民党，其大多数亦莫不晓然于为国乃为民之意，而欣然和之。”[⑤] 一时“集权之声直成一般舆

① 吴贯因：《宪法问题之商榷》，《庸言》第1卷第10号，1913年4月16日。

② 蔡锷：《在统一党云南支部成立会上的演说词》，曾业英编：《蔡松坡集》，上海人民出版社1984年版，第157页。

③ 梁启超：《宪法之三大精神》，《民国经世文编》正编第7册，上海经世文社1914年印行。

④ 参见胡春惠《民初的地方主义与联省自治》，（台北）正中书局1983年版，第117—126页。

⑤ 曼公：《大一统论》，《新中华》第1卷第1号，1915年10月1日。

论”[①]，“强有力政府”成了“最有势力之舆论”。[②] 虽然各派所设计的“强有力政府”不同，或强调议会权力，或强调内阁权力，或强调大总统权力，但都用“强有力政府”来概括自己所主张的政府体制，都希望公共权力的强大而有效能。从一方面看，强大政府的主张符合当时中国的实际需要和一般民众的要求。那时的中国甫经大乱，外则列强环伺，需要一个强大而有效能的政府出来恢复秩序，外杜列强干涉，内则进行国家建设。从另一方面看，虽然民主人士都强调强大的政府必须是一个民主的政府，但是由于他们求国家之富强心切，所以对政府的强有力强调得比较多，而对政府的民主性质则强调得不够。同时，民初思想界相信民主政府必定会是善良的政府，因而在理论上赋予了政府或议会巨大的权威；没有认识到即便是基于民主的权力，如果过分强大也会严重侵犯人民的自由权利，也会走向腐败，因此对其权力行使的范围也必须有严格的限定。

民国建立到“二次革命”之前，章士钊一方面主张强有力政府，一方面又十分关注个人的自由权利。他认为以当时中国所处的境况，必须要有一个能迅速实现国家富强的强大有力的政府。他所主张的政府是：议会大权，政党内阁，立法上中央集权，行政上地方分权。与民初的一般民主人士一样，他也赋予了政府庞大的权力。与此同时，他对于个人的自由权利，尤其是人身自由、言论自由以及司法平等问题，给予了相当的重视。他发表了一系列文章，批评《临时约法》没有规定对侵犯人民自由权利的救济方法，给予人民的自由是“猫口之鼠之自由”；倡导“出廷状”（即英国的人身保护令），认为这是保障人身自由的有效武器，“英人有此一制，而个人自由全受其荫庇”；反对对言论出版实行事前限制制，而主张事后追惩制，认为对言论出版的事前限制是铲除言论自由之“大刀阔斧”；反对特设行政法院审理行政诉讼，主张官民一律受治于普通法院之下，认为以隶属行政系统的行政法院审理行政诉讼容易为侵

① 洗心：《社会新心理之箴勉》，《独立周报》第 1 年第 13 号，1912 年 12 月 15 日。

② 徐傅霖：《强有力政府之效果》，《正谊》第 1 卷第 8 号，1915 年 5 月 15 日。

犯个人自由权利的非法行政行为辩护。[1] 不过，他主要是从法律的角度探讨如何保护人民的自由权利，谈的都是一些实际问题。而在人民自由权利的来源问题上，他却说“天赋人权乃十八世纪不可通之旧说”，主权属于人民之说是“夸张无据之谈”，强调：人民的自由权利并非天赋，而来源于国家主权。[2] 这一认识来源于边沁的法定民权说。章士钊抨击卢梭的天赋人权说，而倡导边沁的法定民权说，目的是要强调国家高于个人。既然个人的自由权利并非天赋，而来源于国权，那么自然国家主权高于个人的自由权利，国家可以要求个人为着国家利益做出牺牲。这种认识，和当时普遍的国权主义倾向并无多大的区别。同梁启超等人担心“洋洋盈耳”的民权说会“钝国权之作用”一样，章士钊也对当时“幼稚叫嚣”的民权说有些担心，担心国人因此“骛为玄想，习为放纵”。[3]

（二）自觉心：对个人自由权利的自觉

民初的国权主义，其产生有现实根源，也有历史根源。从历史根源上说，民初的知识分子深受中国文化中强调集体和集体利益，轻视个体和个体利益的传统的影响，“覆巢之下安有完卵”的古训，在他们心中是颠扑不破的真理。从现实根源上说，近代以来，中华民族从整体上面临着巨大的生存危机，拯救民族危亡、实现国家的富强，成了首要的任务。而对个人自由权利的关注，则居于次要地位。在不少救国志士那里，对个人自由权利的提倡，仅仅是从其能发挥救国效用的角度出发的，人权只是争取国权的工具，本身没有独立的价值。如恩格斯所指出的：“一个大民族，只要还没有民族独立，历史地看，就甚至不能比较严肃地讨论任何内政问题。”[4] 没有国家的自由平等，确实无法谈论人民个体的自由平等。从这一点说，国权主义有其一定的合理性。但是人民没有享受自由平等，没有参政权，就无法争取国家的自由平等，就无法迫使强大的

---

① 参见行严《论报律》《临时约法与人民自由权》《论特设平政院与自由原理不相容》《论军律》《非报律》《军法与普通法》，《民立报》1912 年 3 月 6、12、18、22 日，4 月 25、27 日。

② 秋桐：《约法与统治权》，《独立周报》第 1 年第 1 号，1912 年 9 月 22 日。

③ 行严：《平民政治之真诠》，《民立报》1912 年 3 月 10 日。

④ 《恩格斯致卡尔·考茨基》，《马克思恩格斯选集》第 4 卷，人民出版社 1972 年版，第 427 页。

政府服从民主的要求。在共和国体业已确立的情况下，片面地强调国权，忽视民权，只能使强大的政府走向专制，而借强大政府以振兴国家的梦想，也必然会破灭。民初国权主义思潮的泛滥，就被袁世凯利用，袁世凯及其追随者正是打着国家利益的幌子来鼓吹并实行专制独裁的。袁记《中华民国约法》就以“救国但出于至诚，毁誉实不敢计及”为名，把一切权力集中于大总统，而对《中华民国临时约法》大加篡改，“凡可以掣行政之肘者……皆予删除。凡可以为行政之助者……悉予增加”。[①]

五四新文化运动的最重要的贡献就是发现了个人，确立了个人对国家、社会的独立价值。从中国近代思想史的总体趋势看，五四新文化运动对个人的强调，就是对民初国权主义的反动。这种反动从“二次革命”之后即已开始，章士钊主编的《甲寅》月刊，就是这种反动的代表。

如前所述，“二次革命”之前，章士钊虽然对个人的自由权利给予了相当的关注，但他也强调国家高于个人。“二次革命”之后，眼见“行私者每得托为公名以相号召，抹杀民意以行己奸，毁弃民益以崇己利，动假微言大义以行，事过帝王专制之实，法律上无可抗，舆论上亦毫无能为”。[②] 他的基本取向却是：“对于国家主张人民之自由权利，对于社会主张个人之自由权利。”[③] 他清楚地认识到当时中国思想界最大的问题，是过分重视国家而轻视个人的权利。“中国之大患在不识国家为何物，以为国家神圣理不可渎”。[④] “欲全国家，首当牺牲个人利益；欲措国家于上理，国民之义务首当公而忘私”，这是“当路之所提掣，举世之所风从”的东西。[⑤] 因此认真梳理国家与个人的关系，搞清国家究竟是一个什么东西，打破“国家神圣，理不可渎”的神话，在理论上确认个人在国家面前所应享有的权利，也就成了当时中国思想界最重要的课题。

在《国家与责任》一文中，章士钊劈头就提出了这样的问题：“今之人竞言国家矣，政治呈一险象，群相语曰‘亡国、亡国’；士大夫矜其策

---

① 白蕉：《袁世凯与中华民国》，《近代稗海》（3），四川人民出版社 1985 年版，第 94—95 页。

② 《自觉》，《甲寅杂志存稿》卷上，商务印书馆 1922 年版，第 313 页。

③ 独秀山民：《〈双秤记〉序》，《甲寅》第 1 卷第 4 号，1914 年 11 月 10 日。

④ 《国家与我》，《甲寅杂志存稿》卷上，第 340 页。

⑤ 《自觉》《国家与我》，《甲寅杂志存稿》卷上，第 310、341 页。

略，动相励曰‘救国、救国’。究其实，国家何物也？亡国云云，亡之何为而可惧？救国云云，救之胡从而著手？”[①] 对这些极具现实意义的理论问题，当时不少号称从事救国事业的人都未曾深思过，更不用说一般的民众了。国家是什么？他首先引用美国联邦法院对国家所下的定义，称：“国家者，乃自由人民为公益而结为一体，以享其所自有而布公道于他人。”[②] 他对这一句话的诠释是：“享其所自有，谓权利也；布公道于他人，谓己之权利，必以他人之权利为限也。若者为己之权利，若者为他人之权利，非人民自为界说，决不适用也。故宪法者，质言之，一权利书也，人民总意之所发表，以求协乎公道者也……公道者何？与人以相当之谓也。与人以相当者何？各有其应有之权利也。”[③] 这就是说，国家是自由的人民为了享受、保障自己应享有的自由权利而组织起来，自由权利或者说“公道”，是国家存在的根本目的。

人权天赋的理论实际是一个先验的未经证实的假设，功利主义抛弃了这种假设，而从人权的实际效用来证其合理性。深受功利主义影响的章士钊（他认为“功用主义”这个词比功利主义更能概括边沁等人的学说）也是以功利主义的思路来说明国家的目的、价值以及人民为什么应当享有权利。他说，趋乐避苦，趋利避害，是人的本性。能否给人带来快乐，以及给人带来多大的快乐，就是衡量一切公私行为，一切政治制度、学术的善恶的标准。一切政治组织、政治活动、立法活动的根本目的就是要求最大多数人的最大幸福。唯其如此，国民就应当享受自由权利。因为，虽然苦乐是共通的，是无论何人皆有同感的东西，但对每个人来说，自己的苦乐只有他自己的感觉与判断最深切、最明确，避苦趋乐也必须由自己来安排，而不能由他人代谋。只有在国民享有自由权利的国度里，人民才能够自己决定何为苦乐以及避苦趋乐的对策，才能实现最大多数人的最大幸福；国民没有权利，就不能避苦趋乐，这样的国家只是根本没有价值的“奴圈”，就是一个恶的、不道德的组织，其存亡

① 秋桐：《国家与责任》，《甲寅杂志存稿》卷上，第26页。

② 同上书，第27页。原文为：A State is a body of free persons united together for comnon benefit，to enjoy what is their own and to do justice to others。

③ 秋桐：《国家与责任》，《甲寅杂志存稿》卷上，第59—60页。

兴衰与人民毫无关系。① 他明确宣布，人的自由权利与幸福是国家的目的，国家本身并不是目的，而只是手段：“国为人而设，非人为国而设也。人为权利而造国，非国为人而造权利也……国家者非人生之归宿，乃其方法也。”② 国家并不是什么神秘、高贵的东西，它不过是政治学家造出来的一个用以说明某种社会组织的符号而已，“其本身之价值，殆与图腾番社同科”。③ 当时和章士钊持大致相同见解的人，还有高一涵、陈独秀、李大钊、张东荪等人。④

保护个人的自由权利，增进个人的幸福，不仅是国家的目的，也是国家生存与强盛的根本途径。把民权与国权对立起来，担心个人权利的恢张，会影响国家的生存，因而主张稍稍牺牲民权，以巩固国权，是民初不少人的基本思想倾向。针对这种思想，章士钊指出，“民利不张，国利胡生？求民利即以利国，淬民力即以卫国”⑤。只有广大人民享有其应享有的权利，其创造力才能得到发挥，国家才有强盛的希望；否则国家没有不腐败的。中国现在就因为人民没有享有其应享受的权利，“政士以失其相当之地位，无所行其志；言论以失其相当之机关，无所尽其说；农贾［以］失其相当之机会，无所致其利。推至财产生命全失其保障，予夺唯命，生杀唯命”，而致“万民耗其生机，社会成为枯蜡”，“国本之拔，盖已成于不知不觉之中”。⑥ 在这里，章士钊的立足点是人民的自由权利，而不是国家的富强，他把个人的自由权利作为国家的目的。只是在反驳恢张个人权利，会影响国家的生存与强盛的观点时，强调只有人民享有自由权利，国家的存在才有意义，国家才有强盛的希望。可以说，在这里，章士钊并没有背离自由主义。

实际上，明眼人可以看出来，在功利主义那里，最大多数人的最大

---

① 秋桐：《国家与责任》，《甲寅杂志存稿》卷上，第53—58、61页。

② 《复辟评议》，《甲寅杂志存稿》卷上，第196页。

③ 同上。

④ 参见高一涵《民福》，《甲寅》第1卷第4号，1914年11月10日；《国家非人生之归宿论》，《青年杂志》第1卷第4号，1915年12月15日；陈独秀《爱国心与自觉心》，《甲寅》第1卷第4号，1914年11月10日；张东荪《制治根本论》，《甲寅》第1卷第5号，1915年5月10日。

⑤ 《自觉》，《甲寅杂志存稿》卷上，第319页。

⑥ 《国家与责任》《自觉》，《甲寅杂志存稿》卷上，第58、318—319页。

幸福才是最终的价值，而在一定的意义上说，个人的自由权利倒是实现这一最终价值的手段。因此后来的自由主义思想家就批评功利主义未能将个人自由作为最终的不可更改的原则，而可能会为了集体的利益，为了最大多数人的最大幸福牺牲个人利益。与同时代的其他许多人一样，国家确实在章士钊的心目中有着很重的分量，这从前面说到的“二次革命”前章士钊对国家利益的强调，以及下面将要论述到的章士钊对爱国心问题的认识中，都可以看得很清楚。他不愿意用天赋人权论而用功利主义来主张个人的自由权利，既与功利主义对他的影响有关，也与他关注国家利益的思想倾向有关，毕竟他深受中国传统的集体主义的影响，毕竟他必须面对近代中国的民族危机。功利主义在逻辑上可能会走向强调整体利益的倾向，正好适合于他内心中对国家利益的关注。因此，在功利主义那里，个人的权利是实现最大多数人的最大幸福的手段，而在章士钊那里，个人的自由权利不仅有这一功效，同时也是实现国家富强的工具。在民族的生存面临着巨大威胁的中国近代，在深受集体主义传统影响的近代知识分子当中，不可能产生纯正的个人主义。

不过应当强调的是，《甲寅》时期，章士钊最为关注的问题是个人的自由权利。为捍卫个人的自由权利，在个人自由权利的来源问题上，他的思想有相当的变化。“二次革命”前，他坚持边沁的法定民权说，而排斥卢梭的天赋人权说，而《甲寅》时期，他则用19世纪英国自由主义思想家中仍然坚持天赋人权的斯宾塞的话明确指出：法律本身并不能创造权利，而只能承认与规范人民既有的权利；人民的权利在初民的习俗中已经得到承认，它的形成遵循的是一种自然法则。而当严复公开批评天赋人权说时，章士钊就发文指出严复的批评是在歪曲卢梭的思想的基础上进行的，不能击破卢梭的理论。① 有意思的是，章士钊有意避开了天赋人权说的缺陷，虽然他对这一点是十分清楚的。他一方面对天赋人权说不满意，一方面也不满意法定民权说，所以他避开了人的自由权利的来源这一理论问题，而坚持捍卫自由、平等的价值。

章士钊承认，进入国家状态之后，人的自由应当有所限制，作为换取“公共和平之代价”，有“政治觉念”的人，经过“协谋聚议，斤斤

① 《读严几道〈民约评议〉》，《甲寅杂志存稿》卷上，第377—405页。

计较”，会在一定的范围内让渡自己的一些权利，但那只是为了维持必要的社会秩序，以更好地保障人权自由。① 他也同意，为了国家的富强，可以在一定的范围内，扩张国家权力，但应当谨慎从事，不得“漫无经界”，“犯吾人权根本之说”。对一切要求人民牺牲个人所应享有的权利以救国、强国的主张，他通统称之为“伪国家主义”“伪爱国心”，并一针见血地指出了这种主张的本质：“有倡伪国家主义者，意在损个人以益国家。此说之可取，亦视夫所为损益之界说若何，若漫无经界，犯吾人权根本之说，愚敢断言之曰，此伪国家主义也，此曲学之徒，软骨之士奉为禽犊以媚强权而取宠利者也。又有提倡爱国心者，意在牺牲所有以为国家利。闻之鲍生葵曰：‘爱国决不在牺牲所有，而在致其所有者于相当之位’。斯言精透，旷古无伦。于时有主张抹杀人民权利举而奉之一人或一机关以滋其蹂躏，而又美其号曰救国，嗤嗤者氓从而和之者，愚敢断言之曰，此伪爱国心也，此鄙夫利之以行其政策，独夫民贼利之以愚其黔首者也。”② 所有这些谬论，都应当“绝其根本，使无遗孽”③。

他分析了“伪国家主义”在中国流行的原因，将批判的锋芒指向了旧的封建国家观念与传统的伦理道德。他指出，牺牲个人利益和“公而忘私”绝不是人们的真实心理要求，相反，为个人的利益打算，才是人们的真实心理要求。但数千年来中国的政治学说和伦理学说都忽视了普通人的真实心理和真实要求，大倡公而忘私之义，“国之兴废存亡亘数千年，中间命世之英无虑数百，知言之圣亦且迭兴，皆略心理潜滋之势，而崇伦理矜持之义，举世习焉而不敢以为非，既不敢以为非，而又无法以通其欲，公私不得其平，弛张一无所当，而国家根本问题坐是无由了处，而真正之和平幸福，举冥冥堕毁于名分经制诗书礼义之中。且民欲不以正通，必以变通，不以缓通，必以急通，而吾有史以来之改姓易朔、狐火篝鸣，皆可由此点窥其真蕴”。④ 中国传统的伦理道德没有给予私人利益以其应有的地位，公与私的关系没有处理好，于是，人们就一方面

① 《自觉》,《甲寅杂志存稿》卷上，第 317—318 页。
② 《国家与责任》,《甲寅杂志存稿》卷上，第 60 页。
③ 《自觉》,《甲寅杂志存稿》卷上，第 319 页。
④ 同上书，第 311—312 页。

满口仁义道德，一方面又在仁义道德的幌子下追求着自己的利益，这就造成了整个伦理体系的虚化；人们无法以正常的途径争取个人的私利，积之长久，就只好诉诸暴力等非正常的途径。这种要求人们“公而忘私”的伦理要求，既然违背了人们的真实心理要求，又怎么成了“举世习焉不敢以为非”的统治人民思想的力量呢？章士钊指出，所谓“公而忘私”，起先只是统治者以武力强迫人民为之，后来又慢慢归入儒家的伦理要求之中。其原型是损下益上，来自荀子所说“儒者，法先王，隆礼仪，谨乎臣子，而致贵其上者也”。[①] 所谓“致贵其上”，不过就是“自损其所有，或为物质，或为精神，悉以加诸于君”。自荀子以后，儒家将此“垂为大训”，“历世之独夫民贼，复崇其说，以取便于己”，逐渐形成牢笼人民思想的巨大枷锁。此外就是中国旧式的国家观念在作怪。“吾人国家与君主之观念全然未明，以为君者即国之所寄也。报国之事同于报君，为君致身无异以身许国。”到了近代，君主即国家的观念已经变更，于是损下以益上就转而变成了损私以益公。[②] 旧的国家观念与伦理观念是专制统治者维系专制统治，侵夺人民权利的理论依据，宣传新的国家观念，批判伪国家主义，批判旧的国家观念与伦理观念，也就从理论上挖除了专制统治的一根理论支柱。他的这一批判深及中国传统的集体主义观念，不对这种观念进行批判，就不能在普通中国人心中确立个人利益和个人权利的地位。

在分析了国家的目的，批判了“伪国家主义”之后，他号召人民对个人权利应有切实的自觉，“凡关于权利欲望之种种主张，直主张之，无所容其嗫懦，无所容其消阻”。[③] 中国数千年无此自觉，才使中国“数千年只有君史而无民史，辗转桎梏于独夫民贼之下，以至于今日，无有少更。东西洋政治之鸿沟即于此划”。[④] 如果再不自觉，那么激烈的革命也好，稳健的改革也好，都没有任何实际的意义，其结果与个人之自由幸福都毫无关系。无论革命抑或是改革，都必须首先理清国家与个人的关

① 《荀子·儒效篇》，《诸子集成·荀子集解》，上海书店 1986 年版，第 75 页。

② 《自觉》，《甲寅杂志存稿》卷上，第 312—313 页。

③ 同上书，第 320 页。

④ 《国家与我》，《甲寅杂志存稿》卷上，第 341 页。

系。[①] 这里，他将国家与个人的关系问题，将个人的自由权利问题提到了相当高的位置。不仅否定了将个人的自由幸福从属于国家的自由平等的观点，而且明确地肯定，国家也好，革命也好，改革也好，其唯一目的只能是保护和促进个人的自由权利、幸福，确立了个人对于国家的独立地位。可以说，五四新文化运动之前，以章士钊为代表的思想家，已经在国家政治的领域中确立个人的地位，而五四新文化运动则由此更往前走一步，主要是要在社会生活领域确立个人的独立地位，是要将个人从旧的伦理道德中解放出来。从这一点说，五四新文化运动的领袖正是站在章士钊的肩头上前进的。

（三）爱国心：怎么才叫爱国？

与自觉心相连的是爱国心问题。

“爱国”是一个很崇高的词，也是一个公民所应具有的最基本的德性。对于一个国家来说，人民的爱国心也是十分重要的，它是团聚人民的一种无形的力量。“国于天地，宁有不恃人民之爱国心而能国其国者也？”[②] 然而，当时“爱国”已经成了专制统治者要求人民为自己做出牺牲，忍受残暴统治的幌子。在这一幌子下，专制统治者的非法行径合法化了，而社会舆论对此往往无能为力。因此对“爱国”进行严格的界定，就与明确国家目的一样，成了反对专制统治，捍卫人民自由权利的重要任务。当时的思想界就围绕着“爱国心”问题，展开了一场热烈的讨论，章士钊、陈独秀、李大钊等当时最为优秀的政论家，都曾对此问题发表过意见。

章士钊承认，爱国心是一种不学而有的良知良能[③]，“人为一国之民，不能自立于国家之外，祖宗丘墓之乡，饮食歌哭之地，尚曰不爱，岂复人情？”[④] 但是，他指出，“爱国”并不是牺牲自己应享有的权利，也不等同于爱政府，而必须严格区分国家与政府，并“重造爱国心之界说”。

① 《自觉》，《甲寅杂志存稿》卷上，第 309—320 页。

② 《爱国储金》，《甲寅杂志存稿》卷上，第 365 页。

③ 《国民心理之反常》，《甲寅杂志存稿》卷上，第 335 页。

④ 《爱国储金》，《甲寅杂志存稿》卷上，第 369 页。

“有国而不知爱，是谓大瞀；谓吾应于恶政府而爱之，是谓大愚。”爱国的真正含义是，“人立于一国，公私相与之际，有其相宜之位置焉，能保此相宜之位置，适如其量，即是爱国之道”①。“爱国决不在牺牲所有，而在致其所有者于相当之位。”② 这就是说所谓爱国只是正确处理国家与个人的关系。正是本着这样的认识，章士钊对当时袁世凯政府操纵的所谓“爱国储金”征集活动进行了辛辣的讽刺。袁世凯政府原打算以“爱国”的名义，通过征集“爱国储金”，从人民手中掠夺5000万元左右，但几个月之后，所得现金还不到200万元。这件事，表面看似乎是绝大多数中国人都无爱国心，实际并非如此，而是政府盗用“爱国”的美名搜刮民财遭到了人民的抵制。章士钊指出“民不爱国奈何以爱国劫之?”“以爱国二字与储金连为一名词，谓不储金者即不爱国焉。此诚细人妇寺之所谓爱，与近世立国之道风马牛不相及者也。英伦近有矿夫罢工之事，而海军无煤，前敌之险莫状。此其矿夫之无爱国心，在吾东方人闻之，必且舌挢三日而不能下，而英之政府不能以‘爱国’、‘爱国’张皇号召，即能返工于矿，而行所无事也。是有其相宜者焉，矿工之要挟也，以政府之待之失其所宜。及今补救，舍复其所宜以外，无他法矣。”③ 与章士钊一样，陈独秀、李大钊也都强调，爱国应当以对国家目的的自觉为前提。陈独秀说：“爱国者何？爱其为保障吾人权利谋益吾人幸福之团体也”，不能保障人民自由权利、谋益人民之幸福的国家，不值得爱。④ 李大钊说：“我需国家，必有其的，苟中其的，则国家者，方为可爱。”⑤

从理论上说，国家应当以保护个人之自由权利、增进个人之自由幸福为职责；而当时中国的实际情况是，国家为一小撮人所把持，成了他们残民以逞的工具，这样的国家本身值不值得人民去爱？若不值得人民去爱，那人民又该怎么办？1914 年6 月，陈独秀在致章士钊的信中就说：“自国会解散，百政俱废，失业者盈天下，又复繁刑苛税，惠及农商。此

---

① 《爱国储金》，《甲寅杂志存稿》卷上，第369—371 页。

② 《国家与责任》，《甲寅杂志存稿》卷上，第60 页。

③ 《爱国储金》，《甲寅杂志存稿》卷上，第366、371 页。

④ 《爱国心与自觉心》，任建树等编：《陈独秀著作选》第1 卷，上海人民出版社1993 年版，第114 页。

⑤ 《厌世心与自觉心》，《李大钊文集》上，人民出版社1985 年版，第145 页。

时全国人民，除官吏兵匪侦探之外，无不踵足而立……国人唯一之希望，外人之分割耳。”[①] 1914 年 11 月，他又在《甲寅》月刊上发表《爱国心与自觉心》一文，文中说：“国家者，保障人民之权利，谋人民之幸福者也，不此是务，其国也存之无所荣，亡之无所惜。若中国之为国，外无以御侮，内无以保民，且适以残民……海外之师至，吾民必且有垂涕而迎之者矣……国家、国家，尔行尔法，吾人诚无之不为忧，有之不为喜。”现有的国家既不可爱，而中国人是否能“建设国家于二十世纪”，他也表示怀疑。愤激之余，他说中国只有听人瓜分的命。[②] 陈独秀此文的主旨是论证“国人无爱国心者，其国恒亡。国人无自觉心者，其国亦殆。二者俱无，国必不国”，呼吁人们对个人权利应有切实的自觉。但文章过于悲观，言辞过于激烈，如李大钊所说，“文中厌世之辞，嫌其泰多；自觉之义，嫌其泰少”[③]。所以发表以后，招致许多误解与批评，章士钊也“获诘问叱责之书累十余通”[④]。然而，就在陈独秀此文发表之后几个月，人们的思想发生了极大的变化，面对封建专制势力独揽国家大权，对内残民以逞，对外卖国求存的实际，有国不优于无国的想法迅速在人们心中蔓延，不少人认为，“亡国后，人民之苦痛，充其量亦不过如所受于今政府，而公众事业之日以发展，普通教育之有可期，权利虽微而能守，法律纵酷而有定，犹非今政府所能望”[⑤]。梁启超甚至说：“吾见夫举国人作此想者，盖十人而八九。”[⑥]

面对无可救药的政府，人们在绝望之余，每易作过激之论，这很自然。这种过激之论，如章士钊所指出的，有两重作用：一方面，固然可以鞭笞势利文人，使他们不再鼓噪似是而非的爱国论；另一方面，如议论不谨慎，则“足以沉吾国于九幽无以自拔”[⑦]。要求人们对国家与个人的关系有切实的自觉，是要人们认识到不能保护自己权利的国家没有存

① 《生机——致〈甲寅〉杂志记者》，《甲寅》第 1 卷第 2 号，1914 年 6 月 10 日。

② 《甲寅》第 1 卷第 4 号，1914 年 11 月 10 日。

③ 《厌世心与自觉心》，《李大钊文集》上，第 146 页。

④ 《国家与我》，《甲寅杂志存稿》卷上，第 339 页。

⑤ 同上书，第 342 页。

⑥ 《痛定罪言》，《大中华》第 1 卷第 6 期，1915 年 6 月 20 日。

⑦ 《国家与我》，《甲寅杂志存稿》卷上，第 344 页。

在的价值，目的是要人们造一可爱之国而爱之，并不是要人们不爱国，更不是使人们自甘亡国。如李大钊所指出的，真正的自觉，不仅仅是对国家目的的自觉，真正的爱国不只是爱已有的可爱之国，对中国人来说，自觉与爱国就是要“改进立国之精神，求一可爱之国家而爱之，不宜因其国家之不足爱，遂致断念于国家不爱。更不宜以吾民从未享有可爱国家，遂乃自暴自弃，以侪于无国之民，自居为无建可爱之国之能力者也”①。

在国家消亡之前，国家与民族是人们无法超越的一道界限，别国的强盛与富足，别国人们的幸福，毕竟是别人的；己国的贫弱与苦难，到底是自己要切身经历的。对于弱国的人们来说，必须寻求国家的强大，必须自己行动去缔造一个能够反映自己意志、保护自己权利的国家。把自己的幸福与权利，交给别的民族与国家去掌管，就和把自己的幸福与权利交给自己民族、国家中的一小撮人去掌管一样，是把自己的幸福与权利交给了自己不能控制的力量。自己决定自己的幸福，自己保护自己的权利，这是追求民族独立与政治民主化的真正意义所在。针对国亡何事可怖的偏激说法，章士钊要人们“慎用感情，勿使国人之纯正心理转而趋于潦倒沉废之域，一往而不可救也”②。他说，国家的兴衰存亡，直接影响着个人的生存与发展；面对国内黑暗的政治，个人是无处可逃的，“吾将效摩西之出埃及，或新教徒之入新大陆矣乎？则人稠而莫举，当今之世亦决无片地以相容也”。而亡国为奴，任人宰割，也绝不是中国人的出路。③

在明白国家的真正目的、了解爱国的真正含义之后，面对亡国既所不可、爱国亦所未安的现实，中国人的出路何在？这是当时不少人心中难解的疑团。章士钊提出了解散国家、重造国家之说。在这里，他又离开了功利主义，而回到了卢梭那里。他依据卢梭的民约论，认为国家是自由的人民为了保障自己的自由权利而通过社会契约组织起来的。当国家为僭暴者所窃而违背当初组织国家的目的时，人民就有权利解散国家，

---

① 《厌世心与自觉心》，《李大钊文集》上，第146页。

② 《国家与我》，《甲寅杂志存稿》卷上，第343页。

③ 同上书，第342页。

回复到自然状态，恢复创立民约以前的自由。然后，再造总意，复创新约，建立一个新国家。解散国家与亡国不同，亡国是亡于他人，解散国家是由同族人自己解散，虽然驱逐他族之征服者，与颠覆本族之僭暴者，事情的性质相近，但前者要比后者难。因此只可解散国家，而不可亡国。[①] 实质上，解散国家、重造国家，就是要推翻专制统治，建立一个民主自由的国家。但章士钊不愿用“革命”这个词，而提出一个十分广漠的命题：“道在尽其在我。”何谓“尽其在我”？他说这有三种形式：第一等的是，“有一定之主义，准此以行，而百折不离其宗，富贵不能淫，贫贱不能移，威武不能屈，以大丈夫自期，挟孟氏当今之世舍我其谁之慨”。第二等的是，“人品不必高而无上，宗旨不必醇而无疵，惟既有所信，而富于一种坚韧不拔之气，能以苦战奋斗，力争上游者”。第三等的是，“无不待而兴之能，与夫独为前驱之勇，或奉一职，或营一业，而蚤夜自思，觉有万不可为之事，即谨守之不失，不以自欺，心力相应之时，于我之所能信者，加以援助”。在他看来，“改革之事无不以少数人握其枢机”，只要有一两个第一等的人，数十位第二等的人，于读书明理之人中得一部分第三等的人，解散国家、重建国家之目的就有成功的希望。中国“通国无一独立之人，到处无一敢言之报，人人皆失其我”，这样的国家没有不亡的道理。他希望先觉之士，即昌言国不足爱而国亡不足惧者，从我做起，首先求其在我，承担起解散国家、重建国家的任务。[②] 这实际是诉诸个体自身的精神力量。由此能不能实现解散国家、重造国家的目的，相信章士钊本人心中也是毫无把握的。不过，在国命垂危，人心绝望的时候，既然亡国不是出路，呼唤先觉之士，诉诸先觉之士的精神力量，也就是人们无可奈何的选择。其时，李大钊也强调，中国至于今日，虽已濒临绝境，但一息尚存，就绝不能绝望自灰，而应当本自由意志之理（Theory of free will），努力向上，改造国家，使之善良可爱。[③] 在打破消极悲观的人心，呼唤一种救国、建国之事舍我其谁的英雄主义，呼唤威武不能屈的独立人格方面，章士钊比李大钊走得更远。面对其时

---

① 《国家与我》,《甲寅杂志存稿》卷上，第 344—348 页。

② 同上书，第 350 页。

③ 《厌世心与自觉心》,《李大钊文集》上，第 148—149 页。

险恶的局势，湖南的一些少年，愤激之余，“相率自裁”。对这种现象，李大钊认为，“自杀之举，非出于精神丧失之徒，即出于弱志薄行之辈”。他反对由激昂而轻生，认为面对国家现在的处境，仁人志士应当直面现实，起而救世，建天堂天国于人世，化荆棘为坦途，救世救人且以自救；与其自杀，不如忍死须臾，以待横刀跃马，效命疆场。[①] 而章士钊则认为，自杀固然不无流弊，但在中国还不用顾虑这一点，中国人心之大患是偷生苟容之习，“自杀之风果倡，尚能矫起一二”；所谓“忍死须臾”只会被“薄志弱行寡廉鲜耻者流”，用来为其苟且偷生，容头过身的行径辩护：所谓“与其自杀，不如效命疆场”，“不知无自杀之决心者，未见即能立效命之宏愿也”。对于少年自杀，贤者虽不倡之，决不应当阻之。[②] 可见，章士钊虽然十分强调个人的自由权利，但他也强调，为争取自己的自由权利，为争取人民的自由权利，为民族的生存，为建立一个能够保障人民自由权利的国家，应当有人做出牺牲，应当有人出来奋斗，而这一任务首先应当由知识精英来承担。这里，他又和讲究当下幸福的功利主义保持着距离，而流露出浓厚的中国传统士大夫以天下国家为己任的意识，表现出强烈的历史责任感，从中看出中国的集体主义传统对他的影响。

章士钊虽然说，现实的国家并不可爱，并提出要解散国家、重造新国，但是，国家并不是抽象的概念，而是实实在在的实体。一旦现实的国家面临着危机，他还是不能不有所顾忌。因为一旦国家亡于外族，国人也就无从解散国家，而应谋求民族解放了。所以，当中日“二十一条”交涉发生之后，欧事研究会就两次发表了对时局的宣言。[③] 这两份宣言发表的背景是：当时袁世凯政府对流亡海外的革命党人，一面用金钱利禄收买，一面挑拨离间，制造孙黄分家、革命党要趁中日“二十一条”交涉之际借日本军队颠覆国内政府的谣言。对于流亡海外的政治异己分子来说，如果背上了里通外国、出卖民族的骂名，那么其政治

---

① 《厌世心与自觉心》，《李大钊文集》上，第150页。

② 《论厌世——答李君大钊》，《甲寅杂志存稿》卷下，第84—87页。

③ 这两个宣言均出自章士钊之手，宣言内容见章士钊《欧事研究会拾遗》（中国人民政治协商会议全国委员会文史资料研究委员会编《文史资料选辑》第24辑，中国文史出版社1986年重印本，第263—275页）。

主张也就不会被国内人民所认同。因此，这两份通电主要是辟后一个谣言，向全国人民表明欧事研究会的基本立场：革命党虽然要改革政治，但决不敢有危于国，绝无引狼入室之心；革命党改革政治的根本目的恰恰是为了挽救民族危亡。但是宣言同时提出了“先国家，后政治”的主张，确实也隐含着停止革命，一致对外之意。这里又一次表现了章士钊对于民族生存、国家强大的关注。所谓“先国家，后政治”，就是先谋国家独立、民族解放，后谋政治改革，其中的轻重主次是十分清楚的。

二　宪政与专制的优劣——民主政治的价值

“二次革命”失败后，1914 年 1 月，国会被解散，共和政治的试验宣告失败。国民党的政党内阁理想，进步党先排击“暴烈派”，然后带袁世凯走上正轨的策略，都破产了。与此同时，共和政治不适合于中国，中国适合于国家元首大权独揽的集权体制的官方理论，在一班御用文人的鼓噪下，声势日大；以学术讨论面目出现的复辟帝制的理论，在当局的默许下，也甚嚣尘上。袁世凯的专制集权政策，日益明目张胆，帝制复辟，即将成为现实。共和政治试验的失败，是不是就说明共和政治不适合中国，或者说，共和政治的理想虽好，但以中国的历史、地理状况，以及中国现有的民德、民智水平而言，共和政治没有价值，它不能救中国？如果不是这样，那么以中国现有的民智、民德水平，面对袁世凯的专制统治，中国能不能又如何建立共和政治？是实行开明专制，还是革命？是从社会改造入手，以为民主政治确立良好的社会基础？还是先进行政治改造，以为社会改造创造比较好的政治环境？这一连串问题，是当时中国思想界、理论界必须回答的问题。

（一）二者与人民自由幸福的关系

论证民主的价值的思路有两种，一是从政府的合法性入手进行论证，一是从民主可能产生的实际效用入手进行论证。前者以洛克、卢梭为代表，后者则是功利主义的思路。前者容易导致激进的结论：非民主的政府是非法的，因此人民有权以革命的形式改变它。[①] 章士钊不愿看到革命，所以他用功利主义的理论来论证民主的价值。他说，人的苦乐，只有自己感受最切身，避苦趋乐的对策也只能由个人自己决定，如果人民把权力交给统治者，期望他们代为自己谋幸福，那是十分危险的。“人莫不自私，而有权者犹莫不欲滥用其权以自恣，以是一国之人皎然划为治者与被治者，其中绝无连环可以交通情感，互调利害，则以全国之福利供一人或团体之牺牲，实人类劣根性必生之结果，无可疑也。”因此，要谋最大多数人的最大幸福，人民便应当享有自由权利，应当制定宪法，以保障自己的权利，限制政府的权力，并且建立一个自己能够直接或间接控制的政府。立宪政治与专制政治相比，其差别就在，前者“人民自定其苦乐且自应用之于政事”，后者“人民之苦乐悬诸一人或少数人之意志”。[②] 有人说，中国人民民智低下，“不解真苦乐”，需要有在上者，为他们决定何为苦何为乐，为他们决定避苦趋乐的政策。章士钊说，毋庸讳言，“非常之原，黎民惧焉”，一般的老百姓有时为眼光所限，难以正确判断一个政策或行为的功用，这种情况是有的。但在中国最好不要说这种话，他举了几个例子：广东的赌博，陕西及苏赣粤的鸦片，人民深以为苦，革命党人曾大力禁绝，而政府曰：“否，尔乐焉”，“乱党禁之绝”，“吾为尔复之”。[③] 外力之侵入而国将不保，人民所深以为苦，而政府割让土地、出卖路矿、聘请顾问，唯恐满足不了外国侵略者。民穷财尽而国将破产，也是人民所深以为苦的，而政府乃竭力借外债，以为其挥霍、贿赂、赌博之用。工商业发达，为人民所乐，“政府知其然也，为之多发纸币以充其资本，为之多纵兵匪以分销其货品；悯盐商之疲困，则假手洋监督以苏息之；痛商办公司之无利，则盗押于外国银行而不使知之”。人民所渴望的是生命之安全，“政府又知其然也，为之遍设侦探，民不良不被逻察；为之四纵军队，女不美不被奸淫；偶语者不得不弃市，为治安也；有党者不得不炮烙，警将来也”。凡此种种，都是人民不能自定何为苦乐，不能自定避苦趋乐之政策，而由不受人民控制的政府代为

① 李强：《自由主义》，中国社会科学出版社 1998 年版，第 204、209 页。

② 《国家与责任》，《甲寅杂志存稿》卷上，第 49—58 页。

③ 《共和平议》，《甲寅杂志存稿》卷上，第 228—229 页。

决定所出现的现象，也是一切专制统治下必然出现的情景。[①] 总之，为最大多数人的最大幸福计，宪政要远远优于专制。同其他一些主要从国家富强的目的出发而主张民主政治的思想家不同，章士钊首先是从人民的自由幸福的角度来主张民主政治的。

（二）二者与国家治乱的关系

专制政治不足为治，这是章士钊反对专制而捍卫民主政治的另一个重要理由。

“国苟不存，共和何益？国苟以存，不共和又胡害？吾人亦问国家将藉此以存否耳，初不问符于共和至于何度也。”这种说法，以国家利益作为幌子，而主张专制，是当时国权主义者中“最有力之说”。[②] 袁记约法会议在其给袁大总统的咨文中就声称，“改造民国根本大法，首在力求实利，而不在徒饰美观，首在为多数人谋幸福，而不在与少数人言感情，救国但出于至诚，毁誉实不敢计及。是以此次增修约法之结果，名以隆大总统之权，实以重大总统之责”。约法会议也正是以自己救国“出于至诚”的空头支票，以救国、为多数人谋幸福的名义，将大权集于大总统。[③] 因此仅仅从人民之自由幸福的角度批判专制，捍卫民主，显然不够，必须进一步从国家利益的角度批判专制制度。

章士钊从法理的角度，经过严密的分析，指出，袁记《中华民国约法》完全是基于“朕即国家”的国家观制定出来的，它所规定的政制实际就是大总统一人独揽大权且一人“负责”的专制制度。要用这种政制去救国，去谋求约法会议衮衮诸公所称的“长治久安”，那是缘木求鱼。因为专制制度本身有不可克服的弊端。[④]

他强调，要想使政治清明，必须以法治国，而专制作为一种制度，与法治是水火不相容的冤家对头。[⑤] 专制政治的特点是：大权集于一人，专制统治者独揽生杀刑赏之权；专制统治不是一人可以实施得了的，专

---

① 《国家与责任》，《甲寅杂志存稿》卷上，第 56—57 页。

② 同上书，第 35 页。

③ 白蕉：《袁世凯与中华民国》，《近代稗海》（3），第 95 页。

④ 《国家与责任》，《甲寅杂志存稿》卷上，第 26—61 页。

⑤ 《民国本计论》，《甲寅杂志存稿》卷上，第 289 页。

制统治者必须要有股肱手足，必须要有一群官僚为之传达政令；人民没有过问政治的机会，没有正常的渠道表达自己的意思，对于专制君主及其心腹、官僚无法表达其“怒”，也无正常的“黜”与“罚”之道。因此，专制国家虽有法律，但其法律实际是不起作用的，起作用的是统治者一人的意志。因为生杀刑赏之权操于一人之手，臣僚为了固宠安位，就必然会不服从国家之法令，而以刺探、逢迎最高统治者之意为事，因为“令之所在，或为成规，意之所在，始为所欲”，只有揣摩透了人主的真正好恶并且善于逢迎，才能得到好处。[①] 而人主个人的意志又是变化无常的，这就必然会使国家之纲纪法令形同虚设。由于国家纲纪法令的失效，由于最高统治者不是全知全能的神，由于人民无法对政治事物发表意见，无法监督官僚，就必然会出现整个官僚体系的腐败。臣僚为了固宠安位，必然会不服从国家法令，而专门刺探、逢迎人主之意，必然报喜不报忧，遇事不敢任怨，互相推诿；同僚之间则钩心斗角、互相排挤，乃至结党营私，甚至侵夺人主的生杀刑赏之权，架空人主。由此，臣僚又必然敢于歪曲人主之意和国家政策法令，违法乱纪，买怨国人，上则蒙蔽君主，下则伪称圣意。专制国家的法律体现的是统治者一人的意志，是统治者强加给人民的，人民既不愿意也没有义务服从这样的法律，维持法律的不是人民的同意，而是专制统治者的“力”。一旦强力削弱，也就是专制统治崩溃之时。实行这种制度，不可能求得国利民安，更不可能挽救民族危机、振兴国家。

民主政治就可以实现以法治国。“今之文明国所有法者，其性公，其质固，审判有定员，解释有定义，所用者法也，而非用法之人。惟用法而不能自用，故行之而无弊。”[②] 民主政治下的法律，不是由一人强加给人民的，而是“举一国之聪明才力，萃于一隅，而条例其利害，疏通其感情，相剂相质，相和相调”制定出来的，体现的是人民自己的意志，有“公”的特点。只有这种法律才是人民愿意遵守的，人民才有遵守的义务。[③] 民主政治下的法律又具有“定”的性质，其制定、实施、解释均

---

① 《调和立国论》，《甲寅杂志存稿》卷上，第126、127页。

② 同上书，第125页。

③ 《说宪》，《甲寅杂志存稿》卷上，第362页。

有专门的机构，有严格的程序，所以真正起作用的是法律。

中国历史上，也曾有实行君主专制统治而天下大治的事，如著名的文景之治、贞观之治，这是一些主张专制制度的人所津津乐道的。对此，章士钊提出两点批评意见：第一，汉唐盛世，得益于汉文帝、唐太宗其人，而不是专制制度本身。君主制继世而理，君主不必贤，专制而天下大治，那只是“赌而偶赢”，并非专制制度的必然结果，与近世行民主政治造成天下大治而不复乱，根本就不可同日而语。第二，汉唐盛世的本质是，经大乱之后，人心思安，人口锐减，豪猾被扫荡殆尽，安分守己的良民有一个比较好的生存环境，这时专制统治者只要无所作为，就可天下大治。以后经二三百年生聚，人口膨胀，人民求食困难，就铤而走险，于是天下又大乱。中国数千年的历史就是在这种治乱循环中兴替更迭的。因此专制统治下的所谓太平之世，不过是“民出粟米麻丝，野无揭杆斩木”，纯粹是消极的治，与人民之真正福祉毫不相干。今日中国立国，决不能满足于此。① 显然，第一点是千真万确的，而第二点则受到了马尔萨斯人口论的影响，其实人民暴动、社会大乱的根本原因不是人口问题，而是统治者的暴政。而专制制度又必然会产生暴政，民主出现暴政的可能性要远远小于专制。

（三）开明专制之不可能

在中国，开明专制论首先是由梁启超在清末提出的，其内容是：人民程度不够，不能立即实行宪政，否则必出现暴民专制，因此必须首先实行开明专制，一方面维持必要的秩序，一方面训练民众；待人民程度提高之后，就可以和平而有序地实现政治制度的转型，实行宪政。章士钊承认，梁启超提出开明专制论以与革命党的共和论相对抗，确实是“本诸无邪之思，至诚之意”，但开明专制论也确实被人利用，“酿成前清伪立宪与民国伪共和两大恶剧，铁案如山，毫不可摇”，而且也成了一些人鼓吹帝制的借口。② 他指出，所有专制统治者无不认为自己的统治是开明的，而所有鼓吹开明专制的人也无不希望专制而能开明，但开明专制

① 《国家与责任》，《甲寅杂志存稿》卷上，第 44—49 页。

② 《民国本计论》，《甲寅杂志存稿》卷上，第 288—289、298 页。

根本不存在，“开明者，本不可期，有之厥惟专制”。[①] 因为专制的弊端是专制制度内在的本性，不消灭专制制度，就不可能消灭这些弊端。专制而开明必须有两个基本前提：第一，要有一位如荀子所说的至强至辨至明的圣人。因为，国家大事既繁重且重大，身任此事的专制统治者必须有为人民谋利益的足够的善心，必须有极为强健的体魄、极为坚强的毅力、极强的能力。一国之内，国土广大，民情政情均极为复杂，统揽大权的最高统治者，必须有极强的分辨能力，既能及时掌握民情，又能及时掌握政情，及时察知自己的政令是否被准确无误地执行了，官僚是否有作弊、违背法纪、欺上瞒下之处，民众对政令的反应如何等；一国之内，人众地广，利益、希望、情感的分化极为复杂，专制统治者必须有极强的认知、协调能力。可是，从理论上看，如笛卡儿所说，“人类生而不全者也，全者非彼能思义之物，则民之秉彝虽有等差，未能绝远，备德全美，信乎未能”，专制统治者作为人，也一样。从事实上看，除了传说中的三皇五帝外，“二千年以还，地无分东西，人无分黄白，凡史家所纪，文士所传，可以今日人类之通性证之而决其不谬者，于其帝王君长之中，求一至强至辨至明，能为天下之权称，如荀卿云云者”，是绝对没有的。第二，掌握最高权力的专制统治者，必须没有任何好恶。因为要使自己的威权不被臣僚所侵夺，而造成威权下移；要保障国家法纪不沦为虚文，使臣僚服从国家之法纪，而无从刺探、逢迎人主之意；要使人主真正做到“至辨”与“至明”，而不为臣僚所蒙蔽，人主必须如韩非子所说的“去好去恶，则群臣见素”。但既然是有血有肉的人，人主就有好恶。上述两个前提不成立，则开明专制论根本就不能成立。[②]

（四）二者与社会进步、安定的关系

从民主的教育性功能论证民主的价值，是功利主义的另一个特色。功利主义认为社会的进步依靠的是人民自身的美德和智慧的发展，民主比专制更能促进人民自身的发展。[③] 深受功利主义影响的章士钊指出，即

---

① 《调和立国论》，《甲寅杂志存稿》卷上，第133页。

② 同上书，第120—128页。

③ 李强：《自由主义》，第209、212—213页。

便有所谓的至强至辨至明的圣人，专制制度也不可取。因为，在专制统治下，一切政事都由统治者包办，一般民众没有参与政治生活的机会，其政治能力与政治道德永无提高的机会；而民主政治则刚好相反，它可以训练民众，提高人民的政治能力。“专制之政，无论其文明达于何度，要于养成民力、增进民德、开发民智，无几微之实效，而况乎达于其所谓文明，又恒在万不可得之数也。”“宪法之不完全，任至何度，惟若准斯法也，国民之多数可以自由意志定其政略，则以衡之最开明而博爱之专制政治，其为优越至无垠焉。何也，立宪政治，进取者也，富于生机，专制政治，停滞者也，几于死体。”①

同时，在专制政治之下，由于人民的意见、希望、利益、情感没有正常的表达渠道，积之既久，达于一定程度，就必然会导致革命，革命是专制不可避免的产物。“专制之效，首在民怨，民怨既众，乱象四萌”，一旦有事，就是专制统治者一人孤立于上，原本聚集于君主周围邀宠谋利的臣僚会作鸟兽散，“土崩瓦解，理有固然”。中国数千年的历史，就处在专制与革命的不断循环之中，如果没有制度更新，中国就永远不可能跳出这一循环。如果没有外力的压迫，如果没有虎视眈眈的列强，中国或许可以在这种循环中继续循环；但现在形势大变，再不主动更新制度，跳出这种循环，中国就会被动终止这种循环，即国亡而种灭。可见，专制不仅不能保障人民的自由权利，不能实现国家的长治久安，而且已经直接威胁到了中华民族的生存。民主政治则由于人民能通过正常的渠道表达自己的意见、希望、利益、情感，可以直接或间接对政府施加影响，使之随时依据人民的意志改变政策、改良政府工作，矛盾可以得到及时化解，政治可以稳定而有秩序地进步，国家可以长治久安。②

章士钊的上述论述，从专制、民主两种制度与人民自由幸福、国家治乱、社会进步的关系等方面，否定了专制的合理性，否定了开明专制的可能性，捍卫了民主政治的价值。虽然不能说他在理论上有什么创新，但他用功利主义的理论系统全面地捍卫民主的价值，批驳当时的专制势

① 《国家与责任》,《甲寅杂志存稿》卷上，第 49 页。

② 《政本》《调和立国论》《政力向背论》,《甲寅杂志存稿》卷上，第 1—25、96—141、61—96 页。

力对于民主的攻击，其理论深度在当时中国的思想界仍然是不多见的，其在知识分子中的影响也是巨大的。

三 民主政治是否适合于中国

中国国情特殊，共和虽好，但不适合于中国，民主政治试验的失败就是明证，这是当时一些人鼓吹专制集权和帝制复辟，攻击民主政治的最重要的理由。民主政治究竟适不适合中国，这也是当时一些人深感困惑的问题。

章士钊指出，衡量一种制度适不适合，唯一的标准是它是否适合于谋求最大多数人的最大幸福，是否适合于国家的进步。而袁世凯政府及其御用文人所谓的适合，首先是适合于巩固一小撮人的权益，适合于维持现状。[①] 事实证明，适合于谋求最大多数人之最大幸福、适合于国家进步的是民主制度。中国的国情究竟是什么，最具发言权的是中国人民，不是古德诺，也不是政府当局，或约法会议衮衮诸公。“吾人所以革命者，非他，亦惟求一机关，能自定何者为适于国情，何者为不适而已。今夺吾机关，而漫以若干事翘以示吾曰，此适于尔者也。是犹女子为强暴所污，无能自白，而任强暴者扬言于众曰，此子窥臣三年矣。不亦至可嗤乎？”[②]

（一）人民程度与民主政治的关系

国民应当有相当的政治素质，才能实行民主政治，中国人民民智低下，所以民主政治不适合于中国。这是鼓吹专制集权者的重要理由。对此，章士钊认为，首先，“代议政体者，本为以少数人谋多数人幸福之事，而非任多数人自谋幸福之事。号为多数政治，多数云者特少数中之多数，而非全体人民之多数也”[③]。这就是说，民主政治在本质上只是少数精英分子按照民主政治的基本程序，为国民谋幸福。这和功利主义强

---

① 《调和立国论》，《甲寅杂志存稿》卷上，第103—104页。

② 秋桐：《古德诺与新约法》，《甲寅》第1卷第2号，1914年6月10日。

③ 《古德诺与新约法》，《甲寅》第1卷第2号，1914年6月10日。

调个人的幸福只有本人认识最切，也应当由个人自己去谋求的主张，是有差距的。其次，章士钊认为，国民程度是一个相对的概念，而不是一个绝对的概念。普通的中国人确实程度不够，但不能说中国的“一部分优秀分子”没有参与政治生活的能力。真正有意义的多数是有选举权的人中的多数。民主可以首先在一部分优秀分子中实行，对于资格不够的人可以进行适当的限制。世界上没有任何一个民主国家初建时，其绝大多数国民就有足够的参与政治的能力。立宪政治最初并不是基于普通民众的民智水平，而是基于一部分优秀分子的政治能力，为他们创立一种政治组织，使他们有“相观相摩相质相剂”的机会，再由他们去“提携奖诱”普通民众，逐步提高民众的程度。这种体制与开明专制的区别在于，前者是国内的优秀分子在宪政的体制下，遵循“听反对党意见之流行”的原则，能够各抒己见，各展所长；开明专制则是一人独揽大权，结果就是优秀分子“皆如狙如傀儡”，变成专制统治者的奴才。如果因为普通民众程度不够而使优秀分子丧失在宪政之下参与政治并逐步提高的机会，从而使普通民众丧失提高的机会，民智就永无提高之日，民主政治也就永无实行之日。正因为中国民智不足，才需要实行立宪政治，为民众提供一个提高政治能力的场所。[①] 民主宪政是提高人民程度的最好办法。

早在 1912 年主笔《民立报》时期，针对当时一些人从抽象的民主原则出发而主张普遍的民主制，章士钊就指出，“大凡国民程度未熟之国，实不宜于极端之民政”，否则就会像法国大革命之后一样出现暴民专制。所以最适合于中国的政治制度应是，“以平民之国家而建贵族之政府”。所谓平民国家就是共和国家，所谓贵族，并不是世袭的贵族，而是指有出众才能的优秀分子。[②] 什么样的人可称才能优秀之人呢？他说，才能优秀的最现实的标准就是财产；议会最重要的责任就是替人民管好钱袋，倘议员都是无财产之人，则会通过无责任之财政案，国家将有无责任之挥霍，人民的财产权将因而受到损害；所以应实行限制选举制而不能实

---

① 《国家与责任》《共和平议》，《甲寅杂志存稿》卷上，第 51—53、213—214 页。

② 行严：《论平民政治》《平民政治之真诠》《答陈君耿夫书》，《民立报》1912 年 3 月 1、10、17 日。

行普选制。[①] 章士钊以财产作为才能优秀的标准，当然不是说财产越多，其才能就越出众，而是说，有才能的人都出自有产者。考虑到当时有能力接受良好教育的人，几乎都是有产者子弟，而贫民子弟万一有机会接受教育，那他在接受教育之后，也往往有一定的财产，章士钊的这一说法基本是成立的。不过，章士钊过分强调财产资格的重要性，而没有注意到，往往存在没有固定财产，但有相当教育程度的人，一般而言他们也是应当享有选举权的。章士钊没有注意到这一点，不能不说是一个缺陷。

可见，章士钊提倡的是一种精英政治论。他的精英政治论，实质就是一种间接民主论。与儒家传统的精英政治论强调人而忽视制度不同，他强调制度对于国家治乱的决定作用，认为近世文明政治“有一定不易之式，君子用之无多长，小人用之无多短者也”[②]。

对于一个土广人众、国民程度不足的国家，民主最初只能是间接民主，即便是一个人民程度足够的大国，其民主也应是大众参与与精英统治相结合的民主。章士钊的精英政治论，只是用明白的语言说明了民主政治开始只能是针对少数人的这一历史事实，只是说明了资产阶级民主直到当时，即便是在最为民主的国家，在实质与形式上都还只是少数人的民主这一事实。不过他对大众参与注意得不够，而主张将才能、财产不够资格的人暂时排除在民主政治生活之外。他强调在民主政治之下，精英分子负有训练大众，提高其程度的责任。这显然受到儒家政治思想的影响。儒家的精英政治论主张由少数有才干、有能力的人来管理社会和国家，管理者、统治者的才能、道德水平应当高于被管理者、被统治者，他们不但要管治人们，而且负有教化人们的责任。正是这种潜意识的作用，使他虽然在理论上没有否定一般民众有参与政治的权利，但在现实中又将他们排除在政治之外，而将政治仅仅看作少数精英分子的事，所以他将启蒙的对象划定为少数精英分子（这一点，我们在下文还会讨论到），也将文化看作少数知识精英的专利。

章士钊的精英政治论也是面向中国实际提出的一个实现民主政治的

---

① 行严：《论选举权》，《民立报》1912年5月18日。

② 《政治与社会》，《甲寅杂志存稿》卷上，第160页。

方案。中国人民久受专制统治，国民素质与普遍民主制的要求有相当的距离，这是力图在中国移植民主政制的人士必须认真考虑的实际情况。从世界各国的民主历史看，民主政治是一个逐渐发展、逐步扩大的过程。企图不顾中国的实际情况，违背民主政治发展的基本规律，在很短的时间内达到民主先进国家经过数百年努力才达到的境界，是不现实的；而借口中国民智不足，而否定中国人民对民主道路的选择，认为只有专制集权才最适合中国的民智水平，则是逆历史潮流而动的愚蠢之举。近代中国进步思想家对上述问题，是有一定认识的，孙中山的革命程序论，梁启超的开明专制论，章士钊的精英政治论，都是解决民智不足而又要实现民主政治的方案。孙中山的方案是革命之后并不立即实行民主政治，而首先实行革命党一党独裁，由少数先觉先知的人即革命党人去教育和训练国民；当条件成熟时再由革命党将政权交回给国民，实施宪法之治。这种方案的问题在于，由革命党独揽国家大权，实施一党独裁的训政时期，政治体制并不是民主体制，革命党政府的权力是不受人民约束的，这样，革命党会不会走向专制独裁，会不会将权力交还给人民，是没有实质保证的。梁启超的方案是，在实行真正的民主政治之前，先保留民主政治的种种形式，比如国会、宪法等，但中央政府的最高首长应是一个铁腕人物，由他运用专制手段，将国家逐步引上民主政治的轨道。这种方案完全基于专制首长个人的良心，是靠不住的。[①] 孙、梁两人的方案，都是以专制手段来求民主政治。章士钊的方案则是，由少数精英分子，按照共和政治的精神与规则运作政治权力，在民主政治的条件下，逐步提高民智，逐步扩大民主政治的范围。这个方案的问题是，精英分子能不能掌握国家权力，没有大众的参与、支持、监督，精英分子能不能确保民主政治的精神与规则不被别的力量所破坏，会不会自觉遵循民主政治的基本原则。中国的问题是：一方面民主是国家政治发展的基本方向，另一方面实行民主的条件不成熟，人民的程度不够。一方面提高人民程度最快最好的途径是现实的民主生活；另一方面条件不成熟而实

---

① 关于孙中山的革命程序论与梁启超的开明专制论的异同，请参阅徐宗勉、张亦工等《近代中国对民主的追求》，安徽人民出版社 1996 年版，该书第 159—164 页对这一问题的论述相当清楚。

行民主，民主极容易变形，而变形的民主又极容易引起普通民众对于民主的误解。一方面民主条件的成熟需要相当的时间与努力，另一方面中国的知识分子在认定只有民主才可以救中国、才可以发展中国的同时，又因为紧迫的民族危机而希望能够尽快实行民主。问题的解决，既需要时间，也需要人们为此付出巨大的努力。

有关人民程度的第二个问题是梁启超提出来的，他说欧洲政治之所以进化，原因不仅在其人民之知识，而且在其人民之品性。欧洲自中世纪以来，社会上形成了贵族这一特殊的阶级，贵族“大率重名誉而轻生命，尚任侠而贱财利，抗骨鲠而恶谄佞，信然诺而耻欺诈，遵法纪而厌邪曲……国有外难，则执干戈以为捍城；暴君非理之压制，则联而抗之，使不得逞也”。而中国占据社会中坚的上流社会，则“人格卑污下贱……非巧佞邪曲险诈狠戾，不足以自存”。[①] 这就是说，中国国民程度不足，不在普通民众，反而在于所谓的上流社会。章士钊承认，这一说法确实“切中时弊”。但他认为，第一，梁启超所说的实际只是英国的情况，法国的贵族同中国的上流社会一样腐败，法国的政治进步并未依靠贵族阶级，而是依靠其中流社会。中国的政治进步也同法国一样，应当依靠中流社会。第二，中国上流社会人格卑污，并不是其本性如此，而是专制制度造成的。他认为，人的本性既有善的一面，也有恶的一面，民主政治有发扬人性之善而抑制其恶的作用，而专制制度则相反。要使中国人品德得到提高，要使人才能够充分发挥作用，就必须实行民主政治。[②] 这里章士钊提到了中流社会，他并没有明确指出何为中流社会，但是从其思想倾向看，它实际是一个很广泛的含义，并不是专指资产阶级，而是指中产阶级及其知识分子。他把腐败的上层与“愚昧”的下层排除在争取民主斗争之外。

（二）所谓“历史地理风俗习惯”与民主政治之关系

人们对政治体制的选择，绝不是可以随意进行的，而必须尊重“历史地理风俗习惯”，这是鼓吹专制集权者提出的又一理由。他们说：中国

① 梁启超：《欧洲政治革进之原因》，《庸言》第1卷第5号，1913年2月1日。

② 《政治与社会》《共和平议》，《甲寅杂志存稿》卷上，第159—160、221—222页。

有集权统治的传统，人民有服从集权统治的习惯，国体虽然改行共和，但一般人民心理仍然希望政府集权，所以为尊重历史及人民习惯起见，中国应实行集权之制。中国国土辽阔，不易统治，实行民主政治实非所宜，必须有一个“强有力之政府”。[①]

章士钊承认，历史传统确实是人们进行政治革新时必须充分考虑的因素。他在批评一些激进的革命分子的理想主义时，就曾指出：“建国不如筑室，筑室可以自由择址而为之，鸠工庀材，一任己意。而建国则否，国家者既有一定之土地人民，复有特殊之历史族性，易之不能，绝之不可，于斯本吾理想之力，创为政制，以覆于其上，亦唯视其土地人民历史族性所能受之量，斟酌损益以出之，而后足以为功，不然将不至溃裂无可收拾不止。”[②] 但是，另一方面，面对古德诺等人的保守论调时，他又说：历史并不是一成不变的，而是“体常而尽变”的。历史的核心内容和历史变革的真正动力是精神，“历史者，人类思想之连续的表征也”。如果思想不进步，那么历史就不会有进步；如果思想有进步，而人们又能在现实政治中充分利用这种进步，那么社会就可以实现革新。因此，革新政治，既不能不考虑历史传统，也不可过于为历史现象所束缚。[③] 中国确实有漫长的君主专制的历史，人们确实曾经有服从专制统治的习惯，但这是过去的历史，中国的现实已经有了很大的变化：君统已破，民主思想已经在人民思想上发生了影响，人民已无忠君思想，对君权的迷信，也已经消失。既然人们的思想观念已经发生了巨大的变化，再以过去的“历史习惯”为根据而主张复辟帝制，反对共和，就是十分荒谬的。[④]

对所谓中国广土众民，不宜于民主共和的说法，章士钊指出，这种论调自清末立宪运动发动以来就有人一再鼓吹过。这一说法来自卢梭，他主张直接民主制而反对间接民主制，认为真正的民主制只能实行于土小民寡的国家。其实，所谓大国不宜于共和民主的说法，早已为美国、法国的民主实践所打破，根本不值得一驳。广土众民的国家难以实行直

① 白蕉：《袁世凯与中华民国》，《近代稗海》（3），第 92—94、123—129 页。

② 《调和立国论》，《甲寅杂志存稿》卷上，第 137—138 页。

③ 《论政治与历史——答陈君嘉异》，《甲寅杂志存稿》卷下，第 14—18 页。

④ 《帝政驳议》，《甲寅杂志存稿》卷上，第 272—277 页。

接民主，但可以实行间接民主。

（三）如何看民初民主政治的试验

清末，不少人把召开国会，颁布宪法，看作救国的不二法门，以为只要实行宪政，就立刻可以挽救民族危机，国家可以立至富强，把国会看作解决一切问题的万灵药。可是，国会召开之后，由于以袁世凯为首的北洋势力的重重阻挠，国会并未掌握实际权力，也没能有效地行使其法定权力；同时，由于国会议员大多是各式新旧知识分子，没有固定而可靠的收入来源，一些议员把当议员视同做官，而国会内又缺乏一套有效的防范议员腐败的机制，所以一些议员被袁世凯收买，且将卖身所得挥霍于花天酒地之中，一些议员则在议员岁费问题上讨价还价；此外，国会内党派林立，意见不一，加以议员普遍比较年轻，好强争胜，于是不仅议案往往拖延不决，议事效率低下，而且国会开会时往往秩序混乱，推桌拍椅，狂呼漫叫之声不绝，乃至屡起斗殴事件，国会在人们心目中的地位一落千丈。一些原来对共和政治有着过高期望的人，则由失望转而趋于愤激，对共和政治进行了言过其实的批评。一些原本就反对共和制的如康有为等人，则沾沾自喜，说假如当初国人听从了他们的主张，不实行共和制而实行君主立宪制，哪会有今日。袁世凯的御用文人则趁机丑化国会，把民初民主政治试验中出现的种种弊病，当作攻击民主制度的利器。而在民主政治试验失败的刺激下，在袁世凯政府对民初国会肆意丑化的影响之下，普通的知识分子对民主政治是否真的适合于中国，也大起疑问。因此，如何评价民初民主政治的试验，尤其是如何评价国会，就成为捍卫民主政治、主张中国应走共和之路的人必须回答的问题。

对此，章士钊认为：第一，比专制政治优越的是真正的共和政治，而不是徒具形式的共和。共和政治的形式即国家元首由选举而不由世袭，可以很容易确立，但共和政治的精神即多数政治之精神却非一朝一夕可以养成。辛亥革命之后，中国确立的只是共和政治的形式，由于政府当局的干扰破坏，共和政治之精神从未在中国确立起来。即便共和政治之精神在中国确立起来了，人们也不能指望它立刻发挥挽救民族危机的功效。以在专制势力的压迫之下的国会不能在短时间内发挥作用，从而说共和不适合中国，国会不应存在，“天下不平之事，宁复过兹?”他强调即便现在国会再开，而效果与民二召开的第一届国会相同，也不能以此为推倒国会、否定共和的借口。因为立宪政治是富于生机的，是国家政治发展的基本方向。[①] 第二，任何一种制度，实行起来，都会有弊端，重要的是在实行中精心防止弊端的发生，并逐步积累经验，逐步完善制度。共和制度在中国实行的过程中，确实产生过一些弊病，人们可以对此进行总结，可以将这些弊病悬为厉禁，使国人不再犯类似的错误，如因此而说共和不适合中国，那就是因噎废食。对人们批评最多的作为共和之象征的国会，章士钊说："平心论之，国会又何尝造大孽于天下。叫嚣隳突者，国会之恒态也。英之巴厘门，可谓高矣，愚曾观之，而其争不已。日本之帝国议会，亦经训练二十余年矣，今年开会犹几不免于挥拳。吾开第一次国会，相持之激，所传者亦不过拍案掷墨盒而止。则一翻各国议会史，此类之事，岂得云无？一在吾邦则仿若已犯天下之大不韪，为五洲万国之所无者然。何私心自用之为害一至于是也？岁费六千，即为议员应受死罪之证，内外攻讦，使无完肤，而今之参政所受实同，不闻其非，转嫌其少，情实相稽竟乃若斯，不可谓非古今之所希闻也。议员品性之不齐，此宁可讳，然当彼贿赂遍地兵威四逼之时，天坛宪法草案犹能从容就稿，主张不变；总统选举困议员于一室而饥渴之，刃露于墙，兵噪于外，而自朝至暮票仅足焉。其事之是非曲直不论，而国会能有此节操以上，决不得谓其绝无存立之价值。"[②] 章士钊的上述评论，对民初民主政治试验的评价相当中肯，这对于反击当时否定共和政治的论调，澄清一些人心中的模糊认识，重新树立人们对于民主政治的信心，有着积极的作用。

四　确立共和政治之道

(一) 政治改造与社会改造孰先孰后

"二次革命"失败后，袁世凯大权独揽，国会与各级地方自治议会均

---

① 《论救国——答孙君毓坦》,《甲寅杂志存稿》卷下，第 35—41 页；《政治与社会》,《甲寅杂志存稿》卷上，第 172—173 页。

② 《共和平议》,《甲寅杂志存稿》卷上，第 229—231 页。

遭解散，革命分子亡命海外，进步党失去了合法的活动地盘，专制权力笼罩一切，正所谓“权氛之所至，自男女不能相易以外，盖无不能。其稍稍得以制限之者，亦祖先传来之习惯及流俗所信之瞽说而已”①。配合着政治上的专制独裁，思想文化领域更是乌烟瘴气，对民主政治的诽谤与对专制集权的讴歌自不必说，祀天又成了政府的大典，尊孔之论洋洋盈耳，甚至有人主张恢复科举与谥法。

辛亥革命对普通人的思想与生活的触动实在有限。习惯于专制独裁统治的普通民众，对于袁世凯的专制独裁没有反抗的自觉，对于民主势力争取民主的斗争，也是局外旁观。面对黑暗的时局和麻木不仁的人心，失去了合法的活动地盘、无法以正常渠道进行政治改革的民主人士，只有两条道路，一是继续进行革命，二是进行社会改造，尤其是谋求在思想文化领域为民主政治打下一个良好的基础。首先由政治改造转向社会改造的，是一些失去了合法的政治活动地盘，追求民主政治，但又不相信革命可以在中国确立民主政治，而希望避免革命的温和派人士。然后一些革命党人如陈独秀等，也完成了这一转变。可以说，“二次革命”之后，由政治改造向社会改造转变，是中国思想界一个相当重要的转变，“向之以政治改造为惟一之希望者，今则以改造社会为惟一之鹄的矣”②。这种转变是在直接的政治改造无望的现实逼迫之下实现的。

1914 年 4 月，张东荪发文总结政治革命与社会革命的关系，指出：“社会革命者，政治革命之本根也，政治革命之后盾也”，政治革命的发生是因为此前已经发生了无形的社会革命，而政治革命又为社会革命扫清障碍，并且政治革命的巩固，也有待于社会革命的进一步发展。中国现在的问题是政治革命超前，而社会革命滞后，只有当他日社会革命成功时，政治革命之功才可能表现出来。所以他说：“惟斤斤于单简之政治革命者，扰乱社会之安宁，增加社会之厌恶心，其结果反有碍于社会革命之进行。”③ 他已明白无误地表示，要从政治改造转向社会改造。但社会改造的具体内容，他并没有指出来。1915 年 2 月，他更明白地指出：

① 《说宪》，《甲寅杂志存稿》卷上，第 359 页。

② 伦父：《命运说》，《东方杂志》第 12 卷第 7 号，1915 年 7 月 10 日。

③ 张东荪：《政治革命与社会革命》，《正谊》第 1 卷第 4 号，1914 年 4 月 15 日。

“中国国运之兴也，不在有万能之政府，而在有健全自由之社会，而健全自由之社会惟由人民之因人格优秀以成立……易言之，中国之存亡惟在人民人格之充实与健全。”① 与此同时，梁启超也提出了类似的思想。他说，社会是政治的基础。运用“现代政治”应具备八大条件，概括起来就是：要有一定数量的“器量学识才能誉望皆优越”的政治家、政论家以及专门政治人才；从事政治活动的人都有“相当之恒产，不至借政治为衣食之资”，有“水平线以上之道德，不至掷弃其良心之主张而无所惜”；政治家有力量“抗压矫正”“特别势力”的越轨行为；人民有足够的实力，“既能为政治家之后援，亦能使政治家严惮”。中国缺乏这样的条件，所以应当暂时放弃政治改造，而且也不要谈政治，而一心一意从事“社会事业”。② 1914 年 11 月，黄远庸在其著名的《忏悔录》中说：“欲改革国家，必须改造社会。欲改造社会，必须改造个人。”并提出要提倡独立自尊、神圣职业、人格主义。③ 以后，他又在给章士钊的信中提出，应借鉴西方以文艺复兴为中世纪改革之张本的经验，从提倡新文学入手，以“浅近文艺”普及新思潮，使普通民众能够“与现代思潮相接触而促其猛省”。④ 同时，陈独秀、胡适等人都有类似的思想。应该说，这种思想转变有其相当的合理性，是五四新文化运动兴起的前奏。

但章士钊却对这一转变不以为然，他强调政治改革的优先地位。他在反驳梁启超的主张时提出：第一，政治与社会是互相制约而又互相促进的，但其中以政治为本，政治的良窳极大地影响着社会改造的进程。就改造国民来说，善良的政治制度使人向善，而恶劣的政治制度则张扬人的恶劣根性，败坏人才。“制度更新足以发扬国民善性……改造人才不外于创设新政治。”不能像梁启超那样，将民主政治的建立寄托在政治家、从事政治活动的人的道德与“诚心”之上。人的“诚心”是靠不住的，应当创立一种制度，使政治成为“公开之运动”，使即便是没有诚心、没有道德的人，“亦有一定必诚之域督之，使莫能逾”。第二，民主

① 张东荪：《根本救国论》，《正谊》第 1 卷第 7 号，1915 年 2 月 15 日。

② 梁启超：《政治之基础与言论家之指针》，《大中华》第 1 卷第 2 期，1915 年 2 月 20 日。

③ 黄远庸：《忏悔录》，《远生遗著》卷 1，商务印书馆 1984 年版，第 134 页。

④ 《通讯》，《甲寅杂志存稿》卷下，第 97—98 页。

政治只有在试验中才能逐步发展，“试验一度，即进步一度”。脱离政治改造和民主政治的试验，而以西方经过长期的进化才得到的民主政治成果，作为一个外在政治模式，并纯粹从社会领域为这样一个模式的实现准备条件，以期一旦条件成熟，就能建立与外在模式一丝不爽的民主政治，这违背了各国民主政治发展的基本规律。第三，中国现在的问题是，政治改造没有希望，其原因是专制制度使现有的人才没有发挥其才能的机会，而不是没有改造政治的足够人才。中国目前的任务首先是创立民主制度，使国内现有的优秀分子得到试验民主政治的机会，以求逐步在试验中发展民主，提高民德、民智，而不能遽尔走入范围广漠的民智问题。第四，即便中国现有的人才不足以改革政治，除了社会教育事业之外，无路可走，那么抛弃政治而专门从事社会改造，其社会改造要有成效，必须有两个条件：其一，政治与社会相互独立，即有所谓社会事业之可言，社会改造不致遭到政治的掣肘。但中国现在无所谓社会，政治权力已侵及社会生活的各个领域。比如禁止鸦片，可算是社会问题了。然而中国人就丧失了不吸鸦片的自由，政府以饷源所在，日日派遣委员分途演说，劝人种植，按亩抽捐，禁绝之乡重行补种。所以，在今日从事社会事业，就必须首先从恶政府控制下将若干事务划定为政府不能干预的“社会”事业，而这又必须向恶政府宣战。即便人们从事社会改造事业时，恶劣的政府居然不进行干预，如不同时进行政治改革，那么就会出现“吾所竭力培养之巨人，展［辗］转之间化为僬侥。吾以大儒数辈年载数十，从容陶冶之道德学问，大力者一为颠倒，立为乌有”的结果。其二，在人们努力改造社会的时候，在恶劣政府的统治下，国家会不会灭亡。若人们改造好了社会之后，国家早已灭亡了，这种改造又有何意义？因此，当人们从事社会事业时，必须有人同时从事政治改革事业，才可保证当社会改造成功时，国家还存在，使人们有再从事政治活动的余地。[①]

章士钊坚持政治改造的优先地位，有三个基本认识在起作用。其一，他担心不马上革新政治制度，中国就有亡国灭种的危险。紧迫的民族危机是影响中国近代进步人士选择救国方案的重要因素，章士钊也不例外。

---

① 《政治与社会》，《甲寅杂志存稿》卷上，第141—184页。

其二，他的精英政治论。他把救国、政治改造看作少数精英分子的事，而且在潜意识中认为只要充分发挥中国现有的精英分子的才能，民主政治就可以初步在中国建立起来。其三，他的制度决定论思想。他认为决定政治良善与否的是制度，而不是人们的知识道德水平，而且政治制度直接影响着人们的道德水平。所以，同一些主张增进民智、改造民德以为民主政治创造条件的人相反，章士钊虽然也认为，中国实行民主政治的条件并未成熟，民德民智水平确实影响着民主政治的实施，但他主张应首先建立民主制度，以民主制度来推进民智民德水平的提高。①

章士钊的制度决定论显然受到了自由主义的影响，而与儒家的内圣外王的德治论，则是完全背离的。不仅如此，他多次明确对中国人混淆法律与伦理的界限，对“每以伦理之迂谈误政治之大计”② 的德治思想，提出了批评。还在《民立报》时期，针对一些人动辄将政治问题与道德问题混为一谈的倾向，章士钊就一再提出必须区分法律与伦理，强调要将中华民国建立在法律之上，就必须根除东方人以伦理来论政治与法律的毛病。③《甲寅》月刊时期，对中国思想界的德治观念，他提出了更进一步的批评。其时，在人们提出的种种救国方案中，除了革命党的革命论，梁启超的社会改造论，黄远庸的新文学救国论外，还有人提出了道德救国论。这种道德救国论，与康有为鼓吹以孔教为国教论，以及袁世凯鼓吹“以道德为本”不一样。这是一部分深受传统道德影响的人，眼见辛亥革命之后，官场日益腐败，国民道德“堕落”，主张道德救国论，认为“道德者，万务之基也……必培养道德学问，始足言救国”④。所以他们强调礼义廉耻，号召人们“激扬名誉，砥砺风节，自爱其身”⑤。一位署名“玄元”的作者在《神州日报》上说：只要国民智识广远，不贪近功私利而存侥幸篡获之心，则内乱可以不作；进而至于“人人皆有士君子之风，皆能修身齐家，而又明于人己权界，伦理蔚然可观，则自治

① 章士钊的这一思想，早在《民立报》时期就表露出来了。参见《新总统与内阁政治》《论进德会》《论国务院官制与内阁制》，《民立报》1912年2月21、26日，6月30日。

② 无卯：《迷而不复》，《甲寅》第1卷第3号，1914年7月10日。

③ 行严：《覆朱君宗良书》《论否认临时约法之无当》，《民立报》1912年3月3、29日。

④ 孙毓坦：《救国本问》，《甲寅》第1卷第4号，1914年11月10日。

⑤ 谷钟秀：《道德救国论》，《正谊》第1卷第1号，1914年1月15日。

之力健全，官治压力自然日减日退……吾国民所享之共和幸福自然日引日进”①。在反驳道德救国论时，章士钊指出：“夫伦理以道德为归者，而政治则以法制为归。”政治是以法律来宰制的，它所计较的是人们的行为合不合法，而非道德不道德。自私自利是道德所不允许的，但是在政治中，却有它的地位，“而且为法制中之要素”，最好的法律就是“各方面自利之质分配最均者”。政治只是人们追求自己和自己集团利益的舞台，对人们的政治行动只能以硬性的法律而不能以软性的道德去规范。“吾国今日之大患，不在伦理之不良，而在政治之不善，不在道德之不进，而在法制之不立。”首先要做的是改良政治制度，限制政府的权力，“使不得行其操纵颠倒之术”。那种认为民智民德进步之后，官吏虽欲“为暴而不可得”，“共和幸福自然日引日进”的想法，就和“讲孝经以退黄巾”一样荒唐。②

不过章士钊毕竟深受儒家思想的影响，在潜意识中，他常常不自觉地回到德治论。他的毁党造党论，他的解散国家、重造民约的主张，他的调和立国论（见下），都诉诸精英分子的理性与自觉。1912 年底，他到北京，眼见北京政坛的黑暗腐败，也许是他认为当时中国已经建立了民主政治的体制，社会改造尤其是道德改造有了比较好的政治条件③，他将社会改造提到了很高的地位。他说：“政治者必恃社会而存，政治为枝叶而社会为本根，社会良而政治恶者有之矣，未有社会恶而政治能良者。吾国社会之组织本极窳败……天下无必亡之政治，而有必亡之社会，欲救亡者，当先从社会着手，政治问题犹其后焉者也。”而社会改造的着手之道就是希望人们从我做起，“痛除浮浪之习，力戒苟偷之行，黾勉好学孳孳为善，以富其学识，强其能力”。④ 实际就是以个体的自善作为改造社会，从而改造政治的途径。这显然是德治论。

政治与社会本是互相制约的一对矛盾，究竟将主要精力放在何处，这要由具体的历史条件来决定。当时，中国在袁世凯的专制独裁统治之

① 玄元：《迷而不复之孙文》，《神州日报》1914 年 6 月 20、21 日，转见无卯《迷而不复》，《甲寅》第 1 卷第 3 号，1914 年 7 月 10 日。

② 无卯：《迷而不复》，《甲寅》第 1 卷第 3 号，1914 年 7 月 10 日。

③ 他的这种思想在《论进德会》（《民立报》1912 年 2 月 26 日）一文中就有过表述。

④ 秋桐：《箴北京》，《独立周报》第 2 年第 3 号，1913 年 1 月 26 日。

下，专制政治严重威胁着中国的生存，也严重地阻碍着社会的改造，中国人最直接的问题是推翻袁世凯的专制独裁统治。章士钊坚持首先要解决政治问题，有其合理性。而梁启超、黄远庸等人的主张，尚没有实行的条件。五四新文化运动发生广泛的影响，一个重要的政治条件是，在袁世凯倒台之后，中国出现了军阀割据局面，在各种政治力量的相互制约中，北洋政府的控制力比较弱，国民党、进步党虽然已经今非昔比，但毕竟有党派活动的余地，鼓吹新思想、新道德的刊物，虽然受到压迫，但毕竟有很小的合法出版的机会。这一政治条件是护国战争的产物。但是，在直接的政治改造没有出路，而社会改造尤其是思想解放运动作为一个间接的救国手段，已经被推上历史前台时，章士钊并没有及时从政治制度决定论中转变过来；而精英政治论的束缚，又使他没有随着陈独秀等人步入普及新思想的新文化运动。

（二）调和立国论

章士钊坚持政治改造的优先地位，而政治改造只有两条道路，一是暴力革命，一是政治进化。他显然希望中国能够走政治进化的道路。留英数载的章士钊把英国式的和平有序的改革模式视为政治进化的理想方式。清末投稿《帝国日报》时，基于对英国式政治进化道路的向往，以及对列强可能会乘中国革命之机瓜分中国的担心，他就希望避免革命，以和平的手段逐步建立政党内阁，实现宪政。与此同时，他对在冥顽不化的清政府的统治下能否实现宪政，心中殊无把握，又不得不肯定不得已时，必须进行革命。民国建立之后，他反复申说，政党政治之唯一条件在“听反对党意见之流行”，倡导言论自由，对一些人尤其是一些革命党人狷急偏狭、不能容纳异己的作风，进行过严厉的批评，其目的也无非是想使中国政治走上和平有序的进化轨道。然而，局势的发展使他的这种愿望落空了。于是“二次革命”之后，他在探索中国走向民主政治的道路时，提出了名震一时的调和立国论。

1. 调和立国论的基本内容

调和立国论包括政力向背论、调和立国论和政本论。

政力向背论：这一理论是英国政治学家蒲徕士（James Bryce）在《历史学和法理学研究》中提出的。王宠惠在《中华民国宪法刍议》中曾提到这一理论，但未作系统的阐发。[①] 章士钊对这一理论进行了系统的阐发：就像太阳系内存在向心力与离心力一样，任何一个社会组织内也都存在向心力与离心力两个作用相反的力。就像太阳系要正常存在，必须保持向心力与离心力的平衡一样，一个社会要正常存在，也必须保持向心力与离心力的平衡。社会都是由无数团体与无数人组织起来的，向心力使他们相互维系，离心力则使他们趋向瓦解。法律与社会规则就是组织统合这些人与团体，使之构成社会的手段。任何一个正常存在的社会都是以向心力为主体，但是离心力也是必然存在的，因为社会是非常复杂的，组成社会的各个人与团体，其意见希望利益情感断无全归一致之理，“彼之所以为康乐，此或以为怨苦；彼受如斯待遇而已足，此或受之而不能平”。现存的秩序、制度、政策，总会背离社会中一部分人的意见希望利益情感，使他们对现存的秩序、制度、政策不满，这种不满就构成了社会的离心力。如果人们的意见希望利益情感没有正常的表达、实现的渠道，那么，人们“缓则别求处理，急且决欲舍去”，久而久之，离心力就会成为社会的“中坚”，于是“所有忧伤疾苦，环趋迸发”，社会就会破裂，这就是所谓的革命之祸。要想避免革命，“唯有保其离心力于团体之内使不外奔，断无利其离而转而排之之理”，也就是要使离心力能够在法律范围内活动，使人们有正当而合法的渠道表达、实现自己的意见希望利益情感。如果对离心力加以排斥，“则力之盛衰原无一定，强弱相倚，而互排之局以成，展〔辗〕转相排，展〔辗〕转相乱，人生之道苦而国家之命亦将绝矣”。他的结论是“两力相排，大乱之道，两力相守，治平之原”。[②]

调和立国论：章士钊认为，由政力向背论，则立国就应当“以全体相感相召相磋相切之精神”，充分调和各方的情感利害，“使全国人之聪明才力得以迸发，情感利害得以融和”。调和立国，就是要充分调和各方的意见希望利害情感，充分发挥全国人的聪明才力。“调和者，立国之大经也……政制传之永久所必具之性”。实行调和就要求掌握政治权力的人

---

① 王宠惠：《中华民国宪法刍议》，《民国经世文编》正编第 11 册，上海经世文社 1914 年印行。

② 《政力向背论》，《甲寅杂志存稿》卷上，第 61—96 页。

破除先入为主的主观成见，“调和者，实际家之言也，首忌牢不可破之原则，先入以为之主”；也要求他们能够“发现新旧之媒，使之接搆”。对代表旧势力，想维持其“固有尊严”的掌权者来说，就不能“抹杀生机，一意复旧”，顽固地执行旧政策，而应详察政治向心力与离心力的消长情况，及时变更政策，“当割之利，不割不可也，当使之求，不使不可也。当其可而割之，应于时而使之，是谓调和”。否则“当割而不割而卒割，当使而不使而卒使，其割其使，必非寻常应与之量所能厌敌之意”，结果是“绝脰断膑以亡”。对代表新势力，想促进新生事物发展的掌权者来说，就不能完全秉持理想主义的政治理想，不顾现实条件，完全不顾旧势力的反对，执意实行极端的新政，而应“就于迂回宛转之途”，以此实现自己的目的；倘固执己之所信，“必欲行之，势惟扫除一切障碍，绝其根本”，那肯定会出现“无可收拾”的“大祸”。对新旧双方来说，调和是“两利之术”，但这要通过“两让”即双方都做让步才可以实现。他以斯宾塞的一段话来概括“调和之精要”：“盖嬗蜕之群，无往而非得半者也，其法制则良窳杂陈，其事功则仁暴相半，其宗教则真妄并行……其冲突龃龉，自乱其例，上自国政，下自学术，所樊然日多者，即以演进方将，损益之与时偕行之故。义理法制，古之所宜者，乃今以世变之更新，而适形其不合，且是时之世变，往往即为前时义理法制之所生；特世变矣，而新者未立，旧者仍行，则时形臬兀，设图新而尽去其旧，又若运会未至而难调，此所以常沿常革，方死方生，孰知此杂而不纯抵牾冲突者，乃为天演之行之真相欤。”① 他这里所说的调和与前面所说的“两让”“两利”的“调和”不同，指的是社会演化过程中新旧混杂、新孕于旧而不可离旧而生的现象。这又是新旧两大势力无法超脱、无法更改的演化趋势，顺着这种趋势实行调和，方可“两利”。

政本论：章士钊提出，要保持国家政治在向心力与离心力平衡的轨道上运转，要实现调和立国，就应当剔除“好同恶异”的习性，树立为政之本在“有容”的观念。他认为“好同恶异”是人性中残留的兽性，所谓专制就是“强人同于己”的“兽欲”。要使社会进步，就必须有办法或力量限制好同恶异的兽欲，“社会化同以迎异则进，克异以存同则退”。

---

① 《调和立国论》，《甲寅杂志存稿》卷上，第 96—141 页。

中国在周末本曾十分繁荣的学术后来之所以落后于西方，中国的政治之所以几千年来一直没有摆脱专制与革命反复循环的怪圈，就是因为“专制好同”这一兽性没有得到克制。所谓“有容”，就是承认人智有所不及之处，自己不是真理的化身，而不得以同为是、以异为非；就是承认反对意见和反对派存在的合理性，并使之有合法而正当的表达渠道与活动地盘，而不得以力进行干涉。[①] 他强调自由、平和、秩序的真正保障，不仅在多数人的决定权，更在少数人的反对权，他引用德国学者黎白丁（Lieber）的话，指出：“国无适当之反对，欲使自由与平和及秩序并行不悖，殆不可能……共和国之自由，其根据安在？亦曰少数之一部分，甚且一个人，有无限之权利，得以适法之手段，运动多数，使之从己而已。故共和国之安全，与谓基于多数得其代表，宁谓少数者握有运动多数之权。”[②] 自由主义不仅反对专制独裁，而且对于民主政治下所可能出现的“多数的暴政”也十分警惕，认为它比专制下所出现的暴政更加危险，因为它假借多数人的名义，假借自己的“合法性”实施暴政。章士钊对于“多数的暴政”也十分警惕，他的政本论就是防止这一弊端的办法。他在捍卫思想言论自由时，除了反对政府对言论出版的无理压制之外，特别提出要反对比政府的无理压制更加危险的对思想自由的压制性力量，即社会舆论的专制。他指出，人类要进步，就要有个人的“自由意思”（Free Will），“自由意思发展一次，而国家状态变易一次”[③]。社会舆论的专制则是压制个人自由意志的最危险的东西。正是基于此，他一直倡导一种大度有容地容许不同意见发表的风度。即便是对于当时劳乃宣等人鼓吹的清室复辟的理论，他也持宽容的态度，认为应当“假以言论自由之地”，反对动辄“诋曰叛逆，詈作禽兽”。[④] 众所周知，自由主义对思想言论自由的倡导，其哲学基础是怀疑主义的认识论，章士钊倡导“有容”，也是如此。

章士钊以大量的事实来说明上述理论。他说，英国的王室和贵族之

---

① 《政本》，《甲寅杂志存稿》卷上，第1—25页；《论政本——答李君北村》，《甲寅杂志存稿》卷下，第5—7页。

② 《政治与社会》，《甲寅杂志存稿》卷上，第151—152页。

③ 同上书，第163页。

④ 《复辟评议》，《甲寅杂志存稿》卷上，第185页。

所以能够继续享有其安富尊荣，就是因为能够因应时势，及时放弃一些特权。1871 年法国第三共和国初建时，多数议员仍主张帝制，但共和党人并没有过于张扬自己的主张，也没有钳制压迫主张帝制的人，而是让主张帝制的人在国会内正常活动，可谓“忍而有谋”，最终帝制派内部意见不一，共和得以巩固。美国建国之初，州权论者很有势力，但美国创立宪法时，并未排挤压迫州权论者，而是为他们留有余地，但随着交通的发展与各地经济联系的日益紧密，对联邦政府的离心力日减而向心力则日增。[①] 这些都是遵循政力向背之道，实行调和立国的成功例子。1789 年的法国革命确实十分“暴烈”，但革命之前的等级会议实际是由“深流稳健”之士组成的，他们的理想原不过是君主立宪，但路易十六坚持独裁专制，才造成了革命。清政府冥顽不化，对国会请愿运动进行镇压，结果“武昌一呼，势不可挡，信条十九无异废纸”。实际上，清政府在武昌起义之后颁布的“十九信条”，可以和法国 1791 的宪法媲美，如果在立宪派请愿国会时就颁布，那么中国可以和英国一样走上君主立宪的道路，“乃不许之于和平竞争之际，而誓之暴动四起之秋。等一物也，时势未同，则神圣化为豺虎”。[②] 中国自民国建立以来，政局之所以“扰攘不宁”，革命党之所以失败，“二次革命”之后，第三次革命又无可幸免，就是因为革命党与袁世凯都不解政力向背之道、调和立国之理。革命党挟持其“共和建设主义”的政治理想，没有认识到中国为数千年之古国，有其“特殊之历史族性”，共和政治不可能在短时间内完全确立，盘根错节的旧势力不可能马上根除，因此就“未能注意于利益之不同点，极力调融”，反而挟其想立时“出其理想上之组织施之国家”，在短时间内完全根除旧势力的“成见”，“出全力以强人就己，使天下人才尽出己党而后快”。结果不仅与国内的旧势力发生激烈的冲突，而且将辛亥革命之后一度赞同革命的立宪派驱赶到了袁世凯的阵营，于是旧势力与原立宪派相结合共同排击革命党，“反动大起，国本以摇”。以袁世凯为首的旧势力则挟持一背乎时代潮流的“大权总揽主义”，在趁机收拾人心之后，无视革命党的前车之鉴，“逼拶国人，使之附己”，较之革命党人有过之而

① 《调和立国论》《政力向背论》，《甲寅杂志存稿》卷上，第 105、65—87 页。
② 《调和立国论》，《甲寅杂志存稿》卷上，第 106—120 页。

无不及。先是极力排击革命党，使之无路可走，终至铤而走险，发动“二次革命”，被迫亡命海外。后又排击进步党，使之丧失合法的活动地盘。总之，袁政府之所为就是要清除一切反对力量，实现大权独揽的目的。这又必然酝酿着第三次革命，这已经是当时人所共知的事实。①

章士钊上述理论的要点在于：第一，一国之内，人民的意见希望利益情感不同，这是任何一个社会必然存在的客观事实。因此立国为政，就应注意协调各方面的意见希望利益情感，使之“差足自安”，否则就有革命之祸。第二，协调的办法之一就是，让各种意见希望利益情感都在法律范围内有“适当合法”的活动机会，能够“充分发展”。第三，协调的办法之二就是，应当适时适量进行政治革新，既不能过于保守，也不能过于激进。

2. 对调和立国论的分析

章士钊上述理论的基本思想来源于英国保守主义思想家莫烈（Morley）在其《论妥协》（*On Compromise*）一书中所阐述的调和思想。中国传统所强调的“执两用中”的观念是章士钊接受调和立国论的内在思想根基，他曾以“两端而执其中”来说明“调和之义”。② 而章士钊所见的英国政治平稳进化的事实，以及他在民初的亲身遭遇，则强化了他调和立国的信念。

就章士钊本人的主观意图来说，他是想本着“非于何派有所粘著”的超然态度，剔除感情因素，“壹秉理性”，对中国走向民主之路，进行理性的思考，希望中国能够走出新旧势力辗转相排，反动与革命循环反复的怪圈，走上一条平稳有序的政治进化之路。这也是当时不少持中间立场的温和派人士所思考的问题。在章士钊提出调和立国论的同时，张东荪对梁启超1913年1月提出的“对抗论”进行系统的阐发，强调要实现政治平稳有序的进步，必须有“强健正当之对抗力”③。所以章士钊的

---

① 《政本》《政力向背论》《调和立国论》，《甲寅杂志存稿》卷上，第1—25、61—96、96—141页。

② 《国教问题》，《甲寅杂志存稿》卷上附《甲寅日刊存稿》，第10页。

③ 参见梁启超《政治上之对抗力》，《庸言》第1卷第3号，1913年1月1日；张东荪《对抗论之价值》，《庸言》第1卷第24号，1913年11月16日；张东荪《正谊解》，《正谊》第1卷第1号，1914年1月15日。

调和立国论一提出，就引起了很大的反响，“寅卯之际，调和之论颇为舆论所集矢”①。杨昌济称：“秋桐以好同恶异为社会种种罪恶之原因，大有所见。”② 黄远庸则说他对于章士钊提出的为政之本在尚异的理论“最所倾倒”③。李大钊、李剑农、张东荪等著名的政论家也都发表文章，阐述章士钊提出的这一理论。

调和立国论是章士钊设计的一种理想的政治进化道路。只有经过长期的民主政治生活的训练，不好同恶异、听反对党意见之流行等基本的民主政治生活原则，才可能由政教而风俗，由风俗而心理，内化成人们的自觉的行为准则。在章士钊那里，调和立国既是一个理想的目标，更是实现目标的手段。在民主政治尚未确立的中国，调和立国不可能像在民主政治之下那样成为自然的结果，而要求精英分子为此付出巨大的主观努力。其一，需要精英分子在极端的守旧与极端的激进之间谋求折中平衡，这使章士钊的调和立国论具有浓厚的调和折中论的色彩。本来在民主政治之下，极端的守旧与极端的革新论，不但必然会存在，而且应该存在，它们也并不会造成太大的危害，因为，它们都会受到社会主导思想的制约。而章士钊则要求人们排除极端守旧与极端的革新思想，既不要过分注重历史，为历史现象所局限，顽固守旧；也不要不顾历史与现实条件的限制，进行过分激烈的变革。于是，客观存在的调和持中，就变成要求人们在主观上调和持中。其二，调和立国论需要人们认同调和立国这一政治理想，认识到好同恶异、政走极端的危害，执政者心中不要有“牢不可破之原则”，“国人悉除其好同恶异之见”。④ 如汪馥炎所指出的，“有容基于内在之良心”，“每易入于道德之范围”，“只可企于上智，非能普遍于中人”。⑤ 而这种“以伦理之迂谈误政治之大计”的倾向又是章士钊自己一再反对的。好同恶异既然是人与生俱来的本性，要抑制这种本性，就不能完全诉诸人们的自觉，而需要有外在限制，比如

---

① 张东荪：《真调和与伪调和》，长沙《大公报》1917 年 1 月 19 日。

② 杨昌济：《达化斋日记》，1914 年 5 月 27 日条，湖南人民出版社 1978 年版。

③ 《致〈甲寅〉杂志记者》，《远生遗著》卷 4，第 188 页。

④ 《政本》，《甲寅杂志存稿》卷上，第 25 页。

⑤ 汪馥炎：《政本论与对抗论之比较》，北京《中华杂志》第 1 卷第 10 号，1914 年 10 月 1 日。

制度、实际的敌对政治力量，使之不得不有所收敛。如张东荪所说“不好同恶异将何自以成乎？必由于对抗为无疑也……知好同恶异之为恶德而摒禁之，此内的也，自律的也，必有外的与他律的同时并臻，然后始得以巩固”①。因此张东荪认为应当先培养正当而健全的对抗力。实际上，章士钊本人对此也有清醒的认识，他强调：“调和生于相抵，成于相让。无抵力不足以言调和，无让德不足以言调和。”② 但是，没有抵力，就不可能使人们有“让德”；反过来，没有“让德”，也不可能产生健全的抵力或对抗力，对抗力也就不可能得到有合法的活动机会，政治上的离心力只有铤而走险。所谓健全的对抗力，是社会、经济发展过程中逐步形成的，是以经济利益为核心，也以宗教、民族、地域、行业等关系为纽带，而形成的各种利益集团。所谓让德，实际是民主观念、作风，它不是一朝一夕可以形成的。民主政治在中国是精英分子基于救亡图存的需要而从西方移植过来的，就所谓的对抗力来说，资本主义经济在当时还十分微弱，资产阶级还是一个与封建势力有着千丝万缕联系的弱小力量，无法与封建势力相抗衡；就所谓的“让德”来说，久受封建专制统治的人们所认同的政治观念还是诸如统一、集权等，即便是那些在理智上认同西方民主政治的人，他们的行为方式依然是旧的，好同恶异、排斥异己的专制心理在他们心中仍然根深蒂固，这从民初一些革命党人的身上，可以看得十分清楚。既然是在缺乏健全的抵抗力与专制心理根深蒂固的国度移植民主政治，既然精英分子不愿意等太长的时间以待民主政治条件的自然成熟，那就只能诉诸政治精英的理性，期望他们在理性的指引下，遵循调和立国的原则，逐步使中国走上平稳有序的政治进化之路。实际上，这种求助于精英分子的理性的倾向，也是当时一批温和的政论家的共同倾向。张东荪强调应先培养对抗力，但一论述到如何养成、保持对抗力，他又说：“必国中常有一部分上流人士，惟服从一己所信之真理，而不肯服从强者之指令”，“相反二势力必有遵守宪法之诚心”。③ 李

① 张东荪：《读章秋桐政本论》，《正谊》第1卷第4号，1914年4月15日。

② 《调和立国论》，《甲寅杂志存稿》卷上，第100页。

③ 张东荪：《对抗论之价值》，《庸言》第1卷第24号，1913年11月16日。

大钊在论及如何养成政治上之对抗力时，其基本思路，与张东荪如出一辙。[①]

章士钊提出调和立国论，是想使中国避免革命。对于革命，他认为是“危道”，不到万不得已，不可取，因为以革命求民主往往会发生革命与反动辗转反复的局面。[②] 就当时中国的现实而言，他认为，国内“民生凋敝，匪乱如麻，不胜兵戈”；国际上，中国的生存环境恶劣，若有避免革命之道，那是“有人心者，谅无不乐闻知”的好事。[③] 所以他才提出调和立国论，但他十分清楚，自己的理论在当时的中国绝没有立时实行的可能性，相反，革命倒是无法避免的前途，他的理论只有“俟其劫后徐图”[④]。中国当时既无所谓的抵力，对立的革命党与袁世凯政府也都没有让德。“革命党八九居海外，进步党亦奄奄无生气，自力不生，不足言抵；己之权利，剥蚀净尽，本无所有，更无言让。”[⑤] 袁世凯与革命党也都不认同他的有容、调和之论，相反他们振振有词地坚持自己排斥异己的主张。袁派人物认为“民国初立，首误于优容”，坚持大权独揽的方针。革命党则说，同盟会在民初掌握政权时最大的失策是没有彻底廓清旧势力，以后要是革命成功，就一定要彻底廓清旧势力。[⑥] 他认为，以袁世凯政府之所为，必然会导致革命；而如果革命党仍然坚持要一次将旧势力扫荡干净的主张，仍然不改其好同恶异的习性，不注意调和立国之道，那么革命之后，必然还会发生反动。而后者才是他所真正担心的。

章士钊不愿意看到革命，但在现实中，面对袁世凯的专制独裁统治，他又不得不承认革命有正当性，并且当袁世凯公然帝制自为时，放下了鼓吹调和立国的笔，而投身于武装倒袁的护国战争。“心非武力迹近之”，“陬生坠入深坑里”[⑦]，章士钊自己的这两句诗，生动地表述了他在革命与调和之间举棋不定的心情。他的矛盾是必然的。因为，调和固然是解决

---

① 《政治对抗力之养成》，《李大钊文集》上，第97—109页。

② 《政治与社会》《政本》，《甲寅杂志存稿》卷上，第151、13—14页。

③ 《调和立国论》，《甲寅杂志存稿》卷上，第98—99页。

④ 《政力向背论》，《甲寅杂志存稿》卷上，第95页。

⑤ 《调和立国论》，《甲寅杂志存稿》卷上，第100页。

⑥ 同上书，第102页。

⑦ 孤桐：《草“新湖南案”成放歌》，《甲寅周刊》第1卷第24号“孤桐杂记”，1925年12月26日。

矛盾的重要途径，但它需要有合理的制度，需要统治者及时进行变革，也需要有压迫统治者使之不得不进行变革的民间运动。如果没有使矛盾及时化解的渠道，而造成矛盾的积聚与激化；如果统治者背离大众的意愿，不及时进行必要的变革，而为着个人或集团的利益坚持旧政策，实施高压统治；如果没有一定的有组织的民间力量压迫统治者，统治者就不会自动进行变革；如果民间的不满与愿望都处在无法表达或者没有组织的状态，分散的矛盾之下所蕴藏着的巨大的危机就不会被察觉，这必然会导致革命。当矛盾已经激化到不可调和的时候，即便统治者进行变革，也难以阻止革命的爆发。所以，即便是大力提倡调和立国的章士钊，面对一意专制独裁的袁世凯，也不得不承认革命是解决矛盾的不可避免的选择。检讨一下民初的政局，我们可以发现，章士钊的一些论述也不尽恰当。革命党对于立宪派的排斥，固然可以批评；而其对于袁世凯为首的旧势力，并不是如章士钊所说是存彻底扫荡的态度，却导致妥协的态度。这种妥协，并没有造成调和立国，却导致袁世凯的势力与野心的日益膨胀。革命党人倒是妥协了，可是袁世凯却不和革命党妥协。妥协、调和需要对立的势力都有对于妥协的价值的认识，都有妥协的诚心。和一意要独裁、要完全维护自己利益而彻底打垮对方的势力讲调和、讲妥协，是不明智的。“自由主义的假设是，可以通过讨论、通过交换要求和建议、通过谈判，调整和妥协，找到解决问题的办法；而且总是假定双方诚恳地承认相互的权利并且抱有履行诚意履行义务。”① 章士钊的调和立国论也是基于这样的假设的。

既然知道自己的理论暂时没有实行的可能性，章士钊为什么还要坚持鼓吹调和立国论呢？他认为，将来不论什么样的政治势力掌握中国政权，要想使中国走上平稳有序的政治进化之路，必须遵循调和立国之道；尽管调和立国论目前不能实行，但为了将来能够实行，从现在起就应当“大声疾呼”，“创设舆论”，将调和立国之义“深深印入”国人“脑际”。所以他说：“实行调和，是为一事；提倡调和，又为一事”，“吾惟问调和之理是否可通，并不问调和之方将于何而出……吾惟论调和之道，于今

① ［美］萨拜因：《政治学说史》，商务印书馆1986年版，第817页。

为宜，并不谓凋和之机，即今已熟”。[1] 这说明，章士钊当时并不是要提出解决现实问题的方案，而是想进行民主政治思想的再启蒙。《甲寅》月刊就以“朴实说理”相号召，没有对袁世凯政府进行多少声讨，言辞也十分温和，目的就是使自己的理能够说服人，“欲徐徐牖启民志，以俟期会”[2]。章士钊虽然说过“愚有容之说，为用至广，必一国之人群解是道，然后为国可进于近世宪政之林”[3]；但实际上他说理的对象，既不是一般的普通民众，也不是袁世凯政府里的达官贵人，甚至也不是一些激进的革命党人[4]，“理想中之真正对象，在国内之知识高层，如杨翼之、孟心史、丁佛言、汤斐予一辈人也”，希望国民党与进步党汲取教训，不要自相残杀，而要结成“清流同盟”，共同对付袁世凯。[5] 所以，章士钊的真正意图，并不是期望袁世凯政府实行调和立国，以避免他不愿看到的第三次革命；也不是期望一些激烈的革命党人在推翻袁世凯政府之后，实行调和立国；他所期望的是，革命党人中的稳健派与真正信从民主政治的进步党人，在他们联手推倒袁世凯政府之后，不要重蹈民元时革命党人的覆辙，而按照调和立国论治国。这又一次表露了他强烈的精英政治意识。这与五四时期的民主主义者认为真正有根基的民主政治应是出自国民的自觉与自动的政治，而将启蒙的对象定为一般的国民，其差距是十分明显的。

调和立国论在当时的中国绝没有实现的可能，章士钊自己对此十分清楚，但他又认定这是中国实现平稳有序的进化的必由之道，大加鼓吹。他不愿看到革命，而又不得不肯定应当革命。他无法解决理想与现实之间的矛盾，不得不寄希望于将来。他的调和立国论实际是一种理想，他反复阐述这一理论实际是在向国人宣传民主政治的基本理念。他对好同恶异的批判，对有容的倡导，是很有价值的思想。

---

① 《调和立国论》，《甲寅杂志存稿》卷上，第100—101、136页。

② 章太炎：《重刊〈甲寅杂志〉题词》，《甲寅周刊》第1卷第2号，1925年7月13日。

③ 《论政本——答GPK君》，《甲寅杂志存稿》卷下，第49页。

④ 《政力向背论》，《甲寅杂志存摘》卷上，第95页。

⑤ 章士钊：《欧事研究会拾遗》，中国人民政治协商会议全国委员会文史资料研究委员会编：《文史资料选辑》第24辑，中国文史出版社1986年重印本，第263—275页。

媒介形态与晚清公共领域研究的拓展*

刘增合

将歧义丛生的“市民社会”和“公共领域”应用于近代中国诸课题的研究，最初是西方学者根据西方经验的框架来解释中国历史发展进程的一种尝试。罗威廉（William T. Rowe）、兰金（Mary B. Rankin）、大卫·斯特朗德（David Strand）等学者从近代中国社会史的诸多个案研究中都发现，清代和民国时期，存在某些与市民社会相关联（但不是完全相同）的现象，他们将其称为“公共领域”（public sphere）。① 近年来，国内学者也关注到这一问题，并借用这一极具启发性的分析范式，提出了一些具有创见性的观点，但也因此引起了较多的争议。本文拟从晚清媒介形态问题入手来剖析近代文化系统的扩张问题，旨在拓展晚清公共领域问题的研究深度。

一 “商会—市民社会”研究趋向的检讨

正如有学者指出的那样，国内史学界介入近代市民社会和公共领域

---

* 本文原载《近代史研究》2000 年第 2 期。

① William T. Rowe, *Hankow: Conflict and Community in a Chinese City, 1796—1895*, Stanford, 1989; Mary B. Rankin, *Elite Activism and Political Transformation in China: Zhejiang Province, 1865—1911*, Stanford, 1986; David Strand, *Rickshaw Beijing: City People and Politics in 1920s China*, Berkeley, 1990.

问题的研究大致呈现出两种路径：文化思辨和商会研究，前者侧重于辨析市民社会、公共领域在近代中西方之间的差异，所得的结论也较悲观；后者代表了目前史学界研究的主流，致力于近代商会组织建立和运作等问题的实证性研究，由此提出了独具创见的结论——“在野市政权力网络—市民社会雏形”说。目前，在近代史研究诸课题中，商会和区域性社会变迁等问题的研究较多地介入“公共领域”问题的探讨，学者们的视点主要集中在社会经济领域中的自治性组织，诸如商会、公所、义仓、市政管理等，相应地，关于近代中国公共领域问题上的一些基本结论均由此产生。

市民社会及其各种要素是西方现代国家形成过程中以其对立物而缓慢出现的，对它的内涵和外延的界定也仅仅具有西方人文历史的背景，非西方社会的经历并不是上述描述的简单翻版，以化约的心态作简单的理论比附无助于历史研究的深化。但仔细推究清末民间社会的流变趋势，我们又不得不承认，采用“公共领域”这样一种研究视角是极具启发意义的。章开沅先生曾有一个评论：“‘第三领域’也好，‘公共领域’也好，无非是探索这块不算大也不算小的空间，探索在这块空间中活动的人和事。”[1] 现在看起来，国内开展的大部分相关问题的研究，在选择研究对象方面过于狭窄，这就是注重商会或其他自治性组织较多，而对晚清时期文化系统的关注则几近阙如。实际上，清末是社会变革的剧烈时期，由传统社会转向近代社会过程中的许多重要变化都纷至沓来，经济系统、社会系统和文化系统的变动都处于一种活跃状态，在“公共领域”的框架下，各个系统的运作状态及其与封建朝廷的互动关系形态皆有不同的表现，仅囿于经济或社会系统的个案性研究是不足以涵括晚清市民社会、公共领域这一庞大体系的。已有学者对这种单向度的研究趋势提出批评，认为这很容易导致“片面的学术成果”，因而，“不能因为对商会的研究而忽视市民社会其他环节的研究，要避免近代中国市民社会研

① 转引自刘家峰《朱英著〈转型时期的社会与国家——以近代中国商会为主体的历史透视〉》，《历史研究》1998 年第 5 期。

究中可能出现的‘商会中心主义’倾向”①。

应该说，历史的发展既包括政治、经济、社会的发展，也促使文化、观念、社会舆论等因素以不同的方式和规律得以演进，封建文化的机体上完全可以衍生出近代文化。这种情况在西方社会科学界对市民社会问题的研讨中得到较多的反映，而且占主流的观点也肯定了近代公共领域的产生缘于文化系统的演进。在西方社会科学界，对“公共领域”的内涵界说是随着市民社会问题研究的变迁而逐步深化的。一般而言，现代市民社会理论体系是对近代欧洲政治国家和市民社会相分离的历史过程的理论反映，它是由黑格尔在吸收众多思想家理论成果的基础上提出并经马克思予以完善发展的理论体系。20 世纪以来，随着人类社会的发展变化和西方市民社会研究重心的转移，市民社会的理论界限以及公共领域的内涵界定成为葛兰西、哈贝马斯、柯亨和阿拉托等学者关注的重要课题。针对那种将市民社会与经济关系领域等同起来，把经济因素视为决定历史发展的唯一因素的倾向，意共前领导人葛兰西从文化传播的角度审视了市民社会的构成，他认为，市民社会主要是各种私人或民间机构的总称，包括教会、学校、新闻舆论机关、文化学术团体、工会以及政党等，在葛氏视野中，市民社会即是一个“文化—意识形态关系”的领域，是统治阶级实现“文化领导权”和革命阶级建立对立的权力系统的主要领域。② 这种理论倾向既有早先于他的洛克一派的理论支持，也有后来哈贝马斯等人的发展和完善。早在 18 世纪，洛克这一派市民社会理论就包含了至少与经济因素同等重要的另一因素，即一个自主的、有自己“意见”的公共空间。20 世纪中后期，当代德国最有影响的思想家哈贝马斯在其《公共领域的结构转换》（1962 年）等著作中，探讨了欧洲的商会、俱乐部、咖啡馆、出版社、报纸和杂志以及其他发表公众意见场所的历史。他认为，随着资本经济因素的出现及其所导致的个人解放，由这些公众意见“场所”（或谓“对话场所”）所构成的公共空间日益扩

---

① 张志东：《中国学者关于近代中国市民社会问题的研究：现状与思考》，《近代史研究》1998 年第 2 期。

② ［意］安东尼奥·葛兰西：《狱中札记》，人民出版社 1983 年版；参阅何增科《市民社会概念的演变》（《中国社会科学》1994 年第 5 期）对其理论观点的分析。

展，它既是瓦解中世纪社会的基础性因素，也成为现代意义上的公共空间的雏形。据此，哈氏认定，市民社会是一种独立于政治国家之外的“私人自治领域”，它涵括了私人领域和公共领域，他将私人领域界定为由市场对生产过程加以调节的经济子系统，而将公共领域界定为由各种非官方的组织和机构——实际上是指社会文化生活领域，它为人们提供了讨论有关公众利益事务的论坛，有利于公共舆论的产生。这里的公共舆论主要是指一个公民团体正式或非正式地对以国家形式组织起来的统治机构进行批评和监督。时至 1989 年，美国政治学家柯亨和阿拉托在《市民社会与政治理论》一书中断言，市民社会是“介于经济和国家之间的社会相互作用的一个领域，由私人的领域（特别是家庭）、团体的领域（特别是自愿性的社团）、社会运动及大众沟通形式组成”①，大概可以说，西方学术界较为一致的看法是近代文化和舆论空间是构成近代公共领域的重要系统。它对于我们的启发意义在于研究晚清公共领域问题时，是否能够以一种更宏远的心态来扩展对此问题的“研究空间”，将清末的文化系统的演进也纳入公共领域问题的研究框架中。笔者认为这一想法并无不妥。

传播是社会得以形成的工具，传播行为的实现却要依赖于媒介（media）的运作，因而可以说媒介网络着社会，影响着社会的变迁与发展。“媒介”这个曾经主要是艺术家、细菌学家和大众传播学家才使用的词汇在近代社会风靡一时。将媒介学移入近代历史课题的研究，东西方史学界仅仅处于探索阶段。西方社会科学领域，诸如葛兰西、哈贝马斯等人在探求西方近现代市民社会—公共领域课题时，就已经关注到欧洲的商会、俱乐部、咖啡馆、出版社、报纸、杂志、党派、沙龙等公共舆论媒介，这一尝试最起码给我们以这样的暗示：公共舆论媒介是观察文化和意识形态系统的重要窗口。根据丹尼斯·麦奎尔的看法，“大众传媒由一些机构和技术所构成，专业化群体凭借这些机构和技术，通过技术手段（如报刊、广播、电影等等）向为数众多、各不相同而又分布广泛的受众传播符号的内容”②。麦氏这一界说，仅仅着眼于现代大众传播媒

① 转引自何增科《市民社会概念的演变》。

② ［英］丹尼斯·麦奎尔：《大众传播模式论》，上海译文出版社 1987 年版，第 7 页。

介的特征，未涉及媒介的历史概貌，因而是不完整的。就历史发展的角度看，媒介最起码经历了口语、书面、印刷和电子传感四个阶段。正是在这个意义上，美国传播学界的重要奠基人威尔伯·施拉姆即主张：必须把大众媒介出现之前就已经存在的能够表达意思的鼓声、烽火以至于宣讲人和集市都归于媒介一类，因为它们都扩大了人类进行交流的能力。[①] 这种界定已经涉及媒介的广义层次，笔者准备在这一层面上解释晚清媒介的形态、结构和功能，并借此观照文化系统在清末的近代化演进趋向。

二　晚清大众媒介:规模·结构·内容转向

晚清媒介的总体形态基本上呈现出类型较多而又相互粘连的特征，大众媒介与辅助媒介交相网织、互为渗透的格局已渐次形成。大众媒介中的报章杂志在清末新政前虽经历了短暂的辉煌（1898 年百日维新之前），但因政变很快即遭查封。新政推行之后才逐步演变成“黑血革命”的“舆论之母”，其运作、增长的势头为史学界所瞩目。辅助媒介（或称边缘媒介）主要是指清末兴起的学堂生群体和职能性社团等信息传导的中介组织。从清末公共领域的生成机制上看，它们又基本上相当于哈贝马斯关注的“咖啡馆、沙龙、党派”等文化观念和公共舆论的媒介，作为公共文化系统的基本载体，它们实际上是一个个趋新性的舆论圈，由其内部向外围世界传承域内信息，增强界内人士对社会的渗透和影响力度，由此形成晚清公共领域重要的内驱力因素。

史学界比较注重清末大众传媒的崛起及其所带来的社会嬗变的效果，但明确地从公共领域与大众传媒的关联性影响来探讨媒介功能的论著并不多见。的确，我国大众传媒崛起的历史并不长。晚清以降，封建皇权控制社会的力度逐渐松弛下来，西方政治、文化和资本的强劲侵入，更使得诸如市场、民族资本、文化民族主义等封建国家的异己力量走到历史的前台，形成了针对千年不衰的封建国家的强大腐蚀性因素。作为“舆论之母”和文化载体的民间传媒，在型塑公共舆论方面理所当然地承

---

① ［美］威尔伯·施拉姆、威廉·波特：《传播学概论》，新华出版社 1984 年版，第 121 页。

担起传承导控的职责。

公共领域的形成和发展，首先要求营造一种游离于皇权国家之外的“舆论环境”和“对话场所”。按照信息传递的标准来看，晚清社会基本上属于一种“前信息社会”，语义信息流转的速度较慢，信息识别的能力较低，受众文化层次不一。故此，大众媒介数量上的规模化和结构上的适当化是公共舆论与“对话场所”形成的先决条件。第二次鸦片战争以后，国内报刊数量已形成较大规模，1865—1895 年，全国共新办中文报刊 86 种，外文报刊 91 种①，但大多属于宗教性、商业型和格致类的报章，关注社会实际、谋求进化民众思想的近代性报刊还极少，敢于“讽清廷以改革”，呼吁“言时事，言恶行”的政论性报章更是鲜有所见。史学界常提到的《循环日报》《万国公报》等知名报刊或因创于香港，或因宗教原因，其早期影响不能遍及国内大众。媒介规模化的进程严格地说是从戊戌时期开始的。1895 年是一个重要的年份，它不但是封建国家日趋衰败的一个时间界碑，而且也是近代民间媒介兴起的开端时期，至民国元年（1912）前，短短十几年时间，中文报刊曾产生过七八百种之多，媒介主体计有三类：商办、官办和外资。其中，商办相对数量更呈现逐年攀升的态势，其比例变动的情况见表 1②：

表 1

年份	商办数量	商办比例（%）	年份	商办数量	商办比例（%）
1895	1	33	1902	22	76
1896	1	11	1903	22	73
1897	3	30	1904	37	64
1898	26	76	1905	20	56
1899	4	40	1906	40	90
1900	7	67	1907	31	74
1901	11	50	1908	41	85

① 李倬宇、钱培荣:《晚清报刊的发展历程》,《杭州大学学报》第 26 卷第 4 期，1996 年 12 月。

② 据《大公报》1905 年 5 月 11—25 日“报界最近调查表”、《东方杂志》1904—1908 年各期“各省报界汇志”、《清议报》1901 年第 100 册“中国各报存佚表”等资料统计测算。

1905年至民国初年，全国先后发行报刊计600余种，其中为清廷所控制者尚不足10%。从地域分布方面看，趋新的大众传媒主要分布于中国南部地区，当时最大的贸易口岸上海更处于龙头地位，早在1865—1895年，创办于上海的报刊就占据全国中文报刊总数的52%、外文报刊总数的45%。[①] 1895年以后其数量规模和牵引效应更居各地之首。晚清书籍的编撰、出版和发行之权也主要操之于民间。从1901年至1904年，中译西书533种，其中人文社会科学部类401种[②]；从1896年至1911年，中译日书（含转译西书）958种，其中总类8种，哲学32种、宗教6种、政法194种、军事45种、经济44种、社会7种、教育76种、史地238种、语文133种、艺术3种、科学249种、技术243种。[③]

值得注意的是，晚清报章结构中面向市民的白话报刊出人意料地崛起，在整个大众媒介中占据着显眼的位置。尽管1887年《申报》发行的《民报》是近代较早的白话报刊，但其时未成气候，直到20世纪初年，白话媒介才骤然兴起，并左右了晚清大众媒介的存在形态。这期间的白话报刊约计140份，兹按年序排列如下[④]：

表2

创刊年份	数量	创刊年份	数量
1876	1	1905	10
1895	1	1906	8
1897	4	1907	12

① 据秦绍德《上海近代报刊史论》（复旦大学出版社1993年版，第17页）有关资料测算。

② 顾燮光：《译书经眼录》，《中国近代出版史料》第2编，中华书局1957年版，第100页。

③ 谭汝谦：《中国译日本书综合目录》，香港中文大学出版社1980年版，第41页。当然，这个数字也并非绝对准确，据陈永年核对，仍有遗漏，他认为这一时期实际所译"当达一千种以上"，见北京市中日文化交流史研究室编《中日文化交流史论文集》，人民出版社1982年版，第268—269页。

④ 据陈万雄《五四新文化的源流》（生活·读书·新知三联书店1997年版，第135—159页）提供的资料测算。

续表

创刊年份	数量	创刊年份	数量
1898	4	1908	12
1901	4	1909	8
1902	6	1910	10
1903	12	1911	5
1904	16		

另外，尚不能断定确切创刊时间的有近20种。[①] 资料显示，晚清逾百份白话报刊的出版地遍及香港、广东、湖南、湖北、山东、山西、江西、东北、天津、伊犁、蒙古以及海外的东京等地，但以长江流域的江苏、浙江和安徽三省最盛行。除此而外，白话教科书大量印行，尤其令人瞩目的是清末尚刊行了1500多种白话小说。[②] 作为近代报刊媒介的副产品，晚清白话小说的舆论能量日益受到知识界的重视。梁启超对西方历史中的政治小说与社会政治变迁的关系深有感触，他认为，在西方国家变革之始，“其魁儒硕学，仁人志士，往往以其身之所经历，及胸中所怀，政治之议论，一寄之于小说”，“往往每一书出，而全国之议论为一变。彼美、英、德、法、奥、意、日本各国政界之日进，则政治小说为功最高焉”。[③] 就中国来说，晚清的“谴责小说”更使得这种舆论媒介显其身价，鲁迅先生曾评曰：“揭发伏藏，显其弊恶，而于时政，严加纠

① 如《河北白话报》（月刊）创于保定，《预备立宪官话报》（月刊）、《爱国白话报》等创于上海，《正宗白话报》《劝业白话报》《京津白话报》《京话简字报》《京话实报》《工商爱国报》《白话北京月报》等创于北京，《江西新白话报》创于江西，《芜湖白话报》创于芜湖，《通俗报》创于武昌，《晨钟白话报》创于天津，《蒙养学报》创于长沙，《福建俗话报》创于福州，《官话报》创于桂林等，参见陈万雄《五四新文化的源流》，第135—159页。

② 谭彼岸：《晚清的白话文运动》，湖北人民出版社1956年版。据陈万雄先生评价，谭氏一书是至今唯一系统研究晚清白话文运动的著作，内中所发掘的材料和论证，相当有贡献，可惜现今看来尚有三点不足：第一，该书批评胡适辞气浮露，反有碍于学术论证的说服力；第二，清末白话文运动的白话材料发掘不全；第三，将整个白话文运动归功于改良派，或者以改良派包摄整个清末白话文运动，而未能区别和剔抉出代表革命派方面的贡献。

③ 梁启超：《译印政治小说序》，《饮冰室合集》文集之三，中华书局1989年版，第34—35页。

弹，或更扩充并及风俗。”[①] 除白话小说之外，其他白话形式的媒介尚有白话历史书籍以及浅说画报[②]，以及文白相杂的报刊，诸如《知新报》《上海晚报》《拒约报》《国民日日报》《俄事警闻》《警钟日报》《中国时报》（香港）等。综合以上资料，可以粗略地断言：清季脱离国家直接控制的民间大众媒介确已初成规模。相对而言，南方的媒介密度高于北方，沿海沿江地区的媒介辐射力度甚于内陆和边远地域。尽管如此，能否孕育出公共领域的舆论空间还要看媒介信息的内容趋向。

封建时代的传媒起源于唐朝的邸报，其信息主体为皇帝的诏书、起居言行，王朝的法令、公报，皇室动态，政府官员的升黜、任免等内容。时至晚清，国势衰微日甚一日，封建政权及其意识形态已不堪负载民族近代化与救亡求强的历史重任，加之西方工业化及政治近代化的冲撞，公共领域中的大众文化和公共舆论系统已经偏离封建文化的导向，正如近代民族资本挣脱封建政治的樊笼一样，近代的文化系统和舆论空间也在大众媒介的导引下缓慢地形成了封建文化的异己力量，在不断消蚀着封建社会机体的过程中首先营造出民间化的舆论形态，进而铸就了晚清的公共舆论空间和近代文化形态。媒介是文化的载体，为了及时刊载国内新闻，准确把握舆论走势，各报刊媒介以公开独立的姿态征求文稿。《申报》创刊后，多次刊登告白：“立志欲将中国境内各紧要消息采录无遗”[③]，1872 年它曾刊载《邸报别于新报论》，在对比“邸报”和“新报”两种媒介的特征时指出：“邸报”只录朝廷政事，而新报则要兼及闾里琐闻，要为农工商贾们喜爱，“邸报之作成于上，而新报之作成于下”。[④]《上海新报》在 1862 年曾刊出告示：“华人如有切要时事，或得自传闻，或得自目击，但取其有益于华人，有益于同好者”，均可刊登，“分文不取”。[⑤]

---

① 鲁迅：《中国小说史略·清末之谴责小说》，《鲁迅全集》第 9 卷，人民文学出版社 1982 年版，第 282 页。

② 《大公报》1902 年 8 月 12 日；张若谷：《纪元前五年上海北京画报之一瞥》，上海通社编：《上海研究资料续集》，中华书局 1939 年版，第 328—329 页。

③ 《搜访新闻告白》，《申报》1875 年 7 月 8 日。

④ 《邸报别于新报论》，《申报》1872 年 7 月 13 日。

⑤ 《上海新报》1862 年 5 月 7 日。

但是，最能说明媒介信息内容转向的证据莫过于其本身的创办宗旨和内容倾向，它可以更明确地显露出本身的离异倾向、独立色彩和公共品格。兹以白话媒介举述如下①：

表 3

报刊名称	刊行时间	宗旨或内容倾向
《民报》	1876	“专为民间所设，故字句俱如常谈话。”
《俗话报》	1897	旨在改良风俗
《演义白话报》	1897	在第 1 号《白话报小引》中宣称，因国运危殆，“中国人想要奋发立志，不吃人亏，必须讲究外洋情形、天下大势。要想讲求外洋情形、天下大势，必须看报”。
《蒙学报》	1897	遵循蒙学公会的宗旨：“连天下心志，使归于群，宣明圣教，开通固蔽。立法广说新天下之耳目。”
《无锡白话报》	1898	其重要宗旨之一为“取中外之近事，取西政西艺，取外人议论之足以药石我者”，“俾商者、农者、工者，及童塾子弟，力足以购报者，略能通知中外古今及西政西学之足以利天下，为广开民智之助”。
《启蒙通俗报》	1901	“为中下等人说法，文义浅显，兼列白话。”
《苏州白话报》	1901	声称以“开通人家的智识”为宗旨
《童子世界》	1903	宗旨：“以爱国之思想曲述将来的凄苦，呕吾心血而养成夫童子之自爱爱国之精神”，“浚导文明，发达其国家思想，倡冒险进取之精神”。
《智群白话报》	1903	目的在于“开通下等社会，以新理新事又重衍，庶几扫除腐败社会恶习，于改良风俗或有补焉”。
《宁波白话报》	1903	立场是反对外国侵略、官僚腐败，主张实业救国、倡导文明、移风易俗。
《绍兴白话报》	1903	声称以“唤起民众爱国和开通地方风气”为宗旨
《中国白话报》	1903	以“开明民智”为宗旨

① 据陈万雄《五四新文化的源流》第 135—155 页相关资料整理。

续表

报刊名称	刊行时间	宗旨或内容倾向
《白话日报》	1904	旨趣在提倡新精神，要“把政治思想爱国感情渐渐的灌入不通文理的脑中，这也是普遍智识的意思”。
《吴郡白话报》	1904	宗旨：“把各种粗浅的道理学问，现在的时势，慢慢地讲给你们知道。”
《福建白话报》	1904	“鉴于各国比年以来，下等社会受白话文教育者既已著有明效”，发“本省对乡土之心，以为地方自治之基础”。
《直隶白话报》	1905	宗旨：“开通民智，提倡学术。”
《有所谓报》	1905	《发刊词》称：“以言论褰异族独夫之胆，以批评而递一般民贼之魄，芟政界之荆榛，培民权之萌蘖。”
《预备立宪官话报》	1906	声称“专以开化风俗改良社会”为宗旨
《竞业旬报》	1906	宗旨：“一振兴教育，二提倡民气，三改良社会，四主张自治。”
《西藏白话报》	1907	宣称“以爱国尚武，开通民智”为宗旨
《竞立社小说月报》	1907	以“保存国粹”“革除陋习”“扩张民权”为宗旨
《岭南白话报》	1908	以“讲公理，正言论，改良风俗”为宗旨
《滇话》	1908	宗旨在于“普及教育，改良社会，统一语言……纯用汉语体演出，虽妇孺亦能读”。
《白话新报》	1909	宣称以“唤起我同胞爱国之思想，振发其独立之精神”为宗旨

信息内容和形式的转向，意味着晚清大众媒介已演变出一种相对独立、贴近下层市民社会的公共品格，其更广远的目标在于强化国民意识，因此“开通民智”“浚导文明”“改良风俗”几乎成为各种报刊媒介的主流意识。1899 年，陈荣衮在《论报章宜改用浅说》中即主张：“地球各国之衰旺强弱，恒以报纸之多少为准。其报纸愈多者国愈强，报纸愈少者国愈弱，理势之必然者也。日本区区三岛，其地之广与中国四川省同，其人数乃中国十分之一耳。乃合计全国报馆，闻有八百余所，即佛门之报亦十余家。大阪朝日报，每日出纸十万有多。而我国报馆不及日本十

分之一，上海某报，闻每日出纸八九千之间，自以为雄视一方矣，亦不及大阪朝日报十分之一。噫！民智之开闭民气之通塞，每根由于此。”其时国内报刊“多用文言，此报纸不广大之根由”，故此他断言，“大抵今日变法，以开民智为先，开民智莫如改文言”。[①] 更有甚者，有人将白话文媒介与文明普及及中国文化形态的演进联系起来。[②] 白话文媒介的遽然崛起，与清季民间社会价值的凸显有着密切的关系。中国近代化何以要“启牖民智”？“启牖民智”何以要突出白话媒介？其中理由，前者着眼在中下层社会，更焕发全体民力，是目的；后者用其方便，是方法。唯其如此，媒介人士对那些不肯变通的文言文媒体啧有不满，认为这是将不晓文言文的“农、工、商、贾、妇人、孺子”置于“不议不论”的地位，是“直弃其国民矣”[③]，以至于要求“言文一致”、创立国语的言论直到民国初年仍呼声不绝。

媒介公共精神的产生是在逐步摆脱对皇权道统的依附状态和向心运动中进行的，封建传统意识“全能全控”的缺口已被冲开，大众媒介的林立也就形成了数种风格的舆论圈，在这个独立色彩浓厚的舆论领域中，“个人之思想，以言论表之，社会之思想，以报表之。有一种社会，各有其表之报。社会有若干阶级，而报之阶级随之矣”，“及有一大问题出，为各种社会所注意，则必占各报之主要部分，而词旨之冲突，于是烈矣”。[④] 交流、冲突、关注、切磋，清末的公众“对话环境”由此而生。就学理而言，公众舆论代表着一个复杂的观念世界和文化倾向，由微观视之，它包含了态度取向和意见倾向各有差异的受众群体。从各种资料爬梳考证可以看出，晚清媒介主控下的公共舆论已呈现较为明显的疏离特征。它突出地表现在国家观念和国民意识的凸显，强调国家“乃国民公共之机捩”，“国者民之国，天下之国即为天下之民之国”，号召人们对国事“莫不当分任其责，而无一人置身于事外”；国民意识的核心在于摒弃奴性，珍视国民价值，尤其强调参政之权，参政权与爱国心往往“相

---

① 蒴成文:《清末白话文运动资料》,《近代史资料》总第 31 号，1963 年 12 月。
② 《警钟日报》甲辰三月初十、十一日（1904 年 4 月 25、26 日）。
③ 蒴成文:《清末白话文运动资料》,《近代史资料》总第 31 号，1963 年 12 月。
④ 《论报战》,《中国日报》1904 年 3 月 23 日。

为广狭”，“参政权及于少数，爱国之人亦少数，及于多数，爱国之人亦多数”①；同时也反映在自我意识的增强和自主观念的确立，媒介惯以中西对比，并随之张扬崇私、自立、自为的价值观念。晚清风行一时的军国民思想潮流、趋新社团竞立南北以及学堂风潮兀然而生，无不与这种自主、抗争、独立的公共舆论扩张的强度紧密相连。由此，近代文化孕育中的公共价值评判系统成为维系晚清市民社会走向的重要精神支柱，公共空间也借此日渐强固和扩大。在这期间，各种媒体赖以运转的趋新型“媒介人”——报刊记者也愈益将公共媒介的历史功能推演至极点，他们“由平民之趋势迤逦而来，以平民之志望组织而成，对待贵族而为其监督，专以代表平民为职志”，“故记者既据最高之地位，代表国民，国民而亦即承认为其代表者，一纸既出，可以收全国之视听，一议之发，可以挽全国之倾势”。② 本来，在 19 世纪 70—90 年代，报业人士的社会地位是较为低下的，以《申报》为例，当时供职该报的多为不得意的文人，在人们的心目中，卖文为生者，实在是穷极无聊的表现。诚如姚公鹤所说：“盖社会普遍心理，认报纸为朝报之变相，发行报纸为卖朝报之一类（卖朝报为塘驿杂役之业，就邸抄另印，以出售于人。售时必以锣随行，其举动颇猥鄙，而所传消息亦不尽可信，故社会轻之，今乡僻尚有此等人），故每一报社之主笔、访员，均为不名誉之职业，不仅官场仇视之，即社会亦以搬弄是非轻薄之……昔日之报馆主笔，不仅社会上认为不名誉，即该主笔亦不敢以此自鸣于世。”③ 戊戌以后，这种风气大为改观，举人、进士办报已不足为奇。传统报人也就演变为新式媒介的职业人士，并且成为晚清时期独立性的社会群体，他们作为近代文化系统演进的重要推动力量也就日益显示出其巨大的思想辐射力度和舆论扩张能量。过往论者在探讨晚清市民社会问题时，过多地将目光投射于近代商人阶层，应该注意的是，大众传播媒介的从业人员亦应给予足够的重视。

---

① 《致南海夫子大人书》，《梁启超年谱长编》，上海人民出版社 1983 年版，第 236—237 页。

② 《国民日日报发刊词》，《国民日日报》1903 年 8 月 7 日。

③ 《上海闲话》，上海古籍出版社 1989 年版，第 128、131 页。

三　辅助媒介:近代文化和公共舆论扩展的中介因素

按照广义媒介定义，从晚清公共领域中近代文化系统实际生成和扩展的范围来看，近代社会崛起的学堂生群体和各种职能性社团等社会有机组织曾以辅助媒介形态填补了大众媒介的某些不足，事实上也成为清末公共空间中公共舆论的激活性因素，并且承当了市民社会中近代文化系统的创制主体和传感载体，对近代市民意识形态由省垣市镇到乡村的辐射和蔓延发挥了传承中介的作用，有学者喻之为“天然媒介”或“辅助传播网”①，笔者干脆视之为辅助媒介，以对应于大众传播中的主流媒介。

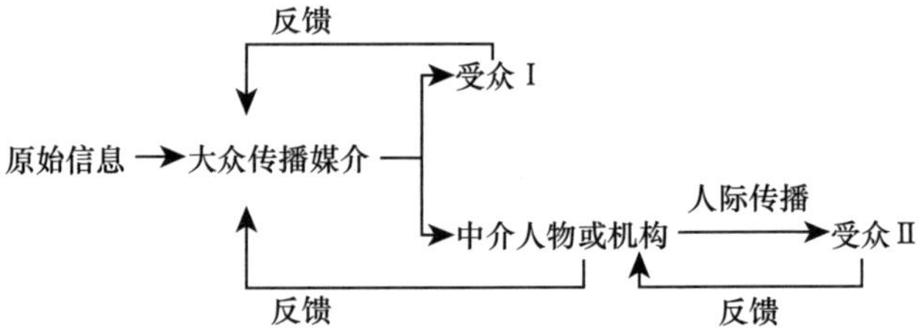

传播学界曾经提出过“两级传播论”和“中介因素”理论的著名假说，它对我们研究课题的启发意义在于必须重视清末位于大众传媒和民间社会之间的传播中介机构，因而，晚清社会的实际传播程式应该如上图所示。

此程式在清末的运作，有一点需要说明，即大众传媒面对的是两种类型的受众：“受众Ⅰ”是那些已经接触书刊报章等传媒而且有能力感知其中的信息含义，并能够作出自己反应的人们，这一群体大约是近代社会中的士、绅等受过较多教育的社会主体；“受众Ⅱ”则是一个庞大的无缘接触媒介或缺乏接受信息内容并作出反应能力的人们，这大约是指下

① 桑兵：《晚清学堂学生与社会变迁》，学林出版社1995年版，第13、400页。

等社会阶层或边远地区的人群。相比之下，后者的人口、地域和范围要远远大于前者，因而探讨晚清公共领域的发展规模时必须关注这一事实。我们在考察大众媒介结构形态时曾经注意到，它主要是以文字印刷形式传输辐射的，这种传播形态要求有相应的大量的文化受众，但是清末社会民众的低程度文化水平现状显然是不能够胜任的①，况且较低级的传播技术和信息网络，也日益显示出“舆论中介机构”的重要性。晚清渐次崛起的学堂生群体和各种职能性社团正处于大众媒介的边缘，称其为辅助媒介或边缘媒介实不为过。

本文关注晚清学堂生群体的视点有二：其一，学堂在1904—1909年间得到长足发展，学堂生的规模也就急剧膨胀，由1905年之前的258873人跃升至1909年的1638884人（不含军事、教会学校的学堂生）②，总计辛亥前后国内学生总数在300万人左右。这一群体是构成近代市民社会的一个重要阶层，作为公共领域中能量较大的群类，他们对同处于该空间中的商人阶层、绅士群体等更具有牵引、制约的互动效应，由此规约着市民社会文化形态的发展走向，故此不应忽略对它的研究；其二，就本文关注的晚清媒介形态的视点而言，这一阶层又加强了大众传媒的辐射影响，作为辅助媒介它直接地扩展着公共舆论空间，承担起哈贝马斯关注的“沙龙、咖啡馆、俱乐部”等“对话场所”的角色。“废科举，兴学堂”是中国教育史上的重大转折，晚清政权将其视为新政的重要举措，并寄予厚望，“广学育才，化民成俗，内定国势，外服强邻，转危为安，胥基于此。”③ 但实际运作的结果却背离了清末统治者的初衷，两种从内容到形式根本对立的教育制度，适逢晚清的重大变局，期望与结果实难

① 美国著名的现代化理论专家吉尔伯特·罗兹曼认为，清代中国的识字率接近德川时期的日本，他引述饶懿伦的研究结论说：“18和19世纪的识字率也许‘比以前的推测要高。男女间识字率是不平衡的，大约有30%—45%的男性和只有2%—10%的女性具有某种程度的读写能力’。”（见［美］吉尔伯特·罗兹曼主编《中国的现代化》，江苏人民出版社1995年版，第246页）《万国公报》曾撰文指出：“四万万人中，其能识字者，殆不满五千万人也。此五千万人中，其能通文意、阅书报者，殆不满二千万人也。此二千万人中，其能解文法、执笔成文者，殆不满五百万人也。此五百万人中，其能读经史、略知中国古今之事故者，殆不满十万人也。”参见古黔孙鉴清《论中国积弱在于无国脑》，《万国公报》第183册，1904年4月（光绪三十年三月）。

② 《学部之教育统计》，《民立报》1911年2月28日。

③ 《光绪政要》第27册，崇义堂1909年刊，第57—59页。

契合。依据清政府的规划，专门学堂一般集中于通都大邑，府、县及乡镇依次为中学、高小、初小及蒙学，这样便形成一种阶梯式的学堂布局形态，它在信息传导方面的重要意义在于上下互动、双向传感机制的确立，进而演化成“学堂—家庭—社会”信息传输的逻辑链条。

甲午战后，“学者不在斗室蓬庐，而在梯山航海”，“尽吾力，竭吾能，焦吾唇，敝吾舌，洒吾血泪，拼吾头颅，以唤醒国民也”成为多数学生的主流意识。① 各地学生在感知大众传媒的信息后，“无不广演其说”②，上海、安庆、保定、杭州、武昌、南京、长沙、南昌等地的学堂生群体以“演说会”为主要传播形式，致力于对下层民众进行启蒙宣传。上海补余学堂的文学会“专以开通下等社会，激发他的爱国心，使他晓得国耻国仇，力图恢复”作为宗旨③，并制作了《明耻图》，极受下层群众的欢迎，一月之内便销出数千张。许多学生在假期中，也通过“演说会”的方式以“唤起国民思想，开通下流社会”。爱国学社、南京水师学堂、南洋公学、浙江大学堂的学生群体联袂演讲，“入座听讲者，上自士林，下至贩夫走卒，每日有五六七百人，座为之不容”。④ 固定场所演讲与巡回演说相结合，颇受民众的欢迎，“演说到慷慨悲愤之处，四座拍掌之声如雷”⑤。此外，学堂生模仿大众传播媒体形式，积极编辑新式书报，广为发行，以求新知识的广泛播撒。晚清众多的大众传媒也以趋新学堂为发行代办点，例如《中国白话报》发刊后，湖南学生集资订购数百份，“以分送其乡人”⑥；成都学生“创设学会，撰报译书著论，通行于四乡，推及于全省”⑦。这样，学堂生群体所承当的星罗棋布的信息扩散机构便成为晚清公共舆论传导的基层网络，越来越强劲地侵蚀着僵化封闭的封建文化，孕育着近代意义上的国民公众。无怪乎当时开明之士慨然赞叹：“今吾国各省之同胞，幸各能汲汲以播布文明于其乡土为己任，故亦渐觉

---

① 《曹君梁厦致同里李某书》（续第 10 号），《童子世界》第 15 号，1903 年 4 月 20 日。

② 绿意轩稿：《民权问答编》，《东浙杂志》第 4 期，甲辰（1904 年）十二月。

③ 《文明绍介·各种结会》，《中国白话报》第 8 期，1903 年 3 月 31 日。

④ 《论常州武阳两县令之荒谬》，《苏报》1903 年 5 月 30 日。

⑤ 《纪常州演说会事》，《苏报》1903 年 3 月 23 日。

⑥ 《〈中国白话报〉广告》，《警钟日报》1904 年 4 月 8 日。

⑦ 李德夫人自成都来函《成都天足会近状》，《万国公报》第 186 册，1904 年 7 月（光绪三十年六月）。

日上，城野改观。而其进步之速者，则已见教学之校相望于郊畿，阅报之人遍于妇孺，有藏书之楼，有俱乐之部，有体操之场，有演说之坛，有议政之会”①，这种情况的确反映了清末公共空间舆论传导和信息交汇的客观形态。

职能性社团是时下史学界对晚清文化领域渐次创设的各种“学会”“会”“社”“公会”“学社”和“会馆”等知识启蒙、政教宣传、风俗改良和公共服务等方面职能组织的一种概括性称呼。职能性社团的产生似乎可以从晚清文化领域的觉醒、合群意识的增强等层面来理解，他们借此扩展群体意识，强化界内活动能量，凸显挣脱封建皇权的公共意识，这从另外一个侧面显示出民间社会与晚清政权开始疏离的总体倾向，作为晚清公共领域研究的重要课题，似乎更应该受到重视。作为清末公共领域中的激活因素，职能社团初始于戊戌时期的政治性学会，此后逐渐扩展领域，越来越显示出社会化、职能化特征，在清廷厉行党禁的背景下，这些社团大多带有疏离、抗争和批判朝政的倾向，正如费正清所说的那样，他们“不一定都是政府的革命派劲敌，然而他们的基本态度是与政府离心离德和对它抱有批判的意识”②。应该看到，晚清时代崛起的职能社团已经成为张扬趋新舆论、价值观念和科学生活方式的重要社会载体，它们急于以各种方式表达自我，牵引域外视听，改变旧时代沿袭下来的观念形态，这也正体现出媒介“告知、劝服和信息共享”的内在特征。近代中国城乡人口流动性较大，求学、仕进、经商、办学等活动更加剧了沿海、沿江等经济发达地区的信息流动。各种职能社团即背靠城市，辐射四方，既介入公共事业的创办，又以倡导新观念、新生活为己任，许多社团兼办报刊或阅书看报机构，试图以各种方式变化民质，改良社会。在这一点上，晚清社团组织通常与大众媒介、学堂生群体相互交织、互为倚重，它们在公共舆论和价值观念的扩张方式上呈现出各具千秋，彼此补偿的态势。本文区分大众媒介与辅助媒介，仅仅是遵从传播学的理论要求，并且也考虑到清末公共领域生成过程中的诸多制约因素。媒介形态的剖析，笔者认为是一种值得注意的参照角度和分析范

① 《福建之现势》，见黄藻编《黄帝魂》，台北，1968 年影印本，第 201 页。
② 费正清等：《剑桥中国晚清史》下卷，中国社会科学出版社 1985 年版，第 391 页。

式。当然，更为重要的是以此为视点，更客观全面地概括和修正关于公共领域与晚清政权的互动关系形态。

四　近代媒介文化视野中的社会与国家

晚清市民社会研究已经成为近年来史学界令人瞩目的一个重要课题，在研究过程中产生了两个焦点问题：一是晚清时期是否存在一个“市民社会”，其特征究竟如何？二是如果晚清时期确实存在“市民社会”，那么，它与晚清政权之间的互动关系如何？对这两个问题，西方学者与国内学术界均有涉及。对前一个问题，以萧邦齐（R. Keith Schoppa）、罗威廉、兰金等人为代表的西方学者将主要精力集中在 19 世纪末会馆、公所、书院、善堂、义仓和地方士绅的自治活动等课题的研究上，据此得出了中国在清末民初已经出现了类似欧洲市民社会或公共领域特征的结论，当然，这种观点也遭到了孔斐力（Philip Kuhn）等人的反对；国内介入这一问题的学者较多，他们较集中地围绕着西方学者所忽略的商会问题而展开了研究，这些为数众多的个案性、实证性研究形成了史学界占主流的观点，在研究的过程中极力突出商会问题对市民社会研究的重要性，或者认为晚清社会已形成“市民社会”雏形，或者认为中国式的早期“市民社会”实质上是一个“绅商社会”。对第二个问题，国内史学界基于对商会、绅商自治、公所等课题的研究，大多认为晚清时期的“市民社会”与晚清封建政权之间是一种良性的互动关系，晚清市民社会雏形与封建国家之间形成一种既互相依赖，又互相矛盾、摩擦的复杂关系，其中，依赖的一面又占据着主导地位。除此而外，对晚清国家政权在市民社会形成中的作用和地位也作了探讨。

的确，近代时期政治国家对社会的控制相对松弛，传统的国家与社会重叠整合的局面被打破，伴随公共领域在各地区不同程度的扩张，市民社会因子由少到多，由弱趋强地滋生开来，以至于形成一种被学术界称为“市民社会雏形”的社会景况，这是较为可信的。占主流的学术观点均已考证并认定这一事实，但这种考证与认定几乎没有越出经济和社会分支系统的框架，诸如会馆、商会、公所、义仓、善堂以及地方绅士的自治活动之类，而且据此提出了政治国家与近代民间社会之间的良性互动关系说，可以断言，在经济—社会系统内，这种观点大概也不会有错。

多数学者基本上认定，对邦国（the State）和社会对立以至于分离进行理论考证，一直是西方史学界重要的研究课题。但是市民社会的孕生与良性发展亟须具备一个前提，按照托克维尔的意见，那就是应该增强与发展民间具有公共性格的“社会”（指民间的组织、社团等），这实际上就是倡扬建构那种独立于邦国之外的民营企业、私立学校、独立文化媒体、自治工会、社团等所构成的公共领域。这一过程在晚清时期即是将中国固有的传统意义上的民间社会（私性社会）实现近代意义上的转换[①]，促其游离于邦国。这一过程是复杂的，涉及了物质与精神、经济与政治以至于文化等多个领域。前已述及，近代市民社会、公共领域是一个庞大复杂的体系，其中的公共精神体系、公共舆论状态这类文化系统从一个侧面展示着公共领域的公共精神品格和意识形态基础，它的运作具有自身的规律性，与政治国家互动关系的性质也有别于商会、义仓之类的经济—社会系统，这也是本文关注的焦点。

中国社会不同于世界各国的一个突出特征，就是氏族血缘关系的影响异常久远而且深刻，由此产生“家国一体”的邦国社会结合结构，它呈现日久弥坚、牢不可破的运作态势。这种情形至20世纪初年依然延伸下来。[②] 维系这种家国结合的重要纽带是封建社会的文化思想和意识形态。严格说来，支持封建政治国家的精神系统、文化系统是任何封建朝廷（也包括晚清政府）固守、经营的最后一道屏障。因之可以理解，扼杀“异端”思想、文化以及潜在的“腐蚀性”舆论是历代封建王朝自始至终的政治观念。清代的文字狱、洋务运动中的“中学为体”，都表明了这种固守封建文化系统的强韧和顽固。士人结社植党曾被历代统治者视为“朋党干政”“异端之源”，坚决禁绝。清顺治朝的礼部曾制订学宫条

---

① 按林毓生先生的观点，传统中所谓民间社会，用英文来翻译，大概应作 private society，那是以家长式结构所组成的、“私”的性质很强的民间组织，如行会、帮会、寺庙等，不能与现代的 civil society 相提并论。见林毓生《热烈与冷静》，上海文艺出版社 1998 年版，第 248 页。

② 20 世纪初，梁启超尚作如下评价：“吾中国社会之组织，以家族为单位，不以个人为单位，所谓家齐而后国治是也。周代宗法之制，在今日其形式虽废，其精神犹存也。”见梁启超《新大陆游记》，《梁启超选集》，上海人民出版社 1984 年版，第 432 页。

款，严禁诸生“纠党多人，立盟结社，把持官府，武断乡曲”，至顺治十七年（1660）更有严禁结社的上谕：“士习不端，结订社盟，把持衙门，关说公事，相煽成风，深为可恶，著严行禁止”①，时至 20 世纪初年，对学堂学生仍采取禁锢封闭的政策，清末制定的“学堂禁令”共有十二节，其中前七节规定：“第一节，学生在学堂以专业学习为主，凡不干己事，一概不准预闻；第二节，各学堂学生不准干预国家政治及本学堂事务，妄上条陈；第三节，各学堂学生不准离经畔道，妄发狂言怪论，以及著书妄谈刊布报章；第四节，各学堂学生不得私充报馆主笔及访事人；第五节，各学堂学生不准私自购阅稗官小说、谬报逆书，凡非学科内应用之参考书，均不准携带入堂；第六节，各学堂学生凡有向学堂陈诉事情，应告知星期值日学生，代禀本学堂应管官长，不准聚众要求藉端挟制、停课罢学等事；第七节，各学堂学生不准联盟纠众、立会演说，及潜附他人党会。”② 如此，“士”作为封建文化载体的角色已被牢牢锁定。近代大众媒介崛起后清廷仍厉行严控，意图自然也是将各种类型的媒介约束到封建文化统治秩序之中。针对国民舆论和意识形态给晚清封建道统观念和文化秩序造成的腐蚀倾向，清廷自始至终采取了固守这块文化领地的态度，在主观上从未产生过让渡其文化舆论空间的想法。即便是在 1906 年清政府宣布“预备立宪”这样相对宽舒的政治环境下，朝廷依然加强对媒介文化的控制。清廷上谕曾宣称：“裁决舆论，仍自朝廷主之。民间集会、结社暨一切言论、著作，莫不有法律为之范围”，据此提出除了“妥速议订”报律外，还应拟订政事结社条规，“迅速奏请颁行”，“倘有好事之徒，纠集煽惑，构酿巨患，国法具在，断难姑容，必须从严禁办”。③《大清报律》即规定：“诋毁宫廷之语，淆乱政体之语”，“报纸不得揭载”。行政手段与立法手段是清廷控制民间舆论和媒介趋向的两种主要工具。

相比之下，受“商战”思潮促动，也迫于时局困顿，新政初期以

① 谢国桢：《明清之际党社运动考》，（台北）商务印书馆 1967 年版，第 251—253 页。

② 张之洞：《奏定学堂章程 · 各学堂管理通则》，沈云龙主编：《近代中国史料丛刊》（723），（台湾）文海出版社有限公司 1973 年版，第 89—90 页。

③ 《德宗景皇帝实录》卷 583，《清实录》第 59 册，中华书局 1987 年影印本，第 707、708 页。

“民治”辅助“官治”的“商会”首先获得合法地位，得到国家政权的扶持与保护。可以说，相对于绅商自治、商会、义仓之类的社会经济系统，文化系统游离于封建政治—文化樊笼的艰难性自然要大得多，游离过程中的政治疏离和批判精神理所当然地多于对封建政权及其道统体系的依赖和支持。晚清大众媒介倾向于以进化、竞争、自由、民主、科学、平等、个性、实用等近代西方资本主义的文化价值观作基准，无一不在消蚀着封建传统的文化资源，发展成封建国家政权的批判力量，以至于形成颠覆晚清政权的“黑血革命”工具[①]，孙中山曾对此加以评论：“此次民国成立，舆论之势力与军队之势力相辅相成，故曾不数月，遂竟全功。”[②] 这种情况与近代崛起的商会、公所、市政管理阶层等社会和经济系统有着较大的差异，从理论上看，尽管近代资本力量和近代文化力量同属于颠覆封建政权的最终因素，但发生作用的方式和运作规律的差异，完全可能使得它们与晚清政权之间的互动关系呈现不同的性质。社会矛盾运动是复杂的，社会历史学说也就不能简单，揆诸晚清史实，近代媒介文化视野中的社会与国家关系很难断定为良性互动关系，从颠覆晚清政权这一角度来看，上述两个市民社会的分支系统恰好处于不同的地位。

多数学者注意到，近代长江中下游城市是公共空间发展比较成形的地区，无论是商会力量、市政管理阶层，还是近代文化系统，在这一地区都呈现迅猛发展的态势。就近代媒介的发展来说，湖北地区的情况更引人注目[③]，该省自1866年始创报刊至1913年辛亥革命失败的48年间，共创办报刊144家，其中外国人办29家、官办23家、民办92家。在这期间，1866—1902年是近代媒介的初创时期，总计创办15家，其中外人办11家、官办3家、民办仅1家，民办媒介只占0.7%；而1903—1913年则是该地区近代媒介的全盛期，共创办129家，其中外人办18家、官办20家、民办91家，民间媒介上升到78.3%，后期为前期的91倍。在

---

① 梁启超：《鄙人对于言论界之过去及将来》，《庸言》第1卷第1号，1912年12月1日。

② 孙中山：《致武汉报界联合会函》，《孙中山全集》第2卷，中华书局1982年版，第336页。

③ 以下报刊的创办数字参见刘望龄《湖北的舆论导向与武昌起义的成败》，中华书局编辑部编：《辛亥革命与近代中国——纪念辛亥革命八十周年国际学术讨论会文集》下册，中华书局1994年版。

这些媒介中，既有科普格致之类的报章杂志，也有改良风俗、变化民质的立宪型报刊，当然也有鼓吹种族革命的革命派媒介，诸类媒介在晚清民族危机与种族危机交加的背景下，迭相呼应，终于演成颠覆封建政权的文化力量，时人在总结历史经验时无不认为："辛亥革命是报馆鼓吹出来的。"① 实际上，媒介的批判倾向可以再向前追溯，早在戊戌期间守旧党与维新党阵线分明的对垒中，70种由中国人主办的报刊媒介"没有一家拥护前者的观点"，"几乎全部以中国的启蒙和改革为宗旨"。② "监督政府""向导国民""扶导民党"成为众多媒介的宗旨，《警钟日报》公开告白："以监督政府、扶导民党为己任，明目张胆披露天下，神奸鬼丑难逃镜中。"③《大公报》以"力祛政界之蠹害为第一要义"，"斥官吏贪残"，"考求利弊之所在"。1904年《印送〈警世钟〉缘起》中曾有评论："欲人人有国民思想，舍教育不为功。顾教育之为效也，远之百年，近亦十年，患已切肤，其何能待?""……救急之方，其必自多刻通俗之书始也。"晚清崛起的白话报刊不但在语言形式上抛弃了官方样式，而且在内容上常常是"表面普及常识，暗中鼓吹革命工作"，晚清创刊的"一百多份白话报中，倾向维新和革命立场的占了绝大部分，尤其具革命立场的占了大比例"。④ 即便是晚清新政的产儿——学堂生群体，它与职能性社团中的多数组织一样，也成为反清情绪扩散的重要渊薮。1908年初《中国日报》的评论极富证明力，"党势之潜伏于隐微，而或为秘密之运动，或为笔舌之招徕者，其势力较之刀锋炮子为尤烈"，"目下中国内地之青年学子，悬重金以购民族书报者实繁有徒，此等人之在清国境内，不啻劲敌之埋伏暗陬，有足制满人之死命者。无怪清政府之禁开会演说及禁民族书报，如临大敌，方之派兵剿乱为尤汲汲不遑也"。⑤ 由此可以推论，从广义媒介形态入手来分析的清末公共领域中，文化系统与封建政权之间并非一种良性互动关系，二者之间冲突多于弥合，制衡多于依赖。后

① 秋虫：《武汉新闻史》，第22页，转引自刘望龄前揭文。

② 徐雪筠等：《上海近代社会经济发展概况——海关十年报告译编：1882—1931》，上海社会科学院出版社1985年版，第95页。

③ 《铁良与警钟报》，《警钟日报》1904年11月24日。

④ 陈万雄：《五四新文化的源流》，第160页。

⑤ 《中国日报》1908年1月25日。

来辛亥时期“国体丕变”中的文字“鼓吹之功”，新文化运动时期的“全盘反思”“打倒孔家店”等，均属公共舆论空间批判精神的一脉相传。

这里的疑点在于为何同处在公共领域之内，经济—社会系统（诸如商会之类）与封建国家政权基本上呈现良性互动关系，而文化系统则正好相反？有学者认为研究晚清时期国家与社会的互动关系，应关注两个方面，既要从国家的面向看，也要从社会的面向看，由此梳解两者之间互动关系的性质。[①] 的确，这种分析方法能够合理地排比处理关键的材料，以解释上述疑点。与商会等组织相比，广义媒介所创构的文化系统，其孕育、发展过程中远没有得到政府支持和奖掖的荣耀。如果说封建政权也对文化系统产生过影响的话，那仅仅是清末新政所带来的相对宽松的客观环境及无可奈何的失控状态，在主观上封建国家并未让渡其最后的阵地。清末有限的公共舆论空间是媒介力量“趁清政府的社会控制相对松动之机，顽强地自我生长，争取生存和发展的空间”[②] 的结果。也可以说，在主观上，民间媒介较少所谓的“以民治辅助官治”动机，相反，其侵蚀封建国家文化和意识形态的一面占据了主导地位。自然，研究晚清的市民社会问题不得不注意民间文化阶层与封建政权的对峙问题，这种“对峙”是过程性的，舆论的流变受国家环境和世界大势的影响而存在阶段性，前期和后期的舆论走向和舆论内容有较大的变化，政治疏离的强度也就呈现出过程性和变动性的特征。近代社会是一个过渡性极为明显的社会，那么，运作于其中的公共舆论和近代文化形态也就不能不呈现出这种过渡化的倾向。

尤其不应忽视的是商会一类经济社会系统与媒介文化系统尽管同构于公共领域，但两者存在重大的差异，这是理解晚清公共领域中不同阶层和力量与封建国家互动关系的关键问题。桑兵先生在有关课题的研究中也曾关注这一现象，并作过精彩的对比。首先，“由以士为主的开明士绅和学生组成的社团”媒介侧重于自由平等的理想追求，以输入文明、培育国民为主要目标，大都从事宣教活动，很少介入权力竞争；而“得

---

① 朱英：《关于晚清市民社会研究的思考》，《历史研究》1996 年第 4 期。

② 桑兵：《清末新知识界的社团与活动》，生活·读书·新知三联书店 1995 年版，第 289 页。

到官方承认或鼓励，以绅商或绅为主体的社团”则侧重于实际经济利益与社会权力的争夺控制，试图通过结社达到分享权力的目的，不仅继续保持对基层社会权力的垄断，而且借兴民权之名扩展绅权，参与地方乃至中央政权。其次，前者努力成为全体国民的代表，较少群体私见，反对皇权官权，争取民权，对上要求民主，对下代表民意，社团内部也实行民主制；后者则首先表达和维护本群体的意愿，甚至不惜牺牲其他群体的利益以实现其目标，对上主分权，对下主集权，担心实行普遍民权反而会威胁其既得利益，其权力来源更多地决定于地位、声望、财富及社交因素，而并非组织成员意见的向背。再次，前者明显具有反抗官府离异朝廷的意向，后者与官府朝廷则是一种既互相依存又明争暗斗的关系。“两类社团的差异，表明近代中国的士与绅，或投靠文教事业的士绅与从事其他利权事业的士绅（或绅商）在发展趋向上有所不同。”① 两个系统对封建国家的政治疏离程度、发展趋向和内部运作的规律等方面的差异是明显的，这直接制约着它们与政治国家之间各自不同的互动关系状态。“良性互动关系”学说仅仅反映了以近代商会为中心的经济—社会系统的基本情况，它实在不足以涵括晚清时期市民社会或公共领域的整体概貌。在晚清市民社会研究问题上，必须考虑到地域性、行业性以及市民社会中各个系统的差别，它们都足以使公共领域的“公共性格”杂彩纷呈。晚清市民社会尽管处于“雏形”阶段，但这并不意味着它是单一社会经济系统的组构；公共领域尽管是“公共的”，但绝不可以简单化约。

---

① 桑兵:《清末新知识界的社团与活动》，第 290 页。

近代中国广告的产生发展及其影响*

朱　英

不同历史时代中不同性质的商业，各有其相异的经营方式，它既体现了商业的发展进步，也反映出不同历史时期商业文化演变的内在动因与具体表现。与中国古代商业相比较，近代中国新式商业的经营方式，在许多方面都出现了新的变化。其中新型广告的出现与发展，即是一个引人瞩目的新形式，并产生了不容忽视的重要影响。

从已有的研究成果看，迄今目前尚未见集中探讨近代中国广告业的专著和专文，只是在一些相关的论著中对这一问题间有涉及，而且以叙述性的文字居多。涉及近代广告较早和较多的著作是戈公振于 1926 年撰写的《中国报学史》，次年由商务印书馆出版。该书是中国最早的一部论述中国报纸的著作，其中第 6 章第 3 节对近代广告的状况进行了简略介绍，比较有参考价值的部分是对《申报》等 5 种报纸的广告在各报所占版面面积的统计，以及所附的《申报》广告章程、刊例等资料。因该著成书于 20 世纪 20 年代，故当今的一些著作也常常将其作为史料书引用。

80 年代初，由老报人徐铸成撰写的《报海旧闻》（上海人民出版社 1981 年版）一书出版。此书主要是作者对近代报界亲身经历的回忆，其中有一篇专门谈及报纸广告和广告社的影响，具有一定的史料参考价值。

* 本文原载《近代史研究》2000 年第 4 期。

徐载平等人撰写的《清末四十年申报史料》（新华出版社 1988 年版），对《申报》的广告业务与广告的虚假性作了十分简略的介绍。而一些专门论述报刊新闻史的专著，则很少涉及广告问题，包括方汉奇撰写的《中国近代报刊史》（山西人民出版社 1981 年版），也只是以极小的篇幅附带提到近代中国报纸的广告，并未展开论述。倒是在 90 年代出版的某些研究近代社会转型与变迁的著作，对广告问题比较重视，并从近代社会与经济发展的新视角论及近代广告的特点与影响。例如忻平撰著的《从上海发现历史——现代化进程中的上海人及其社会生活（1927—1937）》（上海人民出版社 1997 年版）一书，就是在论述近代上海文化发展的商业化、多元化、大众化特点时，阐述了上海报刊尤其是《申报》广告的一些情况，并作了抽样统计。

就总体而言，学术界目前对近代中国广告的研究显然仍十分薄弱，甚至可以说并未真正对这一问题进行专门的研究。而要完全弥补这个缺陷，无疑不是一篇文章即能完成的事，需要做出比较艰苦的努力。本文仅就近代中国广告的产生、发展及其影响略作论述，希望能够得到学界同仁的重视与批评。

一　近代中国广告的产生

近代的广告，是资本主义商业发展的产物，它不仅是近代新式商业经营方式演变趋新的具体反映，而且在很大程度上也促进了近代商业的进一步发展。在中国古代，虽曾出现与广告相似的酒旗、幌子①、招牌、店堂装饰等，这些方式或许可以起到一点类似广告的作用，但却不能与近代的广告同日而语。所谓酒旗广告和招牌，实际上都是“幌子”的另一种形式，而“幌子”只是一种简单的悬挂物。至于店堂装饰，也只是商家对店堂的布置。精巧的布置尽管可以吸引顾客，但却不能将这种布置完全视同广告。

广告的繁荣兴盛，是与近代众多报纸杂志以及其他各种传播媒体的

---

① 所谓“幌子”是指商家门前的一种悬挂物，有的直接悬挂所卖之物，有的以象形之物代替。

出现相辅相成的。众所周知，报纸杂志和各种传媒是新型广告不可缺少的载体。而公开发行并面向大众社会的报纸杂志以及其他媒体，是在近代才陆续出现的新事物。由此可以推论，除了商业自身发展程度的限制之外，古代社会中之所以不可能产生与近代类似的商业广告，这无疑是一个重要的客观原因。当然，如果仅仅从学理上分析，在报纸杂志出现之前，商家可以自制告示四处张贴以帮助促销，由表面观之这与近代广告的作用相似。但是应该看到，这种形式不可能达到类似近代广告那样广泛的商业效应，至多只能视作近代广告的萌芽。就实际情况而言，从各种文献史籍的记载中，也较少发现古代商人采取这种形式促销商品。

广告一词，据有关论著考证是一个外来语。一般认为该词源于拉丁文 Adverture，意为引人注意。至中古英语时代（约公元 1300—1475 年），演变为 Advertise。在中国，广告一词究竟于何时何地最早出现，目前尚难断定。但近代中国广告的产生同样与新式商业的发展和近代报纸杂志的出现有着密不可分的联系。这似乎与西方资本主义国家近代广告的诞生并无多大区别。不过，近代中国资本主义的产生并非主要缘于自身经济的自然发展，而是在很大程度上与西方资本主义的入侵相联系，所以近代中国的广告也并不完全是按照自然发展的常规而诞生的。或许可以说，近代中国的广告，是伴随着西方资本主义的入侵而产生的，甚至在某种程度上还可以说近代中国最早的新型广告是从西方移植而来的。

如上所述，近代广告是近代资本主义发展的产物。而近代中国最早的资本主义性质的新式商业，正是在鸦片战争后由于西方资本主义入侵的影响和进出口贸易的迅速发展，在上海等第一批被迫对外开放的通商口岸中产生的。如果说从近代中国新式商业的产生特点考察中国广告的诞生与西方资本主义入侵的联系，这还是一种较为间接的分析，那么，进一步看近代中国广告赖以生存的载体即报纸杂志的产生情况，将可获得更为直接的了解。

许多论著都指出中国最早的报纸是“邸报”，而且在唐朝即已出现。实际上，所谓邸报只是封建王朝创办的一种类似政府机关报的誊录品，严格说来并非真正的报纸。它的内容全部是有关奏折诏令和皇室、官吏动态等方面的情况，没有任何新闻与言论，更不登载商业广告，发布对象也仅仅是皇族和各级官吏。查检中国近代报刊发展的历史，可知最早的一批具有近代特征的中外文报刊，无一不是外国人所办。早在鸦片战争前夕，英国人就在马六甲出版了以中国人为对象的第一个中文报刊——《察世俗每月统纪传》，接着又有在澳门出版的《依泾杂说》和在广州出版的《东西洋考每月统纪传》等外国人创办的中文报刊问世。鸦片战争后，外国人在中国境内创办的中文报刊更大量增加，仅 1860 年以前就多达 32 种。广告这一当时中国的新事物，最早也在这些外国人创办的中外文报刊中开始出现。例如 1853 年创办于香港的中文月刊《遐迩贯珍》，即辟有"布告篇"专栏，专载船期、商情和广告。稍后出版的外国人所办报刊，对登载广告的业务更加重视。例如英国商人 1861 年创办了上海最早的中文报纸《上海新报》，在创刊号上即发布启事："开店铺者，每以货物不销，费用多金刷印招贴，一经风雨吹残，或被闲人扯坏，即属无用……似不如叙明大略，印入此报，所费固属无多，传阅更觉周密。"另还说明："观此新报，即可知某行现有某货，定于某日出售，届期亲赴看货面议，可免经手辗转延宕，以及架买空盘之误。"① 该报还将有些商品的广告"各绘一图，附以说明"，使广告更加生动形象。1872 年，英国商人美查在上海创办《申报》②，当年 4 月 23 日发行的创刊号共计 8 版，其中第 6 版的内容是转载《京报》的报道及广告，第 7 版全部刊登广告，第 8 版登载市场行情及船期，实际上也是广告。

由上可知，近代的广告是随着西方资本主义入侵中国，在中国境内创办报刊之后而产生的新事物。受其影响，中国人自办的一些近代化报刊也在 19 世纪中叶开始出现，并且大多也以一定的版面登载广告，从而使具有近代特征的广告这一新事物在中国产生并得到发展。

二　广告在近代中国的发展兴盛

在起初的一段时间里，大多数华商对广告重要作用的认识并不充分，因而较诸洋商而言发布广告很不踊跃。另外，这种状况与近代早期报纸

① 转引自方汉奇《中国近代报刊史》上册，第 58 页。

② 《申报》于 1889 年改为华洋合股，1909 年由中国人席子佩收购，1912 年又转售给史量才。

不普及，近代化的铁路、航运交通以及电信的不发达也有一定关系。20世纪30年代，研究中国近代报纸发展史的戈公振曾经指出："往者交通阻滞，报纸鲜少。偶有广告，亦只轮船进出、拍卖货物及寻人之类耳。然犹西人之广告居多。"① 这说明广告的兴盛在近代中国经历了一个发展的过程。与此同时，华商对广告的认识与利用也有一个发展变化的阶段。发表在《中国实业杂志》上的一篇文章，阐明中国商人有四大弱点，其中之一即是"广告之无心得"。该文指出："吾所谓无心得者，非谓吾商人纯然不知广告为何事，置诸脑后而不顾，正谓吾商人知有广告而不匠心独运，使此广告生有效力也"，为此呼吁"商界群公，其无以广告为不足道，而犹鸡鸣以起，孳孳以图也可"。②

不过，随着商业的迅速发展和报纸的日益普及，以及近代电信、交通业的逐渐发达，广告这种新的商品促销方式，不仅在清末民初已逐渐为许多中国商人接受，而且不久即受到广泛欢迎。其情形正如上海一首竹枝词所形容的那样："纷纷登报为招徕，何业何方择日开。只要价廉兼物美，一经上市便增财。"③ 至民国时期，广告的作用越来越受到工商界人士的重视。有的明确指出："欲吸收外埠主顾，则必以我之营业，广为布告，以昭示丁人。凡我之商品如何，商标如何，价值如何，务使外埠顾客，深深印入脑际，使莅临各地者，几有不购不快之感。此种方策，即所谓广告效力。"因此，"广告者，乃攻城掠地之工兵也……广告精良，犹战具之犀利也，执有利器，则战无不克"。于是广告在"商业上之价值，既重且巨"，而且"广告之方法，亦日新月异"。④ 人们尤其认识到，在发行量较人的报纸上登载广告，其作用与影响更为突出。"一纸风行，不胫而走。故报纸所到之区，即广告势力所及之地。且茶坊酒肆，每藉报纸为谈料。消息所播，谁不洞知。永印脑筋，未易磨灭。非若他项广告之流行不远，传单之随手散佚也。是故新闻愈发达，广告之作用亦

① 戈公振：《中国报学史》，生活·读书·新知三联书店1955年版，第213页。

② 抗白：《吾国商人之弱点》，《中国实业杂志》第3年第4期，1912年5月。

③ 顾柄权编著：《上海洋场竹枝词》，上海书店1996年版，第181页。

④ 徐启文：《商业广告之研究》，《商业月报》第14卷第1号，1934年1月。

愈宏。”①

不仅如此，还有人从国家兴亡与世界文明发展的高度，充分肯定了广告的重要作用。民国初期《中国实业杂志》发表的一篇题为《告白学》的文章，即对此作了较为充分的论述。该文首先指出，“处二十世纪商业上生存竞争之时代”，商人“可以左右全国使之日臻富强”；商人不仅必须有资本、有学问，而且必须具备“商人之信用，有商人之手段”，“然后商业可以言发达，可以言商战”。接着，该文说明商人不重视广告是一大缺陷。“试观欧美之营业者，其告白一项，于资本中所占之额为最多。今日本亦研究广告术，以冀其商业之发达，盖未有无告白而能使商业进步者也。告白不良，商业不昌，商业不昌，国家斯亡。由是观之，谓告白为商业之精神可也，谓告白为商业之根本可也，谓告白为商战之主动力可也，即谓告白为世界文明之主动力亦无不可。”② 这样的论述，对广告重要作用的认识显然更为深刻。

由于社会舆论的呼吁以及广告实际作用的显示，要求刊登广告的华商日益增加，各种报纸杂志登载广告的版面越来越多。“广告之地位，已较新闻之篇幅为多。”例如 1925 年的《申报》全张面积为 5850 英寸，广告的版面即占 2498 英寸，新闻的版面仅为 1825 英寸。同期的北京《晨报》全张面积为 2880 英寸，广告版面多至 1258 英寸，新闻只占 949 英寸。天津《益世报》全张面积为 4864 英寸，广告版面占 3016 英寸。③ 可见，当时各家有影响的报纸都由广告占据了大部分版面。还有学者曾随机统计 1933 年 12 月 1 日《申报》的大量广告，发现在当日该报的 30 版中（10 版为增刊），29 版均登有广告，总共多达 540 条。许多广告占了 1/4 版以上，有的更占了半版甚至全版。④ 是日的《申报》之所以增出 10 版，实际上主要就是因为广告太多，常规版面无法容纳。这种由于广告较多而增加版面的情况，在当时对许多报纸来说都是司空见惯的现象。

---

① 薛雨孙：《新闻纸与广告之关系》，见《最近之五十年——申报馆五十周年纪念》，上海书店 1987 年影印本。

② 李文权：《告白学》，《中国实业杂志》第 3 年第 2 期，1912 年 3 月。

③ 《中国报学史》，第 216 页。

④ 忻平：《从上海发现历史——现代化进程中的上海人及其社会生活（1927—1937）》，上海人民出版社 1997 年版，第 439—440 页。

不仅如此，广告的剧增对报纸登载新闻的版面也形成了较大的冲击。“有时会把新闻地位挤成一小块，或者夹成一条小弄堂。而且花样翻新，广告千奇百怪。有的，在版面中央登一块广告，而四面都补上新闻。”[①] 这是当时比较独特的“四面靠水”式的报纸广告，所需费用当然也是最昂贵的。

除了商人思想认识的提高，报刊和其他传媒的普及等因素所产生的重要影响之外，近代中国广告的发展与兴盛，与商业的日趋繁荣也紧密相联。所以，越是商业发达的地区，广告的发展也越是迅速。例如，上海是近代中国进出口贸易中心，工商业最为繁荣，因而广告的发展在全国也最为令人瞩目。如当时人所言：“商业之广告，乃销售上最重要之不二法门也。上海既为全国商业中心，广告之新颖灵巧，亦为首屈一指，无论文字图画、橱窗布置，大都精益求精。”[②] 另外，近代中国广告的迅速发展与趋新，也与文人和新型知识人才的参与不无联系。20 世纪二三十年代，即已有人意识到：“中国广告事业有今日之形态，亦即人才增进之表示。凡从事广告事业者，咸知非有特殊学识与经验，不克胜任，于是研究者日众，分门别类，各专一长，借资应付。”[③]

随着广告的迅速发展，报社登载广告所收版面费不断提高。同治年间，报纸广告一般每字收钱 5 文，光绪年间改钱码为洋码，视论前、论后、长行、短行等不同广告分别收费，“论前取费倍于其他”。至民国初年，广告收费又增加了 2 成。20 世纪 20 年代，上海报纸对广告的收费分类更细，一般划为以下若干等：

一等：登于新闻中，高 3 英寸强，每日每行 4 角 5 分；

二等：登于封面及专电或评前，高 10 英寸，每日每行 1 元 4 角；

三等：登于分类栏或文艺栏，以 60 字起计算，如超过此数，以 15 字递加，每日每字 1 分 2 厘；

---

① 《报海旧闻》，第 231 页。

② 沈伯经：《上海市指南》，中华书局 1934 年版，第 36 页。

③ 李道发：《光照人间，巾被天下——记上海三友实业社》，《工商史苑》第 1 辑，1987 年 9 月。

四等：登于普通位置，高 10 英寸，每日每行 8 角，若为短行，每日每字 1 分；

例外：以方寸计算者，每方寸 7 角，但以普通位置为限。[①]

广告的收费各地并不统一，同时由于报纸销量及影响的不同，所打折扣的高低也悬殊较大，既有高至九折者，也有低至一二折者。从总体趋势看，在广告日益兴盛之后，不论是外国人还是中国人创办的报刊，广告收入无疑都是报纸杂志社最重要的收入来源。“广告费之销耗，以报纸为最巨；而报纸之支出，亦多仰给于广告。”[②] 因此，各报刊和出版机构大都设立了广告部，想方设法招揽更多的广告，并且出现了专门的广告社和广告掮客。例如，1934 年仅在上海即有广告社 30 余家，一些高等学校和专科学校还创设了广告系科。[③] 在此情况下，近代中国的广告文化也随之愈趋兴盛。

广告文化兴盛之后，广告的形式在近代中国也日见多样化，不仅手法新颖，用词巧妙，而且在布局上也独具匠心。精明的商人除了在不同种类的报纸杂志上登载各种式样的广告之外，还采取其他措施多渠道地发布广告信息。例如广播电台诞生不久，很快也成为各业商人竞相发布商业广告的新舞台，许多商业信息通过电波迅速传送到千家万户。当时能够收听广播的大都是资财不薄的中产以上之家，也是购买能力较强的消费对象，因而这种广告形式往往可以产生比较明显的促销效果。另外，各种形式的大幅街头广告牌也纷纷出现。据上海市公用局统计，1933 年上海 236 处公共场所的广告牌已接近 4000 平方米，其中由政府各机构和部门设立的布告牌仅占 20 处，面积 123 平方米，而民用商业类的广告牌却占 216 处，面积多达 3822 平方米。[④] 在上海、广州、天津、武汉等繁华的商业大都市中，高悬空中的巨幅广告牌随处可见，并且，由于采用

---

① 《中国报学史》，第 213 页。

② 同上书，第 212 页。

③ 忻平：《在上海发现历史——现代化进程中的上海人及其社会生活（1927—1937）》，第 438 页。

④ 《上海市市政报告（1932—1934）》，上海汉文正楷书局 1936 年版，第 85 页。转引自前揭忻平书第 437 页。

了色彩鲜艳、闪烁不已的各色霓虹灯，即使在夜晚也格外引人瞩目。至于各个大型商业百货公司，更是挖空心思将自己公司的大楼装扮成一个能使消费者留下深刻印象的综合性广告场，精心地布置各类大型商品促销条幅和展窗，呈现出一派兴盛繁华的浓厚商业氛围。

除上所述，另还有各种不同的广告形式，也不断为推陈出新的商家所采用，并且往往能够达到意想不到的出奇制胜效果。仅据时人的粗略统计，在近代中国出现的广告种类，已有日报广告、杂志广告、传单广告、窗饰广告、电灯广告、邮递广告、舟车广告、车辆广告、影片广告、播音广告、乐队广告、通信广告、招贴广告、草地广告、墙壁广告、飞行广告、展览广告、新闻广告等20余种①，由此可见其种类之繁多。

前已述及，上海是近代中国商业和进出口贸易最发达的大都市，因而在上海不仅广告出现较早，而且也显得格外兴盛。上海广告文化的兴盛景象，在晚清上海竹枝词中就已有形象的描绘。有的竹枝词写道："东西招贴满墙头，首尾粘连少隙留，何业何方新创设，引人往买预绸缪。"还有的形容说："无形商战似交兵，各出新机扰扰争，胜算独操人尽慕，市场热闹有风声。"② 商业的竞争越激烈，广告战也相应愈加激烈。例如各家药店为了竞相争销药品，不惜出资大登广告，于是有关的广告连篇累牍。好几首竹枝词都写道："仁丹告白孰同称，各色嵌成尽电灯，四百环龙时隐现，教人注目又奇能。""清快凡谁试品题，释名完字岂无稽，还将狮子名牙粉，照夜灯光一样齐。""东洋招贴大无当，图画新奇绘满墙，从此药房真取法，教人显目共称扬。"③ 现在吟诵当年的这些竹枝词，我们还能隐约地感受到晚清上海广告业的兴盛和商业的繁荣景象，以及上海商场中的激烈竞争情形。

三　华商利用广告的技巧

应该指出，近代中国的广告虽然是从西方移植而来，与西方资本主

① 徐启文：《商业广告之研究》，《商业月报》第14卷第1号，1934年1月。

② 顾柄权编著：《上海洋场竹枝词》，第181页。

③ 同上书，第231—232页。

义对中国的入侵有着紧密的联系，但平心而论，它的出现对中国民族资本主义的发展产生了积极的推动作用。许多华商都通过这一新方式，加速了自己商品的销售，同时促进了整个近代中国工商业的发展。有些商人还非常善于利用广告的独特社会效应，与资本雄厚的外国洋行进行激烈的竞争，并取得了比较显著的效果。下面列举近代上海商人的若干实例，对此加以具体说明，以帮助我们增加这方面的感性认识。

例如 20 世纪 20 年代初，上海已有先施和永安两大公司并立为百货业的双雄，这两家公司的资本都十分雄厚，而且名气相当大，一般的百货公司根本无力与其竞争。但在 1926 年，刘锡基通过广东银行总经理的资助，仍大胆地在上海创办了一个名为新新公司的大型百货商场。在与老牌的先施和永安两大公司竞争的过程中，“新新”显然处于不利的处境。于是，新新公司的经营者以开拓进取的精神，实施了一系列新措施，尤其是在广告宣传上开动脑筋，不仅在各大报纸上连续刊登广告，而且兴建电台，并标新立异地用玻璃建造，称为“玻璃电台”，既能吸引听众，又可为“新新”大做广告，起到了扩大公司名声的良好作用。后又建造舞厅，重金聘请当时的著名影星出席开幕剪彩仪式，使“新新”的印象在市民中越来越深刻。为了与先施和永安争夺顾客，在上海始有冷气装置出现时，“新新”即率先于炎热的夏天在商场安装了冷气设备。这一新招更使“新新”的顾客成倍扩展，营业额猛增。等到先施和永安两公司急起仿效，“新新”已捷足先登赚得大笔利润。此后不久，上海的百货业即形成先施、永安和新新三家大百货公司三足鼎立之势。而新新公司的创立与发展，一方面导致上海大型百货公司之间的竞争更加激烈，另一方面也无疑促进了先施和永安两大百货公司不断改进创新，从而使中国近代百货行业得以在原来的基础上进一步发展壮大，这显然并非什么坏事，而是应予提倡的好事。

又如近代上海的香烟市场，除洋商居垄断地位外，民族资本卷烟厂只有实力较为雄厚的南洋兄弟烟草公司和华成烟厂的产品拥有一定市场。沪商经易门曾在南京路开设一家华美烟公司门市部，因获利甚少不得不改营煤油。但其子经仲平、经叔平后来却坚持继续经营卷烟业，虽遭到父亲反对，他们仍在小沙渡路租用一间小民房开始了创业的历程。起初只不过从事卷烟的加工，后又打出华明烟公司的招牌，生产“大百万金”

香烟。然而，要想真正在上海的卷烟市场中占据一席地位，没有精明强干的本领是难以办到的。由于资本有限，“华明”不可能像南洋、华成烟厂那样花巨资大做广告，但不做广告又无法推销自己的产品，这确实使经氏兄弟陷于两难困境。不过，精明者之所以精明，就在于在困境中非但不是一筹莫展，而且还能使出新招，顺利渡过难关。精明的经氏兄弟即是如此。他们利用本厂一位叫陶福臻的人在无线电台开辟“空中书场”这一专栏节目之便，物色专门的播音员在这个节目中为“华明”的产品进行宣传。因当时上海拥有很多评弹听众，通过这个途径使其产品被越来越多的市民所熟悉接受。另外，经氏兄弟还采取了其他一些类似广告的措施，如印制一种有阴历和阳历对照和节气表的广告日历牌，悬挂于上海、无锡、苏州、常州等城市旅馆的每一个房间，并规定积有 20 个“大百万金”香烟盒可兑换一只瓷碗；上海举行全国运动会时，在体育场廉价销售印有“大百万金”字样的草帽等。经采取这一系列的举措之后，“华明”生产的“大百万金”名噪一时，成为当时的名牌香烟之一。经氏兄弟所获得的利润，自然也十分可观。

应国钧创办天明糖果厂时推销“RCA 润喉止咳糖”大获成功的独特方式，也体现了近代上海商人善于利用广告效应的精明性格。在此之前，上海爱皮西糖果厂早就以生产“ABC 水果糖”著称，而且“天明”创制润喉止咳糖时，“爱皮西”也开始生产同类产品，如不采用超常措施，将很难与这一老牌的强劲对手进行竞争。应国钧先声夺人展开奇特的广告宣传，重金聘请数名广告设计员，推出“猫捉老鼠”的广告性竞猜活动。用“RCA 润喉止咳糖”8 个字分别作为 8 只猫的代号，老鼠也取“咳嗽”“喉噪”等代名，凡有两个空糖盒者均可参加竞猜，如所猜某只猫捉住某只鼠与谜底相同，即可获奖。起初，见到广告而参与竞猜的读者每天只数十人，随后越来越踊跃，邮递员已难以投送猜谜信，要天明厂自行派人前往用麻袋装运。参加竞猜的人越多，意味着“天明”产品的销路越广，其知名度也随之与日俱增。

在近代上海，采用广告这种新方式促销商品者并非只是那些富商大贾，一些中小商家往往也能以别出心裁的形式取得成功。例如“老九和”是上海的一家小型绸缎店，由于在资本及货物品种等方面都比不过那些财大气粗的绸缎庄，无力吸引顾客，故生意十分清淡。但聪明的店主汪氏决定在报上刊登广告，率先以清仓廉价拍卖的名义招徕大批顾客，营业额较诸平常增加了近10倍。待同行店铺纷纷仿效时，因在顾客中已失去了起初的那种吸引力，效益远不及“老九和”显著。

值得强调的是，广告尽管是由西方传入，但近代中国的商人也利用这一新方式与洋商竞争。例如20世纪30年代上海的出租车大王周祥生，原本是一家西菜馆的帮工，家境并不宽裕，也没有强硬的后台，但他刻苦耐劳，精明能干，颇具事业心，通过省吃俭用的积蓄，加上四处筹借，买了4辆旧轿车开办起祥生出租车行。创业初期他既亲自开车，又学修车，日夜辛劳。当时的上海已是中国工商业最为发达的大都市，各种交际娱乐场所数不胜数，上流社会的阔绰人士乘坐出租车已较为时尚。因此，“祥生”的出租车虽然仅有4辆，仍不无盈利。后来，“祥生”以所得利润购置“雪佛兰”牌新轿车，规模有所扩大。但是，美商开办的云飞汽车出租公司资本雄厚，新配的“福特”轿车更为高档舒适，并以电话叫车吸引顾客，用重金购得“30189”这一电话号码。该号码与上海话“三人一杯酒”谐音，通过大做广告很快使市民广为知晓。于是，美商云飞公司的生意格外兴隆，“祥生”则每况愈下。精明的周祥生自然不会甘愿落后，也准备采取电话叫车的营业方式招揽顾客，他意识到“祥生”的电话号码必须更为新奇，也更富有寓意，才能达到出奇制胜的目的。经过一番绞尽脑汁的冥思苦索，周祥生终于想到了一个绝妙的电话号码，这就是“40000”。中国有四万万同胞，去掉一个万字，即为四万这个号码。为了得到这个号码，他花费了不少气力，经济上也多有破费，最后总算是如愿以偿。他随即将所有的出租车均印上“祥生电话40000号”字样，同时还在上海各主要报刊及电话簿封面上大做广告，另又设计制作了一种电话听筒挂钩，安放于一些大公司、酒楼、旅馆、戏院及其他各种娱乐场所的公用电话机下。周祥生充分利用广告的作用，使“祥生”的40000号电话在上海几乎是家喻户晓，公司的营业额随之直线上升，规模也迅速扩大，兴旺时曾拥有200余辆出租车，压倒美商的“云飞”而成为近代上海最大的一家出租车公司。显而易见，类似周祥生这样的精明之举，其出发点虽然是为自己的公司赢利，但同时也是与洋商竞争，有利于中国民族资本的发展壮大，因而是值得赞赏的。

在广告的形式上，近代上海商人也多有创新，此从以上介绍的许多实例中已可略知一二。这些创新使广告更加多样化，也使近代中国的广告文化更为繁荣。事实表明，在销售方面不断推出新招，是上海商人善于创新的具体表现。许多商家都在其广告的新颖别致及引人注目方面苦下功夫，力图产生轰动效应，使自己的产品广为人知，达到销路通畅的目的。例如永新服装厂的老板请人将该厂生产名牌雨衣的过程拍成电影四处放映，同时还编写歌曲请人演唱。另又规定顾客买一件雨衣，赠送10双印有其产品商标的筷子。这一系列创新措施，均收到了奇妙的广告效果。黄楚九经营的龙虎公司生产龙虎人丹，在销售过程中与日本仁丹曾进行过激烈竞争，最后终于占据市场，也是得益于他在销售宣传方面的新办法。他不仅在上海各主要大报上大做广告，还在铁路沿线、轮船码头、各繁华城镇遍设广告路牌。另又在一些城市招雇一批儿童，身穿引人注意的制服，手敲铜鼓边走边唱："龙虎人丹怀中宝，除百病，有奇效，中国人请服中国人丹。"结果，龙虎人丹销路大开，日商无可奈何，先是控告龙虎人丹系日本仁丹的冒牌，但一场诉讼不仅未告倒龙虎公司，反而进一步扩大了龙虎人丹的名声。日商见控告不成，遂又另施一计，企图以金钱相诱惑，用巨款收买龙虎人丹的商标和制造权，仍遭到黄楚九的拒绝。

不仅如此，近代中国许多商家还比较善于利用特殊的有利时机，通过广告宣传的方式抵制洋货，达到推销国货、促进民族资本主义工商业发展的目的。例如在近代中国曾多次爆发大规模的抵制洋货运动，运动期间各阶层民众的民族主义爱国热情空前高涨，洋货的倾销则遭受沉重打击，从而为国货的畅销创造了有利的条件。每当此时，即有一些商家大登广告，以改良土货和购买国货为爱国的实际行动相号召，敦促国人不用洋货而用国货，产生了良好的效果。在清末的大规模抵制美货运动中，即有商家一方面积极参与这场爱国运动，另一方面又在报上发布启事，阐明："今为抵制美约，不用美货，办法文明，民志齐一，正我制造家改良土货，杜绝外货之机会。倘能及此振作，事事改良，则中国商业之发达，借此一举。"① 从实际情况看，利用这一有利时机号召改良土货、推销国货，对于促进民族工商业的发展无疑起到了明显的积极作用。抵

① 《伦革造纸局启事》，《时报》1905年8月4日。

制美货运动爆发之后，不仅美货在中国的倾销大受遏制，逐年呈大幅下降趋势，而且国货销售显著增加，尤其是国产棉纺织品和面粉销售额的上升显得最为突出，许多新的民族资本棉纺企业和面粉企业也应运而生。因为棉纺织品和面粉正是美国在中国倾销的两种主要产品，在抵制美货运动中所遭受的打击也最惨重。而在这两个行业中，中国民族资本企业自然随之获得了极好的发展时机。

又如上海三友实业社在生产“三角”牌毛巾的过程中一直同日商进行激烈的竞争，五卅运动之初,该社即利用上海爱国学生被帝国主义分子枪杀、民众反帝情绪高涨的时机，在报上登载以“哭南京路被害的学生”为题的广告，其内容先是号召“未死之中国同胞，一醒睡狮之梦，三省戴天之仇，努力奋起，以雪是耻”，接着即希望国人抵制洋货，保护国货。该广告以提问的方式向国人指出：“此后尔愿着外货之毛丝纶乎？抑愿着国货之自由布乎？尔愿用外货之珠罗纱乎？抑愿用国货之透凉罗乎？尔愿作冷血动物乎？抑愿作热血之人类乎？当尔觉悟国货可以作一子弹无形之抵抗时，则今日学生诸君虽死，亦可作挽救中国民气之动点矣。”其目的显然是通过“提倡国货，唤起民众，努力奋斗”①。该广告不仅占了《申报》一版中的半版篇幅，而且报社也精心制作了特殊的版面设计，将标题第一字“哭”套红放大为其他字的两倍，并画了一个泪流满面的愤怒人头，形成不同一般的强烈视觉效果。毫无疑问，在当时特定的历史条件下，这则广告肯定能够起到较诸平时更为突出的抵制洋货和推销国货的作用。稍后，三友实业社又曾登载广告性文字，向国人告知“五卅国耻以后，三角牌毛巾打倒铁锚牌（日制毛巾）”，并殷切盼望“中国人自己有了的东西，却〔切〕莫再用外货”，以便“造成商战的趋势，护助国货的成长”。②

四　近代广告的其他效用

从以上简略介绍的一些实例中不难看出，各种新型广告的出现确实

---

① 《申报》1925 年 6 月 1 日。

② 《申报》1925 年 6 月 19 日。

在许多方面对近代中国民族工商业的发展产生了一定的促进作用。除此之外，近代纷繁的商业广告还具有其他方面的独特功能与作用，那就是从一个侧面留下了有关各个历史时期经济发展态势的丰富史料，有助于我们了解当时工商业发展的基本状况。有时候，通过一则内容较为丰富的广告，即可使我们对当时当地商业发展的概况有所了解。例如宣统元年四月十二日（1909 年 5 月 30 日）的《绍兴公报》刊载的一则《俞源兴新到各货广告》，其内容是：

> 汽油纱罩自来火灯，能比十盏灯光。手摇脚踏缝衣新机，家用极其快便。男女飞轮脚踏快车，一时能行百里。尺贰戏片大号机器，声音比前清爽。天字头号照相镜头，远近快慢能照。大中小号照相机器，传教照相方法。新到头等金银各表，坚固走准勿修。异样新式大小钟表，绍河初次运到。修整机器家伙作料，购买自己能修。脚踏车机器戏出贳（租借），价照上海公道。套花胜家缝衣机器，照公司式出租。花色甚多，如蒙光顾，货真价实保用。

如果是在当今，人们也许并不会认为这则广告有什么新颖别致之处。然而，这则广告简明扼要地给我们提供了有关清末绍兴商业发展的重要新史料，能够帮助我们了解当时类似绍兴这种中小城市新式商业发展的概貌。正如章开沅先生所说：在一般人眼中“这则广告看来似乎平淡无奇，但它却包括了百货商店的货源、品种、运货路线以及经营项目、营业方式等方面的内容，反映了清末像绍兴这样的中小县城商业状况的一个侧面”①。从这则广告中我们还可以得知，无论是商品种类还是经营方式，在清末绍兴这样的中小县城的百货商业行业中，都出现了许多值得重视的新变化，这也是中国近代新式商业不仅在繁华的大都市，而且在中小城市也不断发展变化的具体反映。由此可见，报刊广告这一在近代中国出现的新事物，在当今看来具有多方面的功能与作用。

透过近代报纸登载的广告，我们也可以从一个侧面大致了解近代中国工商业发展的某些弊端。例如从 20 世纪 20 年代《申报》《新闻报》等

---

① 章开沅：《辛亥革命与近代社会》，天津人民出版社 1985 年版，第 208 页。

许多发行量较大的报纸可知，即使是国人经营的报纸，大都也以登载推销洋货的广告居多，促销国货的广告则明显要少很多，一般是“外货居十之六七，国货仅十之二三”。而且推销国货的广告中，“除书籍外”，又“大半为奢侈品及药品，其中且有不道德与不忠实之广告”。[1] 当时，不能说华商仍对广告的重要作用缺乏认识，不愿意通过广告促销国货。报纸上的广告之所以依然以推销洋货者居多，重要原因在于，洋货在近代中国倾销的势头始终未能得到根本遏止，一直占据了市场的大部分份额。这是近代中国民族资本主义受到西方资本主义排斥与挤压，难以得到充分发展的具体表现。而推销国货的广告中，以烟酒、化妆品类的奢侈品和药品占据大半，又从另一个侧面说明近代中国民族资本主义的发展不仅比较缓慢，而且在很大程度上是处于一种不正常的畸形状态。不难发现，某个历史时期的广告，可以从不同的角度折射出当时社会经济发展过程中诸多令人深思的现象与特点。

应该指出，近代广告的作用既体现于经济方面，同时也还具有其他方面的社会功能。近代中国的商人就曾借用广告这一新形式进行联络，积极开展一些重要的社会活动。从近代报刊所载广告的内容可以看出，不仅有大量的商业广告，还包括其他各种非商业赢利性质的广告。据戈公振对 1925 年 4 月 10 日至 30 日上海《申报》、北京《晨报》、天津《益世报》《汉口中西报》、广州《七十二行商报》的统计，这些报纸登载的广告主要有以下几类内容：涉及商事、商品、金融、物价、机器、医药、奢侈品的商务广告；集会、声明、法律、招寻、慈善、游艺、赌博等社会广告；教育（指学校招生、开学、展览会等）、书籍（指各种出版物）等方面的文化广告；另还有航期、车班、邮电等方面的交通广告以及不能列入上述各类的杂项广告。从各类广告所占比例看，有的报纸刊载的社会广告占了相当大的份额。例如《申报》刊载的广告中，商务广告为 176 次，而社会广告却多达 214 次。其他各报则都是以商务广告居多，其中北京《晨报》的商务广告为 54 次，社会广告为 43 次；天津《益世报》的商务广告为 115 次，社会广告为 47 次；《汉口中西报》的商务广告为 71 次，社会广告为 21 次；广州《七十二行商报》的商务广告为 85 次，

① 《中国报学史》，第 220 页。

社会广告为43次。[1] 以上统计数据告诉我们，只有上海《申报》刊载的社会广告超过了商业广告，但该报刊载商业广告的次数仍远远多于其他各报，这表明近代上海不仅商业最为发达，而且各种社会活动也更加频繁。

所谓社会广告，在清末即已出现，它显然为社会各阶层从事有关活动提供了一种过去所没有的新式动员方式。对于商人而言，同样也不例外。类似的事例相当多，这里我们只举一例略作说明。

清末商会进行的一场有组织、有明确宗旨的全国性民间商业立法活动，就是通过广告这种新形式的联络而开展起来的。这次大规模的民间商业立法活动的具体内容，是由全国各地商会以及海外中华商会的代表共同讨论和自订商法。但其最早发起者却是上海预备立宪公会。该会认为商法草案应经由商人讨论拟订，不能由政府中的少数官吏一手操办。而清朝"政府颁布商事法令，每不与商人协议，致多拂逆商情之处，是非徒不足以资保护，而且转多窒碍"[2]。1907年夏，预备立宪公会即致函上海商务总会，希望上海商会出面联络全国各地的商会，组织全国性的讨论商法草案活动。上海商务总会对这一动议表示赞成，并认为预备立宪公会所言"洞悉商况，发人深省"。稍后，上海商会还曾专门开会商议具体办法，经"全体赞成之后"，"爰与商学公会、预备立宪公会商定，拟联合全国商民编成商法草案，要求政府奏准施行"。并拟定光绪三十三年十月十四、十五两日（1907年11月19、20日），在上海愚园召开全国各省商会代表讨论商法草案大会。[3]

随之而来的问题是，怎样在短时间内与全国各地众多的商会进行联络呢？当时，不仅作为发起者的预备立宪公会、上海商务总会、上海商学公会需要加紧筹备工作，而且包括海内外其他众多商会在内，都有许多准备工作要做，但离所定开会日期已很迫近。如果以通信的方式联络，一则时间急迫紧张，二则信件容易丢失，无法保证与各地商会均能顺利

---

① 《中国报学史》，第216页。

② 天津市档案馆等编：《天津商会档案汇编（1903—1911）》上册，天津人民出版社1989年版，第284页。

③ 同上书，第284页。

地取得联系。尤其是与海外的中华商会，以通信的方式联络更是没有保障。在此情况下，上海商务总会采取了在报上刊登广告这一新的联络方式。清末的上海，早已是报刊林立，特别是历史悠久的大型报纸《申报》行销全国各地以至海外，具有广泛的社会影响。因此，上海商务总会首选在《申报》上登载有关广告。翻检 1907 年 9 月的《申报》，我们即可在该报广告版的醒目位置，查到连续刊登多日的上海商务总会告海内外各商会书，这无疑是一则具有特殊意义的广告。

在这则篇幅较长的特殊广告中，上海商务总会首先指出："我中国商人沈沈冥冥为无法之商也久矣！中国法律之疏阔，不独商事为然，商人与外国人贸易，外国商人有法律，中国商人无法律，尤直接受其影响。相形之下，情见势屈。因是以失败者，不知凡几。无法之害，视他社会为尤烈，此可为我商界同声一哭者也。"这实际上是阐述中国商人无商法保护的种种危害，说明拟订商法的重要意义。对于此次拟订商法活动的紧迫性，上海商务总会作了如下论述："政府一定公司律，再定破产律，虽奉文施行，而皆未有效力。卒之信用不立，道德有时而穷，规则荡然，事业何由而盛？长此颓废，吾商业其终不竞乎！"此外，上海商务总会还特别说明之所以必须邀请海内外商会公举代表赴沪讨论商法草案，在于中国商事习惯千头万绪，决非上海一埠所能言尽。侨商有外洋各埠之别，通商口岸有沿江沿海之差，即就普通商情而言，也有内地各省府厅州县之不同。因而只有各地商会公举代表齐集协议讨论，才能使所拟商法合乎中国实际，避免偏颇，真正起到保护华商的作用。上海商务总会还希望借此次海内外商会代表汇聚沪上的机会，不仅讨论商法草案，进而包括"一切商情之利弊、商业之盛衰、公司之联合、航轨之交通，并现今商事政策之得失，应如何改良之处，皆可合力研究，以求进步"。同时，通过这项活动还可使全国各商会保持更为密切的经常性联系。为此，上海商务总会提出各地商会在商法讨论会后，或请举代表员驻沪，随时商办，或嘱本地寓沪绅商代陈意见，或由上海商务总会特设通信机关，函询各商会发抒意见，以资参考。从上述内容看，这确实是一则十分少见的独特广告。

就实际作用而言，上海商务总会通过刊登广告这一新的联络方式，也的确产生了良好的预期效果。1907 年 11 月 19 日，第一次商法讨论会按事先在广告中拟订的日期顺利举行。全国绝大多数地区的商会，包括海外中华商会都通过广告得知这一重要信息，并积极推举代表出席此次会议。据不完全统计，“远近各埠商会到会者，以分立之团体计，则有八十余商会；以所涉之省份计，则有一十四行省；以远来之道里区域计，则有东南两洋华商侨寓之三大埠。是诚创举，亦盛举也”①。除此之外，还有以书信形式与议者，如黑龙江、保定、梧州、扬州等地的商务总会和分会，多达30余所。由商人自行组织如此大规模的聚会，在中国近代史上确实盛况空前。当时的商人也意识到：“吾中国商情，向称涣散，从未有邀集各省府厅州县及海外侨寓之同胞欢聚一堂，借巩团体而谋公益者，有之，自本日会议始。”② 1909年12月，上海商务总会再次通过在《申报》上刊登广告，联络海内外商会在上海召开第二次商法讨论会，出席会议的海内外商会代表也为数不少。

应该指出，这两次商法讨论会的举行具有重要的作用与影响。其意义不仅体现于各商会代表对自订的商法草案进行了充分的讨论协商，而且还显著扩大了商人的社会影响，增强了全国各地商人的联系。在两次讨论会上，与会代表都曾议及设立全国华商联合会事宜。第一次会上就曾颁发《拟组织华商联合会意见书》，议定由到会的80余处商会共同发起创办，另还草拟并讨论了《华商联合会简章》，决定由上海商务总会和新加坡华商总会分别负责有关筹备事项。1909年3月，上海商务总会即根据海内外商会代表的提议，创办了《华商联合报》，以“联合商界，振兴实业”为宗旨。③ 第二次讨论会又曾再次进行商议，决定“以此事责诸华商联合报馆办理”，馆内附设“华商联合会办事处”，报名相应改称《华商联合会报》。尽管由于种种原因，全国商会联合会到1912年底才正式宣告成立，但考察其发轫与筹备过程，不能不追溯至1907年开始进行的商业立法活动。在筹备成立华商联合会的过程中，全国各地商会的联系已进一步加强。“华商联合会办事处”的设立，使全国商会乃至海外的中华商会有了一个正式的联络机构，由此推进了商界的联合。《华商联合

① 《天津商会档案汇编（1903—1911）》上册，第283页。

② 同上。

③ 陈颐寿：《华商联合报序目》，《华商联合报》第1期，1909年2月。

报》和《华商联合会报》的创办，则使商人有了完全属于自己的全国性舆论宣传阵地。此后商人进行的要求币制改革、抵制各国强迫华侨入籍、收回铜官山矿权、抗议九江英捕打死华人、成立“筹还国债公会”、抵制列强“监理中国财政”和立宪请愿等一系列斗争，都是在华商联合会办事处和《华商联合会报》的联络动员之下，形成不同规模的全国工商界的联合行动。通过这一系列斗争，商人的凝聚力更加增强，社会影响也更为突出。而这两次商法讨论会能够得以顺利举行，并在许多方面产生积极的影响，又是与上海商务总会采取广告这一新的联络方式分不开的。可以说，广告在近代中国出现之后，不仅在经济方面产生了积极的影响，而且在政治方面也具有某种独特的功能与作用。

五　近代广告的负面影响

广告在近代中国出现之后，也曾产生一些负面影响，有时甚至还造成相当严重的后果。中外不法奸商实施其欺骗行为时所采取的主要手段之一，就是利用广告达到自己的目的。而报馆为了招揽广告，收取更多的广告费，对广告内容的真假则不予核实，一律照登，使奸商的欺骗行为能够轻而易举地得逞。许多骗子都是通过在报上登载虚假广告，大肆进行蛊惑人心的宣传，使不明真相者纷纷上当受骗，导致血本无归甚至家破人亡。这种现象的发生，如果追根寻源当然会有多方面的原因，并不能完全归咎于广告。但是也不能否认，广告在其中产生了十分恶劣的作用与影响。

清末震惊全国的造成严重金融风潮的“橡皮股票诈骗案”，就是一个比较显著的案例。1903 年，英国商人麦边在上海设立以经营橡胶园、采掘石油和煤、采伐木材为名的兰格志拓殖公司，它实际上是一个并无业务的空头皮包公司。1908 年，橡胶的价格在世界范围内大涨，该公司乘此机会发行橡皮股票，并以各种手段捏造经营事实，谎称每季发放股息，股票可向银行押款，骗取社会信誉，哄抬股票价格。为了制造更广泛的社会效应，该公司还采取了其他种种欺骗手段，其中最主要的一种方式，就是在上海各大报纸连续登载广告。这些广告刊出之后，使许多人为之心动。接着，其他一些洋商也相继成立新的橡胶公司，广募股份，使橡皮股票价格持续上涨。上海许多钱庄、商号以及市民，凡稍有积蓄者几乎都认购了这种股票。到 1910 年 3 月底，兰格志公司的橡皮股票价格竟被抬高至超过票面价值的 20 多倍，其他几家公司的橡皮股票同样升值 10 余倍，少者也有 5 倍多。该年夏季，幕后操纵的外国投机商在高价位将股票全部脱手，借口回国办事溜之大吉，从此杳无音讯。上海人方知所谓橡皮股票是一场大骗局，随后，整个上海金融界和商界一片混乱，外商银行马上宣布停止接受橡皮股票抵押，并追索以前所做股票抵押放款。一时间，橡皮股票价格猛跌，很快即成为废纸。几十家卷入此案的钱庄银根紧缺，兑换不灵，正元、谦余、兆康 3 家钱庄首先宣告倒闭，其他钱庄也陷入困境，出现了前所未有的金融恐慌。10 月，在全国各地拥有 17 家分号的源丰润票号也不得不停业，影响波及许多省份。上海的数百家商号因资金无法周转，难以为继。认购该股票的一般市民更是呼天抢地，不乏因此而变疯或自尽者。据不完全估计，在这次橡皮股票诈骗案中上海商人与市民所受的损失多达 2000 万两银子，大约相当于当时清政府一年财政收入的 1/4。上海曾有一首竹枝词描述此次诈骗案说："橡皮股票大开行，惹得人人尽发狂，妄想那堪成梦想，尽多家破与人亡。影响全申实可怜，钱庄倒闭看联翩，洋人逃脱华人累，新署咸将经手传。"① 如果不是虚假广告连篇累牍的欺骗宣传，肯定不会有如此众多的市民获悉此事而上当受骗。

应该承认，由于人力和物力等各种因素的限制，报社难以对每则广告的真实性一一进行查对和核实，因此出现少数虚假和欺骗性的广告并不为怪。但是，近代的一些报刊单纯为了收取更多的广告费，滥登各种内容低下的不健康广告，则是缺乏新闻职业道德的表现，也是导致近代中国广告发展过程中泥沙俱下的原因之一。有的报社明知某些广告带有欺骗成分，但因屈服于经费压力，也不得不刊登。据徐铸成回忆，报纸往往受到广告商的挟持。"广告商不仅费尽心机，想出许多刁钻促狭的花样，不惜破坏版面，来突出他们的广告，也不仅要报馆额外在新闻上给他代表的商品作宣传，甚至帮他们欺骗读者。" 如当时的广告大户是西药业，一瓶售价 1 元的西药，一般成本只有 2 角，5 角用于广告宣传，3 角

① 顾柄权编著:《上海洋场竹枝词》，第 233 页。

则为批发及纯利。西药行业“几乎全靠广告上的噱头欺骗谋利，经营这类广告的广告社，就借此要挟报社”，而报社却无可奈何。因为广告收入实已“成为报馆的命脉，广告户变成了报馆的‘衣食父母’”。①

在这种情况下，报社很难做到对各种广告予以严格限制，同时也就无法避免虚假广告的出现。《申报》上的广告“有许多为了招徕顾客，往往言过其实。特别是药品的广告，说得天花乱坠，而其效果却实是有限”②。有些商人为了使消费者相信其广告，还借用名人效应提高身价。如在近代上海医药界和娱乐界都叫得响的黄楚九，推出“艾罗补脑汁”的药品之后，特意赠送给《二十年目睹之怪现象》的作者吴趼人，吴服用之后出于礼节回函表示感谢，并称赞该药“良然取效于不知不觉之间”，但同时叮嘱此信不宜在报上发表，以免被他人“疑为标榜耳”。黄楚九却全然不顾吴的叮嘱，将这封信连同一则刻意制作的广告，一起刊登在 1910 年 6 月 29 日的《申报》上，占据了大半版的位置。但是，令黄楚九颇为尴尬的是吴趼人在 3 个月之后即去世，反而表明被广告吹得神乎其神的“艾罗补脑汁”根本不可能起到延年益寿的作用。类似的现象在近代药品广告中十分普遍，许多“药房所登广告，今日某地来函，明日某官鸣谢，花样翻新，无奇不有，而决其要，无非捏造以惑人，售伪以欺世也”③。报社对此并非无所了解，只是由于经济利益的驱动仍大多不加核实即照登。

有的报刊甚至置国家与民族大义于不顾，刊登一些为帝国主义涂脂抹粉的广告，在当时即受到国人的指责与抨击。例如 1925 年上海英国巡捕开枪屠杀民众的五卅惨案发生后，举国震惊，一场大规模反对英帝国主义的民族主义爱国运动在上海乃至全国各地随之蓬勃开展起来。英国侵略者为了掩人耳目，大量印行以“诚言”为名的宣传品，捏造事实，为其无辜杀害中国人的罪恶行径多方辩护，先是在各街市张贴，后为进一步扩大影响，又图谋在报纸上以广告的形式登载。《申报》和《新闻报》等有影响的报纸不辨是非，相继予以刊布。刊出之后，立即激起各

① 《报海旧闻》，第 234、236 页。

② 《清末四十年申报史料》，第 79 页。

③ 《华商联合报》第 18 期，“海内外纪闻”，第 8 页，1909 年 9 月。

界爱国人士的极大愤慨；同时，许多爱国团体和人士对有关的报纸也纷纷加以谴责，使《申报》和《新闻报》两报社陷入十分尴尬的困境。上海学生联合会还决定在“华界扣留该二报，不准出售，并拟通告全国，一致激烈对付”。面对这种极为不利的处境，两报社不得不向学联会做出解释。学联会则提出如下条件：“（一）登载辟‘诚言’之广告；（二）登载辟‘诚言’之评论；（三）登载启事，向全国道歉；（四）印辟‘诚言’传单十万份；（五）捐助工人十万元。”为了尽量挽回声誉，两报社除向学联会商请将第五条改为“自定捐助数目”外，余均承认。于是，这场因广告引起的风波才勉强得以平息。此事“因一广告而发生极大波澜，此乃上海报界之创闻也”。①

当然也要看到，在民族主义爱国运动中，报界有时也能顺应民心，在刊登广告方面制定某些措施，对反帝爱国运动做出积极的回应。例如五四运动前后，中国人民反对日本帝国主义的浪潮日趋高涨，抵制日货的斗争也风起云涌。在这场爱国运动的推动下，全国报界联合会于1919年4月12日通过了《拒登日货广告案》。至1920年5月5日，报界联合会在广州召开第二次常会时，又再次重申《拒登日货广告案》，由此在一定程度上配合了五四爱国运动的深入发展。

对于其他各种不良广告的不断出现以及由此而造成的消极影响，报界的许多有识之士也早有警觉，并试图加以约束和纠正。在全国报界联合会第二次常会上，即曾讨论通过“劝告禁载有恶影响于社会之广告案”，其主要内容如下：

> 广告固为报社营业收入之一种，然报纸之天职在改良社会，如广告有恶影响于社会者，则与创办报社之本旨已背道而驰。如奖券为变相之彩票，究其弊可以凋敝民力而蹙其生计，且引起社会投机之危险思想。又如春药及诲淫之书，皆足以伤风败俗，惑乱青年。此种广告，皆与社会生极大之恶影响，而报纸登载，恬不为怪。虽曰营业，毋乃玷污主持舆论之价值乎？且贪有限之广告，而种社会无量之毒，抑亦可以休矣。报界联合会为全国报界之中枢，有纠正

① 《中国报学史》，第220—221页。

> 改良之责，宜令在会各报一律禁载上述之广告。其类此者，亦宜付诸公决，禁止登载。牺牲广告费之事小，而影响于社会大也。①

从上引该案的具体内容可以看出，报界的许多有识之士称得上具有一定的社会责任感，他们对某些低级广告的消极影响深有感触，对报纸应有的功能与作用也不无认识，意识到不能唯利是图，只求招揽各种良莠不齐的广告增财赢利，而不顾由此造成的恶劣社会影响。不能简单地说这种措施在当时没有产生某些实际效果，有的报社就曾明确规定："本报收登广告，其措词与体裁，以宗旨正当不越法律范围者为限；其有关风化及损害他人名誉，或迹近欺骗者，一概不登。"② 但是，这一提案之通过，却并不意味着广告业中所存在的种种弊端即告消失。事实上，类似的现象在近代中国长期存在，一直未曾完全绝迹。

---

① 《中国报学史》，第 221 页。

② 同上。

观念与社会：女子小脚的美丑与近代中国的两个世界*

杨兴梅

清季开始的反缠足运动经过由劝到禁的持续努力，成绩是显著的；特别是经过南京国民政府十余年的大力禁缠，不缠足运动取得了显著的成效。但是，屡屡的禁令，特别是时至抗战期间仍不断禁止，提示着相当部分的城乡妇女似乎仍对小脚情有独钟、不肯割舍。以今人的眼光看，放足是对妇女的解放，而她们中大多数人却宁可忍受缠足的痛苦并承受惩罚而仍不愿放足。近代各种社会革新之中，为什么革掉女性脚上的裹脚布竟如此之难？一种社会行为在如此多阻力的情形下仍能延续，应该说有更深一层的原因。①

宋元以来，多数中国人视女性小脚为“美”有近千年之久，只是在近代才突然逆转，渐视小脚为“丑”；进入20世纪后，越来越多的人认为欣赏小脚是一种受“病态”心理影响的“病态”行为，这样的认知基本上为今人所普遍接受。然而，近代中国缠足与反缠足两种观念之间的

---

* 本文原载《近代史研究》2000年第4期。本文曾以“近代中国人对女性小脚美的否定”为题在“健与美的历史”研讨会（台北“中研院”历史语言研究所，1999年6月11—12日）上报告，承蒙与会学者特别是评论人林维红教授指正，林教授并提示有关资料，特此致谢！现在刊发的是该文前半部分的修改稿，罗志田老师参与了会议论文稿的写作，并从材料取舍到文字审订的全过程指导了本文的修改，非常感谢！但本文所有的疏漏之处都由笔者负责。

① 参见杨兴梅《南京国民政府禁止妇女缠足的努力及其成效》，《历史研究》1998年第3期。

竞争是持续而充满曲折的，在相当长的时期里，多数女性其实更多倾向于小脚美的一边。今日要探索缠足禁而不止的原因，除各种社会、政治、经济因素外，尤其应该考虑大量缠足女性本身的观念。

在近代中国这样一个男权社会中，可以说，整个女性群体始终处于一种“失语”（voiceless）的状态之中（同时期的西方也基本是个男权社会，故女性的失语大致是一种中外皆然的共相，不过程度有所不同而已）。但是，由于缠足在近代中国已渐被认为是象征“落后”的恶习，在基本为趋新士人所控制的舆论及出版物中，缠足女子显然是一个受到歧视的群体，因而她们在各类印刷出来的文献中可以说处于一种更严重的“失语”状态之中；即使是提倡妇女解放的专门女性刊物，其“话语权势”也完全掌握在反缠足者一边，几乎没有给缠足女子什么发言权。换言之，在追求“妇女解放”这一“社会进步”的过程中，民初以来许多趋新士人为之奋斗的一项主要原则——（女性）个人的权利及选择生活方式的自由，却因为缠足行为被认定为“野蛮落后”而在相当程度上被“合理地”剥夺了（至少其发言权是被基本剥夺了）。

既存文献的这一倾向有力地影响了相关题目的研究状况，到目前为止，中外对近代女性缠足现象的研究主要侧重于反缠足运动一面；反之，坚持缠足的行为以及缠足女性本身却都较少受到关注（在这些研究中缠足女性通常是作为一种“错误行为”的载体来进行处理的）。将缠足与反缠足双方观念平等对待和处理的中文论著似尚未见①，本文希望在这方面稍作尝试。除了研究者自身的倾向性外，这样一种研究现状在很大程度上也要归因于资料的缺乏。基于缠足女子严重“失语”的实际状况，她们的声音不得不从其他方面去搜寻。幸而在近代以来各种“劝谕”告示文章中，无意中保留了相当数量的材料（即劝谕者所针对的观念），说明女性何以会愿意忍受肢体痛苦而或主动或被动地选择缠足这一方式的各

① 这方面的外文论著笔者接触和了解得都不够，高彦颐（Dorothy Ko）的作品已明显侧重于缠足女性，但其论述限于17 世纪，参其 *Teachers of the Inner Chambers*：*Women and Culture in Seventeenth - Century China*，Stanford University Press，1994；Fan Hong，*Footbinding*，*Feminism and Freedom*：*The Liberation of Women's Bodies in Modern China*，London：F. Cass，1997。与本文关联最切，可惜笔者尚未读到该书。其余非英文的外文论著笔者也未能涉及。

种理由。[①] 本文拟围绕缠足与反缠足两种观念的竞争进程，从审美观的渊源流变这一层面探索小脚由“美”变“丑”这一过程，特别侧重审美观中折射出的思想竞争与社会变迁的互动，兼及风化与从众随俗问题、婚姻问题与近代中国的两个世界等面相。

一 从审美观到风化：大众与士人的观念

老百姓长期以来形成的有关缠足的思想观念是多方面的，综合各方面的因素考虑，婚嫁取向及其与之密切相关的审美观念，是问题的关键所在。小脚美丽而大脚丑陋是自缠足成为风俗习惯后人们形成的女性美概念，也是近代人不愿放足的代表性观点之一。这一观念虽随时间的推移发生了变化，但至少到抗战前夕，认为小脚好看因而易于婚嫁的观点在一般老百姓心目中并无根本的变化。

清人钱泳注意到：“元明以来，士大夫家以至编民小户，莫不裹足。”那时“举世之人，皆沿习成风，家家裹足；似足不小不可以为人，不可以为妇女”。究其原因，正在于缠足已成为“容貌之一助”，故实“不能不裹”。[②] 的确，小脚已成为那时人们认知中的美女的重要标准之一，从张生眼中的崔莺莺到西门庆眼中的潘金莲，文人言及“美人”都不免夸奖一番小脚的美丽。文人的观念一方面本来就是整个社会的审美观点的反映，另一方面通过文学作品的传播进一步加深了社会对小脚美的认同。人们多把小脚视为女性美之必不可少的条件，有时甚至成为最重要的条件。

清末不缠足运动兴起时，传教士即针对小脚美的观念予以驳斥。1876 年，厦门戒缠足会的叶牧师著《戒缠足论》一文，反驳时人认为“缠足与无缠足乃欲别妍媸”的看法说：“俗以缠足为妍，以无缠足为媸。故谚之曰梳好头，荫好面；缠美足，荫美身。”他以为“人之妍媸，在乎

① 就开始缠足的女童而言，恐怕基本是被动的；但同样作为女性，她们的母亲却是主动代女儿做出这一选择，而且许多缠足女童在年岁增长后对缠足也确实由被动转为主动。

② 钱泳：《履园丛话·裹足》，上海文明书局清代笔记丛刊本，第 15 页。

容貌之丑丽，不在其足之缠与不缠也”①。基督徒所驳斥者应是时人较具代表性的想法，可见时人正以小脚为美。天足会的立德夫人 1895 年反驳时人喜欢缠足的原因，其二即“以是为美观也”。到 1898 年，汉阳永嘉祥仍在说“缠足女子，不知自爱，方且紧缠巧饰，以炫耀观瞻”。② 小脚能有“炫耀观瞻”的作用，最能反映反缠足者所面临的困境。

类似的观念在此后中国官绅的反缠足言论中也随处可见。1910 年，四川绥定府学劝谕女子放足，即指出缠足是因为百姓认为“女儿家穿裙褂，一定要缠足方才好看”。他劝谕说：“女人家好看处，在乎容貌，哪里是足。”同年四川巡警道的《劝谕妇女放足白话告示》也说：“从前未禁缠足，以天足为丑。现在人人都是天足，个个都以缠足为丑。尔等再不放足，真是不知自丑。”③ 但四川老百姓似并不因为这些人的劝驳而改变其审美观念。据生活在那个时代的张永年回忆，辛亥革命后，父母仍替女儿缠足穿耳，把一双自然足变成畸形脚，“走起路来，忸忸怩怩，说这样才美”④。

四川如此，北京亦然。据民国初年《晨报》所论，北京“那些无智识的妇女，她们到现在，还是以为小脚好看”⑤。到北伐时期，时人发现北京“裹小脚的陋俗，并未完全废除。中年以上的妇女，固无论了；可怜那五六岁的小女儿，已经裹得金莲三寸，步履艰难了。这种盲从的恶俗，也以土籍居多。偏生奇怪，和他们男人的豚尾竟同样的像骨董似的

---

① 文录抱拙子《厦门戒缠足会》，《万国公报》（光绪五年正月，本文所用为台北华文书局 1968 年影印本，页数也随影印本，该报早期卷次不明，光绪十五年改版为月刊，以每月为一次，后改称卷，以下引用早期文章仅注时间），第 6118 页。后抱拙子又自己署名，将其文以《劝戒缠足》之题再次刊发于该刊第 50 卷（光绪十九年二月），第 13461—13466 页。

② 天足会闺秀：《缠足两说 · 匡谬》，《万国公报》第 77 卷（光绪二十一年五月），第 15275 页；永嘉祥：《戒缠足论并序》，《万国公报》第 118 卷（光绪二十四年十月），第 18087 页。

③ 《演说》，《四川官报》第 3 册（宣统二年二月中旬），第 1 页；《演说》，《四川官报》第 16 册（宣统二年六月下旬），第 1 页。

④ 张永年：《解放前隆昌社会风貌》，中国人民政治协商会议隆昌县委员会文史资料研究委员会编：《隆昌文史资料选辑》第 2 辑。

⑤ 李荣楣：《中国妇女缠足史谭》，姚灵犀编：《采菲录续编》，天津书局 1936 年版，第 25 页。

郑重保存流传下来。要是诘问他们的理由，总不外回一声‘好看些’”[①]。

整个20世纪20年代，类似的情形随处可见。山西阎锡山在1923年仍发现各县的人因缠足者尚多，“看见天足的不好看”；他劝导说，“将来天足的多了，人家看见缠足的更难看”。[②]《妇女杂志》刊载的许多县一级妇女调查，均证实认为小脚美是妇女继续缠足的一个重要原因。如“义乌妇女无不染此惨毒”，盖因“社会风俗上，尚是承认妇女缠足愈小愈美的”。“余姚社会风俗上，在僻处地方，尚承认妇女缠足为美丽的。”定亲时，男家仍要问“新娘子小脚吗?”而黔阳“全县的妇女，找不出一个剪了头发的。偏僻的乡村，尚多以缠足为美观”[③]。北伐后天津特别市妇女放足会作劝谕歌，仍在驳斥“一般愚蠢汉，偏说足小才好看”，主张脚之美好在自然，不在足之缠不缠。[④]

时至30年代，老百姓以小脚为美的观念似未见根本的转变。1932年四川灌县官方刊发的《为放足运动告民众宣言书》中还在就时人把脚“缠了又缠，捆了又捆，以为愈小愈好看”的观点进行劝谕。[⑤]一位云南人在30年代初回忆说：“从前在家乡时，常常听见为父母的替儿子选择媳妇时，一开口就要问：‘姑娘的脚小不小?’而我们社会里也就隐然有一种趋势，把小脚当做美女的标准，姑娘们也就把小脚认为自己美丽的要素。”[⑥]据时人调查，30年代初昆明县汉族妇女缠足者还在80%以上，当地“以小脚为妇女美的思想，仍占据了大部分人的脑海。娶媳时要先问是否小脚”[⑦]。

云南省曾有家长因学校主张放足而阻止女儿入学的现象，当地的观

---

① 宋化欧：《北京妇女之生活》，《妇女杂志》第12卷第10号，1926年10月。

② 《劝导天足告谕》（1923年），《山西村政汇编》，山西村政处1928年编印（本文所用为台北文海出版社影印本，以下径引书名，页数据影印本），第527页。

③ 李尚春：《义乌妇女的生活状况》、马志超：《谈谈余姚的妇女》、黄俊琬：《黔阳妇女的生活状况》，《妇女杂志》第12卷第11号（1926年11月）、第13卷第6号（1927年6月）、第14卷第1号（1928年1月）。马志超注意到余姚沿海一带女子多不缠足，“她们因为工作忙碌的缘故，身体上已得解放，真是可喜!”这大约是趋新男子的观念，当地妇女自身是否觉得可喜，恐怕很值得怀疑。

④ 《放足歌》，《采菲录续编》，第47页。

⑤ 《成都快报》1932年2月25日。

⑥ 云苍：《改良风俗与女子放足》，《民众生活周刊》第51期，1933年5月27日。

⑦ 褚守庄：《云南天足运动之回顾与前瞻》，《民众生活周刊》第50期，1933年5月20日。

察者认为这说明“那时候的社会心理，无论男女，还是有‘三寸金莲’为美的观念存在”，所以才有“不缠足不能适人”的说法。故“移风易俗，并不能单以严刑峻法收效”。另一位观察者知道小脚已“成为审美的标准”，在“女为悦己者容”的社会，缺乏美的条件，自难得男子的爱怜，其“婚姻一定不会美满，甚或没有人来问字”。所以他主张“从婚姻方面着想”来解决缠足问题，即“凡未订婚的女子，若不解放缠足，暂时不许她订婚。已订婚的女子，若不解放缠足，暂时不许她结婚”。① 可见至少到 20 世纪 30 年代，以小脚为美的观念仍然广泛存在于民间。

那时流传的歌谣颇能表明这一审美观的普遍存在。民初北大的歌谣研究会曾征集至少 45 首内容相近的民歌《看见她》，董作宾曾做《一首歌谣整理研究的尝试》一文，专门探讨此歌谣的传播流变及其各方面的含义，他总结出的“各处理想中的美人”共 12 个地区，其中 10 个地区都包括小脚这一重要标准，例外的两个地区是湖南和安徽绩溪，前者共两首，一首全不提看见的容貌，另一首则仅注重装饰，特别是全身的金首饰，却无一语言及体态方面的容貌，所以这两首民歌与多数同类民歌的可比性不足。而安徽绩溪那一首的搜集者是胡适，实在不排除有搜集者无意识中进行选择的可能性（胡先生提供的另一首由南京传到安徽旌德的歌谣也同样没有关于脚的描述，与其他安徽、南京的同类歌谣颇不同）。无论如何，绝大多数地区的理想美女皆为小脚是不争的事实。②

这首民歌传唱的时间应相当长久，因为其中的男主人公基本是以骑马（只有个别江南地区的改作摇船）代步，而南方的大部分地区实际早已不用马作为交通工具了，这意味着此歌起源较早而传唱甚久。同时，其中一些要素（比如男主人公的身份）在传承中的调适也很值得注意。在董作宾提出的南系传承的发源地成都，男主人公是“张相公”，后来的则有不少是“小学生”（包括留辫子的和不提是否有辫子的）。在这一歌

① 宋文熙:《云南禁止女子缠足的检讨》、灵伯:《献给禁止缠足者》,《民众生活周刊》第 50 期，1933 年 5 月 20 日。

② 《看见她》载《歌谣周刊》第 62 号（1924 年 10 月 5 日），董作宾文连载于该刊第 63、64 号（1924 年 10 月 12、19 日）。后来刘万章所编的《广州儿歌甲集》也有此歌，说明广东地区也有流传。参见顾颉刚《广州儿歌甲集序》,《民俗》第 17、18 合期，1928 年 7 月 25 日。需要说明的是，广州那一首并无小脚内容。

谣传唱过程中男主人公从“相公”到“学生”的转变既表现出“读书人”这一民间“理想型夫婿”身份认同的继承和演变，也显示了歌谣所反映的审美观经历了较长时期的社会变迁而仍继续维持。

如果说脚要小才美是正面的社会认知，反过来，足大则会遭人耻笑，而且多是来自同性人的耻笑，这是一个非常值得注意的现象。1895 年，立德夫人所反驳时人喜欢缠足的原因之一即“妻女皆肤圆六寸，其奈遭人笑何?”[①] 同年以立德夫人为会正的天足会曾在《万国公报》上征文，其中一篇应征的文章也指出反缠足的三难之一是“妇女衣服装饰，尚思争胜，况显然足之大小乎！同辈聚处，俯视裙下，独不如人，未免启笑同侪，或且取憎夫婿。当此之时，有反谓宁受痛楚，而怨其父母不早为缠小者”。这里已明确指出主要取笑者正是同性别之人。1898 年，永嘉祥也注意到时人对于放足“虑其易遭耻笑者有之”。两年后有人论禁缠足之阻力，仍包括“虑亲友旁观之贬驳”和“虑妯娌之藐视”两条。[②]

这种对大脚的负面反应与对小脚的欣赏一样传承到民国时代，1928 年有人观察云南省妇女情形时说：“缠足是她们最不幸的遗俗，愈小愈可得到社会的艳羡和赞美。她们的脚若是缠得不小，社会上也就要批评她们是个大脚丫头。她们得了这个美之称号，便觉得是奇耻大辱，所以缠足的竞争，一天更甚一天。到今日她们缠足的气焰还是很热烈地燃着。”[③] 这里特别明显地表现出缠足者与反缠足者截然相反的审美观，前者认为“大脚丫头”是“美之称号”，后者却觉得是“奇耻大辱”；当时当地的“社会”显然是站在后者一边，但文章的作者却是站在前者一边的。

几年后，云南有人分析女子缠足的理由，仍是“小脚美丽”。不仅男人将小脚作为艺术品欣赏，男方父母提亲，“先要看看人家女儿双脚的大小”。就是女性自己，“也常常以品评一般姊妹们的两脚，做她们谈话的资料。而被品评者的自身同家属，也都觉得人家说好说歹大有关乎荣辱

---

① 天足会闺秀：《缠足两说 · 匡谬》,《万国公报》第 77 卷（光绪二十一年五月），第 15276 页。

② 鸳湖痛定女士贾复初：《缠足论》,《万国公报》第 91 卷（光绪二十二年七月），第 16218 页；永嘉祥:《戒缠足论并序》,《万国公报》第 188 卷（光绪二十四年十月），第 18087 页；冯守之、顾子省:《天足旁论》,《万国公报》第 139 卷（光绪二十六年七月），第 19492 页。

③ 崔崇仁:《云南缅宁的妇女状况》,《妇女杂志》第 14 卷第 1 号，1928 年 1 月。

似的”。当地一位小学毕业的女性自述其几缠几放（最后还是放大了）的经历，说到何以要缠足的一个原因正是女子自己怕“被人家笑话”，在女“同伴面前有些面愧”。①

可知不缠足而“被人家笑话”牵涉女子自身和家庭的“面子”问题。“面子”在中国文化中的作用是近代来华之西人最觉不可解者，后来社会学人类学者论之甚详，此不赘。若说“面子”在近代中国社会生活中完全不可小视，大约是无争议的。我们再看20世纪30年代云南一位女作者分析父母为女儿缠足的观念，其一，不缠足不柔弱，缺女性美；其二，“女儿不缠足，或缠而不小，是母亲懒散无能的表现”。故“女儿的脚缠得小，人家就赞扬，是母亲十二万分的光荣。反之，女儿的脚缠得不小，人家就见笑，是母亲的过失，即是母亲的耻辱”②。一般而言，子女的教育是分配给父亲的社会角色，即《三字经》中所说的“养不教，父之过”。由于男女有别，女童的缠足正是分配给母亲的社会角色，《三字经》中的话稍改即适用于母亲（实际上，穷人家的小孩不能念书者众，但父亲因此被取笑的似不多见；女儿不缠足则母亲会被人讥笑，正说明缠足的普及）。从缠足女子本身到母亲再到整个家庭的荣辱即“面子”问题，是非常重要且不容忽视的社会因素。

值得注意的是，这里的“面子”恐怕更多涉及的是女性自身的社交圈子。前述云南女子正是感到在“同伴面前有些面愧”。民国初年一首《缠足有害唱》说大脚女子的窘境道：“见了人他面上先带三分臊，极好的人教两支大脚代［带?］坏了。”③ 1928年，有人考察保定的妇女生活，发现“妇女最以为不美的是脚大，最以为美是三寸的小脚。脚大就不能嫁于富家，并且要被人耻笑”④。稍早王汎森提供的保定歌谣颇能印证这一观察，这首民谣唱道：“张大嫂，李大嫂，二人打架比莲脚。张大嫂硬

① 济民：《辟缠足的理由》，《民众生活周刊》第51期，1933年5月27日；乡姑娘：《致缠足女同胞的信》，《民众生活周刊》第50期，1933年5月20日。

② 坚贞女士：《一般父母为女儿缠足之心理的误谬》，《民众生活周刊》第50期，1933年5月20日。

③ 《劝戒》，姚灵犀编：《采菲录三编》，天津书局1936年版，第4页。

④ 蝶仙：《保定附近的妇女生活》，《妇女杂志》第14卷第11号，1928年11月。

说李大嫂的脚板大，李大嫂老说自己的脚板儿小。"[①] 大约同时有人观察浙江兰溪的情形说，缠足之风在"城区稍懈，乡间则如故。村妇见女子之天足者深耻之"[②]。

河南卫辉的民谣也唱及"大脚婆娘去降香，看见小脚气的慌；大脚一见暗生气，款动金莲回家乡；将身坐到床沿上，劈头带脑打顿巴掌"。以下并以种种民间事物作比喻，详述自己的大脚如何不争气。[③] 湖北的《大脚十恨歌》更专唱大脚女子自我的悔恨，其中述及在婆家的当日被一位老妈妈"从头一看到脚下"，引起"一屋姑娘打哈哈：恭喜你家好造化，人倒是好脚太大"。大脚女子的结论是"母要贤良脚裹小"，这样丈夫公婆都会善待，而自己也可"人前只管把脚跷"。[④] 最后一语尤其表达了大脚女子的心态：她们因为脚大而不得不在行为上自我约束，其实比小脚女子少了许多行动的"自由"。

今日形体较胖的女性在一定程度上即有类似当年大脚女子的感觉，台北一位参与减重班的女性便记得她在学校时曾受到同学的挖苦："如果我有比较大的动作，有些同学会说：'你不要跑啦，地震！'他们可能说：'你千万不要去游泳，整个台北市要淹水了。'"结果她在参与社团活动时，"大家都是一排站着，或是一圈站着，我都是低着头。那时候我为什么抬不起头？因为我觉得让你看到我是我的错；我会有那种感觉，好像我不应该让你看到不好的东西、不漂亮的东西，我出现在你的面前是我的错。那是一种很奇怪的想法，可是我就会觉得如果现在有一个门让我躲进去的话，我会觉得很舒服。我不需要暴露在大众面前让人家看到我，那是一种很不舒服的心态"。的确，害怕被人看是肥胖女性的共同感受。[⑤] 而她们始终感到有人在不甚友善地"看"自己，因而对社交产生自我压

---

① 《歌谣》，《妇女杂志》第7卷第6号，1922年6月。

② 寒蜚：《兰溪女界观察谈》，《妇女杂志》第7卷第9号，1922年9月。

③ 刘经庵编：《歌谣与妇女》，《民国丛书》第4编第60册，上海书店1992年影印本，第206—207页。

④ 转引自陈存仁《女性酷刑缠足考（中）》，（台北）《传记文学》第62卷第1期，1993年1月。

⑤ 参见林淑蓉《性别、身体与欲望：从瘦身美容谈当代台湾女性形象的转换》，"健与美的历史"学术研讨会（台北"中研院"历史语言研究所，1999年6月11—12日）会议论文，第14—15页。

抑的心态，尤其值得重视。

20 世纪末年，台北都市偏胖的女性所面临的挖苦有可能来自两性，但以民国初年女性的社交习惯言，大脚女性感到的窘境恐怕多是在同性目光的“注视”之下。而摆脱窘境的方式除了回避，还有掩饰，正如《缠足有害唱》所说：“大脚的妇女自己常犯难，千奇万怪巧妆点。”这样的掩饰虽然往往难以成功，大脚女子仍不得不在鞋上大做文章以掩饰其脚大。①

无奈心态的反面即是主动的追求。女性为应付社会习俗而不得不缠足者固大有人在（详后），但也有不少人不仅主动要缠足，而且希望尽量缠得小。林纾就注意到：“娘破工夫为汝缠”，正是“但求小脚出人前”。② 这或者说的不是被缠足者个人的愿望，然方绚的《金园杂纂》专记各种与小脚有关的观感，其中涉及女性自身者颇多，如“难容”条为“大脚嗤人足小是爱俏”；“无见识”条有“见他人脚小，却道你是怎么裹来”；“不自量”条为“试他人弓鞋，说只嫌略小”；“自羞耻”条为“闻人背地评己足大”，说的都是女性自身追求小脚美的同性竞争情形。③现在一些女性主义者或认为这是因为男权意识内化了女性心灵，然而类似的表述其实相当多，如果都从这一角度去看，恐怕太轻视了女性自身的主体意识。④《金园杂纂》所记或者多涉及上层女性，而大量这方面的民歌则说明小脚美也是下层社会一般人家女子的追求。在西潮入侵之前，虽然也有少数因反对缠足而不同意脚的大小与美丑相关的言论，说小脚美是全社会较普遍的共识，应不为过。前面说过，小脚美本是文人一再吟咏的题目，但正像古代中国许多事物都被泛道德化一样，对更严肃的士人来说，缠足也涉及风化问题。在这方面，士人的观念与大众是有些距离的（当然，那些认为缠足诲淫的道学言论其实仍充分承认小脚的性

---

① 《劝戒》，《采菲录三编》，第 4 页。

② 林纾：《新乐府·小脚妇》，选印在《贵州文史丛刊》1981 年第 10 期。

③ 方绚：《金园杂纂》，载虫天子辑《香艳丛书》第 8 集第 1 卷，人民文学出版社 1992 年影印本，总第 2060、2063、2067、2068 页。

④ 参见 Dorothy Ko, *Teachers of the Inner Chambers: Women and Culture in Seventeenth - Century China*, pp. 147 - 171；郑培凯的书评《明清妇女的生活想象空间》，（台北）《近代中国妇女史研究》第 4 期，1996 年 8 月。

吸引力，实际也就肯定了小脚美的观念，详后）。缠足的泛道德化即体现在其与“妇德”的联系，至少在晚清时，传教士曾一再驳斥女子缠足所以节步、让她们谨守闺房的观念。

1875年，一无名氏反驳时人观点说：“或曰女子缠足所以节步也，后人失其本意，而取妖娆之态。”他对此不以为然，认为古无缠足，女子不以足小为美。[①] 次年，张吉六列举世人不愿放足的原因，其一即“俗之由来，所以别男女，杜私奔也”[②]。到1895年，立德夫人看到的时人缠足原因之一还是“妇女以谨守闺房为尚。既缠其足，即不敢驾言出游，而放浪形骸矣”[③]。几年后永嘉祥仍注意到反对戒缠足人的一个想法即“男正位乎外，女正位乎内。妇女若不缠足，恐恣意漫游，易启淫奔之渐。以缠其足者，拘束其身，所以禁乱步，非徒为观美计也”[④]。

传教士对中国文化不熟悉，所以一般是将上述看法作为普遍观念来反对，但中国读书人则知道这是士人而非老百姓的观念。1902年，宋恕在其《遵旨婉切劝谕解放妇女脚缠白话》一文中指出：“有等不通的读书人，每每说妇女定要缠脚，放了脚就容易不正经了。”他反驳说：“上海青楼中人个个是脚短的，难道青楼中人反算正经的妇女么?”宋恕这里点出的“不通的读书人”是值得注意的，看来以缠足“维持风化”主要是读了书的男性的观点。[⑤]

由于传教士对中国文化生疏，其反缠足的宣传有时竟出现无的放矢或制造（未必是有意的）对象然后进攻的现象。1870年，山东烟台浸会的林寿保反驳缠足“所以别男女也”的观点说：“男女之别彰矣：须其面，别以形；雄其吭，别以声”。他以为男女在外形声音上差异已极明

---

① 无名氏：《劝汉装女子遵古制》，《万国公报》（光绪元年三月），第1002—1003页。

② 张吉六：《革裹足敝俗论》，《万国公报》（光绪二年十一月），第3422页。

③ 天足会闺秀：《缠足两说·匡谬》，《万国公报》第77卷，第15276页。

④ 永嘉祥：《戒缠足论并序》，《万国公报》第118卷，第18087页。

⑤ 胡珠生编：《宋恕集》上册，中华书局1993年版，第339—340页。有意思的是这些“不通的读书人”的另一观点是“妇女放了脚就会强起来、恶起来了”。这里关注的当然不仅是主内主外的社会区分，特别能体现男性欲维持其社会权势的心态及其对女性的防范心理。同时，对以缠足“维持风化”的诠释有时还有区域性特色，如在云南这样的多民族聚居地区便与“夷夏之辨”发生关联，据说是因观“夷人”妇女在野外与别的男人有不轨行为而起。参见济民《辟缠足的理由》，《民众生活周刊》第51期，1933年5月27日。

显，何须以缠足别之。[①] 这是林氏的中文不通，中国所谓“别男女”是将男女在生活与社会交往等方面区分开（如所谓“节步”），并不是从形象上区分男女。

但传教士这种观念居然得以持续，民国初年的《缠足有害唱》里劝道：“男女分别从头上起，男女分别何曾在脚底”。这首歌里也说到“上帝造人是一样”，大致也是教会方面所做或至少是受教会影响之人所做。[②] 这一观念的持续提示着后之反缠足者有时也不过是抄袭前人的言说，并未仔细研究各种观念的真义。当然，类似的误解后来在民间也确实存在，民国时期一位作者回忆说，“前十几年，我的乳母对我先母说：‘若不缠足，怎能分别男女?’”[③] 可知在对传统观念的误解方面，传教士与老百姓倒接近。[④]

随着世事变迁，以缠足约束妇女的士人观念后来却变成了趋新士人眼中的“世俗之论”。《皇朝经世文新编续集》在为《鄂抚端方劝汉人妇女勿再缠足说》写的编者按语中说：“世俗之论皆谓，缠足者，所以约束闺阃，使之不敢放纵之意。”[⑤] 再到北伐战争之后，类似观念已再降低为“怪议论”。天津妇女放足会的《放足歌》说：“还有一种怪议论，只把女子当玩弄，怕她水性与杨花，裹住足来关住她。”[⑥] 总的说来，进入民国后女子缠足以节步的观点已开始淡化，到北伐后逐渐消失。但四川南充县 1932 年禁止缠足的训令仍指出当地有“借口礼教，曲为之辞，谓放足则行动易涉于乖张，缠足则进退始征乎闲雅”的见解。[⑦] 而缠足与“风

① 林寿保:《缠足论》,《教会新报》(约同治九年，本文所用为台北华文书局 1968 年影印本，页数也随影印本，该报不分卷，也无明确刊印时间，仅据前后文尽量注明时间)，第 828 页。

② 《采菲录三编》，第 3 页。

③ 老宣:《对于〈采菲录〉之我见》，姚灵犀编:《采菲录》，天津书局 1934 年版，第 14 页。

④ 老百姓的误解或者是西潮冲击导致中国传统崩散后的结果，或者是传教士的误解因西人的“话语权势”而成正解的后果；唯 1870 年中国传统尚未受到强烈冲击，当时传教士持此说恐怕不是特意针对老百姓的观念，而是自己没搞清楚。

⑤ 杨凤藻编:《皇朝经世文新编续集》（二），（台北）文海出版社 1966 年影印本，第 1500 页。

⑥ 《放足歌》,《采菲录续编》，第 47 页。

⑦ 《南充县政府训令》(1932 年 4 月)，南充县档案馆档案，全宗号 2，目录号 1，卷号 6，第 33 页。

化”的关联仍以不同的形式存在，1934 年江西省的禁止妇女缠足条款就是包括在取缔奇装异服的禁令之中的。[①]

前引宋恕提出用以比较的上海青楼女子则反映了当时反缠足士人的另一个重要观念，即缠足诲淫。据时人观察，光绪末年的“海上妓女，均为小足”。是时妇女皆重双足之修饰，“尤以娼门女子，更加推波助澜，于是纤足绣鞋之诲淫风气，遂靡所底止矣。盖彼时选色，首注裙下”，脚之大小胜过容貌，“因此娼家女子，无不盛饰厥足，以为迷客助淫之具也”。[②] 反缠足者虽强调缠足与美丑无关，却又每斥缠足诲淫，实暗中承认小脚的性吸引力（即美）。[③]

具有诡论意味的是，在士人与大众中一向更趋近大众的传教士在反缠足方面有时却更偏向士人的观念。早在同治年间，北京长老会的曹子渔就认为：“缠足乃诲淫，邪状与淫戏淫画何以异？”[④] 光绪年间英教士秀跃春申说足不可缠的理由，仍包括“跬步不端，实贻诲淫之羞。吾恐风化从此衰，人心从此坏，是败俗也”[⑤]。这样的观念其实与许多传教士所反对的以缠足来维持风化的中国士人观念一脉相承，缠足与反缠足这竞争的两方面有时竟分享着同样的思想资源。

1909 年，四川嘉定府段太尊对全足会的训词说：“三代以后，遇有一种荒淫之人，创出缠足之法，使妇女行走娉婷，步生金莲。初时不过淫乱之家尤而效之，久之相沿成习，凡生女者均以缠足为美观；不问受者如何痛苦，总以愈小愈佳。”[⑥] 稍早署理四川总督的岑春煊在劝谕缠足的告示中说：“此事在做父母的，不过因为众人习惯的事；又怕女儿不缠足，将来不好对亲。”但“说到难于对亲这个念头，第一无廉耻，第二无

---

① 《取缔妇女奇装异服》，（成都）《新新新闻》1934 年 6 月 23 日。

② 藤窗寄叟：《莲钩碎语》，《采菲录》，第 22—23 页。

③ 林维红教授已注意及此，不过她未将此与美丑联系起来看。参其《清季的妇女不缠足运动（1894—1911）》，《台湾大学历史学系学报》第 16 期，1991 年 8 月。

④ 曹子渔：《缠足论》，《教会新报》（约同治九年），第 834 页。当时伉爽子著《缠足辨》驳斥说：“必欲以缠足为诲淫，则中国节孝祠中节妇皆缠足者也，曷尝淫？”（《教会新报》，约同治九年，第 882 页）此时中国传统尚具正面形象，到 19 世纪末传统崩散后，以传统为武器来反驳新说者就越来越少见了。

⑤ 秀跃春：《缠足论衍义》，《万国公报》第 4 卷（光绪十五年四月），第 10366 页。

⑥ 《纪闻》，《广益丛报》第 7 年第 17 期，宣统元年（1909）六月初十日，第 11 页。

知识”。无廉耻是因为“以小脚求媚于人，乃是娼优下贱的思想。世间喜小脚的，必是轻薄无行的男子，人有女儿，就不该许给他”。[①]

这样的议论大致传承了道学家抑制“人欲”的观念，具有强烈的价值判断成分，只要与性吸引力相关，便是“无廉耻”“娼优下贱的思想”和“轻薄无行”。这最可见趋新士人与大众的观念区别：对做父母的老百姓来说，缠足与否及缠的效果都与女儿的婚姻相关，正是所谓“终身大事”。他们恐怕还不一定先想到小脚的性吸引力，即使想到也未必就以为与“廉耻”相关。

观念的区别提示了反缠足的宣传一开始就有现实针对性不足的特点，在这方面传教士与士人的观念又相当接近。同治年间，有些中国人本以为“缠足乃家庭猥鄙之事，所关非重，亦可随众”，传教士德贞却以“人事莫重于世道人心”来驳斥这种观点。其对个人生活方式的道德化，与一些儒生将缠足与“妇德”相连的思路非常接近。德贞显然也援用儒家正统“妇德”观来反对缠足：“或谓缠足为博翁姑之爱也。然德言功貌，未尝言足。使其足小如锥，人皆爱慕，而行如河东之吼，安贵有此足也。”[②]

不管原初的儒家学说如何，到近代则早已形成足即是貌的普遍认知，所以小足才会使“人皆爱慕”而可博翁姑之爱。小脚既已成为一种女性美的重要特征，人们的婚嫁选择必然与这种审美观密切相关。小足易嫁而大脚难以婚配，已是近代中国的社会风气，一般家庭或有意或无意皆会“随众”，个别与习俗相抗的家庭或许存在，但其通常不佳的结局恐怕更告诉别人“随众”的重要。

二　习俗、婚姻与近代中国的两个世界

近代西方传教士到中国后，小足与婚嫁的关系即引起了他们的密切关注。早在 1876 年，英国人德贞就指出时人认为：“天下民人皆系汉装，

---

① 《劝戒》，《采菲录》，第 4、7 页。

② 德贞：《施医信录缠足论》，《教会新报》（约同治九年），第 826—827 页。

倘不缠足，势如鹤立鸡群，未能随众；将来受聘，因此恐难。”[①] 德贞这篇早期的反缠足文章很值得细读，传教士要主动上门宣教，故多能得知民众缠足的真正理由（相比之下中国士人反不那么重视老百姓的观念），其说当较可信。综观全文，缠足一方的基本观点即落实在遵从风俗以“随众”之上。是否“随众”这一观察是深刻的，这意味着审美观念早已融入进社会习俗之中，脚与婚嫁的关系又更进一层。除个别愿意并且有经济社会等实力可以“遗世独立”者外，一般家庭不论是否在审美层面爱好小脚，仍不敢在社会习俗方面冒“鹤立鸡群”之险，因为结局是明确的，即“将来受聘，因此恐难”。

德贞反驳此观念的各种说法也颇有提示性，针对“风俗自古流传，势有不得不然”的观点，他认为：“居家惟我为主，我行我法，安能附会他人。我不许我女缠足，我之外安得干预我事。是缠足一节，实在父母，权亦操之父母也。”这在当时的西方恐怕都还是比较激进或理想的观念，生活于社会中的家庭，即使在那时的西方也不可能做到“我行我法”，不过有此主张存在罢了。这样的意见要让一般中国人接受，在当时可以说几乎不可能。德贞进而驳斥“足既云小，纵言貌稍陋，亦可涵容”的观点说，“人之聘娶，因人乎？因足乎？”故“缠足之事与受聘毫无干涉也”。但足即是人的一部分，而且是那时与聘娶甚有关联的一部分，这既是事实也已成“常识”，不是简单的否认可以取消的。

民国元年（1912），王伯辰在天津组织改良社会图书馆，其友阿辛作《缠足苦》俚词说：“要是不把脚来裹，人人都说真万难。有的说：为母的不把女儿管，任着意儿教他疯颠，好好的成了大脚片，将来的亲事怎么办？有的说：谁家的姑娘模样好，两只大脚讨人嫌；谁家媳妇倒亦俏，可惜脚大不十全。”[②] 据民初《晨报》所论，在北京，仍有“那些腐旧的人们，替他儿子订新妇，总要拣一个小脚的姑娘”[③]。在1914年的成都，“提倡天足者虽多，而顽固不化者亦复不少；每值议婚之始，必问是否天

① 德贞：《施医信录缠足论》，《教会新报》（约同治九年），第826—827页。此处“汉装”显然是针对“旗装”，其潜在的威慑性颇有力，当时传教士多有利用满汉意识做文章者，详另文。

② 阿辛：《津门莲事记略》，《采菲录三编》，第69页。

③ 李荣楣：《中国妇女缠足史谭》，《采菲录续编》，第25页。

足；往往有一闻天足二字即掩耳却走者，犹以不开通之商贾人家为最甚”[①]。可知到民国初年，“若不缠足，难以找婿”[②] 的观念并未见大的改变，大致仍是时人的共识。

到北伐后的国民政府统治时期，这样的观念仍广泛存在。1933 年，云南一位女作者分析父母为女儿缠足的观念，其中之一即“女儿不缠足，恐寻不到女婿”。反之，“不但可以找到女婿，并且可以找到好女婿”。当地一位读过书的女性自述其何以要缠足的原因，首先就是父母希望她嫁个好姑爷。[③] 1932 年，有成都记者偶至四川绵阳所属各县乡镇，发现“缠脚之风仍盛，不但成年妇女无不小脚蹒跚、弱不胜衣，甚至一般幼女，年龄在十岁左右者，其父母仍强迫为之缠裹”。驻军长官虽一再严禁，却无实效。经多方调查，始知主要因为当地通行童年议婚风俗，而男方“只以脚之大小而定其爱憎。爱憎不在乎人，而在乎脚；故强令女家，竭力缠脚，否则拖延不娶，或以退婚为要挟”。女方遂不得不将女儿缠成小脚，“以迁就两家婚姻之圆满”。[④]

婚姻问题当然是最根本的考虑，但习俗本身也具有相当的影响力。1895 年，立德夫人即注意到缠足的原因之一即是“此旧俗也”。两年后四川有女性给《万国公报》投稿述及缠足原因，也说“吾祖宗累代如是，今改易之，是背本也”。到 1900 年有人论禁缠足之阻力，首先仍是“虑联姻之不合俗”。[⑤] 立异似乎从来不是中国大众的行为习惯，在大家都如此的时代，一般老百姓是很少会有意去违抗习俗的。正如清季四川巴县知县劝戒缠足的告示所说，“从前之碍难解放者，不过以独不异众、互相观望；兹既立会禁止，远迩一律，自可无庸过虑”[⑥]。实际的情形当然不

---

① 《娱闲录·游戏文》第 5 期（1914 年 9 月 16 日），第 46 页。

② 《劝戒》，《采菲录三编》，第 2 页。

③ 坚贞女士：《一般父母为女儿缠足之心理的误谬》、乡姑娘：《致缠足女同胞的信》，《民众生活周刊》第 50 期，1933 年 5 月 20 日。

④ 《绵阳缠足风盛》，《新新新闻》1932 年 7 月 29 日。

⑤ 天足会闺秀：《缠足两说·匡谬》，《万国公报》第 77 卷，第 15275 页；蜀南赵增泽润琴氏：《劝释缠脚说》，《万国公报》第 99 卷（光绪二十三年正月），第 16785 页；冯守之、顾子省：《天足旁论》，《万国公报》第 139 卷，第 19492 页。

⑥ 《巴县出示禁戒妇女缠足文》（宣统二年十二月二十六日），四川省档案馆藏巴县档案宣统卷，案卷号 647，缩微号 5。

像这位县官预测的那样简单，但他显然看到了问题之所在。

到20世纪30年代，云南一位“曾经热烈的参加过”放足运动，但感其“迄无多大成就”的人，将“一般人保守缠足陋俗的理由”搜集了数条，一是“缠足自古流传，不能违背祖宗”，倘违背则“变成忤逆不孝的罪人”。同时，也有观念已改变，有心要解放，却“不肯开先例”，倘先别人而作，“深恐被人笑骂，而一般闺秀又是最怕人议论的”。当地另一观察者也将“社会非议”列为不能不缠足的一条主要理由。因为真实行放足者少，“自己不敢轻易试尝，盖恐受社会间一般人之非议也”。且因大脚女子甚少见，不仅社会非议，倘上街，则“街头小儿亦将追随而嘲笑之”。[①] “怕人议论”的确是非常重要的因素，对于婚姻关系圈维持在相对狭窄区域的人来说，闺秀的名声是极为要紧的（其实男子亦然）。在婚姻主要靠媒人联系的时代，只要成为别人议论的目标，先已变成当地有争议的人物，于说亲实大有妨碍。而且，不从众随俗的不利后果非常明显，云南有些地方的女性即为妇女解放付出了代价：“首先倡议放足的先烈们，是已经失去了她嫁人的资格”了；而主张天足的男性“从别处娶回的大脚妇人，也为人所不齿”。有人注意到，确有“某家因父亲的思想很新，不主张替女儿缠足；后来费了多少力，才嫁得一个穷苦人，而且还赔嫁了一些家产”。有此先例，一般人“更拼命地去把自己的女儿的脚缠小，以免将来的此种不幸”。其结果，虽然云南的天足运动几乎与民国肇基同时，但在实施20年后，反“不敢有人作再度的尝试”。[②]

早在1897年，张之洞在《戒缠足会章程叙》中已说“父母非不慈其子也，为其戾俗而难嫁也。是故俗之所染，可以胜礼；俗之所锢，可以抗令”。他主张“化民成俗必由学”，必使“其俗已动于学，然后以法从之”，方易生效。[③] 辛亥革命前的革新派也注意到婚姻与缠足的关系：“缠足一事，虽慈母之于儿女，不得不忍心害理以行之。揣其本意，亦甚可笑，盖恐将来不能嫁耳。”他们提出的解决方案也与张之洞的差不多：

① 济民：《辟缠足的理由》、朱伯庸：《解放缠足与妇女解放》，《民众生活周刊》第51期，1933年5月27日。

② 印其：《缠足问题与妇女解放》、张仄人：《天足运动与妇女解放运动》，《民众生活周刊》第51期，1933年5月27日。

③ 《南皮张尚书戒缠足会章程叙》，《贵州文史丛刊》1981年第10期。

"夫女子无学不能自立，虑其见弃于人，至残其肢体而不悔，亦足悲矣!"①

张之洞提出的"化民成俗必由学"是以士为社会表率的传统四民社会积累下来的经验，在四民社会走向解体的近代中国②，这一历史经验也越来越失去实际的效力。后来兴起的反缠足宣传也可算是"学"的一种新方式，但其效力似乎也未超过传统方式。关键在于，"学"主要作用于观念的改变，而习俗虽包括观念又远不仅仅是观念，它更多是一种生活方式、一种社会行为。要转变"可以抗令"的深厚习俗，最主要的恐怕是在生活方式层面提供选择的机会和余地。后者虽一直在反缠足者的考虑之中（如各时期的不缠足会多订有关于婚姻的条款），却很少落到实践的层面。女儿出嫁问题是一般家庭中父母考虑的首要问题，在革新者却以为"甚可笑"，最可见反缠足者思虑高远而不切实际。

鲁迅在述及清季剪辫子的新人物遭社会的非议（注意他讲的主要不是来自官方的压制）时说，"推想起来，正不知道曾有多少人们因为光着头皮便被社会践踏了一生世"。故他认为，提倡女子剪发"又要造出许多毫无所得而痛苦的人"，因为她们难以得到社会的接纳："改革么，武器在哪里？工读么，工厂在哪里?"所以女子最好还是将头发"仍然留起，嫁给人家做媳妇去"。这些人"忘却了一切还是幸福，倘使伊们记着些平等自由的话，便要痛苦一生世"。③ 鲁迅虽然说的是反话，但却看到了问题的实质，尤其是社会没有给向往"平等自由"的女子多少出路供其选择这一关键因素。女性在缠足问题上正面临同样的困扰，读书大概是唯一的出路，但若生于无经济实力的家庭便只能在"脚的痛苦"和"被社会践踏"而"痛苦一生世"之间做出抉择。

如果说，缠足是因"女子无学不能自立"对清季革新派还只是一种

---

① 竹庄:《论中国女学不兴之害》,《女子世界》（三）（1904 年 3 月），张枬、王忍之编:《辛亥革命前十年间时论选集》第 1 卷（下），生活·读书·新知三联书店 1960 年版，第 922 页。

② 参见罗志田《权势转移：近代中国的思想、社会与学术》，湖北人民出版社 1999 年版，第 161—190 页。

③ 鲁迅:《头发的故事》,《鲁迅全集》第 1 卷，人民文学出版社 1981 年版，第 462—465 页。

理想型的思考，那么在女子教育逐渐开展的民国，这已成为一个实际的社会现象。民国初年，赛珍珠在安徽农村时，一小镇女子告诉她："女子若已受教育，则可不必缠足；反之则必须缠足，不然就嫁不出去。"① 也就是说，小脚女子的潜在婚配对象只能在传统男子中选择，而天足女子则可寻觅新式夫婿。以前许多人认为受过教育的女子不缠足是教育的结果，这只见到问题的一方面。实际上也只有受过教育、有各级学校的文凭、获得"女学生"的身份认同，才可以不必缠足就能较容易地论婚嫁。然而在全民教育没有普及之前，能读书的女子终是少数，多数人即使有此愿望，也并无社会经济等各方面的实际能力，结果大多数女子仍处在"女子无学不能自立"的境地之中。

"女子无学不能自立"的社会现象表明缠足与社会阶层的区分有直接的关系。这也有一个转变的过程，以前是上层人必缠足而下层人可以不缠，后来则反成为上层人才有能力选择是否缠足。同治年间一篇为缠足辩的文章指出："中国士大夫家贤女，但主中馈，以不预外事不出闺门为德，正不必放足以便大踏步日奔走于道路也。而且中国不缠之女多有之，乡间村妇、下贱女奴，不烦禁而多不缠矣，便奔走也。贤否不系此也，此固各行其是也。必欲一而禁之，其说未可厚非，其势万不能行。"作者主张以"和而不同"的原则，法"存而不论"的方式来处理缠足问题。②

这或者更多还只是理论的申说，但在等级社会之中，因婚嫁而改变社会身份是中外皆然的一种取向，这又与美是天生不变的还是后天可变的这样一个重要观念相关。日本在18世纪末19世纪初即曾有一个审美观的大转变，从以前认为美是天生不变的转化为美是可以通过美容修饰而改变的。更重要的是，与此相关的是一种"美丽可以变幸福"（这里的幸福当然是在一定时空限制之内的）的社会观念，即通过美容修饰来增加女性的吸引力，从而以婚姻方式改变身份和社会地位。正是在这样的审美观和社会观念下，出现了专门的美容书籍和早期的时尚杂志。③

---

① Pearl Buck, *My Several Worlds*: *A Personal Record*, New York: John Day, 1954, p. 147.

② 伉爽子:《缠足辨》,《教会新报》, 第882页。

③ 参见［日］铃木则子《江户时期日本的镜子与美人》（Reflecting Beauty: Mirror and Beauties in Edo Japan),"健与美的历史"学术研讨会（台北"中研院"历史语言研究所，1999年6月11—12日）会议论文。

在脚的大小与美丑直接相关的中国，缠足恰使女子具有“美丽可以变幸福”的可能性。一般贫家女欲以嫁人而改变社会身份者，常凭姿色。但姿色是先天的，缠足则是后天的努力。过去俗语说“脚小能遮三分丑”，方绚在《香莲品藻》中也说，“丑妇幸足小，邀旁人誉”。[1] 换言之，只要脚缠得好，即使相貌丑陋，也能博得人们的赞誉。故“贫小之家，望作门楣；而姿首平常，妆饰绵薄，极力缠剥，务求胜人”[2]。可知缠足已成为一种上升性社会变动的途径，虽然真正成功实现社会地位转换者或不过是少数人，但到底提示了一个为更多人所向往的可能性和努力的方向。

改变社会身份这一愿望体现了实际的社会区分，但在总体趋新而区域发展差异甚大（包括社会变化速度及思想和心态发展的不同步）的近代中国，这一区分还不完全是以经济实力和社会名望为基础的上下层社会的区分，而部分是从价值观念到生存竞争方式都差异日显的两个“世界”的区分（这一区分与近代日趋明显的城乡差别有相当多的共相，但也未必总是一致）。要能够沿社会阶梯上升，在不同的新旧“世界”中生活竞争方式已有所不同。[3] 但对身处“新世界”或向往“新世界”的女性来说，家庭的社会经济实力仍是最关键的因素之一：通常只有那些上层家庭的女性和有条件进新式学堂或受新思想影响的女子才有可能放脚；因为她们放脚后，基本不存在嫁不出去的危险（即这一世界的男性审美观在受新思想影响后，有可能发生变化，转而喜欢天足女子）。

两个世界的形成及与之伴随的社会转变是个长期的过程，从四民社会到近代社会的一个明显转变即士绅对大众的社会影响逐渐向城市对乡村的影响过渡，或者说社会仿效的榜样已由士绅这一社会阶层转向城市这一社会区域（此仅大略言之）。宋恕在 1902 年已说：城里人已放脚，你们如果不放，“就说打扮，亦不时道、不好看呢！有句古话：‘乡下人

---

① 《丛钞》，《采菲录》，第 21 页。

② 番禺愚叟：《卫足说》，《万国公报》第 97 卷（光绪二十三年三月），第 16658 页。

③ 说详罗志田《权势转移：近代中国的思想、社会与学术》，第 172—202 页。这里所谓“两个世界”的区分是大体言之，若细分则也可以说有多个“世界”，参见罗志田《新旧之间：近代中国的多个世界及“失语”群体》，《四川大学学报》1999 年第 6 期。

打扮，总赶城里人的新式。’目今城里新式是放脚了”，乡下人还不追随么。[①]

1909年，四川巡警道的《戒妇女缠脚白话告示》说，时人不愿放足的三层难处之二即考虑到“放脚以后，从前的衣服鞋子，都用不着。若另外缝件长衣服，做双放脚鞋，既淘力又费钱”。巡警道开导说：“现在只禁缠脚，谁叫你改换长衣服。你看绅粮人家现在放脚的妇女，还是穿向来的衣服。”[②] 这个观念后来仍延续，四川南充县1932年禁止缠足的训令指出：县属各场人民，智识仍旧闭塞，“不曰乡间择媳，缠足始易入选；即云家境贫乏，放足须制长袍”。该训令认为娶媳原重体魄坚强，而装束则应尚俭，传统的荆钗布裙即好，“又岂必装样入时，始称阃仪之足式”。[③]

这里特别有意思的是大脚与衣服（而不仅是鞋）的关联，放足者便需要缝“长衣服”或“制长袍”，说明一般人认为大脚女子的穿着应与缠足女子不同，脚的大小与身份地位是相伴随的。从这一观念的延续中也可看出时代转变的明显痕迹：过去的长衣服或者只是区分一般人家和“绅粮”人家的不同，后面所说的“长袍”既然被认为是“装样入时”，或即今所谓旗袍，则放脚就必须置备新式服装，正是民国社会“两个世界”的清晰例证。

正如民初那首《缠足有害唱》开头所说：“中华民国世界变，于今改良真可观。男儿剪发把学堂入”，女子也“不穿耳眼不把足缠”。[④] 这的确说出了“世界”的转变，但是否能入学堂才是关键的社会条件，无能力入学者恐怕就很难享受与“新世界”相伴随的社会待遇。民国后对于女性美的理想与要求也因社会阶层和地区之差异而有不同。山西各县的歌谣唱道：“破戏台，烂秀才，小足板子洋烟袋；火车站，德律风，大足板子毕业生。”[⑤] 这首歌通过四种不时兴和时兴的社会现象，象征性地表

---

① 《宋恕集》上册，第334页。

② 《演说》，《四川官报》宣统元年第5册（闰二月上旬），第2页。

③ 《南充县政府训令》（1932年4月），南充县档案馆档案，全宗号2，目录号1，卷号6，第33页。

④ 《劝戒》，《采菲录三编》，第2页。

⑤ 《山西各县歌谣解释》，《近代史资料》1982年第2期。

述了从清末到民初新旧时代的社会转变。重要的是这些现象所代表的社会行为是伴生的，通常只有能乘火车打电话的学堂毕业生才能选择大脚(包括女性自选和男性择偶)。

有条件受新教育的阶层（特别在城市中）对脚的审美观念的确在逐渐发生变化。1915 年，成都的《娱闲录》上发表《美人今昔观》一文说："昔之美人双翘以纤为贵，今之美人双趺以硕为佳。"但该文又说："昔之美人学绣，今之美人读书；昔之美人含豆蔻，今之美人吸雪茄；昔之美人三从四德，今之美人平等自由。"① 这里所说的"今之美人"，实即城市女学生流。作者当为男性，但这一观点恐怕只能代表他这一世界中部分男性的审美观，却不能代表整个社会的男性观点。有一首很能抓住新社会现象的山东民歌唱道："鞋也没有脸啦，烟袋也没有杆啦，钱也没有眼啦，新娶的媳妇也不怕人缠啦，儿子也不要爹啦，朋友夫妇也要反脸啦。"② 这就明显体现出下层民众对社会新现象的不满，而女子不再缠足正是其中之一。

即使在受到新教育的这一世界中，也并非所有的男子都喜欢天足女子，仍不乏喜欢缠足者。1921 年，东南大学陈鹤琴教授对 266 名男生进行填表调查，询问其理想妻子的资格。只有 14.03% 的男学生明确提出喜欢天足女子，而 86% 的学生没有明确这一点。③ 这至少可以说明在这 86% 的学生中，仍有喜欢小足的。周作人注意到，1925 年的北京城里有些受过高等教育的男子仍然喜欢小脚，看到几个标致女学生，对其是天足甚感"可惜"。④

由于各地差异较大，不同的人观察到的情形颇不相同，有人认为北伐几年后，"男性对女性之美，已易标准，缠足之风亦为自然的绝迹"。过去尚小脚，"殆西俗东渐，天足大兴，一般男子，目光骤移。竟有'凡新皆美，凡旧必媸'之风气。俗必趋时，饰求革旧。命之曰摩登，呼之

① 《娱闲录·杂录》第 15 期（1915 年 4 月），第 71 页。

② 谷凤田：《山东的近世歌谣》，《北京大学研究所国学门周刊》第 13 期，1926 年 1 月 6 日。

③ 瑟庐：《现代青年男女配偶选择的倾向》，《妇女杂志》第 9 卷第 11 号，1923 年 11 月。

④ 周作人：《谈虎集·拜脚商兑》，《周作人全集》第 1 册，（台北）蓝灯文化事业公司 1992 年版，第 272 页。

为时髦。旧有缠足之妻，多成弃妇；纤小难放之足，每致离婚”。小脚妇女“怨母之缠其足也，较［从前］以足大而怨母之弛其缠者，同一而弗异矣”。[①] 但这最多只是部分城市的趋势，近代城乡之别渐甚，而有些读书人每习惯以其所见，概论全部，故不免使人产生所论不中的印象。

这位作者同时提出，缠足与否，盖皆出于女性“冀悦其夫之心理”，故“足之放否，权实操之男性”。另一位观察者同意“缠足譬如一种商品，市场上若没有销路，还有肯制造这种货物的么?”他注意到，以前“天足会所以不易推行，就是因不易婚配。现今青年男子与各级学生，一听要配一位缠足之妻，即如受了死刑的宣告。可见不天足，反不易婚配了”[②]。这位观察者大致明确了持新观念的只是城市里能读书或向往上升的边缘知识青年，身处农村的一般老百姓其实还是另一番景象（详后）。

就是在城市中，口岸地区与内地小城即有差别，各中小县城之间也颇不一样。北伐时江苏宜兴“稍有资产之乡村女子，已有出外求学者；寻常人家之子女，亦大都入就近之学校而识字读书”。故“近来缠足之恶习，亦日渐减少”。[③] 但同时安徽霍邱的情形便很不同，县里设有女高小学一所，两位女教员一来自江苏，一为留学生。她们衣着带有江南风味，“短袖露肘，长衣及腰，半天足，着草鞋”。但该校的女学生“仍旧是缠足、理髻、长服，不为所化。相形之中，愈觉得这两位教员模样奇异。因此社会一般人士，对时髦的她俩，就不免洪水猛兽的歧视。一般妇女，也有同样的心理”。[④] 女学生尚且“不为所化”，遑论“一般妇女”了。值得注意的是这里衣服的新变化，女学生仍穿象征其身份地位的“长服”，而新派教师已穿长仅及腰（即短一些）的新式服装，再加上不能读书的贫家女子的传统短衣服，当时女性的新旧大致已有三类。

1927年，有人正把福建省建瓯县妇女的服饰分为三类，第一类是“县城上、中两级的青年妇女”，她们的服饰与前三五年的省会时髦妇女一样；第二类是“县城年长的妇女和乡村的妇女”，其服饰仍是二三十年

① 李荣楣：《中国妇女缠足史谭》，《采菲录续编》，第37页。

② 老宣：《对于〈采菲录〉之我见》，《采菲录》，第16页。

③ 徐方千、汪茂遂：《宜兴之农民状况》，《东方杂志》第24卷第16号，1927年8月25日。

④ 裴毅公：《皖北霍邱妇女生活的大概》，《妇女杂志》第14卷第6号，1928年6月。

前的式样，浓妆厚抹，“足是缠得不满三寸长”；第三类是“山乡的妇女”，服饰不讲究，但“足仍缠得窄窄的，有尚嫌不窄，用木头装在足踵下，假装小脚”。①

1933 年，一位“曾经热烈的参加过”放足运动的人总结云南男子对缠足的观念也分为三类：“一部分是新时代的知识分子，主张完全反对缠足；一部分是没有成见的，大概以为缠也可不缠也可，只听环境的转移罢了；又一部分是同妇女一般的见识，也爱好小脚。”② 最后所论“同妇女一般的见识”甚有意思，要么云南的妇女真的比男子更“爱好小脚”，则一般所说女性依男性的好恶而修饰在特定时空里便不一定准确（当然，女性主义者也许会说这是男权意识已内化到女性思想之中）；要么作者虽热烈参加妇女解放运动却其实不太尊重女性，无意中透露出其传统观念，即对“妇女见识”的轻视。

同年，广州有报纸报道“汉口市上有三种女人，四寸半高跟摩登女郎，三寸金莲的乡间小姐，还有截发而装脚的改组派。第一种是阔人的姨太太，第二种是纱厂的女工，第三种是中等人家的管家婆”。《成都国民日报》一署名文章就此则报道发表的评论注意道：“除去第三种的截发提到‘发’之外，其余完全以‘脚’为分类的标准。”③ 这一观察很有眼光，城市中的审美观虽然在转变，但旧有的审美观有意无意中仍在影响时人，他们对女性的脚仍有特殊的兴趣。在这方面女性亦然，林语堂即主张，女子放足是因为她们发现摩登的高跟鞋基本上可以代替小脚的作用，成为她们装饰身体、实现美的理想手段。高跟鞋使女子的体态更优雅，步伐更斯文，使人感到她们的脚确实看起来比实际要小。④

上述许多地区对缠足的态度皆有三类人正说明审美观和生活习俗的转变仍在进行中，在此转变进程中两个世界的女性却互相看不惯；有意思的是不仅崇尚高跟鞋和旗袍的城市新女性看不起缠足女子，后者中不少人同样看不起前者。前引安徽霍邱的情形是一例，1935 年一个有意进

---

① 杨丽卿：《建瓯妇女的生活状况》，《妇女杂志》第 13 卷第 8 号，1927 年 8 月。

② 济民：《辟缠足的理由》，《民众生活周刊》第 51 期，1933 年 5 月 27 日。

③ 钜公：《品脚》，《成都国民日报》1933 年 4 月 20 日。

④ 林语堂：《中国人》，学林出版社 1994 年版，第 173 页。

行观察的上海游客在北平郊区西山一带看到“小脚的妇女依然风行，天足的则仅见”。他发现，“烫头发、穿高跟鞋、画眉、点唇的女子”极少见，偶尔出现则当地妇女“一定说伊们是妖怪，甚而还说：‘呦，瞧狮子狗！’把摩登妇女比作了狗。我想自以为摩登的妇女听了，一定要气煞。但伊们之不了解摩登妇女，也正和摩登妇女们看不起伊们是一样的”①。的确，两个世界的人眼光甚不一样，1928 年一位趋新人物讲到山西大同的赛脚会，觉得小脚女人的装饰“非常特别，大有‘外人不见见应笑，天宝末年时势装’之慨”。② 这是典型的新“世界”人看旧“世界”人的眼光。而妇女解放运动者描绘另一世界的普通百姓则说：“伊们听到的都市妇女的一切，不过当作‘世风不古’的恶耗，随着他人‘慨然叹息’。”③

大体言之，旧世界的男性仍然保持着自己所认定的美的特征，在反映其心声的民谣中依旧歌咏着理想中的小脚女子。如江西丰城歌谣：“粉红脸，赛桃花，小小金莲一拉抓，等得来年庄稼好，一顶花轿娶到家”；安徽霍城歌谣：“一对金莲在地下，回家对我爹妈讲，多办银钱接到家”；河南卫辉歌谣：“小红鞋儿二寸八，上头绣着喇叭花，等我到了家，告诉我爹妈，就是典了房子出了地，也要娶来她。”④ 可见他们心目中的理想女性仍是小脚女子，这一世界的大脚女子自然面临难嫁的困境。如浙江余姚的歌谣所唱：“一个大脚嫂，抬来抬去没人要；抬到城隍庙，两个和尚抢着要。”在这一世界里，缠足与否不仅关系到是否好嫁，而且关系到所嫁婆家的优劣。所谓“裹小足，嫁秀才，吃馍馍，就肉菜；裹大脚，嫁瞎子，吃糠馍，就辣子”（河南彰德民谣）。此外，脚的大小也关系到媳妇在婆家的地位。四川蓬安的一首歌谣非常形象地说明了这一点：“一张纸儿两面薄，变人莫变大脚婆。妯娌骂我大脚板，翁姑嫌我大脚婆；丈夫嫌我莫奈何：白天不同板凳坐，夜晚睡觉各睡各；上床就把铺盖裹，奴家冷得莫奈何，轻手扯点铺盖盖，又是锭子［四川话拳头意］又

① 宛青：《平西农村妇女生活》，《妇女共鸣》第 5 卷第 8 期，1936 年 8 月。
② 何伦：《大同妇女生活谈》，《妇女杂志》第 14 卷第 1 号，1928 年 1 月。
③ 《农村妇女问题》，《妇女共鸣》第 4 卷第 1 期，1935 年 1 月。
④ 李一粟：《从金莲说到高跟鞋》，《妇女杂志》第 17 卷第 5 号，1931 年 5 月。

是脚。”①

审美观直接影响到家庭生活与夫妻关系，大脚女子不仅得不到翁姑的喜欢，还会受到妯娌的藐视；更重要的是大脚可能缺乏对丈夫的性吸引力，对有一定经济社会实力的家庭来说，如光绪年间人所论，这可能会导致“夫男因此纳妾”②。或者可以说，这部分女性不愿意放足，是因为在她们的世界，人们所认同的小脚美观念，特别是与此观念相关联的社会习俗，并没有多大变化。故缠脚再痛苦，也不得不为之。女子缠足现象到五四运动之后仍较普遍，直到 40 年代从中央到地方各级政府都还在努力禁止缠足，其根本原因即普通人的婚姻观念（小脚美的观念即其一）和婚姻行为大致维持不变。

对那些徘徊于两个世界之间的女性来说，究竟适应哪一边的审美观也是个问题。云南一位小学毕业的女性提醒缠足女同胞注意：“缠足既得不到现代男子的赞美，更不可做婚姻的保障。因缠足反而失了自己社会上的种种地位和权利”，实不合算。但这里的关键仍然在于，有希望与“现代男子”成婚的，自然注意其审美观念；连希望也没有的，恐怕还是更注意“非现代”男子的观念。正如她观察到的，当地许多人便以为“我们州县上的女子，毫无知识，没有要求自由平等的见地，也没有争社会地位的本领和需要”。她认为这样的答案“一定会使政府难过”。③

在实际生活中，不管持现代观念还是非现代观念，一般女子恐怕很少会考虑政府的心情，这位女子却思虑及此，提示了近代中国的一个突出特征，即个人生活方式的泛政治化；这一特征在反缠足运动上表现得尤为明显，正是近代中国读书人否定小脚美观念的主要思想武器。对小脚的欣赏被冠以“病态”或“性变态”的标签显然具有极大的杀伤力，更由于缠足与种族强弱和国家兴亡的关联，特别是缠足变得野蛮而小脚成为“国耻”的主要象征（关于近代中国人对于女性身体与国家兴亡两者关系的认知，拟另文探讨），小脚在趋新读书人的认知中遂逐渐由美变丑。

---

① 刘经庵编：《歌谣与妇女》，《民国丛书》第 4 编第 60 册，第 209—212 页。

② 冯守之、顾子省：《天足旁论》，《万国公报》第 139 卷，第 19490 页。

③ 乡姑娘：《致缠足女同胞的信》，《民众生活周刊》第 50 期，1933 年 5 月 20 日。

与读书人比较，近代中国老百姓对小脚美的观念要维持得更为长久。不过，正像四民社会里士为其余三民的楷模一样，在近代社会里，虽然城乡实是两种文化（如阿Q所见，连切葱的方式也不一样），但城市正逐渐取代士的楷模这一社会角色。在民国的新旧分野中，城市通常比乡村更加趋新（准确说或者是城市中趋新者的比例远大于乡村）。如果城市人的观念改变，随着城乡的交流，最终农村人会逐步学习和追随城里人。当然，因城市自身也在变，城乡距离会长期存在；但具体到天足一点，理论上农村总能追到与城市同样的程度。如一位作者所说：妇女修饰的规律，"离不开'贫学富，富学娼'一句俗语！现在的娼妓与富女（太太、小姐、少奶奶、姨太太）既然不以缠足为美，竞尚天足；那么，乡下妇女与小家姑娘，自必争先仿效，从风而靡！"[①] 这里的"娼妓与富女"正多指城里人，所以其对立面才是"乡下妇女与小家姑娘"。

读书人的观念终于逐渐被全社会所接受，小脚丑的观念越来越普及，到1949年后更已成为固定认知。读书人自身在社会上日趋边缘化的环境下，"小脚丑"观念的最终普及似乎说明现代知识分子虽已不再有昔日士人的显赫声威，但其隐据"话语权势"的余威仍不可小视。这里当然要考虑介于城乡和大众与精英之间的边缘知识分子的影响和力量[②]，"小脚丑"这一西来精英观念能为大众所接受，很大程度上或即因为追随知识精英的边缘知识分子先已接受了这一观念，这一观念传播的过程只能另文探讨了。

---

① 老宣：《对于〈采菲录〉之我见》，《采菲录》，第15页。

② 关于边缘知识分子，可参见罗志田《权势转移：近代中国的思想、社会与学术》，第216—240页。

论清末彩票[*]

闵　杰

国人好赌，历代严禁不止，晚清尤烈。大清律例将赌博悬为厉禁，法令綦严。规定：凡赌博，不分兵民，俱枷号两个月，杖一百；官员有犯，革职枷责，不准折赎。处罚之重近于苛刻，然而晚清政务弛废，州县视法令如具文，赌风炽烈，反盛前朝。彩票是舶来之洋赌，传入后推波助澜，赌博花样翻新，禁不胜禁。彩票与中国的传统赌博有区别，很容易钻禁赌法令的空子，而经营彩票赢余丰厚，大有利用价值，于是清政府干脆开禁，使其合法化，以至举国若狂，与“国赌”麻将并列为清末两种最主要的赌博方式，流风所及，在整个20世纪，彩票是中国唯一可以公开进行的赌博形式。从晚清到民国，历届政府都意识到发行彩票是一种诱民以赌的不良筹款方式，但大笔钱财唾手可得，难以罢手，因此时而严禁，时而弛禁，少有例外。严禁之时，对违禁者非罚款即监禁，处罚的极致是死刑；弛禁之际，夸大彩票的筹款功能，发行部门热衷此道，宣传鼓吹极尽所能。百年以来，一纸彩票，是是非非，言人人殊，笔者匮于学识对此不欲评说。① 文章考察的是清末彩票的沿革。打算沿此

---

* 本文原载《近代史研究》2000年第4期。

① 中国彩票发行100年来，即时性的社论、评述、消息充满报章，但研究性的专著论文尚未见过。可以一提的是郭双林、肖梅花的《中华赌博史》（中国社会科学出版社1995年版），内中对清末民国时期的彩票有所介绍；此外，若有关论著笔者尚未见到，有知见者恳望惠告。彩票从赌博角度讲是一种社会风俗现象，从集资角度讲是一种经济现象，故值得为此做篇文章，此为本文写作的主旨。

线索讲清楚，在中国这样一个有着深厚赌博土壤同时禁赌法令十分严厉的社会里，彩票是怎样从非法变成合法的，为什么会失控，社会正义力量又是怎样扼制了这种过度赌博的势头的。考察的时间范围是1899年至1910年，这期间正好走完了清末彩票从创始到消亡的一个完整的过程，也是20世纪中国彩票泛滥的第一次高潮。

一 从吕宋票到江南票

吕宋票即菲律宾彩票，是传入中国的第一种彩票，在江南票问世前，独领风骚40年。江南票全称江南义赈票，是官方批准发行的第一种大型彩票，1899年创办，距今整整一个世纪。从吕宋票到江南票，标志着中国彩票事业从进口转售外洋彩票到自办发行的转折，也是20世纪彩票风行全国的肇端。

吕宋票是欧洲嗜赌之国西班牙在其殖民地菲律宾发行的一种大型彩票，传入的准确时间暂不可考，但不会晚于19世纪60年代。翰林院侍读崔国因在日记中写道："吕宋票之设于上海，垂三十年。其始也，每年得利银四十八万两，今则倍之，盖耗我中国之民财一二千万矣。"[①] 此节日记写于1890年，往前倒数30年，是1860年。也有更早一些的记载。天津的万宝票行曾声称"本行于丙辰年开设，即于〔丙〕辰年售出吕宋票，头彩二次"[②]。农历丙辰年即1856年，看来彩票于1856年以前传入也不是没有可能。因为除万宝票行外，目前尚未见其他票行的同类声明，此为孤证；孤证不立，但可以同崔国因的记载相互参照。据此，稳当一点的估计，将吕宋票的传入时间大致定在60年代应当是没有什么问题的。

吕宋票传入后的流通情况，依崔国因所言，起初每年销售额48万两，后约增加一倍，相当于96万两，这两个数额折合银元分别为67万元、134万元。[③] 崔国因所说的数字是否准确不得而知，清代社会缺乏严格的统计学观念，晚清文人日记、笔记中有关经济的数字常常是些概而

① 崔国因：《出使美日秘日记》，黄山书社1988年版，第210页。

② 《大公报》1905年2月11日广告。

③ 为使上下文可以相互比较，本文对一些关键性的数字统一计量单位，将银两折合成当时市场通行的货币单位银元。按晚清通常的银、钱比价1∶1.4计，银两48万两、96万两分别合银元67万元、134万元。

言之的东西。吕宋票和后来的各种彩票，当时没有人做过统计，至少是没有公开发表的统计资料。崔国因所云不知得之何处，也许辗转得之业中人语，不宜视为定论。但不管怎么说，崔氏是当时人说当时事，即便耳食之言，至少可以为我们提供一个大致的印象。因为今人既然对吕宋票的情况毫无所知，有个数字哪怕是模糊的也总比纯粹的概念性描述给人的印象要明晰些。

有关吕宋票销售情况比较准确然而仅仅是局部的数字，见于 1898 年吕宋票被取缔前夕上海彩票业各票行的一份同业公告，内称上海吕宋票每月销售量为 3000—4000 张。① 当时吕宋票每张价格 12 元②，按月发行，全年发行 12 期，以此计算，每年销售额应为 43. 2 万—57. 6 万元。但这个数字，只是上海一地的销售额，全国情况依然不详。不过可以肯定的一点是，上海是全国的吕宋票销售中心，其他城市的流通量远远不能与之比肩。事实上，即使到了后来中国彩票的成熟阶段，一些畅销全国的大型彩票在上海的销售量仍占其全部流通量的 30% 左右，何况早年的吕宋票。区区吕宋票，在上海的年销售额 50 万元左右，按当时的币值不是个小数字，但与江南票发行后彩票泛滥全国相比，则又不可同日而语了。

彩票是一种隐性赌博。时人云：“彩票者，虽无赌博之名，而有赌博之实。”③ 既属赌博，便在法令禁止之内，故吕宋票一入中国，立遭禁止。但彩票之赌并非人们习见的几个赌徒面对面地互较输赢，其赌性隐匿于成千盈百的博彩人对于微乎其微的中大彩概率的角逐之中。中国刑法虽然严酷但空疏迂阔，对这种赌迹不明显的洋赌博不容易准确定性；更重要的是，按照最初规定，吕宋票的销售范围仅限于租界，而租界事务中国地方官不会也不能认真去管。因此，清代对吕宋票的禁止主要是形式上的，实际上管束不严，故吕宋票得以流传；但毕竟有禁赌法律在，限制了它更大程度地发展，历经几十年销量仅增加一倍。1898 年 4 月，在菲律宾本土爆发了美西战争（美国对西班牙），吕宋票因战事暂停发行。吕宋票行销中国几十年，养活了一大批靠此谋生的彩票商，仅上海就有

---

① 《申报》1898 年 5 月 4 日广告。

② 《申报》1898 年 3 月 17 日广告。

③ 《论鄂省议行彩票事》，《申报》1901 年 9 月 18 日。

专门批发吕宋票的知名票行几十家，都是些单一小本经营者，离开彩票无法生存，哪怕停业数月也有破产之虞。于是，在美西交战期间，原先售卖吕宋票的票行不得不引入其他国家和地区的一些洋彩票以解燃眉之急，仅杭州一地就有以下 5 种：（1）暹罗大票，每张售价 5 元，头彩彩额 3 万元；（2）澳门彩票；（3）华来赐票，每张售价 4 元；（4）长崎彩票，每张售价 3 元；（5）先令彩票，每张售价 2 元，头彩彩额 2 万元。[①]

当吕宋票一统天下时，上述有的彩票也曾零星进入过中国，吕宋票供货中断后它们随着其他彩票一起大量涌入。其中发展最快、流行最广的是澳门彩票。它是美西战争爆发后第二个月创办的，初时小试牛刀，仅发行6000 张，每张售价 3.5 元，头彩彩额 5000 元。[②] 当年 12 月就增至 1.4 万张，每张售价涨至 6 元，头彩彩额 1.8 万元。[③] 1899 年 2 月因"销路愈广，票不敷售，爰议加增"，发行额扩大到 1.8 万张，头彩彩额 2.5 万元。[④] 在不到一年的时间里，发行额增加 3 倍，销售额增长近 6 倍。其次是华来赐票。华来赐票 1898 年 3 月已经传入，由上海德商北顺泰洋行总经销[⑤]，美西战争爆发后销售量急剧增加。显然，无论澳门彩票还是其他洋彩票，都是乘吕宋票停办之机来抢占中国市场的巨大空缺的，受此刺激，中国彩票商萌生了自办彩票的念头。

上述这些进入中国市场的各种洋彩票，没有一种像吕宋票那样历史悠久信誉卓著，更不必说与中国彩票商的渊源关系。中国彩票商经销这些彩票本属权宜之计，他们寄希望于美西战争结束后吕宋票的恢复发行。不料战争仅进行了 4 个月，西班牙即战败求和，美国成为菲律宾的新宗主国并立即取缔了吕宋票。过去，中国彩票商因法律禁赌从未发行过彩票，进口转售彩票利润很低，盈余的大部分落入发行者外国公司手中，因此仅就利润而言，中国自办彩票也是早晚之事。吕宋票停办所形成的市场空缺，正好成为中国彩票商发行彩票的契机，对他们来说，与其推销那些杂牌洋彩票博取蝇头微利，不如自己开创一番事业。

① 以上 5 种彩票均见《申报》1898 年 11 月 1 日广告。
② 《申报》1898 年 5 月 16 日广告。
③ 《申报》1898 年 11 月 11 日广告。
④ 《申报》1899 年 1 月 29 日广告。
⑤ 《申报》1898 年 3 月 2 日、6 月 16 日广告。

办彩票公司赚大钱，愿望人皆有之，但法律之剑高悬，敢为天下先冲破禁赌法令者，必须官为援手，而且必须背靠大官。因为在法律上，销售外洋彩票与自办发行区别很大。过去，中国彩票商与吕宋票总公司之间仅仅是零售商与批发商的关系，卖彩票犹如转售外国进口的一种物品，而且是在租界内销售，清政府可以过问干涉，也可以视若无睹，不闻不问面子上也过得去。同样，租界工部局也禁止博彩，只许彩票商销售吕宋票，不许外国人在租界内开设彩票公司，更不必说中国人。因此，中国商人要办彩票公司，只能是在租界以外。在清朝法令未对彩票解禁的情况下，创办一家前所未有的博彩公司，无异于明目张胆地对抗法律聚众赌博。

金钱的诱惑使人敢于以身试法。早在吕宋票畅行时期，一些见钱眼红的不法商人就曾经触碰过法令的禁区。他们塞给地方官一些好处，使治安当局睁一只眼，闭一只眼，允许他们私下里发行某种小规模的彩票，这种事在许多城市都发生过，包括辇毂之下的京师。经营者知道事属违法，通常采用原始的摸签方式，即时销售，即时兑彩，捞了钱就跑，销售范围也不敢越过得到好处的地方官的管辖范围。这种局限于一城一地的不定期的小彩票成不了什么气候，与创办彩票公司不可同日而语。

以彩票公司的形式来发行彩票的事也不是没有，但未获成功。1898年秋，吕宋票刚刚停办，历来做事大胆的广东商人就急不可耐地成立了一家名为大益的彩票公司，推出了一种发行额 8000 张、头彩彩额 1.2 万元的大型彩票，试图取代吕宋票。大益公司的前身是广东过去专门经销吕宋票的一家知名票行，懂得行业规矩，公司的一切筹备工作都按正规方式进行，包括在一些重要城市的有影响的报纸上刊登广告，公开声明公司的成立，公布销售和得彩办法。但公司甫经成立，彩票未及销售，大益就无声无息地消失了，因为它没有得到官方的正式批准，未经官方首肯的中国彩票是没有一家票行敢于承销的。

大益公司销声匿迹后仅几个月，广济公司就于 1899 年初在上海成立。与大益不同，广济公司的设立是经过两江总督刘坤一批准的，专门发行一种名为江南义赈票的救灾彩票，社会上习惯地简称为江南票。江南票第 1 期发行 1 万张，每张售价 5 元，头彩彩金 1 万元，1899 年 4 月 23 日首次开彩[①]；以每月均销 1 万张计，年销售额达 60 万元，与吕宋票在上海的销售额相等。江南票发行后销路很好，销售量逐渐增加，至 1901 年 7 月，月销 3 万张[②]，年销售额可达 180 万元，等于上海吕宋票销售量的 3 倍；头彩奖额也同比增加到 4 万元，以吸引更多博彩者参与；用这笔钱，当时能买农田万亩，或别墅四五幢，彩票的诱惑力不难想见。

大益和广济都是有实力取代吕宋票地位的彩票公司，前者甫经创办便告失败，后者地位稳固，执中国彩票业牛耳约四年之久。这断然不同的遭遇，仅仅在于有无官方的正式批文。

清代设立任何企业都要经过地方当局的批准，重要企业必须奏报朝廷，彩票公司当然不能例外。大益公司成立前是如何与官方打交道的，局外人无从知晓，但它敢于公开在报刊上刊登告白，堂堂正正地声明自己的成立，而且发行的是一种行销各省的大型彩票，毫无疑问，事先它与广东官方特别是两广总督是有过默契的，但这并不等于说它能够得到官方的正式批文，否则公司在创办告白中必作声明，因为这是其彩票能否通销各埠的法律凭证。而两广总督之所以不公开支持大益公司，揣其顾虑，是中国无此先例，担心清议不容，朝廷也会怪罪。

既然如此，同样身为封疆大吏的两江总督为什么敢于批准设立广济公司，甚至上奏朝廷为它争取 6 年的专利？

两江总督批准广济而两广总督不公开支持大益，原因可以有许多，比如两家公司疏通官场的深浅，官方对两家公司的信任程度，两位总督个人权威和胆量的不同等，但归根结底，症结在于清政府禁赌法令的存在；从破禁赌法令来说，两公司的不同命运源于其创办理由即所亮出的旗号不同：大益所声明的仅仅是市场的需要，将自己宣布为吕宋票取缔后中国彩票业的填补空白者，广济则打出了一面全然不同的旗帜——为灾区筹款。

大益公司在其创办声明中称："本公司操业吕宋票，向蒙士商欣顾，畅行海内数十年矣。良由开彩公平，措施洽众，故买客无不乐从。适因美吕衅启，吕埠锢封，遂至生意中阻。本公司乃率由旧章，集资继乏，

① 《申报》1899 年 2 月 16 日广告。

② 《中外日报》1901 年 7 月 9 日广告。

今在粤省自行开彩，务期一秉至公。”[①] 从商业的角度看，大益公司的创办声明无懈可击，它道尽了过去吕宋票的备受欢迎，强调了自己在彩票经销商中的信誉和地位，准确无误地向人们传达了一个信息：吕宋票虽遭取缔，大益公司将“率由旧章”以继其乏，凭公司的实力，大益彩票必有广阔的市场前景。但这种声明充其量只是一种商业性广告，表达的是十足的商人观点。

将广济的创办声明与之对照是耐人寻味的。广济公司称：“为淮、徐、海灾筹赈孔亟，本公司奉宪谕开办筹赈彩票，批发抽厘助赈。其票式仍系每张分十则，全张收洋五元，得彩等第、彩金列明票上，以昭信实。”[②] 这份创办声明开宗明义地宣布：广济公司为顾念灾区而设，以“抽厘助赈”的方式救济灾民，彩票系奉总督示谕而办——这是它的护身符。尽管江南票的创办与大益一样都是为了取代吕宋票，但广济公司只打救灾旗号而绝口不提自己是吕宋票的继续，只是顺带提示人们，江南票从销售到开彩的一切规格都“仍系”吕宋票的成规，而吕宋票是人们久已信赖的正规彩票，江南票市场前景尽在不言之中。

同一件事，不同的阐释可以赋予它不同的意义。同样是办彩票，大益公司强调的是彩票的巨大市场，而广济公司则赋予它扶贫济困的社会意义，显然，后者更懂得巧立名目这一官场办事的个中秘诀。广济所说的“抽厘助赈”，指的是 1898 年夏季苏北地区淮安、徐州、海州三府的严重水灾，助赈官款不济，灾民嗷嗷待哺，广济经理人表示愿意替官方排忧解难，发行江南义赈票以济灾民，故公司名“广济”（广施博济之意），彩票称“义赈”。

赌博是一种被法律禁止、遭舆论谴责的社会恶习，赈灾则是历来受清政府扶持鼓励的善行义举，以救灾的名义发彩票，赌博假慈善而行，顿时便显得堂堂正正，底气十足，即使有人看透其中把戏，想指责也会有所顾忌。大灾之年，有谁会忍心去批评一家愿意向灾区伸出援救之手的新创企业呢？中国传统讲仁义，乐善好施的善堂遍布各地，行善可以抵恶是社会的通行法则，而一切善行义举中，赈灾最受关注，因为它急

---

① 《申报》1898 年 10 月 21 日广告。

② 《申报》1898 年 3 月 2 日、6 月 16 日广告。

如星火，涉及面广，牵动人心。苏北的淮、徐、海洪涝是一场大灾，灾民数百万，社会同情心倾注于此。救灾旗号一举，彩票就蒙上了一圈光环，舆论默认，清议缄口，地方官也可不太担心朝廷的责怪。于是广济公司顺利成立了，善与恶在江南义赈彩票中得到了兼容。当时，外国发彩票就是发彩票，没有什么特别的理由，吕宋票通行中国几十年，其广告也始终就销售言销售。打救灾旗号发行彩票，是中国彩票商的机智。

当江南票问世之际，人们无暇去细想，苏北水灾发生于1898年6月，绵延至8月洪水退尽，主要的救灾活动是在这一期间，而以救灾名义设立广济公司是1899年2月之事；救灾如救火，远水尚且救不了近火，何况时隔半年，赈灾款早已是明日黄花。更进一步说，广济打出了“抽厘助赈”的旗号，到底能拿出多少钱来真正用于救灾，对此社会人士不知底蕴，官场中人则知而不言，甚至他们自己也极可能是懵里懵懂的。因为，无论广济公司还是江苏官方，他们的实际目的都不在救灾而只在于得到钱款。所谓“抽厘助赈”，官方注重是“抽厘”而不是“助赈”，即广济对它的报效，广济瞄准的则是百姓的钱袋，双方所需要的只是一个办彩票的理由，广济公司打出了赈灾的旗号，江南义赈票的发行便名正言顺了。

广济公司是灾后才成立的，大灾过后当然还会有一些善后事宜需要处理，但专门成立一家为灾区筹款的公司已经名实不符，所以两江总督奏报朝廷时特意添加了一个“冬赈”的理由[①]，借灾民啼饥号寒以圆谎。实际上，在奏报之前，彩票已经在悄悄发行了，时间是1898年秋，只不过当时还没有打出广济公司的名号，范围限于上海、宝山两县，不登广告不作宣传，故舆论和朝廷不知，属于彩票正式创办前的投石问路。灾时需款十万火急（况且这时正是吕宋票取缔之时），广济可以名正言顺地设立公司而不设，为何必须拖延数月，直到1899年初才奏报朝廷让广济公司公开亮相?

① 对于上海正式发行彩票的这段前期经历，刘坤一在奏报朝廷时曾为之掩饰，称过去的悄悄发行是“试办”；而公司之所以在灾后仍要设立，是因为“赈务虽将次办竣，而饥馑之余，民气未纾，冬赈尤不可缓”。见《商人请设筹赈彩票片》，《刘忠诚公遗集·奏疏》卷31，1909年版。

时人是当局者迷，后人却可以在事过之后看得很清楚。

苏北水灾（1898年6—8月）和震撼全国的“百日维新”几乎是在同一时间里发生的。在1898年6—9月的“百日维新”中，光绪帝连颁百余道除旧布新的法令，全国精神为之一振，移风易俗蔚为风尚。当国民精神奋发向上之际，社会就明显表现出正气压倒邪气的趋向，此时谁要首倡彩票诱民以赌，必遭舆论集矢，不管他采用何种借口，地方官都不会批准。湖南就是一例。戊戌维新运动以提倡西学启迪民智为宗旨，办新式教育，出西学书籍，是当时令人瞩目的新事物。湖南的维新运动独步全国，办学堂和出新书在在缺钱，于是不断有人以资助为名请办彩票，均遭扶持新政的巡抚陈宝箴严词批驳。他一针见血地指出，这些人明打赞助新政旗号，“阴行赌博罔利之实”，是奸商牟利的惯用手法。因此凡接到此类呈请，他“均即将原呈屏掷，已不止一人一次”，并为此通饬全省各府州县：“自示之后，无论何项事物，均不准复有设会开彩名目。”[①] 政治清明则社会风气正，正气高扬则邪祟隐匿。戊戌变法期间湖南巡抚的态度，可以从一个广阔的社会背景上说明当时中国为什么没有出现彩票公司。

政变后也不可能马上出现彩票公司。政变初期时局不稳，官吏明哲保身，不敢去做一些法律上会大有争议之事。到了1899年初，政局趋于稳定，社会规复旧制，这时彩票公司的设立才有可能被提上日程。政变的直接后果是清中央政权为一批极其顽固守旧者所操纵，朝政的昏庸为“同治中兴”以来所仅见。出于对维新派的憎恨，顽固派全面清算新思想，牵连所及，洋务派要员也噤若寒蝉，社会风气转入愚暗。其极端表现是，凡维新运动中被正气压抑的社会恶俗，都受到了有意识的提倡或恶意怂恿，各种陈腐旧物和陋俗劣习卷土重来，而且远比维新运动前张狂，形成愚昧对于文明的报复性反击，赌风炽燃便是其中之一，如是者两年，直到慈禧在西安宣布实行“新政”后才收敛。在此期间，素称“赌博渊薮”的广东对旧式赌博重新开禁，将当地规模最大的闱姓赌博以及白鸽票交给商人承包，官方按比例抽税，旧式赌博在广东又得以公开

---

① 《府县告示》，《湘报》第159号。

进行；在上海，便是新式赌博的江南义赈彩票的创办。[①] 世人既然不清楚广济公司为什么会在灾后半年才出现，自然不会去细想它发行的江南义赈票是否真正与赈灾有关。

广济公司的“抽厘助赈”纯属欺蒙舆论的借口，任何欺世盗名的东西都是经不起认真推敲的。“抽厘助赈”的具体办法是：广济公司每发行一期彩票，抽取销售额的10%上交江苏官方作为赈灾款。这个比例不算小，因为广济公司的全部收入中，还必须向博彩人支付大约70%的返彩款，并扣除发行销售过程中的各种费用，以此计算，它剩余下来的利润，大约有一半是上缴江苏官方作为赈灾款了。正因如此，刘坤一才能够理直气壮地为广济的设立奏报朝廷，但只要细加分析就可以明白，灾区所得到的救济款其实是极其微薄的。江南义赈彩票第一期发行1万张，每张售价5元，销售收入按票面计为5万元。因广济公司是以九五折扣批发给作为零售商的各家票行的，公司的实际销售收入是47500元，按照10%的比例，公司第一期彩票销售所得上缴的救灾款为4750元。对于一场重大灾荒而言，这点救灾款是没有任何意义的，即使以全年计算，广济上交的赈灾款也不过5万余元。

此次救灾，清政府所拨第一批赈灾官款至少20万两，无论官方民间，人皆视20万两为杯水车薪；以后官款陆续拨到，加上社会各界募集交官的义赈款，总计苏北水灾的赈款达127万余两[②]，广济公司的赈灾款在这全部赈款中几乎不占什么比例。而且清代任何一场大灾，社会各界都有巨额捐款，其中大笔的捐款通常统计在官方收到的赈灾款内，127万两中就包括南洋华商捐助的20万两。[③] 此外，还有许多小笔捐款是由募捐组织直接送往灾区的，不在官方收到的赈灾款的统计之内。苏北水灾时期，江苏、上海及各地成立了许多募捐组织，其中上海申报馆的募捐处，1898年募集赈灾款23957两，送往苏北灾区1.1万两。[④] 这些都是急

---

① 刘坤一在奏请设立广济公司时，便援引广东对闱姓开禁事，云：“今听商人仿行外洋彩票，实与广东闱姓弛禁同意”；又云江南义赈票的抽厘办法“应照广东闱姓章程”。见《商人请设筹赈彩票片》，《刘忠诚公遗集·奏疏》卷31。

② 《淮徐海赈捐第二案收支款目折》，《刘忠诚公遗集·奏疏》卷32。

③ 《本馆接奉电音》，《申报》1899年1月27日。

④ 《综纪戊戌年本馆协赈所筹赈事略》，《申报》1899年3月4日。

公好义之士的无偿捐助，不向政府索取任何回报。广济公司专为赈灾而设，上惊朝廷，下感社会，一年的赈灾款比区区一家申报馆多不了几何。更何况，到这次赈灾活动结束时，127万两赈灾款实际上还有5000余两的余额[①]，它决不缺少广济的那点微乎其微的报效。

刘坤一是个有着几十年官场经验的老官僚，特别身任两江总督兼南洋大臣，见惯了商务发达地区奸商以堂皇理由行暗昧之事的种种伎俩，对于广济公司为何打救灾旗号当然是心知肚明的。他明知故纵，对广济的创办呈请照批不误，自是别有一番深意。晚清财政窘迫，户部拨款不足，地方政府不能不想方设法自辟财源。广济公司每月只能上缴数千元，对救苏北之灾毫无裨益，但作为中国第一家彩票公司，其前途不可限量。换言之，刘坤一看中的不是广济目前的这点赈款，而是它的未来，他顺水推舟地接过了广济的救灾旗号，呈请朝廷予以批准，真正目的是将公司作为自己掌中的一个常年性财政来源。有吕宋票的市场作基础，只要没人与之竞争，广济的销售额必然连年翻番，不断递增的公司利润就会按比例源源归入地方财政。所以，苏北水灾的全部救济工作包括善后在内仅仅花了一年的时间（至1899年秋结束），而刘坤一为广济公司申请的专利竟长达6年。

退一步说，即使真为救灾，何需6年时间？刘坤一上奏的真实意图路人皆知，而清政府居然批准了这个奏请，其中原因多多。除了清政府对地方事务懂得很少，而且晚清惯例朝廷对地方重要督抚的奏请一般不轻易驳斥之外，很重要的一点还在于它对于大灾之年“乱民滋事”的恐惧。中国历朝当政者都担心灾荒之年的“乱民滋事”，清政府更有特别的难处。一是灾多荒重，难民流离失所，庞大的流民队伍构成对社会稳定的严重威胁。二是教案频频，这种新的民间骚动混杂了各种社会矛盾在内，处理起来十分棘手。因此，晚清社会的“乱民滋事”与历朝的不同之处就在于它由灾民与教案两者构成，而教案又往往借天灾而起。教案不起则已，起则常借灾民之势星火燎原，令清政府常年穷于应付。因此清政府比历代都更重视救灾，标榜为“国家仁政之大端”。所以两江总督敢于接过广济的救灾旗号为其开赌请命，而清政府也不假思索地朱批

① 《商人请设筹赈彩票片》，《刘忠诚公遗集·奏疏》卷31。

照准。

就这样，广济公司以赈灾为名堂而皇之地发行了江南义赈票，清朝禁赌法令因两江总督对广济的护驾撕裂了一大缺口，从此彩票在中国合法化了。晚清国门初开，西风东渐，国人闻所未闻的新行业不断从海外移植进来，任何一个新出现的行业，凡有钱赚，必成热门；众人蜂拥而上，弊端百出，而后大加整顿，这种令人费解的怪现象在本质上却是当时屡见不鲜的经济行为和法令难禁的恶劣时风。江南义赈彩票一炮打响，跟风者依为蓝本，打善举旗帜，冲禁赌法令，彩票公司如云而起，大抵是官商互通心曲，假扶贫济困之名，行诱赌敛财之道。

二 洋商竞设彩票公司

彩票赢利迅速，稳赚不赔，重利所在必有如蝇逐臭之徒。况清末乃多事之秋，天灾频仍，人祸更烈，清政府拿不出钱来，需要假慈善家出面之事在在皆是。广济既开彩票济穷先例，援例而行势所难免，故刘坤一预防在先，为广济申请了 6 年的专利，规定在此期限内，凡江南票行销之地，不许设立其他公司，以垄断消灭竞争。

这项奏案在一年内，阻止了所有中国商人开办彩票公司的呈请，但阻止不了外国人。

早在吕宋票初销中国时，上海的洋商就要求创办彩票公司。租界当局鉴于彩票属于赌博行为，故只许经销（吕宋票），不许发行（本地彩票）；对违抗规定者，采取断然的打击措施。广济公司的创办，给了多年觊觎中国彩票市场的洋商一个有力的借口：既然中国人创办了彩票公司，而且广济彩票已经暗暗流入了租界，各国商人没有理由不能在租界内经营彩票。他们提议，只要租界工部局同意，每创办一家彩票公司，按月向它缴纳彩票税 1000 元。至此，租界当局不便也不愿再阻止各国商人的请求。1900 年 3 月德国商人的和济彩票公司首先获准设立，之后各国商人接踵而起，工部局一一批准，到 1901 年 2 月英国商人纳绥尔的广利公司为止，一年内外商在上海连办 10 家彩票公司。现按开彩时间先后分列于下：

(一) 广益公司

1900年3月4日，经英美工部局，批准设立，备有资本15万元、长期存款10万元，存放于汇丰银行、麦加利银行，另有临时用款存放于上海各钱庄。第1期彩票于5月13日开彩，额设1万张，每张售价5元，头彩彩额1万元，二彩4000元，三彩2000元。发行后销路甚旺，第2期的发行额增加50%，为1.5万张，头彩相应增至1.5万元。①

(二) 和济公司

德国商人爱勒，开设外商在华创办的第一家彩票公司。因准备工作不足，第1期彩票的开彩时间稍晚于广益公司。该公司1899年即“禀请驻沪各领事暨英美工部局筹办”，声明在汇丰银行存有长期款2万元，1900年3月允准开设。4月29日发行彩票，5月16日开彩。额设1万张，每张售价5元，头彩1万元。② 1901年第11期起，发行额增至1.2万张，头彩增至1.2万元。③

(三) 华洋合众公司

经驻沪领事同意，英美工部局颁给营业执照，1900年4月初发行彩票。第1期额设1万张，每张售价5元，头彩1万元，二彩3000元，三彩1000元，5月26日开彩。④

(四) 瑞成公司

由英美工部局批准开办，1900年4月29日发行彩票，5月27日开彩。该公司彩票称六围票，开彩方式与其他公司不同。各公司都采用先进的机器摇号，瑞成公司的六围票则采用华洋结合的方式，以机器摇出

---

① 《中外日报》1900年3月24日、5月10日、6月1日广告，《申报》1901年2月25日广告。

② 资本额见《申报》1901年2月25日广告，第1期发行额见《中外日报》1900年3月16日广告。

③ 《中外日报》1901年2月23日广告。

④ 《中外日报》1900年4月7日广告。

中国的姓氏①，是洋彩票中为迎合中国民众心理的别开生面者。

（五）太德山公司

总部设于澳大利亚墨尔本，有“天下最大彩票公司”之称。闻讯中国彩票热，特赶赴上海开设分公司，备有资本数百万元，存放于上海汇丰银行、墨尔本的合众银行及卫尔斯银行，“得工部局执照及各领事保护”在上海发行彩票。第1期即发行3万张，头彩彩额高达3万元，二彩1万元，三彩5000元，7月31日开彩，是当时上海规模最大的彩票公司。②

（六）普益公司

该公司背景为德国商人经营的一家大型企业，有资本数百万元，投资重点是苏州房地产业。因苏州开埠不久外国房地产商一拥而上，所建楼房滞销，公司资金大量积压，遂创设与企业同名的彩票公司，欲以彩票收入解决资金周转不灵问题。因此该公司的返彩方式也与其他公司不同。各公司均以时尚流行的现金形式返彩，普益则以楼房抵充现金。因为以实物抵充现金的方式不受博彩人欢迎，故普益的彩额便远远高出别家公司，头彩可以得到楼房一套（有60间房），外加平房30间，时价值洋1.6万元。外商彩票公司都特别重视商业信誉，普益公司规定，如果得彩人不愿要房地产，公司可以将房屋折价为1.2万元，仍以现金返彩。普益公司彩票的中彩率为26%，高出别家公司一倍以上。该公司由英美工部局颁给执照，第1期彩票额设1万张，每张售价5元，9月24日发行，11月21日开彩。③

---

① 瑞成公司开彩的具体方式是：“用机器圆球两球，一球载一百二十姓字，一球载白弹一百零四个，红弹十六个；两球互相摇匀，此球所开出姓字与彼球所开出红弹相对，即为众字；若彼球所开出白弹相对，即不入众字，总以开完两球所载弹子为度。”见《中外日报》1900年4月27日、5月4日广告。

② 《中外日报》1900年5月24日，6月1、21日广告。

③ 《中外日报》1900年9月16日广告，《申报》1901年2月26日广告。

（七）同利公司

洋商汇喇设立，由驻沪领事批准，英美工部局颁给营业执照，12 月 18 日发行第 1 期彩票，1901 年 1 月 18 日开彩，额设 1.2 万张，每张售价 2 元。从第 4 期起，增额至 1.5 万张，头彩 6000 元。①

（八）大成公司

洋商爱勒设立，彩票称同庆双彩票，由驻沪领事批准，英美工部局给发。第 1 期彩票于 1901 年 3 月 25 日开彩，额设 1.5 万张，每张售价 2 元，头彩 6000 元。所谓“双彩票”，是指该彩票的大彩（头彩、二彩）可以分别有两位得主。②

（九）通利公司

德商业理和设立，经德国驻沪领事审查后，由英美工部局发照。1901 年 2 月 21 日发行第 1 期彩票，3 月 28 日开彩，额设 1.2 万张，每张售价 2 元。③

（十）广利公司

英商纳绥尔设立，由驻沪领事批准，英美工部局发照。1901 年 2 月 22 日正式开办，28 日发售第 1 期彩票，3 月 30 日开彩。额设 1 万张，每张售价 3 元，头彩 6000 元，二彩 1200 元。④

以上 10 家公司，分设于两个阶段：前 6 家开设于八国联军侵华事件影响于上海市面之前，规模都比较大。其中瑞成公司的彩票发行额不详，其余 5 家第 1 期的发行额除太德山 3 万张外，另 4 家均为 1 万张（与广济同），每张售价均为 5 元。不计瑞成，5 家公司彩票的每月发行额合计 7 万张，销售额为 35 万元；全年 12 个月，按月发行，若各月发行额度均按

① 《申报》1900 年 12 月 20 日广告，《中外日报》1901 年 3 月 4 日广告。

② 《中外日报》1901 年 2 月 23 日广告。

③ 《中外日报》1901 年 2 月 24 日广告。

④ 《中外日报》1901 年 2 月 23 日广告。

第1期计，年销售额420万元。[①]

6家公司设立后，因八国联军侵华，上海市面动摇，彩票难销，数月内未再有新公司设立。战事结束，又有4家新公司创立，因市面未稳，也许是因为有实力的公司已先期创立，或者市场容量有限等因素，后4家的规模都较小，月销售额分别为：同利2.4万元，大成3万元，通利3.6万元，广利3万元。合计4家公司的月销售额为12万元，年销售额144万元。总计以上10家公司，扣除瑞成不计，9家公司的彩票年销售额达564万元，相当于广济公司的10倍。此10家公司之外，还有一些未经注册偷偷干起来的洋商公司和浑水摸鱼乘机捞上一把的华人公司（当然，这些都是非法的小公司）。一时间，上海成了彩票的世界。事情远不止此。彩票是一种赌博性行业，具有赌博的共性，即参与者会上瘾，彩票会越买越多，博彩者的队伍越聚越大，彩票的发行量随之日增月长。面对上海彩票的这种风起云涌之势，上海《中外日报》忧心忡忡地警告租界当局说："转瞬之间，此十里洋场中，将成为大赌博场。"[②]

洋商彩票发行于上海，销售于各通商口岸城市，不仅过去吕宋票、江南票的销场均被包揽，而且范围更广。洋彩票如此畅销，首先得力于它的商业信誉。洋商公司与广济公司的最大区别在于，广济是纯粹的彩票商经营的公司，它承袭的是过去吕宋票的经销体制，隶属于它的各地票行，与广济公司一样，除彩票一项外不经营其他业务；再说，彩票商作为赌博性行业的业主，社会地位低下，处于被其他行业的正经商人根本瞧不上眼的地位，在商界的影响极其有限。因此，刚刚创立的江南票，除了占有吕宋票原来的市场外，要想扩展上海以外的各地新市场，绝非一蹴而就之事。洋商彩票则不然。洋商公司大多数是上海的洋行主创办的（有的则是世界著名的彩票公司如太德山）[③]，它们的彩票不仅可以通

---

① 此处的统计，月销售额是实数；年销售额如正文所述为理论上的推算数，系以第1期的销售额乘以12个月所得，因各公司的销售额常有变化，如和济、广益后来分别增加到月销1.2万张、1.5万张，太德山公司自第1期后未见继续发售的消息，不知是因为市场容量有限撤离了上海还是继续存在。现为简便起见，姑且不考虑它们以后发行额的变化，因为本文想说明的只是它们的规模；下文中的后4家公司的年销售额也是同样计算，当然它们存在的时间还不到一年。

② 《论租界将成为大赌博场》，《中外日报》1900年5月17日。

③ 有些是中国商人与洋行勾结借用洋行名义开办的，当时报刊有此一说，但未指明哪些公司，姑且将它们暂都视作洋商公司。

过洋行在各地的商业网络直接销售，更可借助于它们母体（各洋行）的信誉吸引当地票行参与推销。广益公司一开张就声明有资本 15 万元、长期存款 10 万元，存放于著名的汇丰、麦加利等外国银行，另有大笔款项存放于上海各钱庄以应急需，仅此财大气粗一点就足以昭信于人。而广济公司却从未作过这种声明。这里固然有中西商业规范的不同[①]，但明显的客观效果却是，洋商公司一成立就博得了中国彩票业的信任，各家票行都乐于经销它们的彩票。过去，广济公司凭借官府撑腰已将各地经销吕宋票的票行收归自己的麾下，洋商彩票公司初创之际，这些票行出于同业抵制的惯例，一度不敢公开销售洋商彩票，但不久即为自己的利益纷纷脚踩两只船，既经销江南票，也同时经销洋商彩票，广济公司对此无可奈何。借助于这些票行，洋商彩票不仅迅速占领了上海彩票市场，而且轻易打开了各省通商口岸城市的市场，并以这些城市为当地彩票销售的中心点，向其周围的市镇扩展。在不到一年的时间里，据公司和各票行的销售广告显示，洋商彩票的销售圈至少是：北起天津南至广州的沿海城市，自东而西经长江上溯至武汉的沿江城市；概而言之，凡属中外通商之地大都成了洋商彩票的销售范围。洋商彩票能够从上海起步迅速向全国蔓延，做到了吕宋票几十年未能做到的事，除有洋行实力作后盾外，另一个不可忽视的因素是庚子事变时期的特殊国家形势。

洋商彩票公司经各国领事和工部局的批准，开设于租界之内，租界虽号称“国中之国”，但若有严重违反清朝法律之事，中国地方官照例是要过问的，抓维新派，捕革命党，凡清政府关心之事，地方官都通知租界当局予以配合。但面对洋商彩票铺天盖地之势，除广济公司为维护自己的市场利益三番五次出面抗议外，上海的清方要员一概装聋作哑。道理很简单，自广济公司创办，法律的禁赌规定对彩票已经名存实亡，区别只在于华人办还是洋人办，办 1 家还是办 10 家，上海当局又能拿什么理由去与外人强硬抗争呢？问题的主要点尚不在此。洋商公司设立在租界内，在租界内外国人所作所为即使不合清律也合乎租界自己制定的法规，但彩票的销售却是大量在租界以外进行的，租界法规明确规定，一

① 其实未必如此，中国公司成立时也应申报资本，如福建彩票公司成立时就公开声明自己备足资本 15 万元。

出租界范围即属中国“内地”，是洋人洋货未经中国方面允许不得擅入之地。清朝官吏可以不管租界内洋商公司的设立，但不能不管租界外洋商彩票的销售，这是他们管辖范围内的职责所在。然而，当10家公司的彩票越出租界进入上海“内地”乃至飘飘洒洒飞向各商埠城市直达非条约口岸的穷乡僻壤时，各地官吏并未采取抵制措施。这种情况如果发生在一年以前是不可想象的。过去，地方官虽有畏惧洋人的通病，但为避免当地“华洋冲突”维持地方平静起见，对于自己辖区内的洋人洋货的非法进入，常常被迫起而抗争，有时还相当坚决以至于顽固。彩票是一种带有赌博色彩的不正当“洋货”，无论就危害地方而言还是为避免事端发生，地方官都不会坐视不问，至少会有一种表面上的抗议，以免闹出事端后遭朝廷处分或清议责怪。但是此刻，仅上海县令发布了一个羞答答的告示，强调广济是上海唯一合法公司，不许其他公司的彩票越出租界范围以外销售。[①] 然而告示归告示，上海方面不见任何行动，外地官吏更悄无声息。之所以如此，只要看看当时的大势就很清楚。洋商彩票的销售起始于1900年5月广益公司的首期开彩，对外地的倾销是6月以后，这时正是义和团大规模开进京师之时，这一非常举动与清政府严禁秘密会社的一贯做法大相径庭，一时传言四起；紧接着，清廷对外宣战，中国面临鸦片战争以来的最大变局，整个官僚队伍人心惶惶，不知局势将往何处演变，均采取静观态度，地方政务不理，何论区区彩票。加之此刻上海当局和南方数督抚正与外国领事磋商东南互保，不愿意在彩票问题上别生枝节。上海不禁，外地官吏更不愿因主动禁止彩票而在自己的管辖范围里酿出交涉事端。正是利用这种局面，和济、广益等10家洋商彩票公司势如破竹，一举冲开了中国各地的彩票市场。

颇具讽刺意味的是，面对洋商彩票的泛滥成灾，中国官吏可以不闻不问，西方驻上海的领事们却如坐针毡，他们不能不出面干预了。西方领事是同意洋商设立彩票公司的始作俑者，现在系铃解铃，嘱工部局取缔彩票公司，个中原因不详。根据租界工部局发布的公告，是领事们传出了口信：彩票经营“实非正经之道”，这种说法是可信的。因为当时西方先进国家视滥发彩票为不正当商业行为，洋商在上海大肆经营彩票，

---

① 《谕禁彩票》，《中外日报》1900年12月11日。

无疑是毫无廉耻的诈骗中国人钱财的行为，驻沪领事们对此难辞其咎，可能因此受到了来自国内的指责或公正舆论的讥评。不管出于什么原因，事实是，1901 年 3 月各国驻沪领事做出了取缔全部外商彩票公司的决定，并建议租界工部局立即实行。4 月 21 日，工部局发出了禁止彩票的公告。公告称："接租界领袖西洋总领事华函，以现在上海公共租界内所设之各项彩票，实非正经之道，会议嘱工部局将所发无论中外彩票之执照概行收回。今工部局定即遵办，并设法在租界内杜绝复售。各国领事官现议：凡各该国之商民，如有违此章程，定行罚办。"① 公告规定自发布之日起，各公司一律不得再发行彩票，已发售的彩票限期一个月内兑彩完毕。5 月底，规定期满之时，外商在上海的所有彩票公司已经全部解散，整个上海市场中洋商彩票消失净尽。

根据上文对 10 家公司的介绍可以看出，洋商彩票公司几乎都是经过英美工部局批准设于公共租界之内的。在一般情况下，英美领事作为派出国驻上海的外交代表，不干预作为租界行政当局的英美工部局的具体事务，即使干预，工部局也可以按照租界法规的规定加以否决。这次西方领事和工部局意见一致，以果断的行动结束了彩票的泛滥，至少说明一件事：他们认为在自己的管辖区域内，出现大规模发行彩票以诱导中国人赌博的现象，有损于他们国家的体面，至少是自己的失职。这件事同时也印证了当时舆论反复强调并为日后中国现实所证实的一个基本道理：结束彩票泛滥并不难，关键只在于政府如何认识彩票，有无禁止的决心和能力。

三　上海中心市场——南北洋势力的争夺

外国人令行禁止，雷厉风行地取缔自己的彩票公司，给中国人留下了极其深刻的印象，上海舆论喝彩叫好，强烈呼吁清政府仿效租界当局所为，正本清源，禁止彩票赌博。然而，洋人走了，官商来了。彩票市场既已形成，空缺总会有人去补。吕宋票初辟中国市场，停办后引来一家广济公司；上海洋商拓展了这一市场，10 家公司取缔后，挤进了几乎

---

① 《示禁彩票》,《申报》1901 年 4 月 22 日。

同等数量的中国公司。这些公司不管有实力没实力，后台都是一样的硬，非总督，即巡抚，无非是官方庇护好赚钱；口号都是震天的响：非救灾，即善后，乱哄哄你方唱罢我登场。

首先来抢占这个市场的是声名赫赫的李鸿章北洋派系。1901 年初，京津地区八国联军侵华战火刚熄，商人黄秉璋、胡长林便向李鸿章辖下的顺直善后筹赈局许诺：只要能设法在上海开办彩票公司，必有大钱可赚，如获批准，愿意一次性报效 5 万元，以后每月按彩票销售额的 10% 上缴该局。李鸿章遂命顺直善后筹赈局总办顾肇熙具体筹划，同时奏报朝廷请求批准。1901 年 4 月普济公司在上海成立，发布声明：普济之设立系奉李鸿章札示，受顺直善后筹赈局保护，为八国联军蹂躏的北方兵灾地区筹饷而发行顺直义赈彩票。

李鸿章是直隶总督，坐镇天津，顺直善后筹赈局是他管辖下的处理直隶地区义和团及八国联军事件善后事宜的政府机构。明明是北方的实力派，却偏偏南下上海设立彩票公司，直接原因是，天津虽为通商巨埠，但兵灾刚过，彩票很难卖得出去，但这只是表面上的理由；真正的原因是，天津的彩票市场历来是上海的子市场，对全国的影响微乎其微，而上海则是自吕宋票以来的中心市场，谁占领了上海滩，谁就可以称雄中国彩票业。1901 年 4 月 28 日，普济公司的顺直义赈彩票开始发行，额设 1.2 万张，每张售价 5 元，头彩 8000 元，6 月 1 日开彩。[①] 彩票发行获得成功，第 2 期发行额便增为 1.5 万张，头彩奖金加至 1 万元，发展势头直逼江南义赈票。

顺直善后筹赈局在上海创立普济公司的消息一经传出，北方兵灾各省接踵而至。山西商人说动巡抚岑春煊在上海设立广益公司，岑春煊专此批示："山西赈需孔亟，该商等推广义赈，力顾灾区，深堪嘉尚。"[②] 安徽商人怂恿巡抚王之春出面，联合山西、陕西两省巡抚设立安济公司，以帮助西北两省恢复经济为名，准备发行每期额度为 1 万张的协助秦晋义赈彩票。[③] 兵灾过后，人人都在动彩票这个脑筋，理由都正大光明，只

---

① 《上海普济公司筹办顺直义赈彩票》，《申报》1901 年 4 月 19 日。

② 《上海南市广益公司筹办山西义赈彩票》，《中外日报》1901 年 5 月 15 日。

③ 《安济公司协助秦晋义赈彩票》，《中外日报》1901 年 5 月 18 日。

是惹恼了两江总督和广济公司。

自洋商彩票公司停办后，广济公司很快恢复了它在上海一统天下的局面，彩票销售额直线上升。[①] 不料洋人刚走，各路诸侯立即会聚沪上。上海市场是广济的地盘，广济的 6 年专利是刘坤一奏准的，无视广济的专利，就是不给刘坤一面子。于是，始而广济公司打前阵，毫不含糊地斥责普济、广益、安济 3 家公司来路不正，属于“奸商无可牟利，是以纷纷借义赈为名”乘机捞钱[②]；继而两江总督指示上海道出面，勒令 3 家公司退出上海，以符广济 6 年专利的奏案。山西广益、安徽安济只有地方巡抚撑腰，无法与之抗争，彩票未及发售便知趣而退，撤销了公司。普济背靠李鸿章，不买其账。5 月，顺直善后筹赈局颁布告示，理直气壮地宣称：普济与广济同为赈灾而设（一个是“广施博济”创办江南义赈票，一个是“普济众生”发行顺直义赈彩票)，“事同一律，既经奏准，自应一体行销”。[③] 以广济自己的创办旗号回击了它对普济“奸商牟利”的指责，理由之充足无可辩驳，顺直义赈彩票继续发行。

很快，上海官方就做出了回应。正当普济公司紧锣密鼓地为其第 2 期彩票增量发行作宣传时，突奉上海道札示，命令立即停止发售此期彩票。[④] 普济公司设于上海，不能不遵守这道法令，被迫宣布暂停发售。

广济及其后台欺人太甚，6 月 10 日，李鸿章亲自出面，一道气势逼人的示谕发向上海：“此次顺直奇灾，为古今所罕见，较诸昔日淮徐，奚啻倍蓰。为此示仰该处军民人等知悉：须知上海设立普济彩票公司，协济顺直善后赈需，出自本爵阁督部堂奏明奉旨办理，并非私设，毋得阻挠干咎。”[⑤] 短短百余字示谕，一连串严词厉语，大有善者不来之意，必较输赢之气；字字句句斥责广济，怒气所向，谁都能品得出弦外之音，两公司的斗法已经颇有点两总督斗气的味道。

---

① 1901 年 5 月，洋商撤销彩票公司前后广济公司的彩票发行额对比如下：4 月 1.5 万张，5 月 1.8 万张，6 月 2.2 万张，7 月 3 万张；以上均据广济公司的销售广告，分见《申报》1901 年 4 月 2 日，《中外日报》5 月 7 日、6 月 10 日、7 月 9 日。

② 《督批江南赈票照案专办登明》，《中外日报》1901 年 5 月 28 日。

③ 《奏办顺直义赈彩票普济公司谨登》，《中外日报》1901 年 5 月 19 日。

④ 《普济公司遵奉上海道宪袁谕》，《中外日报》1901 年 6 月 15 日。

⑤ 《钦差商务大臣太子太傅文华殿大学士北洋大臣直隶总督部堂一等肃毅伯李为出示晓谕事》，《中外日报》1901 年 6 月 24 日。

然而，普济毕竟开设在两江总督的地盘上，北洋势力再强终究鞭长莫及。无论李鸿章怎样声色俱厉，上海道的出面干预明白无误地表达了江南官方不欢迎普济彩票的态度。此时上海票行总数约百家，敢于承销普济彩票的已不足10家。直督威风，市场无情，况李鸿章重病在身（不久去世），无力过多关照普济，无奈，普济退出上海，撤至烟台开办。广济、普济对上海市场的争夺，以普济的失败告终。

广济、普济两家华商公司的这场经济纠纷，推本溯源，根子在于清政府的昏聩。无论广济还是普济，它们创办之际分别由两江总督、直隶总督奏报朝廷，得旨允准后才开办。广济设立在先，朝廷许以6年专利；普济奏报在后，朝廷又照批不误。晚清经济法对专利的界定相当明确，基本概念指地区性的行业垄断。广济的6年专利，一言以蔽之，即6年之内上海彩票业只此一家别无分店。李鸿章上奏后，清政府不是不知道上海地区的专利早已许给了广济，只是碍于朝廷老臣情面难抹，不便硬驳，故对其奏折批以含糊其词的“知道了”三字敷衍了事，李鸿章正是利用这未予明驳的三个字设立的普济。清最高统治者无视自己一手制定的经济法令，既生“亮”，又生“瑜”，导致了上海彩票市场上的一场狮虎厮杀。专利是晚清新定经济法的一项内容，清政府之为经济立法，本意是参照西方，借他山之石规范社会的经济行为，但事涉统治阶级高层，一封奏章便可将其弃若敝屣。权力不受法律制约是封建官僚政治的特点，晚清政治腐败，徇个人私情而藐视法律的历史痼疾就表现得特别明显。

回到正题中来。普济的败退烟台，无异于宣告广济公司在上海的地位是不可摇撼的，以李鸿章的权势尚且无法插足这块地盘，其他各省督抚自然不会再自找没趣。此后，各省凡新设彩票公司，均知趣设于本省省会，或省内开化程度较高的大城市，避开与广济的冲突。也正因此，中国彩票的发行点和主销场，就由上海一地扩散到了各省，为彩票在全国的大泛滥作了铺垫。

四 各路诸侯尽显神通

普济与广济的纷争刚平息数月，浙江、湖北等省即奏章连翩，请援上海广济、烟台普济之例发行彩票。理由再简单不过：巨额庚子赔款的交付日期逼在眼前。

1901 年 9 月 7 日《辛丑和约》签字，中国赔款 4.5 亿两，连同利息共 9.82 亿余两；交款日期从 1902 年 1 月 1 日起，当年必须“交付足款”。所谓“足款”，指的是必须交足赔款条款规定的每年的数额，不得短少分文。1902 年应交之款为：本息银 1882 万两，另加 300 余万两的“允缓半年付款”利息银，合计 2200 万两。1902 年是交款的第一年，被八国联军打怕了的清政府不敢不如数支付，而中央财政每年入项仅 8000 余万两，负责筹款的户部心急如焚，哀叹：此次赔款“款目之巨，旷古罕闻；期限之迫，转瞬即届”。无奈，只能由各省分摊，大省富省数百万两，小省穷省几十万两，这还仅仅是各省 1902 年的分摊数额。

经过庚子事变的巨挫，清政府威信扫地。因此它一面对地方督抚好言相劝：“和议既成，赔款已定，无论如何窘急，必须竭力支持。”一面因列强紧逼不已，担心督抚叫穷掩宕，不得不强摆天子威仪，严厉告诫各省：赔款必须“如期汇解，不得短少迟延，至有贻误”，否则“唯各该督抚是问”。

清政府把承担赔款的重担卸给了地方，至于督抚如何筹款它并不关心，更准确地说是拿不出善法良策来，因为清朝历来的做法是逼榨平民，这次依然沿袭旧例。户部拟定的筹款办法即是老一套的加抽捐税。办法共四项：(1) 加收房捐。首先在广东开办，办有成效后推广各省。(2) 增收地丁税。在山东试行后各省仿行。(3) 盐斤加价。拟每斤盐税加抽 4 文。(4) 鸦片及茶、糖、烟、酒等非生活必需品，在原税基础上加抽 30%。此外，户部知道巨款难筹，允许各省“可因时制宜，量为变通，并准就地设法另行筹措”。①

各省督抚对于偿付巨额赔款倍感困难，更因赔款源于庚子事变而心存异议。对于庚子事变，统治集团内部一直议论纷争，在不少督抚眼里，从义和团闹京师到八国联军铁蹄破山河，一系列的事件，肇端于慈禧和她周围的中枢大臣们的荒诞乖谬。故慈禧宣战诏令下，东南督抚敢于斥为“伪诏”，自行其是地与交战各国搞“互保”；慈禧率朝臣弃都西逃，

① 以上三节的数字和引文均见《户部奏新定赔款数巨期迫亟应合力通筹折稿》，《申报》1901 年 11 月 14 日。

创有清两百余年未有的奇耻大辱，朝廷威信在人们心目中更是扫地已尽。朝廷事先不听劝谏，苦果由各省分担，督抚们难免有所怨言。当然，现在和议既成，帮助天子善后历来是臣子的义务；替朝廷担过也是督抚应尽的职责。但是，赔款怎么筹措，就大有讲究了。

事变以来民情浮动，和议虽成，人心未稳，各地督抚均以稳固地方治安为上策；而户部所拟筹款办法，均属逼榨百姓，难免激化矛盾；一旦激成民变，朝廷怪罪，充当替罪羊的依然是地方当政者。朝旨严厉，凑不齐赔款，唯督抚是问；户部有云，可以"因时制宜，量为变通"。既如此，上海早已做出了发彩票以应急需的先例，仿照广济成例是最简便的办法。故湖广总督张之洞专此上折，申述巨额赔款难筹，彩票不得不办的理由云："此时筹集赔款，万分困难，筹议数月，尚无端绪。值此民生困穷之际，虽百计搜罗，终无大宗巨款，而期限急迫，谕旨森严，臣等与司道各官焦灼万分。因思各种彩票林立——兹拟仿照各省成案，由鄂省自设签捐票，在汉口地方招选妥实商人试办，并于繁盛通达各州县体察民情，酌量试办。其所收之款，即以凑补此次赔款之用及奉旨急需举办之自强诸要政。"① 张之洞折中所称的"签捐票"，是湖北彩票的名称，"签"指彩票的抽签开彩方式，"捐"指以彩票所得抵充所加捐税。同样的索取于民，过去是纯然税上加税的强征硬派，现增添一种愿者上钩的无痛税收，是库帑空虚又不敢逼民太甚的无奈新举措。

自李鸿章死后，张之洞跃居为各省督抚的领衔人物之一。以张之洞为首的各省督抚请办彩票，使清政府处于十分尴尬的境地。自广济起，一个十里洋场成了赌窟，现在各省仿行，无异于把全国变为大赌场，这对于标榜礼教治国的清政府实在是有损国体丢尽颜面之事。但赔款是联军退兵的先决条件，商定和约时为此反复争执，慈禧得以回銮重掌朝政，是"量中华之物力，结与国之欢心"，不惜用巨额赔款等重大国家利益与侵略者做了交换的结果。列强穷凶极恶，清政府早有领教，两害相权只能取其轻者，走投无路的清政府对地方督抚请办彩票，只能凡有奏请无不照准。于是从 1902 年起，为应付庚子赔款，出现了上海以外的各省自辟的彩票新市场；所办彩票的名目，也由过去"为民解困"的救灾彩票，

---

① 《试办签捐票片》，《张文襄公全集》卷 55，奏议第 55。

摇身一变，成了替朝廷“善后”的“筹饷”彩票。

最早发行善后筹饷彩票的是浙江，具有典型意义的是湖北。

浙江毗邻上海，江南义赈票创办后，浙江反响强烈，省会杭州票店林立，销售畅旺，不法奸商也乘机而起，私售各种小彩票滥厕其间。[①] 场面的热闹显示市场的广阔，不由人不去想象浙江自办彩票会有何等灿烂的前景。因此各省分摊赔款数额确定后，浙江官府立即开始筹划彩票事宜，而马上就有数名彩票商表示愿意承揽，其中之一就是过去在上海经营洋商广益公司之人。彩票商们所开具的向省政府的报效额，从 5000—2. 5 万元不等[②]，人气之旺，足以使浙江官方踌躇满志。1902 年初，经浙江巡抚奏准，浙江设立协济公司，发行浙江善后筹饷彩票，通售全省及外省各埠。第 1 期额设 1 万张，每张售价 4 元，头彩 1 万元，1902 年 1 月 26 日发售，3 月 7 日开彩。[③] 浙江彩票初期的销售情况并不理想。因为本省和外地的票行销惯了江南义赈票，社会购买者也一时只认他们熟悉的有声望的江南票（私家彩票盛行是因为价格低廉而且中彩几率大），浙江善后彩票作为后起者，在几个月里难以得到市场的认同。发行到第 4 期，协济公司加大了中彩的彩额比重，头彩由 1 万元猛增至 1. 5 万元[④]，从第 5 期起，杭州“购者遽形踊跃”，在省城的带动下，各地销路逐渐打开。

浙江有着良好的市场基础，自办彩票尚且开端不顺，湖北市场相对闭塞，发行彩票的难度就大多了。

早在《辛丑和约》签订的当月，各省分摊赔款的数额尚未确定，张之洞就未雨绸缪，与湖北各司道商定了筹集赔款的各种办法，其中包括兴办彩票。[⑤] 1901 年 11 月湖北以黄冈县为试点开始筹办。12 月，黄冈彩票发行，每张售价 1000 文，头彩得洋 1000 串，然“购者殊觉寥寥”[⑥]，试点并不成功。张之洞迫于罗掘无术，强硬在全省推行，1902 年 1 月 11

① 《查禁彩票》，《中外日报》1900 年 5 月 25 日。

② 《创设彩票》，《中外日报》1901 年 11 月 20 日；《争开彩票再志》，《中外日报》1901 年 12 月 13 日。

③ 《中外日报》1902 年 2 月 12 日广告。

④ 《申报》1902 年 5 月 10 日广告。

⑤ 湖北的办法是：“一为加派田捐，二为加抽厘金，三为开行彩票。”见《湖北近事述函》，《中外日报》1901 年 9 月 25 日。

⑥ 《试销彩票》，《中外日报》1902 年 1 月 2 日。

日正式奏请创办湖北全省彩票公司，仿日本富签票名称，定名为湖北签捐票，设总局于汉口，第 1 期定额 2 万张，每张售价 6 元，头彩 5 万元，4 月 3 日在汉口开彩。[①]

黄冈一县彩票难销，推广全省可想而知。经过各种努力，湖北签捐票销售月余，到第 1 期的开彩之日尚有 800 张未及售出。彩票业成规，为避免作弊嫌疑，在彩票全部售出前一般不开彩。不得已，临时由张之洞、端方（湖北巡抚）率官员包销。

与浙江加大彩额促进销售不同，湖北彩票难以售出，张之洞的解决办法是强行派销。在这方面，湖北有自己的优势，因为它与此前任何彩票公司不同，是一家官办企业。

中国彩票业的经营体制从广济公司开始，就一直按照外国的通例实行商办，督抚虽为公司撑腰，但只管收钱不太过问其内部经营。张之洞是晚期洋务派主脑，时人总结他办实业的特点，一是好大喜功，所办企业都规模巨大；二是一生“恶商办，主官办”，经营企业莫不官为主持，彩票公司是肯定能够赢利的企业，当然更不会例外。湖北签捐票第 1 期就发行 2 万张，超过江南票初创时的一倍；公司全班人马是省里主管经济的司道大员，由江汉关道、湖北商务局总办会同江汉关税务司主持。为确保销售，张之洞命全省各府州县建立彩票承销网点，又令各地将彩票的销售情况列入当年地方官的政绩考核。由此，湖北签捐票成为中国第一种官方直接经营的彩票，“事事以官法部勒之，而局面为之一变”[②]。

官办企业的最大特点是权力决定一切，这不仅表现在人所周知的企业内部经营的封建性，而且在于其产品市场的行政化。地方官的权力有多大，产品的销路就有多广，企业主办者势力范围所及之处，尽为其所属企业的当然市场，官方甚至可以通过行政命令强迫人们接受他们本不需要的东西。由此，湖北全境，无论城乡，均受签捐票的骚扰。在城市，签捐票“不独按店挨售，凡光景稍丰者，差役必强令多购数张，违则架

---

① 《中外日报》1902 年 2 月 25 日广告。

② 徐珂：《清稗类钞》第 10 册，中华书局 1986 年版，第 4893 页。

词拘入衙门"[①]。在乡间，"某县承办此项彩票，有勒令绅士认销、由绅士劝派乡民购买之事，又有差役送票收钱藉端需索之事"[②]，因之，"鄂督张香帅所设之富签票（即签捐票）实足令人生畏"。彩票由于官办而成了一种新的苛捐杂税，与张之洞奏中所称体察"民生困穷"原意背道而驰。过去，无论洋商彩票还是江南义赈票，都以重彩诱人上钩，买卖双方均属自愿，湖北却将发行彩票变成了一种强加于人的超经济的新盘剥；先前，中国的彩票市场只存在于城市，上当受骗的仅仅是市民阶层，湖北签捐票则通过行政手段将它强制性地扩展到了农村，殃及普通乡民。

广东也有筹饷彩票，但与浙江、湖北不同，它是迎合风气将过去的彩票更换了一个"筹饷"的名称。广东彩票创办较早，1900 年 7 月李鸿章在两广总督任上时，曾以抵制澳门彩票入境为由扶持商人设立中和公司，发行广东筹防彩票，并与彩票商约定每年抽收彩票税 13.2 万元[③]，但从未如数收足过。因为广东的旧式赌博应有尽有，影响最大的是闱姓、番摊、山票 3 种，均经官方允许可以公开进行。彩票在每年广东地方财政所收赌博税金中的比例，不及闱姓的 5%、番摊的 2%、山票的 2%[④]，其规模一直受其他赌博的抑制难有大的发展。1902 年，在浙江、湖北等省的影响下，广东将筹防彩票改名为筹饷彩票，希望像浙江、湖北一样，借替朝廷筹还庚款的名义张起大旗，以促销售；同时公司经理人换马，公司名称改为恒丰公司。[⑤] 但经营依然不景气，以后公司经理又数度易人，公司名称再改为源丰公司、永富公司。[⑥] 浙江、湖北、广东是除江苏外资本主义工商业最发达因之社会富裕程度最高的三个省，三省彩票创办初期销售不顺（广东情况稍特殊），将一个铁的市场规律无情地摆在了

---

① 《汉阳近事述函》，《中外日报》1902 年 5 月 14 日。

② 《论各省筹款之法》，《中外日报》1902 年 4 月 9 日。

③ 《署理两广总督袁树勋奏复陈粤省赌饷遵旨筹办情形折》，《政治官报》1909 年 11 月 15 日。

④ 《署理两广总督袁树勋奏复陈粤省赌饷遵旨筹办情形折》。

⑤ 《筹禁广东各项赌馆议案》，广东谘议局编：《广东谘议局第一次会议报告书》，粤东编译公司（约 1910 年）印行，第 1—7 页。

⑥ 分见《中外日报》1903 年 4 月 27 日广告，《申报》1906 年 8 月 11 日广告，《申报》1907 年 7 月 11 日广告。

人们的面前：在一定时期内，彩票市场的容量是有限的，上海彩票热销是因为上海是老市场销老彩票，各省彩票市场早已包括在上海市场之内，各地市场的新创无异于上海总市场的扩大容量，消化这一扩容因素的影响需要时间，而且任何一个新市场的建设，其本身也决非一蹴而就之事。眼见于此，原本想靠彩票筹集赔款或借以为生财捷径的其他各省督抚不由得望而却步，在此后的两年时间内，彩票公司的开设出现了一个短暂的间歇。

到了1904年，经过无大动荡的三年喘息后，庚子事变结束时清政府宣布要实行的“新政”诸项内容特别是经济事业逐步展开，于是有福建、河南、四川、安徽等省一批新彩票的创办，不过这时筹还赔款已不是最突出的问题，因之各省创办彩票的理由除应付赔款外，主要是以办理新政缺款为由，彩票商总是根据形势的变化打出最有新意的旗号。其中有全国影响的是以下几种：

福建彩票。由菲律宾华侨谢琦意创办，聘厦门绅士陈网（子显）担任经理，彩票名为福建全省彩票，总公司设于厦门，备有资本15万元，声明以利润的20%报效地方政府，由福建布政使批准立案，闽浙总督奏准，1904年4月30日开办。第1期额设6000张，每张售价6元，头彩1.2万元。[①] 后增至1万张，头彩2万元。[②] 1905年8月发行至第17期时，因开彩出现重大舞弊，购票者怒而砸毁彩票公司，地方当局派兵弹压，并奏报朝廷诬为“聚众闹事”，激怒舆论，揭露黑幕，福建彩票公司遂被取缔。

河南彩票。河南先后办过两种彩票。第一种是1904年农历十月创办的工艺协捐彩票，发行至第3期时，因头彩舞弊案被取缔。[③] 第二种是1905年创办的河南协捐彩票，额设3万张，每张4元，头彩4万元，由河南巡抚奏准行销各省，在主销场的河南本省，因民众穷困，购买力不强，实行派销，类似于湖北。第1期1905年10月28日出票，12月25日

① 《厦门彩票局舞弊被毁详情》，《时报》1905年8月23日。

② 《时报》1905年2月26日广告。

③ 《志豫省彩票情形》，《时报》1905年4月4日。

开彩。[①] 1906 年 3 月停办。[②]

安徽铁路彩票。系商办安徽铁路公司为筹集资本而设，1905 年 8 月 28 日由两江总督、安徽巡抚会奏，奉旨允准，1906 年农历五月开始发行彩票，每期发行额高达 6 万张，每张售价 7 元，头彩 3 万元。与前述各省彩票不同，安徽铁路彩票每月发行两次，故每月的发行额实为 12 万张、销售额达 84 万元，规模在许多督抚所办（或扶持）的彩票之上。[③]

川汉铁路招股彩票。1906 年官办湖北铁路局仿安徽商办铁路公司而设，初时每期发行 6 万张，每张售价 10 元，头彩 10 万元，每 3 个月发行一次[④]；后改为每月发行一期，每期 3 万张，每张售价 5 元，头彩 3 万元。[⑤]

以上所有彩票公司——自上海广济公司以来，具有两个基本的特性：第一，除铁路彩票外，都是省一级的彩票公司，一省之内只许存在这一家公司（上海有广济公司，上海属江苏，故江苏不能再办其他彩票公司）；公司的彩票通销全省及各埠，主管权在督抚，其中交给商人承办的彩票公司，利润由公司与省财政分成，官办公司的彩票利润全部归布政使掌握。铁路彩票由铁路公司发行，主管权在铁路公司，可以不受一省只设一家彩票公司的限制（如湖北），督抚为之奏准，对它也有一定的发言权。第二，无论省级彩票还是铁路彩票，都是国家允许发行的正规彩票，但事先须经地方最高长官督抚的批准，而且无一例外地需要奏报朝廷允准。

晚清政治的特点突出表现为吏治腐败，法制松弛。清政府只许一省设立一家彩票公司，但彩票风行数年后，人人都已明白这是督抚找借口开辟的一种新财源，在法律无力监管社会的情况下，即使不经过督抚批准（更不必说奏报朝廷知晓），只要某一主管部门点一下头，彩票就可以在其权力范围内发行。这些五花八门未经正式批准但可以公开销售的彩

① 《奏办河南协捐彩票总局广告》，《时报》1905 年 10 月 16 日。

② 《河南彩票停止兑红广告》，《申报》1906 年 5 月 29 日。

③ 会奏及开办的日期、发行额见《永远停止彩票案》，《江苏谘议局呈准公布案汇编》（第一年度），线装，约 1910 年出版；余见《申报》1906 年 8 月 2、21 日广告。

④ 《奏办湖北川汉铁路招股彩票总局告白》，《申报》1906 年 12 月 11 日。

⑤ 《奏办湖北川汉铁路招股彩票总局章程》，《申报》1907 年 5 月 13 日。

票主要有两种类型：一是州县官仿效督抚，在自己的管辖区域里扶持的地方小彩票。二是非行政部门与权力机关攀比，自行其事创办的各种事业性或行业性彩票。分述如下。

在地方行政系统中，督抚既然能办全省性彩票，州县官自然不甘寂寞（因为督抚批准设立的省级彩票公司归督抚掌握，州县得不到好处），于是公开或暗中扶持了一批州县一级的小型彩票公司。

这些遍地开花的小彩票一般不刊登广告，无法对它们的数量进行统计，只能借助零星材料作些一般性的分析。1905 年，在彩票业发达的长江中下游地区，因州县小型彩票过多，两江总督下令取缔这些公司。取缔的原因并不在于这些公司的非法，而是运用权力打击激增的市场竞争对手。当年江南义赈票 6 年专利期满，两江总督并未依例取消公司，而是仿照湖北将江南义赈票改归官办，称南洋筹捐彩票；取缔州县小彩票，即为保证官办南洋票的市场。在被取缔的彩票名单中，仅江西一省就有鸿利、老协记、老协利、荣和、得元 5 种，杭州一城有天源、万源两种，可以推测，在围绕上海彩票中心市场的周边地区，许多州县都不乏这种小彩票。在风气闭塞的东北地区，自 1906 年东三省总督上奏请办彩票后，各种小彩票就借机泛滥，到 1908 年底，“吉林、长春、黑龙江均已设有”彩票公司。① 东三省的小彩票以奉天最多，小小安东，1909 年春就连办永济、公济两家公司，其中永济彩票不仅销售本城，而且“各外埠购票得彩者甚巨”。②

州县小彩票虽经地方官或其下属部门（例如商务局）同意发行，在国家法律上则属于非法彩票，因此官方不敢直接经营，多交给商人经办。但州县官既然点头让商人去办，有时就敢于顶风犯上为之张开保护伞，因此这些小彩票遭明令取缔时销声匿迹，风声过后换个名称又冒了出来，有时干脆就托人说情照常发行。镇江是交通八方的国内商贸大埠，历来是彩票流通的重镇，1905 年被明令取缔的小彩票有鸿利、裕通、发记、宝元、普成 5 种，其中有些是外地进入的，大都是本地发行的，总计流

① 《不准开设彩票公司》，《大公报》1908 年 12 月 19 日。

② 《安东永济彩票公司广告》，《公济彩票组织已成》，《盛京时报》1909 年 3 月 28 日、4 月 4 日。

通额"每月有数万张之多"。其中宝元彩票是当地商人主办的。两江总督取缔非法小彩票的通告下达后，宝元彩票主人熊淦庭"向官场竭力运动，每月愿津贴警察费一百二十元，准其与官彩票一同销售"。结果"道宪批准照办，故该彩票得以仍旧售卖"。①

政府衙门既办彩票，各行各业就比照而行，于是名目繁多的行业性彩票破土而出。京师是全国首善之区，辇毂重地，顺天府尹办彩票必遭众议集矢。好在京城重教育，学校林立而经费不足，因此学堂彩票就成为京师彩票的主流。当时女子教育刚刚起步，为冲破封建观念阻挠，从学部到社会舆论都支持女学，乘此天时地利，京师教育彩票由淑慎女学堂首开其端，裕善、清真两小学堂继之而起，"试办数月，颇为都中所欢迎"，善诱、达智等学堂再接再厉，一时间"各处新立学堂效法踵起者指不胜屈"②，风气所及，连与教育稍稍沾点边的教养局也开办彩票，收入所得，"以一半作为该局捐款"。③ 如果说京师最早的学堂彩票确有点为教育筹款的味道，那么各省的仿效者就不免泥沙俱下。湖南常德府官立中学堂由学堂监督出面，与知府商定发行彩票，开始时言明作为学堂初创经费，后尝到甜头，按正规彩票方式每月发行，并一再增加发行额，一所府县学堂，竟然月销彩票 3000 张。④ 法制不严必然假货盛行。直隶束鹿县武举人李凤凯纠集数人，"假筹学款为名，开办彩票"，因劣迹昭然被取缔。⑤ 学校是育材树人之地，学堂办彩票不管出于什么目的，必影响莘莘学子的思想观念，终于，京师督学局和巡警厅不得不出面干涉，以"学堂以彩票筹集学款，原非正当办法——现在此项彩票愈出愈多，毫无限制"为由，下令取缔，但禁而不止。

教育与实业是清末新政最具有社会意义的两项内容，办学可以发彩

---

① 以上两节，除东三省外，各种彩票名称及引文均据《奏办南洋筹捐彩票总局》，《申报》1905 年 10 月 26 日；《小票以津贴警察经费仍准售卖》，《时报》1905 年 8 月 27 日；镇江彩票的流通额据《饬禁私出小彩票》，《时报》1905 年 6 月 17 日。

② 《教育彩票之发达》《善诱学堂拟办彩票》《禁止出售彩票》《拟禁学堂彩票》，《大公报》1909 年 2 月 25 日、4 月 25 日、6 月 8 日、7 月 24 日。

③ 《开彩筹款》，《北京日日画报》第 72 期，1908 年 8 月 31 日。

④ 《学堂彩票之奇闻》，《广益丛报》第 181 号，1908 年 9 月 15 日。

⑤ 《饬查开彩》，《大公报》1909 年 7 月 15 日。

票，实业界当仁不让也搞彩票。[①] 江苏实业最发达，资本主义产生最早，经过几十年优胜劣汰的市场竞争，不少老企业破产，欠下大笔官债，于是江苏首创企业破产彩票。1905 年镇江富商尹稚山商号破产，由地方政府出面，将其不动产估价后发售彩票 5 万张，每张售价 8 元，“头彩得巨宅一所，末彩得纱袍一件”，销售所得，“足抵官款之亏空”。[②] 这种清点倒闭企业资产以彩票所得来抵还债款的办法，与外国彩票刚刚出现时的情况比较接近，而且是一种一次性彩票，对社会无甚危害，对本省彩票市场也没有什么冲击，因此得到江苏官方的明确支持（至少在其初创时期是这样），后为湖北、直隶乃至资本主义不发达的吉林等许多省份所仿行，成为实业彩票的主流。然而这种形式的彩票传到各省后也弊端百出，失其原意，1910 年直隶地区“倒闭商号开彩渔利”已成为彩票泛滥的一种主要形式。[③]

各省的各种行业性彩票，除江苏早期的实业彩票外，都是意在敛财的“筹款之新法”，它们层出不穷，相互争奇斗胜，越出越多，愈变愈奇。千奇百怪中，撩人眼目的是妓女彩票，大约为广东旧式花会赌之流变。中头彩者，可将当地小有名气的妓女娶为妻室；妓女自己购买此种彩票，中大彩者可赎身从良。[④] 作为彩票孪生子的有奖销售也应运而生，全国大城市的大中型商场，皆奉此为促销的不二法门。出手大方的商家，顾客每购货一元，即赠彩券一张，头彩奖品大多是自行车、缝纫机、金表等时髦货；1900 年前后初办时颇动人耳目，不久因真真假假、虚实难辨而“颇失信用”，因为顾客发现，“如得一万元之彩，其货品实价，所值不过二千元”。[⑤]

晚清是中国历史上的一段特殊时期，内忧外患重大事件难以叙述，彩票泛滥不过是一种细微的社会现象，但它反映了清政府在其统治的最

---

① 前述铁路彩票即可划入实业彩票这一类，但它为招股而设，属于特大型公司专有的权力，是清政府特许的正规彩票，与各地自行其事所办实业彩票有区别。

② 《变产新法》，《大公报》1905 年 8 月 9 日。

③ 《彩票将禁》，《大公报》1910 年 12 月 12 日。

④ 《欲作天台客者，请快买女优彩票》，《广益丛报》总第 179 期，《正宗爱国报》1908 年 8 月 26 日；1907 年 8 月 29 日。

⑤ 《商部工艺局彩票之作弊》，《大公报》1910 年 1 月 2 日。

后十年间权力式微无力对国家实行有效的行政管理的状况。各省要做的事，中央政府不便甚至无法干预；同样，州县滥发彩票，督抚也无可奈何；以致一城一邑之地，想发教育彩票就发教育彩票，想办州县彩票就办州县彩票，谁掌握着何种权力，谁就可以策划何种博彩以敛财。翻开清末报纸，连篇累牍的是销售彩票的广告，多到一日之内，出票、开彩、中奖等消息达十余则。彩票兴盛之地，票店星罗棋布，大有超过商店之势。武昌“每一大街，长不过二百码，而售彩票者，竟有四家；凡彩票之店，装饰华丽，颇动人目”①。彩票店之外，杂货铺、卷烟店等小商小贩也代售彩票，以为正业之补充；小民百姓之思虑，街谈巷议之话题，莫不以开彩与中奖为轴心。1903 年，有记者描绘江南社会风俗图云：“大街小巷，招牌林立者，售彩票之处也；儿童走卒，立谈偶语者，买彩票之事也。”又说：“开彩之期，人心惶惶，犹之乎乡会试之出榜；对号单既到，万头攒动，犹之乎题名录。一击不中，赫然发奋，质妻鬻子以谋再举——及累买不中，则愤心生，必欲得之而后已；再不得，则惧心生，非得而翻本则不可以已。”② 晚清中国，真正成了彩票的天下；芸芸众生，陷于博彩旋涡不知自拔。

五　彩票的取缔

彩票泛滥引起各界关注，朝野内外一片禁绝呼声。

从 1899 年上海创办江南义赈票，到 1909 年各地开始禁彩票，整整 10 年间，全国从南到北各大报刊抨击彩票之声不绝于耳。

上海《申报》指出：各省彩票“名虽托于集款，而义实近于赌博”，它不由得质问：地方官专抓民间小赌乐此不疲，“而独于最大赌博之彩票，曾不加以禁阻，是诚何心?”③ 《中外日报》说：上海租界“禁止彩票一事，一经雷厉风行，则旬月之间，便能绝迹”④，而清政府则任凭彩

① 《论湖北富签票事》,《中外日报》1902 年 4 月 10 日。

② 《论彩票大有害于实业》,《中外日报》1903 年 8 月 29 日。

③ 《论松江购买彩票之盛》,《申报》1907 年 3 月 18 日。

④ 《论上海倡设济良所之亟》,《中外日报》1901 年 7 月 8 日。

票泛滥，以致“上下贵贱竞言赌矣”；它呼吁“欲求吏治者，必先停捐；欲兴工商业者，必先停彩票”。[①] 天津《大公报》批评清政府见小利而忘大义，使“全国国民之思想，人人堕落发财梦寐中”，男女老少“皆入于赌局之中而不自觉”。[②] 奉天《盛京时报》论道：靠彩票敛聚民财是一种低级的财政手段，清政府“搜刮至于净尽，乃遂为此无策之策”。[③] 广东汕头《中华新报》认为：彩票泛滥事涉政体，在预备立宪时期，“一切弊政不可不改革，彩票为弊之尤，与宪政之进行，最相抵触”，应立即取缔。[④] 如果说报章言论代表的是民意，那么督察院御史的奏章则反映了统治阶级高层不掌实权那一派人的观点。他们的表态晚于报刊，主要集中在彩票泛滥以后。1904 年，有御史以“尊国体”和“恤民生”两大理由请禁彩票，据说“两宫为之首肯”，有“廷寄”电传至发行彩票的各省督抚。[⑤] 此后，“督察院各御史屡有进言”。1908 年，随着预备立宪政治制度改革的深入，彩票泛滥问题不断被提上统治者的议事日程，连度支部尚书载泽也表态：彩票“非政体所宜”，为此组织度支部商讨如何另筹庚子赔款问题，决定一旦“筹定抵款，即行禁止”。[⑥] 同年，“枢府”也议及这一问题，认为彩票“无异赌博，实足以养成社会一般侥幸之风，且恒有因此破产致蹈种种不法情事”，决心将彩票“一律停办”。[⑦]

尽管有此态度，但是清中央政府从未采取过禁止彩票的实际行动，地方政府曾经严厉打击过彩票，但只是绝无仅有的一次。

1902 年底直隶总督袁世凯上奏，以彩票有碍国体民生为由，要求取缔其前任李鸿章创办的普济公司，得旨允准后于 1903 年初实行。3 月初，袁世凯又在天津发布示谕，宣布彩票“诱令小本营生以及肩挑负担之人贪得厚利，丧其本业，贻害闾阎”的种种祸害，以“一经发觉，带案惩

① 《论彩票大有害于实业》，《中外日报》1903 年 8 月 29 日。

② 《论速宜停止彩票》，《大公报》1906 年 7 月 22、23 日；《速停彩票议》，《大公报》1910 年 6 月 18 日。

③ 《论邮部拟办铁路富签票事》，《盛京时报》1909 年 11 月 7 日。

④ 《咄咄！政府乃欲开办彩票耶?》，《中华新报》1909 年 10 月 20 日。

⑤ 《奏请禁止彩票》，《大公报》1904 年 6 月 18 日。

⑥ 《议禁彩票》，《大公报》1908 年 4 月 28 日。

⑦ 《续议停止彩票》，《盛京时报》1908 年 11 月 15 日。

办”的严厉态度，扫荡了直隶地区一切私家彩票。[①] 这是中国自办彩票以来官方实施的一次很有成效的取缔彩票行动，此后直到袁世凯 1907 年调任军机大臣，在直隶地区，除他不便干预的天津租界内的奥地利宝元彩票及京师一城外，很少再有滥发彩票之事。

袁世凯是个识时务通权变之人，知道为政离不开声誉，声誉靠舆论民心维系，故而在地方督抚中首先站出来禁绝彩票，也是终清之世各省督抚中唯一主动禁绝彩票者。他在请求取缔普济公司的奏折中明言：“国家变法自强，举行新政，中外引观，不宜以岛国（指菲律宾）之浇风亵我中朝之声望。即谓时政艰难，然富国之策正多，何必贪此区区。”[②] 这一观点与当时舆论和以后谘议局的禁赌立论是一致的，即彩票不是筹资的正当手段，一个在政治上想要有所作为的国家，就不应纵容赌博自毁政声民风。

官方考虑问题可以从观念出发，但将它付诸行动则是权衡利弊的结果。袁世凯禁止彩票，除了顺应舆论外，也与他身为直隶总督不能控制普济公司有很大关系。晚清是个中央和地方政府各显神通极力捞钱的时代，除非迫不得已，各部和地方官都不会对自己所掌握的企业轻言放弃。1902 年上半年，在袁世凯对普济采取行动前，该公司在烟台经营不景气，公司经理易人，由郑业臣出资接盘。郑氏过去是上海最有名的洋商广益彩票公司的经理人，与上海官场和彩票界渊源很深，经过疏通运动，不动声色地在上海重新挂出了普济总公司的牌子；又在公司内部大刀阔斧地进行改革，彩票发行额增加到 2 万张，每张售价 6 元，头彩高达 5 万元，并实行头彩、二彩、三彩、四彩均开双彩的办法，引起博彩人的极大兴趣。1902 年 6 月，上海彩票界公开声明承销普济彩票的票行竟达到 125 家之多[③]，与当年普济靠李鸿章势力硬要留在上海时只有数家票行愿意经销其彩票，真有天壤之别。在市场经济初入中国时期，当彩票经营已经成为一种市场行为时，威震一方的直隶总督竟不如一个一流的彩票经纪人。这当然只是问题的一个方面。另一方面，中国毕竟是个官僚政

---

① 《直督示谕》，《大公报》1903 年 3 月 4 日。

② 《直隶总督奏请停止彩票折》，《大公报》1903 年 1 月 1 日。

③ 据普济公司在《申报》1902 年 6 月 11 日所登广告统计。

治的国家，正因为普济公司卷土重来主要是靠经营者的个人能力，它回到上海市场并站住脚跟后，就日益依赖于南洋势力的庇护，忽略了直隶总督的权威，一再拒交过去与北洋协定的报效之款，总计达60000余元。普济是北洋创办的，直到被取缔前，它所挂的牌子依然是“奏办北洋顺直义赈普济公司”，直隶总督的囊中之物岂能为他人作嫁，袁世凯冲冠一怒，一纸奏折取缔了普济公司。

只要是真正控制着彩票公司的各省督抚，没有一人愿意取缔彩票；同样，清政府也没有诚意，慈禧和中枢大臣们口头同意，主要是对舆论强烈反应的一种姿态。这首先因为他们不想在彩票这类枝节问题上与督抚发生冲突，同时也想找机会由中央政府自己发行彩票，一旦宣布彩票非法，筹划中的国家彩票或中央一些衙门的彩票便师出无名了。从1901年至1903年，清政府迫于财政窘困，见各省彩票火爆，连续数次欲以中央政府统一经营的名义发行国家大彩票，同时取消各省彩票，已经议有成章，发至各省讨论，均遭督抚反对而作罢。态度最激烈的是湖北、江苏两省[①]，因为两省督抚握有全国发行量最大的湖北签捐票和江南义赈票。督察院御史奏章连翩，是中央政府中议禁彩票的主要人物，这是因为他们代表清议，而非实权衙门的掌权者，一旦执掌了某一实际部门，态度就会不一样。载泽曾表示要停办彩票，当其完全控制了晚清两个新设的经济大部农工商部和邮传部后，就一反前态（当然，过去也只是口头表态而已），极力主张在这两个衙门中开办部一级的实业彩票和铁路彩票。得其支持，1909年10月5日，农工商部奏请设立兴商大彩票，发行1000万张，每张售价1元，头彩彩金10万元，二彩5万元，票面收入1000万元，扣除各种费用，实际收入可达600万元，奉旨允准。[②] 不到一个月，邮传部如法炮制，请由该部主办铁路彩票，比照兴商大彩票发行

① 湖广总督、江苏官方反对兴办国家大彩票，取消各省彩票的言论，见《时事要闻》，《大公报》1903年4月2日；《江宁江苏两藩司江南江苏两派办处司道会详遵议报国大彩票碍难举行文》，《中外日报》1903年4月5日。

② 《农工商部奏》，《宣统政纪》卷14，辽海书社1934年版；《农工商部之兴业大彩票》，《中华新报》1909年10月23日。

1000 万张，筹款 1000 万元。[①] 这两种彩票出台后，将以前所未有的发行量，低廉的价格，巨额的彩金风行全国，挟两部财力势力席卷各省市场，督抚手中的彩票必不是其对手；但生不逢时，朝议方准，地方谘议局开始禁彩票，两种中央部级彩票胎死腹中。

清朝各级政府不能做到禁止彩票，是由于与彩票的实际利益过于密切，手中有彩票者，可以凭其权力地位维护这种利益，手中无彩票者，可以寻找机会办彩票，而且官场官官相护，联系千丝万缕，利害纵横交错，即便政府下决心，议而不决也是常事。要真正禁绝彩票，必须由一个与彩票的实际利益没有瓜葛的阶级来承担这一任务，而且只有当这个阶级确实掌握了一部分权力的时候，禁绝彩票才能从社会的要求变为实际的行动。这个阶级就是清末新崛起的民族资产阶级，代表他们意愿的是立宪派及其所掌握的各省谘议局。禁绝彩票呼吁了 10 年，直至 1909 年千呼万唤始出来，因为这一年民族资产阶级首次在中国的政治舞台上登台亮相。

首先提出禁绝彩票这一问题的，是江苏、浙江、广东等省，因为它们最早创办彩票，深知其中弊害；还因为立宪派在三省中力量最强，能够控制谘议局。广东赌害深重，1909 年 11 月 8 日谘议局第一届年会刚开幕不久，广东谘议局就以“赌博为粤省之大害”为由，提出了“筹禁广东各项赌馆议案”，向两广总督建言禁止闱姓、番摊、山票、彩票 4 种重大赌博行为。其中，“彩票赌饷——在粤省赌饷中为数最微”，与闱姓、番摊、山票相比，彩票在当地的多种赌博形式中不占主导地位，故广东谘议局未特地就彩票问题做决议。[②] 最早专门就禁止彩票问题做出议决案的是江苏谘议局。1909 年 11 月 20 日，江苏谘议局在第一届年会上做出了“永远停止彩票”的决议。决议以“售卖彩票，无异开赌，奖励游惰，破坏道德，贻祸之烈，莫此为甚”为由，提议在江苏全省永远停止彩票。[③] 随即浙江谘议局也提出了“禁止彩票规则法案”，规定在“本规则

① 《邮传部筹办铁路富签票》，《盛京时报》1909 年 11 月 5 日；《邮传部筹办彩票之详闻》，《华商联合报》第 19 期，1909 年 11 月 27 日。

② 《筹禁广东各项赌馆议案》，《广东谘议局第一次会议报告书》，第 1—7 页。

③ 《十月初八日会议议决永远停止彩票案》，江苏谘议局编：《江苏谘议局第一年度报告》第 1 册，约 1910 年出版，第 58 页。

公布后一月以内"全省一律禁止彩票。[①]

以上三省谘议局禁绝彩票的议案，都得到了当地督抚的批准，并奏报朝廷批准后，首先在三省范围内实行。

江苏、浙江、广东率先禁止彩票意义重大。上海是全国最大的彩票市场，浙江紧随其后为全国第二大市场[②]，加上广东，江、浙、粤三省的彩票销售量占全国的60%—70%。[③] 三省既禁，各省彩票失去了主要的销售市场，影响所及，结果有二：第一，仍然在发行彩票的省份，其彩票只能向三省以外的市场流动，而这些市场规模不大，彩票销路顿时萎缩，发行量被迫减少。第二，原本不发行彩票的省份，因民众购买彩票而大量资金流向外省，这一问题由来已久，当地督抚过去碍于发行彩票之省督抚的面子，不便在本省硬行禁止，现乘江、浙、粤三省禁止彩票的声势，纷纷上奏，要求由清政府颁布上谕，禁止彩票向各省的流动。这样，广东、江苏、浙江主动禁止彩票，引起各省的连锁反应，形成多省吁请禁止彩票的局面。

中国的专制统治者从来不懂得尊重民意，在清政府和地方督抚眼里，谘议局只不过是预备立宪政治体制改革中的一个民意机构；而彩票则是一些督抚手中的重要财政来源[④]，清政府多次打算收回这项财源均遭抵制

---

① 《禁止彩票规则法案》，《浙江谘议局议决案》，约1909—1910年出版，第76页。

② 浙江谘议局云："依上海南市各票行之调查，则各省彩票，以销入于浙江者为第一。"此处的各省，不包括上海在内。见《禁止彩票规则法案》。

③ 此数据系根据湖北彩票在三省的销售量，推及其余行销全国的彩票。湖北彩票是20世纪最初10年间全国发行量最大的彩票，其他彩票在三省的销量应与其类似，此统计不包括只在本省范围内销售的小型彩票。湖北签捐票在三省的销量，语出江苏谘议局对两江总督的呈文《查湖北彩票销行于江、浙、粤者，居十分之六七》。见《永远停止彩票案》，《江苏谘议局呈准公布案汇编》（第一年度）。

④ 彩票的实际用途，地方督抚一般不对外公开，因他们向朝廷申办的理由是救灾或庚子赔款等重大急办事项，但彩票收益极大，除应付赔款及灾情外，尚有大量余额，主要用于地方财政。以湖北为例。湖北签捐票从初创时的每月发行2万张发展到每月6万张，利润由每年10余万元递增至60余万元，1908年达到100余万元，因之湖北签捐票除"供解赔款要需"外，由于地方财政别无其他大项进款，"唯此签捐票取诸有赢——鄂遂倚为经常进款"。这种内情本不足为外人道，因江苏谘议局一再催促两江总督移文湖广总督，要求取缔湖北签捐票，其余各省也对湖北施加压力，湖广总督不得已，为暂时保留湖北彩票申述必须逐年递减的理由，不能不述及它与地方财政的密切关系。详见《张督部堂札行湖北签捐票分年递减办法交谘议局复议案文》，《江苏谘议局第一年度报告》第6册，第4—5页。

而失败，谘议局何能凭借一纸议案，解决了民间呼吁多年、政府议而不决的禁止彩票问题?

这首先是因为，预备立宪是清政府在清末做出的最重大的政治决定，而在各省设立谘议局是其中一项重要内容。尽管清政府一心想把谘议局的权力限制在地方民意机构的范围内，但新定的国家大法《钦定宪法大纲》，是仿照西方和日本的君主立宪制度而制定的，不能不在条文上明确规定谘议局是各省的地方议政机关，有权议决地方重大兴革事件，其所通过的议决案，经督抚批准后即可在一省范围内实行。根据这项规定，1909 年谘议局第一届年会召开时，积聚了多年力量的中国民族资产阶级(从戊戌时期的维新派到立宪运动中的立宪派)，充分利用了谘议局这个中国历史上第一次为他们开放的政治机构，提出许多重大的政治、经济改革议案，涉及限制督抚权力、监督地方财政等问题，远远比禁止彩票一事重要得多也尖锐得多，并为此做了坚持不懈的斗争，直至与督抚发生重大冲突；冲突的延续，是第二年资政院开会时，对蔑视谘议局权力的督抚进行了弹劾。督抚不愿在彩票问题上与谘议局发生过多的摩擦，给民众以顽固不化、寸权不放乃至不识时务的印象。

其次，与上述因素直接相关的是，预备立宪是一场政治革新，晚清的每一次政治变革都直接影响社会风气的转移，这是戊戌变法、清末新政（1901 年起)、预备立宪各个时期的突出社会现象，而且在预备立宪中表现得最为典型，因为它得到统治阶级中一批人的支持，在社会上有广大的拥护者。无论是当权者还是舆论界，也无论从国政与风俗相辅相成这一传统的治国理念出发，还是立宪政体需有良好的社会环境与之适应的现实需要，人们都希望这次重大的政治变革能与良风美俗的培育同时进行。诚如《时报》所言:“政治者，在上；风俗者，在下者也；政治者，由风俗酝酿而成；风俗者，由政治陶铸而出者也。故但改良国政而不改良风俗，无益也。”① 这同样也是清政府自己的愿望。所以 1906 年 9 月 1 日清政府颁布预备立宪诏令，9 月 20 日就发布整治社会风俗的禁烟上谕，宣布“今朝廷锐意图强，亟应申儆国人，咸知振拔”②，从因难度

① 《风俗谈》,《时报》1905 年 2 月 7 日。

② 《光绪朝东华录》，中华书局 1958 年版，总第 5570 页。

极大而自鸦片战争以来从未认真实行过的禁吸鸦片入手，实行全面禁烟，以振作全体国民特别是官僚队伍的精神。这表明清政府欲借政治改革之势整治社会风气的决心，并首先向吸烟痼习开刀，给国民和外国人一个确有能力重振朝纲的印象。以后它又连颁上谕，在连续处理了至少百余名上至亲王下及州县的禁烟不力和偷吸鸦片的官员之后，到 1908 年，禁烟运动在禁止吸食、取缔烟馆、减少播种面积 3 个方面已经取得重大成效。[①] 就整治社会风俗而言，清政府从未如此动过真格。吸烟、赌博、缠足是当时危害社会最严重的 3 种恶习。禁烟之后是禁赌。1909 年给事中陈庆桂奏称："中国害人之物有二，曰鸦片，曰赌博"；要求朝廷在预备立宪过程中严禁赌博，"以维新政而挽浇风"。[②] 两广、江浙等许多督抚也都采取了严厉打击赌博的措施，不缠足运动更是风起云涌。此外，不少省份的治安当局还发布告示，禁止求神问签、烧香拜佛、摆摊算卦等迷信活动。预备立宪这一政治上的重大变革造就了移风易俗的社会环境，使禁止彩票成为顺理成章之事。

再次，延续多年的彩票热在经济发达地区已慢慢冷却。从 1903 年起，清政府为发展经济和增加税收双重目的，逐步颁布了一系列奖励工商业的政策，这一重大举措就政府而言是找到了缓解财政困难的正确途径，对民间而言则为人们开辟了投资的新渠道，其效果在 1906 年前后已经显现，大量资金流入开设工厂、广辟商号和兴办铁路航运等投资领域。民间资本一旦有了正常出路，彩票对稍有资产者就失去了过去那种巨大的吸引力。而彩票业自身则与新经济的兴起发生了相反的演变趋势。中国彩票在经历多年的发展后盛极而衰，弊端日益明显，特别是 1901 年外商退出彩票市场后，除青岛、天津分别由德国人、奥地利人经营外，中国彩票业成了清一色的官商公司的天下。任何一个行业，失去了竞争对手必然故步自封走向腐朽，与其他行业相比彩票是一种不太规范的行业，更容易产生弊端。1902 年以后，中国的彩票公司，无论官办商办，几乎没有一家没有发生过重大营私舞弊现象；更兼自湖北签捐票起，官办彩

① 对官吏的革职及其他禁烟成效，系根据 1906—1908 年各地督抚、中央各部的奏折以及上谕，总数在百余道以上，不及一一注出，详见《清实录》及《政治官报》等当时的各种报刊。

② 《给事中陈庆桂奏广东赌害甚大请旨严禁折》，《政治官报》1909 年 7 月 25 日。

票逐渐成为主流，彩票的公正性远不如早期时代，人们对彩票逐渐失去信任感。

在这些政治、经济和社会因素的交互作用下，禁止彩票问题经江、浙、粤三省谘议局首倡，各省谘议局群起响应，报刊舆论为之鼓动，地方督抚顺应民意，很快由三省向各省扩展，形成一场全国运动。从 1909 年秋以后，两广总督、两江总督、闽浙总督、直隶总督、江西巡抚、浙江巡抚等相继在自己的辖区内禁止一切彩票的发行与销售。① 到 1910 年底，仅一年多时间，除湖北签捐票因情况特殊征求各省同意后每年减少 1/3 的发行量延至 1911 年取消外，全国各省彩票已一律禁绝。当然，无论一省之内禁彩票或各省呼应连动，都不是轻而易举实现的。中国彩票经历了 10 年的发展，彩票商与督抚之间，发行者与彩票行之间，关系盘根错节，禁止彩票所涉及的不仅仅是地方财政的得失，而且影响到一批从业者的失业问题，加以人们早已视法令为具文，会习惯性地对地方政府的禁彩票通告软磨硬拖设法抵制，因而整个过程进行得十分艰难曲折。笔者如有可能，以后将专文论述这个问题。现简要提示如下：（1）各省能够彻底禁止彩票，主要是谘议局努力的结果。谘议局不仅是运动的发起者，而且一而再再而三地对督抚施加压力，监督他们的实行情况。有地方谘议局锲而不舍地反复催促，才有各省督抚的三令五申，最终动用巡警对抗拒者法办，将大多数彩票店改造为经营日杂的小店铺。（2）禁止彩票必须各省联合行动，一省不禁，彩票就仍有市场，已禁之省就会死灰复燃。各省之间的呼应连动，基本趋势是南方地区（除湖北）首先实现了禁止，而后影响于北方各省，这与晚清大多数社会运动由南向北的发展是一致的。北方历来见事较迟，大约到 1910 年春夏才开始行动，帝都京师行动极其迟缓，直至 7 月仍对禁止彩票置之不理，遭舆论猛烈

---

① 各省督抚禁售彩票情况分见：《实行禁售外省彩票》（广东），《大公报》1910 年 4 月 12 日；《禁止彩票现状》（江西），《大公报》1910 年 5 月 24 日；《浙江巡抚增韫奏各省彩票停止来浙片》，《政治官报》1910 年 6 月 9 日；《闽浙总督松寿奏各省彩票请一律禁止片》，《政治官报》1910 年 11 月 20 日；《苏垣断绝彩票》（江苏），《大公报》1910 年 8 月 25 日；《彩票将禁》，《大公报》1910 年 12 月 12 日。

抨击后[①]，由民政部出面，强调“京师首善之区，尤宜设法禁止”，奏请“无论何项彩票，一律不得在京师行销”，奉旨依议。[②] 这个堡垒的攻克，影响于整个华北地区其他若干按兵不动的省份，终于实现了全国同风。(3) 斗争的焦点是谘议局与督抚的反复较量，而其深刻背景则是正在实行中的新的立宪政治与传统封建专制观念的冲突，即地方重大事件谁说了算的问题。立宪派从运动一开始就开宗明义地宣布：赌博“为宪政之诟病”，为禁止彩票立论，并略带强硬地对督抚声明：彩票为各省“应革事件之一种”，既经谘议局议定，督抚应予实行，而后借助强大的舆论声势，迫使督抚按照社会所认同的观念支持了这场运动。[③] 各省彩票的最后禁绝是通过督抚下令实现的，而谘议局在彩票问题上的坚决态度与官场历来办事拖沓、虚应故事的行事作风形成鲜明对照，表现了新生代的中国民族资产阶级的勃勃生气。略相类似的是 1901 年上海工部局一个月内取缔租界彩票。当时上海舆论即指出，取缔彩票小事一桩，外国人令行禁止而清政府做不到，根本原因在于中西政治制度的不同。[④] 同样的道理，倘若没有立宪运动所造成的政治社会环境，谘议局也无由在彩票问题上登台表演。

---

① 言辞尖刻的《大公报》论道：“各省俱禁彩票，惟直隶不禁；直隶卖彩票之处，尤以北京为最多。夫彩票无形之赌也，北京首善之区，而有无数之大赌场无人过问，此后彩票代售处，均可易其名为官赌场。”《闲评》，《大公报》1910 年 7 月 5 日。

② 《民政部奏请禁各省彩票行销京师折》，《政治官报》1910 年 12 月 16 日。

③ 督抚开始时主要从彩票危害地方（社会风气、资金外流）着眼，后在时代风气的影响下，纷纷声明彩票赌博影响于立宪政治。这种言论出自众多督抚之口，不管真情假意，其他不愿取缔彩票者如湖广总督就不便再硬抗了。例如，运动初期，两广总督云：广东彩票已禁，外省彩票“视粤为渊薮，殊不足以服人心而遏赌徒之焰”；运动中后期浙江巡抚增韫称：“彩票实即赌博，诱民以赌，政体已乖”，要求“顺舆情而符（谘议局）议案”；民政部称：“彩票与博赛无异——关系政体，实非浅鲜。”分见：《请禁湖北彩票往粤出售》，《大公报》1910 年 3 月 3 日；《浙江巡抚增韫奏各省彩票停止来浙片》，《政治官报》1910 年 6 月 9 日；《民政部奏请禁各省彩票行销京师折》，《政治官报》1910 年 12 月 16 日。

④ 租界工部局禁止洋商彩票公司后，平时很少批评时政的《申报》也发表社论，对比中西禁止彩票的不同，作如下评论：“此中西行政之不同。华人误于情面而西人不问也，华人误于因循而西人不肯也，此中西强弱之所由分，即小可以见大也。”见《与客论禁彩票》，《申报》1901 年 4 月 23 日。

六　简短的结语

清末彩票是一种吸引社会资金的有效手段，可以不需要投资，仅借助其赌博性就能刺激社会公众狂热参与，从而在短时间里筹集到大量资金。但这不是一种正常的集资方式。各省争办常年发行倚为财政支柱，是一种典型的变相搜刮。这首先表明国家缺乏吸引民间资本以扩大财源的正常渠道，不能不凭借此种低级的聚敛手段应付各种要需；其次表明官场腐败的不可救药，任何官僚都可以利用权力放手诱民以赌，而上级部门直至最高统治者无力干预，坐视之，姑息之。晚清彩票的风靡全国，绝不是政策的开明，恰恰相反，它是清政府权力衰微不能对社会实行有效控制的一种表征，是法律无力监管人们行为的必然结果。追根溯源，则是国家的政治腐败。

民国北京政府时期中国红十字会的慈善救护与赈济活动*

周秋光

中国红十字会以发扬人道主义为己任，以“博爱”“恤兵”为宗旨，以救死扶伤为天职。“战时扶伤拯弱”，“平时救灾恤邻”，自1904年创会以来，即尽最大的努力，从事各种灾事的救护与赈济。本文概述民国北京政府时期中国红十字会（以下简称红会）所从事的各种慈善救护与赈济活动，用以说明慈善是一种社会动力，是调节社会不可缺少的重要手段。

一　兵灾的救护与赈济

民国成立后，各种战事时有发生。据1922年红会第二次会员大会总结所言：“此十年中杀机大开”，首有“癸丑革命，继以蒙匪南犯，豫匪白狼之纵横，又继以直、皖两系之称兵，又继以滇、黔、川、湘、粤、桂之交哄”。[①] 红会每役必与，蹈锋镝，冒奇险，扶伤而瘗亡，几于智力俱困。这里有选择地介绍红会在兵灾救护与赈济中的活动情况，以概见其在整个北京政府时期兵事救护与赈济之全貌。

---

* 本文原载《近代史研究》2000年第6期。

① 中国红十字总会编：《中国红十字会历史资料选编》，南京大学出版社1993年版，第280页。

(一) 1913 年“癸丑之役”中的救赈

1913 年 7 月 12 日，李烈钧占江西湖口宣布独立，“癸丑之役”发生。袁世凯调兵南下，东南一带生灵涂炭。赣事发生后的第 6 天，红会召开第 6 次常议会，商决战事救护办法，要点有四：一是筹款。红会上海总办事处除向社会各界劝募外，并“电泰东西红十字同盟各国协助”；二是组派救护医队、掩埋队等。因战祸起于赣，上海总办事处即“电九江分会、教会出发救护队疗伤葬亡”。同时亦“组织本会医队数队随时出发”，“赶发掩埋队以免腐尸为疫”，并“急练救护担架队教授初级救伤法四十人，招集青年子弟在本会教授”。三是禀请交战各方一体保护。四是增设各省分会及临时医院并联合社会力量共同施救。中国红十字会分会及临时医院每因灾事发生便有所设。此时上海总办事处主要要求江西、安徽、江苏等地多设分会及临时医院，以便救护。除此之外，总办事处并“邀集寓沪东西绅商、医药界组织万国红十字协会协助进行”。再基于以往教训，还特别重申：“凡红十字徽章禁止滥用，并严禁以红十字（会）为作战机关。”①

癸丑战事呈此伏彼起之势，所以红会的救护也随战争的发展而由南向北推进，大致可分为四个中心，即九江、上海、南京、徐州。红会的安排是：九江方面，主要由当地分会及教会主持；上海方面，以柯师及王培元医士为救护队长，邓笠航负责红会机关，临近地区镇江则由苏州教会医生柏乐文、惠庚生及镇江教会医生白廉，组织沿沪宁路救护队并苏、镇临时医院；南京由分会长余少彰和宋培元、陈履源等组织应付一切；徐州方面，由南京宝琅医生组织沿津浦南段救护车及救护队，往来徐州、浦口一带，并请段少沧、朱星齐等组织徐属五县分会，扶助进行。另外，在南京、浦口、滁州、临淮、怀远、颍州至徐州一带，加派掩埋救护队。当九江、上海等地战事结束后，红会又组织两地其他分会力量奔赴南京和徐州救护。

“癸丑之役”若论战斗之激烈程度、持续时间之长、死伤人数之多，则莫过于南京和徐州两地。所以红会在后期对两地投入相当大的精力。

---

① 《红会紧要会议》，《申报》1913 年 7 月 20 日。

而上海由于是关系中外的通商大埠，救护也显得极为重要。整个癸丑救护中，上海一地设医院 5 处，共医治受伤军民 947 人（不治者 11 人），耗费 1.5 万元；为救护队救护 900 余人，耗费约 2600 元；设立留养院 3 处，留养男、妇、婴、孺 3300 余人，耗费 4700 元；为救护难民出险，红会派江绍墀、王培元租用“大通”号轮船赴宁运送难民共 5000 余人，耗费约万元；上海湾吴淞等战地，埋尸 371 具，耗费 1200 元；设平粜局 3 处，开办 50 日，采办米粮 5213 石有奇，计价洋 24530 元，除收入平粜价外，耗费 5283 元。另外，购置施放防疫治病药料、药水约千元，赈给露宿难民面包、食物、饼干、痧药约 3000 元，资助伤军难民溃勇败兵回籍 10400 人，花费 5500 元等。①

南京兵灾极重，除上海总会前来救护外，战事中间分会所辖医院南京鼓楼医院、基督医院、金陵医院等救护治疗受伤兵民计 1900 余人，耗费 8000 余元。南京分会还掩埋尸体 7350 具。另外，镇江、徐州等属，救伤葬死，花费不下数万元。

值得提及的是，红会在“癸丑之役”的救护中，为使工作开展有序，忙而不乱，还制订了有关章程。例如沪地战事结束后，红会于 8 月 9 日在上海南市新舞台旧址设立临时妇孺留养院，特制订《中国红十字会临时妇孺留养院简章》，对办院宗旨、院制和人事设置、经费来源、收录范围以及管理体制等，均作了明文规定。红会 8 月 23 日租用英商太古行之“大通”号轮船载运南京、镇江之难民出险，也专门制订了《中国红十字会救护医船大通草章》，对开船的日期、地点，载运的范围，行船的路线，难民伤兵上船后的管理等，都有详细的规定。这表明红会正在尝试着规范内部的各种行为，实行制度化管理和建设，尽可能使一切有章可循。

红会在“癸丑之役”的救护中，不但严格奉行“恤兵”的宗旨，还发扬“博爱”精神，充当和平的使者，在上海战事中对南北两军居中调停。7 月 23 日，上海战事以南军攻打制造局而拉开战幕，当日午前南军死亡 20 余人，伤兵 50 余人已入红会医院救护，而北军方面情况尚不明朗。战争发生当夜，红会即要求双方停战。据载当时红会代表“力劝两

① 据《申报》有关报道与《中国红十字会历史资料选编》第 294—305 页资料综合。

军，声泪俱下”[①]。经红会副会长沈敦和与柯师医生的努力说服，“两军允红十字会之请休战八小时，拯救伤兵伤民”[②]。24 日，沈敦和与柯师为调停战事，又“往来两军总司令处，足不停趾，欲达博爱恤兵目的”，最后在 25 日得允“城南闸北及华洋交界且热闹之区”，两军“勿用炮火”，并允“于今晨（25 日）六时休战十小时，决计不伤民众、向热闹处射击”。[③]

如果在制造局之战中，红会未达到使两军罢兵的目的的话，在吴淞之战中，则取得了这一成绩。在吴淞炮台之战中，南军总司令钮永建体恤军民已有不战之意，加之沈敦和与柯师医生往来调停，即先与红会达成一协议，允与北军谈判，提出如果北军答应己方条件，则愿交还轮船，撤出炮台。8 月 12 日下午，沈敦和派柯师赴吴淞面见钮永建，陈说利害，得钮氏复言，谓“为保全民命及部下兵士起见，愿从忠告”。随即作书一封，言明撤退条件，托柯师转致“海圻”巡洋舰上的北京政府海军总长刘冠雄。到 13 日下午 4 时，吴淞炮台内有兵 2000 人悉已解甲投戈，归红会调和中立人管领，炮闩归红十字会执管，狮子林、石塘炮台上高悬红十字旗，暂时为红十字会全权执管，“联鲸”兵船作为红十字会医船归孟纳司暂管。红会调停战事达到了目的。[④]

参加 1913 年癸丑救护的红会遍及东南各省，计有上海、江苏、江西、安徽、广东、天津、山东等地 20 余处分会。远离东南战场的湖南红十字分会也积极行动，于 7 月底由分会理事粟戡时会同雅礼医院组织野战医队，以都督谭延闿拨助之 5000 元经费购置药品等物，前往岳阳一带救护（该医队由军医长 1 名领导，辖医生 4 名、医员 10 名、助医 20 名，并拟招募野战队 100 名“以便随时照料”）。[⑤] 在整个“癸丑之役”救护中，红会共得捐款洋 165700 余元，共支出 132300 余元。[⑥] 红会对受伤兵民、流离难民积极开展救护。在国内战争中，只有中立性质的红十字会才能

---

① 《中国红十字会临时通告二》，《申报》1913 年 7 月 25 日。
② 同上。
③ 《中国红十字会临时通告》，《申报》1913 年 7 月 26 日。
④ 《吴淞炮台就降捷报》，《申报》1913 年 8 月 14 日。
⑤ 据《民立报》1913 年 8 月 8、13 日综合。
⑥ 《中国红十字历史资料选编》，第 305 页。

起到政府和其他民间组织所不能起到的作用。在救护中和战事结束后，红会不断受到南北军方和政府的表扬，1914 年，政府还专门嘉奖了一批“癸丑之役”的救护工作者。

（二）1913 年救护张家口伤兵

热河向来多动乱，蒙边不靖。自民国成立以来，虽然历任热河都统均派兵靖乱，但总是不能消除隐患。1913 年 3 月 15 日，热河都统熊希龄曾致电上海中国红十字会，请筹款赈济蒙灾。然红会当时并未给熊希龄以回应。1913 年 11 月 28 日，红会北京总会秘书冯恩昆致上海总办事处沈敦和、江绍墀一电，谓“据张家口教会医院报告，该处有北来受伤华兵三四百名，寄寓剧园，无人调治，呻吟痛苦，惨不忍闻。该医院力量薄弱，且少医生，日难兼顾，应请本会速派医队星夜前往，抚此颠连”。冯说：“查伤兵如许之多，断难漠视。现捡从前北京原有之医队物具，尚不敷用，迅速添补，即可成行。其医生均系从前在汉口出力之旧队，亦无牵制。惟此行至少须预筹万数千元方敢动身。昨电陈吕会长，亦以总会无此巨款，嘱昆先向钧座电商筹拨，以便集事，特此电请查核。如蒙允许，即电复，款由汇丰兑京交昆签收。”①

沈、江二人接电后，即于次日召开红会第七次常议会，会上沈敦和向常议员们介绍“蒙边交兵，华军失利，业由北京总会出发医队，日内起程赴张家口医治”，请拨款接济诸情形。当即议决：“先汇路费二千元，以后陆续劝募再汇。”②

路费迅速电汇至北京。1913 年 12 月 2 日，北京总会所组织的医队启程。3 日即抵达张家口。据医队给北京总会的回电称：他们到达张家口后，查实“现有伤兵一百三十名”，但距张家口外 45 公里的什巴尔台地方尚“有伤兵八十余名，此外多伦地方有多数伤兵尚未运到，无合宜房屋，颇难医治”。加之时在隆冬，救护工作较之内地艰难数十倍。医护人员不无伤感地说：“环顾同胞，痛苦惨酷，言之泪下，赈救尤为急急。”③

---

① 《张家口伤兵待救》，《申报》1913 年 11 月 30 日。

② 《红会第七次常议会纪事》，《申报》1913 年 12 月 2 日。

③ 《西北救护医队出发》，《申报》1913 年 12 月 9 日。

为了准备充足的款项以救此伤兵病员，沈敦和于 12 月 11 日向海内外同胞发布《急募张家口救护善捐广告》，谓："口外苦寒，救护队奔驰沙漠，抢救伤残，雪地冰天，困苦万状。且一应医药饮食等，需经费浩繁。敝会担负甚重，西顾增忧。务乞薄海内外诸大善士，笃念痌瘝，解囊慨助，共维恤兵义举，曷胜企祷之至。"①

在沈敦和募捐筹款的同时，蒙边的救护工作在极为艰难的环境中紧张进行着。据载伤兵 300 余人中，重伤者几及百人，大都流血过多。救护队所采用的初级救伤法完全是中国旧法，对于那些伤口腐烂者来说，钳取枪子是一件至为困难而又十分痛苦的事情。医生和看护人员皆昼夜不眠，精疲力竭，人手与药料以及食品都亟待补给，故求援的电报不断向上海发来。为此，红会上海总办事处乃又赶紧派出甲、乙两医队到蒙地，"一驻喇嘛庙，一驻兴和城"，药品和食物悉数补给，"随到随运"，并且还给以"皮袄食饮，庶免冻毙"。② 这场救护一直进行到第二年的春天，其时又发生较大规模武装冲突，造成张家口等处再次"伤亡枕藉"的悲惨情形。中国红十字会始终坚持救死扶伤，"疗治受伤兵民为数尤众"③。直到将所有的救护工作进行完毕，方才撤离。

（三）1914 年救护皖、豫两省兵灾

1914 年 1 月，爆发一年多的白朗起义其势愈烈，波及豫、皖等省。北京政府调集大军镇压。中国红十字会派往张家口去的救护队尚未撤回，又面临新的救护任务。

白朗起义军 1 月 11 日即攻陷了河南的光山，26 日连陷安徽的六安、霍山两县。接着，河南商城、潢川，安徽寿州相继失陷。据载白朗军"所过之处，奸淫焚杀，惨无人道"④。1 月下旬，红会副会长沈敦和连接河南、安徽两省各地分会来电，报告情况，请示方针。沈敦和以救济拯恤为红会天职，于 2 月 2 日分电固始、颍州、庐州、正阳、临淮等地红会

---

① 《急募张家口救护善捐广告》，《申报》1913 年 12 月 11 日。

② 《张家口救护医队之报告》，《申报》1913 年 12 月 30 日。

③ 《中国红十字会历史资料选编》，第 462 页。

④ 《救济兵祸之急迫》，《申报》1914 年 2 月 4 日。

分会，请即星夜派员前往救济。各分会奉命而行，但困难重重。

2月21日，固始分会发来急电，报告当地20日一战，“积尸遍野，受创兵民呼号痛苦，医不暇给，且大兵云集，已逾万人，大战在即，医药银钱均甚缺乏”[①]。又安徽六安、颍州、寿州报告：“六安全城被焚，几无完土。焚死被杀及自轻者达二千五六百人。被难居民达八万人。逃往山中乡下者悉无人色。而正阳关红十字会员刘君驰赴救济受伤民人，设临时救伤机关。讵料白狼党徒犹敢勒索银钱，甚将刘君严刑拷逼，刀折其腿，弹穿左目，幸遇匪魁释放，护送至庐州医治，可保性命。惟遍地饥民，负伤抱病者尤居多数。非有巨款，曷克救济？且徐州江北，春荒已成，兵燹余生，急待救援。”[②] 面对如此严重的情形，红会上海总办事处采取的措施是：一方面四处募捐，一方面组织医疗、救济队克日前往。

3月14日，沈敦和以中国红十字会总办事处的名义，向安徽河南同乡暨海内外善士发布了《劝捐公启》，呼吁两省同乡和海内外善士“慨解仁囊，源源惠助”[③]。4月12日，再次发布《急募赈款启事》，言词更为凄切动人：“惟灾区既广，灾民众多，计非集筹巨款，不足以宏救济而起疮痍。本会经费竭蹶，心力相违，远望江云，弥涂焦灼，敢申托钵之求，发棠之请，所冀溥海内外诸慈善家，笃念痌瘝，仁囊慨解，多施一金，即多活一命，早惠一日，即早救一人。谨代豫、皖两省数百万哀鸿九顿以俟，幸公鉴焉。”[④]

沈敦和的两次劝捐产生了很好的效应，各方捐款源源而来。特别值得一提的是前红十字会会长盛宣怀。盛在上年“癸丑之役”红十字会租赁英商太古行轮船装运南京难民时，即主动捐赠租船费银4500两。此次听说豫、皖两省兵灾严重，沈敦和等人正在四处托钵，即首倡捐银1万两，为海内外捐户作出了表率。

红会募集了相当款项，救护和赈济便有恃无忧了。救护之地因与上海相隔遥远，故红会上海总办事处没有再专门组织医队前往，只是电饬

① 《红会救护之困难》，《申报》1914年2月24日。

② 同上。

③ 《劝捐公启》，《申报》1914年3月14日。

④ 《急募皖豫两省匪灾赈款启》，《申报》1914年4月12日。

固始等地分会就近赶组医队和掩埋队，前往六安、霍山等处，既疗伤又瘗亡，经费与药品由总会供给。而总会则专门办理赈济事项。鉴于皖豫两省旅沪同乡在此次兵灾中捐款不少，红会特请安徽旅沪同乡会公举张瑞臣、周谷生、朱量五3人携款2万元并衣米等物，赴六安霍山等处散放急赈，同时又专门派调查员到受灾之地调查被灾各邑人户确数，筹措赈济方策。据载红会所派人员与安徽旅沪同乡会的张、周、朱3人于四五月间前往受灾各地会同官绅分投施放，“计分福、禄、寿三项”①，“全活数万人”②。

皖、豫两省的救护赈济完毕，因白朗“北窜陕甘数十州县，人民房屋牲畜俱遭蹂躏”③，红会迭接该地的请赈函电后，遂由总办事处分电陕甘各受灾之地的教士调查灾情，然后组织款项和物资，进行了有效的施赈。

红会对白朗起义所造成兵灾的救赈，到7月底全部告竣。

(四) 1914年山东兵灾的救护

1914年7月，传来了第一次世界大战爆发的隆隆炮声，日本乘德国鞭长莫及，东西难于兼顾，即出兵中国山东，企图取代德国，夺取在华权益，而置中国人民的生命财产于不顾。北洋政府软弱无能，心存侥幸，宣布严守中立，对两国在中国交战亦置若罔闻，任其发展。中国红会再次担负起救助被难同胞的重任。

从8月初起，中国红会上海总办事处即开始进行青岛兵灾救护的筹备工作。

鉴于经费对红会万般紧要，经与政府和国际红十字总会联络交涉，总办事处从月底起多次发出广告，向海内外同胞劝捐。

与刊发劝捐广告同时进行的是组织培训救护医队和电请政府及交战双方对红会的救护人员安全予以保护。在8月21日的常议会上，考虑到山东青岛兵灾救护的特殊性，准备组建海、陆两支救护队。于是总办事

① 《六霍放赈员回沪》，《申报》1914年6月1日。

② 《中国红十字会历史资料选编》，第462页。

③ 《陕西遭匪蹂躏后之惨状》，《申报》1914年6月18日。

处一面“招集惯历风潮之人，编成海面救护队，教以初级救伤法，以便将来在水上救护”，一面致电经过战事的各省数十处红会分会，“请素有经验之人来会，以便集合一大团体”。[①] 并且在《申报》连续多次刊登启事，延请红会前在汉、沪、宁战地曾经出力医员队员，迅至二马路红会总办事处与王培元医博士接洽，俾得刻日成队出发。[②]

为了发扬救护宗旨，严肃救护纪律，规范救护行为，避免可能出现的弊端，红会特地为救护队制订了《临时章程》和《临时要则》，在救护队出发前组织学习并颁布。

上述一切准备妥当，红会即进入战地救护阶段。9 月 1 日，青岛风云急迫。沈敦和将已经组织起来的救护队分为陆路、水路两组，陆路组于 9 月 1 日派出，行进不远，忽然接到来自胶州的电报，谓“即墨一带大雨旬日，积水盈渠，途中淤泥三尺，不便进行”[③]。是故，刚派出的医队只好折回。于是，沈敦和将原已分组的陆路、水路重新合为一队，直到 9 月 10 日，才由沪港乘“新济”号轮船直赴烟台，拟由烟台转往逼近青岛之海阳地方待命。

此次出发的救护医队总人数 43 人，队长系由沈敦和亲自提名的南市医院医生陈杰初担任，副队长为吴丽山与邓笠航。另以金幼香为掩埋队长，吴凯为担架队教练员，金汉声等 3 人为医员。医队还有药剂师、书记、庶务、日文翻译及初级救伤员等，各司其责。出发前，沈敦和假座群雅菜馆为之饯行，“以人道主义及博爱、恤兵等旨为临别赠言”[④]。出发时，救护队全体“整队登轮，队员制服全系黄色，臂系红十字袖章，由陆军部长及该会会盖关防以为识别。队员之等级以帽上金线之道数及阔狭为区别，并均执有证书，且悬救护徽章，随带药料、医具、食物等项不下二百余件”[⑤]。

救护队于 9 月 16 日到达烟台。与日本领事接洽，嘱驻扎平度。是日乃由烟台乘小船至虎头岸起陆，18 日抵平度。到平度后，救护队即开始

---

① 《红十字会纪事》，《申报》1914 年 8 月 25 日。

② 《红十字会启事》，《申报》1914 年 8 月 22 日。

③ 《红十字会纪事》，《申报》1914 年 9 月 6 日。

④ 《红十字会医队出发》，《申报》1914 年 9 月 13 日。

⑤ 同上。

联络部署各项。据副队长邓笠航致沈敦和电称："该处道路可通骡车，已请道尹电饬知事在虎头岸雇车，一俟部署妥当，即行就道。赈务事，候新铭二十号到烟，笠即行动身。"①

红会上海总办事处在派出救护队的同时，也加紧在山东各地扩组分会。分会工作由一直居住在山东青岛的红会正会长吕海寰坐镇领导，调度一切。据载扩组分会多处。"已推定烟台分会理事长陈绮垣，青岛分会理事长尉礼贤，莱州平度分会理事医长傅雅谷，黄县分会理事医长艾体伟，海阳临时分会医长顾林森，济南理事长庄钰。其余在战线接近之处，由各该分会分驻救护医队。"②

总之，中国红会上海总办事处对于这次青岛兵灾的救护工作布置得十分周密，准备得特别认真，概因想通过这次救护，在国际舞台上一展中国红会的新形象。由于准备工作做得充分，自然就有好的效果。据红会所称："由沪出发救护队，设临时医院于胶州各区，会同日本赤十字社赴战地，且于青岛平度即墨等县设分会，并设临时医院，又于高密大一丁村一带分设救护机关。死亡载道，孑遗之民，为状至惨，济南分会，会同救护，济渡灾民以数千计。"③

（五）1916年"护国战争"中的救护活动

1915年12月12日，袁世凯宣示承受帝位，恢复帝制。12月25日，蔡锷在云南宣告独立，兴兵讨袁。1916年1月，护国战争打响。

中国红会自滇事发生，北京遣师前往，就断定"滇边各省必有战事"，因此立即致电成都、梧州各分会，要他们"召集医队，并分组涪州、泸州、重庆、叙州、荣县、雅州、自流井、南宁等处临时救护机关及固定医院"，早做救护准备。

基于以前办理救护工作的经验，以及红会本身存在的实际困难，中国红会决定此次救护采取与以往不同的办法。即总会不再专门派医队到救护地，救护队主要由各分会自行组织，同时决定基本上固定设立机关，

---

① 《救护队开往平度之电音》，《申报》1914年9月21日。

② 《红十字会在鲁消息》，《申报》1914年9月18日。

③ 《中国红十字会历史资料选编》，第463页。

不外出抢救。战地救护的实际工作主要由各地分会担任，总会的职责主要是进行筹款与解决给养等问题。1916年2月10日，红会上海总办事处特将此改变电告北京总会转咨陆军部。电云："此次滇事猝起，谣诼繁兴，且闻中央三路遣师，诚恐干戈蔓延。本医队追随鞭镫，实力未逮，且稍有不慎，尤易滋生流弊。兹本会为杜渐防微起见，拟通电各处一律就地备设救护机关及固定医院，万一当地起有战事，均由该军就近送往医治，本会各救护队概不出发，以昭慎重。"①

红会这一救护方式的改变对于本身来说是有好处的：一是总、分会分工明确，各司其职，可以更充分地发挥各自的作用，特别是发挥分会的作用；二是不派救护队赴战地，可以节省人力与开支，便于集中精力搞好医治；三是救护人员不上战地，可以减少意外的伤亡，也可以杜绝别有用心的人利用红会旗号标志干出非法之事；四是固定设立医院有利于救护之前做好各方面准备，使伤病救护更有保障。

由于中国红会这一救护方式的改变，特别是通电各处一律就地备设救护机关及固定医院，近滇各省没有分会的纷纷请求设立分会，已设立分会的赶紧请求组织机关，筹备救护。一时间出现设分会和立机关的热潮。截至3月7日，红会下属救护机关已经遍布四川、湖南、贵州、广西、云南5省。

各地分会所设立的救护机关都积极地开展了救护活动。据四川自流井、泸州、荣县，湖南麻阳等处西教士电称："各该机关就治伤兵均有五六百名之多，医院满塞，几不能容。而麻阳一埠，伤兵亦众，每日以船转载至铜仁疗治者络绎不绝，以致柯慕林君应接不暇，电促加派医员为之助理，并分请运汇药款。"② 当时各机关因为救护伤病人员特多，"经费浩繁，需款尤广"，纷纷致电红会上海总办事处，"请速接济"。③ 有些尚未发生战事的地方，因需预先准备，也来请款。如长沙分会，"亦以战事日紧，分筹救护用款浩繁，请先接济巨款，俾应急需"④。

---

① 《红十字会之审慎》，《申报》1916年2月12日。

② 《中国红十字会总办事处沈仲礼启事》，《申报》1916年3月7日。

③ 《红十字会募捐通函》，《申报》1916年3月12日。

④ 《中国红十字会总办事处沈仲礼启事》，《申报》1916年2月15日。

面对各地的请款函电，上海总办事处丝毫不敢怠慢。其实从 2 月 15 日开始，沈敦和便刊出了《急募兵灾救护经费广告》，谓："近日以来，血薄肉飞之众，断臂折足之俦，运送至院就医者已络绎不绝，大有坑谷皆满之概。值兹欧战影响，百物俱昂，即东西各药品，其价值亦日进而不已，需款之巨，已可概见。且战区弥广，分会繁多，既负担之甚重，亦肆应之维艰，茫茫四顾，曷胜杞忧，为敢普告薄海内外仁人君子，笃念伤病，宏施救拯，相与慨解仁囊，源源接济，俾本会得以实力进行。"① 3 月 7 日又以上海总办事处名义刊登劝捐启事。② 3 月 10 日又特地致函南洋各华侨。经广为劝募，各处汇款十分踊跃。如重庆分会魏翊丞介绍会员一次性就交来会费洋 2050 元；浙江宁波槐廷居士捐款洋 100 元；吴伯琴善士捐助洋 200 元；经纬老人捐洋 100 元；杨妙珍女士捐洋 200 元；李云程善士捐银 20 两等。当时《申报》几乎每天都刊有中国红十字会敬谢各捐户的征信广告。正是因为有了源源不断的捐款接济，各地分会的救护工作才能进行下去。据红会自己记述：一场护国之役，"凡战事所经之地，各医院无不伤痍满院，药物为罄，函电交驰，请药请款本会者，无日无之。未几而粤战又起，复电广东分会即日出队救护，疗伤瘗亡，厥功尤著。是役也，本会分设机关多至数十处，用款至十余万元"③。护国之役的救护，中国红十字会取得圆满的成功。

（六）其他各种兵灾的救赈

中国红会除对上述各次重大兵灾进行救护与赈济外，还有其他许多救赈行动。限于篇幅，下面只作简略介绍。

1917 年 7 月，张勋复辟，段祺瑞讨伐张勋而由天津进兵北京。红会对于这次兵灾的救护，由北京总会会同天津分会合力进行，成绩斐然。

同年 9 月到次年所发生的护法战争，红会仍照护国之役的办法，分电各战区分会召集医队出发救护，并设立临时医院治疗受伤兵民，同时还创办妇孺救济所收容难民。当时战地之重庆、常德、岳阳、通城、樊

---

① 《中国红十字会急募兵灾救护经费》，《申报》1916 年 2 月 15 日。

② 《中国红十字会总办事处沈仲礼启事》，《申报》1916 年 3 月 7 日。

③ 《中国红十字会历史资料选编》，第 465 页。

城、襄阳、潜江、汉口及广东等各分会都来电响应。其时红会已参与北方顺直之特大水灾救助，本已不堪重负，但天职所在，仍四处募款，并派遣医员，携带款项与药品等前往战争受灾各区域进行救助。①

护法战争中湖南战事最烈，兵灾最重。红会对于湖南所给的援助，截至1918年7月底，已两次汇寄长沙赶办急赈款洋9000元，宝庆平粜款洋6000元。同时红会上海总办事处还专门组建了湘赈干事部，该部在7月底购买四号大包麦粉1万件，暑药、银洋、铜元、饼干、挂面一百数十项，于8月底特地赶往湘省放赈。计赈株洲面粉2000包、醴陵面粉3000包，共值洋6000元。又现洋4000元，拨赈宝庆2060元，湘阴100元，电汇衡山洋1600元、寒衣1000件。以后该湘赈部继续募集款项物资，随募随赈。②

1918年9月，粤军进攻福州，闽粤战事发生。红会福州分会致电上海总办事处，请将各种救护物资从速寄闽。上海总办事处立即应允。

1920年6月，湖南又发兵祸。新宁、宝庆、湘潭、岳阳等战区红会分会，积极出动，救伤葬亡。但因经费奇绌，电上海总办事处筹募。同年七八月间，闽粤继续开战，岭东分会电请上海总办事处知照交战双方对红会一体保护。其时汕头分会和番禺分会都组织起救护队前往战地救护。7月间，中国红会还组织对直皖战事的救护。北京女界红十字会参加了这次救护行动，并设妇孺救济会、妇孺收容所等，制订有《妇孺救济会简章》《收容所规则》和《救护队简章》，表现十分突出。③

1922年3月，红会继续救护湖南兵灾。先是由林伯翘将南海、番禺、顺德3分会合组为“广东全省联合救护队”赴湘救护，并电请红会上海总办事处转请湘省司令赵恒惕一体保护。当时，湖南耒阳“适当冲要，以弹丸黑子之乡，为枪林弹雨之地，人民之颠沛流离，已属呼号遍野，

① 《中国红十字会敬募川湘鄂粤兵灾救护伤兵济渡银经费启事》，《申报》1918年2月6日。

② 《红十字会湘赈进行》，《申报》1918年7月28日；《中国红十字会急募湖南兵灾捐款》，《申报》1918年7月31日。

③ 《北京红十字会附设妇孺救济会简章》，《顺天时报》1920年7月21日；《女红十字会妇孺救济会纪事》，《顺天时报》1920年7月22日。

而数百年之常平仓谷，供给军需，颗粒无存，十室九空，元气尽丧”①。红会即电耒阳分会会长谢炳彝调查一切，与总办事处妥商救护办法。后来，还是由红会“广东全省联合救护队”分组 3 个大队赴湘救护发挥作用，使湖南的兵灾救济得到缓解。

与广东红会分会对湖南战事进行救护的同时，贵州红会分会洪江、赤水两处，对本省袁祖铭之定黔军与贵州陆军因政见不合造成的战祸兵难进行救护。3 月 20 日战事发生之初，洪江分会即医治伤兵数十名。② 赤水分会在 4 月初也加入救护行列。③

与南方红会进行战事救护的同时，北方红会从 4 月开始，对直奉战争造成的河北、河南两省的灾事进行了救助。4 月 28 日，红会保定分会筹备了救济会 21 处，救护队 2 队，当日开赴霸县。所有经费均由红会上海总办事处设法补助。第 1 队于 29 日到达霸县，救护伤兵 80 余名。5 月 4 日，第 2 队在东路任城一带救护伤兵 300 余名。因交通不便，遂送交军医院 180 余名，余下 150 余名在救护队临时治疗所医治。④

5 月 11 日，红会上海总办事处致电河南铁路沿线之安阳、许昌、信阳、开封、洛阳、河阴各分会，请“克日出队，救死扶伤”，参与对豫省范围内的兵灾救护，并致电河南督军赵倜、冯玉祥，“传谕前路官兵一体知照优待”⑤。

5 月下旬，赣省又发生战事，红会上海总办事处致电赣州、吉安、南昌、吴城等分会组织救护，这些分会组织救护队、临时医院与妇孺救济会，都要求上海总办事处“分电南北交战军事长官，照约保护”⑥。其时湖北红十字分会也参与了赣省的救护。

1922 年 11—12 月间，红会广西桂林、梧州等分会与吉林长春分会分别对于本省发生的战事兵灾匪患实施了救护。⑦

---

① 《本地设法赈救湖南耒阳奇灾》，中国红十字会总办事处编：《慈善近录》，1924 年刊行，第 24 页。

② 《洪江分会救护兵灾来函》，《慈善近录》，第 25 页。

③ 《赤水分会报告救护黔战详细情形函》，《慈善近录》，第 25 页。

④ 《保定分会来电》，《慈善近录》，第 28 页。

⑤ 《中国红十字会总办事处去电》，《慈善近录》，第 27 页。

⑥ 参见《慈善近录》，第 29—35 页。

⑦ 同上书，第 43—46 页。

1923年2月，红会广东高要、番禺、南海、顺德、汕头分会与江西的赣州分会分别对于粤战实施救护。3月，红会四川隆昌、江北、渠县、华阳、重庆、达县、垫江、梁山、郫县、成都、罗江、万县、宜都、新都等分会救护渝蓉剧战的兵难。川省各分会的救护一直持续到1924年。①1923年8月，有红会湖南常德、醴陵等分会救护湘西战事；12月，有红会陕西西安分会救护高陵兵灾。②

1924年9月，红会上海总办事处与沪城分会合力对江浙战争的兵难实施救护。9月4日，红会总办事处组织医队30余人开赴战地，以天津路时疫医院为救护所，并用火车两辆、商务印书馆运货大车两辆运送伤兵。沪城分会会长殷受田也派人前往战地救护视察，并筹设难民收容所。因战事剧烈，伤兵日多，"所有救护工役不敷派遣"，总办事处即招募专项工役，"专司扛抬伤兵"。③ 为方便救护，总办事处救护队在昆山设驻扎所，并将昆山医院改为临时治疗所。④ 苏州之吴县分会积极救护，成立童子军服务团协助红会救治伤兵，并"特商借学校、教堂及公共场所，分组临时收容所"计86处。⑤ 到10月初，总办事处派驻昆山救护第一队已救护伤兵病民达千人以上，收容妇孺3372人。⑥

1925年12月初，奉天张作霖与郭松龄开战，红会朝阳分会致电上海总办事处，谓已在锦县设立病院及妇孺收容所，请声明内务部转饬保护。总办事处复电称"已电请张、郭两司令，饬属妥为保护，由内务部转饬无益"⑦。

1926年1月，山西建国军与晋军交战，红会山西黎城分会筹备医队前往救护。在辽州战场上救得民人30余名，医治伤兵35名，掩埋死尸20具。又掩埋骡马60余具。⑧

---

① 《慈善近录》，第56—105页。

② 同上书，第107—109页。

③ 《红会之救护消息》，《申报》1924年9月4日；《救护伤兵与难民》，《申报》1924年9月8日。

④ 《昆山红十字会救护情形》，《申报》1924年9月12日。

⑤ 《地方通讯》，《申报》1924年9月14日。

⑥ 《驻昆红会救护纪》，《申报》1924年10月4日。

⑦ 《张部战事之救护》，《申报》1925年12月6日。

⑧ 《红会报告救护辽州之经过》，《申报》1926年1月13日。

3 月，红会汉口分会赴河南信阳掩埋积尸。[①] 6 月，红会组织救护北伐战事兵灾。15 日，国民党妇女部组织随军红十字队，政府月拨 3000 元以为经费。[②] 北伐中，两湖战场战事激烈，红会汉口分会积极发挥救护作用。自湘鄂军兴，该分会即派救护队赶赴岳州。随着战事的不断北移，该分会又组织第二医队出发汉阳等地救护，并在汉阳、夏口等地设立妇孺救济所多处，又将后城马路孤儿院改设临时医院，收诊伤兵。截至 9 月 12 日，该会已设立妇孺救济所 44 处，收容 3 万余人。临时医院收诊伤兵亦达 420 余名。[③]

1927 年 3 月，松江、上海突遭兵祸。松地之城厢内外及附近街区大半都遭抢劫，兵匪肆虐，难民如潮。虽在松之红会分会、红会第 5 疗养所及各分所收容了避难妇孺 5000 余人，基督教妇孺救济会及各分会收容了 4000 余人，红会分会各收容所亦收容了 4000 余人，但经松江被灾城乡各处计之，所收容入所者不过难民总数的 1/10。而那 9/10 的灾民有家已破，无处谋生，情形堪忧。为了救济这些乡民，红会松江分会第 5 疗养所主任陆规亮及红会常议员王一亭等人于 3 月 30 日发起组织“松沪丁卯兵灾善后救济会”，并制订了《救济会章程》。[④] 于 4 月 5 日召开第一次会议，以红会松江分会第 5 疗养所为该会驻松办事处，经过数月的努力，终使松江难民善后救济安置的问题得到基本解决。

8 月，红会总办事处救护沪宁战事兵难，先后组织 4 支医队分赴战地救护。第 1 队 40 余人于 8 月 20 日前往南京，拟由南京转赴浦口、下关等处前线工作。[⑤] 第 2 队 20 余人，于 27 日开赴常州救治。第 3 队 27 日出发，暂驻后方。第 4 队 24 人于 30 日前往镇江。9 月 10 日，红会增派第 5 救护队前往南京。[⑥] 红会在派出医队赴前线救护的同时，“布置后方疗治伤兵医院”，由理事长庄录指定天津路 316 号为救护队总机关，由总队长

① 《汉口红会掩埋信阳积尸情形》，《申报》1926 年 3 月 30 日。

② 《粤闽军讯》，《申报》1926 年 6 月 19 日。

③ 《汉口红分会救护战事之报告》，《申报》1926 年 9 月 13 日。

④ 《松沪丁卯兵灾善后救济会贷款局缘起》，《申报》1927 年 4 月 2 日。

⑤ 《红会救护队今日出发》，《申报》1927 年 8 月 20 日。

⑥ 《红总会昨又派救护队赴镇江》，《申报》1927 年 8 月 31 日；《红十字会消息汇志》，《申报》1927 年 9 月 10 日。

王培元常驻办事，分设各科，派员担任一切工作。各队救护之伤兵除前方就地入临时医院治疗外，运沪分往该院治疗者，即以天津路为伤兵总医院，同济路为第 1 分院，海格路为第 2 分院，南市十六铺为第 3 分院，北市新闸路为第 4 分院。[①] 后来由于伤兵日多，又添设 2 所分院，共达 7 所伤兵医院。据载 7 所医院所收伤兵病员，截至 9 月 14 日，共计 421 人，住院 375 人。[②] 除抢救伤病员，红会还组织掩埋队赴战地。据载红会掩埋的尸体有 1 万余具[③]，筑坟 989 座，立碑 1063 面。对于以前掩埋不够深、到次年暴露者，红会又再组织重新掩埋。[④]

二　水旱各灾的救护与赈济

红会因恤兵而设，其主旨本系专门救护兵灾，但基于人道主义精神和原则，对于各种自然灾害也都一体救护。下面再就此一方面略作介绍。

（一）水旱之灾的救赈

民国时期，红会首先遇到顺直和浙江温处两起特大水灾并为之施济。1912 年夏季，顺直地方阴雨连绵，山水暴涨。始则永定、北运、大清等河，继则滹沱、子牙、减水等河，先后漫溢。“成口、畿南一带竟成泽国，诸大河同时泛决，实为十余年未有之惨灾。”“数百里间一片汪洋。”“其距河近者，田庐冲损，人畜漂流，固已惨不忍言；其距河稍远者，又因雨水积潦，田禾淹没，颗粒无收。”灾民遍地，“露宿风餐、无所栖止者有之；扶老携幼、一任流离者有之。指日隆冬，嗟彼灾民，其将何以卒岁！有心人闻之，未有不为之落泪者也”[⑤]。大灾发生之后，红会天津分会拟予施救。然据查勘灾情，受灾之处达 44 州县、7480 余村。倘以每村平均 100 户，每户平均约 3 口半，每口仅按发给铜元 96 枚计算，就需

---

① 《红总会昨又派救护队赴镇江》，《申报》1927 年 8 月 31 日。

② 《红会收容伤兵统计》，《申报》1927 年 9 月 15 日。

③ 《红十字会消息汇志》，《申报》1927 年 9 月 10 日。

④ 《红会昨赴龙潭继续埋尸》，《申报》1928 年 2 月 23 日；《掩埋龙潭尸骨之报告》，《申报》1928 年 2 月 28 日。

⑤ 《顺直乞赈函》，《申报》1912 年 11 月 11 日。

银 1742200 余元。红会天津分会认为政府“国库空虚，筹赈已难为力”，而“以如此巨款由地方自行筹措，更属力不从心”。不得已，只好向红会上海总办事处求援。10 月下旬，红会统一大会召开之前，天津分会代表杨宝恒、卞荫昌、刘家桢、刘孟杨 4 人特联名致函上海总办事处沈敦和等人，自称“敝代表等奉直隶都督之委任来与红十字会统一大会，兼协商筹赈事宜，并承顺直水灾义赈局之推举，与旅沪顺直同乡会及奉直鲁协会诸公接洽，以便广募捐资，拯救灾民之生命”①。红会上海总办事处对于顺直水灾十分重视，统一大会结束后，沈敦和专程赶赴北京，商讨顺直救灾办法②，并“亲往顺直灾区，调查月余”。“尚有未到之处”，又“请代表朱静波、姚廷薰亲历调查”。③ 返沪后，即“分电各省团体、英荷各属华侨、万国红十字会等处告急募捐。而常议员赞助团亦分头劝募，不遗余力”。并以棉衣 6 万套，粮食数万石暂充急赈。④ 以后继续募款进行春赈。

浙江温处的水灾发生在 1912 年秋。报载“温处沉灾，为数百年来未有之浩劫”。红会副会长沈敦和“然悯之”，特发起组织救疫医院，电请前皖北救疫熟手黄子静医士负责。奈黄为步兵第三团冷司长所坚留，于是又特举陆军第一军军医司长柏栋臣医士为队长，陈士芬医士为副队长，又看护、药剂师等二十余人组成救护队。同时还组织掩埋队，以沈石农为队长，“专埋沙掩水冲及暴露之尸骸”；组织查赈队，以杨柏荪为总干事，携棉衣二千数百套，白米数百石，洋银数千元，“为医赈兼施之需”。复又敦请赈务专家十余人义务组成“中国红十字会协济青田义赈局”，带旧棉衣 1 万余套，小包面粉 2 万袋，定于 11 月 5 日前往温处拯救灾民。⑤

红会对于顺直、温处两地的水灾赈济一直持续到 1913 年春末。顺直因为灾区太广，上海总办事处只能以筹募的款项和物资作有限的补救；但在温处则取得较好的成效。1913 年 1 月下旬，沈敦和欢宴派往温处救

① 《顺直乞赈函》,《申报》1912 年 11 月 11 日。

② 《红十字队员救灾热》,《申报》1912 年 12 月 12 日。

③ 《报告灾区惨状》,《申报》1913 年 1 月 16 日。

④ 《红十字会之筹赈忙》,《申报》1913 年 1 月 12 日。

⑤ 《红十字会温处赈务纪》,《申报》1912 年 11 月 5 日；《红十字会定期欢宴队员》,《申报》1913 年 1 月 24 日。

赈归来的 3 队全体人员，称“前往温处灾区放赈救疫，活人无算，掩埋尸身得千数百具”①。

1914 年，红会在救护山东兵灾的同时，又遇上发生在该省的一场特大水灾。水灾遍及六七县，人民的生命财产损失甚巨，“水势之大较之三年前皖灾尤烈，哀鸿嗷嗷待哺”。红会山东各分会和地方行政长官纷纷来电乞赈。在 9 月 22 日红会召开的第 9 次常议会上，常议员们认为“应即筹募捐款，酌量放赈”，水灾、兵灾一并兼顾。沈敦和当场倡捐 200 元，其他各常议员如蒋曼阶、江绍墀等亦相继捐款以资赈需。② 9 月 28 日，沈敦和以红会总办事处的名义刊出了《急募山东水灾赈捐并新旧棉衣广告》。

为了充分掌握山东水灾情况，便于施赈，红会专门派出水灾调查员邓笠航，对受灾各县的情形进行调查。据邓笠航 10 月 15 日刊布的《鲁省水灾之调查报告》，“连日黄、掖等县百姓因避兵至潍县者络绎不绝，然值昌邑一带水势未退，遍地汪洋，其颠沛流离之状令人伤心惨目，不忍闻睹。铁路两旁尽成泽国，老幼妇女呼号之声不断于耳，自东来者均用小摇车节节而至，水灾之最甚者以胶县、昌邑、潍县为更烈，淹没已百余村。平度、高密等县次之，淹没村庄亦至数十。综计东西三百余里、南北百有余里，田园庐舍均付诸洪水澎湃之中矣。潍县东关外之广文学堂，系教会所立，亦遭波及；南门外一望皆水，该处天主堂露出水面只数英尺，主教及教士数人辟居最高楼上。现在水势虽已渐退，而砖泥房屋多遭冲坍，财产什物均漂没一空。潍城一大沙地系市集之所，骤变为一片空地，店铺数百家不知去向，店中人亦多溺毙，尸骸满路，棺木一空。北地苦寒，深秋已甚，灾后余生，既无御寒之具，又无果腹之粮，朝啼夕号，行道酸鼻，若不设法施放急赈，吾恐灾民不死于水，亦必无生全之望也”③。

山东赈务与别处不同。有人指称：“山东赈务之发起，原因于水灾者

① 《红十字会定期欢宴队员》，《申报》1913 年 1 月 24 日。

② 《红十字会常议会纪事》，《申报》1914 年 9 月 24 日。

③ 《鲁省水灾之调查报告》，《申报》1914 年 10 月 15 日。

半，原因于日德之战事者半。”[①] 此种既兵又水、兵水相连的情形，无疑增加了办赈的难度。

当时办理山东赈务的团体有三：一为中国红十字会会长吕海寰在天津创立的筹赈总局；一为山东地方绅董发起的红十字会赞助团；一为上海红会总办事处。以表面观之，三者皆为红会系统，其实差别颇大。吕氏虽为红会会长，但他此时所创立的筹赈总局却“兼有督办行辕意味”[②]。红十字会赞助团虽由地方绅董发起，但发起者如张介礼（前省议会议长）、丁惟沛（将军行署参谋）、董毓梅（教育会长）、张肇铨（济南商会总理）等人却与官方联系密切。赞助团方面由于景仰吕海寰，曾几次派人赴京谋求合作。但未久便因一些细枝末节而起暗潮，致不欢而散。真正在山东赈务中发挥作用的还是中国红会上海总办事处。

如前所载，红会虽已在沪筹募捐款赈济山东，但是稍后“青岛难民纷函乞赈，至有宁为他乡之犬莫作青岛之民等语”[③]，所以沈敦和亲携款1 万元并棉衣 5000 件赴鲁赶放急赈，并实地调查灾情。至鲁后，沈敦和发现灾区广大，灾民众多，“所携赈款十不逮一”，当即决定进京商讨善后办法。由于沈氏“不远数千里奔走呼号于冰天雪地之中，且又自垫巨款以为之倡”，“至诚足以动人”，终使大总统命令财政部会议特别筹划，并得陇海铁路督办施省之和交通银行行长任振采“慨然允代筹募”。[④] 在往山东陆续汇寄赈款的同时，沈敦和又与中国红会顾问有贺长雄筹商，“拟与日本赤十字社协办，俾利进行”[⑤]。

1915 年 2 月，红会赈济基本结束。据红十字会放赈员报告：山东此次兵灾水灾，被灾村庄共 144 处，其中最重者 1547 户，次重者 8599 户，较轻者 3237 户，损伤人口共 177 名。受灾各处“均已一律放讫”。[⑥] 此次山东水灾赈款 1.5 万元，棉衣 1.8 万件，共合洋 3.2 万余元。[⑦]

---

① 《山东赈务之枝节》，《申报》1914 年 11 月 10 日。

② 同上。

③ 《中国红十字会谨募青岛兵灾善后济度妇女急赈》，《申报》1915 年 1 月 11 日。

④ 《红十字会筹赈之进行》，《申报》1915 年 1 月 18 日。

⑤ 《红会沈副会长报告办赈情形电》，《申报》1915 年 1 月 21 日。

⑥ 《红十字会放赈报告》，《申报》1915 年 2 月 17 日。

⑦ 《中国红十字会历史资料选编》，第 463 页。

1915 年夏秋之交，全国范围内普遍发生水灾，而以广东、浙江、江西为最重。红会广泛地向社会筹募捐款，前往灾区接济。是年 8 月，浙江省衢州之大水淹灌开化、常山、龙游等县，灾民 6 万余人。被灾难民衣食无着、耕耨无望，荡析流离，凄苦万状。浙省民政长官巡按使屈映光函电红会求助。上海总办事处即派员携款 2.4 万余元驰赴灾区，“分别轻重，核实散放急赈”。①

同年秋末，江西赣江大水泛滥，平地陡涨数丈，淹没田庐无数。万安县完全被水吞没。泰和、吉安、清江樟树镇以及丰城、进贤、南昌诸县，均被水受灾，灾民亦各愈万。赣省民政长官巡按使戚杨向红会求救，红会即筹巨款并赶制棉衣运往急赈。又筹巨款在灾区以工代赈，“修筑堤圩，俾图永安之策”。②

1916 年夏末秋初，江苏、安徽又发大水。据载：“自江淮一带，上而豫之固始、光县；皖之阜阳、颍上、霍邱、寿县、凤台、怀远以迄于临淮、五河、盱眙等县，汪洋千里，一望无际，而沿村庐舍、大地禾黍，悉浸入洪涛骇浪之中，累累浮尸，触目皆是，甚者森森树木，竟如沿岸芦柴飘摇水面，孑余穷黎，无家可归，无食可觅，类却穴山巢树，露宿风餐，号哭之声，昼夜不绝。”③ 受灾各县的电报，不断发往红会上海总办事处，请前往赈救。安徽省省长倪嗣冲亦屡次来电催促。④ 8 月 13 日，红会上海总办事处登出《救募江皖水灾急赈公启》，沈敦和首先捐洋 100 元以为之倡，捐款者十分踊跃。其中盛宣怀之子特捐 2 万元公益彩票专救皖灾。红会还与旅沪安徽同乡会组织的安徽义赈会联合办理江皖救灾，于 9 月 17 日组织联合会干事部，沈敦和、余诚格、李经方担任干事部长。⑤ 该联合会在救护江皖水灾中起了至关重要的作用。

1917 年夏秋，皖北大水，数十县人民被灾。红会仍会同上年所组织的安徽义赈会联合办理灾赈，举沈敦和、余诚格、李经方为联合会会长。

---

① 《中国红十字会历史资料选编》，第 463 页。

② 同上书，第 464 页。

③ 《中国红十字会救募江皖水灾急赈》，《申报》1916 年 8 月 13 日。

④ 《皖省待赈孔亟》，《申报》1916 年 8 月 25 日。

⑤ 《中国红十字会安徽义赈会通告成立谨募急赈》，《申报》1916 年 9 月 20 日。

派员赴灾地勘查灾情并施放急赈，使十余万灾民受惠得救。[①]

同年夏秋，顺直又发大水，比 1912 年的灾情更为严重。红会先后在天津杨柳青、石家庄、徐北、文安、东光、沧县施放急赈，后又续放冬赈。共计散放赈款 11.2 万余元，棉衣 10.4 万余件，共合洋 22 万有奇。[②]顺直的赈济持续到第二年的春天。

1918 年 5 月下旬，湘省“大雨连降，平地水深八尺，长沙、醴陵、株洲、宁乡、湘阴、湘潭各县皆成泽国”。“家舍飘摇，牲畜殆尽。”红会从 6 月 4 日起即登报劝募捐款，并筹垫洋 2.5 万元拨交长沙分会赶速查放急赈。[③] 其时湘人熊希龄亦电请红会汉口分会赈济湖南。汉口分会以灾情不仅湖南一处，“即鄂省西边一带，亦遭惨痛”，经与汉口总商会、汉口慈善会联合，“决定组织两湖义赈会，以示湘鄂统筹兼顾之意”。[④] 因为当时湘省是兵灾与水灾两相赈济，红会上海总办事处还专门组织了湘赈干事部，多次汇寄款项物资，助湘省灾民渡过难关。

1919 年 8 月，“湖北各属大水成灾”，红会上海总办事处即电“湖北各属分会调查实况以凭散放”。并请南洋烟草公司先行“筹垫洋一万元汇鄂，以应急赈”。[⑤]

是年，江苏、浙江、安徽亦同时发生水灾，红会乃与上海各界慈善团体合办赈济。

1920 年 7 月，湖北沙市再闹水灾，8 月 31 日，沙市分会电上海总办事处求救。总办事处得电后募款赶办急赈。

同年秋，直、鲁、豫、陕、晋发生特大旱灾，其灾情较之 1917 年的顺直水灾尤甚。灾区广约 9 万平方英里，饥民达 3500 万人。据估计，欲办此赈济，最少“亦须有二万万元”。[⑥] 红会尽自己的最大努力，派遣救济队数支开赴灾区，并开设诊疗所 3 处：北通州临时诊疗所、保定临时诊疗所、大名临时诊疗所。各所每日诊治灾民甚多并

---

① 《中国红十字会历史资料选编》，第 466 页。

② 同上。

③ 《中国红十字会敬募湘省水火刀兵之急赈》，《申报》1918 年 6 月 4 日。

④ 《组织两湖义赈会》，《申报》1919 年 6 月 27 日。

⑤ 《红十字会筹办鄂赈》，《申报》1919 年 8 月 26 日。

⑥ 《筹赈声中之面面观》，《申报》1920 年 10 月 4 日。

施种牛痘。此外，红会并在上海筹募捐款和救灾物资，计款数万元、棉衣数千件交由北京总会转给各慈善团体联合组成的“国际统一救灾会”统一散放。①

1921 年夏、秋，红会赈救安徽、江苏、湖北、浙江 4 省水灾。主要是汇去赈款，间派医队与寄药品。7 月 20 日，由上海总办事处汇洋 5000 元并汇空白照章 20 份由分会征收会费；7 月 25 日，汇安徽正阳洋 500 元，8 月 19 日，汇安徽寿县洋 500 元，又于 10 月组织医队前往疗救疫病；8 月 19 日，汇安徽太和洋 500 元；8 月间，寄安徽泗县空白照章 40 份，由分会劝募会费以充赈济；寄江苏建阳洋 500 元，空白照章 50 份并为该处登报募捐；寄湖北樊城洋 500 元；寄浙江宁波洋 500 元；10 月，寄江苏阜宁空白照章 30 份；11 月，寄常州水灾药品；12 月，寄江苏盐城洋 500 元。是年红会上海总办事处还赈济湖南耒阳、平江两处旱灾。8 月 30 日，给湖南耒阳寄洋 500 元，空白佩章凭照 10 份；寄平江洋 500 元，又空白佩章凭照 20 份。②

1922 年，红会上海总办事处再次救护浙江温处水灾兼风灾，于 9 月 23 日派救护队携带药品前往。是年，还派医队前往广东南海、汕头、澄海、番禺各县救护水灾，当地的分会积极配合施救。红会还向政府提议，请拨汕头附税 10 万元充赈款，得到允准。

1923—1924 年，红会上海总办事处或汇款，或寄棉衣、赈粮，或收容难民，先后对湖南沅江、河南汜水、安徽颍上、奉天安东、河南南阳等地的水灾实施了救护。

（二）其他各灾的救护

这里所讲的其他各灾是指风灾、震灾、火灾、疫灾、荒灾等。

1915 年 7 月 27 日夜，沪上东北风大作，延至 28 日仍未减弱，吹倒树木房屋不计其数。红会上海总办事处当即派队分赴受灾各处救护，并携带粮食、药品到各处散放。计设立平粜局 2 所，酌给各茅棚之倾覆者

---

① 《中国红十字会历史资料选编》，第 475 页。

② 同上书，第 476—480 页。

每棚 4 元。[①] 从 8 月 2 日开始，一连 3 日散放急赈。据载第一天受赈灾民便达 4000 余口。[②]

1918 年 2 月 13 日，广东潮、梅各属“惨遭地震，房屋圮塌十之六七，而人民死伤尤不可胜数”[③]。2 月 18 日，潮梅镇守使刘志陆即致电红会上海总办事处求助。沈敦和于 21 日一面拨垫银 2000 元赶汇刘镇守使先放急赈，一面电嘱汕头分会调查详细灾情，并设法劝募，冀集有巨款，以谋善后。[④] 26 日，沈敦和以上海总办事处的名义向外刊发募捐广告。[⑤]

同年入秋以来，浙江省宁波、绍兴等地发现一种时疫。该疫十分剧烈，“初起时类似伤风，如带咳嗽，命尚可延，否则一经腹泻，旋即毙命”。地方固无良医，又无病院，遇到此症，只有“坐以待亡”。当时宁、绍地方，便出现“一村之中十室九空；一家之中十人九死”的现象。死者之中以贫苦之户最居多数，“哭声相应，惨不忍闻”。“自发现是役以来，死亡人数已占百分之十，棺木石板，所售一空，枕尸待装，不知其数。”[⑥] 10 月 24 日，红会派医队携济生会所制“济生丹”3000 瓶前往医治。[⑦] 该医队以王培元为总干事，至浙后计分 4 组：一至上虞，治愈 2000 余人；一至余姚，治愈 1987 人；一至湖州，治愈 1200 人；一至宁波，治愈 1000 余人。[⑧] 其时，安徽祁门也患时疫，“症初则乍寒乍热，继则头痛咳嗽，死亡相率”。祁门公益维持会致函红会上海总办事处求救。沈敦和接函后，遂寄去“济生丸”100 瓶，“避疫丸”200 粒，又《防疫方法说明书》1 份。[⑨]

1920 年 9 月中旬，浙江南浔“霍乱盛行，死亡日众”。红会南浔分会 9 月 15 日致电上海总办事处，请“速组临时救疫队莅浔施救”。总办事处

---

① 《中国红十字会历史资料选编》，第 464 页；《中国红十字会筹办上海风灾贫民急赈募捐广告》，《申报》1915 年 7 月 29 日。

② 《沪滨大风记》，《申报》1915 年 8 月 3 日。

③ 《红会拨垫地震赈款》，《申报》1918 年 2 月 23 日。

④ 同上。

⑤ 《中国红十字会敬募广东潮梅地震急赈》，《申报》1918 年 2 月 26 日。

⑥ 《绍属时疫剧烈之来函》，《申报》1918 年 10 月 19 日。

⑦ 《红十字会纪事三则》，《申报》1918 年 10 月 25 日。

⑧ 《中国红十字会历史资料选编》，第 468 页。

⑨ 《安徽祁门报告患疫》，《申报》1918 年 11 月 7 日。

接电后，当天即调北市医院徐兆蓉医士率同救护员崔希漠、李耐雷、张妙兴及工役人等，备齐药料用品，附轮前往南浔施救。①

1921 年 12 月 12 日，上海闸北大火，被灾者多系贫民，红会迅即散放急赈，分给银元棉衣，又登报劝募款项，从事一切善后事宜。②

1922 年 3 月下旬，上海虹口分水庙及胡家木桥两处发生火灾。起火后因风势狂猛，灾事剧烈，沪上中西救火车数十部迅即赶来施救，将火扑灭。是役被灾各户，分水庙计共 77 家，男女大小 341 口；胡家木桥共 103 家，男女大小 477 口。红会上海总办事处按名逐一放赈，共计发放现银 2000 余元。③

该年夏秋，上海总办事处还派蚌埠分会组织医队救治皖北亳县、涡阳县等处霍乱疫症。④ 从该年底至次年底，红会河南北宛、汝郏、许昌、灵宝、南宛、洛宁、襄城与安徽阜阳、蚌埠等分会救赈当地匪灾。各分会或派救护队或设粥厂拯救灾民，并设义冢掩埋死者。⑤

1923 年 2 月，红会河南南宛分会救助当地荒灾。5—6 月，红会上海总办事处派出救护队救护山东临城劫车事件。是年 5 月 6 日，大股土匪于津浦路沙沟至临城段劫持火车上人质多名。红会获悉后即电交通部拟选派医队前往临城、枣庄一带驻扎以资救护。5 月 28 日，红会救护队在山东中兴煤矿建一新医院，救护难民，于 6 月 18 日结束救护返回上海。⑥ 8 月，红会上海总办事处会同澄海分会（即岭东分会）救护潮汕“八·二”风灾。⑦ 9 月，红会贵阳分会救赈当地时疫。⑧

是年 12 月，红会上海总办事处救护苏州阊门外横马路火灾。理事长

---

① 《红会医士赴南浔》，《申报》1920 年 9 月 16 日。

② 《中国红十字会历史资料选编》，第 480 页。

③ 《中国红十字会总会总办事处放赈上海虹口分水庙及胡家木桥两处火灾》，《慈善近录》，第 21 页。

④ 《亳县知事谢救疗来函》，《慈善近录》，第 40 页；《涡阳县公署留蚌埠分会救疫团来函补录》，《慈善近录》，第 47 页。

⑤ 《慈善近录》，第 53—93 页。

⑥ 中国红十字总会总办事处编：《中国红十字会救护临城车劫记事本末》，1924 年刊行，第 1—9 页。

⑦ 《中国红十字会总办事处会同澄海分会救潮汕灾》，《慈善近录》，第 82 页。

⑧ 《贵阳分会医疗所救护时疫》，《慈善近录》，第 110 页。

庄录派职员赴苏调查灾情，拨棉衣 400 件救助。①

是年，红会四川灌县分会急赈该县小南门街大火，又红会西安分会救赈本地荒灾。②

1924 年 1 月，红会上海总办事处救赈上海闸北邢家大火。湖北枣阳分会救赈当地匪灾，樊城分会协助救赈。蚌埠分会救治皖北蒙城一带疫灾。3 月，江苏涟水分会救治当地天然痘、喉痧、鼠疫等症。广东顺德分会救护大南沙风灾。重庆分会救赈当地火灾。4 月，郫县分会赈济当地火灾灾民。③

1928 年，红会救赈安徽六安匪灾。④

(三) 平时的各项救助

中国红会作为一个专门性的慈善机构，除了对上述各种天灾人祸进行救赈外，在平时，也本着人道主义精神，积极开展医疗、卫生、赈济等多种社会公益事业。简言之，有以下数项。

第一，经年开办医院，救死扶伤，救治时疫，施种牛痘。民国初年，红会上海总办事处所辖医院计有 5 所：徐家汇总医院、南市和北市医院、吴淞防疫医院、时疫医院。各地有条件的分会也设有固定医院。红会依靠这些医院，对当地居民救死扶伤，一般只取药费不取医资，对贫困者则分文不取。所以每年红会各医院不但不能盈利，还需募捐维持。红会医院除医治病人，还办理两项业务，一是每年秋医治时疫，尤其是红会时疫医院专司此职，每年夏至开办，秋分停诊；二是施种牛痘。规定每年的春秋两季施种，不取分文。红会对此项工作相当重视，副会长沈敦和曾 连几年在报上刊登启事，宣传用新法接种牛痘，以改善和增强人民体质。

第二，自愿为一些公共活动提供救护、医疗和卫生服务。例如，1914 年 6 月，江苏省为筹备赴巴拿马赛会举办展览会，红会即以“现当

① 《专助苏州阊门外火灾贫民棉衣四百件》，《慈善近录》，第 139 页。

② 《中国红十字会历史资料选编》，第 489 页。

③ 分见《慈善近录》，第 150、152、155、153、168、170、172、175 页。

④ 《中国红十字会总办事处敬谢》，《申报》1928 年 10 月 9 日。

夏令，天气渐热，正疫疠发生之际。会场观览人多，自宜注意清洁”，故派员驻会，并招募工役时常洒扫，喷施防疫药水。[1] 1915年5月，上海举办远东运动会，沈敦和考虑会有“跌伤情事”，即派救护队加入该会“以备不虞”，连续几天治愈受伤运动员多名。[2] 1924年4月，上海平民教育社在租界举行游行运动，红会派出救护队前往，救护十数人，受到平民教育社的赞扬。

第三，救护日常交通事故。1922年11月10日，红会总办事处发出《救护马路上车辆伤人通告》，内称：“上海为万国通商巨埠，中外官绅以及士商人民居留南北两市者，不下数百万，终日车驰马骤，处处往来，俨如梭织，行人稍不留意，时被撞倒，轻则压伤，重则立毙……嗣后各路如有行人被汽车、电车、马车、人力车撞跌者，无论受伤轻重，当事者或不免惊惶无措，本会总办事处特组织救急队常驻会中，务请沿途商号、居户人民，随时电话通知。”[3]

第四，每年临界年关，赈济贫民。近代中国社会贫民极众，每到年关，贫民往往缺衣乏食，难以卒岁。中国红会总会往往在年节前准备各种米粮食品施放冬赈，以惠灾黎和无告之民。另外，红会吴淞防疫医院还允各埠入沪尸柩常年停放，既方便他人又防止疫疠。

上举红会历年经办之突发性和平时性救赈工作，以红会上海总办事处活动为主线，各地分会业务与总会大致相同，故不赘述。

民国北京政府时期，人民多灾多难，社会千疮百孔，各种不可抗拒的自然灾害（包括水、旱、风、震、火、疫、荒各灾）与人为的社会灾害（包括兵燹、匪患等），严重地困扰着当时的社会和民众。这些灾害的发生，在很大程度上是军阀政治的黑暗腐败所造成的。政府既然充当了战争的元凶与灾祸的制造者，因此很难指望它能安定社会与救助人民，实际上它也无力承担这一重任。

与此形成鲜明对照的是，以中国红十字会为代表的民间慈善团体与

---

① 《展览会已开幕矣》，《申报》1914年6月1日。

② 《红会组织运动会场之救护队》，《申报》1915年5月21日。

③ 《中国红会救护车辆伤人之通告》，《申报》1922年11月11日。

个人在相当程度上担负起了安定社会与救助人民的重任。政府制造灾祸，民间救灾办赈，成为民国北京政府时期的奇特现象。中国红十字会是当时最大的民间慈善救护团体，它不仅在战争中救护伤兵难民，对于平时发生的各种自然灾害也一体救助。此外，还采取各种公共卫生防护与服务措施，免费为下层贫困者施医赠药，治病疗伤。中国红十字会的种种慈善救护与赈济活动，发挥了巨大的作用，我们完全有理由说：慈善也是一种社会动力，是调节社会不可缺少的手段。